C·H·Beck
PAPERBACK

W0294012

«Geordnet und human», sollte die Umsiedlung der Deutschen erfolgen, so hatte es das Potsdamer Abkommen festgelegt. Doch die Realität sah anders aus. In seinem gründlich recherchierten Buch beleuchtet R. M. Douglas Vorgeschichte, Verlauf und Folgen der Vertreibung der Deutschen aus dem Osten Europas. Dabei verwendet er deutsche Quellen nur, sofern sie durch andere Zeugnisse bestätigt werden, und konzentriert sich auf Überlieferungen aus dem Archiv des Internationalen Roten Kreuzes, Beobachtungen westlicher Diplomaten, Offiziere und Journalisten sowie auf die Akten der ausweisenden Staaten. So entsteht eine Darstellung, die das Leid der Vertriebenen, die Gräueltaten an Deutschen und das moralische Versagen der Alliierten in ungewohnter Schärfe thematisieren kann ohne in den Verdacht der Einseitigkeit zu geraten. Vertreibungen laufen nie «geordnet und human» ab, das ist die zentrale These dieses Buches. Ein flammender Appell gegen Völkerverschiebungen als Mittel internationaler Politik.

R.M. Douglas ist Professor für Geschichte an der Colgate University in Hamilton, New York.

R. M. Douglas

«ORDNUNGSGEMÄSSE ÜBERFÜHRUNG»

Die Vertreibung der Deutschen nach dem Zweiten Weltkrieg

Aus dem Englischen übersetzt
von Martin Richter

Verlag C.H.Beck

Titel der englischen Ausgabe: «Orderly and Humane. The Expulsion of the Germans after the Second World War» (Yale University Press 2012)

Mit 16 Bildern und 3 Karten

Die erste bis dritte Auflage dieses Buches erschienen in gebundener Form im Verlag C.H.Beck im Jahr 2012.

1. Auflage in der Beck'schen Reihe. 2013

2., durchgesehene Auflage in C.H.Beck Paperback. 2014

Für die deutsche Ausgabe:

Gesetzt aus der 9,25/14 pt Garamond bei Fotosatz Amann, Memmingen
Druck und Bindung: Druckerei C. H. Beck, Nördlingen
Umschlaggestaltung: www.kunst-oder-reklame.de
Umschlagabbildung: Nachkriegszeit (Mai 1946) – Vertreibung der Deutschen aus der Tschechoslowakei © picture-alliance/dpa
Gedruckt auf säurefreiem, alterungsbeständigem Papier
(hergestellt aus chlorfrei gebleichtem Zellstoff)
Printed in Germany
ISBN 978 3 406 62294 6

www.beck.de

Für meine geliebte Ehefrau Elizabeth

INHALTSVERZEICHNIS

EINLEITUNG

Jedes Jahr findet am Morgen des 1. September eine Zeremonie auf dem Munitionsdepot Westerplatte über der Hafeneinfahrt von Gdańsk (Danzig) statt – an der Stelle, auf die das Schlachtschiff *Schleswig-Holstein*, das unter dem Vorwand eines Flottenbesuchs aus Deutschland gekommen war, 1939 die ersten Schüsse des Zweiten Weltkriegs abfeuerte. Zum 70. Jahrestag des deutschen Angriffs auf Polen nahm Angela Merkel 2009 mit anderen internationalen Politikern an der Gedenkfeier teil. Sie war als erstes bundesdeutsches Regierungsoberhaupt dazu eingeladen. Dies war an sich schon bedeutsam genug. Doch befand sich die Bundeskanzlerin darüber hinaus in einer besonders delikaten Lage, denn in Deutschland näherte sich der Bundestagswahlkampf seinem Höhepunkt. Viele Anhänger der CDU waren sich der Tatsache bewusst, dass Gdańsk nicht nur der Ort des ersten unprovozierten Angriffs des NS-Regimes auf einen Nachbarstaat war, sondern fünf Jahre später auch einer der Teile Ostdeutschlands, aus denen Millionen von Zivilisten unter großem Leiden und mit vielen Todesopfern vertrieben wurden. Angela Merkel sah sich damit vor dem scheinbar unauflöslichen Dilemma, potenziellen Wählern zu versichern, dass sie die Vertreibungen und ihre Folgen für Deutschland nicht vergessen habe, ohne ihre Gastgeber und die Weltmeinung an einem Tag zu brüskieren, der eher dem Andenken an polnisches als an deutsches Leid gewidmet war.

Ihre Lösung bestand darin, zwei sehr unterschiedliche Botschaften an ihre jeweiligen Zuhörer auszusenden. In einem ARD-Interview am Morgen erklärte die Kanzlerin, die deutschen Verbrechen während des Krieges seien gewaltig gewesen, «dennoch ist auch die Vertreibung von weit über zwölf Millionen Menschen aus den Gebieten des ehemaligen Deutschlands und heutigen Polens natürlich ein Unrecht, und auch das muss benannt werden». Mehrere Stunden später äußerte sie sich in ihrer Ansprache auf der Westerplatte in konzilianterem Ton zu dem Thema. Sie erkannte die alleinige Verantwortung Deutschlands für das zerstörerischste Kapitel der Geschichte Europas und der Welt an und sagte: «Der von Deutschland entfesselte Krieg brachte unermessliches Leid über viele Völker – Jahre der Entrechtung, der Erniedrigung und der Zerstörung.» Das deutsche Volk erinnere sich zwar auch an das Schicksal jener, die nach dem Mai 1945 ihre Heimat verloren, doch sie versicherte ihren Zuhörern, dies geschehe nicht in der Absicht, «irgendetwas an der immer währenden geschichtlichen Verantwortung Deutschlands umschreiben zu wollen. Das wird niemals geschehen.»[1]

Einige Kommentatoren erwähnten den unterschiedlichen Tenor der beiden Äußerungen und waren der Meinung, beide seien zu einem so bedeutenden Anlass unpassend gewesen. Mehrere Zeitungen schrieben, die Tatsache, dass die Kanzlerin das Thema überhaupt angesprochen habe, sei ein durchsichtiger Versuch, bei ihren Wählern zuhause Sympathiepunkte zu sammeln. Im Allgemeinen wurde Angela Merkels Gdańsker Ansprache aber im In- und Ausland gut aufgenommen. Man lobte sie weithin für das Geschick, mit dem sie sich auf einem Gebiet bewegt hatte, das für Deutschland wie für seine Nachbarn zu einem politischen Minenfeld geworden war. Sogar die *Berliner Zeitung*, die in den meisten Fragen anderer Meinung war als die Kanzlerin, gestand ihr zu, sie habe für den Anlass «zwar die richtigen Worte gefunden, aber einige davon zum falschen Zeitpunkt ausgesprochen».[2]

Mit dem Hinweis auf die Sensibilität des Themas hatten die Kommentatoren sicher nicht übertrieben. Seit dem sogenannten Historikerstreit Mitte der achtziger Jahre, als Andreas Hillgruber versucht hatte, die Nachkriegsvertreibungen und den Holocaust als unterschiedliche Manifestationen desselben tiefliegenden und weit über NS-Deutschland hinausreichenden Impulses zur ethnischen «Rationalisierung» Europas darzustellen, hatte die Frage auch in jüngerer Zeit ihr Konfliktpotenzial bewiesen. Glücklicherweise ist kein namhafter Historiker Hillgrubers irrigem Versuch gefolgt, den Holocaust und die Vertreibungen in denselben Zusammenhang zu rücken. Dennoch wurden optimistische Vorhersagen aus den Jahren direkt nach der deutschen Wiedervereinigung, bald sei die Zeit gekommen, wo eine reife und abgeklärte Debatte über das Thema endlich möglich sei, rasch widerlegt. Die bitteren Auseinandersetzungen, die Mitte der neunziger Jahre zwischen den Vertriebenenverbänden sowie ihren politischen Unterstützern und den

Regierungen der Tschechischen Republik und Polens aufflammten, waren kaum abgeklungen, als der Vorschlag der Stiftung Zentrum gegen Vertreibungen, einen dauerhaften Gedenkort in Berlin einzurichten, neuen Unmut erzeugte. Obwohl die Bundesregierung die Besorgnisse von Vertriebenengruppen wie von Nachbarstaaten zu zerstreuen suchte, indem sie 2008 die Verantwortung für das Projekt an sich zog, hat sich der Sturm der Kritik im In- und Ausland bis heute nicht gelegt. Zu einem Zeitpunkt, wo die jüngsten noch lebenden Vertriebenen, die als Kinder nach Deutschland kamen, um die 70 Jahre alt sind, während die Generation, die direkt nach dem Krieg alt genug war, um sich an ihre Erfahrungen zu erinnern, zum größten Teil gestorben ist, scheint es nicht unmöglich, dass die Kontroverse über die Vertreibungen die Vertriebenen selbst überlebt.

Vielleicht sollte uns das nicht überraschen. Die deutsche Behandlung angeblicher Feinde in der Ära des Nationalsozialismus war so unvorstellbar brutal und das Erbe des Krieges so zerstörerisch und dauerhaft, dass die Wiederherstellung dessen, was die Historiker Konrad Jarausch und Michael Geyer treffend eine «zerbrochene Vergangenheit» nennen, vielleicht niemals ganz zu erreichen ist. Auffälliger ist aber, dass ein so großer Teil der Diskussion dieses düsteren und konfliktgeladenen Kapitels weitgehend abgelöst von den Einzelheiten seiner Geschichte geführt worden ist. Bemerkenswerterweise fiel kaum einem Kommentator in Deutschland oder anderswo auf, dass Angela Merkel, wenn man nach ihrem Morgeninterview vom 1. September 2009 ging, anscheinend glaubte, dass alle der «weit über zwölf Millionen Menschen», die nach dem Krieg vertrieben wurden, aus dem Vorkriegsdeutschland oder aus Polen kamen – eine Aussage, die zum einen die zahlreichen Deportierten aus Südosteuropa ignorierte und zum anderen implizierte, das ehemalige Sudetenland habe schon vor 1938 zum Deutschen Reich gehört. Der lapsus linguae der Kanzlerin wäre wohl kaum so leicht überhört worden, wenn es sich um einen Aspekt des Zweiten Weltkriegs gehandelt hätte, dessen grundlegende Tatsachen den meisten Deutschen vertrauter sind.

Mit diesem Hinweis will ich nicht an die inzwischen weitgehend widerlegte These anknüpfen, die Vertreibungen seien bis vor kurzem ein «Tabu» gewesen – zumindest in der Bundesrepublik. Es ist zweifellos richtig, dass die Bonner Regierung der fünfziger Jahre das Andenken an die Vertreibungen im Dienst des Kalten Kriegs stark instrumentalisierte, während es später im Interesse einer neuen Entspannung und angesichts des schwindenden politischen Einflusses von Vertriebenengruppen offiziell abgeschwächt wurde, wie der Historiker Manfred Kittel jüngst betont hat. Nur weil die Vertreibungen niemals «unaussprechlich» waren, konnte man jedoch nicht zu jedem Zeitpunkt alles und jedes darüber äußern. Vielmehr gab es in Deutschland und ganz Mitteleuropa in der Nachkriegsepoche starke offizielle und inoffizielle Versuche, den Diskurs von Öffentlichkeit und Medien darüber zu kontrollieren und die Diskussion in erwünschte Bahnen zu lenken. Einer der wichtigsten, aber vielleicht auch erfolglosesten Versuche war die von der Bundesregierung in Auftrag gegebene mehrbändige *Dokumentation der Vertreibung der Deutschen aus Ost-Mitteleuropa*, die ab 1953 erschien. Doch viele nichtstaatliche Akteure waren nicht weniger aktiv darin, die Debatte definieren und kontrollieren zu wollen. Dabei beanspruchten Vertriebenenorganisationen auf der Basis der persönlichen Erlebnisse ihrer Mitglieder oft ein unangreifbares Wissensmonopol. Ihre Gegner versuchten die Diskussion dagegen ganz abzubrechen, indem sie jede undiplomatische oder unsensible Äußerung von Funktionären der Landsmannschaften als klaren Beweis für revanchistische oder revisionistische Ziele nahmen. Dass solche Versuche, die Debatte zu bestimmen oder abzuschließen, ihr Ziel nicht erreichten, bedeutet nicht, dass sie stets ohne Wirkung blieben.

Innerhalb Deutschlands hat sich nach dem Krieg die Kontroverse um den Umgang mit den Vertreibungen fast nur um «Erinnerung» statt um «Geschichte» gedreht – anders gesagt stand die Frage im Mittelpunkt, *wie* man sich an sie erinnern und sie darstellen soll, nicht *woran* erinnert werden soll. Man könnte daraus schließen, es existiere in Wissenschaft und Öffentlichkeit ein stabiler Konsens darüber, was mit der deutschsprachigen Bevölkerung Mittel- und Südosteuropas zwischen 1944 und 1950 geschah. Doch das Gegenteil ist der Fall. Über fast alle wichtigen Punkte herrschen nach wie vor große Meinungsunterschiede und noch größere Verwirrung: so grundlegende Fragen wie die Zahl der Todesopfer während der Vertreibungen (und selbst die Frage, was als vertreibungsbedingter Todesfall zu zählen ist); wie viele Menschen unter welchen Bedingungen vor ihrer Deportation interniert waren; ob die Hauptverantwortung für die Operation bei den Vertreibungsstaaten selbst liegt, bei der Sowjetunion oder den Westalliierten;

und ob die Vertreibungen einen Bruch des Völkerrechts darstellten oder in Übereinstimmung damit stattfanden. In gewissem Maß ist die Suche nach Antworten durch den bis vor kurzem fehlenden Zugang zu relevanten Dokumenten erschwert worden. Doch Historiker haben auch in der Vergangenheit solche Hindernisse überwunden, und es ist schwer, die vielen Lücken in unserem Wissen anderen Faktoren als dem Widerwillen führender Forscher in Deutschland und anderswo zuzuschreiben, diesen Problemen die Aufmerksamkeit zu widmen, die sie verdienen.

Weit mehr als irgendwelche angeblichen «Tabus» hat der Grad an Gleichgültigkeit und Unwissen unter Historikern und in der Öffentlichkeit einem ruhigen und produktiven Umgang mit der Geschichte der Vertreibungen entgegengewirkt. Natürlich muss man das einschränken. Eine Bibliographie von Gertrud Krallert-Sattler listete 1989 über 4000 Titel auf, die verschiedene Aspekte von Flucht und Vertreibung der Deutschen nach dem Krieg behandelten – eine Zahl, die in den letzten zwei Jahrzehnten weiter gestiegen ist. Die große Mehrzahl dieser Studien konzentrierte sich aber auf die am wenigsten umstrittene Dimension der Vertreibungen: die Neuansiedlung und Integration der Vertriebenen in der Bundesrepublik Deutschland und Österreich. Die meisten wandten sich an ein Fachpublikum. Die übrigen waren überdurchschnittlich oft autobiographische, polemische oder apologetische Texte. Es ist also kein Wunder, dass immer noch so viel Verwirrung in der deutschen Öffentlichkeit über Wesen und Umfang der Vertreibungen herrscht. Eine im Dezember 2002 vom Bonner Haus der Geschichte durchgeführte aufschlussreiche Untersuchung hat gezeigt, dass nur 10 Prozent der Befragten die Zahl der Vertriebenen korrekt zwischen 10 und 20 Millionen einordnen konnte; bei denen unter 30 Jahren waren es nur 4 Prozent. Die meisten Befragten schätzten die Zahl viel zu niedrig, entweder unter 5 oder zwischen 5 und 10 Millionen, der Durchschnitt lag bei 5,6 Millionen statt bei der tatsächlichen Zahl von 12–14 Millionen. Weniger als zwei von fünf Personen konnten Schlesien, eines der Hauptvertreibungsgebiete, auch nur annäherungsweise auf einer Karte finden – ein geringerer Anteil als die Zahl der Personen, die bei einer früheren Befragung Äthiopien lokalisieren konnten. Das sind bemerkenswerte Ergebnisse, wenn man bedenkt, dass heute fast drei von zehn Deutschen selbst vertrieben wurden oder die Kinder oder Enkel von Vertriebenen sind.

Während die Geschichte der Vertreibungen in Deutschland zu wenig bekannt ist, kann man für den Rest der Welt ohne Übertreibung sagen, dass sie bis heute das am besten gehütete Geheimnis des Zweiten Weltkriegs ist. Die Dimensionen einer Abwesenheit statt einer Präsenz zu bestimmen, ist natürlich problematisch, dennoch kann man nahezu sicher sein, dass an westeuropäischen und nordamerikanischen Universitäten die überwiegende Mehrheit der Studenten selbst in Fächern wie Neuerer Geschichte Europas, Internationalen Beziehungen und Politologie ihr Studium abschließt, ohne je etwas von einer der schlimmsten menschengemachten Katastrophe gehört zu haben, die den Kontinent nach 1945 traf und auch den blutigen Zerfall Jugoslawiens in den neunziger Jahren weit übertrifft. Das Gleiche gilt in noch größerem Maße für Politiker, Intellektuelle, Medien und die breite Öffentlichkeit in diesen Ländern. Auch hier darf man die allgemeine Unwissenheit über die Vertreibungen, ihren Kontext und ihre Folgen nicht auf irgendeine Verschwörung des Schweigens schieben. Vielmehr haben westliche Historiker mit wenigen, aber lobenswerten Ausnahmen ein auffallendes Desinteresse für die Mittel gezeigt, mit denen eine der zu Beginn des 20. Jahrhunderts ethnisch, sprachlich und kulturell vielfältigsten Regionen der Welt am Ende des Jahrhunderts zu einem Gebiet von bemerkenswert hoher nationaler Homogenität geworden war.

Der bei deutschen wie nichtdeutschen Forschern vorhandene Widerwille, diesem Kapitel den Platz zu geben, den es in ihren Nationalgeschichten und der gesamteuropäischen Geschichte des 20. Jahrhunderts verdient, ist sicherlich verständlich. Außerhalb Deutschlands nicht weniger als innerhalb rückt jede Diskussion der Vertreibungen sofort eine Vielzahl höchst unbequemer und immer noch sehr konfliktgeladener Fragen in den Vordergrund. Für die Deutschen selbst provoziert es eine Debatte über das Verhalten der volksdeutschen Minderheiten während des Krieges und darüber, inwieweit sie ihr späteres Schicksal selbst verschuldeten. Für Polen, Tschechen, Slowaken und Bürger anderer Vertreibungsländer verkompliziert und untergräbt es eine Reihe nationaler Erzählungen, in denen Deutsche ausschließlich als Täter und die eigenen Völker ausschließlich als Opfer erscheinen. Darüber hinaus weckt es Befürchtungen über die Dauerhaftigkeit juristischer Arrangements, durch die ehemals deutsches Eigentum an seine heutigen Besitzer geriet. Für Bürger der alliierten Staaten, besonders der USA und Großbritanniens, provoziert es Fragen nach der Mitwirkung ihrer Staatsführer und Völker an einem der größten Fälle massenhafter Menschenrechtsverletzungen in der modernen Geschichte, die zumindest in einigen Aspekten eine verstörende Ähnlichkeit mit Teilen der Versuche NS-Deutschlands zeigten, das demographische Gesicht des Kontinents zu verändern. Kurz gesagt, aus der Geschichte der Vertreibungen gehen nur wenige der direkt Beteiligten, wenn überhaupt jemand, in positivem Licht hervor. Es überrascht also nicht, dass große Zurückhaltung herrscht, eine so chaotische, komplexe, moralisch belastete und sozial kontroverse Episode, die bis heute für politischen Zündstoff sorgt, in eine Geschichte zu integrieren, die die meisten Menschen immer noch mit Recht als Kreuzzug – oder nach amerikanischem Sprachgebrauch als «Good War» – gegen eines der monströsesten Regime der Neuzeit ansehen.

Auf lange Sicht ist diese Weigerung, sich mit den Vertreibungen und ihrer Bedeutung nicht nur für die europäische Geschichte, sondern für unsere heutige Welt auseinanderzusetzen, aber nicht aufrechtzuerhalten. Vom pragmatischen Standpunkt aus überlässt es das Feld Personen wie den Holocaust-«Revisionisten», die die Vertreibungen mit der Ermordung der europäischen Juden als einander aufhebende «Kriegsverbrechen» gleichsetzen und so die Geschichte skrupellos für ihre Zwecke missbrauchen. Vom wissenschaftlichen Standpunkt aus ignoriert es die Revolution in der Geschichtsschreibung Mitteleuropas, die seit dem Zusammenbruch des kommunistischen Imperiums 1989 in Gang gekommen ist. Mit der Öffnung staatlicher Archive in Polen, der Tschechischen Republik, der Slowakei, Ungarn und zumindest einigen jugoslawischen Nachfolgestaaten traten immer mehr gut recherchierte empirische Studien der politischen Umstände und Durchführung der Vertreibungen an die Stelle polemischer und unhistorischer Darstellungen. Obwohl auf diesem Gebiet noch ein gewaltiges Maß an Forschung zu leisten ist, verändern die bahnbrechenden Studien von Tomáš Staněk für Tschechien, Bernadetta Nitschke und Bernard Linek für Polen, Soňa Gabzdilová und Milan Olejník für die Slowakei, Vladimir Geiger und Zoran Janjetovic für das ehemalige Jugoslawien und noch viele andere unser Verständnis der unmittelbaren Nachkriegsgeschichte Mittel- und Südosteuropas. Ihre Arbeit ist durch eine ungewöhnlich talentierte Gruppe junger Forscher in Nordamerika ausgeweitet und ergänzt worden, unter denen Chad Bryant, David

Curp, Benjamin Frommer, David Gerlach, Eagle Glassheim, Padraic Kenney, Jeremy King, Andrea Orzoff und Tara Zahra zu nennen sind. Für sie alle sind die Vertreibungen und ihre Folgen Schlüsselfaktoren dafür, was diese Länder nach dem Zweiten Weltkrieg wurden und was sie trotz des Zusammenbruchs des Kommunismus in vieler Hinsicht noch heute sind. Auch deutsche Historiker wie Mathias Beer, Detlef Brandes, Hans Lemberg, Philipp Ther und Stefan Wolff haben in den letzten 15 Jahren sehr wichtige Beiträge geliefert, obwohl paradoxerweise die verständliche Sorge vieler deutscher Forscher, die Diskussion der Vertreibungen könne zur Grundlage einer selbstmitleidigen «Opfermentalität» werden, die Fragen nach der Schuld an NS-Verbrechen in den Hintergrund treten lassen würde, der Debatte in Deutschland einen schärferen Ton gegeben hat als anderswo.

Was gegenwärtig aber fehlt, ist eine Studie der Vertreibungen, die sie von allen Seiten betrachtet – von ihren frühesten Ursprüngen an und in allen betroffenen Ländern – und ihre Geschichte bis in die Gegenwart fortschreibt, wo sie immer noch einen langen Schatten auf das Geschehen in Europa und der Welt werfen. Dies versucht das vorliegende Buch zu leisten. Natürlich kann kein einzelnes Werk das ganze Themenspektrum eines so umfang- und facettenreichen Aspekts der europäischen Geschichte umfassen. Ich habe bestimmte Elemente betont, die meiner Meinung nach besondere Aufmerksamkeit verdienen: die Durchführung der Massenvertreibungen, der Archipel von Konzentrations-, Internierungs- und Sammellagern, der in ganz Mitteleuropa nach dem Krieg entstand, die Implikationen der Vertreibungen für die Entwicklung des Völkerrechts und die zu wenig beachtete Mitwirkung der Westalliierten bei der Operation, die weit über bloße Zustimmung hinausging. Ich erhebe aber keinen Anspruch auf eine enzyklopädische Behandlung des Themas, selbst wenn das in einem einbändigen Überblick möglich wäre. Manche Teile des Puzzles fehlen immer noch und werden erst durch die Öffnung der relevanten Archive zugänglich werden. Hierzu zählt vor allem die vollständige Geschichte der Rolle der Sowjetunion, aber auch die Ereignisse in Rumänien und im früheren Jugoslawien. Andere Aspekte werden aus Zeit- und Platzgründen nicht so detailliert untersucht, wie manche Leser es zu Recht für angemessen halten mögen. Dennoch muss man irgendwo anfangen, allen Lücken und Mängeln dieses Buches zum Trotz. Wenn ich bei der Auseinandersetzung mit der Komplexität des Themas zumindest ein provisorisches und etwas wackliges Gebäude errichten kann, das spätere Historiker hoffentlich durch größere, massivere und dauerhaftere Bauwerke ersetzen, hat es seinen Zweck erfüllt.

Es ist angemessen und notwendig, gleich am Anfang explizit zu sagen, dass sich kein legitimer Vergleich zwischen den Vertreibungen nach dem Krieg und den deutschen Verbrechen an Juden und anderen unschuldigen Opfern zwischen 1939 und 1945 ziehen lässt. Die NS-Verbrechen in Mittel- und Osteuropa sind von kaum zu überbietendem Ausmaß. In der gesamten Weltgeschichte findet sich nichts, was sie übertraf oder ihnen gleichkam, mit der möglichen Ausnahme der jüngsten Enthüllungen über das maoistische China. Deutschlands Nachbarn litten schwer und unverdient während des Zweiten Weltkriegs und wurden dadurch schwer traumatisiert. Was immer nach dem Krieg geschah, lässt sich nicht mit den Gräueltaten gleichsetzen, die vorher von Deutschen begangen wurden, und Behauptungen des Gegenteils – darunter denen von manchen Vertriebenen – sind moralisch wie historisch unangemessen. Nichts, was ich in diesem Buch geschrieben habe, sollte etwas anderes suggerieren.

Hieraus lässt sich aber nicht schließen, die Vertreibungen seien unabwendbar, notwendig oder gerechtfertigt gewesen. Natürlich vertraten die Vertreibungsländer diese Position. Damals wie heute haben außenstehende Beobachter aus verständlichen Gründen wenig Neigung gezeigt, der Einschätzung von Völkern zu widersprechen, die so schwer unter der deutschen Besatzung litten. Wenn wir aber die größte Zwangsumsiedlung in der Menschheitsgeschichte aus der Nähe betrachten, erweist sie sich als tragisches und destruktives Kapitel, das seine Ziele nie erreichte – nicht einmal unter den extremen Umständen im Nachkriegseuropa, die allein als Rechtfertigung dafür hätten dienen können, wenn überhaupt eine möglich gewesen wäre.

In diesem Buch habe ich relativ wenig Gebrauch von direkten Aussagen von Vertriebenen gemacht, wie sie etwa in der *Dokumentation der Vertreibung* und ähnlichen Sammlungen veröffentlicht wurden. Das ist durchaus beabsichtigt. Es mag zunächst seltsam erscheinen, die Stimmen der am unmittelbarsten Betroffenen nicht in den Vordergrund zu stellen, aber die Tatsache, dass die Vertreibungen für so viele Menschen nach wie vor ein umstrittenes und emotionales Thema sind, erfordert außergewöhnliche Sorgfalt bei der Verifizierung von Quellen. In den fünfziger und sechziger Jahren war es eine weitverbreitete Strategie, die Glaubwürdigkeit der Zeugen anzugreifen, um den Wahrheitsgehalt der Ereignisse zu leugnen, die in Werken wie der *Dokumentation der Vertreibung* beschrieben wurden. Deutsche Vertriebene, so der Vorwurf, hätten ein persönliches Interesse daran, das ihnen zugefügte Leid zu übertreiben, um die eigene Mitschuld an Verbrechen herunterzuspielen. Die Aussage des tschechoslowakischen Präsidenten Edvard Beneš von 1945, «man solle natürlich nicht allen deutschen Geschichten glauben, denn die Deutschen übertrieben immer und seien die ersten, die klagen und im Ausland um Mitgefühl bitten würden», erschien vielen überzeugend. Ich habe es darum zur Regel gemacht, direkte Aussagen von Vertriebenen nicht zu verwenden, wenn sie nicht durch andere unabhängige Quellen belegt sind. Im Laufe meiner Forschung sah ich, dass ich dadurch nur wenig verlor, denn das in der *Dokumentation der Vertreibung* gezeichnete Bild wurde durch die Berichte von humanitären Organisationen wie dem Roten Kreuz, anderen Nichtregierungsorganisationen, westlichen Diplomaten und Funktionsträgern, Journalisten und vor allem durch die Archivbestände der Vertreibungsstaaten selbst bestätigt.

Es fehlt der Raum, um hier mehr als einer Handvoll der vielen Menschen zu danken, die mir während eines Forschungsprojekts halfen, das mehr Jahre in Anspruch nahm, als ich am Anfang zu glauben wagte. Dass dieses Buch überhaupt existiert, ist drei Menschen zu verdanken, ohne die es sicher nie das Licht der Welt erblickt hätte. Jane Pinchin, die erste Präsidentin der Colgate University, reagierte auf meine endlos wiederholten Klagen, es gebe kein Buch dieser Art, mit dem Ratschlag, doch mit dem Jammern aufzuhören und es selber zu schreiben. Die Versicherung meines großartigen Agenten Sam Stoloff von der Literaturagentur Frances Goldin, es werde erscheinen, als ich befürchtete, es werde jenseits meiner Familie und meines zunehmend vereinnahmten Freundeskreises keine Aufmerksamkeit erregen – ein Versprechen, das er trotz großer Schwierigkeiten einlöste –, hob meine Moral wieder, als sie auf dem Tiefpunkt war. Vor allem meine Frau Elizabeth, meine Partnerin bei diesem wissenschaftlichen Vorhaben und sehr viel mehr als das in meinem Leben, weiß, wieviel das Erscheinen dieses Buches ihr schuldet. Dass es ihr gewidmet ist, kann nur ein schwacher Dank sein.

Ich möchte auch einigen Menschen meinen Dank aussprechen, die große Mühe auf sich nahmen, um mir zu helfen. Besonders wertvolle Unterstützung erhielt ich von Martina Čermáková und Michaela (Misha) Raisová von der Karls-Universität Prag und von Karolina Papros von der Universität Warschau. Die unvergleichlichen Fabrizio Bensi und Daniele Palmieri vom Archiv des Internationalen Komitees vom Roten Kreuz in Genf halfen mir stets weiter, ebenso Fania Khan Mohammad von der Bibliothek des IKRK. Vlasta Měšťánkova vom Nationalarchiv der Tschechischen Republik half mir ebenso bereitwillig und kompetent wie allen anderen, die auf diesem Gebiet arbeiten, und Oberst Josef Žikeš und seine Mitarbeiter vom Zentralen Militärarchiv in Prag unternahmen große Anstrengungen, um relevantes Material für mich zu finden. Gleiches taten Amy K. Schmidt, die Spezialistin für Volksdeutsche im Nationalarchiv der USA, und Paola Casini und Romain Ledauphin vom Archiv der Vereinten Nationen, New York. Meine ehemaligen Kollegen an der Colgate University, Dr. Jim Bjork (jetzt King's College, London) und Professor Jonathan Wiesen (jetzt Southern Illinois University) lasen Teile des Manuskripts, wie auch Professor Timothy Waters (Maurer School of Law, Indiana University), Dr. Kevin White (University of Portsmouth), Professor Rob Nemes (Colgate) und Mic Moroney (Dublin). Professor Daisuku Yamamoto vom Geographischen Institut der Colgate University lieferte unschätzbare kartographische Hilfe in letzter Minute. Ihnen allen danke ich zutiefst für ihre Kenntnisse und Ratschläge. Schließlich stellte das Colgate University Research Council, durch das ich 2007 ein Mellon-Forschungsstipendium erhielt, sicher, dass die finanzielle Unterstützung, die für den Abschluss des Buches nötig war, nicht ausblieb. Ich bin ihnen allen und den vielen hier nicht Genannten zu Dank verpflichtet.

Kapitel 1

DER PLANER

Eine Woche nach der Münchner Konferenz vom September 1938 formulierte der tschechoslowakische Präsident Edvard Beneš sein Rücktrittsschreiben. Nach einem Vierteljahrhundert im Zentrum des politischen Lebens der Tschechoslowakei und fast drei Jahren als unangefochtenes Staatsoberhaupt war er innerhalb einer Woche politisch bedeutungslos geworden. Während die Großmächte sich in München über die Zukunft seines Landes stritten – die Tschechoslowakei durfte nicht einmal eine Delegation entsenden –, musste Beneš hilflos zusehen, wie sein Lebenswerk in Trümmer fiel. Zwei Jahrzehnte zuvor hatte er als Außenminister der Provisorischen Tschechoslowakischen Regierung und rechte Hand des «Vaters der Republik» Tomáš Garrigue Masaryk hinter den Kulissen der Pariser Friedenskonferenz auf brillante Art verhandelt und als Lobbyist gewirkt. Dadurch erreichte er die Zustimmung der Großmächte zu einem größeren Territorium für den neuen Staat, als die optimistischsten seiner Landsleute zu hoffen gewagt hatten. Nun musste er zusehen, wie dieselben Mächte Hitlers Forderung nach einer Teilung der Tschechoslowakei akzeptierten, für deren Entstehung und Bewahrung er so unermüdlich gearbeitet hatte. Über ein Viertel ihres Territoriums, das deutschsprachige Sudetenland, das an drei Seiten in einem breiten Streifen entlang der Landesgrenze verlief, und ein vergleichbarer Anteil der Bevölkerung sollten an den aggressiven Nachbarn im Norden abgetreten werden, um einen neuen Weltkrieg abzuwenden. Binnen zwei Wochen nach dem Münchner Abkommen hatte sich die tschechoslowakische Regierung völlig aus dem Sudetenland zurückgezogen, das sofort in Gaue aufgeteilt und ins Reich integriert wurde. Der Rest der Tschechoslowakei musste sich ohne französische und britische Verbündete so gut es ging mit Hitler einigen. Nachdem er sechs Monate lang ununterbrochen in der von Goebbels kontrollierten Presse als Deutschlands Hauptfeind verteufelt worden war, wusste Beneš, dass er diese Aufgabe nicht

Abb. 1. **Edvard Beneš**

übernehmen konnte. Er ging ins Exil und nahm einen Lehrstuhl an der Universität Chicago an, wo auch sein Mentor Masaryk vor dem Ersten Weltkrieg Philosophie gelehrt hatte.

Obwohl die Weltmeinung wegen der Art, wie Beneš aus dem Amt getrieben worden war, mit ihm sympathisierte, herrschte allgemeiner Konsens, dass der Gebietstransfer an Deutschland «notwendig und grundsätzlich gerecht» gewesen sei, wie die Londoner *Times* es ausdrückte.[1] Die Bewohner des Sudetenlands, wie Tschechen und Slowaken bis 1918 Bürger des österreichisch-ungarischen Reichs, waren nie gefragt worden, ob sie der Tschechoslowakei angehören wollten. Hätte man sie gefragt, so hätte die überwiegende Mehrheit sich für das Zusammengehen mit ihren deutschsprachigen Landsleuten in der neuen Republik Österreich ausgesprochen. Indem man das Sudetenland der Tschechoslowakei gab, wurden die Deutschen zur zweitstärksten Bevölkerungsgruppe des neuen Staates, weit vor den Slowaken. Alliierte Diplomaten waren daher 1919 besorgt, dies könne die Assimilierungskraft des jungen Staates übersteigen. Doch Beneš und Masaryk setzten sich über solche Sorgen hinweg. Während tschechoslowakische Truppen «Fakten schufen», indem sie die Ende 1918 in den deutschsprachigen Regionen Böhmens und Mährens geschaffenen provisorischen Regierungen gewaltsam unterdrückten, überzeugten die beiden Politiker die Alliierten, nur eine starke Tschechoslowakei könne eine neue deutsche Hegemonie in Mitteleuropa verhindern. Das Sudetenland mit seiner florierenden, exportorientierten Industrie sei für die Wirtschaft der Tschechoslowakei unverzichtbar. Ohne dieses Gebiet sei das Land nicht militärisch zu verteidigen, da es keinen Schutz gegen Angriffe von Norden, Westen und Süden habe. Etwas wider besseres Wissen und im Widerspruch zu Präsident Woodrow Wilsons ausdrücklicher Unterstützung des Selbstbestimmungsprinzips stimmten die Alliierten zu, «Hunderttausende protestierende Magyaren und ein paar Millionen unwillige Deutsche» in den neuen Staat einzugliedern, wie der britische Premier David Lloyd George sich später reuevoll erinnerte.[2] Beneš versprach dagegen den Alliierten, die unabhängige Tschechoslowakei solle ein multinationaler Musterstaat werden. Die Rechte der sudetendeutschen Minderheit würden vom umfangreichsten Schutzsystem des nationalen Rechts und des Völkerrechts in Europa profitieren. Deutsch würde nach seinen Worten «die zweite Sprache des Landes» sein und im öffentlichen Leben «auf Grundlage der Gleichheit» mit dem Tschechischen behandelt werden. Die Rechte der Sudetendeutschen sollten durch ein Nationalitätengesetz nach Schweizer Vorbild geschützt werden. Das Prinzip der proportionalen Vertretung werde verhindern, dass sie einer Tyrannei der tschechischen Mehrheit ausgesetzt seien.

In der Realität erreichte die Erste Republik niemals diese hehren Ziele. Obwohl die Verfassung die Gleichheit aller Bürger «ohne Ansehen von Rasse, Sprache oder Religion» erklärte, existierte stets eine Spannung zwischen «der Absicht, einen [...] modernen, demokratischen Staat aufzubauen [...] und der vielleicht psychologisch begreiflichen, aber praktisch undurchführbaren Tendenz, diesen Staat vorwiegend, wenn auch nicht ausschließlich, zu einem Instrument der nationalen Aspirationen des tschechischen und slowakischen Volkes zu machen».[3] Wenig geschah, um Beneš' Versprechen einzulösen, die Tschechoslowakei werde «eine Art Schweiz» werden. Tatsächlich hätte das eine Großzügigkeit und Weitsicht erfordert, deren Notwendigkeit nur wenige Tschechen einsahen, nicht einmal Beneš selbst. Es hätte die Republik auch zu einem ganz anderen Land gemacht, als die tschechischen Nationalisten es sich erträumt hatten. Unter der Habsburgermonarchie waren Tschechen und Slowaken von den dominierenden deutschen und ungarischen Sprachgruppen wenig beachtet worden. Nun lag die Macht in ihren Händen, und die Versuchung, die Verhältnisse einfach umzukehren, war fast unwiderstehlich. Sogar der populäre und versöhnliche Tomáš Masaryk, der selbst eine deutschstämmige Mutter hatte und als Kind besser Deutsch als Tschechisch sprach, gab ihr manchmal nach, indem er etwa in seiner Antrittsrede seine sudetendeutschen Mitbürger wenig glücklich als «Einwanderer und Kolonisten» bezeichnete.[4] Viele weniger diplomatische Tschechoslowaken machten kein Hehl aus ihrer Überzeugung, die deutschsprachigen Bewohner, der Rest einer fremden und repressiven Kultur, hätten keinen Platz in ihrer neuen Republik. Obwohl die Deutschen eine Minderheit in der Tschechoslowakei waren, vergaßen die Tschechen nie, dass sie selbst eine kleine Sprachinsel in Mitteleuropa bildeten, in dem zehnmal mehr deutschsprachige Menschen lebten. Die «Tschechoslowakei» war in sich bereits ein zerbrechliches Gebäude, mit dem nicht einmal ein großer Teil der Slowaken ganz einverstanden war. Die kulturellen Eigenheiten eines weiteren Volkes zu integrieren, konnte Separatismus säen und letztlich zum Zerfall des Staates führen.

Nach der Münchner Konferenz erklärten viele westliche Verteidiger der Tschechoslowakei einstimmig, «diese Deutsch-Böhmen waren die am besten behandelte Minderheit in Europa».[5] Die Wahrheit war komplizierter. Gewiss wurden die Sudetendeutschen nie zum Ziel systematischer staatlicher Verfolgung, obwohl körperliche Angriffe auf Sudetendeutsche und ihre Einrichtungen in den frühen Jahren der Republik keineswegs ungewöhnlich waren. Sie wurden aber auch nicht gleichberechtigt behandelt.[6] Auf vielfältige Weise versuchten der Staat von oben und tschechische Nationalisten von unten, die deutsche Kultur aus dem öffentlichen Raum zu entfernen. Insbesondere strebte man danach, den Anteil der offiziell registrierten Deutschen in jedem Bezirk auf administrativen Wegen unter die entscheidende 20 Prozent-Marke zu drücken, die nach dem Gesetz für die formale Anerkennung als nationale Minderheit notwendig war. Die Historikerin Tara Zahra schreibt hierzu: «Tausende von Bürgern, die sich bei der Volkszählung von 1921 als Deutsche registrieren ließen, wurden Verhören, Bußgeldern und Inhaftierungen wegen der illegalen Angabe einer ‹falschen› Nationalität unterzogen.» Die Bußgelder waren meist bescheiden, gewöhnlich ein Wochenlohn, und die Inhaftierungen kurz, dennoch «wurden in allen Fällen, in denen Menschen für die Angabe einer falschen Nationalität mit Bußgeldern oder Haft bestraft wurden, erklärte Deutsche zu Tschechen gemacht».[7] Bei der nächsten Volkszählung 1930 gab es noch größere ethnische Manipulationen. Eine Untersuchung des Innenministeriums fand heraus, dass Volkszähler in Brno (Brünn) 1145 Unterschriften gefälscht und weitere 2377 Personen falsch klassifiziert hatten, um den deutschen Einwohneranteil der Stadt knapp unter die 20 Prozent-Grenze zu drücken. Die Regierung in Prag versuchte ihrerseits, die ethnische Zusammensetzung des Sudetenlands aufzulockern, indem sie tschechische Beamte mit ihren Familien dorthin versetzte. Gleichzeitig wurden Zehntausende deutsche Beamte entlassen und durch Tschechen ersetzt, weil sie entweder nicht die neuen Prüfungen in tschechischer Sprache und Kultur bestanden hatten oder Denunziationen, zu denen offiziell ermutigt wurde und die zahlreich eingingen, zum Opfer fielen. Auch deutsche Schulen wurden zum Teil geschlossen. Schließlich bevorzugte eine umstrittene Landreform tschechische und slowakische Bauern auf Kosten der deutsch- und ungarischstämmigen. Zbyněk Zeman fasst es so zusammen: «Eine ursprünglich sozialpolitische Maßnahme wurde bei der Umsetzung zu einer volkspolitischen.»[8] «Zwischen den Kriegen hatten tschechische Nationalisten endlich die Gelegenheit, nationalistische Fantasien ohne den mäßigenden Einfluss eines neutralen Staates zu verwirklichen», schreibt Tara Zahra.[9]

Trotz dieses nicht besonders vielversprechenden Beginns eröffnete sich mit der Stabilisierung der neuen Republik eine echte Chance für Tschechen und Deutsche, einen für beide Seiten akzeptablen Modus vivendi zu finden. Tomáš Masaryk, der als einer der wenigen Angehörigen der Bevölkerungsmehrheit erkannte, wie gefährlich es war, die Sudetendeutschen in die Enge zu treiben, widmete sich als Präsident der Aufgabe, tschechoslowakischem Chauvinismus und deutschem Separatismus gleichermaßen entgegenzuwirken. Mitte der zwanziger Jahre begannen diese Bemühungen Früchte zu tragen. Bei den Wahlen 1925 erhielten die «Negativisten» unter den Sudetendeutschen, die die Legitimität des Staates leugneten und schworen, ihn zu boykottieren, deutlich weniger Stimmen als die «Aktivisten», die ein möglichst positives Ergebnis für die deutsche Bevölkerung innerhalb der Republik anstrebten. Die «Aktivisten» wurden durch Unterstützung aus Berlin gestärkt. Im Gegensatz zu den durch den Versailler Vertrag an Polen gefallenen Gebieten hatte das Sudetenland niemals zum Deutschen Reich gehört. Die führenden Politiker der Weimarer Republik sahen seine Angliederung an die Tschechoslowakei darum relativ gelassen. Die weitsichtigeren unter ihnen, wie Gustav Stresemann, sahen sogar Vorteile darin, wenn ein starkes prodeutsches Element in der Prager Regierung vertreten war, das Deutschlands Interessen in Mitteleuropa viel besser dienen konnte als mehrere Millionen zusätzliche österreichische Bürger. Folgerichtig ermutigte die deutsche Regierung sudetendeutsche Politiker dazu, umfassend am politischen Leben teilzunehmen. In den Beziehungen zwischen beiden Bevölkerungsgruppen setzte ein deutliches Tauwetter ein, befördert durch die Erkenntnis vieler Sudetendeutscher, dass sich ihre Lebensbedingungen positiv von denen im inflationsgeschüttelten, von Kriegsschulden belasteten und politisch instabilen Deutschland unterschieden. 1926 sagte der sudetendeutsche Abgeordnete Franz Spina, der zweimal Minister in der tschechoslowakischen Regierung war, gegenüber einer französischen Zeitung: «Wir haben 1000 Jahre mit den Tschechen gelebt, und wir sind mit den Tschechen durch wirtschaftliche, soziale, kulturelle, sogar rassische Beziehungen so eng verbunden, daß wir mit ihnen eine Einheit darstellen. Wir stellen, um ein Beispiel zu gebrauchen, die verschiedenen Muster eines einheitlichen Teppichs dar.»[10]

Leider wurde diese positive Tendenz nicht beibehalten. Als der alternde und kranke Masaryk 1935 von seinem Amt zurücktrat, nahm er einen großen Teil der Sympathie der Sudetendeutschen mit sich. Im Gegensatz zum charismatischen Vater der Republik erschien sein langjähriger Kronprinz Edvard Beneš als farbloser und wenig begeisternder Ersatz. Tschechoslowaken aller politischen Richtungen respektierten seine Intelligenz, Fleiß und Effizienz. An administrativen Fähigkeiten war er anderen Politikern weit überlegen. Doch wie seine Talente die eines geschickten Bürokraten waren, so galt das auch für seine Fehler. Beneš war dünnhäutig, überaus selbstgerecht, kalt und nachtragend und erwies sich als unglückliche Wahl für die Nachfolge Masaryks. Für seinen Sekretär Jaromír Smutný war er «ein brillanter Meister der Taktik und Strategie, der größte Machiavelli unserer

Zeit … [aber] er ist unfähig, die Begeisterung der Massen zu wecken. … Die Menschen verlassen ihn überzeugt, fühlen aber nicht mit ihm; sie sind voller Zuversicht, aber ohne Zuneigung.»[11] Beneš neigte auch zu fixen politischen Ideen, die sich zweimal als Katastrophe für sein Land erwiesen. Als glühender Frankophiler vertraute er zwischen den Kriegen völlig auf die Beziehung zwischen Prag und Paris, wurde in München aber von den Franzosen alleingelassen. Eine ähnliche Desillusionierung erlebte er später, nachdem er sein fragloses und unerwidertes Vertrauen auf die Sowjetunion übertragen hatte.

Die Haltung der sudetendeutschen Bevölkerung gegenüber Beneš war bestenfalls reserviert. Sie war misstrauisch wegen seines effizienten Public Relations-Netzwerks, das den Westeuropäern stets sagte, was sie über die Tschechoslowakei und die beispielhafte liberale und demokratische Haltung ihres Präsidenten hören wollten, und wusste, dass dieses Bild geschönt war.[12] Die Sudetendeutschen kannten ihn als überzeugten tschechischen Nationalisten, dessen Anerkennung von Minderheitenrechten eher Pragmatismus als Überzeugung entsprang, und hatten wenig Vertrauen, dass Beneš in einem Konflikt zwischen tschechoslowakischen und sudetendeutschen Interessen die beiden Bevölkerungsgruppen gerecht und neutral behandeln würde. Als dem Prager Parlament 1935 die Resolution zur Bestätigung von Beneš' Präsidentschaft vorgelegt wurde, stimmte kein einziger Abgeordneter der aufstrebenden sudetendeutschen Partei für ihn.

Die unterschiedliche Wirkung der Weltwirtschaftskrise auf die sudetendeutsche und die tschechische Bevölkerung verstärkte die Isolierung des Sudetenlands. Als einer der exportabhängigsten Landesteile wurde es schwer vom Rückgang des Welthandels getroffen. Die Prager Regierung verschärfte die Probleme der Region aber noch, indem sie Tschechen für Stellen im öffentlichen Dienst bevorzugte und Tausende von sudetendeutschen Beschäftigten entließ. Die Deutschen, die bei der Volkszählung von 1930 über 23 Prozent der Bevölkerung ausmachten, stellten fünf Jahre später nur 2 Prozent der höchsten Beamten, 5 Prozent der Offiziere und 10 Prozent der Beschäftigten der staatlichen Eisenbahn.[13] In Beneš' Außenministerium gab es keinen einzigen deutschstämmigen Mitarbeiter.[14] Staatliche Aufträge wurden bevorzugt an tschechische Firmen vergeben, auch in deutschsprachigen Bezirken. 1936 lebten über 60 Prozent aller Arbeitslosen der Tschechoslowakei im Sudetenland.[15] Nicht weniger verletzend für die Sudetendeutschen war Prags abweisende Reaktion auf ihre Diskriminierungsvorwürfe. Es sei unvernünftig, wenn sie sich über ihren Ausschluss aus dem öffentlichen Dienst beschwerten, solange sie nicht eindeutige Loyalität gegenüber dem Staat zeigten, der ihr Gehalt bezahlen solle, sagte die tschechische Staatsführung. Die Deutschen wiederum erinnerten sich, dass die Tschechoslowakei entstand, als tschechische und slowakische Soldaten während des Ersten Weltkriegs aus der k. u. k.-Armee desertierten und eine Tschechoslowakische Legion bildeten, um auf Seiten der Alliierten gegen ihre früheren Kameraden zu kämpfen. Es erschien den meisten Sudetendeutschen als Gipfel der Heuchelei, dass Beneš und seine Anhänger darauf beharrten, Minderheiten seien immer zur Loyalität verpflichtet, auch gegenüber Staaten, denen sie gegen ihren Willen angegliedert worden waren. Diese Forderung kam ausgerechnet von jenen, die das Habsburgerreich in einem Augenblick im Stich ließen, als es um sein Leben kämpfte.

1933 verkomplizierte ein neuer Faktor die tschechoslowakische Innenpolitik: der Machtantritt Adolf Hitlers in Deutschland. Im selben Jahr gründete Konrad Henlein eine neue Partei im Sudetenland, die Sudetendeutsche Heimatfront. Henleins militante, populistische und offen Prag-feindliche Bewegung wurde parallel zum Aufstieg ihres mächtigen Förderers in Berlin immer selbstbewusster und aggressiver. Bis heute ist unter Historikern umstritten, ob die Heimatfront – die sich bald in Sudetendeutsche Partei umbenannte und die Vertretung aller Sudetendeutschen beanspruchte – von Anfang an eine NS-Organisation war oder sich aus pragmatischen Gründen an Hitler orientierte.[16] Die meisten Forscher teilen die Ansicht Mark Cornwalls, dass die SdP zumindest bis 1937 «ihre Stärken und Schwächen daraus zog, eine weitgespannte Bewegung zu sein, die unterschiedliche Elemente der deutschen Bevölkerungsgruppe und verschiedene politische Positionen umfasste».[17] In jedem Fall wurde Henleins Partei rasch zum wichtigsten Sprachrohr der sudetendeutschen Unzufriedenheit mit dem politischen System der Tschechoslowakei. Bei den Wahlen von 1935 – den gleichen, die Beneš an die Macht brachten – gewann sie mit Hilfe hoher Subventionen aus Berlin zwei Drittel der Stimmen in den deutschen Bezirken und wurde zur stärksten Partei der Republik. Ebenso wenig lässt sich bezweifeln, dass Henlein und sein noch zwielichtigerer Stellvertreter Karl Hermann Frank nach dem «Anschluss» Österreichs an das Reich im Frühjahr 1938 Marionetten des NS-Regimes waren und dass die meisten Sudetendeutschen zu diesem Zeitpunkt die Eingliederung ihrer Gebiete ins Reich befürworteten. Diese Haltung wurde aber keineswegs von allen geteilt. Die Sozialdemokratie war im industriell geprägten Sudetenland stark vertreten, und viele Arbeiter wussten nur zu gut, was aus ihren gewerkschaftlichen Rechten werden würde, wenn sie Hitler in die Hände fielen. Zum Teil aus diesem Grund reiste Wenzel Jaksch, einer der prominentesten sudetendeutschen Sozialdemokraten, 1937 zweimal im Auftrag der Prager Regierung nach London, um Henleins Behauptung zu widersprechen, es gebe keinen Platz für Deutsche in einem tschechoslowakisch dominierten Staat. Im März des folgenden Jahres wurde Jaksch Vorsitzender der Deutschen Sozialdemokratischen Arbeiterpartei (DSAP), des wichtigsten linken Gegners der SdP. Wieviel Boden Jakschs Partei aber schon gegenüber Henlein verloren hatte, ist daran zu ermessen, dass sie ihre frühere Forderung nach einer autonomen deutschen Region innerhalb der Tschechoslowakei aufgeben musste, weil sie befürchtete, deren Erfüllung werde das Sudetenland dem Reich ausliefern.

Letztlich wurde das Schicksal der Tschechoslowakei aber von außen entschieden. Seit Hitler 1921 die Führung der jungen nationalsozialistischen Partei übernahm, hatte er nie aufgehört, die Unvereinbarkeit der territorialen Bestimmungen des Versailler Vertrags mit den Zielen zu betonen, für die die Alliierten angeblich im Krieg gekämpft hatten. Die Existenz der Tschechoslowakei in ihrer gegenwärtigen Form nannte er einen unwiderlegbaren Beweis für die Heuchelei der Sieger. Während sie die Tugenden der Demokratie und das Recht kleiner Völker auf Selbstbestimmung predigten, hätten die Alliierten die Schaffung eines Staates sanktioniert, der Millionen unwilliger Untertanen gewaltsam kontrolliere. Natürlich hatten die alliierten Staatschefs bei der Pariser Friedenskonferenz keinen Hitler gebraucht, um sie an den Widerspruch zwischen den tschechoslowakischen Grenzen und den von Präsident Wilson verkündeten Prinzipien zu erinnern, aber «weil die Existenz eines slawischen Staates mitten in der deutschsprachigen Region im Zentrum der französisch-britischen Vision eines neu organisierten Mitteleuropas stand, war zunächst jeder bereit, die Widersprüche zu übersehen».[18]

1938 waren sie kaum noch zu ignorieren. Durch den «Anschluss» Österreichs – eine weitere Ausübung der «Selbstbestimmung» – geriet die Tschechoslowakei in große Gefahr. Sie hatte nun nicht mehr eine kurze Grenze zu Deutschland im Nordwesten und Westen, sondern war fast von einem Großdeutschen Reich umgeben, das sich auch entlang der Hälfte seiner Nord- und Südgrenzen erstreckte. Wegen ähnlicher ethnischer Probleme wie mit den Sudetendeutschen war auch das Verhältnis zu den Nachbarn Polen und Ungarn gespannt. Weder Warschau noch Budapest hatten die kulturelle und wirtschaftliche Diskriminierung vergeben oder vergessen, unter der die ungarische Bevölkerung in der Südslowakei und die polnische Minderheit im Bezirk Teschen (Těšín) litt. So fehlten der Tschechoslowakei Freunde, als sie diese am nötigsten brauchte. Sogar ihre Verbündeten hielten ihre Position für schwach. Obwohl die Tschechoslowakei und Frankreich 1924 einen gegenseitigen Unterstützungspakt unterzeichnet hatten, glaubte Premierminister Édouard Daladier nicht, dass die meisten französischen Bürger verstünden, warum es einen europäischen Krieg geben müsse, um «drei Millionen Deutsche unter tschechischer Souveränität zu halten», wie es der Jurist und Publizist Joseph Barthélemy formulierte. Die Sowjetunion, die 1935 in dem sicheren Bewusstsein, keine gemeinsame Grenze zu haben, mit Prag einen Beistandspakt abgeschlossen hatte, rührte sich während der Münchner Konferenz nicht. Bis heute gibt es keinen Beleg für die eigennützige und unglaubhafte Behauptung des Führers der tschechischen Kommunisten zehn Jahre später, Stalin habe im Gegensatz zu Frankreich Krieg gegen Deutschland führen wollen, um die Tschechoslowakei zu verteidigen.[19] In Großbritannien schließlich stimmten «Appeaser» und «Antiappeaser» darin überein, dass der Anspruch der Sudetendeutschen, ihre staatliche Zugehörigkeit selbst zu bestimmen, gerechtfertigt sei, und waren nur verschiedener Meinung über den Weg dahin. Selbst Winston Churchill, der dem engen Beneš-Mitarbeiter Hubert Ripka im Sommer 1938 sagte, als Premierminister hätte er ebenso wie Neville Chamberlain gehandelt, vermied es nach München sorgfältig, das Recht der Sudetendeutschen auf Selbstbestimmung zu bezweifeln, und äußerte vielmehr, eine Demarkationslinie hätte durch den Völkerbund und nicht durch Hitler festgelegt werden sollen.[20]

Aus diesem Grund überschüttete die internationale öffentliche Meinung Edvard Beneš zwar mit Lob, als er ins Exil ging – der ehemalige französische Premier Léon Blum, der Schriftsteller H. G. Wells und sogar der Völkerbund nominierten ihn 1938 für den Friedensnobelpreis –, aber nur wenige bezweifelten, dass seine Entscheidung richtig war. Der britische Außenminister Lord Halifax erklärte im Oberhaus, selbst wenn es zu einem Scheitern der Verhandlungen in München und zum Krieg gekommen wäre, «hätte keine Gruppe von Staatsmännern die Grenzen einer neuen Tschechoslowakei so gezogen wie im Vertrag von Versailles».[21] Gallup-Umfragen ergaben eine Mehrheit in England und Frankreich für das Münchner Abkommen und eine noch höhere in den USA. Wenig Aufmerksamkeit galt den wahren Opfern des Abkommens, den tschechoslowakischen Juden und sudetendeutschen NS-Gegnern. Beide wurden nun verfolgt, nicht nur von den Nationalsozialisten, sondern von ihren eigenen Landsleuten, die nach Beneš' Rücktritt die kurzlebige Zweite Republik unter dem inkompetenten Präsidenten Emil Hácha gründeten. Obwohl sie nur sechs Monate lang existierte, warnt Mary Heimann davor, ihre Geschichte zu ignorieren, denn sie war «eine sehr wichtige Periode, in der die Tschechoslowakei von einer mit Mängeln behafteten Demokratie zu einem offen autoritären Staat wurde, dessen Staats- und Regionalregierungen mit Dekreten regierten, Rassismus förderten, politische Gegner neutralisierten, Wahlen fälschten, Arbeitslager eröffneten und Juden und Zigeuner verfolgten, noch bevor man dem Dritten Reich die Schuld daran geben konnte».[22] Obwohl Háchas Regierung nicht gegen Berlins Außen- oder Wirtschaftspolitik handeln konnte, war sie keinesfalls eine Marionette Hitlers. Vielmehr verkörperte sie zum Teil Kräfte in der tschechoslowakischen Gesellschaft, die sich bis dahin nicht voll entfalten konnten. Es waren Prags, nicht Hitlers Soldaten und Polizisten, die rund 20 000 sudetendeutsche NS-Gegner, meist Sozialdemokraten, festnahmen und nach Deutschland deportierten, wo sie in Konzentrationslagern verschwanden. Wenzel Jaksch, der Vorsitzende der sudetendeutschen Sozialdemokraten, floh im Frühjahr 1939 nach London, sonst hätte er ihr Los geteilt. Es war die slowakische Regierung in Bratislava, die ihr Territorium zuerst ethnisch säuberte, Juden und «Zigeuner» enteignete und nach Mähren abschob. Deutschland unterstützte ihre Forderung nach Unabhängigkeit als Belohnung für die antitschechische Haltung in München. Und es war das Prager Parlament, das kurz vor Hitlers Zerstörung des tschechoslowakischen Staates durch die Verkündung eines «Protektorats Böhmen und Mähren» am 15. März 1939 und die Besetzung beider Provinzen ein Gesetz verabschiedete, das die Einweisung aller arbeitslosen Männer über 18 Jahren in

Arbeitslager bestimmte. Diese Neigung zu autoritären Lösungen für soziale und wirtschaftliche Probleme, die in der Tschechoslowakei vor dem Krieg deutlich sichtbar war, manifestierte sich später in neuen und noch verstörenderen Formen.

Der Untergang der Zweiten Republik im Frühjahr 1939 und die gleichzeitige Schaffung der nominell unabhängigen Republik Slowakei, die tatsächlich weitgehend eine deutsche Marionette war, gab dem emigrierten Edvard Beneš die Gelegenheit zum politischen Comeback. Da sich hinter seiner bescheidenen Fassade ein absoluter und lebenslanger Glaube an seine Unersetzlichkeit im politischen Leben der Tschechoslowakei verbarg, war er mit drei festen Überzeugungen ins amerikanische Exil gegangen. Die erste war, es werde bald einen Weltkrieg geben, «vielleicht im nächsten Jahr oder in zwei bis drei Jahren», der das Ende Nazideutschlands bedeuten und seine eigene Position in München rechtfertigen würde.[23] Zweitens glaubte er, die Sowjetunion würde dadurch zum wichtigsten Faktor der europäischen Politik werden, darum war es wichtig, dass Tschechoslowakei und UdSSR nicht nur sehr enge Beziehungen, sondern auch eine gemeinsame Grenze besäßen.[24] Schließlich würden die politischen und wirtschaftlichen Umwälzungen des Krieges zwangsläufig die einmalige Gelegenheit mit sich bringen, das nationale Projekt der Tschechoslowakei zu vollenden, und das einzig mögliche Mittel zu diesem Zweck sei die Lösung des Minderheitenproblems durch Massenvertreibungen.[25] Für den Rest seines Lebens orientierte Beneš seinen politischen Kurs an diesen drei Überzeugungen, vor allem aber an der letzten.

Es war typisch für sein unerschütterliches Selbstbewusstsein – oder seine Arroganz, wie seine Kritiker sagten –, dass er sich bald selbst überzeugte, er sei gar nicht als Präsident zurückgetreten. Solange die Zweite Republik existierte, konnte man nicht argumentieren, sein Rücktritt im Oktober 1938 sei auf Druck geschehen und darum unwirksam. Die westlichen Länder hatten Háchas Regierung bereits anerkannt und diplomatische Beziehungen zu ihr aufgenommen. Obwohl das Hácha-Regime nach dem deutschen Einmarsch im März 1939 de jure weiter bestand, sah die Mehrheit der Tschechoslowaken die de facto-Abschaffung der Zweiten Republik aber als Rechtfertigung für die Position von Beneš in München. Sie schien zu beweisen, dass es keine Möglichkeit gegeben hatte, die Demokratien zur Einhaltung ihrer Versprechen über die territoriale Integrität der Tschechoslowakei zu bewegen. Beneš' Entscheidung, sein Volk nicht in einen selbstmörderischen Krieg zu führen, sondern sich für einen späteren Kampf zu schonen, war richtig gewesen. Der Expräsident konnte auch auf die Unterstützung vieler Anhänger zählen, die weiterhin einflussreiche Posten in der tschechischen Bürokratie bekleideten und mit denen er durch inoffizielle Kanäle in regelmäßigem Kontakt blieb. Sogar der unheroische Hácha, der trotz seiner autoritären Instinkte weder für die Nationalsozialisten noch unpatriotisch war, blieb mit Hilfe von Mittelsmännern in Verbindung mit seinem Amtsvorgänger.

Zu Beginn des Zweiten Weltkriegs war Beneš also in einer guten Position, seine Rolle als selbsternannte Verkörperung des tschechoslowakischen nationalen Willens wieder einzunehmen. Sein Schlachtplan war weitgehend derselbe wie im Ersten Weltkrieg. Durch ein Netzwerk von Exilorganisationen, eine Exilarmee und eine Untergrundbewegung in der Heimat wollte er den Alliierten im Austausch gegen die Anerkennung als wahrer Führer des Landes Hilfe leisten. Dank seines unübertroffenen Netzwerks persönlicher Kontakte zu westlichen Politikern und Meinungsführern würde er wie 1918 und 1919 versuchen, den späteren Friedensvertrag so vorteilhaft wie möglich für die tschechoslowakischen Interessen zu gestalten. Nach seiner Wiedereinsetzung in Prag würde er das Land vor künftigen Bedrohungen von außen schützen, indem er ein Bündnis mit einem mächtigen Nachbarn mit ähnlichen strategischen Zielen einging – nicht mehr dem unzuverlässigen Frankreich, sondern einer Sowjetunion, die seiner festen Meinung nach ihre kommunistische Phase rasch hinter sich ließ und ebenso daran interessiert war wie er, die Tschechoslowakei nach dem Krieg zum wichtigsten Instrument einer «Annäherung» zwischen Ost und West zu machen.

Beneš sollte noch erleben, wie seine Vision, deren Naivität jener der konservativen Politiker gleicht, die 1933 Hitler an die Macht brachten und zu kontrollieren glaubten, zum zweiten Mal in seiner glücklosen politischen Laufbahn zerbrach. Zunächst waren die Anzeichen jedoch vielversprechend. Durch Vermittlung seines Freundes Hamilton Fish Armstrong, der die einflussreiche amerikanische Zeitschrift *Foreign Affairs* herausgab, kam es im Mai 1939 zu einem privaten Treffen mit Franklin D. Roosevelt in dessen Haus in Hyde Park im Staat New York. Hier versicherte ihm der Präsident, soweit es die amerikanische Regierung betreffe, «existiert München nicht».

In Paris bildete sich im Oktober ein Tschechoslowakischer Nationalausschuss, der bewusst an das ähnlich benannte Organ erinnerte, das Masaryk 1916 dort gegründet hatte. Obwohl die Alliierten den Nationalausschuss zunächst ignorierten, da die jüngste Geschichte der Tschechoslowakei für sie eine Peinlichkeit war, an die sie nicht erinnert werden wollten, gewann er nach dem Fall Frankreichs an Bedeutung als eine der wenigen Kommunikationslinien der Engländer zu den Widerstandsbewegungen im besetzten Europa. Im Juli 1940 erkannte Winston Churchills Regierung den Nationalausschuss als provisorische tschechoslowakische Exilregierung an, und obwohl der Weg zur völligen Anerkennung keineswegs ohne Hindernisse war, unterhielten Mitte 1941 England, die UdSSR und die noch neutralen Vereinigten Staaten volle diplomatische Beziehungen zur Exilregierung in London und gestanden Beneš den Rang eines befreundeten Staatsoberhaupts zu. Das letzte Zeichen seiner völligen Wiedereinsetzung als einziges legitimes Oberhaupt der Tschechoslowakei kam ein Jahr später, als die Großen Drei unabhängig voneinander erklärten, sie betrachteten sich nicht länger an das Münchner Abkommen gebunden. Es war ein Augenblick des persönlichen Triumphs für Beneš, der eilig verkündete, Einheit und territoriale Integrität der Tschechoslowakei seien wiederhergestellt worden. Gleiches galt aber für das Sudeten-Problem.

Die Frage, was mit den Sudetendeutschen geschehen solle, war von den Briten nicht übersehen worden, die als zuweilen etwas entnervte Gastgeber der tschechoslowakischen Exilregierung am unmittelbarsten damit zu tun hatten, Beneš' Initiativen mit den alliierten Kriegszielen in Übereinstimmung zu bringen. Philip Nichols, ein Mitarbeiter des Außenministeriums, der 1942 zum britischen Botschafter bei den Londoner Tschechoslowaken – und mehr noch zu ihrem Aufpasser – ernannt wurde, machte Beneš wiederholt klar, dass die Ablehnung des Münchner Abkommens die Alliierten nicht direkt dazu verpflichtete, die tschechoslowakischen Grenzen vom September 1938 oder überhaupt irgendwelche bestimmten Grenzen wiederherzustellen. Den ganzen Krieg über war es die offizielle britische Haltung, dass alle Gebietsfragen einer Friedenskonferenz vorbehalten bleiben müssten, bei der man solche Fragen umfassend untersuchen und den Umriss der neuen Weltordnung festlegen würde. Bis dahin sollte eine Festlegung auf Teillösungen vermieden werden, vor allem deshalb, weil dies zu ähnlichen Forderungen von Polen, Jugoslawen, Dänen und anderen führen würde. Natürlich war diese abwartende Haltung völlig unbefriedigend für Beneš, der nicht solange gearbeitet und ausgehalten hatte, damit die Tschechoslowakei nach dem Krieg territorial ungünstiger dastünde als vor Hitlers Aggression. Doch gerade wenn die Grenzen von 1938 wiederhergestellt würden, stand das Problem nationaler Minderheiten innerhalb der Tschechoslowakei erneut auf der Tagesordnung.

Als Beneš 1919 die tschechoslowakische Position vor den Alliierten in Paris vertreten hatte, war die Idee, das Land solle das Sudeten*land* aber nicht die Sudeten*deutschen* umfassen, niemals ernsthaft erwogen worden. Wie viele seiner Generation glaubte Tomáš Masaryk an die Integrationsfähigkeit des Nationalstaats. Er hatte sich als Jugendlicher von seiner teilweise deutschen Erziehung emanzipiert und war überzeugter tschechischer Nationalist geworden. Wirtschaftlich hätte die Republik nicht hoffen können, den Verlust der Produktivität eines Viertels der Bevölkerung in absehbarer Zeit auszugleichen. Auf jeden Fall wurde die ganze Idee durch die Gewissheit gegenstandslos, dass die Alliierten ihr niemals zugestimmt hätten. Ende der dreißiger Jahre war die Situation aber eine andere. Der Bevölkerungsaustausch zwischen der Türkei und Griechenland durch die Konvention von Lausanne hatte 1922/23 gezeigt, dass Bevölkerungsbewegungen in großem Maßstab zumindest möglich waren. Beneš dachte an das Beispiel von Lausanne, als er durch eine geheime Initiative, deren Veröffentlichung explosive Folgen gehabt hätte, Hitler am 15. September 1938 etwa 6000 Quadratkilometer tschechoslowakischen Territoriums anbot, wenn dieser seinerseits 1,5 bis 2 Millionen Sudetendeutsche durch einen Bevölkerungstransfer aufnähme.[26] Hitler, der seinem Treffen mit Chamberlain in Berchtesgaden am selben Tag mehr Bedeutung beimaß, antwortete nicht einmal.

Beneš war aber bei Weitem nicht der Einzige in der Tschechoslowakei, der in diese Richtung dachte. Sein Hauptpropagandist Hubert Ripka war noch fester davon überzeugt, dass die Sudetendeutschen entfernt werden müssten, und sagte voraus, wenn sie nach dem Krieg unbehelligt blieben, würden sie gerade solange in der Tschechoslowakei ausharren, um der Forderung nach Reparationszahlungen zu entgehen, und dann sofort wieder mit separatistischer Agitation beginnen.[27] Ein Bericht aus Prag, der den Präsidenten einen

Monat nach der deutschen Besetzung Böhmens und Mährens erreichte, schilderte die Stimmung gegenüber den Sudetendeutschen als «sehr radikal». «Eine starke Verminderung ihrer Zahl scheint jetzt allgemein gefordert zu werden.»[28] Das war höchstwahrscheinlich übertrieben. ÚVOD, der Zentralrat der tschechoslowakischen Widerstandsbewegung, hatte über die Regelungen der Nachkriegszeit stets radikalere Vorstellungen als die Mehrheit der Normalbürger, was die Dominanz von Offizieren unter seinen Mitgliedern widerspiegelte.[29] Weil Beneš aber einen Großteil seiner Informationen über die öffentliche Meinung im Land durch einen ÚVOD-Filter erhielt, glaubte er, seine Landsleute forderten eine härtere Linie, als es wahrscheinlich der Fall war. Ein Beispiel für diese Tendenz ereignete sich 1940, als Beneš die Möglichkeit zu prüfen begann, etwa eine Million «junge, unbelehrbare Nazis» zu deportieren und die übrigen Sudetendeutschen in drei homogenen Kantonen nach Schweizer Vorbild zu konzentrieren. Als er diese Idee der Widerstandsbewegung mitteilte, antwortete der erzürnte Oberstleutnant Josef Balabán von ÚVOD sarkastisch in einer verschlüsselten Radiobotschaft: «Wir freuen uns darauf, den lieben Hitleristen Lebwohl zu sagen. Wir werden sie dermaßen verprügeln, dass die drei verdammten Kantone, die Sie sich ausgedacht haben und für die Sie die Menschen hier in Stücke reißen würden, irgendwo nah bei Berlin liegen werden.»[30]

Es wäre aber falsch, Beneš' Position in der Frage der Sudetendeutschen ausschließlich oder auch nur weitgehend durch Druck aus der Heimat zu erklären. Er zeigte wenig Neigung, sich von Untergebenen in eine bestimmte Richtung drängen zu lassen, und zögerte nicht, der ÚVOD Naivität vorzuwerfen, wenn sie meine, «wir könnten drei Millionen Deutsche einfach auslöschen».[31] Er war sich auch bewusst, dass für jede Lösung die Unterstützung der Alliierten unverzichtbar war, und wusste in den frühen Phasen des Krieges, dass eine Politik, die keinen Unterschied zwischen «schuldigen» und «unschuldigen» Deutschen machte, für sie inakzeptabel war. Nach dem Debakel von Dünkirchen, als die Aussicht auf einen konventionellen militärischen Sieg über Deutschland fast verschwunden war, lag eine der wenigen Möglichkeiten, die die britische Regierung zur Fortsetzung des Kampfes ermutigten, in der Hoffnung, Hitler könne durch einen Aufstand gestürzt werden, wenn deutsche Normalbürger erst die wirtschaftlichen Engpässe des Krieges zu spüren bekämen.[32] Rigorose Kriegsziele standen einem solchen

Szenario im Wege, denn sie hätten der Goebbels-Propaganda in die Hände gespielt, die stets betonte, die Briten wollten nicht das NS-Regime, sondern das ganze deutsche Volk zerstören. Aus diesem Grund zögerte Churchills Regierung 1940 mit der vollständigen Anerkennung von Beneš' Exilregierung, der kein einziger Vertreter der von Wenzel Jaksch geführten sudetendeutschen Sozialdemokraten in London angehörte. Als Geste gegenüber den Briten zeigte sich Beneš bereit, sechs sudetendeutsche Sozialdemokraten in den vierzigköpfigen Tschechoslowakischen Staatsrat, ein beratendes Gremium, aufzunehmen. Die Exilregierung blieb aber Tschechen und Slowaken vorbehalten. Aus demselben Grund leugnete er bei Treffen mit den sudetendeutschen Emigranten wider besseres Wissen, die in London umgehenden Gerüchte, dass er und seine Regierung Massenvertreibungen der deutschen Bevölkerung erwögen, hätten eine reale Grundlage.[33]

Der Kriegseintritt der Sowjetunion und der USA 1941 veränderte die Situation dramatisch, und Gleiches galt für die sich verschärfenden Gegensätze, die der Konflikt auf allen Seiten erzeugte. Am Ende des Jahres war die Niederlage der Achsenmächte wieder eine realistische Aussicht, dagegen war klar geworden, dass die Hoffnung auf den Ausbruch einer Revolution gegen das NS-Regime in Deutschland bloßes Wunschdenken war. Die spürbare Verschärfung von Beneš' Rhetorik über die Zukunft der Sudetendeutschen bei privaten wie öffentlichen Anlässen war kein Zufall. In einer Funkbotschaft an die ÚVOD-Führung im September 1941 versicherte er, er stehe dem Ziel einer Vertreibung aller Sudetendeutscher nach dem Krieg positiv gegenüber, obwohl er aus diplomatischen Gründen vielleicht einem weniger radikalen Programm zustimmen müsse.[34] Auch seine Wortwechsel mit Wenzel Jaksch nahmen einen viel kompromissloseren Ton an. Ein Jahr zuvor hatten beide übereingestimmt, der Vorschlag von Beneš, das Sudetenproblem durch einen internen Transfer in ethnisch homogene Kantone zu lösen, sei eine realistische Basis für Verhandlungen über die Form der Tschechoslowakei nach dem Krieg. Das Beharren des Präsidenten, dies müsse von einer teilweisen Aussiedlung der Sudetendeutschen begleitet sein, hatte die Verhandlungen aber blockiert, außerdem konnte Beneš die Idee von Kantonen nicht einmal gegenüber der eigenen Exilregierung durchsetzen. Man kann sich der Schlussfolgerung kaum entziehen, dass er Ende 1941 die Idee einer Lösung in Übereinstimmung mit den sudetendeutschen Sozialdemokraten aufgegeben hatte oder sie nicht mehr für nötig hielt. Jaksch befürchtete zurecht, Beneš hoffe «auf eine Zusicherung der britischen Regierung, die Vorkriegsgrenzen der Tschechoslowakei wiederherzustellen, worauf er in der Lage sein würde, die Sudetenfrage zur rein innertschechischen Angelegenheit zu erklären».[35]

Wie richtig Jaksch die Lage einschätzte, zeigte sich daran, dass Beneš nun zuversichtlich genug war, seine Absichten öffentlich zu äußern. Gewohnt vorsichtig begann er mit einer Reihe von Versuchsballons. Im September 1941 äußerte er zum ersten Mal öffentlich seine Unterstützung für «das Prinzip des Bevölkerungstransfers» im Rahmen einer «neuen Ordnung in Europa».[36] Zwei Monate später vertrat er bei zwei Reden an den Universitäten Edinburgh und Glasgow die Auffassung, «gute wie böse Deutsche, europäisch wie nazistisch gesinnte Deutsche müssen lernen [...] dass Krieg sich nicht auszahlt». Es gebe «keinen anderen Weg als das Leiden, um eine soziale und politische Gemeinschaft zu erziehen, und es hat nie einen anderen Weg gegeben».[37] Durch das Ausbleiben alliierten Einspruchs gegen diese Argumente gestärkt, ging Beneš in einem Artikel in *Foreign Affairs* im Januar 1942 vom Allgemeinen zum Besonderen über. «Nationale Minderheiten sind immer – und vor allem in Mitteleuropa – ein Pfahl im Fleisch einzelner Nationen. Das gilt besonders für deutsche Minderheiten.» Bevor man von Minderheitenrechten spreche, sei es notwendig, «die Rechte der Mehrheiten und die Pflichten der Minderheiten zu definieren». Im Licht der Kriegserfahrung sei es eine offene Frage, ob die Existenz nationaler Minderheiten notwendig oder wünschenswert sei: «Hitler hat selbst deutsche Minderheiten aus dem Baltikum und aus Bessarabien umgesiedelt. Deutschland kann es darum nicht a priori als Unrecht betrachten, wenn andere Staaten die gleichen Methoden auf deutsche Minderheiten anwenden. [...] Es wird nach diesem Krieg notwendig sein, Bevölkerungstransfers von viel größerem Ausmaß als nach dem letzten Krieg durchzuführen. Dies muss so human wie möglich geschehen, international organisiert und international finanziert.»[38]

Beneš gestand zu, dass die Sieger moralisch verpflichtet seien, «Maßnahmen zum Schutz loyaler Minderheiten, zur Garantie ihrer politischen und kulturellen Rechte auf der Grundlage völliger Gleichberechtigung zu entwerfen». Es konnte aber kein Zweifel herrschen, dass die tschechoslowakische Exilregierung nun offen für die Aussiedlung der meisten oder aller

Sudetendeutscher nach dem Krieg eintrat. Bei getrennten Treffen mit Jaksch und dem britischen Außenminister Anthony Eden bestätigte Beneš seine Absicht im selben Monat, in dem sein *Foreign Affairs*-Artikel erschien. Er deutete seine Bereitschaft an, die Grenzen der Tschechoslowakei so zu verändern, dass einige kleine Gebiete mit ausschließlich sudetendeutscher Bevölkerung an Deutschland gingen, sofern er anderswo einen angemessenen Ausgleich erhalte. Es dürften aber nicht mehr als 600 000 bis 700 000 Sudetendeutsche, also ein Fünftel der Vorkriegszahl, im Land bleiben. Eden legte sich Beneš gegenüber nicht fest, was diesen sehr verärgerte. Gegenüber Philip Nichols beschwerte er sich, die Zurückhaltung des Außenministeriums sei ein weiterer britischer Verrat an der Tschechoslowakei, und erinnerte den Botschafter daran, dass «die Frage unserer Deutschen für mich die Frage von *München im Allgemeinen* ist».[39]

Erneut wirkten sich größere Entwicklungen zugunsten von Beneš aus. Am 27. Mai 1942 verübten zwei tschechische Agenten des britischen Geheimdienstes auf Anweisung des Präsidenten ein Attentat auf Himmlers Stellvertreter Reinhard Heydrich, als dieser durch einen Prager Vorort fuhr. Eine Woche später erlag er seinen Verletzungen. Heydrich, ein Mitorganisator des Holocaust, war im September zuvor zum «Stellvertretenden Reichsprotektor von Böhmen und Mähren» ernannt worden, so der an Orwell erinnernde Titel für den Kolonialgouverneur der tschechischen Gebiete. Er hatte das Land so erfolgreich durch Zuckerbrot und Peitsche befriedet – tschechische Munitionsarbeiter erhielten sogar höhere Rationen als Arbeiter in Deutschland, und die tschechische Wirtschaft insgesamt «produzierte gehorsam etwa 10 Prozent der industriellen Produktion des Dritten Reichs im Austausch gegen gute Löhne»[40] –, dass der beunruhigte Beneš seine Ermordung befahl, weil er befürchtete, die Alliierten könnten meinen, die Tschechoslowakei habe sich mit der Besatzung abgefunden.[41] Wenn er beabsichtig hatte, eine deutsche Reaktion zu provozieren, so erfüllte die Mission ihren Zweck. Mit gewohnter Brutalität machten die Nationalsozialisten als Vergeltungsmaßnahme die Dörfer Lidice und Ležáky dem Erdboden gleich, ermordeten die Männer und schickten die Frauen in Konzentrationslager. Über 1000 tschechische Nichtjuden starben bei den folgenden Repressionen; außerdem wurden 1000 tschechische Juden ins KZ Mauthausen geschickt und kehrten nie zurück. Von Beneš' Standpunkt aus war noch schlimmer, dass die Deutschen fast alle ÚVOD-Mitglieder festnahmen, was die Tschechoslowakei ihrer Widerstandsbewegung und die Exilregierung aller zuverlässigen Kommunikationskanäle mit der Heimat beraubte.

Obwohl das Attentat sein Ziel völlig verfehlte, größere Militanz beim tschechischen Volk zu erzeugen – bis Kriegsende brauchten die Deutschen kaum 2000 Beamte, um eine tschechische Bürokratie von 350 000 Menschen zu kontrollieren –, polarisierte es doch erfolgreich die Meinung im In- und Ausland. Die Sudetendeutschen waren vom Tod Heydrichs so erzürnt, dass «die deutschen Behörden eingreifen mussten, um in ethnisch gemischten Regionen das Lynchen von Tschechen zu verhindern. Parteiorganisationen im Sudetenland und in Wien forderten die Massenvertreibung von Tschechen aus ihren jeweiligen Gebieten.»[42] Manche Historiker haben angedeutet, Beneš habe genau diese Reaktion vorausgesehen und darauf gezählt, sie werde ein Erbe der Bitterkeit schaffen, das jedes künftige Zusammenleben von Tschechoslowaken und Deutschen nach Kriegsende unmöglich mache.[43] Gewiss können manche unbedachte Äußerungen des Präsidenten und seiner Minister so einer Theorie Nahrung geben. Beneš nannte es später einen positiven Aspekt der Zerstörung von Lidice, dass «unter keinen Umständen mehr Zweifel an der nationalen Integrität der Tschechoslowakei aufgeworfen werden können». Sein politischer Sekretär und Parteikollege Prokop Drtina, Justizminister in der Nachkriegsregierung, drückte sich noch unglücklicher aus, als er erklärte: «Die Reaktion auf das Attentat und auf Lidice in der alliierten Meinung war so gewaltig, dass sie für uns einer siegreichen Schlacht gleichkam.» Ohne das Opfer derer, die bei der Operation ums Leben kamen, «hätten wir nie die Reinigung der tschechischen Gebiete von deutschen Siedlungen erreicht».[44] Daraus allerdings zu schließen, das Attentat sei durchgeführt worden, um die Volksgruppen in der Tschechoslowakei aufeinanderzuhetzen, ist eine allzu zynische Interpretation. Sehr viel wahrscheinlicher ist, dass Beneš, der sich gegenüber den Briten des Fehlens von offenem Widerstand in seiner Heimat peinlich bewusst war, die Relevanz seiner Regierung demonstrieren wollte und die unausweichlich folgende Vergeltung der Nationalsozialisten als Preis akzeptierte, der im Krieg bezahlt werden müsse.

Was immer seine Motive waren, das Massaker von Lidice stärkte die Stellung von Beneš gegenüber den Alliierten ungemein. Obwohl zahllose polnische, sowjetische und jugoslawische Dörfer und Städte bereits ein ähnliches Schicksal erlitten hatten, erlangte keines im Westen irgendeine Publizität. Lidice wurde dagegen ein allgemein bekannter Name, dank des hoch entwickelten Public Relations-Netzwerks des tschechoslowakischen Informationsministeriums in London und auch dank der Entscheidung der führenden amerikanischen Propagandastelle, des Office of War Information, das Massaker als «zentrales Ereignis von Barbarei und Terror der Achsenmächte» darzustellen, «das die Vereinten Nationen zur Zerschlagung der Nazibestien anfeuern wird».[45] Ležáky, das kleiner war als Lidice und – wichtiger noch – dessen Name im Westen viel schwerer auszusprechen war, wurde dagegen fast sofort vergessen. Außenminister Eden wurde von Tschechoslowaken und anderen stark unter Druck gesetzt, mit Vergeltungsbombardements auf Deutschland zu reagieren. Die britische Regierung verwarf dies jedoch, weil sie befürchtete, ein Ende der NS-Gräueltaten gegen Zivilisten könne zu Forderungen nach einem Ende des Bombenkriegs der Royal Air Force führen. Eden dachte daher über die Möglichkeit nach, stattdessen bei der Vertreibung der Sudetendeutschen nachzugeben.[46] Bei einem Treffen mit Stalin in Moskau erfuhr er im Dezember 1941, der sowjetische Staatsführer betrachte die Aussiedlung der Bevölkerung der deutschen Gebiete, die nach dem Krieg an Polen fallen sollten, als wichtiges Element einer endgültigen Lösung.[47] Eine Studie der Forschungsabteilung des britischen Außenministeriums hatte im Februar 1942 erklärt, umfangreiche Bevölkerungstransfers seien eine mögliche Methode, um das europäische Minderheitenproblem zu lösen.[48] Fünf Wochen nach Lidice legte Eden dem Kriegskabinett also ein Papier vor, in dem er erklärte, es werde «wohl unmöglich sein, einige Maßnahmen dieser Art im Nachkriegseuropa zu vermeiden» und warnte, «wenn sie nicht auf geordnete und friedliche Weise durchgeführt werden, ist es nur allzu wahrscheinlich, dass Tschechen und Polen die deutschen Minderheiten gewaltsam aus ihrer Mitte vertreiben werden. Die Frage ist also, ob wir uns zum Prinzip solcher Umsiedlungen bekennen und dies sowohl Dr. Beneš als auch den Vertretern der Sudetendeutschen als unsere Ansicht mitteilen sollten.» Anfang Juli 1942 erhielt Eden von seinen Kollegen die Zustimmung zum «allgemeinen Prinzip der Umsiedlung deutscher Minderheiten aus Mittel- und Südosteuropa nach dem Krieg nach Deutschland in Fällen, wo es notwendig und wünschenswert erscheint, und die Autorität, diese Entscheidung bei passenden Fällen zu erklären». Schon bald nachdem sie sich prinzipiell für die Möglichkeit von Vertreibungen entschieden hatte, plädierte die britische Regierung für eine radikalere Durchführung als sie selbst Beneš zu dieser Zeit vorschlug. Die Sudentendeutschen im Londoner Exil hatten durchblicken lassen, dass sie Umsiedlungen nach dem Krieg zustimmen könnten, wenn diese nur überzeugte Nationalsozialisten beträfen und eine eingehende Prüfung erfolge. Der tschechoslowakische Präsident dachte daraufhin gegenüber seinen britischen Gastgebern laut darüber nach, ob es nicht wünschenswert sein könne, nur diejenigen zu deportieren, deren Schuld eindeutig zu beweisen sei. Ihm war bewusst, dass es in seiner eigenen Exilregierung Politiker wie den Justizminister Jaroslaw Stránský gab, die sich «definitiv und kompromisslos gegen jeden Bevölkerungstransfer» wandten. Die Vertreibungen auf belastete Personen zu beschränken, würde den Widerstand gegen sie in diesen Kreisen ebenso schwächen wie unter den sudetendeutschen NS-Gegnern im Exil. Dennoch übermittelte Frank Roberts, ein höherer Beamter im Foreign Office, Edens starke Vorbehalte gegen jede Regelung, «bei der Schuld als Kriterium für Bevölkerungstransfers akzeptiert» würde. Im Oktober 1942 schrieb Roberts an Philip Nichols: «Es würde ausgesprochen schwierig werden eine allgemeine Einigung über die Definition von ‹Schuld› zu erzielen und jeder Regierung, die fremde Minderheiten von ihrem Gebiet vertreiben wollte, würde ein Anreiz gegeben ‹Schuld› zu entdecken oder zu fabrizieren, um ihre Ziele zu erreichen. [...] Jedem unserer Alliierten stünde es dann offen, alle verbliebenen Deutschen als schuldig zu klassifizieren und auszuweisen. [...] Und schließlich fürchten wir, von diesen praktischen Schwierigkeiten einmal abgesehen, dass die Annahme dieses Prinzips zu einer unwillkommenen Beschränkung unseres eigenen Rechts führen könnte, Bevölkerungstransfers durchzuführen. Denn wir könnten es für nötig halten (und die Amerikaner könnten es vorschlagen), von dieser Möglichkeit in großem Maßstab und ohne Verweis auf ‹Schuld› Gebrauch zu machen und es scheint wichtig, dass wir uns diesen Weg offen halten.» Nichols solle Beneš nicht ermuntern, «zwischen Schafen und Ziegen» zu unterscheiden. Daraufhin ließ der Botschafter den tschechoslowakischen Präsidenten eine Woche später wissen, dass jede Überlegung, den nicht durch den Nationalsozialismus Belasteten oder erwiesenen Gegnern des Regimes die Umsiedlung zu ersparen, «meiner Regierung weder genehm sei noch von ihr unterstützt» würde. Damit war die Sache aus Londoner Sicht erledigt. Die britische Regierung verwendete keinen weiteren Gedanken darauf, die Unschuldigen von den Vertreibungen auszunehmen.[49]

Auch die polnische Exilregierung folgte schließlich dem von den Tschechoslowaken eingeschlagenen Weg. In der Frühphase des Krieges war die Londoner Regierung von Władysław Sikorski viel besorgter um die Wiederherstellung von Polens Vorkriegsgrenzen gewesen, besonders um die Räumung der seit September 1939 von der Sowjetunion besetzten Gebiete. Obwohl einige Polen neidisch auf Ostpreußen blickten, war ihnen die Idee territorialer Gewinne im Westen viel weniger wichtig. Sie reagierten zurückhaltend auf tschechoslowakische Vorschläge im Winter 1939/40, die Vertreibung der deutschen Minderheiten könne ein erster Schritt zu einer Nachkriegsföderation zwischen beiden Ländern sein.[50] Als immer deutlicher wurde, dass sie zumindest einige der an die UdSSR verlorenen Ostgebiete niemals zurückbekommen würden, begannen Polen aller politischen Richtungen sich viel ernsthafter mit der Frage einer Westerweiterung auf Kosten Deutschlands zu beschäftigen – eine Idee, die zwischen den Kriegen schon von Roman Dmowskis ultranationalistischen und antisemitischen Nationaldemokraten propagiert worden war. Auf einer Sitzung im Dezember 1942 verabschiedete das polnische Exilparlament in London eine Resolution, die empfahl, die polnisch-deutsche Grenze solle im Interesse der künftigen Sicherheit Polens «begradigt und verkürzt» werden. Was das in der Praxis bedeutete, erläuterte Sikorski vier Tage später, als er Roosevelt darüber informierte, dass Polen Ostpreußen und Schlesien bis zur Oder und östlichen Neiße annektieren wolle.[51] Die Entfernung der Deutschen war aber nicht die wichtigste demographische Frage, die Sikorski beschäftigte. Zu Beginn des Jahres hatte er Anthony Eden gesagt, es sei «ganz unmöglich, [...] dass in Polen nach dem Krieg weiterhin 3,5 Millionen Juden leben. Man muss anderswo für sie Platz schaffen.»[52] Dieses «Problem» lösten schließlich die Nationalsozialisten für die Alliierten, obwohl Sikorski, der im Juli 1943 bei einem Flugzeugabsturz starb, das nicht mehr erlebte.

Zunächst wurden die Polen in ihrem Wunsch nach noch größeren Gebietsgewinnen auf Kosten Deutschlands durch den Glauben gebremst, die öffentliche Meinung der alliierten Staaten werde der massenhaften Umsiedlung von Deutschen, die eine so große Forderung nötig machte, niemals zustimmen.[53] Sie hatten auch noch nicht die Hoffnung auf die Rückgabe der meisten, wenn nicht aller verlorenen Ostgebiete aufgegeben und hegten zurecht den Verdacht, Stalin wolle sie zur Expansion im Westen ermutigen, um ihnen dabei weitere Hindernisse in den Weg zu legen. Dennoch war die Versuchung zu groß, um ihr zu widerstehen, besonders nachdem Beneš' Erfolg gezeigt hatte, dass sie zumindest bei den Großen Drei offene Türen einrannten. Offensichtlich würde ein Verbleiben der Bevölkerung in den betreffenden deutschen Gebieten bedeuten, dass Polen eine proportional ebenso große und in absoluten Zahlen noch viel größere deutsche Minderheit als die Tschechoslowakei bekäme. Vertreibungen wurden damit für die polnische Exilregierung ein fast ebenso wichtiges Element der Nachkriegsplanung wie für die Tschechoslowaken, und sie begrüßte Edens Bekehrung zu diesem Prinzip. Im September 1944 hatten die Londoner Polen beschlossen, Deutsche, «die das polnische Territorium nach dem Krieg nicht von selbst verlassen, müssen abgeschoben werden. Das gilt sowohl für das Gebiet des polnischen Staates vor 1939 wie für die Territorien, deren Angliederung an Polen als Ergebnis des gegenwärtigen Kriegs gefordert werden wird.»[54] Pläne zur Durchführung dieser Operation und zur Beschlagnahme des Eigentums der Auszusiedelnden wurden bereits vorbereitet.[55]

Glaubhafte Gerüchte, die britische Regierung unterstütze Bevölkerungstransfers nach Kriegsende, schlugen bei den sudetendeutschen Emigranten in England und ihrer Führungsfigur Wenzel Jaksch wie eine Bombe ein. Er war eine ehrenwerte und in mancher Hinsicht tragische Persönlichkeit und hatte seit seiner Ankunft in England nach der Münchner Konferenz nicht nur ein, sondern mehrere Rückzugsgefechte ausgetragen. Seine eigene Emigrantengruppe war zwischen denen gespalten, die für eine Wiederherstellung der Tschechoslowakei in den Grenzen vor 1938 arbeiten wollten, und denen, die zwar gegen Hitler kämpften, aber das Sudetenland als Teil eines demokratischen Nachkriegsdeutschlands sahen. Jaksch wusste auch, dass Mitglieder der Exilregierung Zwietracht unter den sudetendeutschen Emigranten zu säen versuchten, um ihren Anspruch auf alliierten Schutz zu schwächen und seinen Status als ihr Sprecher zu untergraben. Wie Beneš 1938 kam auch Jaksch zu dem Schluss, die größte Aussicht, die Briten zur Kursänderung zu bewegen, liege darin, seine Würde und die seiner Anhänger zu bewahren, nicht auf Provokationen oder Polemik zu reagieren und die

Alliierten daran zu erinnern, wie wichtig es sei, dass sie sich an ihre öffentlichen Versprechen hielten. Sein Lohn für diese prinzipienfeste Haltung war derselbe wie für den tschechoslowakischen Präsidenten in München. Es ist aber unwahrscheinlich, dass irgendeine andere Strategie zu einem anderen Ergebnis geführt hätte.

Die Provokationen ließen nicht lange auf sich warten. Seit Mai 1941 hatte Jaksch über den deutschen Dienst der BBC zahlreiche Radioansprachen an seine sudetendeutschen Landsleute gehalten, sie an ihre Pflicht gegenüber dem tschechoslowakischen Staat erinnert und zum Widerstand gegen die Nationalsozialisten aufgerufen. Der tschechische Historiker Francis Raška, der diese Reden analysiert hat, findet in ihnen «nicht den geringsten Anhaltspunkt für Illoyalität gegenüber der Tschechoslowakei».[56] Dennoch trieben sie Beneš und sein Sprachrohr Ripka zur Weißglut. Sie beschwerten sich, dass Jaksch durch das Eintreten für sudetendeutsche Autonomie in einer dezentralisierten Tschechoslowakei denselben Weg einschlage wie Konrad Henlein in den dreißiger Jahren und den Boden für eine Auflösung des Staates bereite. Eine solche Person habe kein Recht, sich im Radio oder irgendwo sonst zu äußern. Frank Roberts vom Außenministerium fasste ihre Vorwürfe trocken so zusammen: «Die Regierung Seiner Majestät baut einen weiteren sudetendeutschen Führer auf.»[57] Britische Vertreter nahmen diese Vorwürfe nicht ernst. Sie kannten Jaksch ebenso gut wie Beneš und hatten von Ersterem eher eine höhere Meinung. Seit Versailles hatte das Außenministerium Beneš als doppelzüngig betrachtet. Als er sich 1925 als künftigen Generalsekretär des Völkerbunds ins Spiel gebracht hatte, notierte der britische Diplomat Sir Alexander Cadogan: «Wenn der Völkerbund zerstört wird, liegt der Grund in der Ernennung eines ungeeigneten Mannes für den Posten [...] Dr. Beneš wäre ein ausgezeichneter Kandidat für jeden, der dieses Ergebnis anstrebt.»[58] Jaksch dagegen war keineswegs ein Krypto-Nazi, sondern offensichtlich ein altmodischer sozialistischer Internationalist von einer Art, die zwei Weltkriege fast zum Verschwinden gebracht hatten. Britische Beamte erinnerten sich an seine London-Besuche vor München, als er auf Bitten von Beneš Unterstützung für die Haltung der Tschechoslowakei gegen die deutsche Aggression suchte, und an seine Kriegsarbeit für die Special Operations Executive, die britische Sabotageorganisation im besetzten Europa.[59] Noch peinlicher für den tschechoslowakischen Präsidenten war, dass der Labour-Abgeordnete und Staatssekretär in Churchills Koalitionsregierung Philip Noel-Baker schon in einer anderen BBC-Sendung erzählt hatte, wie er und Jaksch im Sommer 1938 in der Tschechoslowakei die Sudetendeutschen zum Widerstand gegen Henlein und Hitler aufgerufen hatten: «Abend für Abend fuhr ich mit ihrem mutigen Parteiführer Wenzel Jaksch von Stadt zu Stadt, um mit ihm vor großen Versammlungen seiner Anhänger zu sprechen. [...] Ich höre noch immer die tiefen, entschlossenen Hoch-Rufe, wenn Jaksch erklärte, sie wollten lieber für die Freiheit kämpfen und sterben als kapitulieren.

Und ich erinnere mich, wie Präsident Beneš in seinem schönen Palast auf dem Hügel über Prag mir sagte, diese deutschen Sozialdemokraten seien Helden; sie hätten uns allen gezeigt, welche Entschlusskraft, welche geistige Würde der Kampf für die Freiheit hervorbringen könnte.»[60]

Wie auch immer die Tschechoslowakei nach dem Krieg aussehen mochte, Jaksch würde zweifellos keine Rolle in den britisch-tschechoslowakischen Beziehungen mehr spielen. Beneš und Ripka hingegen schon. Da wenig dafür sprach, dass seine Sendungen irgendwelchen Einfluss auf die sudetendeutsche Meinung hatten, schien es aus englischer Sicht unnötig, sich deshalb mit der künftigen Prager Regierung zu streiten. Jakschs Sendungen wurden im Sommer 1942 eingestellt. Es sollte nicht das letzte Mal sein, dass er und andere deutsche NS-Gegner der alliierten Staatsräson geopfert wurden.

Unterstützung für eine Vertreibung der Sudetendeutschen kam bald auch aus der UdSSR. Vernünftigerweise vergeudete Beneš nicht viel Zeit mit den tschechoslowakischen Kommunisten (KSČ), deren absurde Verrenkungen bei dem Versuch, sich der Moskauer Parteilinie anzupassen, bereits bewiesen hatten, dass sie nicht selbstständig entscheiden konnten. Seit ihrer Gründung Anfang der zwanziger Jahre war die KSČ standhaft für Minderheitenrechte eingetreten, hatte den internen tschechischen Kolonialismus als Instrument bourgeoiser Ausbeutung kritisiert und das Recht der Sudetendeutschen und anderer ethnischer Gruppen auf «nationale Selbstbestimmung» bis hin zur Abspaltung von der Republik unterstützt. Diese Position hielt bis zum Abschluss des tschechoslowakisch-sowjetischen Beistandspakts von 1935, nach dem von Selbstbestimmung für Minderheiten nichts mehr zu hören war. Stattdessen forderte die Partei während der Krise von

München die sudetendeutschen «Antifaschisten» auf, die «Anordnungen der [tschechoslowakischen] demokratischen Institutionen zu befolgen».[61] Als der Hitler-Stalin-Pakt verkündet wurde, stand «nationale Selbstbestimmung» wieder auf der Tagesordnung, und im Protektorat zirkulierten Flugblätter der Partei, die vor den «Gefahren des [tschechischen] Chauvinismus» warnten. Es war also klar, dass die KSČ stets Moskaus Vorgaben folgen würde, trotz einer nicht geringen Zahl sudetendeutscher Mitglieder. Im Juni 1943 teilte der sowjetische Botschafter in London der tschechoslowakischen Exilregierung die Zustimmung zur Vertreibung der Deutschen mit; Beneš hörte es dann direkt von Stalin, als er Ende des Jahres nach Moskau reiste.[62] Als er dort kurz darauf mit der Exilführung der KSČ zusammentraf, teilte er ihnen mit, was er von ihnen erwartete, statt um Unterstützung zu bitten.

Im Sommer 1943 erhielt Beneš die letzte Zusage, die er für den Erfolg seines Plans brauchte. Im März hatte er sich bei einem Lunch mit Churchill vergewissert, dass der Premierminister noch immer hinter der Transferidee stand. Laut Jan Masaryk, dem Sohn des ersten Staatspräsidenten und damals Außenminister der Londoner Exilregierung, ging Churchill noch weiter. Er sagte zu Beneš, wenn der Krieg erst zu Ende sei, «werden auch in Ihrem Land viele [Sudeten-]Deutsche getötet werden – das lässt sich nicht vermeiden, und ich stimme dem zu. Nach ein paar Monaten werden wir sagen ‹es ist genug› und mit dem Aufbau des Friedens beginnen: die schuldigen Personen, die überlebt haben, werden angeklagt.»[63] Ob Churchills Äußerung nun präzise wiedergegeben wurde oder nicht – und er liebte sein Leben lang martialische Übertreibungen –, meinte er wohl eine pauschale Abrechnung mit hochrangigen Funktionären wie Henlein und dem sudetendeutschen «Staatsminister für Böhmen und Mähren», Karl Hermann Frank, und nicht eine Erlaubnis für die Tschechen, Massaker zu begehen. Beneš sah die Unterstützung des Premierministers aber als so stabil an, dass er sie in Churchills Gegenwart im Mai 1943 bei seinem ersten und einzigen Besuch im Weißen Haus während des Kriegs gegenüber Roosevelt ansprach. Auch hierüber existiert kein offizielles Protokoll. Bei der Rückkehr nach London berichtete er seinen Kollegen aber euphorisch, nachdem der US-Präsident von der bereits versprochenen britischen und sowjetischen Unterstützung erfahren habe, habe auch er der Vertreibung aller Sudetendeutschen nach dem Krieg zugestimmt.

Es ist auch hier unwahrscheinlich, dass die Version von Beneš jeder Grundlage entbehrte, obwohl das amerikanische Außenministerium Roosevelts Äußerungen später heftig bestritt. Beneš war nach Washington gereist, um die amerikanische Erlaubnis zur Vertreibung der Sudetendeutschen zu bekommen, und es gibt keinen Grund zu bezweifeln, dass er die Frage beim Treffen ansprach. Er hätte Roosevelts Zustimmung danach kaum so weithin verkündet, wenn er keine Ermutigung dazu erhalten hätte; es wäre zu leicht gewesen, die Geschichte zu dementieren. Andererseits erscheint Beneš' spätere Behauptung, der Präsident habe einer vollständigen Räumung des Sudetenlands zugestimmt, weniger glaubwürdig. Bei seinen früheren Verhandlungen mit London und Moskau war er bei der Zahl der Deutschen, die er vertreiben wollte, bewusst vage geblieben, und es ist höchst unwahrscheinlich, dass er die riskante Strategie gewählt hatte, Roosevelt schon bei der ersten Diskussion dieser Frage zur Annahme seiner Maximalforderung zu drängen. Diese Interpretation wird bestärkt durch Anthony Edens Anordnung an den britischen Botschafter in Washington, tschechoslowakische Berichte über die Unterstützung der USA für eine vollständige Vertreibung der Sudetendeutschen zu dementieren und zu betonen, dass die Alliierten in der Frage von Bevölkerungstransfers nach dem Krieg nur prinzipiell zugestimmt hätten.[64]

Ende 1943 hatte das Vertreibungsprojekt aber eine solche Eigendynamik gewonnen, dass nur ein eindeutiges Veto der Großen Drei es noch aufgehalten hätte. Nicht nur bei Politikern, sondern auch bei wichtigen Akteuren der öffentlichen Meinung in England und Amerika wurden Umsiedlungen für kurze Zeit zum «modischen Allheilmittel für alle Schwierigkeiten, die mit nationalen Minderheiten zusammenhängen», wie C. A. Macartney es ausdrückte, der das britische Außenministerium in internationalen Beziehungen beriet.[65] So forderte der ehemalige US-Präsident Herbert Hoover ein Nachdenken über «den heroischen Ausweg des Bevölkerungstransfers» zur Verhinderung künftiger Konflikte in Europa.[66] Der ehemalige stellvertretende Außenminister Sumner Welles, Roosevelts engster außenpolitischer Berater, der früher gesagt hatte, nach dem Krieg werde «kein Element in irgendeiner Nation dazu gezwungen werden, stellvertretend für Verbrechen zu büßen, für die es nicht verantwortlich ist», und es sei nicht hinnehmbar, wenn Menschen «wie Vieh von einem Staat in den anderen geschickt werden», freundete sich mit der Idee an, dass «wir diesen Moment des internationalen Chaos dazu nutzen sollten, Bevölkerungstransfers durchzuführen, wo dies notwendig ist, um neue Konflikte zu vermeiden und es so den Völkern zu ermöglichen, frei von rassischer Diskriminierung unter der Regierung zu leben, die sie wollen».[67] Der Oxforder Historiker A. J. P. Taylor unterstützte Beneš' Vertreibungsplan und erklärte, der tschechoslowakische Staat lasse sich nur wiederherstellen, wenn er die gleiche «Rücksichtslosigkeit» anwende und «ebensoviel Leid» verursache wie die Deutschen bei seiner Zerstörung.[68] Im Oberhaus äußerte sich Robert Vansittart, ein ehemaliger hoher Beamter des Außenministeriums, der in den dreißiger Jahren erst für und dann gegen Appeasement gewesen war und jetzt zu den lautesten britischen Stimmen für einen «karthagischen Frieden» gegenüber Deutschland gehörte, ähnlich. Er lobte Stalins robuste Gleichgültigkeit gegenüber Fragen von Schuld oder Unschuld bei der Vertreibung der Wolgadeutschen aus ihrer Heimat 1941 als Vorbild für die Westalliierten. «Er hatte tausendmal Recht; fünfhunderttausendmal Recht. ... Ich sage, diese [Deportierten] waren keine Hitleranhänger. Sie waren ein Vierteljahrhundert lang kommunistisch erzogen worden. ... Trotzdem wurden sie als Deutsche und als unzuverlässig angesehen.»[69] Sogar Lord Robert Cecil, Präsident der britischen League of Nations Union und zwischen den Kriegen ein leidenschaftlicher Verteidiger von Minderheitenrechten, stimmte nun zu, zumindest die Sudetendeutschen müssten «umgesiedelt werden», und ihr Schicksal gehe niemanden etwas an außer die tschechoslowakische Regierung.[70]

Obwohl die Zustimmung zu Vertreibungen über die britischen Parteigrenzen hinwegging, wurde die Idee von der Labour Party besonders enthusiastisch begrüßt. Zwischen den Kriegen hatte sie sich sehr für internationalistische Prinzipien in der Außenpolitik eingesetzt, bis zu dem Punkt, den Völkerbund als Keim einer künftigen Weltregierung anzusehen. Von diesem Enthusiasmus war 1942 nicht mehr viel übrig. Der Zusammenbruch des Wilsonschen Systems angesichts der Aggression der Achsenmächte führte zu einer scharfen Reaktion der englischen Linken in Richtung einer nationalen Sonderrolle und einer von den Großmächten dominierten neuen Weltordnung. Wenn Minderheiten dieser Agenda im Wege standen, sollten sie nach der Auffassung der Labour-Führung entweder vollständig assimiliert oder umgesiedelt werden. Philip Noel-Baker und John Parker, die beide nach

1945 Minister wurden, traten für systematische Bevölkerungstransfers als notwendige Voraussetzung der Friedensordnung ein; einflussreiche Labour-Intellektuelle wie Harold Laski schlugen in dieselbe Kerbe.[71] In einer weitverbreiteten Erklärung von 1944 zur Außenpolitik einer Labour-Regierung nach dem Krieg wurden Deutsche, die nicht bei der Umsiedlung kooperierten, gewarnt, sie hätten kein Recht, sich zu beschweren, wenn sie dadurch in Lebensgefahr gerieten: «‹Nationale Minderheiten› in Mitteleuropa außerhalb der Grenzen ihrer Nationen sollen ermutigt werden, sich ihnen wieder anzuschließen. Insbesondere alle Deutschen außerhalb der deutschen Nachkriegsgrenzen sollten dorthin zurückgehen, falls sie keine loyalen Bürger der Staaten werden wollen, in denen sie leben. Tatsächlich wird das in ihrem eigenen Interesse liegen, denn zumindest in den ersten Jahren nach dem Krieg wird es in den besetzten Ländern ein Ausmaß an Hass gegen Deutsche geben, das weder wir noch die Amerikaner völlig nachempfinden können. Deutsche in vielen dieser Gebiete werden vielleicht vor der Wahl zwischen Migration und Massaker stehen.»[72]

Dass diese Zustimmung für den Einsatz von Massenterror zur Vertreibung deutscher Minderheiten durch eine der britischen Regierungsparteien nicht leichthin gegeben wurde, zeigt eine Rede Dennis Healeys beim jährlichen Labour-Parteitag zwei Wochen nach der deutschen Kapitulation. Healey wurde bald darauf Labours Sekretär für Außenpolitik und in dieser Funktion eine zentrale Kontaktperson zwischen den Ministern der Attlee-Regierung und den sozialistischen Parteien Mitteleuropas. Er gestand zu, dass britische Linke einige der Handlungen linker Staatsführer auf dem Kontinent zur Begleichung politischer Rechnungen wahrscheinlich als «extrem» ansehen würden. Doch «wenn die Arbeiterbewegung in Europa es für notwendig hält …, direktere und drastischere Strafen für ihre Gegner einzuführen, als wir es in diesem Land tolerieren würden, müssen wir ihren Standpunkt zu verstehen suchen».[73] Der Reiz von Bevölkerungstransfers ging für Labour über bloßen Revanchismus hinaus. Mitte der vierziger Jahre wurden sie von der Linken zunehmend nicht nur als Mittel des sozialen, sondern auch des sozialistischen Gesellschaftsumbaus betrachtet. Da Bewegungen in einer solchen Größenordnung den sozioökonomischen Status quo in den betreffenden Ländern umwälzen würden, konnten sie dabei helfen, etablierte kapitalistische Interessen aufzubrechen und den Weg für einen raschen

Übergang zu einer Planwirtschaft zu bereiten, deren Verwirklichung sonst Jahrzehnte dauern könnte. Beneš dachte selbst so und wies den tschechoslowakischen KP-Führer Klement Gottwald im Dezember 1943 darauf hin, die Vertreibungen würden von einer staatlichen Konfiszierung und Neuverteilung des gesamten deutschen Eigentums begleitet sein. «Das wird eine nationale Revolution, verbunden mit einer sozialen Revolution», versprach Beneš. «Durch Maßnahmen nationalen Charakters und gegen die deutschen Reichen öffnet sich der Weg für radikale Eingriffe in die Wirtschaft und soziale Wandlungen in den böhmischen Ländern.»[74]

In den weitgehendsten Formulierungen ihrer Verfechter erschienen Bevölkerungstransfers als Allheilmittel für die Schwierigkeiten, die durch die sehr unterschiedliche Entwicklung von «Völkern» und «Staaten» entstanden waren. Nach dieser Ansicht war die Nichtübereinstimmung zwischen beiden ein Hauptgrund für internationale Konflikte, weil Mitglieder eines bestimmten Volkes auf einem Territorium lebten, das ihnen nicht gehörte. Nach dem Ersten Weltkrieg hatte man versucht, die Grenzen von Staaten zu verändern, um sie der geographischen Verteilung von Völkern anzupassen. Das hatte sich als Fehlschlag erwiesen. Ethnische Mischung, die Existenz von Sprachenklaven und -inseln und ein Mangel an gutem Willen auf allen Seiten hatten die Versuche der Experten bei der Pariser Friedenskonferenz zunichte gemacht, «Volk» und «Staat» zu identischen Begriffen zu machen. Die daraus resultierende Situation war für alle unbefriedigend. Die Anwesenheit «fremder» Elemente auf ihrem Territorium provozierte Nachkriegsregierungen dazu, Zwangsmaßnahmen zur nationalen Homogenisierung und erzwungenen Assimilierung zu ergreifen, die ihre Minderheiten nur weiter entfremdeten. Zudem war die bedrängte Lage verfolgter «Landsleute» in einem Nachbarstaat eine ständige Provokation für das «Mutterland», Angriffskriege zu führen, um sie vor fremder Unterdrückung zu bewahren, oder dies wie Hitler vorzutäuschen. Bevölkerungstransfers boten einen Weg, diesen gordischen Knoten zu durchschlagen, indem Völker sich innerhalb bestehender Staatsgrenzen konzentrierten. Sobald dies vollendet sei, würde die neue internationale Ordnung mit dem Vorteil beginnen, sich nicht wie zuvor gegen Völker verteidigen zu müssen, die im Namen «nationaler Selbstbestimmung» ihre Revision forderten. Doch das Zeitfenster, um die europäischen Siedlungsmuster von Jahrhunderten ein für allemal zu verändern, war sehr klein. Wie die Labour Party erklärte, müsse man das Eisen schmieden, solange es heiß sei. Nur nach einem großen Krieg seien so gewaltige Veränderungen möglich. Wenn der Augenblick verstrich, würde sich die bestehende Bevölkerungsverteilung verfestigen und unbeweglich werden: «Der organisierte Bevölkerungstransfer in der unmittelbaren Nachkriegszeit kann tatsächlich zur Grundlage besserer internationaler Beziehungen in einer späteren Phase werden. Das wäre keine neue Methode. Zwischen den Kriegen war der Bevölkerungstransfer zwischen der Türkei und Griechenland ein unzweifelhafter Erfolg.

Auf jeden Fall wird es ein riesiges Repatriierungs- und Rückführungsproblem in Europa geben, wenn viele Millionen von Flüchtlingen, Zwangsarbeitern und Kriegsgefangenen in die Freiheit und in ihre Heimat zurückkehren. Im Vergleich dazu wird der Transfer selbst größerer deutscher oder anderer Minderheiten auf die richtige Seite der Nachkriegsgrenzen eine kleine Angelegenheit sein. Wenn die Lage so im Fluss ist, besteht eine einmalige, unwiederholbare Gelegenheit, dieses schwierige Problem dauerhaft zu lösen.»[75]

Dies bedeutet nicht, dass in den demokratischen Staaten je ein Konsens über die Notwendigkeit massenhafter Bevölkerungstransfers existierte. Selbst innerhalb der Labour Party fand eine starke Minderheit deren Begründung unverständlich. Die Zeitschrift *Socialist Commentary* wies darauf hin, dass es unlogisch sei, die oft künstlich gezogenen europäischen Grenzen von 1939, das Produkt jahrhundertelanger dynastischer und historischer Zufälle, auf alle Zeiten festzuschreiben. Mehr noch, «sobald die Grenzen festgelegt sind, muss man alle Diskussionen darüber verbieten, ob sie wirklich die richtigen waren.» Es wäre richtiger gewesen, wenn eine sich demokratisch und internationalistisch nennende Partei «den nationalen Minderheiten Gerechtigkeit und Freiheit bringen würde, egal wo sie leben, und nicht die üble NS-Methode fortsetzt, Menschen wie Vieh zu verschieben». Auch der jüdische Abgeordnete und spätere Minister George Strauss forderte den Parteitag 1944 dazu auf, Bevölkerungstransfers abzulehnen, denn sie würden «die Unschuldigen mit den Schuldigen bestrafen, die gesamte europäische Wirtschaft schädigen, zum Wiederaufstieg des Faschismus führen und uns in einen neuen Weltkrieg verwickeln».[76] Auch Teile der politischen Rechten, die grandiose staatliche Projekte zur sofortigen Lösung komplizierter Probleme stets mit Zurückhaltung betrachteten, reagierten kühl auf die ersten öffentlichen Anzeichen, dass man ernsthaft über Vertreibungen nachdachte. Der Londoner *Economist* warnte im selben Monat, als Beneš' Artikel in *Foreign Affairs* erschien, die Bestrafung von Deutschen nach dem Krieg «muss die betreffen, die im moralischen Sinn schuldig sind, nicht im rassischen. Die Nazis haben rassische Sündenböcke gesucht, die Alliierten dürfen nicht denselben Fehler machen.»[77] Im folgenden Jahr, als die Absichten der Tschechoslowakei und Polens deutlicher wurden, äußerte sich der *Economist* noch entschiedener. Wenn trotz der erklärten Prinzipien der Alliierten «territoriale Zerstückelung, Bevölkerungstransfers, Massaker und die dauerhafte Unterdrückung von Minderheiten diesmal Teil des Friedensplans sein sollen, muss von Anfang an klar sein, dass weder England noch Amerika in zehn Jahren noch einen Finger rühren werden, um sie zu erhalten.»[78]

Die wohl hellsichtigste Kritik am Vertreibungsprojekt kam 1943 von dem neuseeländischen Ökonomen Allan Fisher und dem brillanten jungen anglorumänischen Politologen David Mitrany, der schon das Außenministerium und die Labour Party in internationalen Angelegenheiten beraten hatte. Die Behauptung, diese Praxis sei nun wegen ihrer früheren Anwendung durch das NS-Regime gerechtfertigt, erschien ihnen als seltsamer Weg, das deutsche Volk umzuerziehen, «wenn man es gleichzeitig drängt, Hitler und allen seinen Werken abzuschwören». Auf jeden Fall sei es sinnlos, wenn man annehme, ein Versuch zur Schaffung ethnisch homogener Staaten durch die Vertreibung von Minderheiten lasse sich langfristig anders aufrechterhalten als durch die hermetische Abschottung dieser Länder von allen künftigen Migrationsbewegungen: «Es reicht offensichtlich nicht aus, solche ‹reinen› Staaten zu schaffen. Genau wie eine Rasse müssen sie auch rein erhalten werden. Wie auch immer das Kriterium der Reinheit gerade aussieht, falls die Transferpolitik die Ziele erreichen soll, für die sie empfohlen wird, muss sie ihre Ergänzung in einer *kontinuierlichen* Politik der Rassentrennung finden. Migration oder jede Art von Bewegungsfreiheit müsste verboten werden, weil sie zur allmählichen Entstehung neuer unerwünschter und störender Minderheiten führen könnte. Die natürlichen Anpassungsprozesse der Bevölkerung an die wirtschaftlichen Umstände würden dadurch verhindert; und die ‹Neue Welt› [der Nachkriegszeit] würde mit der Abschaffung einer alten Freiheit beginnen.»[79]

Vorausschauend warnten Fisher und Mitrany westliche Befürworter der Vertreibung davor, sich einzureden, dieselbe Taktik könne nicht auch gegen sie selbst angewandt werden. In Afrika, Asien und dem Nahen Osten lebten schließlich weiße Minderheiten. «Ihre Anwesenheit und Interessen haben stets dazu gedient, Interventionen der Heimatländer zu ihrem Schutz zu rechtfertigen. Darum könnte die in Europa gewählte ‹Lösung› zur Beendigung der Minderheitenprobleme sehr bald auch zum ‹Transfer› europäischer Minderheiten ... zurück in ihre Heimatländer benutzt werden.»

Trotz ihrer schlüssigen Argumente gab es für die Vertreibungsgegner wenig Hoffnung, eine Entscheidung umzukehren, die auf höchster Ebene bereits gefallen war. Von diesem Zeitpunkt an sah Beneš keinen Grund mehr, seine Ziele weiter zu verbergen, wie er später in seinen Memoiren zugab. Bei seinen letzten Treffen mit Wenzel Jaksch und den anderen Führungsfiguren der sudetendeutschen Emigranten Ende 1942 informierte er sie offen darüber, dass er die überwiegende Mehrheit der Sudetendeutschen zumindest als *«passive Kriegsverbrecher»* betrachte. Die einzige Lösung, die er akzeptiere, sei *«unsere völlige Trennung»*.[80] Als Jakschs Kollege Eugen de Witte protestierte, das bedeute, «wenn Hitler den Krieg gewinnt, sind wir Sudetendeutschen verloren, und wenn die Tschechen gewinnen, sind wir auch verloren», antwortete Beneš, ihr Schicksal sei tragisch, aber nicht zu ändern. Der Präsident notierte aber auch unheilverheißend, Jaksch und die anderen sudetendeutschen NS-Gegner hätten bei ihrem Widerstand gegen seine Pläne vielleicht «nicht klar genug begriffen, dass sie dadurch automatisch die volle Verantwortung dafür übernahmen, was die Deutschen uns im Krieg als Nation antaten».[81] Einen Monat später, im Januar 1943, schickte Beneš ein langes Memorandum an Jaksch, in dem er den sudetendeutschen Sozialdemokraten vorwarf, sie würden sich hinter seinem Rücken an die Engländer wenden, ihre Illoyalität gegenüber der Tschechoslowakei zeigen, indem sie am Recht auf Selbstbestimmung festhielten, und nicht akzeptieren, dass der Mehrheitswille in der Nachkriegsrepublik alle Fragen der Zukunft der Tschechoslowakei entscheiden werde, einschließlich eines möglichen Transfers der Deutschen.[82] Für Jaksch stellte diese letzte Forderung die Sudetendeutschen aber vor ein unauflösbares Dilemma. Wenn sie ablehnten, galten sie als Verräter am tschechoslowakischen Staat, zumindest in den Augen der Regierung, und darum durch Transfer gefährdet. Stimmten sie zu, gestanden sie der tschechischen Mehrheit zu, sie als «passive Kriegsverbrecher» auszubürgern, was genau zum selben Ergebnis führte.

Anfang 1943 gab es darum keine Möglichkeit mehr, eine gemeinsame Grundlage zu finden. Wie er es Philip Nichols bereits für den Fall angekündigt hatte, dass Jaksch seinen Plan ablehnte, brach Beneš alle weiteren Kontakte mit den sudetendeutschen NS-Gegnern ab. Von nun an verfolgte die Exilregierung eine immer giftigere und letztlich obsessive Propagandakampagne gegen Jaksch und seine Kollegen und nannte sie «Alldeutsche», die dasselbe anstrebten wie Konrad Henlein und sogar Hitler – die Zerschlagung der Tschechoslowakei. Die Rechtfertigung für diese verblüffende Behauptung bestand in einem kruden Syllogismus: Jaksch war für ein autonomes Sudetenland innerhalb einer europäischen Nachkriegsföderation, eine europäische Föderation würde zwangsläufig von ihrem stärksten Mitglied Deutschland beherrscht sein, also war Jaksch für eine deutsche Beherrschung des Sudetenlands. Ein typisch giftiges Beispiel für eine ganze Welle direkter Angriffe war, dass Hubert Ripka seinen ehemals «guten Freund»[83] Jaksch Ende 1943 nicht nur als Vertreter einer Fünften Kolonne, sondern auch als Sozialreaktionär anklagte: «Es ist das bedauerliche Schicksal dieses deutschen Sozialisten, das von dem Nazi Henlein begonnene Zerstörungswerk zum Höhepunkt zu führen. [...] Es gibt keinen Unterschied zwischen Henleins Arbeit damals und der von Jaksch heute. [...] Natürlich gibt es einen Unterschied zwischen dem Nazi Henlein und dem Sozialisten Jaksch: der eine wünscht sich die deutsche Dominanz in einem Nazi-Regime, der andere in einem sozialistischen Regime, aber beide streben denselben Endzweck an, die pandeutsche Beherrschung anderer Völker. Henlein und seine Anhänger sind für Hitlers ‹Neue Ordnung› in Europa, dagegen ist Jaksch für eine sozialistische Föderation in Europa, aber eine Föderation, die so organisiert ist, dass ein sozialistisches Deutschland ihr stärkster Teil wäre und damit praktisch das letzte Wort und den größten Einfluss auf alle anderen hätte. Es überrascht nicht, dass dieser sozialistische Alldeutsche seinen Abscheu für die Sowjetunion und seine Abneigung gegen das tschechoslowakisch-sowjetische Bündnis kaum verbergen kann.»[84]

Ironischerweise sollte sich Ripka – der selten etwas dachte oder sagte, was Edvard Beneš nicht vor ihm gedacht oder gesagt hatte – nach dem kommunistischen Staatsstreich 1948, als er erneut aus Prag floh und nun selbst eine

Exilregierung bildete, für «die Wiedergeburt einer freien Tschechoslowakei ‹im Rahmen einer künftigen europäischen Föderation›» aussprechen.[85] 1944 bezeichnete er solche Ideen aber als Grund für eine mögliche Anklage wegen Hochverrats und erklärte im Staatsrat: «Vom tschechoslowakischen Standpunkt aus ist die Aktivität von Jaksch gegen den Staat gerichtet und muss als solche bewertet werden, mit allen Konsequenzen, die das beinhaltet.»[86]

In der Schlussphase des Krieges blieb Jaksch also kaum noch etwas anderes übrig, als Appelle an die internationale öffentliche Meinung zu richten, deren Erfolg wenig wahrscheinlich war. Sein Protest gegenüber Beneš, die Exilregierung wende sich «gegen alte Verbündete, die an der Seite des tschechischen Volks standen, als es [bei der Münchner Konferenz] von allen Freunden verlassen war», wurde ignoriert.[87] Eine englischsprachige Broschüre vom Juli 1943 warnte, NS-Gegner im Sudetenland seien kaum zum Aufstand gegen Hitler zu motivieren, wenn allabendliche BBC-Sendungen für die Tschechoslowakei sie daran erinnerten, dass «auf den Sieg über den Nazismus neue Katastrophen von Evakuierung und Transfer folgen werden». Doch dies lenkte nur die Aufmerksamkeit darauf, dass es in der besetzten Tschechoslowakei zwar wenig Widerstand gab, im Sudetenland aber gar keinen.[88] Da ihm das bewusst war, bat Jaksch Anfang 1945 eine seiner Kontaktpersonen im Außenministerium, Frank Roberts, um Erlaubnis, sich ein letztes Mal über die BBC an seine Heimat wenden zu dürfen. Obwohl er zugab, es gebe nur eine «winzige Chance», dass sein Versuch gelinge, die Bewohner des Sudetenlands vor dem Schicksal zu warnen, das sie erwartete, könne es nach dem Krieg das Schlimmste verhindern, «wenn das Anti-Nazi-Element in den Sudetenbezirken … in einem entscheidenden Augenblick zugleich mit den Massen im tschechischen Binnenland losschlagen könnte». Im August 1944 hatten slowakische Aufständische gegen die Nationalsozialisten rebelliert, nachdem das Land fünf Jahre lang bereitwillig kollaboriert und slowakische Soldaten an den Invasionen Polens und der UdSSR teilgenommen hatten, ganz zu schweigen von der Mitwirkung bei der Deportation der meisten jüdischen Bürger in Hitlers Vernichtungslager. Obwohl der Aufstand gescheitert war, reichte er aber aus, um die Slowakei vor einer drohenden systematischen Vergeltungskampagne zu bewahren. Anfang 1945 schien die einzige schwache Hoffnung für die Sudetendeutschen in einer ähnlichen Demonstration ihres Willens zu liegen, sich – wenn auch verspätet – auf die

Seite der Alliierten zu stellen. Im Text seiner Rede an die deutschsprachige Bevölkerung seiner Heimat sprach Jaksch ganz offen die Gefahr aus, die ihr drohte, wenn sie dies nicht tat: «Nur eine allgemeine Befehlsverweigerung von Asch [Aš] bis Jägerndorf [Krnov] kann euch vor dem drohenden Unheil bewahren. Das Schicksal unseres Volkes und unserer Heimat hängt an einem letzten dünnen Faden. In eurem Namen haben Henlein, K. H. Frank, [Hans] Krebs, [Franz] May und ihre Komplizen Verbrechen auf Verbrechen gehäuft. ... Ihr habt nur die Wahl, für die Gräueltaten eines K. H. Frank in Prag und eines Ernst Kundt in Polen vor dem Tribunal der Völker zu stehen, oder euch in letzter Stunde von ihnen abzuwenden.

Wir beschwören alle anständigen Sudetendeutschen und vor allem die Männer des Volkssturms, sich keinesfalls als Werkzeuge zur Unterdrückung eines tschechischen Volksaufstands gebrauchen zu lassen. Befiehlt man euch, auf tschechische Freiheitskämpfer zu schießen, so dreht eure Gewehre um. ... Ihr, die Deutschen im Protektorat, habt viel wieder gutzumachen. Jede weitere Unterstützung des Naziregimes bedeutet die sichere Katastrophe.»[89]

Das Außenministerium befürchtete von einer solchen Rede genau das Gegenteil wie Jaksch: nicht dass sein Appell scheitern, sondern dass er Erfolg haben könnte. Ein britischer Beamter erinnerte seine Kollegen daran, dass die tschechoslowakische Exilregierung fest entschlossen war, die meisten Sudetendeutschen loszuwerden. Wenn sie sich auf Grund von Aufrufen aus England gegen die Nationalsozialisten erhoben, übernehme London dadurch «Verantwortung für die Sudetendeutschen, die diesem Appell gefolgt sind. Diese Verantwortung könnten wir nicht akzeptieren.»[90] Jakschs Bitte um eine Rundfunkübertragung wurde abgelehnt. Bei Kriegsende konnte er kein einziges konkretes Beispiel sudetendeutscher Hilfe – oder auch nur versuchter Hilfe – beim alliierten Feldzug nennen.

In Begleitung von Mitgliedern seiner Regierung kehrte Edvard Beneš am 3. April 1945 in die Tschechoslowakei zurück und trat an die Spitze einer provisorischen Regierung in der gerade befreiten slowakischen Stadt Košice. Obwohl die gewaltige Anspannung der letzten sechs Jahre seine Gesundheit stark in Mitleidenschaft gezogen hatte, konnte er mit Genugtuung auf das zurückblicken, was er seit Beginn seines Exils erreicht hatte. Mit Ausnahme des kleinen östlichen Gebiets Karpatho-Ruthenien, das er der Sowjetunion als Tribut für Stalins Unterstützung versprechen musste, sollte die Tschechoslowakei in den Grenzen von 1938 wiederhergestellt werden. Obwohl er im Moment noch das Oberhaupt einer nicht gewählten Regierung war, bestand keine unmittelbare Gefahr für seine Führungsposition. Am wichtigsten war, dass das Minderheitenproblem, das die Tschechoslowakei seit dem Augenblick ihrer Gründung geplagt hatte, bald ein für alle Mal gelöst werden sollte. Die Alliierten hatten der Vertreibung der Sudetendeutschen zwar zugestimmt, aber sich noch nicht festgelegt, wann, wie oder wohin die Bevölkerung umgesiedelt werden sollte. Seine wiederholte Forderung, die 700000 Köpfe zählende ungarische Minderheit in der Tschechoslowakei ähnlich zu behandeln, war auf taube Ohren gestoßen. Dennoch war die Aussicht auf eine Tschechoslowakei, die überwiegend aus Tschechen und Slowaken bestand, nun sehr nahe gerückt. Und das meiste davon war Beneš' Werk. Natürlich war er nicht allein dafür verantwortlich. Die Alliierten hatten Bevölkerungstransfers nicht akzeptiert, um einem mitteleuropäischen Politiker, gegenüber dem sie ein schlechtes Gewissen hatten, einen Gefallen zu tun, sondern weil es ihren Interessen entsprach. Er brauchte die Idee auch nicht einer unwilligen tschechoslowakischen Bevölkerung aufzuzwingen. Viele Zufälle waren außerdem nötig gewesen, um ein solches Resultat möglich zu machen. Hätte der Krieg länger oder kürzer gedauert, hätte General Pattons Dritte US-Armee den größten Teil der Tschechoslowakei befreit und nicht die Rote Armee, hätte es nennenswerten sudetendeutschen Widerstand gegen die Nationalsozialisten gegeben, so wäre es trotz aller Anstrengungen Beneš' vielleicht nie zu den Vertreibungen gekommen. Aber wie der Historiker Chad Bryant richtig sagt, war er es, der «die Sache in jedem Augenblick vorwärtstrieb und schließlich alles in seiner Macht Stehende tat, um die Deutschen aus der Tschechoslowakei zu vertreiben. Ohne ihn hätten die Vertreibungen nicht auf diese Art stattgefunden, wenn überhaupt.»[91]

Für Wenzel Jaksch sollte das Exil dagegen niemals enden. Als eine ihrer ersten Amtshandlungen erließ Beneš' neue Regierung das «Große Retributionsdekret» zur «Bestrafung der nazistischen Verbrecher, der Verräter und ihrer Helfershelfer». Sein vierter Artikel belegte jede Handlung eines tschechoslowakischen Bürgers im Ausland mit einer Haftstrafe von bis zu 20 Jahren, die «die auf die Befreiung der Tschechoslowakischen Republik in ihrer vormünchnerischen Verfassung und Einheit gerichtete Bewegung lähmte, oder in anderer Weise die Interessen der Tschechoslowakischen Republik bewußt schädigte». Laut dem Historiker Benjamin Frommer bedrohte dieser Abschnitt vor allem Wenzel Jaksch und sollte den Sudetendeutschen «einen starken Fürsprecher [nehmen], der glaubhaft hätte vertreten können, nicht alle seine Landsleute seien Nazis gewesen und Vergeltung müsse individuell, nicht kollektiv sein».[92] Jaksch wusste nur zu gut, was ihn erwartete, falls er in die Heimat zurückkehrte, nachdem er bereits von Hubert Ripka schuldig gesprochen worden war, der nun als Minister in der Prager Regierung saß und als eine seiner ersten Amtshandlungen eine formelle Note an den US-Geschäftsträger schickte, in der er warnte, die neue Regierung könne «keine Person als loyalen Bürger ansehen, die zwar frei im Ausland lebte, aber nicht in für tschechoslowakische Bürger angemessener Weise handelte. Ich denke vor allem an die Gruppe der sogenannten Sudetendeutschen unter Führung von W. Jaksch.»[93] Mit ungewisser Zukunft blieb er in London und kämpfte und schrieb unermüdlich, aber mit wachsender Verzweiflung gegen eine Tragödie an, die er nicht abwenden konnte.

Doch ebenso wenig wie der Vertreibungsplan das Werk eines Einzelnen war, konnte ein Einzelner ihn verhindern. Zweifellos lässt sich über manche Entscheidungen Jakschs während des Krieges streiten. Sein Rat an sudetendeutsche Flüchtlinge, sich der britischen Armee statt der tschechischen Auslandsarmee anzuschließen, solange die Zukunft des Sudetenlands ungeregelt sei, brachte ihm keine Freunde in der Exilregierung und war ein klarer taktischer Fehler, obwohl er auf lange Sicht wohl kaum einen Unterschied machte. Jaksch täuschte sich darin, dass die Briten ihn unterstützen würden, wie Beneš ihn triumphierend erinnerte. Schließlich sah er nicht voraus, wie lang und heftig der Krieg sein würde und eine wie kleine Rolle traditionelle Konzepte der nationalen Selbstbestimmung in der Nachkriegsordnung spielen sollten.

Es wäre aber falsch, das Geschehen als Duell zwischen Beneš und Jaksch anzusehen, in dem Ersterer den Letzteren ausmanövrierte. Letztlich hörten die Alliierten Beneš zu und ignorierten Jaksch, weil der eine Einfluss auf das Volk besaß, für das er sprach, und der andere nicht. Bis Kriegsende dienten die Sudetendeutschen, ob als begeisterte Hitleranhänger oder passive NS-Gegner, dem Großdeutschland, als dessen Teil sie sich betrachteten. Hierin unterschieden sie sich nicht von den übrigen deutschen Minderheiten, in

Polen, Ungarn, Jugoslawien, den baltischen Staaten und anderswo, die trotz unterschiedlicher politischer Haltungen entweder das Reich unterstützten oder ihm keinen Widerstand entgegensetzten.

Damals und bis heute haben Verteidiger der Vertreibungen diese Tatsache als völlige Rechtfertigung einer Politik des Bevölkerungstransfers angesehen. In der Tschechoslowakei und anderswo hätten sich die deutschen Minderheiten, als es darauf ankam, loyaler gegenüber ihrer ethnischen Gemeinschaft – selbst in ihrer monströsen nationalsozialistischen Form – als gegenüber den Staaten gezeigt, deren Bürger sie nominell waren. Es sei daher kaum unbillig, dass sie nach dem Krieg die logischen Folgen dieser Entscheidung tragen sollten. Selbst wenn dies Ungerechtigkeit und Leid für die weniger Schuldigen mit sich brachte, habe man von Deutschlands Nachbarn nicht erwarten können, für immer die Anwesenheit einer Fünften Kolonne in ihrer Mitte zu tolerieren. Und weil es sowieso notwendig gewesen sei, die Völkerverschiebungen des Dritten Reichs rückgängig zu machen, habe es keinen Grund gegeben, die Aufgabe nicht umfassend zu lösen, weil man negative Auswirkungen auf Gemeinschaften befürchtete, die keinen Anspruch auf Schonung durch die Alliierten hatten.

Zweifellos lassen sich die Vertreibungen nach dem Krieg nicht von der vorausgehenden Kriegserfahrung trennen. Doch jedes dieser Argumente für die Vertreibung der volksdeutschen Bevölkerungsgruppen – von Ethik oder Legalität einmal abgesehen – beruht auf falschen Prämissen. Obwohl es zu weit ginge, die Volksdeutschen als glücklose Opfer des Schicksals zu sehen, ist das Gesamtbild wie im Fall der Tschechoslowakei viel weniger eindeutig, als konventionelle Rechtfertigungen des Vertreibungsplans ahnen lassen. Die vorgeschlagenen Bevölkerungstransfers machten nicht bloß die nationalsozialistischen Deportationen rückgängig, sondern waren ein demographisches Experiment von historisch beispiellosem Ausmaß. Und ob die Volksdeutschen als Hitlers Hilfstruppen oder weniger oder mehr betrachtet werden sollten – ob sie in vielen Fällen überhaupt sinnvoll als «Deutsche» angesehen werden können –, ist eine Frage, die sich nur durch eine detaillierte Untersuchung ihrer Geschichte während der Kriegsjahre beantworten lässt.

Kapitel 2

DIE VOLKSDEUTSCHEN WÄHREND DES KRIEGES

In einer Hinsicht ist es irreführend, von «Nachkriegsvertreibungen» zu reden. Seit Beginn des Zweiten Weltkriegs betrieben die totalitären Mächte in Europa ethnische Säuberungen in nie gekanntem Ausmaß. Für Hitler stand ein Kontinent, von dem «unerwünschte» Völker wie Juden, Slawen, «Zigeuner» und andere vertrieben waren, um Platz für deutsche Kolonisten zu schaffen, im Zentrum seiner alptraumhaften rassenpolitischen Vision. Selbst der Holocaust war ein Mittel zu diesem Zweck. Doch auch Stalin hatte große Ambitionen, die ethnographische Karte des Kontinents neu zu zeichnen. In den zwei Jahren ihrer gespannten Partnerschaft zwischen 1939 und 1941 erschien beiden eine Zusammenarbeit nützlich.

Für keinen von beiden waren Säuberungen etwas Neues. Besonders Stalin besaß schon einige Erfahrung darin, potenziell unruhestiftende nationale Minderheiten in seinem Imperium zu verschieben, einerseits als kollektive Bestrafung, andererseits um sicherzugehen, dass in gefährdeten Grenzregionen ethnische Gruppen lebten, deren Loyalität er für größer hielt – vor allem Russen und Georgier. Natürlich hatte der interne Transfer kleiner Völker innerhalb des russischen Machtbereichs schon vor Stalins Herrschaft eine lange und unrühmliche Vorgeschichte. Der ironisch «Befreier-Zar» genannte Alexander II. entwurzelte 1863/64 fast eine halbe Million Bewohner des Westkaukasus, um die Sicherheit der Grenze zu erhöhen. Sein Enkel Nikolaus II. folgte diesem Beispiel in den ersten Monaten des Ersten Weltkriegs, als er die Volksdeutschen aus Zentralpolen zusammen mit einer noch größeren Zahl polnischer Juden ins Innere Russlands verschob. Als die Front im Januar 1915 unter Hindenburgs Gegenangriffen nachzugeben begann, verschärfte die Armeeführung diese Vertreibung von potenziell illoyalen deutschen, österreichisch-ungarischen und türkischen Untertanen durch das einfache Mittel, ihnen eine kurze Frist zu geben, um ein paar Besitztümer einzupacken, und dann ihre Häuser und Felder in Brand zu stecken. Als die entwurzelten Menschen ohne Nahrung oder irgendein Evakuierungssystem nach Osten flohen, starben sie in großer Zahl.[1] In den zentralasiatischen und fernöstlichen Regionen des Russischen Reichs wurden chinesische, koreanische und muslimische Einwohner aus ähnlichen Gründen vertrieben.[2] Erst nach der bolschewistischen Revolution wurde die interne Deportation aber zum gewöhnlichen Instrument der Politik.

Der junge Stalin sammelte erste Erfahrungen mit der Organisation von Zwangsumsiedlungen als «Kommissar für Nationalitätenfragen». Zunächst half er 1920 seinem georgischen Landsmann Sergo Ordschonikidse, die Terek-Kosaken aus dem Nordkaukasus zu vertreiben.[3] In der zweiten Hälfte der dreißiger Jahre erreichten Bevölkerungsverschiebungen dieser Art dann ungeahnte Ausmaße. «Zwischen 1935 und 1939 wurden mindestens neun sowjetische Nationalitäten – Polen, Deutsche, Finnen, Esten, Letten, Koreaner, Chinesen, Kurden und Iraner – zu Opfern ethnischer Säuberungen», schreibt der Historiker Terry Martin.[4] Die meisten dieser Verschiebungen waren mit der krankhaften Furcht Stalins vor «Spionen» und «Saboteuren» im Land verbunden. 1937 wurden beispielsweise 11 868 Sowjetdeutsche unter dem Verdacht der Spionage für die Nationalsozialisten festgenommen, im nächsten Jahr waren es nicht weniger als 27 432.[5] Die Zahl der wegen angeblicher Spionage inhaftierten sowjetischen Polen war noch größer. Die Mehrheit dieser Gefangenen wurde hingerichtet, die Völker, denen sie angehörten, innerhalb der UdSSR von NKWD und Polizei verbannt. In den Jahren von Stalins «Großem Terror» wurden rund 800 000 Angehörige nationaler Minderheiten zum Tode, zu Freiheitsstrafen oder zur Deportation verurteilt – meist in die zentralasiatischen Republiken Kasachstan und Usbekistan, die Sibirien als bequemem Abschiebeort für Völker, die in der Ungunst der Regierung standen, immer mehr den Rang abliefen.

Obwohl Hitler weniger Raum für große Umsiedlungsaktionen hatte als der sowjetische Diktator, arbeitete auch er schon vor dem Krieg unermüdlich daran, Deutschland zu einem ethnisch und rassisch homogenen Staat zu machen. Die Verfolgung der Juden seit 1933 hatte den expliziten Zweck, sie zum Verlassen des Landes zu zwingen; in ihrer krudesten Form wurden dabei Menschen mit doppelter Staatsbürgerschaft über die Grenze auf das Gebiet von Nachbarstaaten abgeschoben.[6] Eine weitere Welle ethnischer

Säuberungen, diesmal unter internationaler Aufsicht, folgte nach der Münchner Konferenz, als Personen tschechischer und slowakischer Abstammung sechs Monate Zeit hatten, die sudetendeutschen Gebiete zu verlassen (und Deutsche in anderen Teilen der Tschechoslowakei, dorthin zu ziehen) und ein deutsch-tschechoslowakischer Ausschuss geschaffen wurde, um «Verfahren zur Erleichterung des Austausches der Bevölkerung [zu] erwägen».[7] Im Frühjahr 1939 drängte Deutschland das benachbarte Litauen dazu, das weitgehend deutsch bewohnte Memelland an das Reich abzutreten, obwohl noch Zehntausende von Volksdeutschen in Gebieten lebten, die unter litauischer Kontrolle blieben. Schließlich begann Himmler auf Mussolinis Bitte im Mai 1939 Verhandlungen mit Italien, um den Transfer von 200 000 Volksdeutschen aus Südtirol zu sichern. Trotz des im selben Jahr mit Hitler geschlossenen «Stahlpakts» war dem Duce das Schicksal von Nachbarländern des Reichs mit volksdeutschen Minderheiten nicht entgangen. Nach dem «Anschluss» Österreichs 1938 hielt Mussolini es für geboten, die Versuchung in Gestalt seiner deutschen Minderheit aus dem Blickfeld des neuen Partners zu entfernen. Im Juli hatte man eine prinzipielle Übereinkunft über die «freiwillige» Ausreise der deutschsprachigen Bevölkerung erreicht, aber über ihr Ziel noch nicht entschieden. Obwohl der Pakt eigentlich durch ein Plebiszit der Volksdeutschen ratifiziert werden sollte, wurde ein positives Ergebnis durch die Erklärung garantiert, wer bleiben wolle, stimme damit *ipso facto* zu, an jeden von Mussolini gewählten Ort auf italienischem Gebiet umgesiedelt zu werden. Nach Gerüchten, die bewusst zur Beeinflussung der Wähler verbreitet wurden, sollte es sich dabei um Abessinien (Äthiopien) handeln.[8]

Erst der Krieg bot aber die Gelegenheit, die ethnisch und rassisch «reinen» Räume zu schaffen, die der Nationalsozialismus anstrebte. In seiner gewaltigsten und größenwahnsinnigsten Form, dem von der SS 1939/40 entworfenen «Generalplan Ost», sollten bis zu 50 Millionen Menschen in Mittel- und Osteuropa in einem Zeitraum von etwa 30 Jahren ermordet oder vertrieben werden, um Platz für Siedlungen von Deutschen und anderen «germanisierbaren» Völkern wie Tschechen und eingedeutschten Ukrainern zu schaffen.[9] Die ersten Schritte hierzu wurden im geheimen Zusatzprotokoll des Hitler-Stalin-Pakts eingeleitet. Bei dem von Außenminister Ribbentrop am 23. August 1939 in Moskau unterzeichneten zynischen Kuhhandel wurde vereinbart, dass Stalin die Osthälfte Polens bis zu den Flüssen

Weichsel, Narew und San als «Interessensphäre» erhalten solle. Die deutsche Hegemonie über die Westhälfte wurde bestätigt. Die Sowjets forderten auch erfolgreich eine ähnliche Interessensphäre in den rumänischen Gebieten Bessarabien und Bukowina sowie den baltischen Staaten Lettland und Estland. Litauen sollte zum deutschen Machtbereich gehören. Nicht erwähnt, aber sicher nicht vergessen, wurde die Frage der nationalen Minderheiten in der Sphäre des anderen. Ostpolen hatte für Hitler wenig unmittelbare Bedeutung – hier lebten nur 250 000 Volksdeutsche im Gegensatz zu 500 000 in Westpolen –, aber im Baltikum gab es jahrhundertealte deutsche Gemeinschaften. Der in Estland geborene Alfred Rosenberg, Chefideologe der NSDAP und Herausgeber des *Völkischen Beobachters*, war nur eines von vielen führenden Parteimitgliedern aus dieser Gegend. Offensichtlich konnten die Deutschbalten nicht bleiben, wo sie waren. Wie schon erwähnt, sah Stalin die bestehenden volksdeutschen Siedlungen in der UdSSR als Treibhäuser antisowjetischer Spionage an und würde kaum vor den ihm notwendig erscheinenden mörderischen Schritten zurückschrecken, um die Bedrohung aus dieser Richtung zu neutralisieren. Hitler wiederum, der unter dem Vorwand, die Volksdeutschen zu schützen, Polen angreifen wollte, konnte nicht zusehen, wie der neue Verbündete seine «Volksgenossen» in den Gulag oder ins Grab schickte.

Im Moment hatten die Nationalsozialisten aber Wichtigeres zu tun. Am Morgen des 1. September 1939 überfiel die Wehrmacht Polen. Offiziell war ihre Mission, die volksdeutsche Bevölkerung vor Unterdrückung zu schützen. In den drei Wochen zuvor hatte das NS-Regime die angeblichen Leiden der deutschen Minderheit in den Mittelpunkt der Propaganda gestellt und folgte damit Goebbels' Anweisung vom 11. August: «Von jetzt ab sollen auch polnische Ausschreitungen gegen Volksdeutsche und Zwischenfälle jeder Art, die von dem Hass der Polen gegen alles Deutsche Kunde geben, auf den ersten Seiten der Zeitungen meldungsmässig behandelt und kommentiert werden.»[10] Nicht jede dieser Geschichten war aber frei erfunden, wenn auch die meisten völlig übertrieben waren. Polens Anerkennung der Rechte seiner jüdischen, deutschen und ukrainischen Minderheiten war zwischen den Kriegen nicht sehr ausgeprägt gewesen. Etwa 8000 Deutsche wurden 1919 mehrere Monate lang in ehemaligen Kriegsgefangenenlagern inhaftiert, die meisten volksdeutschen Beamten verloren ihre Stellen, Boykotte deutscher Geschäfte waren nicht ungewöhnlich und deutsche Schulen, Vereine und Zeitungen wurden häufig von den Behörden geschlossen, die oft unter dem Druck nationalistischer Organisationen standen, die Polonisierung des Landes durch Repression zu vollenden.[11] Im September 1934 verkündete das autoritäre Regime von Marschall Józef Piłsudski, es betrachte sich nicht mehr an die Verträge zum Minderheitenschutz gebunden, die es mit dem Völkerbund geschlossen hatte.[12] Als die deutsche Politik gegenüber Polen im Winter 1938/39 kriegerischer und drohender wurde, ging die Warschauer Regierung gegen angebliche «Schlangen an ihrem Busen» vor. Im Februar 1939 wurden deutschsprachige Zeitungen im Bezirk Poznań-Pomorze verboten, ebenso deutsche Kulturfeste, und bis zu 70000 Volksdeutsche, deren Häuser und Höfe von der Mehrheitsbevölkerung angegriffen wurden, mussten über die Grenze fliehen.[13] Das wahre Ziel der deutschen Invasion war aber von Hitler schon 1928 in seinem «Zweiten Buch», der unveröffentlichten Fortsetzung von *Mein Kampf*, genannt worden: «Der völkische Staat durfte aber unter gar keinen Umständen Polen mit der Absicht annektieren, aus ihnen eines Tages Deutsche machen zu wollen. Er mußte im Gegenteil den Entschluß fassen, entweder diese rassisch fremden Elemente abzukapseln, oder er mußte sie überhaupt kurzerhand entfernen und den dadurch freigewordenen Grund und Boden den eigenen Volksgenossen überweisen.»[14]

Es ging also nicht darum, Volksdeutsche unter polnischer Herrschaft zu «retten». Sie machten nicht mehr als 3 Prozent der polnischen Vorkriegsbevölkerung aus und waren von Anfang an nur Statisten in dem größeren Drama, Lebensraum für ein Rassenimperium im Osten zu erobern. Binnen weniger Jahre nach der Eroberung würden sie durch Millionen neuer Kolonisten aus anderen Gegenden numerisch unwichtig geworden sein. Wie es für die Ad hoc-Improvisationen und mangelnde Planung des NS-Regimes aber typisch war, hatte Hitler in den Jahren seit seiner «Machtergreifung» so gut wie keinen Gedanken darauf verwendet, was mit den eroberten Gebieten geschehen solle, abgesehen von der Vertreibung der nichtjüdischen und jüdischen Polen.[15] Noch weniger hatte man nachgedacht, von wo die deutschen Kolonisten kommen oder wie sie zu ihren neuen Siedlungsorten transportiert werden sollten und welche logistischen Vorbereitungen nötig sein würden, damit sie dort blieben.

Ironischerweise führte die deutsche Invasion vom 1. September 1939 in einigen Fällen gerade zu der Art von Gewalttaten gegen die volksdeutsche Minderheit, die Goebbels' Presse so fleißig erfunden oder zumindest ausgeschmückt hatte. Wie andere Länder, die 1939/40 von einer deutschen Invasion bedroht waren, verfiel Polen in den ersten chaotischen Kriegstagen in panische Angst vor einer Fünften Kolonne. Dieselben Gerüchte, die wenig später in Holland, Belgien, Frankreich und England umgingen – volksdeutsche Saboteure, die sich als polnische Soldaten oder Nonnen verkleideten; Bauern, die den Bombern der Luftwaffe den Weg zeigten, indem sie Pfeile in ihre Felder pflügten oder mähten; Heckenschützen, die aus Schlafzimmern auf Truppen schossen, oder durchgeschnittene Telegraphenkabel –, kursierten zuerst im «Septemberfeldzug» 1939.[16] Wie in den anderen Ländern erwiesen sich fast alle dieser Geschichten als unbegründet. Gewiss gab es schon länger nazifreundliche Organisationen unter der deutschen Minderheit in Polen. Im Februar 1936 wurden beispielsweise rund 100 Mitglieder der Nationalsozialistischen Arbeiterbewegung, einer verdächtigen Gruppe mit Verbindungen zum NS-Regime, in Katowice (Kattowitz) wegen staatsfeindlicher Tätigkeit vor Gericht gestellt und zu sechs bis zehn Jahren Haft verurteilt. Mitglieder des Wanderbunds aus Tarnowice Góry (Tarnowitz, heute Tarnowskie Góry) wurden im selben Jahr zu niedrigeren Strafen verurteilt. Es gibt außerdem Hinweise, dass Heydrichs Sicherheitsdienst (SD) schon ein Jahr vor Kriegsbeginn Angehörige der deutschen Minderheit für Untergrundmilizen rekrutiert hatte.[17] Wenig deutet aber darauf hin, dass die Volksdeutschen in Polen von der deutschen Invasion wussten oder – mit Ausnahme eines koordinierten Angriffs von Saboteuren auf polnische Truppen in Katowice – irgendeine wichtige Rolle beim Vormarsch der Wehrmacht spielten.[18] Weder die polnischen Behörden noch die polnische Bevölkerung konnten das aber wissen, und so war ihre Reaktion zwar verständlich, aber exzessiv. Gleich bei Kriegsbeginn wurden rund 15 000 Volksdeutsche festgenommen und in Internierungslager im Landesinneren getrieben. Einer der Verhafteten, Pater Hilarius Breitinger, ein Mitarbeiter des Weihbischofs von Gniezno (Gnesen) und Poznań (Posen), Dr. Walenty Dymek, hielt seine Erinnerungen an das fest, was der Historiker Michael Phayer ein «drei Wochen langes, lebensgefährliches Leiden» genannt hat: «Breitinger wurde mit anderen, meist nicht geistlichen Volkdeutschen von polnischen Bürgerwehren endlose Meilen durchs Land getrieben. Polen beschimpften sie, warfen Steine,

Abfälle und Pferdeäpfel nach ihnen und schlugen sie mit allem, was zur Hand war. Breitinger wurde von einem Ziegelstein am Kopf getroffen, der ihn wohl getötet hätte, wenn sein Brillenbügel ihn nicht gebremst hätte. Diese Behandlung ging Tag und Nacht weiter, ohne dass die Gefangenen ausreichend zu essen oder zu trinken hatten. Alte, die nicht Schritt halten konnten, wurden ermordet. ‹Es war uns allen klar, was der Zweck von alldem war›, schrieb Breitinger später. ‹Wir waren Freiwild.›»[19]

Im westpolnischen Bydgoszcz (Bromberg) nahmen die Ereignisse eine noch tragischere Wendung. Drei Tage nach der Invasion beging eine sich zurückziehende polnische Einheit, die glaubte, von den deutschen Bewohnern eines Hauses beschossen worden zu sein, ein Massaker an Teilen der Zivilbevölkerung. Ähnliches geschah auch in anderen Stadtteilen. Die Zahl der Volksdeutschen, die bei den von den Nationalsozialisten als «Bromberger Blutsonntag» bezeichneten Ereignissen starben, ist zwischen deutschen und polnischen Historikern immer noch heiß umstritten, ebenso die Frage, ob die polnischen Soldaten Grund zu der Annahme hatten, beschossen worden zu sein.[20] Es besteht aber kein Zweifel, dass viele deutsche Zivilisten in Bydgoszcz und anderen Städten getötet wurden, weil man sie fälschlich für Angehörige einer Fünften Kolonne hielt. Etwa 100 Menschen starben auf einem Zwangsmarsch nach Kutno; 34 wurden in Toruń (Thorn) hingerichtet, weil sie angeblich einem deutschen Flugzeug am Himmel Signale gegeben hatten.[21] Ähnliche, wenn auch meist kleinere Exzesse gab es auch anderswo; sie richteten sich oft gegen andere Minderheiten wie Ukrainer, Weißrussen und Juden, deren Treue zum polnischen Staat ebenfalls als zweifelhaft galt.[22] Insgesamt schätzte eine Untersuchung der deutschen Kriminalpolizei im Jahr 1940, es seien 5437 volksdeutsche Zivilisten von Polen ermordet worden, obwohl Goebbels die Zahl für die Veröffentlichung typischerweise mehr als verzehnfachte.[23] Neuere Forschungen legen eine Opferzahl von etwa 4500 nahe.[24]

Dennoch lieferten die Attacken auf Volksdeutsche den Invasionstruppen eine bequeme nachträgliche Rechtfertigung für den Angriff auf Polen. In den kommenden Wochen nahmen sie und die Volksdeutschen selbst Rache an den Polen, die über jede Provokation weit hinausging. In Bydgoszcz begleiteten deutsche Einwohner Wehrmachts- und SS-Einheiten und identifizierten angebliche Täter, die sofort erschossen wurden. Auf persönlichen

Befehl Hitlers wurden rund 500 Polen aus der Stadt hingerichtet. Die Sicherheitspolizei durchsuchte auch den Vorort Schwedenhöhe nach Verdächtigen, wobei etwa 200 weitere Personen getötet wurden.[25] Dieses Muster wiederholte sich in anderen besetzten Städten und Dörfern. In den Wochen nach der Invasion schlossen sich außerdem viele Männer zwischen 17 und 45 Jahren den Milizen des sogenannten Volksdeutschen Selbstschutzes an, um deutschen Polizeibataillonen zu helfen, die für die Sicherheit im besetzten Polen verantwortlich waren. Diese Milizen erhielten im Oktober 1939 rasch eine ganz andere Funktion, als sie dem Kommando der SS unterstellt wurden. Inzwischen dienten allein im Bezirk Westpreußen über 17 000 Freiwillige im Selbstschutz. Hier und anderswo spielten sie eine wichtige Rolle dabei, für Polizei und SS polnische Verdächtige und Juden ausfindig zu machen; sie bewachten Internierungs- und Arbeitslager, in denen die Gefangenen oft unter menschenunwürdigen Umständen lebten, und halfen wenig später auch den SS-Einsatzgruppen, die politische und «rassische» Feinde in den besetzten Gebieten ermordeten, bei Massakern an polnischen Juden und Nichtjuden.[26] Der Danziger Selbstschutz spielte eine wichtige Rolle bei der Ermordung von 3000 Patienten in polnischen Nervenkliniken; viele andere wurden in hastig errichteten Lagern umgebracht. Insgesamt waren die Selbstschutzeinheiten in den zwölf Monaten nach der deutschen Invasion für bis zu 20 000 Morde verantwortlich; sie halfen auch bei der Inhaftierung von 10 000 weiteren Menschen im neu eingerichteten Zivilgefangenenlager und späteren Konzentrationslager Stutthof. Ihre Karriere war aber von kurzer Dauer. Als die «Befriedungs»-Kampagne in Polen sich dem Ende näherte, beschloss Himmler, solche Amateurtruppen hätten ihren Zweck erfüllt, und befahl im August 1940, als alle Gefahr weiteren polnischen Widerstands ausgeschaltet war, ihre Auflösung.[27]

Zu diesem Zeitpunkt hatten die Nationalsozialisten ihre Aufmerksamkeit schon der viel ehrgeizigeren Aufgabe zugewandt, den ethnischen Charakter der neu besetzten Gebiete zu verändern. Die Sache wurde dringlicher, nachdem die Sowjetunion gemäß dem geheimen Zusatzprotokoll zum Hitler-Stalin-Pakt Polen am 17. September von Osten angegriffen hatte – ironischerweise unter demselben Vorwand wie Deutschland, mit dem einzigen Unterschied, dass die Minderheiten, deren Unterdrückung Stalin Warschau vorwarf, nun Weißrussen und Ukrainer waren. Während die UdSSR eine Viertelmillion polnischstämmiger Einwohner aus den Gebieten vertrieb, die zu den westlichen Teilen der ukrainischen und weißrussischen Sowjetrepubliken werden sollten, kamen die Deutschen zu einer ähnlichen Lösung.[28] Nachdem man die Idee eines stark verkleinerten polnischen Staates als Zugeständnis an Appeasement-geneigte Kräfte im Westen überlegt und verworfen hatte, entschloss sich Hitler zur Teilung des deutsch besetzten Polen. Etwa die Hälfte wurde in Form der neuen Gaue Danzig-Westpreußen und Wartheland vom Reich annektiert. Der Rest – knapp 150 000 Quadratkilometer in Zentralpolen mit Warschau und Krakau – sollte unter der Bezeichnung Generalgouvernement zum demographischen Mülleimer für Bewohner der annektierten Gebiete werden, die als ungeeignet für die Eindeutschung befunden wurden.

Der Erwerb der «eingegliederten Ostgebiete», wie die neuen Reichsgaue genannt wurden, und das Problem der Volksdeutschen im sowjetischen Machtbereich waren eng miteinander verknüpft. Eine Woche nach dem sowjetischen Angriff auf Polen machte Stalin gegenüber Hitler seinen Anspruch auf Lettland und Estland geltend. Am 28. September, dem Tag als Warschau fiel, schlossen Berlin und Moskau einen weiteren Geheimvertrag ab. Er verschob Litauen mit seiner deutschen Minderheit in den sowjetischen Einflussbereich, dafür bekam Deutschland die Bezirke Lublin und Ostwarschau, die im Vormonat zunächst der UdSSR zugeschlagen worden waren. Für Hitler war die Umsiedlung der deutschen Bewohner des Baltikums eine dringende Angelegenheit geworden, denn Stalin hatte seine Ungeduld angedeutet. Dass die eingegliederten Ostgebiete zur Verfügung standen, ermöglichte es ihm, zwei Fliegen mit einer Klappe zu schlagen. Juden und «rassisch» nicht assimilierbare Polen sollten ins Generalgouvernement deportiert werden. Ihre Häuser, Wohnungen, Höfe und Geschäfte würden den Deutschbalten übereignet werden, die man kaum zu überreden brauchte, das gerade eroberte Land zu besiedeln. Die Furcht vor den Sowjets würde ausreichen. Diese Lösung war von der Art, wie sie Hitler am besten gefiel: sie war simpel, symmetrisch und brutal.

Allerdings gefiel sie vielen Volksdeutschen nicht. In einer Reichstagsrede zum Ende des Polenfeldzugs erklärte Hitler am 6. Oktober 1939, es gehöre «zu den Aufgaben einer weitschauenden Ordnung des europäischen Lebens, hier Umsiedlungen vorzunehmen, um auf diese Weise wenigstens einen Teil der europäischen Konfliktstoffe zu beseitigen».[29] Deutschland und die

UdSSR hätten sich bereits über einen solchen Austausch geeinigt. So wurde das «Heim ins Reich»-Programm verkündet. Die Aussicht versetzte viele Volksdeutsche in Schrecken, deren Begeisterung für den Nationalsozialismus zum großen Teil von dem Glauben herrührte, die Reichsgrenzen würden sich wie bei Österreich, dem Sudetenland und Danzig bis zu ihnen ausdehnen. Die Aussicht, ihre Heimat zu verlassen und vor einer unsicheren Zukunft zu stehen, nicht einmal in Deutschland, sondern in der viel raueren Umgebung Westpolens, war viel weniger anziehend. Statt also begeistert dem Ruf des Führers zu folgen, fühlten sich viele Volksdeutsche durch die «Heim ins Reich»-Initiative verraten.

Ihre Desillusionierung wäre noch größer gewesen, wenn sie gewusst hätten, wie wenige Vorbereitungen für das getroffen waren, was zu diesem Punkt die zweitgrößte Umsiedlungsaktion der Geschichte war – die zudem binnen weniger Wochen stattfinden sollte. Erst am Tag nach Hitlers Reichstagsrede wurde Himmler mit der «Zurückführung» der Volksdeutschen betraut, dazu der «Ausschaltung des schädigenden Einflusses von ... volksfremden Bevölkerungsteilen» in den besetzten Gebieten und ihrer vollständigen Kolonisierung. Mit Hilfe einer neuen Behörde, der er den pompösen Namen Reichskommissariat für die Festigung deutschen Volkstums (RKFDV) gab, brachte Himmler rasch die konkurrierende Volksdeutsche Mittelstelle (VoMi) der NSDAP unter seine Kontrolle. Von nun an würde die SS die Leitung bei der Bevölkerungsverschiebung in Mittel- und Osteuropa übernehmen, um diese Region zu dem zu machen, was Hitler optimistisch einen arischen «Garten Eden» nannte.

Vom ersten Tag an verlief nur wenig wie geplant. Die Aufgabe wäre unter normalen Umständen schon gewaltig genug gewesen, doch nun wurde klar, dass weder Himmler noch irgendjemand anders die geringste Ahnung hatte, wie sie mitten in einem Krieg zu lösen sei. Improvisation war an der Tagesordnung, und das Regime fand kaum Lösungen für die Probleme der Umsiedlung, die über Massenmord, allgemeine Vertreibung oder den Rückgriff auf verschrobene Rassentheorien hinausgingen.

Diese Schwierigkeiten enthüllten sich gleich bei der ersten Umsiedlungswelle aus den baltischen Staaten. Den beteiligten Regierungen wurde wenig Respekt entgegengebracht, das Abkommen über die Umsiedlung von 16 000 Volksdeutschen aus Estland erst am 13. Oktober unterzeichnet, eine

Woche nach Beginn der Aktion. Auch in Lettland legte das erste Schiff zum Transport der 50 000 Volksdeutschen am 9. Oktober an, drei Wochen vor Abschluss der Verhandlungen mit der Regierung in Riga. Die baltischen Staaten rächten sich für diese Geringschätzung, indem sie außergewöhnlich hohe wirtschaftliche Forderungen an Berlin stellten. Estland und Lettland nutzten es aus, dass für die Umsiedlung nur wenig Zeit zur Verfügung stand – das Protokoll mit Estland legte den 15. Dezember als Abschluss fest –, und übernahmen deutschen Privatbesitz für einen Bruchteil seines Wertes. Deutschbalten aus Estland durften nur einen Gegenwert von rund 50 Reichsmark in Landeswährung mitnehmen, dazu Möbel und Werkzeug; alle übrigen Werte einschließlich Immobilien fielen an eine Deutsche Umsiedlungs-Treuhandgesellschaft in Tallinn (Reval), die den Verkauf durchführen und den Erlös für die Ansiedlung der Deutschbalten in ihrer neuen Heimat verwenden würde. Streitigkeiten über Eigentumsrechte oder Schätzwerte sollten durch eine bilaterale Kommission gelöst werden. Schließlich zwang die Beharrlichkeit der estnischen Behörden die Treuhandgesellschaft dazu, Land aus deutschem Besitz zu Spottpreisen an die Regierung zu verkaufen. Die lettische Regierung zeigte sich noch habgieriger. Nicht mehr als rund 25 Reichsmark in lettischer Währung durften außer Landes gebracht werden, der Export von Edelmetallen oder Juwelen war verboten, und alle Produktionsmittel außer Handwerkzeugen mussten zurückbleiben. Der lettische Staat wollte Land aus deutschem Besitz erwerben, um eigene Bürger darauf anzusiedeln, und versprach dafür Rohstoffe nach Deutschland zu liefern, wobei die früheren Besitzer noch massiver übervorteilt wurden als in Estland.[30] Zyniker deuteten den Namen der UTAG, des lettischen Gegenstücks der Treuhandgesellschaft, als «Untergang Tausender Arischer Geschlechter». Joseph Schechtman hat geschätzt, dass die estnische und lettische Regierung 1939 nur 40 Millionen Reichsmark für den deutschen Besitz bezahlten, den sie erwarben.[31] Die Nationalsozialisten wollten aber nicht feilschen. Jede bei diesem Handel erlöste Summe, sei sie noch so klein, galt als Gewinn angesichts der Gewissheit, dass Stalin bald beide Länder beherrschen und alle Abkommen ihrer früheren Regierungen außer Kraft setzen würde, was er im Juni 1940 dann auch tat.

Einen ähnlichen Kuhhandel gab es zwischen den beiden Hauptakteuren in Berlin und Moskau über die «Rückkehr» von 128 000 Volksdeutschen aus den polnischen Gebieten, die der Hitler-Stalin-Pakt der Sowjetunion zugeschlagen hatte, die meisten aus Wolhynien und Galizien an der Grenze zur Ukraine. Ihr Besitz, der auf umgerechnet 1,6 Milliarden Dollar geschätzt wurde, ging im Austausch gegen Öl- und Nahrungsmittellieferungen an die Sowjets. Inzwischen hatte Himmler nach dem Abschluss des Plebiszits ein Abkommen über die Umsiedlung der Südtiroler bis zum 31. Dezember 1942 geschlossen. Er hatte für sie bereits einen Teil des Beskiden-Gebirges in Südpolen reserviert, dessen geographische und klimatische Bedingungen denen ihrer Heimat ähneln sollten.

Der Transport all dieser Menschen in Kriegszeiten war bestenfalls improvisiert. Unter großen Schwierigkeiten wurden 50 000 Deutschbalten bis zum 15. November 1939 auf «Kraft durch Freude»-Kreuzfahrtschiffen evakuiert. Trotzdem blieben 3500 Estland- und über 12 000 Lettlanddeutsche zurück – viele von ihnen Ehepartner in gemischten Ehen –, und ihr Platz wurde von Personen eingenommen, die keinerlei Verbindung zu Deutschland besaßen, aber durch Bestechung oder Beziehungen die Dokumente über ihre deutsche Abstammung erhalten hatten, um Stalins Klauen zu entkommen. Obwohl ein großer Teil der «Rückkehrer» mit dem Zug gebracht wurde, mussten viele Wolhynier, Galizier und Menschen aus Zentral- und Ostpolen sich und ihren Besitz auf Pferdekarren transportieren, während ihr Vieh nebenherlief. Ihr Treck nach Westen war anstrengend, und viele waren verärgert über den Mangel an Hilfe und Organisation durch die Reichsbehörden. Meistens ging gar nichts glatt, wie sich enttäuschte Siedler erinnerten.[32] Auf der ganzen Reise durften die Wagen nie länger als zwei Stunden rasten, um Unterkühlung und Erfrierungen zu vermeiden.[33] Dennoch ließ Himmler den Exodus der Volksdeutschen durch eine Welle von «Heim ins Reich»-Propaganda mythologisieren, in der sie als rüstige Pioniere geschildert wurden, die ein neues Leben in den Grenzgebieten im Westen (Polens) suchten. Wie ein begeisterter Chronist der Umsiedlung es ausdrückte, waren die Siedler das moderne Gegenstück zu den germanischen Stämmen, die im vierten und fünften Jahrhundert dem dekadenten Römischen Reich den Todesstoß versetzt hatten. Nun standen die Mitwirkenden dieser modernen Völkerwanderung «mitten in der Erfüllung ihrer neuen, vom Reich selbst gestellten Aufgabe, endlich den deutschen Osten als deutsches Gebiet zu besiedeln».[34]

Genau hier lag das Problem. Die Fähigkeit des NS-Staates, große Zahlen von Menschen mit oder ohne ihre Zustimmung kurzfristig von einem Ort zum andern zu verschieben, war weit größer als sein Geschick beim Planen der Neuansiedlung dieser Menschen. Das zeigte sich schon früh, als Patienten der psychiatrischen Kliniken in Gdingen, Stettin und Swinemünde durch das «T4»-Euthanasieprogramm ermordet wurden, damit die Gebäude für die vorläufige Unterbringung von Deutschbalten zur Verfügung standen. Insgesamt wurden rund 10 000 Polen in Verbindung mit dem Transport mit Gas erstickt oder erschossen. Diese Kombination aus hastigen, planlosen Maßnahmen und ungezügelter Brutalität sollte typisch für die volksdeutschen Kolonisierungspläne der kommenden Jahre werden. Nach den anfänglichen Vorstellungen des RKFDV, die ebenso simpel waren wie die Hitlers, bedeutete «Umsiedlung» nicht mehr als die Vertreibung oder Ermordung von Polen und Juden und die Zuweisung ihres Besitzes – abzüglich der Verwaltungskosten – an die Neuankömmlinge. Die Wirklichkeit erwies sich als unendlich schwieriger.

Die Enteignung der»Untermenschen», die Hermann Göring durch die neugeschaffene Haupttreuhandstelle Ost in Gang setzte, um jüdischen und polnischen Besitz in den eroberten Gebieten zu konfiszieren und an die Kolonisten zu verteilen, war schwieriger als gedacht. Eine unvorhergesehene Komplikation bestand darin, dass es weniger zu verteilen gab als angenommen. Von den 102 800 Quadratkilometern annektierten Landes in den eingegliederten Ostgebieten hatten drei Viertel vor 1914 Deutschen gehört. Der Eroberung folgte ein Flut von Ansprüchen früherer Besitzer, die vom polnischen Staat zwischen den Kriegen gegen eine minimale Entschädigung enteignet worden waren und nun eine Rückgabe mit Zinsen forderten.[35]

Das Haupthindernis war aber die giftige Mischung aus Kompetenzgerangel, institutionellem Chaos, Planänderungen in letzter Minute und Zielkonflikten, die fast jede große Initiative des NS-Regimes lähmte. Zunächst machten sich Himmler und das RKFDV – mit Hilfe seiner Gefolgsleute Heydrich und Eichmann, die später durch ein noch ehrgeizigeres und wahnsinnigeres demographisches Projekt weltbekannt wurden – an die Räumung der beiden neuen Gaue der eingegliederten Ostgebiete von «überschüssigen» polnischen und jüdischen Bewohnern. Die Aktion fiel aber rasch hinter den Plan zurück, einerseits wegen der unerwartet langsamen Enteignungsbürokratie, andererseits wegen der Querelen der beiden Gauleiter, Arthur

Greiser im Wartheland und Albert Forster in Danzig-Westpreußen. Beide verabscheuten einander zutiefst und waren entschlossen, ihren jeweiligen Gau als Erster vollständig einzudeutschen. Die sehr verschiedenen Wege, auf denen sie dieses Ziel verfolgten, untergruben die Aufnahme der Volksdeutschen gleichermaßen. SS-Obergruppenführer Greiser, ein bedingungsloser und von der Rassenideologie besessener Gefolgsmann Himmlers, wollte das Problem ganz nach Vorschrift lösen, indem er die Spezialisten des SS-Rasse- und Siedlungshauptamts (RuSHA) beauftragte, jede einzelne Person rassisch zu überprüfen, um herauszufinden, wer bleiben und wer ins Generalgouvernement abgeschoben werden solle. Da Juden per definitionem als nicht assimilierbar galten, wurden sie nicht überprüft, sondern pauschal enteignet und deportiert. Es standen aber nur wenige hundert Rassenkundler zur Verfügung, und das Ausmaß der Aufgabe überstieg bald ihre Möglichkeiten. Albert Forster, ein Apparatschik, dessen Wurzeln in der NSDAP lagen und dessen Beziehung zu Himmler und der SS sich mit jedem Tag verschlechterte, suchte dagegen eine einfachere Lösung. Er war überzeugt, die meisten Bewohner seines Gaus seien zumindest teilweise deutscher Abstammung und nur von «Polonisierern» verführt worden, darum schickte er seine Beamten aus, um ehemalige Polen als Volksdeutsche zu registrieren. Da die Alternative in der Deportation ins Generalgouvernement bestand, weigerte sich kaum einer. Fehlende deutsche Sprachkenntnisse waren kein Hindernis, auch wurden nicht viele Fragen gestellt, um die Angaben über entfernte deutsche Verwandte der Befragten zu verifizieren. Der Gauleiter verkündete blauäugig: «Wir wären keine Nationalsozialisten, wenn wir nicht den unerschütterlichen Glauben besäßen, dass es uns gelingen wird, Menschen mit deutschem Blut durch unsere Führung und Erziehung zu begeisterten Deutschen zu machen.»[36] Abgesehen von seiner Einfachheit bestand der Vorteil des bürokratischen Ansatzes bei der Germanisierung – und wahrscheinlich sein Hauptreiz für Forster – darin, dass er der SS und ihren Rassenkundlern keine Gelegenheit zur Einmischung in Danzig-Westpreußen eröffnete. Für die Behörden, die mit der Umsiedlung der Volksdeutschen befasst waren, ging aber keiner der beiden Gaue zufriedenstellend mit dem Problem um. Greisers minutiöse Rassenprüfung bedeutete, dass Polen nur sehr langsam nach Osten abgeschoben würden, um Platz für ankommende Kolonisten zu schaffen; Forsters Methode der Eindeutschung von Polen durch einen Federstrich ließ dagegen gar keinen Raum für Abschiebungen.

Die Folgen waren vorhersehbar. Im Winter 1939/40 baute sich ein großer Rückstau von Kolonisten auf, für die es noch keinen Platz in den eingegliederten Ostgebieten gab, daher war das RKFDV gezwungen, 150 000 von ihnen in improvisierten Lagern im Sudetenland, in Sachsen, Pommern und dem Warthegau unterzubringen. Verspätete Versuche, zusätzlichen Raum zu schaffen, erzeugten nur weitere Verwirrung. Anfang November wurde beispielsweise die Großstadt Łódź (Litzmannstadt) vom Generalgouvernement abgetrennt und dem Warthegau zugeschlagen, um passende Unterkünfte für die stark urbanisierten Deutschbalten bereitzustellen. Łódź hatte aber einen großen jüdischen Bevölkerungsanteil, und der unmittelbare Effekt war ein starker Anstieg der Zahl von Menschen, die ins Generalgouvernement deportiert werden sollten. Das nahm die bereits überlasteten Transportmittel zusätzlich in Anspruch. Obwohl Heydrich im Dezember Eichmann zum Referenten für Räumungsangelegenheiten in den annektierten Gebieten ernannte, fiel das Programm immer weiter hinter den Plan zurück. Nur 87 838 Polen und Juden wurden bis zum 17. Dezember nach Osten deportiert, dann musste die Aktion eingestellt werden, damit die Züge wolhynische und galizische Volksdeutsche aus dem sowjetisch besetzten Polen holen konnten. Umfangreiche Räumungen setzten erst wieder im April 1940 ein, und selbst dann wurden bis Anfang 1941 nur 133 000 von geplanten 600 000 Menschen deportiert, als die Vorbereitung des «Unternehmens Barbarossa» die Räumungen erneut stoppte.

All das reduzierte den Rückstau nicht, vielmehr stieg der Raumbedarf für neue Kandidaten des «Heim ins Reich»-Programms im Sommer 1940 steil an. Die sowjetische Annexion der drei baltischen Republiken im Juni erzwang einen hastigen Exodus der rund 12 000 verbliebenen Volksdeutschen aus Estland und Lettland und 48 000 weiterer aus Litauen.[37] Gemäß dem zwei Monate später geschlossenen Zweiten Wiener Schiedsspruch, durch den Hitler Rumänien zwang, Nordsiebenbürgen an Ungarn abzutreten, das inzwischen ein Verbündeter des Reichs war, erhielten die dort lebenden 95 000 Volksdeutschen das Recht, am «Heim ins Reich»-Programm teilzunehmen, statt ihre Loyalität von Bukarest auf Budapest übertragen zu müssen. Bis Ende des Jahres machten rund 77 000 davon Gebrauch. Auch Stalin hatte Rumänien im Blick und forderte von seiner Regierung die Abtretung der teilweise ukrainischen nördlichen Bukowina und des rumänischen Bessarabiens bis zum Juni 1940. Die Rumänen mussten sich fügen. In den betreffenden Gebieten lebten etwa 137 000 Volksdeutsche, und ein weiteres deutsch-sowjetisches Abkommen regelte im Herbst ihren Transport nach Deutschland. Nach Schätzung des Historikers Götz Aly wurde 1940 insgesamt rund eine Viertelmillion Volksdeutscher aus Südosteuropa umgesiedelt, mehr als aus dem Baltikum und Ostpolen zusammen.[38]

Wieder hatten die «Rassenplaner» des Dritten Reichs keinen Ort, um sie unterzubringen, und die Lager platzten aus allen Nähten. Von 5,3 Millionen für den Winter 1940/41 geplanten Deportationen aus den eingegliederten Ostgebieten, einem absurd überzogenen Ziel, waren bis März 1941 erst 408 000 durchgeführt worden. Das Problem wurde noch dadurch verstärkt, dass die SS einen immer größeren Anteil kultivierbaren Bodens als Lohn für Soldaten nach Kriegsende bestimmte.[39] Schließlich bedeutete die Armut vieler polnischer und jüdischer Vertriebener, dass ein einzelner beschlagnahmter Besitz für die Bedürfnisse der Kolonisten nicht ausreichte. Im Mai 1940 musste Himmler den ungeduldigen und aufgebrachten wolhynischen Volksdeutschen im Lager Kirchberg (Wiśniowa Góra) erklären: «Daß ihr noch warten müsst, müsst ihr verstehen. Bevor ihr auf eure Höfe kommt, muß immer erst ein Polack herausgesetzt werden. Oft sind es derartige Löcher, daß wir die Häuser erst etwas in Ordnung bringen müssen oder auch zwei Höfe zusammenlegen.»[40] In der Praxis war der «Multiplikationseffekt» noch größer. Himmlers Beharren, volksdeutsche Bauernhöfe sollten mindestens 25 Hektar groß sein, bedeutete, dass durchschnittlich drei polnische Höfe zusammengelegt werden mussten, um eine einzige volksdeutsche Familie unterzubringen.[41]

Überdies verliefen die Beschlagnahmungen selten nach Plan. Laut den Anordnungen des SS- und Polizeiführers im Warthegau, Wilhelm Koppe, sollten die zur Räumung vorgesehenen Gebiete vor Sonnenaufgang ohne Vorwarnung durchkämmt werden, damit die Bewohner sich nicht verstecken oder ihren Besitz zerstören konnten. Sie waren sofort zu einem Evakuierungslager zu bringen und mussten bis zur Deportation ins Generalgouvernement dort bleiben. Die neuen volksdeutschen Kolonisten sollten bereitstehen, aber belastende Szenen seien ihnen möglichst zu ersparen. Häufig waren «Ansiedlerbetreuerinnen» anwesend – oft junge Mittelschichtfrauen aus dem Altreich, die ihren sechsmonatigen Arbeitsdienst verrichteten –, um die beschlagnahmten Häuser rasch auf Vordermann zu bringen. «An den Ansiedlungstagen wachten sie darüber, daß die ausgesiedelten Polen nicht alles mitnahmen, sondern für die Siedler das Notwendige zurückließen.» Sie sollten auch die Häuser putzen und eine warme Mahlzeit vorbereiten, «damit die Siedler sich gleich bei ihrem Einzug in ihr neues Heim wohlfühlten».[42] In den meisten Fällen liefen diese Aktionen aber viel chaotischer ab. Manchmal mussten die Frauen die Vertreibungen auch selbst ausführen. Eine von ihnen, Melita Maschmann, erinnerte sich später an ihren Zorn, als sie und die «Arbeitsmaiden» unter ihrer Leitung 1942 von der örtlichen SS dazu eingeteilt wurden, die polnischen Bewohner eines Dorfs im Warthegau zu vertreiben, einzig mit einem hölzernen Kleiderbügel bewaffnet.[43] Einheimische Volksdeutsche, die im Voraus von den geplanten Räumungen wussten, informierten Polen, die deportiert werden sollten, weil sie hofften, deren Besitz billig kaufen zu können. Die Abhängigkeit der deutschen Umsiedlungsbehörden von polnischen Hilfskräften bedeutete auch, dass Geheimhaltung schwierig war. Im Sommer 1940 fielen darum nur etwa 40 Prozent der zur Deportation bestimmten Polen des Warthegaus in die Hand der Behörden. Die Übrigen waren zu Verwandten geflüchtet oder in den Städten oder Wäldern untergetaucht.[44]

Für die Empfänger des beschlagnahmten Eigentums war es oft unmöglich, zur düsteren Wirklichkeit der Vorgänge jene bequeme Distanz zu wahren, die Koppe für so wichtig hielt. Irma Eigi, die siebzehnjährige Tochter eines estnischen Hoteliers, sah in der Wohnung, die ihrer Familie von der Wohnraumvermittlungsstelle in Posen (Poznań) im Dezember 1939 zugewiesen worden war, die Zeichen der Katastrophe, die die früheren Besitzer getroffen hatte: «Die Schränke standen zum Teil offen. Die Schubladen waren offen. Und ja, dann dieser Tisch mit den Essensresten. Dann diese ungemachten Betten, zerwühlt.»[45] Von dem Anblick erschüttert, bat ihr Vater um eine weniger sichtbar moralisch belastete Unterkunft, aber ohne Erfolg. Trotzdem folgte Herr Eigi der Einladung der örtlichen Umsiedlungsbehörde, die Restaurants der Stadt in polnischem Besitz zu besichtigen und sich eines auszusuchen, worauf ihm die Besitzurkunde ausgehändigt wurde. Sylvia Bannister, die englische Ehefrau eines deutschen Frauenarztes, der im Oktober 1939 nach Bydgoszcz geschickt wurde, geriet ähnlich aus der Fassung, als sie bei der Ankunft eine Liste beschlagnahmter Häuser zur Besichtigung erhielt. In einem fand sie die Frau eines Polen vor, der am selben Morgen bei einer Vergeltungsaktion erschossen worden war; die Frau wusste weder etwas von der Hinrichtung ihres Mannes noch von der bevorstehenden Räumung. Auch Bannister sah wenig Sinn darin, sich über das bereits Geschehene zu viele Gedanken zu machen. «Wie konnten wir je glücklich in einem dieser Häuser wohnen, die vom Elend unserer Vorgänger heimgesucht wurden? Aber was sollten wir sonst tun? Kurt [ihr Ehemann] musste seine Arbeit fortsetzen, und wir mussten irgendwo in der Nähe wohnen.»[46] Wenig später bewohnte sie ein hübsches Haus; es hatte zuvor einem polnischen Architekten gehört, dessen ganze Familie bequemerweise verschwunden war.

Auf allen Ebenen der deutschen Gesellschaft wurden die Skrupel, vom Elend der vertriebenen Polen und Juden zu profitieren, rasch überwunden. Volksdeutsche Kolonisten, die neu in die eingegliederten Ostgebiete kamen, kämpften verbissen gegen die Alteingesessenen, die die Behörden häufig erfolgreich drängten, sie für Verluste durch den polnischen Staat nach 1918 zu entschädigen. Beide Gruppen konkurrierten mit Reichsdeutschen, die auf den eigenen Vorteil bedacht in die eroberten Gebiete kamen. Einer von ihnen war Hitlers Lieblings-Panzergeneral Heinz Guderian, der im Warthegau ein seinem Status angemessenes Gut suchte. Als der bestürzte Feldmarschall von Manstein ihn fragte, was aus den Besitzern geworden sei, sagte Guderian, das wisse er nicht, denn bei seiner Ankunft seien die Polen schon fort gewesen. «Wo sie geblieben seien, entziehe sich seiner Kenntnis.»[47] Spannungen zwischen diesen drei Gruppen und zwischen unterschiedlichen Teilen der volksdeutschen «Familie» kochten häufig über: «Ansiedlerbetreuerinnen, die versuchten, die Dynamik des Dorflebens in die richtigen Kanäle zu lenken, malten ein lebhaftes Bild der Konflikte, Eifersüchteleien und Rivalitäten in den von Siedlern bewohnten Dörfern. Bessarabiendeutsche Kinder kämpften mit einheimischen volksdeutschen Kindern. Einheimische Volksdeutsche beschwerten sich darüber, dass man alles für die Umsiedler tue, aber nichts für sie. Hinter vorgehaltener Hand klagten sie, sie hätten das konfiszierte polnische Land für sich bekommen, wenn die Siedler nicht gekommen wären. Eine Ansiedlungsbetreuerin meldete, dass die einheimischen Volksdeutschen die Siedler aus der Bukowina ‹Zigeuner› nennen würden; diese rächten sich damit, dass sie die ortsansässigen Volksdeutschen ‹Polen› nannten.... Auch Ansiedlerbetreuerinnen sparten nicht mit Kritik an den anderen Reichsdeutschen vor Ort – hier ging es vor allem um Männer – wegen deren arroganten Benehmens gegenüber den Volksdeutschen. Eine Betreuerin erzählte die Geschichte von einer Siedlerin aus der Bukowina, die vergessen hatte, das Abzeichen zu tragen, das sie als Deutsche erkenntlich machte; als sie im Postamt versuchte, Pakete an ihren an der Front kämpfenden Sohn aufzugeben, wurde sie von einem reichsdeutschen Mann geschlagen und hinausgeworfen.»[48]

Binnen weniger Jahre ein zusammenhängendes germanisches Ganzes aus einem volksdeutschen Schmelztiegel zu schaffen, der ständig überzukochen drohte, erwies sich darum als trügerische Hoffnung. Für viele Kolonisten endeten die Träume von einem idyllischen Leben in den eingegliederten Ostgebieten noch früher. Die volksdeutschen Übergangslager waren ein bequemes Personalreservoir für das Militär und für Firmen, die mit der Aufrechterhaltung der Produktion angesichts des akuten deutschen Arbeitskräftemangels kämpften. Insassen, für die die Dauer des Aufenthalts in heruntergekommenen Gebäuden nicht absehbar war, wo die Kommandanten ihnen «militärische Disziplin [aufzwangen], sie nach Geschlechtern trennten und die Neuankömmlinge als Kinder, wenn nicht Gefangene behandelten», waren für solche Angebote empfänglich.[49] Manchmal gab sogar Himmler der Versuchung nach. So befahl er im Dezember 1940, die Deutschen aus Bessarabien, die seine Erwartungen als Kolonisten nicht erfüllt hatten, stattdessen für Arbeitsbataillone zu verpflichten. Bei anderen Gelegenheiten warfen die Volksdeutschen selbst das Handtuch. Einige Kolonisten aus Galizien, die von den ihnen zugewiesenen Höfen im Warthegau enttäuscht waren, verließen diese im Herbst 1940 und versuchten, wieder in ihr Übergangslager in Łódź zu kommen; eine andere Gruppe wurde festgenommen, weil sie die zugewiesenen Höfe ablehnte und gegen die Behörden demonstrierte.[50] Manchmal passten Kolonist und Kolonie so schlecht zusammen, dass kein staatliches Eingreifen germanische Siedler erschaffen konnte. Die kultivierten estnischen und lettischen Volksdeutschen waren als Siedler eine besondere Enttäuschung, denn sie wollten keineswegs Pioniere in der polnischen Steppe werden. «Entweder waren sie Großgrundbesitzer, die nicht in Bauerndörfern leben wollten [...] oder sie waren Städter. [...] Schon bald verständigten die Planungsbeamten das Umsiedlungspersonal, ihnen keine Balten mehr zu schicken.»[51]

Die Unterschiedlichkeit der Volksdeutschen war wohl das größte Hindernis für den Erfolg des Kolonisierungsprogramms. Manche waren bis auf ihren Dialekt nicht von Reichsdeutschen zu unterscheiden. Arthur Greiser aus der Provinz Posen (Poznań) war selbst Volksdeutscher. Doch die Zugehörigkeit anderer war weit fragwürdiger, wenn nicht völlig fiktiv. Polen und Juden sahen oft mit Erstaunen, dass viele Mitglieder der Selbstschutz-Milizen, die zur Unterstützung der deutschen Besatzer entstanden, nach den Worten einer Frau «Leute aus unserer Stadt, Polen» waren, die beim Kommen der Nazis «plötzlich den Ruf ihres deutschen Blutes hörten! Die meisten waren Abschaum: Exsträflinge, Falschspieler, Diebe, kleine (und größere!) Gauner.»[52] Die Leichtigkeit, mit der Polen, Ukrainer oder Tschechen zu Deutschen wurden, entging den Reichsdeutschen nicht, sie nannten ihre angeblichen Volksgenossen «Beutegermanen» oder «Beutedeutsche», die sich nur deshalb dem Volk angeschlossen hätten, um soviel Beute wie möglich zu machen. Auch die SS war gegenüber diesem Ausborgen der ethnischen Identität nicht blind oder gleichgültig. Ab Oktober 1939 ließ Arthur Greiser in seinem Gau eine Deutsche Volksliste erstellen, um echte von falschen Deutschen zu trennen. Das Schema der Volksliste selbst war aber keine deutsche Erfindung. Es ähnelte stark der mit Buchstaben bezeichneten Einteilung, die die Franzosen Anfang der zwanziger Jahre im Elsass benutzt hatten, um zu entscheiden, welche Deutschen ausgewiesen werden sollten.[53] Auf Anordnung Himmlers wurde sie im März 1941 auf alle eingegliederten Ostgebiete ausgedehnt.

Die Volksliste definierte in ihrer voll entfalteten Form vier Stufen des «Deutschtums». Personen in Kategorie 1 hatten ihre nationale Loyalität bewiesen, indem sie schon vor September 1939 deutschen Organisationen angehört hatten; unzweifelhaft Deutsche, die nicht aktiv am «Volkstumskampf» zwischen den Kriegen teilgenommen hatten, kamen in Kategorie 2. In der Praxis gab es kaum Unterschiede zwischen ihnen, denn Angehörige beider Klassen erhielten automatisch die Reichsbürgerschaft und denselben Ausweis. Die einzig wichtigen Kategorien der Volksliste waren also Nummer 3 für Personen deutscher Abstammung, die «Bindungen zum Polentum eingegangen» waren, indem sie etwa zu Hause häufig oder ausschließlich

Polnisch sprachen, und Nummer 4 für jene, die zwar deutscher Abstammung waren, sich aber zwischen den Kriegen in ihren Ländern aktiv der Germanisierung entgegengestellt hatten. Personen aus diesen Kategorien konnten zur Eindeutschung ins Altreich geschickt werden, und wenn sie schließlich die deutsche Staatsangehörigkeit bekamen, geschah das zunächst auf Widerruf. Ganz unten auf der Volksliste standen Menschen mit mehr oder weniger unsicherer «deutscher Abstammung». Die Bedeutung dieser Kategorie konnte stark schwanken, von niedrigem Wert bis zur beschleunigten Höherstufung in der Volksliste, besonders wenn die Behörden bei militärischen Rekrutierungen oder Arbeitskräftemangel ein Reservoir an «potenziellen Deutschen» schätzen lernten, das sich nach Bedarf vergrößern ließ.

Zunächst steckten die Nationalsozialisten viel Energie in die Aufstellung und Kontrolle der Volksliste, von der es später auch Versionen in Böhmen und Mähren – wo Heydrich die halbe tschechische Bevölkerung zu germanisieren hoffte –, Jugoslawien und den westlichen Teilen der europäischen Sowjetunion gab. Theoretisch sollten alle Volksdeutschen «rassisch» überprüft werden, und gelegentlich wurden die Listen gesäubert, wenn Himmler befürchtete, die Definitionen des Deutschtums würden zu elastisch. Mit der Zeit wurde die Auswahl für die Volksliste aber zur Farce. Lokale Beamte, die unter dem Druck verschiedener höherer Stellen standen, trafen Entscheidungen, die durch ihre Willkür praktisch bedeutungslos waren, neigten aber fast immer mehr zur Einbeziehung als zur Ausgrenzung. «Wenn die Volksdeutschen nicht existiert hätten, hätten NS-Ideologen sie erfinden können», bemerkt die Historikerin Doris Bergen. «Und in gewisser Weise taten sie genau das.»[54] Tatsächlich blieb ihnen auch wenig anderes übrig. Der Beweis der deutschen Abstammung durch Dokumente war im Altreich schon schwierig genug, außerhalb aber fast unmöglich. Menschen aus ethnischen Gemeinschaften, die seit Langem von Deutschland getrennt waren, sprachen schlecht Deutsch oder mit einem Dialekt, der für Reichsdeutsche kaum oder gar nicht verständlich war. In den tschechischen Gebieten «sprachen viele ‹neue Deutsche› nur Tschechisch».[55] Mangels objektiver Instrumente zur Feststellung – oder auch nur Definition – des Deutschtums, wandten die «Ethnokraten» des RKFDV jedes Kriterium an, das zum erwünschten Resultat führte, «von ausführlichen orangefarbenen Karten mit Fragen zur Form von

Augenlidern und Kinn über die Bezeichnung ganzer Dörfer als volksdeutscher Siedlungen bis zu Tests der politischen Zuverlässigkeit».[56] Mitte 1942 hatte sich die Betonung aber entschieden dahin verschoben , so viele «Deutsche» wie möglich zu produzieren. Als der Krieg gegen die Sowjetunion stockte, wurde dringend Kanonenfutter gebraucht, und die Zahl verfügbarer Reichsdeutscher ging zurück. In Hitlers Reich durften nur «Arier» Soldaten werden, also mussten die zuvor verachteten Polen, Ukrainer, Bessarabier und Weißrussen in vielen Fällen zu «Ariern» gemacht werden. Himmler, der früher versucht hatte, die Volksliste in den eingegliederten Ostgebieten bei einer Million Namen zu schließen, machte die Weigerung eines als tauglich eingestuften Manns, als Soldat zu dienen, nun zu einem Delikt, das mit KZ-Haft bestraft wurde. In vielen Gebieten wurden Personen ohne ihre Zustimmung oder sogar ohne ihr Wissen auf die Volksliste gesetzt oder in eine höhere Kategorie eingestuft, die sie wehrpflichtig machte.[57]

Die Auswirkungen dieser Zwangsgermanisierung wurden von Zygmunt Klukowski beobachtet, einem Arzt und Krankenhauschef aus Szczebreszyn im Bezirk Zamość des Generalgouvernements. 1942 wurde sein Bezirk als erster außerhalb der eingegliederten Ostgebiete für die deutsche Kolonisierung ausgewählt. Bald darauf erhielt sein Krankenhaus Besuch: «Gestern früh kamen zwei Soldaten vom Sonderdienst mit neuen Formularen in die Apotheke. Sie registrierten alle Angestellten auf besonderen Formularen und befahlen ihnen dann, zu unterschreiben. Manche unterschrieben, ohne sie zu lesen. Bei den Ärzten war Dr. Spoz der erste. Er las das Formular und merkte, dass es ein Antrag auf Ausweispapiere für Personen war, die die deutsche Nationalität beanspruchten. Zuerst weigerte er sich zu unterschreiben, aber nachdem man ihn gedrängt hatte, tat er es doch. Kurz darauf kam er sehr nervös ins Krankenhaus, erzählte mir, was geschehen war, und fragte, wie er sein Formular zurückbekommen könnte. Ich rief alle Ärzte zusammen, um die Sache zu besprechen, und erfuhr, dass alle Ärzte, Apotheker, Veterinäre, Zahnärzte und Krankenschwestern die Registrierungsformulare ausfüllen müssen. Bei dem Treffen wurde beschlossen, jeder solle selbst entscheiden, ob er unterschreibe oder ablehne. ... Ich erfuhr, dass viele Menschen in Zamość den Fragebogen ohne Vorbehalt unterschrieben. Das stand auch in der Untergrundzeitung. Nun fragen wir uns, ob wir Repressionen zu befürchten haben und wenn ja, welche.»[58]

Der hieraus entstehende Kampf zwischen der im Untergrund agierenden polnischen Heimatarmee und den Deutschen um die Registrierung auf der Volksliste wurde zum Mikrokosmos des größeren Konflikts. Zehn-, wenn nicht Hunderttausende polnische Bürger beider Geschlechter sahen sich in einem Dilemma gefangen, bei dem ihnen Misshandlungen, Haft oder Deportation drohten, wenn sie sich nicht auf die Volksliste setzen ließen, und Brandstiftung, Plünderung oder Ermordung durch die Heimatarmee, wenn sie es taten. Sogar Mitglieder derselben Familie konnten auf entgegengesetzte Seiten geraten: Der volksdeutsche Bürgermeister von Urzędów, Kazimierz Łoziński, wurde 1943 auf Befehl der Heimatarmee erschossen, der seine beiden Söhne angehörten.[59] Angriffe der Widerstandsbewegung auf Siedler im Generalgouvernement und brutale Vergeltungsaktionen der Nationalsozialisten – laut Dr. Klukowski wurden z. B. im Dezember 1943 rund 160 Polen als Vergeltung für einen Brandanschlag in dem Dorf Nawóz hingerichtet, bei dem fünf volksdeutsche Häuser niederbrannten – waren so häufig, dass der Volksdeutsche Selbstschutz in Polen wiederbelebt wurde, wie auch in der Ukraine, Estland und Jugoslawien.[60] Im Allgemeinen waren diese Einheiten militärisch nur bedingt effektiv und mehr für ihre Disziplinlosigkeit und die Bereitwilligkeit bekannt, mit der sie bei der Festnahme und Ermordung von Juden halfen, als für die Fähigkeit, ihre Mitkolonisten zu schützen. Auch die Nationalsozialisten hatten wenig Zutrauen zu ihnen, steckten die Fähigsten in die Wehrmacht oder die Waffen-SS und gaben den Übrigen oft nicht einmal Handfeuerwaffen.

Der «Volkstumskampf» wurde nicht überall so heftig ausgefochten, obwohl sich auch in der viel ruhigeren Atmosphäre von Böhmen und Mähren Volksdeutsche, die ihre Nachbarn kränkten, indem sie die deutsche Staatsangehörigkeit annahmen, dem etwas melodramatisch bezeichneten «‹tschechischen Terror› aussetzten – sie wurden in tschechischen Läden ignoriert, beleidigt und manchmal sogar geschlagen».[61] Viel schwieriger war es für die Nationalsozialisten aber, zu verhindern, dass Volksdeutsche sich der einheimischen Bevölkerung anpassten, mit der sie objektiv gesehen kulturell, religiös und sogar sprachlich oft mehr gemeinsam hatten als mit ihren nominellen «Volksgenossen». Ansiedlungsbetreuerinnen, VoMi-Beamte und SS-Rassenkundler beschwerten sich pausenlos, die Volksdeutschen zeigten nicht das «notwendige Bewusstsein der Überlegenheit, das wir brauchen, um unsere

Rechte als Kolonialstaat und Volk aufrechterhalten zu können».[62] Kolonisten «fanden es schwierig, sich zu ihrer deutschen Herkunft zu bekennen und die Freundlichkeit gegenüber den Polen zu überwinden».[63] Dieselben Defizite zeigten sich im täglichen Leben. Während die offizielle Propaganda die Volksdeutschen als «Muster an arischer Reinheit und nationalsozialistischer Treue darstellte, klagten Reichsbehörden aller Art über die Volksdeutschen, denen nach ihren Worten echte deutsche Qualitäten fehlten: Fleiß, Sauberkeit, sexuelle Selbstkontrolle und deutsche Sprachkenntnisse. Ein Bericht nörgelte, sobald ihre Ehemänner fort seien, ließen sich die Frauen mit Ukrainern und Polen ein. Die Männer seien nicht besser; sie schliefen mit polnischen Frauen und übernähmen die Lebensweise der Polen, und die Jugendlichen seien faul und promiskuitiv.»[64]

NS-Funktionäre hatten natürlich viele Instrumente zur Verfügung, um ethnische Trennung zu erzwingen. Bereits im September 1940 ordnete Greiser an: «Deutsche Volkszugehörige, die über das dienstlich oder wirtschaftlich notwendige Maß hinaus Umgang mit Polen pflegen, werden in Schutzhaft genommen. ... Als Nichteinhaltung des gebotenen Abstandes gilt unter allen Umständen die Aufrechterhaltung eines wiederholten freundschaftlichen Verkehrs mit Polen.»[65] Volksdeutsche konnten dafür bestraft werden, dass «sie sich wiederholt auf die Seite der Polen gestellt hatten», indem man ihnen ihre Höfe abnahm und sie in die Übersiedlerlager zurückschickte. Andere wurden für ähnliche Vergehen auf der Volksliste herabgestuft oder ganz davon gestrichen, wieder andere in Arbeitsbataillone im Altreich gesteckt.[66] Die Sünden der Väter konnten auch auf die Kinder zurückfallen und umgekehrt. Doris Bergen schildert den Fall einer alten Frau aus Kulm, die «ihren deutschen Status verlor und ins Konzentrationslager kam, als ihr Enkel aus der Wehrmacht desertierte».[67] Aber wie überall im besetzten Europa entwickelten viele Volksdeutsche Geschick darin, mit den kollidierenden Ansprüchen des Staates und ihrer einheimischen Nachbarn umzugehen, indem sie sich unauffällig verhielten und es vermieden, für eine Seite Partei zu ergreifen. Gestapo-Männer verzeichneten viele Fälle, besonders nach der Niederlage von Stalingrad Anfang 1943 (bei einigen weitsichtigen Personen aber schon nach Pearl Harbor im Dezember 1941), in denen Volksdeutsche sich rückzuversichern suchten, indem sie den Polen, die sie verdrängt hatten, Eigentum zurückgaben.[68] Als außerdem die Volksliste immer elastischer wurde, ließen sich nur noch wenige, wenn überhaupt irgendwelche objektiven Unterschiede zwischen beiden Völkern erkennen. Eine junge Deutsche, die in einem Dorf in Danzig-Westpreußen Dienst tat, berichtete 1942: «Die Angehörigen der Volksliste 3 heben sich in keiner Weise von den Polen ab. Sie sprechen ebenso viel bzw. wenig deutsch wie die Polen. Man könnte sogar sagen, daß die charakterlich wertvolleren [unter ihnen] Polen geblieben sind.»[69] Ein NSDAP-Funktionär in der Tschechoslowakei hatte denselben Eindruck und teilte Heydrich mit, «daß mir die Kinder des fanatischsten Tschechen der vergangenen 20 Jahre für die Eindeutschung wertvoller sind, als diejenigen jenes charakterlosen Lumpen, der seine Ansicht von heute auf morgen gewechselt hat».[70]

Ob die Volksdeutschen als «Täter», «Opfer» oder «Zuschauer» des Nationalsozialismus und seiner Verbrechen anzusehen sind – um Raul Hilbergs berühmte Einteilung zu übernehmen –, lässt sich also nicht eindeutig beantworten. Ein halbes Jahrhundert wurden Volksdeutsche praktisch automatisch mit «Fünfter Kolonne» gleichgesetzt, selbst in der Forschungsliteratur. Sicher braucht man nicht lange zu suchen, um Beispiele für die Beteiligung von Volksdeutschen an einigen der schrecklichsten NS-Verbrechen zu finden. Im Baltikum, Polen und Rumänien nahmen volksdeutsche Milizen neben Polizei-, Wehrmachts- und SS-Einheiten an Mordaktionen gegen Juden teil. Auch Frauen waren daran beteiligt, so erschoss eine volksdeutsche Dolmetscherin 1942 in der Ukraine jüdische Kinder bei der Räumung des Bezirks Khmilnyk.[71] Unter den SS-Einheiten mit dem übelsten Ruf bestanden einige ausschließlich aus Volksdeutschen wie die berüchtigte Division Prinz Eugen der Waffen-SS in Jugoslawien. Obwohl nur eine Minderheit der Volksdeutschen während des Zweiten Weltkriegs in anderen Ländern angesiedelt wurde, zeigten diese nur wenig Gewissensbisse wegen des Schicksals der Menschen, die sie – wenn auch manchmal unwillig – verdrängt hatten. Viele wurden zur Wehrmacht eingezogen, aber viele andere, die es hätten vermeiden können, meldeten sich aus ideologischer Überzeugung freiwillig, weil sie hofften, ihr «Deutschtum» zu beweisen oder später belohnt zu werden. Und obwohl eine kleine Zahl von Volksdeutschen NS-Gegner war – Ludwika von Kleist, der führende Kopf des polnischen Widerstands in Wilkołaz, war mit dem gleichnamigen Generalfeldmarschall verwandt –, unterstützte die große Mehrheit entweder das Regime, das sie ihrer

Meinung nach vor der Unterdrückung durch die frühere Regierung oder der bolschewistischen Bedrohung gerettet hatte, oder sagte und tat nichts, um sich davon zu distanzieren.

Hierin unterschieden sie sich aber wenig bis gar nicht von anderen Deutschen und auch weniger von der Mehrheitsbevölkerung der besetzten Länder als allgemein bekannt. Es wird beispielsweise oft vergessen, dass sich mehr als doppelt soviele Niederländer während des Zweiten Weltkriegs freiwillig zur Waffen-SS meldeten als sich der niederländischen Exilarmee in London anschlossen.[72] Die Vorstellung, dass die Volksdeutschen eine «Fünfte Kolonne» der Nationalsozialisten in den Nachbarländern waren, die auf Befehle aus Berlin warteten, um ihren Ländern den Dolch in den Rücken zu stoßen, bevor sie ihre Rolle beim Aufbau der Neuen Ordnung im Osten übernahmen, hält einer detaillierten Untersuchung nicht stand. Selbst wenn sie einen solchen Ehrgeiz gehabt hätten, hätte die NS-Politik sie enttäuscht.[73] Die Welle von Bevölkerungstransfers zwischen 1939 und 1941, die einen vorzeitigen Konflikt mit der UdSSR vermeiden sollte, war ein völliger Fehlschlag. Von den 20 Millionen, die im «Generalplan Ost» vorgesehen waren, wurde nur eine halbe Million Volksdeutscher je neu angesiedelt. Hunderttausende weiterer Möchtegern-«Siedler» erreichten die neuen Kolonien nie und verbrachten die Kriegsjahre stattdessen in den über 1500 «Beobachtungslagern».[74] Bereits im Dezember 1940 musste Himmler seine Umsiedlungsmanie bremsen und in einer Rede vor unmutigen Gauleitern versprechen, die «Heim ins Reich»-Propaganda zu stoppen und nur noch kleinere und verstreutere deutsche Minderheiten umzusiedeln, aber die größeren und homogeneren an ihrem Ort zu lassen.[75] Obwohl also Volksdeutsche normalerweise einen privilegierten Minderheitenstatus genossen, der sie in vieler Hinsicht von der Kontrolle der örtlichen Behörden befreite – die große Ausnahme waren die drei Millionen Sudetendeutschen, von denen fast alle nach dem Münchner Abkommen die Reichsbürgerschaft bekamen –, erwartete man von den Volksdeutschen in der Slowakei, Ungarn, Rumänien und Jugoslawien, «loyal und kooperativ gegenüber ihren Staaten zu sein, nicht als ‹Fünfte Kolonnen› des Reichs ihre Zerstörung zu betreiben».[76] Der Historiker Valdis Lumans weist aber darauf hin, dass man eine Einschränkung im Fall Jugoslawiens machen muss, das nach der deutschen Invasion vom April 1941 zerschlagen wurde. Dort hatte eine nicht geringe Zahl von Volksdeutschen tatsächlich die Rolle einer «Fünften Kolonne» gespielt, die der deutschen Aufforderung, nicht in der königlichen Armee zu dienen, nachkam und der Wehrmacht als Informanten, Dolmetscher oder Führer diente. Selbst hier aber sollten sie nach der Eroberung den neuen «serbo-banatischen» und kroatischen Regimen in ihren Wohngebieten gehorchen, um die Verwaltungslast Berlins zu erleichtern.

Als die militärische Lage 1944 und 1945 immer aussichtsloser wurde und die Rote Armee nicht nur die besetzten Gebiete im Osten, sondern auch Deutschland selbst bedrohte, kehrte sich der Prozess der Kolonisierung um. Volksdeutsche, die sich früher in Massen auf die Volksliste hatten setzen lassen, begannen nun an ihre Zukunft zu denken; wenn sie es unter Druck getan hatten, sammelten sie Beweise, dass sie ihr Land nicht willentlich verraten hatten. Nachdem man sie zum Unterschreiben gezwungen hatte, vergruben etwa Dr. Klukowski und seine Mitarbeiter im Krankenhausgarten eine Flasche mit dem formellen Widerruf ihres Antrags auf deutsche Staatsangehörigkeit. Manche Kolonisten redeten sich ein, sie würden zumindest in ihre Heimat zurückkehren können, die sie nie hatten verlassen wollen. Die Realistischeren erkannten aber, dass die einzige echte Hoffnung auf Überleben darin lag, sich dem Rückzug der Wehrmacht nach Westen anzuschließen. Doch die Mehrheit der Volksdeutschen, die während des Krieges in ihren Wohngebieten geblieben waren – Sudeten- und Ungarndeutsche sowie Deutsche aus Südosteuropa und deutschsprachige Bewohner der eingegliederten Ostgebiete –, stand vor einer letzten qualvollen Entscheidung über ihre wahre Zugehörigkeit.

Den ganzen Krieg über waren die Beziehungen zwischen Reichs- und Volksdeutschen stets gespannt gewesen. Laut VoMi versuchte man auch in Deutschland, beim Essen «die Deutschen aus dem Südosten (d. h. Jugoslawien und Rumänien) an den Tisch mit den Fremdarbeitern und Kriegsgefangenen zu verbannen».[77] Anderswo litten Volksdeutsche unter dem Monopol der Reichsdeutschen auf die besten Posten und Beutestücke. «In den Kleinstädten war sogar der Tennisverein zwischen Volksdeutschen und Reichsdeutschen gespalten.»[78] Nun kam das gegenseitige Misstrauen an die Oberfläche. Deutsche aus dem Altreich betrachteten ihre «Volksgenossen» als Gesindel, dem das Schicksal des Vaterlands egal sei und das nur seine eigene Haut retten wolle; Volksdeutsche bemerkten die Evakuierungsvorbereitungen der Wehrmacht für «echte» Deutsche und hegten den Verdacht, ihre Landsleute mit besseren Verbindungen wollten bis zum letzten Volksdeutschen kämpfen. In einer solchen Atmosphäre der Paranoia war nicht nur die Entscheidung, ob man flüchten solle, sondern auch der Zeitpunkt mit Gefahren verbunden. Wenn man zu früh ging, riskierte man Strafen wegen «Desertion» oder «Verbreitung von Defätismus»; wartete man zu lange, konnten die deutschen Behörden den Vorwurf erheben, man sei ein «Amphibium», das sein Volk verraten und wieder die frühere nichtdeutsche Identität annehmen wolle, sobald die Wehrmacht fort sei. Dr. Klukowski sah beide Elemente des Dilemmas in Zamość, wo er im Februar 1944 notierte: «Unsere ‹eigenen› ... Volksdeutschen warten nur darauf, wegzugehen, aber bis jetzt versuchen die deutschen Behörden sie zum Bleiben zu zwingen. Sie stehen unter ständiger Beobachtung. Sie dürfen ihre Häuser nicht ohne schriftliche Erlaubnis verlassen.» Drei Monate später beobachtete er: «Die Gestapo begann Volksdeutsche zu befragen, warum sie noch in der Stadt seien. Einige wurden geschlagen, z. B. der Friseur Gortner.»[79]

Die Evakuierung und Flucht der deutschen Bevölkerung des östlichen Reichsgebiets, die im Januar 1945 schließlich in großem Umfang begannen, sind eine der wenigen Episoden des Zweiten Weltkriegs, deren öffentliche Diskussion nicht von Tabus umgeben ist – vor allem, weil sie nicht mit einer langen Liste von Gräueltaten der Nationalsozialisten verbunden ist. In den Nachkriegsjahren wurde die Fluchterfahrung zum festen Teil der kollektiven Erinnerung und 1949 zu einem der Gründungsmythen der Bundesrepublik: ein neues demokratisches Deutschland, geboren aus Opfern und Leiden, das als Fackel der Hoffnung derer leuchtete, die Zuflucht vor den bolschewistischen Horden gesucht hatten. Zweifellos war die Flucht für die Millionen, die vor dem sowjetischen Vormarsch flohen, und jene weiteren Millionen, die nach Tagen auf den gefrorenen Straßen Ostpreußens und Schlesiens vom schockierend raschen Vormarsch der Roten Armee eingeholt wurden, eine harte Prüfung. Viele erreichten relative Sicherheit, auch dank der größten Evakuierung über See in der Geschichte, bei der über zwei Millionen Flüchtlinge durch die deutsche Marine aus den zusammenbrechenden nordöstlichen Provinzen gerettet wurden. Allein aus dem kleinen Ostseehafen Pillau (Baltyisk) wurden mehr Menschen evakuiert als fünf Jahre zuvor aus Dünkirchen. Doch die Opferzahl unter den Flüchtlingen war nicht weniger dramatisch und ging mit Sicherheit in die Hunderttausende. Die umfangreichen Evakuierungen der Volksdeutschen, die anderthalb Jahre zuvor begonnen hatten, kommen in dieser Geschichte aber kaum vor. Bereits im Juni 1943, als die Sowjets in Richtung Schwarzes Meer drängten, wurden die ersten volksdeutschen Siedlungen nach Norden und Westen evakuiert; in einer teils tragischen, teils ironischen Wiederholung früherer Geschehnisse wurden im folgenden Frühjahr Polen aus dem Warthegau vertrieben, um Platz für sie zu schaffen.[80] Die ersten Rückzugsbewegungen aus der Ukraine begannen Ende 1943, und sechs Monate später wurden die volksdeutschen Dörfer im Generalgouvernement geräumt. Im Herbst 1944 war der Prozess in vollem Gange, 160 000 Menschen folgten der Wehrmacht aus dem Banat und der Batschka in Rumänien und Jugoslawien und über 100 000 aus Slowenien. Wie auch später waren die meisten Evakuierten Frauen und Kinder, da ein großer Teil der erwachsenen Männer bereits als Soldaten oder Arbeiter nach Deutschland abgezogen war.

Zuverlässige Zahlen darüber zu erhalten, wieviele Volksdeutsche flohen, ist auch nach über 60 Jahren schwierig. Fast alle, die im Generalgouvernement lebten, und etwa die Hälfte aus den eingegliederten Ostgebieten wurden ins Altreich zurückgezogen. Von den jugoslawischen Volksdeutschen wurde 1944/45 ebenfalls etwa ein Drittel evakuiert. Ungarn dagegen verließen nur wenige. Die Wehrmacht plante kurz, die ungarischen Volksdeutschen zum Gehen zu zwingen, gab die Idee aber als undurchführbar auf; in den letzten Kriegswochen flohen etwa 50 000 oder ein Zehntel der deutschen Vorkriegsbevölkerung auf eigene Faust. Die Sudetendeutschen als größte Gruppe hatten nicht die Chance zur Flucht, denn erst in den letzten Kriegstagen wurde das Gebiet von Pattons Dritter US-Armee und Konjews Erster Ukrainischer Front erobert, was jede größere Evakuierung unmöglich machte.

Viele sahen auch keine Notwendigkeit, fortzugehen. Sie beruhigten sich mit dem guten – oder scheinbar guten –Verhältnis zu ihren nichtdeutschen Nachbarn, der fehlenden NSDAP-Mitgliedschaft oder der alliierten Ablehnung von «Gebietsveränderungen, die nicht mit den frei erklärten Wünschen der beteiligten Völker in Einklang stehen», wie in der Atlantik-Charta vom August 1941 formuliert. Sie nahmen an, ihre Lage werde zumindest nicht schlimmer sein als zwischen den Kriegen. Sie konnten nicht verstehen, wie tief die Erfahrung des jahrelangen Lebens in einer Situation ungezügelten Terrors, in der jeder Nichtdeutsche jederzeit und aus jedem Grund inhaftiert, deportiert, gefoltert oder hingerichtet werden konnte, die Gesellschaften traumatisiert hatte, denen sie angehörten. Sie hatten mitten im Krieg von einem Herrenvolk-Status profitiert, der sie mit einem Kokon relativer Privilegien umgab, und merkten nicht, welches Ressentiment ihre scheinbar selbstverständlichen Vorteile bei den Unterdrückten erzeugten – bessere Ernährung, Wohnungen und Posten; das Recht, sich in Geschäften und Postämtern an die Spitze der Schlange zu stellen; die Reservierung von Theatern, Kinos, Parkbänken und sogar Bürgersteigen «nur für Deutsche» in den meisten Städten.[81] Sie verstanden nicht, wie hohl die Wilsonsche Rhetorik der Selbstbestimmung nun in den Ohren der Naziopfer klang, oder warum es unlogisch erschien, dass die siegreichen Alliierten weiterhin ein Prinzip auf Deutschland anwenden sollten, das Deutschland selbst unter dem offenbaren Beifall seiner Bewohner immer wieder gebrochen hatte. Dieser Mangel an Vorstellungskraft und Einfühlung, der mit seltenen Ausnahmen das deutlichste psychologische Kennzeichen der «Vertriebenengeneration» blieb, sollte in den kommenden Monaten und Jahren schicksalhafte und tragische Konsequenzen haben.

Letzten Endes wurde das Schicksal der Volksdeutschen und der Deutschen im Allgemeinen aber nicht von ihren unmittelbaren Nachbarn bestimmt, sondern von den Großmächten. Sie waren es, nicht Polen oder die Tschechoslowakei, die die Achsenmächte besiegt hatten. Ihre Befreiungs- oder Besatzungsarmeen würden die strategische, politische und demographische Zukunft des europäischen Kontinents bestimmen. Obwohl es ihnen gelegentlich nützlich erschien, ihre Entscheidungen so darzustellen, als seien sie von der Volksmeinung vor Ort diktiert worden, wurde in Wirklichkeit in den von ihnen kontrollierten Gebieten keine Initiative unternommen – oder über längere Zeit fortgeführt –, die nicht ihren Wünschen entsprach. Man muss daher auf der Ebene der hohen Politik der Alliierten die Erklärungen für die Entscheidung suchen, nach Kriegsende eine Politik zu wiederholen, mit der Hitler bereits während des Krieges katastrophal gescheitert war.

Kapitel 3

DER PLAN

Die Vertreibung der Deutschen nach dem Zweiten Weltkrieg wurde nicht nur die größte Deportation, sondern vermutlich auch die größte Bevölkerungsbewegung der Weltgeschichte.[1] Es gab keinen Präzedenzfall für Festnahme, Transport und Neuansiedlung einer so gewaltigen Zahl von Menschen in so kurzer Zeit. Auch die jüngsten Erfahrungen mit kleineren Versuchen, die Bewohner einer bestimmten Region umzusiedeln, ließen die nun geplante Aktion in keinem vielversprechenden Licht erscheinen.

Zu den bemerkenswertesten Aspekten der Vertreibung gehört die bewusste Weigerung der Ausführenden, die Lehren aus früheren Beispielen zu ziehen oder irgendwelche, zumindest rudimentäre Vorbereitungen für ein Unternehmen zu treffen, welches auf das normale Leben in Mitteleuropa fast so große Auswirkungen hatte wie der Krieg selbst. Obwohl die Alliierten nicht einmal annähernd wussten, wieviele Menschen umgesiedelt werden sollten – das hing von der Zahl der Volksdeutschen ab, die bis Kriegsende getötet oder nach Westen flüchten würden –, war von Anfang an klar, dass noch viele Millionen zur Deportation übrig bleiben würden. Ganz abgesehen von moralischen Überlegungen stellten sich ungeheure logistische Herausforderungen. Die Alliierten mussten in einem der ethnisch gemischtesten Teile des Kontinents irgendwie definieren, wer «Deutscher» war, was zwangsläufig Hunderttausende von Familien auseinanderreißen würde, ganz egal, welche Kriterien man anwandte. Die Vertriebenen mussten konzentriert werden, um ihre Deportation zu erleichtern und sicherzustellen, dass sie nicht in der Mehrheitsbevölkerung untertauchten. Es musste entschieden werden, wieviel sie von ihrem Besitz mitnehmen durften, wenn überhaupt, und was mit den Häusern, Geschäften und Höfen geschehen sollte, die sie zurückließen. Sie mussten auf einem europäischen Verkehrsnetz transportiert werden, das die Alliierten fünf Jahre lang mit viel Erfolg lahmzulegen oder zu zerstören versucht hatten. Sie mussten in dem Teil Deutschlands untergebracht werden, den die Alliierten mit noch größerem Erfolg bombardiert hatten. Langfristig musste man für die zahlreichen Vertriebenen Arbeit finden, die zudem, wenn sie aus überwiegend agrarisch geprägten Gebieten stammten, oftmals eine Ausbildung brauchten, um im stark industrialisierten Westen eine Stelle zu finden. Auch die deutsche Nachkriegsgesellschaft musste sich so gut es ging an den Zustrom einer großen Zahl von Neuankömmlingen anpassen, die sich in ihrer Mehrzahl nicht selbst ernähren konnten und zum Teil schlecht oder gar kein Deutsch sprachen. Schließlich musste man auch auf Jahre hinaus Wege finden, um diese Millionen entwurzelter, verbitterter Menschen, die keinen Anteil am Status quo besaßen und allen Grund hatten, seine Zerstörung zu wünschen, davon abzuhalten, einen künftigen deutschen Staat wieder auf den Weg einer Revision des Kriegsergebnisses und der gewaltsamen Rückgewinnung der verlorenen Ostgebiete zu bringen.

Im Lichte dieser Tatsachen könnte man zu dem Schluss kommen, niemals in der europäischen Geschichte seien die Verantwortlichen ein so ehrgeiziges Programm in so sorgloser, ja tollkühner Weise angegangen. Das wäre aber eine Verkennung der Stimmung jener Zeit. Die Großen Drei machten sich keine Illusionen darüber, wieviel Chaos selbst im besten Fall durch die Vertreibung verursacht würde. Sie schufen vor allem deshalb kein internationales System zur Überwachung der Transfers und zur Minimierung des Leidens der Deportierten, weil sie diesem Ziel keine große Bedeutung beimaßen. Vielmehr betrachteten sie das Leid der entwurzelten Bevölkerung als Möglichkeit, um der Masse gewöhnlicher Deutscher nahezubringen, welches persönliche Risiko in der Unterstützung extremistischer Regime und Angriffskriege lag. Ihnen war völlig klar und Experten sagten ihnen übereinstimmend, dass eine riesige und teure internationale Maschinerie notwendig sei, um auch nur einen Schein von Ordnung bei den Bevölkerungstransfers herzustellen – aber sie hatten nicht vor, diese Maschinerie bereitzustellen. In einer Zeit großer Knappheit sollten ihrer Meinung nach Ressourcen für die Unterstützung und Neuansiedlung an die Opfer Deutschlands, nicht an Deutsche gehen. Außerdem würden alle internationalen Organisationen für die Durchführung oder Überwachung der Transfers fast zwangsläufig darauf hinarbeiten, die utopischen Ziele der Regierungen den vorhandenen

Mitteln anzupassen, sobald ernsthafte wirtschaftliche oder humanitäre Probleme eintraten. Und die konnten nicht ausbleiben. Die Staatschefs der Großen Drei wussten, dass die unmittelbare Nachkriegszeit ihnen nur ein kleines Zeitfenster bot, um die politische und demographische Karte Mitteleuropas neu zu zeichnen und dabei neben einer politischen auch eine soziale Revolution zu bewirken. Obwohl ihre Vorstellungen von diesen Revolutionen sich stark unterschieden, sahen sie alle das Vertreibungsprojekt als zentrale Komponente der erwünschten Veränderungen an und waren bereit, die Risiken zu akzeptieren, die aus ihm erwuchsen.

Die Vertreibung unerwünschter Völker ist fast so alt wie die dokumentierte Menschheitsgeschichte. Das Alte Testament erzählt von zahlreichen Migrationen, die die Israeliten und ihre Nachbarn gegenseitig erzwangen. Philipp II. von Mazedonien war für das Ausmaß seiner Umsiedlungen im vierten Jahrhundert v. Chr. bekannt, und sein Sohn, Alexander der Große, scheint sein Beispiel noch weit übertroffen zu haben.[2] Im Kolonialzeitalter gab es zahlreiche weitere Zwangsmigrationen, die häufig von Massakern ausgelöst oder begleitet wurden. Einige wirkten ausgesprochen «modern». Beispielsweise befahl der Act of Settlement nach Oliver Cromwells Eroberung Irlands den irischen Landbesitzern auf drei Vierteln der Insel, bis zum 1. Mai 1654 in die verarmte westliche Provinz Connacht zu ziehen; wer danach östlich des Shannon angetroffen wurde, sollte sofort getötet werden. «Das hierbei entstandene menschliche Elend war wahrscheinlich mit dem vergleichbar, was die Nazis in den vierziger Jahren Russland oder Polen antaten», schreibt der britische Journalist Marcus Tanner.[3] In kleinerem Maßstab, aber proportional ebenso mörderisch spielte sich 1838 die von den USA erzwungene Umsiedlung eines Teils der Cherokee aus Tennessee, Georgia und Alabama nach West-Oklahoma entlang des sogenannten Pfads der Tränen ab; etwa ein Viertel der 15 000 vertriebenen Männer, Frauen und Kinder starben, die meisten in Sammellagern. Das Kalifat Sokoto, der größte unabhängige afrikanische Staat des 19. Jahrhunderts auf dem Gebiet des heutigen Nigeria, praktizierte Sklaverei in gewaltigem Maßstab – 1860 besaß es ebenso viele Sklaven wie die USA – als Mittel der Zwangsmigration, um die Sicherheit in umkämpften Grenzgebieten zu erhöhen. «Zwangsumsiedlung [...] sollte den islamischen Staat stärken, und dies wurde durch demographische Konzentration erreicht.» Im 17. und 18. Jahrhundert nutzte die chinesiche Qing-Dynastie in den westlichen Grenzregionen ihres Reiches Deportationen und Massenentführungen, um sich zusätzliche Arbeitskräfte zu verschaffen.[4]

Heutige Forscher sehen aber übereinstimmend das 20. Jahrhundert als den Höhepunkt der Zwangsumsiedlungen an. Der Aufstieg des Nationalstaats anstelle der multinationalen dynastischen Reiche früherer Zeiten war zugleich Ursache und Wirkung der ideologischen Forderung, politische und demographische Grenzen müssten übereinstimmen. Die industrielle Revolution und der daraus folgende Quantensprung in der Waffentechnik schufen ein unüberwindliches Ungleichgewicht zwischen der Fähigkeit des Staates, seinen Willen durchzusetzen, und der Fähigkeit gewöhnlicher Menschen, ihm zu widerstehen. Das machte die extravagantesten Visionen von Staats- und Reichsgründern nicht nur möglich, sondern relativ leicht erreichbar. Nach Ansicht der Historiker Richard Bessel und Claudia Haake hat in der Moderne die Kombination aus totalitären Ideologien und technologischer Fähigkeit «diesem schrecklichen Phänomen einen qualitativ und quantitativ neuen Charakter gegeben».[5] Während unerwünschte Minderheiten in der Vergangenheit sich häufig vor den Regierungen, die sie verfolgten, verbergen konnten, sei es durch äußere Anpassung oder durch eine «amphibische» Identität in gemischten Grenzregionen, machte der moderne bürokratische Staat dies durch hochentwickelte Systeme der Einordnung, Überwachung und Kontrolle unmöglich. Und weil das 20. Jahrhundert das bei Weitem gewalttätigste der Menschheitsgeschichte war, mit häufigeren und blutigeren Kriegen als je zuvor, gesellten sich Motivation und Gelegenheit zur Vertreibung von Minderheiten zu den Mitteln. Es ist kein Zufall, dass nur wenige moderne Kriege, vom ehemaligen Jugoslawien bis Darfur, vom Irak bis zum Kaukasus, heute nicht von offenen Versuchen begleitet sind, das demographische Gesicht der umkämpften Gebiete durch teilweise oder vollständige Vertreibung der Bevölkerung zu verändern.

In vieler Hinsicht war der Erste Weltkrieg eine Generalprobe für die Bevölkerungsverschiebungen im 20. Jahrhundert. Eine Dreiviertelmillion Russlanddeutscher wurde in den ersten Kriegsmonaten von den zaristischen Armeen ins Landesinnere vertrieben, und bis 1918 kamen Juden, Polen, Letten, Litauer, Chinesen, Koreaner und Kaukasus-Muslime zur Liste der Völker hinzu, deren Umsiedlung das Russische Reich für geboten hielt.

Zehntausende von Serben erlitten ein ähnliches Schicksal durch das Habsburgerreich.[6] Deutsche Truppen deportierten aus strategischen Gründen belgische, französische und litauische Zivilisten, um die geräumten Gebiete in undurchdringliche Todeszonen für die alliierten Truppen zu verwandeln. Am berüchtigtsten ist aber die Operation, in deren Verlauf das Osmanische Reich zwischen September 1915 und Februar 1916 vielleicht bis zu eine Million Armenier in die syrische und arabische Wüste trieb. Diese Konstellation wiederholte sich bei späteren Völkermorden: die Vertreibung von Völkern in Verbindung mit und als Mittel zum Massenmord. Die Opferrate unter den Vertriebenen, deren Tod bei der Operation erwünscht war, lag möglicherweise bei 50 Prozent; Hunderttausende andere wurden auf konventionellere Art ermordet. Es liegt allerdings viel Wahrheit in der Beobachtung des Historikers Donald Bloxham, das Jahr 1914 sei keine große Zäsur gewesen, die eine zuvor friedliche Welt beendete. Seit Mitte der 1880er Jahre war Südosteuropa der Schauplatz «von gewaltsamen Bevölkerungsbewegungen und Gewaltanwendung gegen Zivilisten wie gegen Soldaten [gewesen]. [...] Dies waren ethnische Kriege, und ihre ethnisierte Gewalt setzte sich bis zum Ersten Weltkrieg und weiter fort und erzeugt ein Kontinuum, vor dessen Hintergrund die durch die NS-Besatzung Osteuropas entfesselten Bürgerkriege am besten zu verstehen sind.»[7]

Auch nach Kriegsende entwickelten Regierungen Methoden zur Entfernung unerwünschter Minderheiten, die 20 Jahre später in viel größerem Maßstab angewandt wurden. Ein solcher Fall war die französische «épuration» (Säuberung) der Grenzprovinzen Elsass und Lothringen zwischen 1918 und 1921, nach den Worten Mark Mazowers ein «offen rassistischer Angriff auf die Menschenrechte der deutschsprachigen Elsässer».[8] Nach dem Sieg im deutsch-französischen Krieg 1870/71 hatte Bismarck fatalerweise die ethnisch gemischten Provinzen für das Reich annektiert und einen bleibenden Antagonismus zwischen beiden Ländern geschaffen. Als Frankreich sie 1918 zurückerobert hatte, begann es sofort damit, jede Grundlage für künftige Streitigkeiten zu beseitigen, indem es das Gebiet von denen «säuberte», die für eine Wiederangliederung an Deutschland eintreten könnten. Um diesen Prozess zu erleichtern, wurde die Bevölkerung Ende Dezember 1918 in vier Kategorien eingeteilt. Bewohner, deren Loyalität zu Frankreich unbezweifelbar war, erhielten Ausweise mit dem Buchstaben A, was bedeutete, dass sie schon vor 1870 französische Bürger gewesen waren. Wer mindestens einen schon vor 1870 französischen Elternteil hatte, erhielt den Buchstaben B. Bürger alliierter und neutraler Staaten kamen in die Kategorie C; die Übrigen – insgesamt 513 000 «feindliche» Staatsbürger und ihre Kinder, einschließlich der in Elsass-Lothringen geborenen – in Kategorie D. Wie wir gesehen haben, benutzten Himmlers Rassenkundler ein ähnliches System, als sie zwei Jahrzehnte später im besetzten Polen die Deutsche Volksliste einführten.

Wie die Volksliste ließ sich auch das französische Schema leicht für Diskriminierung und Vertreibung verwenden. Besitzer von A-Ausweisen konnten beispielsweise zu einem viel günstigeren Kurs Reichsmark gegen Francs eintauschen als andere. Besitzer von B-Ausweisen wurden häufig wegen ihrer «gemischten» Abstammung als Bewerber um Beamtenstellen abgelehnt. Die stärksten Einschränkungen erfuhren natürlich die in Kategorie D Eingestuften, die unter anderem nicht frei reisen durften. Auf Diskriminierung folgte aber bald Deportation. Zuerst wurden deutschsprachige Beamte ausgewiesen, später folgten u. a. Fabrikbesitzer und Arbeitslose. Ihr Schicksal wurde durch «commissions de triage» (Auswahlkommissionen) bestimmt, die unter Ausschluss der Öffentlichkeit den französischen Patriotismus der betreffenden Personen prüften, häufig auf der Basis von Denunziationen durch Menschen, die persönliche Rechnungen zu begleichen hatten. Wer die Prüfung nicht bestand, wurde über die Grenze nach Deutschland abgeschoben und durfte 30 Kilo Gepäck sowie maximal 2000 Reichsmark mitnehmen. Der Rest des Vermögens verfiel dem französischen Staat. Sehr viel mehr Menschen beantragten aber die «freiwillige Repatriierung» zu denselben Bedingungen, weil sie erwarteten, schließlich doch abgeschoben zu werden, weil das Leben für Menschen in Kategorie D unerträglich geworden war, weil ihre Ehepartner oder Kinder Kategorie D angehörten, und manchmal auch, weil sie Übergriffe durch die Mehrheitsbevölkerung fürchteten. Insgesamt wurden fast 100 000 Vertriebene und «freiwillig Repatriierte» nach Deutschland geschickt, bevor das System im Juli 1921 eingestellt wurde.[9]

Die Türkei, die im Ersten Weltkrieg einen Genozid an den Armeniern verübt hatte, spielte nach dem Krieg eine führende Rolle beim bis dahin größten Bevölkerungsaustausch. Nach der Niederlage der Mittelmächte 1918 bestraften die Alliierten das Osmanische Reich für die Entscheidung, auf deutscher Seite zu kämpfen, mit dem Verlust seiner nahöstlichen Provinzen. Sie gaben den Armeniern eine eigene Republik und entmilitarisierten die Türkei noch stärker als es der Versailler Vertrag für Deutschland vorsah. Alles in allem verlor das Osmanische Reich 72 Prozent seines Vorkriegsterritoriums. Das umstrittenste Element des Vertrags von Sèvres, der diese Klauseln festlegte, war aber die Abtretung Ostthrakiens – des Hinterlands von Konstantinopel (heute Istanbul) – an das Königreich Griechenland. Dazu übernahm Griechenland die provisorische Verwaltung Westanatoliens und seines größten Hafens Smyrna (heute Izmir). Die Alliierten wollten Griechenland als Werkzeug benutzen, um die Aufteilung des Osmanischen Reichs zu erzwingen, aber die Idee hatte katastrophale Folgen. Die ethnischen Gegensätze zwischen beiden Ländern waren seit Langem so intensiv, dass die Türken sich niemals mit der ohnehin drückenden griechischen Besatzung abfinden würden. Ebenso wenig konnten fünf Millionen Griechen ein wirksames Gegengewicht gegen eine fast doppelt so große türkische Bevölkerung bilden. 1922 hatte eine neue und hoch effektive türkische Armee unter Mustafa Kemal die Griechen bereits aus Anatolien und Thrakien vertrieben, Smyrna geplündert, wobei bis zu 100 000 Griechen und Armenier bei einem der schrecklichsten, aber unbekanntesten Massaker des 20. Jahrhunderts starben, und das machtlose Sultanat durch eine türkische Republik unter Führung von Kemal ersetzt, der sich nun Atatürk nannte. Wie fast jeder andere griechisch-türkische Konflikt der vorigen 100 Jahre war auch dieser Kampf von der ethnischen Säuberung von Dörfern und Städten auf beiden Seiten begleitet. Da die Griechen den Krieg aber so deutlich verloren, waren die Folgen für sie viel härter. Fast eine Million floh vor den türkischen Truppen ins griechische Mutterland, bevor im Oktober 1922 ein zerbrechlicher Waffenstillstand geschlossen wurde. Im folgenden Sommer wurde vor allem durch die Diplomatie des britischen Außenministers George Nathaniel Curzon der Vertrag von Lausanne geschlossen, der den Vertrag von Sèvres weitgehend aufhob und die Grenzen Griechenlands und der Türkei festlegte. Eines seiner Schlüsselelemente war der bereits Ende Januar 1923 in der Konvention von Lausanne vorgesehene Austausch der Minderheiten zwischen beiden Ländern.

Wenn man bedenkt, wie häufig die Westalliierten während des Zweiten Weltkriegs und danach Lausanne als erfolgreiches Beispiel eines großen Bevölkerungstransfers im Munde führten, ist es bemerkenswert, wie wenig sie von den wirklichen Folgen wussten. Zunächst ist zu dem Abkommen festzustellen, dass es kaum mehr tat, als den bestehenden Zustand zu ratifizieren. Von den 1,2 Millionen griechischstämmigen Menschen, die davon betroffen waren, hatten vor dem Ende der Kämpfe bereits bis auf 190 000 alle in Griechenland Zuflucht gesucht. Die Zahl der auf griechischem Territorium lebenden Türken lag nur bei rund 350 000. Die tatsächlichen Transfers betrafen also nur etwa eine halbe Million Menschen, weit weniger als die Zahl, die nach dem Zweiten Weltkrieg umgesiedelt werden sollte. Dass die Religionszugehörigkeit als Identitätsmerkmal dienen konnte, vereinfachte die Logistik der Operation zusätzlich. Weil die Zahl griechischer Muslime oder türkischer Christen ebenso wie die der Mischehen sehr klein war, war es nicht schwierig, die beiden Völker zu trennen. Der Austausch sollte mit internationaler Aufsicht und Hilfe stattfinden. Eine Umsiedlungskommission wurde geschaffen, um die Operation zu beaufsichtigen und Streitigkeiten zu schlichten; der Völkerbund stellte einen Kredit von 20 Millionen Pfund bereit, damit Griechenland ein Viertel seiner Bevölkerung neu ansiedeln konnte. Die Vertriebenen durften ihren gesamten beweglichen Besitz mitnehmen und bekamen Hilfe beim Transport ihrer Familien und ihres Eigentums. Schließlich wurde auch genügend Zeit einberechnet, um den Transfer mit einem Minimum an Härten durchführen zu können.

Trotz dieser günstigen Umstände war der Lausanne-Transfer in vieler Hinsicht ein Fiasko. Die unmittelbaren Folgen für die Türkei waren vergleichsweise begrenzt. Neue Heimstätten für die Vertriebenen aus Griechenland zu finden – nur 4 Prozent der Gesamtbevölkerung – war keine große Herausforderung. Langfristig entstanden aber ernstere Probleme, denn Teile Anatoliens blieben bis auf den heutigen Tag fast unbewohnt, und die Wirtschaft verlor einen nicht geringen Teil ihrer Unternehmerschicht. Obwohl der Transfer der Christen es nach Meinung des Türkei-Spezialisten Gareth Jenkins «einfacher machte, eine Nation zu schaffen, drehte er die wirtschaftliche Entwicklung des türkischen Staates auch um mindestens eine Generation zurück».[10] Für die Griechen hatte Lausanne dagegen lang andauernde und fast ausschließlich negative Konsequenzen. Der Druck der Neuankömmlinge erzwang eine umfassende, aber schlecht organisierte Landreform, dazu den Bau von über 1000 neuen Dörfern. Selbst das reichte aber nicht aus. Viele Menschen suchten Zuflucht in Slums am Rand von Athen und anderen Großstädten und wurden ein marginalisierter Teil der Gesellschaft, auf den die Einheimischen wegen seiner fremden und türkischen Sitten herabblickten. Die Destabilisierung der griechischen Gesellschaft ging einher mit dem Niedergang der Wirtschaft. Trotz internationaler Hilfe waren die Kosten der Unterbringung der Vertriebenen und des Baus von Straßen, Brücken und Schulen in den neuen Siedlungen hoch. Zwischen 1922 und 1932 wurden über 40 Prozent des Staatshaushalts für die Neuansiedlung ausgegeben.[11] Am schlimmsten waren aber die politischen Konsequenzen. Die entwurzelten, verarmten und unwillkommenen Vertriebenen wurden zu einer natürlichen Zielgruppe für extremistische Bewegungen, vor allem für die bis dahin unbedeutende Kommunistische Partei. Obwohl der erbitterte und blutige griechische Bürgerkrieg, der 1946 ausbrach, komplexere Ursachen hatte als die soziale Spaltung zwischen Vertriebenen und eingesessener Bevölkerung, trug die Radikalisierung der griechischen Politik nach dem Transfer viel dazu bei, ihn zu ermöglichen.[12]

Die Vorstellung, die Lausanne-Transfers seien erfolgreich gewesen, wurde also durch viele gegenteilige Beweise widerlegt. Curzon selbst erkannte dies als Erster. Obwohl er Ankaras Drängen auf einen vollständigen Bevölkerungsaustausch hatte nachgeben müssen, weil Atatürk gedroht hatte, die griechische Minderheit sonst systematisch auszurotten, nannte er die Vertreibung von Völkern hellsichtig «eine durch und durch üble und grausame Lösung, für die die Welt in den kommenden 100 Jahren einen hohen Preis zahlen wird».[13] Es überrascht also nicht, wenn das *New English Weekly* sich im Januar 1945 darüber wunderte, dass Lausanne als «Erfolg der ‹Friedensschaffung› [gelte], auf die der Völkerbund damals sehr stolz war und die als beispielhaft für verschiedene Fälle genannt wird, in denen die Folgen wohl kaum weniger destruktiv wären».[14]

Aus diesen Gründen lehnten die westlichen Staatsführer zwischen den Kriegen Bevölkerungstransfers ab. Wenn man sie überhaupt diskutierte, dann nur als allerletzte Lösung. Ein ähnlicher Zwangsaustausch zwischen Arabern und Juden in Palästina, den die Peel-Kommission 1936 empfahl, wurde ein Jahr später angesichts der Kritik des Völkerbunds verworfen.[15] Sowohl die britische als auch die französische Regierung dachten 1939 in der letzten Friedenswoche über einen Bevölkerungsaustausch zwischen Deutschland und Polen nach; der britische Botschafter Sir Nevile Henderson schlug Hitler dies am 25. August vor.[16] Doch das war die Ausnahme. In den ersten

Kriegsjahren war der heftigste Gegner der von Hitler und Stalin betriebenen demographischen Verschiebungen Winston Churchill selbst. Am Weihnachtstag 1941 erklärte er dem australischen Premierminister John Curtin, er könne Stalins Annexion Polens östlich der Curzon-Linie und die Umsiedlung eines Großteils der dortigen Bewohner in die UdSSR nicht anerkennen, denn «die gewaltsame Umsiedlung großer Bevölkerungsgruppen gegen ihren Willen in den kommunistischen Machtbereich» würde «die grundlegenden Prinzipien der Freiheit verletzen, die Haupttriebfeder unserer Sache sind».[17] Trotz ihrer eigenen Geschichte gewaltsamer interner Umsiedlungen der Ureinwohner wandten sich auch die USA offiziell gegen Bevölkerungstransfers und verwiesen oft auf ihren Erfolg bei der «Amerikanisierung» eingewanderter ethnischer Gruppen.[18]

Wie im ersten Kapitel gezeigt, brach diese prinzipienfeste Haltung unter dem Druck des totalen Krieges rasch zusammen. Es war eine Sache, seine Meinung über die Definition eines «Kriegsverbrechens» zu ändern, aber eine ganz andere, seine Durchführung zu planen. Die USA beschäftigten sich kaum mit dieser Frage, die sie als europäisches Problem ansahen. Frühe britische Überlegungen zeigten aber bereits, dass es ein gewaltiges Unterfangen sein würde. Die erste Studie wurde im Februar 1942 vom privaten Thinktank des Außenministeriums, dem Foreign Research and Press Service (später Foreign Office Research Department) in Oxford durchgeführt. Auf gewohnt eigenwillige Weise beauftragte man John Mabbott, Philosophiedozent am St. John's College und Autor von Studien wie «Die Rolle Gottes in der Philosophie Berkeleys», mit dem Bericht. Dennoch rechtfertigte Mabbott seine Wahl, indem er eine klare, logische und realistische Darstellung des Problems lieferte. Er betonte, dass im Gegensatz zu früheren Bevölkerungstransfers diesmal eine Seite kein Interesse an seinem Erfolg haben würde. Die Verantwortung für die Durchführung werde daher ausschließlich bei den Alliierten liegen. Wenn eine Wiederholung des Debakels, zu dem der Lausanne-Transfer geworden war, bei dem die anatolischen Griechen durch «eine ‹Dünkirchen-Evakuierung› Smyrna verließen», vermieden werden sollte, mussten sowohl die zu räumenden Gebiete als auch die Aufnahmegebiete für die Vertriebenen unter direkter Kontrolle einer internationalen Organisation stehen. Sollte das nicht geschehen, müsse man Misshandlungen der deutschen Bevölkerung durch Polen und Tschechen und ihre

Vertreibung nach Deutschland «mit nicht viel mehr als leichter Sommerbekleidung» befürchten. Wenn die Alliierten nicht wollten, dass Mitteleuropas Straßen- und Schienennetz völlig mit Vertriebenen verstopft werde, würden fünf bis zehn Jahre für die Operation nötig sein. «Die Schätzung von zehn Jahren ist wohl wahrscheinlicher, wenn die Evakuierung in jedem Gebiet warten soll, bis adäquate Aufnahme- oder Ansiedlungspläne am Zielort organisiert sind.» Weil es in der Praxis unwahrscheinlich war, dass die Vertreibungsländer solange warten würden, «müssten die überlebenden Deutschen in Konzentrationslager in Deutschland gepfercht werden. … Solche Übergangsmaßnahmen mussten in Griechenland [nach Lausanne] ergriffen werden, wo viele Flüchtlinge lange Zeit (meist mehrere Jahre) in Schulen, Theatern, Markthallen und primitiven Scheunen lebten, die oft zu permanenten Slums wurden.»[19]

Obwohl Mabbott es sorgfältig vermied, seine Kompetenz durch eigene Meinungsäußerungen über die Klugheit von Zwangsumsiedlungen zu überschreiten, ließ er doch deutlich werden, dass eine demographische Neugestaltung Europas in dem Ausmaß, über das alliierte Politiker nachdachten, viel größere logistische Herausforderungen bringen würde, als von irgendjemandem bis dahin angenommen. Als die Großen Drei sie 1942/43 voranzutreiben beschlossen, war der offensichtliche nächste Schritt eine detaillierte Untersuchung der praktischen Aspekte einer Massenvertreibung von Volksdeutschen aus Mitteleuropa. Bemerkenswerterweise gab die britische Regierung eine solche Untersuchung erst im November 1943 in Auftrag; keiner der anderen Hauptalliierten scheint sich sonst mit dem Problem überhaupt beschäftigt zu haben. Die britische Analyse wurde durch hohe Beamte aus dem Außenministerium, dem Cabinet Office, dem Ministerium für wirtschaftliche Kriegsführung, dem Kriegsministerium und dem Dominions Office unter dem Vorsitz von Jack Troutbeck, einem leitenden Beamten in der Deutschlandabteilung des Außenministeriums, erstellt. Nach sechs Monaten legte diese «Interministerielle Kommission für den Transfer deutscher Bevölkerungsgruppen» ihren 51 Seiten langen Bericht vor. Adressat war der Ausschuss für Waffenstillstands- und Nachkriegsfragen (Armistice and Post-War Committee, APW), eine Gruppe von Kabinettsmitgliedern, die mit Planungen für die Nachkriegszeit befasst war. Die Bedeutung des Berichts liegt weniger in den Handlungen, die aus seinen Empfehlungen folgten, als in der Tatsache, dass er der einzige Versuch der beteiligten Länder war, die konkreten Erfordernisse und Konsequenzen des Vertreibungsprojekts zu analysieren.

Die Arbeit der Kommission wurde dadurch erschwert, dass zur Zeit ihrer Gründung noch nicht entschieden war, wie Deutschlands Grenzen nach dem Krieg aussehen würden und wie viele Deutsche man daher umsiedeln müsse. Im Sommer 1943 hatte die militärische Unterkommission des Kabinetts vorgeschlagen, rund 4,5 Millionen Deutsche aus dem Gebiet zu vertreiben, das nach dem Krieg an Polen gehen sollte. Anthony Eden war vom Ausmaß des vorgeschlagenen Transfers beunruhigt und empfahl dem Kriegskabinett, Polen solle einen kleineren Teil deutschen Territoriums mit weniger zu vertreibenden Bewohnern erhalten. Churchill schien aber in die entgegengesetzte Richtung zu drängen; er verpflichtete sich im November 1943 inoffiziell, eine ebenso unbestimmte Zahl von Deutschen umzusiedeln, um die Polen bei der Konferenz von Teheran zu unterstützen. Dieses erste Treffen der Großen Drei während des Krieges scheiterte fast an Stalins aggressiver und beleidigender Behandlung des britischen Premiers und Roosevelts unkluger Entscheidung, offen seine Sympathie für die geopolitischen Ziele der Sowjets in Europa zu äußern. In einem impulsiven Versuch, die Initiative zurückzugewinnen, skizzierte Churchill bei einem privaten Treffen mit Stalin mit Hilfe von drei Streichhölzern ein Szenario, bei dem die UdSSR ihre 1939 eroberten polnischen Gebiete behalten dürfe, während die Polen ein gleich großes Stück deutschen Territoriums im Westen bekämen. Obwohl die Frage einer Umsiedlung der deutschen Bevölkerung nicht im Detail besprochen wurde, war die klare Implikation, dass Polen nicht mit einer großen Minderheit belastet werden solle. Churchill erklärte, wenn die polnische Exilregierung in London nicht zustimme, werde er sie fallen lassen. Stalin war über dieses Entgegenkommen hoch erfreut, und die Konferenz schloss in viel herzlicherer Atmosphäre, als sie begonnen hatte. Der sowjetische Diktator zeigte, wie viel Bedeutung er Englands Opfer polnischer, deutscher und britischer Interessen beimaß, indem er dem nach Hause zurückkehrenden Churchill Edvard Beneš hinterherschickte, der «eine von Stalin persönlich markierte Karte Polens» überbrachte, um den Handel zu bestätigen. Der tschechoslowakische Präsident, der eigene Motive für den Wunsch hatte, die Polen sollten so viele Deutsche wie möglich vertreiben, übernahm beflissen diese etwas demütigende Aufgabe für seinen neuen Patron.[20]

Die Kommission erstellte ihren Bericht also in einer Situation, in der die Vertreibungen, die er skizzieren sollte, sich durch politische Entscheidungen auf höchster Ebene fast jeden Tag ausweiteten. Obwohl darum Vermutungen zwangsläufig eine große Rolle spielten, eröffnete der rasche Vormarsch der Roten Armee im Frühjahr und Frühsommer 1944 die Möglichkeit, die gesamte Region könne sich bei Kriegsende im sowjetischen Machtbereich befinden. Wenn das der Fall wäre, würde keine direkte britische Beteiligung an den Vertreibungen nötig sein. «Umfangreiche Transfers, egal wie sorgfältig sie organisiert wären, müssten großes Leid und Entwurzelung erzeugen und viel Kritik hervorrufen. Die Regierung Seiner Majestät könnte es darum vorziehen, sich soweit wie möglich von jeder aktiven Beteiligung an ihrer Durchführung fernzuhalten.»[21] Die Kommission war sich aber nicht sicher, ob ein solches Beiseitestehen tatsächlich möglich sein würde, da die britische Regierung mitverantwortlich für die politische Entscheidung sei, die Deutschen umzusiedeln, und «auch wenn sie es wollte, unfähig sein könnte, sich von der Verantwortung für das dabei entstehende menschliche Leid und das wirtschaftliche Chaos zu distanzieren, die ihre aktive Beteiligung verringern könnte».

Die Zahl der potenziellen Vertriebenen würde «die griechisch-türkischen oder griechisch-bulgarischen Transfers nach dem letzten Krieg und die verschiedenen während dieses Krieges und kurz davor von den Deutschen durchgeführten» weit in den Schatten stellen.[22] Es gab also für die mit der Durchführung der Umsiedlung betrauten Personen kaum historische Leitlinien. Nach dem optimistischsten Szenario waren 5,34 Millionen Deutsche umzusiedeln, wenn Danzig, Ostpreußen und Oberschlesien nach dem Krieg an Polen fielen. Falls die neue Grenze im Norden entlang der Oder verlief und Breslau und Stettin an die polnische Zone fielen, würden noch 3,3 Millionen hinzukommen. Obwohl Beneš auf Fragen, wie viele Sudetendeutsche er deportieren wolle, ständig andere Zahlen nannte, nahm man an, die Tschechoslowaken wollten etwa die Hälfte, d. h. 1,5 Millionen, ihrer Deutschen loswerden. Die Kommission ging also davon aus, es müssten «im schlimmsten Fall» insgesamt 10,14 Millionen Menschen umgesiedelt werden.

Der Kommission war klar, dass die überwiegende Mehrheit nirgendwo anders hin als in den deutschen Staat oder die Staaten gehen konnte, der oder die nach dem Krieg entstehen würden. Obwohl man die Aufnahmefähigkeit Österreichs für proportional größer hielt als die Deutschlands, konnte die Zahl der dort neu Angesiedelten nicht weit über 100 000 liegen. In Anknüpfung an ein früheres Argument von Sir Orme Sargent vom Außenministerium, der geäußert hatte, «die Zukunft dieser [vertriebenen] Menschen würde wahrscheinlich viel weniger Aufmerksamkeit erregen und politische Unruhe erzeugen, wenn sie in Sibirien verschwinden», bemerkte die Kommission: «Das Problem der Neuansiedlung in Deutschland würde deutlich erleichtert, wenn zum Zeitpunkt der Transfers gerade einige Millionen arbeitsfähige Deutsche als organisierte Arbeitskräfte außerhalb Deutschlands eingesetzt wären, z. B. in der UdSSR.»[23] Es bestehe aber wenig Aussicht, fuhr sie fort, dass ein größerer Teil der Volksdeutschen dauerhaft in Stalins Gulags bliebe, darum müsse «Sibirien zum gegenwärtigen Zeitpunkt ausgeschlossen werden». Obwohl einige Länder Lateinamerikas, wie Argentinien, vielleicht bereit wären, größere Zahlen von Deutschen aufzunehmen, würden die USA kaum über die Idee einer großen und kompakten Kolonie von Ex-Feinden in ihrer Hemisphäre erfreut sein. Der gleiche Gesichtspunkt galt in noch stärkerem Maße für die Briten selbst. «Was das Empire anbetrifft, so sind die Einwände dagegen, es mit Einwanderern aus Deutschland zu überschwemmen, zu offensichtlich, um weitere Diskussion zu erfordern.»[24]

In wirtschaftlicher Hinsicht sah die Kommission die ersten Nachkriegsjahre als Periode der größten Gefahr. Ihre Schlussfolgerungen über das Ausmaß der Risiken waren ernüchternd. Kurzfristig warnte sie davor, dass «die Umsiedlungen in Deutschland wie auch in den Ausgangsländern schwere wirtschaftliche Probleme erzeugen würden, aber viel schlimmere in Deutschland. Es ist nicht übertrieben zu sagen, dass die schwere wirtschaftliche Zusatzlast für Deutschland, die durch Umsiedlungen entstünde, zusätzlich zu den schweren Verwerfungen nach dem Verlust des Krieges, den Kriegszerstörungen und den allgemeinen Ansprüchen der Vereinten Nationen, ein wirtschaftliches Problem erzeugen könnte, das sich als unlösbar erwiese und zum völligen Zusammenbruch Deutschlands führen würde.»[25]

Selbst im unwahrscheinlichen Fall, dass die Alliierten auf deutsche Reparationen oder Kontributionen für ihre Besatzungskosten verzichteten, werde die heimische Wirtschaft wohl nicht der Aufgabe gewachsen sein, genügend Häuser, Arbeit und Nahrung für die Vertriebenen bereitzustellen. Wenn die Zahl der nach Deutschland kommenden Menschen an der Untergrenze der Schätzung bliebe, müssten die Alliierten immer noch mit «etwa 6 Millionen Menschen – oder 1,5 Millionen Familien – in einem Land rechnen, dem bereits über 4 Millionen Häuser und Wohnungen fehlen. Die neuen Häuser, die die Bauindustrie bei maximaler Leistung produzieren könnte, würden das Problem nicht einmal ansatzweise lösen.»[26] Vor dem Krieg hatten deutsche Baufirmen 300 000 Häuser pro Jahr gebaut. Selbst wenn diese Zahl sich im ersten Friedensjahr um 50 Prozent und in jedem weiteren Jahr um 100 Prozent steigern ließe – eine völlig unrealistische Aussicht –, würde ein Jahrzehnt vergehen, bis alle Vertriebenen eine Unterkunft hätten. Die 300 000 Bauernfamilien auf neuen Höfen anzusiedeln, indem man den Großgrundbesitz zerschlug, würde mindestens 30 Jahre dauern. Was die Arbeitsplätze anbetraf, so konnte nur ein Drittel der Vertriebenen erwarten, in seinem früheren Beruf Arbeit zu finden, während der Rest zu ungelernten und wahrscheinlich unvermittelbaren Arbeitskräften werden würde. Ebenso wie Deutschland müssten die Vertreibungsländer unter Produktionsengpässen leiden, weil sie viele Facharbeiter verlieren würden, für die es keinen Ersatz gab, und das «könnte ernste Auswirkungen haben, weil es zu einer Zeit allgemeinen landwirtschaftlichen Arbeitskräftemangels käme».[27]

Um die großen Schwierigkeiten zu minimieren, die ein Bevölkerungstransfer mit sich bringen würde, empfahl die Regierungskommission die Schaffung einer internationalen Umsiedlungskommission. Als Vertreterin der Großen Drei sowie Polens und der Tschechoslowakei sollte sie unter Aufsicht des Alliierten Oberkommandos in Deutschland den Zeitplan und die Umstände der Vertreibungen koordinieren und regeln. Drei Regionalkommissionen für das Sudetenland, Ostpreußen-Danzig und Oberschlesien sollten zusätzlich geschaffen werden, um die logistischen Aspekte der Transfers zu überwachen. Man empfahl aber, die Verantwortung für die Umsiedlung der Vertriebenen weder bei der Umsiedlungskommission noch der neuen United Nations Relief and Rehabilitation Administration (UNRRA; UN-Nothilfe und Wiederaufbauverwaltung) anzusiedeln, die Wohlfahrtsleistungen für die Völker des befreiten Europa liefern sollte. Vielmehr sollten die Kosten der Umsiedlung von den Deutschen selbst getragen werden. Auch sollte die Umsiedlungskommission sich nicht mit dem Problem befassen, wer Deutscher sei und wer nicht, worauf es keine befriedigende Antwort gebe. Im Gegensatz zum Lausanner Bevölkerungsaustausch konnte die Religionszugehörigkeit diesmal nicht als Zeichen der Nationalität dienen. Ebenso wenig boten aber «Rasse oder Sprache» einen Leitfaden, wie man mit den vielen Menschen verfahren sollte, die zweisprachig, Ehepartner in oder Kinder aus gemischten Ehen waren, nichtdeutsche Nachnamen trugen oder die deutsche Staatsangehörigkeit unter Zwang angenommen hatten. «Die Kommission ist zu dem Schluss gekommen, dass die Schwierigkeiten der Auswahl nach irgendeinem objektiven Kriterium so groß sind, dass sie wahrscheinlich die Kräfte jeder internationalen Organisation übersteigen.»[28] Sie schlug daher vor, wie Beneš vor ihr, alle, die nach dem NS-Staatsbürgerrecht als Deutsche galten, als Kandidaten für die Aussiedlung anzusehen, allerdings sollten die Regierungen die Macht haben, jede Person zu behalten, deren Arbeit als wirtschaftlich unverzichtbar angesehen wurde.

Schließlich hielt die Kommission es für unabdingbar, die Umsiedlungskommission allein über Zeitplan und Umstände der Vertreibungen entscheiden zu lassen. Polen und Tschechoslowaken wollten das Tempo zweifellos so steigern, dass Deutschland in einer Zeit, in der die Alliierten für sein Schicksal verantwortlich waren, wirtschaftlich zusammenbrechen könnte. Doch die genaue Bestimmung der Teile Deutschlands, die seinen Nachbarn zugeschlagen werden würden, war noch lange nicht in Sicht. Es war außerdem unwahrscheinlich, dass bis mindestens ein Jahr nach Kriegsende genügend Transportmittel für die Operation zur Verfügung stehen würden. Die Regierungen der Vertreibungsländer sollten für die von ihnen zu tragenden Transportkosten dadurch adäquat entschädigt werden, dass sie den gesamten Besitz der Deutschen konfiszierten. Allerdings müssten die Alliierten sich damit abfinden, dass wegen des Vertreibungsprojekts wenig oder nichts für Reparationen übrig bleiben würde. Sollte es durchgeführt werden, so würde Deutschlands Lebensstandard im günstigsten Fall «in den ersten Nachkriegsjahren auf den niedrigsten Stand [gesenkt], der als sicher, gerecht oder praktikabel angesehen wird. Es wird keinen Spielraum geben.»[29]

Der Kompetenzrahmen der Kommission schloss eine Diskussion darüber, ob Massenumsiedlungen klug seien, explizit aus, denn diese Entscheidung war bereits von den alliierten Regierungen getroffen worden. Theoretisch stimmte sie zu, dass die Aussiedlungen «*prima facie* erwünscht» seien, und wenn sie durchgeführt würden, sei es wichtig, dies so umfassend wie möglich zu tun. «Wir wollen nicht so viele Deutsche aussiedeln, dass in Deutschland schwere Probleme und eine feindliche Stimmung entstehen, und gleichzeitig so viele zurücklassen, dass sie ein ständiges politisches Problem in den Nachfolgestaaten darstellen und eine bleibende Versuchung für Deutschland, dort zu intervenieren.» Es zeigt aber an, welches Unbehagen die Analyse der Probleme bei den Kommissionsmitgliedern erzeugte, dass sie den ungewöhnlichen Schritt machten, das Kabinett praktisch zum Überdenken seiner Entscheidung aufzufordern: «Die Kommission möchte auf bestimmte politische Aspekte des Problems hinweisen. Zunächst würde das menschliche Leid zweifellos sehr groß sein. Zweitens wäre das praktische Problem, kompakte Blöcke von deutschen Bevölkerungsgruppen (rund sechs Millionen Menschen, vielleicht bis zu zehn Millionen) aus ihrer langjährigen Heimat auszusiedeln und über die Grenze zu transportieren, zwangsläufig das Hauptproblem der Nachfolgestaaten in ihrer Wiederaufbauperiode, ebenso wäre die Wiederansiedlung dieser Deutschen eines der Hauptprobleme für Deutschland. Bei der Ankunft wären die Vertriebenen verarmt und verbittert und würden auf lange Zeit ein nicht assimilierbares Element der deutschen Bevölkerung darstellen. Außerdem ist noch nicht bewiesen, dass die bloße Entfernung von Menschen einer bestimmten Nationalität von einem lange von ihnen bewohnten Territorium ihr Gefühl für das verlorene Territorium oder ihre Entschlossenheit, es wiederzugewinnen, vermindert.»

So besorgt die Schlussfolgerungen der Kommission auch waren, die reale Geschichte der Vertreibungen sollte zeigen, dass sie in vielen wichtigen Punkten noch zu optimistisch war. Die Kommission hielt es etwa für möglich, dass die gesamte Bevölkerung der Gebiete, die an Polen fallen sollten, von allein vor der anrückenden Roten Armee fliehen würde, sodass nach Kriegsende nur 750 000 Menschen ausgesiedelt zu werden brauchten. Sie nahm auch an, über die Hälfte der Sudetendeutschen könne in der Tschechoslowakei bleiben. Schließlich zog sie nur den Transfer von Deutschen aus Polen und der Tschechoslowakei in Betracht und ignorierte die Möglichkeit, dass weitere Länder in der Region die Gelegenheit ergreifen und sich mit oder ohne Zustimmung der Großen Drei ihrer deutschen Minderheit entledigen könnten. Schließlich meinte die Kommission, es werde insgesamt nicht mehr als zehn Millionen Vertriebene geben. Keine dieser Annahmen sollte sich bestätigen.

Trotzdem erwies sich der Bericht als zu düster für die Politiker, die ihn in Auftrag gegeben hatten. Als das Armistice and Post-War Committee im Juli 1944 zusammenkam, um ihn zu besprechen, war die allgemeine Reaktion Unglaube und Zorn. Sir James Grigg, der Kriegsminister, beschwerte sich, «manche Aussagen darin seien vom Standpunkt des Kriegsministeriums aus viel zu nachsichtig». Arbeitsminister Ernest Bevin – der ein Jahr später als Außenminister der Nachkriegsregierung die Verantwortung für die britische Vertreibungspolitik tragen sollte – verwechselte zunächst Volksdeutsche und Reichsdeutsche und behauptete dann lächerlicherweise, «die Aufteilung der großen deutschen Güter – auf denen die Stärke des preußischen Militarismus weitgehend beruhte», werde Bauernhöfe für drei Millionen vertriebene Familien schaffen.[30] Nachdem eine detaillierte Studie zu dieser Frage darauf hinwies, dass viele der Güter, auf die Bevin sich bezog, in denselben deutschen Ostgebieten lagen, deren Bewohner vertrieben werden sollten, und dass bei einer Neuaufteilung aller anderswo gelegenen staatlichen oder privaten Güter höchstens 110 000 Höfe entstehen würden, beharrte der Arbeitsminister allen Tatsachen zum Trotz darauf, das Problem lasse sich lösen, wenn man die übrigen preußischen Junker enteigne.[31] Clement Attlee, der stellvertretende Premierminister und Vorsitzende des APW bewertete den Bericht der Kommission noch kritischer. Das vorige Jahr über hatte er gefordert, aus politischen Gründen und als heilsame Form der Umerziehung müssten die Deutschen kollektiv leiden. Obwohl er widerwillig zugestand, Überlegungen der Menschlichkeit könnten nicht «völlig außer Betracht bleiben», schrieb er: «Das Kriterium, das in diesen Angelegenheiten richtigerweise angewandt werden sollte, ist meiner Auffassung nach nicht, wie schwer eine bestimmte Handlungsweise Deutschland belasten würde, sondern wie weit wir unsere Ziele in Deutschland vorantreiben können, ohne uns selbst zu behindern oder zu schaden. ... Alles, was den Deutschen die Vollständigkeit und Unwiderruflichkeit ihrer Niederlage vor Augen führt, ist letztlich von Nutzen.»[32] Dies bestätigte er nun und «lehnte es strikt ab, deutsche Gefühle oder Interessen in dieser Frage unnötig hoch zu bewerten».[33]

Da niemand im Kabinett den Bericht unterstützte, verschwand er in der Schublade. Bis Januar 1945 wurde das Dokument nicht weiter diskutiert und keine seiner Empfehlungen umgesetzt. Dass kein Minister außer Bevin die Ergebnisse auch nur anfechten wollte, zeigt, wie sehr das Vertreibungsprojekt für die britische Regierung ein Zweck an sich geworden war, zu dessen Durchführung sie ungeachtet der Kosten entschlossen war.

Die unangenehmen Fakten zu ignorieren, auf die die Kommission hingewiesen hatte, brachte sie aber nicht zum Verschwinden. Eine Weile nahmen britische Minister und Beamte Zuflucht zu Wunschdenken und versuchten sich einzureden, das Problem werde sich entweder von selbst lösen oder von anderen gelöst werden. Arnold Toynbee, der Direktor des Royal Institute of International Affairs, der im Ersten Weltkrieg zum Berater des Außenministeriums ernannt worden war, weil er über eine enzyklopädische Kenntnis des antiken Griechenland verfügte, war typisch für diesen ignoranten Optimismus. Ende Januar 1945 schrieb er: «Es sieht so aus, als könne die Räumung der Gebiete östlich der Linie von Oder und westlicher Neiße durch die gesamte deutsche Zivilbevölkerung bis zum Ende der Kampfhandlungen ein *fait accompli* sein. ... Die Frage wird danach nicht mehr sein, ob eine bis dahin unangetastete deutsche Bevölkerung kaltblütig entwurzelt wird, sondern ob eine bereits entwurzelte und ins deutsche Nachkriegsgebiet verbrachte deutsche Bevölkerung erneut transportiert und in ihre früheren Gebiete zurückgebracht wird.»[34]

Auch die amerikanische Political Warfare Executive und das Office of Strategic Services – der Vorläufer der CIA – waren völlig frei von Zweifeln und erklärten in einem Geheimdienstbericht vom selben Tag, 4,5 Millionen Deutsche seien bereits vor den vorrückenden sowjetischen Armeen aus den Ostgebieten geflüchtet, darunter die eine Million Bewohner des Warthegaus.[35] Das britische Außenministerium hielt diese optimistischen Berichte aber für unzuverlässig. Con O'Neill von der Deutschland-Abteilung antwortete skeptisch: «Es erscheint mir unvorstellbar, dass 4,5 Millionen Zivilisten dem erstaunlich schnellen russischen Vormarsch hätten ausweichen können, selbst wenn sie es gewollt hätten.»

Die politischen Führungen Englands und der USA gaben nur widerwillig die angenehme Vision eines Landes auf, das sich spontan der eigenen Bevölkerung entledigt hätte. Stalin wiederum unterstützte nur allzu gern diese

Illusionen, als er im Oktober 1944 in Moskau erneut mit Churchill zusammentraf und vier Monate später mit Churchill und Roosevelt bei der letzten Kriegskonferenz der Großen Drei in Jalta. Obwohl Churchill sich schon damit abgefunden hatte, dass die UdSSR die polnischen Gebiete, die sie als Beute aus dem Hitler-Stalin-Pakt annektiert hatte, nie zurückgeben würde, war er zwischen seinem Verantwortungsgefühl für die Polen und den Befürchtungen hin und her gerissen, welche Folgen es haben könnte, wenn man ihnen als Entschädigung große Teile Deutschlands zuschlug. Eine weitere Komplikation war die Tatsache, dass es nun zwei Regierungen gab, die als legitime Vertreter Polens auftraten: die Londoner Exilregierung unter Stanisław Mikołajczyk und das «Polnische Komitee der Nationalen Befreiung», ein sowjetisches Marionettenregime im kürzlich befreiten ostpolnischen Lublin.

Vom Moment seiner Gründung an hatte sich das Lubliner Komitee im Gegensatz zum Schwanken der Londoner Exilregierung für weitreichende Annexionen deutscher Gebiete im Westen ausgesprochen. Das war auch Stalins Ziel. Je weiter sich Polen nach dem Krieg nach Ostdeutschland erstreckte, desto weiter würde auch der sowjetische Einfluss reichen, denn Stalin hatte nicht vor, etwas anderes als einen unterwürfigen polnischen Nachbarn zu akzeptieren. Annexion und Vertreibung würden mit Sicherheit auch eine lange Feindschaft zwischen Polen und Deutschland erzeugen. Solange das der Fall war, hatte Polen nur die Wahl, sich an die UdSSR zu wenden, um seine neuen Grenzen gegenüber Deutschland zu verteidigen, dessen Bevölkerung mehr als doppelt so groß war. Stalin wollte dafür einen hohen Preis fordern. Natürlich wollte die Sowjetunion auch ein kommunistisches Polen nicht zu groß werden lassen; niemand im Kreml hatte die lange Gegnerschaft beider Völker vergessen.[36] Sowenig repräsentativ das Lubliner Komitee aber auch sein mochte, es musste sein Bemühen um die nationalen Interessen Polens zeigen. Eine Ausdehnung nach Westen würde das ermöglichen, ohne mit den sowjetischen Zielen in Konflikt zu geraten.

Bei einer Reihe von Treffen mit den Lubliner Polen im Sommer 1944 legte Stalin die Verhandlungslinie fest, die sie und er gegenüber den westlichen Alliierten vertreten sollten. Polen würde sich nicht nur verpflichten, die sowjetisch besetzten Gebiete im Osten formell aufzugeben und einem Bevölkerungsaustausch zuzustimmen, auch die deutsche Hafenstadt Königsberg und ihr ostpreußisches Hinterland, deren Übertragung Londoner wie Lubliner Polen für sich erwartet hatten, sollten sowjetisches Territorium werden. Als Entschädigung sicherte Stalin dem Lubliner Komitee aber zu, die UdSSR werde sowohl Polens Anspruch auf die deutsche Hafenstadt Stettin unterstützen als auch den auf die Grenzlinie der Oder und westlichen Neiße, einen der beiden relativ schmalen Nebenflüsse dieses Namens. Obwohl eine «Oder-Neiße-Linie» schon zuvor als mögliche Grenze zwischen Polen und Deutschland genannt worden war, hatte man angenommen, es gehe um die östliche Neiße, die zumindest eine gewisse demographische Logik als Trennung beider Länder besaß. Die westliche Neiße lag 200 Kilometer weiter im Westen. «Dieser Schachzug würde die Zahl der Deutschen, die gewaltsam aus ihrer Heimat evakuiert und im besetzten Nachkriegsdeutschland untergebracht und ernährt werden mussten, mindestens verdoppeln», bemerkt der Historiker R. C. Raack.[37] Stalin versicherte den Lubliner Polen sarkastisch, Churchill werde den Unterschied gar nicht merken.

In den kommenden sechs Monaten pflegten Moskau wie Lublin eine sorgfältige Mehrdeutigkeit, wenn sie von der «Oder-Neiße-Linie» sprachen, und legten sich nie fest, welcher der beiden Zuflüsse gemeint war. Um aber sicherzugehen, dass die Lubliner Polen nicht schwankten, begann Stalin noch vor Kriegsende mit dem Bevölkerungstransfer aus Ostpolen, zu dessen Anerkennung er sie gezwungen hatte. Von Herbst 1944 an wurden in mehreren Wellen über zwei Millionen Polen, die östlich des Bugs lebten, auf die brutale und chaotische Weise, die inzwischen Stalins wie Hitlers Herrschaftsstil kennzeichnete, ausgesiedelt und ins verwüstete und gerade eroberte Generalgouvernement geschickt. Die Aussicht, dass sie als entfremdete, wurzellose und potentiell gefährliche Bevölkerung dort blieben, würde ein mehr als ausreichender Ansporn für das Lubliner Regime sein, Polens Grenze zu Deutschland ungeachtet aller Schwierigkeiten so weit wie möglich nach Westen zu verschieben. Derselbe Gedanke machte für Władysław Gomułka, den polnischen KP-Chef und stellvertretenden Premierminister in der Lubliner Regierung, die ausnahmslose Entfernung der Deutschen notwendig. Er erinnerte den Parteitag im Mai 1945 daran, die Vertreibung der Bewohner der neuen Westgebiete werde zunächst Land zur Verteilung durch die neue Regierung liefern und dadurch «die Nation an das System binden». Zweitens «müssen [wir] alle Deutschen abschieben, denn

Staaten werden auf nationaler Grundlage errichtet und nicht auf multinationaler.»[38] Als Mitglieder einer Partei, die ihren Einfluss einzig der Sowjetunion verdankte, war es für die polnischen Kommunisten besonders wichtig, sich in der «nationalen Frage» keine Blöße gegenüber ihren Rivalen zu geben.

Die westlichen Alliierten erfuhren aber nichts vom polnisch-sowjetischen Bevölkerungsaustausch und Stalins Handel mit den Lubliner Polen, und so entfernten sich ihre Vorstellungen über Vertreibungen von nun an immer weiter von der Wirklichkeit. Die Überlegungen der USA zu diesem Thema waren besonders naiv. Eine Studie des Außenministeriums vom August 1943 drückte die grundlos optimistische Ansicht aus, Polens territoriale Ambitionen ließen sich auf Danzig und Ostpreußen beschränken, und aus diesen Bezirken «müssten nicht alle Deutschen evakuiert werden».[39] Bei mehreren späteren Gelegenheiten redeten amerikanische Politiker sich ein, man könne einen Kompromiss finden, «den Massentransfer der deutschen Bevölkerung aus Nachbarländern ins Reich» abzulehnen, aber «die Entfernung von Individuen und Gruppen, die ein besonders großes Problem darstellen», zu sanktionieren, wie Außenminister Cordell Hull Ende August 1944 Roosevelt vorschlug. Die Annahme, eine Formel dieser Art könne jetzt noch Anklang bei Edvard Beneš finden, ganz zu schweigen von Stalin, war unsinnig, und zeigte vor allem, wie wenig Aufmerksamkeit die Amerikaner dieser Frage gewidmet hatten. Die Briten trugen ihrerseits eine gewisse Verantwortung für dieses simplifizierende Denken, denn sie hatten beschlossen, Washington kein Exemplar des Berichts ihrer Forschungskommission zukommen zu lassen. Sie befürchteten, wenn die Roosevelt-Regierung von den Schwierigkeiten des Plans erfahre, könne sie die Idee von Bevölkerungstransfers völlig aufgeben.[40]

Erst zum Zeitpunkt der Moskauer Konferenz im Oktober 1944 begannen die Westalliierten mit gehöriger Verspätung zu verstehen, dass sie Gefahr liefen, in Mitteleuropa vor vollendete Tatsachen gestellt zu werden. Bei den Vorbereitungen für die Konferenz versuchten Eden und Averell Harriman, der US-Botschafter in Moskau, ihren jeweiligen Chefs das Rückgrat zu stärken, indem sie warnten, übertriebene Abtretungen deutscher Gebiete an Polen könnten zu einem Chaos in Deutschland führen, mit dem dann die Besatzungsmächte fertig werden müssten. Ihre Vorhaltungen stießen aber auf taube Ohren. Während der Konferenz und danach stellte Churchill trotz wachsenden Argwohns gegenüber Stalins wahren Absichten klar, dass die Aufrechterhaltung der Allianz mit der Sowjetunion höchste Priorität habe. Aus diesem Grund war die Entschädigung der Polen durch deutsche Gebiete das einzige Mittel, das ihm blieb, um sich nicht dem Vorwurf auszusetzen, der Grund, warum England in den Weltkrieg eingetreten war – die Verteidigung der territorialen Integrität Polens gegen äußere Aggression –, sei nicht erreicht worden und würde unerreichbar bleiben. Somit war es «klar», wie Churchill nach der Konferenz Roosevelt berichtete, «dass Deutsche in [den] besagten Regionen nach Deutschland repatriiert werden sollen».[41] Obwohl der Premierminister weder unwissend noch gleichgültig gegenüber den Problemen war, die ein großer Bevölkerungstransfer mit sich bringen konnte, waren sie weniger wichtig als die Verhinderung eines neuen Antagonismus zwischen Ost und West.

Roosevelt wollte es zwar nicht so offen ausdrücken, teilte aber diese Position. Einen Monat nach der Moskauer Konferenz schrieb er an Mikołajczyk, wenn Polens Nachkriegsregierung und Volk «in Verbindung mit den neuen Grenzen des polnischen Staats den Transfer nationaler Minderheiten von polnischem Territorium durchzuführen wünschen, wird die Regierung der Vereinigten Staaten keine Einwände erheben und einen solchen Transfer soweit wie möglich erleichtern.»[42] Als scharfsinniger Politiker las Mikołajczyk zwischen den Zeilen dieser Botschaft, dass die USA und zweifellos auch England versuchen würden, den Hauptteil der Verantwortung für Vertreibungen und jede internationale Kritik, die daraus entstand, auf die Polen abzuwälzen. Obwohl er großes Misstrauen gegenüber dem Eifer der alliierten Staatsführer hegte, Blankoschecks auszustellen, zu deren Begleichung Polen nach dem Krieg die Deutschen zwingen müsste, wollte er doch eine gewisse Flexibilität bei der Curzon-Linie als Basis einer zukünftigen polnisch-sowjetischen Grenze zeigen und Stalin zumindest einige der Gebiete zugestehen, die der sowjetische Diktator 1939 erobert und annektiert hatte. Als seine Kollegen in der Londoner Exilregierung klarstellten, dass sie dazu nicht bereit waren, machte er einen taktischen Rückzieher und trat am 24. November als Ministerpräsident zurück. Dennoch glaubte er weiterhin, die umfangreichen Bevölkerungsverschiebungen, die die Anglo-Amerikaner im Westen planten, würden sich nicht nur als falsch, sondern als undurchführbar erweisen. Im Dezember sagte er Rudolf Schoenfeld, dem US-Gesandten bei der

Exilregierung, das britische Volk, wenn schon nicht die britische Regierung, sei sich «der gewaltigen Umsiedlungsprobleme bewusst, die durch die vorgeschlagenen Grenzarrangements verursacht würden». Der richtige Weg sei es, die UdSSR zur Rückgabe wenigstens eines Teils ihrer Beute im Osten zu zwingen. Mikołajczyk fragte Schoenfeld, warum die westlichen Alliierten «die Transferfrage schwieriger als nötig machen [sollten], und hatte seine Auffassung ausgedrückt, es werde dem Premierminister trotz seiner Popularität nicht gelingen, der britischen und amerikanischen Öffentlichkeit einen so drastischen Plan zu vermitteln».[43]

Churchill war sich dieser Gefahr selbst bewusst. Um sie abzuwenden, hielt er am 15. Dezember 1944 im Unterhaus eine große Rede über die Zukunft Polens. Bis zu diesem Moment hatte die britische Regierung offiziell die Position vertreten, vor der Friedenskonferenz könne keine Diskussion über Grenzveränderungen oder Umsiedlungen stattfinden. Noch im August hatte Eden es «verfrüht» genannt, solche Dinge auch nur zu diskutieren, als mehrere Abgeordnete ihn aufforderten, den Gerüchten entgegenzutreten, England werde nach dem Krieg große Vertreibungen aus Polen und der Tschechoslowakei akzeptieren.[44] Nur vier Monate später verkündete Churchill nun klar und deutlich, dass Vertreibungen in größerem Umfang, als man sich bisher auch nur vorgestellt hatte, nicht nur ein Teil, sondern eine der Grundlagen der europäischen Nachkriegsordnung seien: «Es steht den Polen frei, was Rußland und Großbritannien betrifft, ihr Gebiet nach Westen auf Kosten Deutschlands auszudehnen. ... Natürlich würde ein Bevölkerungsaustausch ... die Folge sein. Die Umsiedlung von mehreren Millionen Menschen müßte vom Osten [Polens] nach dem Westen oder Norden durchgeführt werden, ebenso wie die Vertreibung der Deutschen – denn das wurde vorgeschlagen: völlige Vertreibung der Deutschen – aus den Gebieten, die Polen im Westen und Norden gewinnt. Denn die Vertreibung ist, soweit wir in der Lage sind, es zu überschauen, das befriedigendste und dauerhafteste Mittel. Es wird keine Mischung der Bevölkerung geben, wodurch endlose Unannehmlichkeiten entstehen, wie zum Beispiel im Fall von Elsaß-Lothringen. Reiner Tisch wird gemacht werden. Mich beunruhigt die Aussicht des Bevölkerungsaustausches ebensowenig wie die großen Umsiedlungen, die unter den modernen Bedingungen viel leichter möglich sind als je zuvor. Der Bevölkerungsaustausch, der nach dem letzten Kriege zwischen Griechenland und der Türkei stattfand, war in vieler Hinsicht erfolgreich und hat zu freundschaftlichen Beziehungen zwischen der Türkei und Griechenland geführt.»[45]

Der Premierminister hatte wenig darüber zu sagen, wie dieser «Bevölkerungsaustausch» durchgeführt werden solle, während ihm das Parlament in «einer Art gedrücktem, besorgtem, kaltem Schweigen» zuhörte, wie ein anderer Redner sagte.[46] Sein einziger Verweis auf die praktischen Aspekte der Operation war das Versprechen, es werde im verkleinerten Nachkriegsdeutschland genug Platz für die Vertriebenen geben: «Schließlich wurden bereits sechs bis sieben Millionen Deutsche in diesem schrecklichen Krieg getötet. [...] Überdies ist zu erwarten, daß noch mehr Deutsche in den Kämpfen des kommenden Frühjahrs und Sommers getötet werden.»[47] Die Antwort des führenden Labour-Politikers Frederick Pethick-Lawrence entsprach der Stimmung des Unterhauses viel mehr. Selbst wenn die Deutschen das moralische Recht verwirkt hätten, gegen die Vertreibungen zu protestieren, «bedeutet das nicht, dass wir mit Territorien jonglieren können ... und dass wir nicht Hunderttausende, sondern Millionen von Menschen verschieben können. [...] wir schaffen für die Zukunft eine Situation, die weder Polen noch der Welt Frieden bringen wird.»[48] Auch einige Londoner Polen reagierten wenig begeistert. Tomasz Arciszewski, Mikołajczyks Nachfolger als Ministerpräsident, lehnte Churchills Angebot ab, sich frei an deutschem Territorium zu bedienen. «Polen hat nicht den Wunsch, Breslau und Stettin zu annektieren», sagte er der Presse; es wolle höchstens ein von der deutschen Bevölkerung geräumtes Ostpreußen.[49] Der beißendste Kommentar kam von George Orwell, der in der vehement gegen Vertreibungen eingestellten linken *Tribune* schrieb: «Das entspricht der Umsiedlung der gesamten Bevölkerung Australiens oder der von Schottland und Irland zusammen. Ich bin kein Experte für Transport oder Wohnungswesen und würde gern von jemandem mit mehr Sachverstand eine ungefähre Schätzung hören, a) wie viele Waggons und Lokomotiven wie lange gebraucht würden, um diese sieben Millionen Menschen plus Vieh, Landmaschinen und sonstigen Besitz zu transportieren, oder b) wie viele von ihnen an Hunger und Unterkühlung sterben werden, wenn sie ohne ihr Vieh usw. weggebracht werden.

Ich nehme an, die Antwort auf a) würde zeigen, dass dieses gewaltige Verbrechen gar nicht durchgeführt werden kann, obwohl man es in Gang setzen könnte, wobei Unordnung, Leid und unversöhnlicher Hass entstehen würden. Bis dahin sollte man dem britischen Volk mit so vielen konkreten Einzelheiten wie möglich klarmachen, für welche Maßnahmen ihm seine Staatsmänner die Verantwortung aufbürden.»[50]

War die Reaktion auf Churchills Enthüllungen in London kühl, so rief sie in Washington einen Aufschrei hervor. Erzürnte republikanische Senatoren wollten wissen, seit wann die Kriegsziele der angloamerikanischen Atlantik-Charta vom August 1941 aufgehoben seien, der zufolge beide Länder «territoriale Veränderungen, die nicht mit den frei geäußerten Wünschen der betroffenen Völker übereinstimmen», ablehnten. Die polnisch-amerikanische Bevölkerungsgruppe, die erst vier Wochen zuvor Roosevelt zu seiner vierten Amtszeit verholfen hatte, lehnte die Vorstellung ab, Gebietsgewinne im Westen könnten Polen für die Verluste im Osten entschädigen. Um den Sturm der Kritik zu dämpfen, enthüllte der neue Außenminister Ed Stettinius Roosevelts Versprechen gegenüber Mikołajczyk, Amerika werde Polen bei der Aussiedlung der Deutschen aus den Gebieten im Westen helfen. Auch dieses Manöver zeigte wenig Wirkung.[51]

Churchills Versuch, der breiten Öffentlichkeit Massenumsiedlungen zu «verkaufen», war also gescheitert. Doch die grundlegenden Faktoren hatten sich nicht verändert. Das wichtigste Ziel der USA und Großbritanniens war die Aufrechterhaltung der Allianz der Großen Drei nach dem Krieg. Dass dieses an sich lobenswerte Ziel auch nur möglich sein könnte, beruhte weitgehend auf dem grundlosen Glauben, Stalin und die Sowjetunion hätten sich nach der Invasion vom Juni 1941 vom Saulus zum Paulus gewandelt, dabei sowohl die Ziele als auch die Methoden aufgegeben, für die sie bis dahin berüchtigt gewesen waren, und strebten nun eine Zukunft der friedlichen Koexistenz mit dem Westen an. Roosevelt ist posthum heftig dafür kritisiert worden, dass er hier dem Wunschdenken in so starkem Maße nachgab, aber Churchill gab sich eine Weile derselben Illusion hin.[52] Ironischerweise ähnelte ihre Position gegenüber Stalin stark derjenigen der Appeasement-Verfechter gegenüber Hitler in den dreißiger Jahren. In beiden Fällen setzten westliche Staatschefs an die Stelle einer realistischen Einschätzung der Diktatoren, mit denen sie tun hatten, ein angenehmeres, selbstgeschaffenes Bild, weil die Alternative – und die zutiefst unangenehmen Entscheidungen, die sie dann hätten fällen müssen – zu beunruhigend war, um darüber nachzudenken. Solange die Angloamerikaner der Fata Morgana einer engen Beziehung zur Sowjetunion nach dem Krieg folgten, blieb aber die deutsche Karte und mit ihr alle Bevölkerungsverschiebungen, die nötig sein könnten, damit sie stach, die einzige, die sie ausspielen konnten.

In einer Hinsicht wurde ihre Aufgabe aber ein wenig einfacher. Als sich die Alliierten im Winter 1944/45 auf die Konferenz von Jalta vorbereiteten, wurde immer klarer, dass die Londoner Exilregierung keine Zukunft hatte. Stalin hatte die Beziehungen zu ihr bereits abgebrochen, als sie seine Lüge zurückwies, die UdSSR sei nicht für das Massaker an rund 21 000 polnischen Offizieren und Angehörigen der Bildungselite im Wald von Katyn verantwortlich, die nach der Invasion der Roten Armee 1939 gefangengenommen worden waren. Die «pragmatischeren» unter den Londoner Polen, wie Mikołajczyk selbst, deuteten ihre Bereitschaft an, in eine «Regierung der nationalen Einheit» einzutreten. Die Rote Armee, nicht westliche Truppen, hatten die Deutschen aus Polen vertrieben und daher konnte die Sowjetunion nun bestimmen, was dort geschehen solle. Das Bedürfnis nach «Versüßung» für die Polen durch Gebietsgewinne im Westen, um die bittere Pille der Curzon-Linie im Osten zu schlucken, existierte daher nicht mehr. Eden erinnerte das Kabinett daran: «Da die Lubliner Polen sowieso zur Annahme der Curzon-Linie bereit sind, ist es für die Regierung Seiner Majestät nicht länger notwendig, größere Übertragungen von deutschem Gebiet zu unterstützen, als wir aus anderen Gründen für richtig halten.»[53] Zumindest Churchill fuhr also mit der Absicht nach Jalta, die deutschen Gebiete, die an Polen gehen sollten, soweit wie möglich zu reduzieren.

Auch hierin scheiterte er. Ein Teil der Schwierigkeit war die mangelnde Unterstützung durch den sichtlich kranken Roosevelt, der nur noch wenige Wochen zu leben hatte und wie Woodrow Wilson die Lösung der zahlreichen Probleme, die der Friedensvertrag offen lassen würde, bei einer internationalen Organisation suchte, in seinem Fall den Vereinten Nationen. Eine UNO ohne Sowjetunion war sinnlos, und der Präsident war bereit, bei fast allen anderen Punkten nachzugeben, um ihre Mitwirkung zu sichern. Also ignorierte er Stettinius' Rat, die USA sollten bei der Konferenz «soweit wie möglich dem undifferenzierten massenhaften Austausch von Minderheiten mit Nachbarstaaten entgegentreten». Als die Frage am 7. Februar 1945 diskutiert wurde, versuchte Churchill Stalin davon zu überzeugen, er selbst sei zwar nicht gegen die Aussiedlung sehr großer Zahlen von Deutschen, aber die öffentliche Meinung in England werde die Sache kaum ebenso sehen. Obwohl die Aussiedlung von sechs Millionen Menschen aus Ostpreußen und Schlesien «durchführbar» sein sollte, sollten darüber hinausgehende Transfers an die polnische Fähigkeit zur Kolonisierung der geräumten Gebiete gebunden sein. «Es wäre aber kaum zweckmäßig, wenn die polnische Gans derart mit deutschem Futter gestopft würde, daß sie an Verdauungsstörungen stirbt.»[54] Stalin antwortete, das Problem löse sich bereits von selbst, «denn in den Teilen Deutschlands, die die Rote Armee besetze, gebe es kaum [noch] deutsche Bevölkerung».[55] Obwohl Churchill von dieser Versicherung nicht überzeugt war, widersprach er nicht. Die Konferenz endete ohne einen Beschluss, wie viel deutsches Territorium Polen erhalten solle; die offizielle Erklärung sprach nur davon, «daß Polen im Norden und im Westen einen bedeutenden Gebietszuwachs erhalten soll».[56] Roosevelt hatte sich fast überhaupt nicht an der Diskussion über Polens Westgrenzen beteiligt.

Keine Entscheidung zu treffen, war aber selbst schon eine Entscheidung. Zu Beginn der Konferenz von Jalta stand die Rote Armee bereits an der Oder. Nur eine einzige Frage blieb noch offen: Waren die westlichen Alliierten zu einer Konfrontation mit der UdSSR über die polnischen Westgrenzen bereit – und damit auch zur Beteiligung an der Vertreibung der deutschen Bevölkerung –, oder war es ihnen immer noch am wichtigsten, Stalin und den Lubliner Polen entgegenzukommen? Für hohe britische Politiker beantwortete sich die Frage von selbst. Oliver Harvey, der germanophobe Unterstaatssekretär im Außenministerium, auf den Eden hörte, setzte im März die Tonlage fest: «Ich halte die Möglichkeit eines geordneten Transfers der ostdeutschen Bevölkerung nach altmodischen Völkerbund-Prinzipien leider für so unwahrscheinlich, dass er wohl nicht einmal den Versuch wert ist und Feindschaft in der Tschechoslowakei wie in Sowjetrussland hervorrufen würde. Ich glaube auch nicht, dass die Ankunft dieser Flüchtlinge eine solche Katastrophe wäre, wenn man ihn ein für allemal und sofort durchführt.»[57] Vizepremier Clement Attlee unterstützte diese Haltung zwei Wochen später, als er gegen den erneuten Vorschlag des Außenministeriums, eine Umsiedlungskommission zu bilden, förmlich sein Veto einlegte. «Ich sehe wirklich nicht, dass wir in dieser Angelegenheit die Initiative ergreifen müssen»,

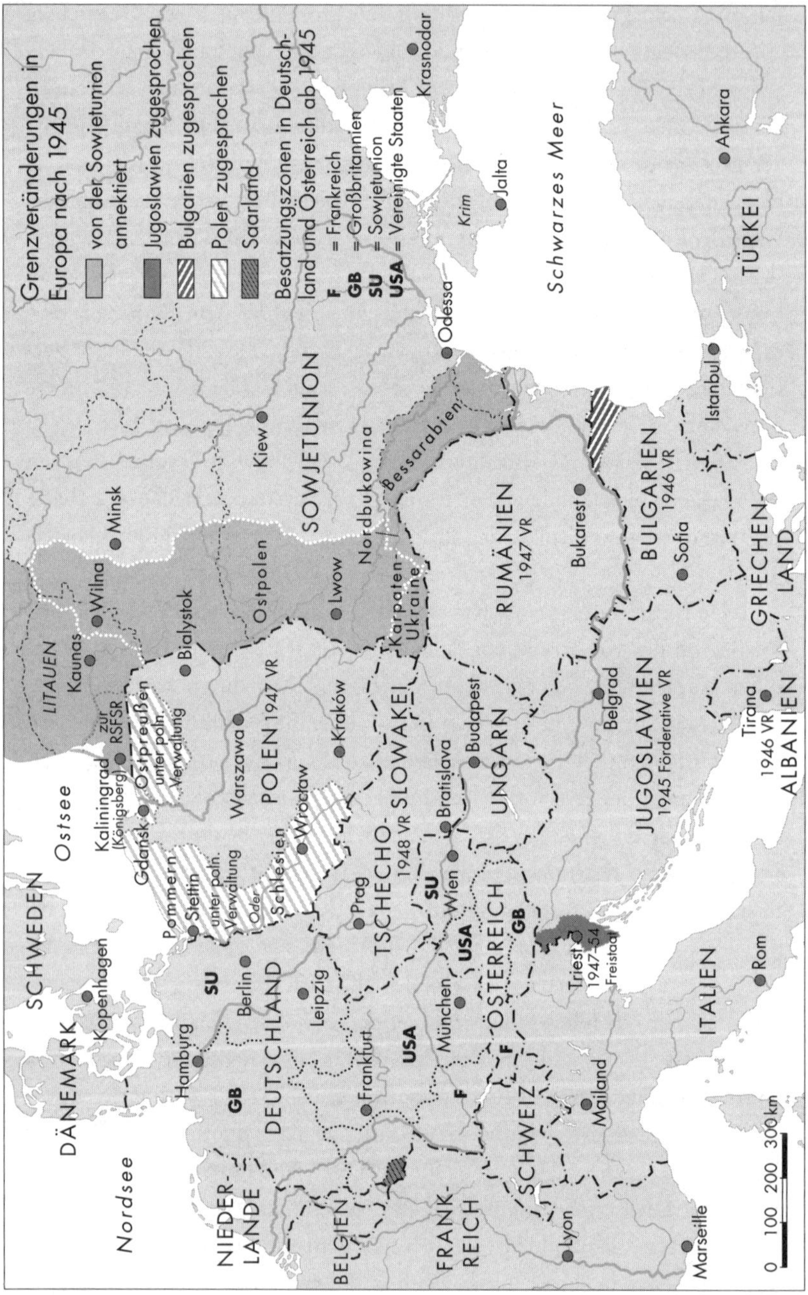

Grenzveränderungen in Europa nach 1945
von der Sowjetunion annektiert
Jugoslawien zugesprochen
Bulgarien zugesprochen
Polen zugesprochen
Saarland
Besatzungszonen in Deutschland und Österreich ab 1945
F = Frankreich
GB = Großbritannien
SU = Sowjetunion
USA = Vereinigte Staaten
Nordsee
Ostsee
Schwarzes Meer
DÄNEMARK
Kopenhagen
SCHWEDEN
NIEDER-LANDE
BELGIEN
FRANK-REICH
Lyon
Marseille
DEUTSCHLAND
GB
Hamburg
SU
Berlin
Leipzig
Frankfurt
USA
München
F
SCHWEIZ
Mailand
ITALIEN
Rom
ÖSTERREICH
Wien
USA
SU
GB
F
Triest
1947–54
Freistaat
Pommern
Stettin
unter poln. Verwaltung
Oder
Schlesien
Wrocław
Gdańsk
Kaliningrad
(Königsberg)
zur RSFSR
Ostpreußen
unter poln. Verwaltung
LITAUEN
Kaunas
Wilna
Bialystok
Minsk
POLEN 1947 VR
Warszawa
Kraków
Prag
TSCHECHO-SLOWAKEI
1948 VR
Bratislava
Budapest
UNGARN
Ostpolen
Lwow
Karpaten-Ukraine
Nordbukowina
Bessarabien
Kiew
SOWJETUNION
Odessa
Krim
Jalta
Krasnodar
RUMÄNIEN
1947 VR
Bukarest
Belgrad
JUGOSLAWIEN
1945 Föderative VR
BULGARIEN
1946 VR
Sofia
Istanbul
TÜRKEI
Ankara
GRIECHEN-LAND
Tirana
1946 VR
ALBANIEN
0 100 200 300 km

notierte er. «Der Strom von Deutschen, ob aus Polen oder der Tschechoslowakei, wird zuerst in die sowjetische und amerikanische Zone gehen. Wir werden als letzte davon betroffen sein.»[58]

Als sich die Großen Drei Mitte Juli 1945 zu ihrem letzten Gipfeltreffen in Potsdam versammelten, taten sie das also weniger, um Entscheidungen über Polens Zukunft zu treffen, als um sich wie Briten und Amerikaner mit den Entscheidungen abzufinden – oder sie vor sich selbst zu rationalisieren –, die sie bereits getroffen hatten. Während ihrer Gespräche entluden 25 Kilometer weiter nordöstlich bereits völlig überfüllte Züge aus den deutschen Gebieten unter polnischer Verwaltung ihre Fracht aus Toten, Sterbenden, Kranken und Mittellosen auf die großen Berliner Bahnhöfe. Hunderttausende weitere kamen in nicht viel besserer Verfassung zu Fuß in die Stadt. Im Süden wurden ähnliche zerlumpte Kolonnen von tschechoslowakischen Soldaten und Milizen über die böhmische und mährische Grenze getrieben. Churchill las kurz nach Beginn der Konferenz in einer Londoner Zeitung von einer dieser «wilden» Vertreibungen und äußerte seine Besorgnis über das, was sich anbahnte. Am 21. Juli sprach er die Angelegenheit bei einer Plenarsitzung mit den anderen Staatschefs an und beschwerte sich über die viel zu große Zahl von Deutschen, die in einem stark verkleinerten Deutschland leben müssten, wenn Polens Anspruch auf die Grenze an Oder und westlicher Neiße anerkannt werde. Bis zu neun Millionen Deutsche müssten dann ausgesiedelt werden, um Platz für weniger als die Hälfte von Menschen aus den ehemals ostpolnischen Gebieten zu machen. Als Stalin seine unglaubwürdige Behauptung von Jalta wiederholte, «es sei kein einziger Deutscher in dem Gebiet zurückgeblieben, das Polen gegeben werden solle», betonte Churchill, selbst wenn das stimme, sei es für das Problem kaum relevant: «Wenn es zutreffe, daß die Deutschen weggelaufen seien, so sollten sie ermutigt werden, zurückzukehren. Polen, das den Großmächten alles verdanke, habe kein Recht, eine Katastrophe herbeizuführen. … Wir wollten nicht mit einer deutschen Bevölkerung belastet sein, die der Quellen ihrer Nahrungsmittelversorgung beraubt sei. … Wenn keine Nahrungsmittel beschafft werden könnten, dann werde man möglicherweise Verhältnissen gegenüberstehen, die denen in den deutschen Konzentrationslagern glichen, nur in einem noch viel größeren Umfang.»[59]

Das waren einleuchtende Argumente. Aber sie waren nicht weniger einleuchtend gewesen, als die interministerielle Kommission sie über ein Jahr zuvor geäußert hatte und von Churchills Ministern kurzerhand abgewiesen worden war. Es ist schwer einzusehen, zu welchem Zweck er sie nun ansprach, außer um eine Gelegenheit zu haben, die Verantwortung für eine Politik abzustreiten, die er selbst fast zwei Jahre lang vertreten hatte. Er hätte nicht zum ersten Mal so gehandelt. Im Januar 1945 hatte er wiederholt gefragt, «ob Berlin und zweifellos auch andere Großstädte in Ostdeutschland jetzt nicht als besonders lohnende Ziele» für schwere Bombenangriffe betrachtet werden sollten.[60] Als die Royal Air Force auf das Drängen des Premierministers zwei Wochen später mit einem verheerenden Angriff auf Dresden reagierte, der große internationale Besorgnis hervorrief, machte Churchill einen Rückzieher. In einem Memorandum an die Generalstabschefs schrieb er am 28. März: «Die Zerstörung Dresdens hinterlässt ernsthafte Zweifel an der Durchführung des alliierten Bombenkrieges [...] und ich halte eine genauere Konzentration auf militärische Objekte [...] für notwendig, anstelle von bloßen Terrorakten und zügelloser Zerstörung, so eindrucksvoll sie auch sein mögen.»[61] Bei dieser Gelegenheit hatte die Empörung seiner militärischen Berater aber seinen Versuch eines Umschreibens der Geschichte rasch zunichte gemacht.

Bei weiteren Besprechungen über dieses Thema auf den folgenden Sitzungen erinnerte Stalin darum Churchill und Roosevelts Nachfolger Harry S. Truman daran, es widerspreche nicht der beschlossenen alliierten Politik, «den Deutschen Schwierigkeiten zu bereiten», vielmehr solle sie dies gerade tun, «um ein Wiedererstehen der deutschen Macht zu erschweren». Er hielt es für «zu spät, um diese Frage zu erörtern». Schließlich bequemte sich Stalin dazu, zwei Kompromissformeln der amerikanischen und britischen Delegationen zuzustimmen, damit die alliierten Regierungschefs das Gesicht wahren konnten. Die erste gab den Polen eine provisorische Verwaltung über «das Territorium im östlichen Teil des Vorkriegsdeutschlands, auf das sie Anspruch erheben», und sprach es ihnen nicht formell zu. Das hielt zumindest theoretisch die Möglichkeit offen, auf einer späteren Friedenskonferenz einige dieser Gebiete an Deutschland zurückzugeben, und erlaubte es den westlichen Staatschefs, etwas länger die Fiktion aufrechtzuerhalten, die Westgrenzen des neuen Polens müssten noch endgültig festgelegt werden. Die zweite wurde von einem Unterkomitee der drei Außenminister entworfen und als Artikel XIII ins Potsdamer Abkommen aufgenommen: «Nachdem die drei Regierungen die Frage unter allen Gesichtspunkten geprüft haben, erkennen sie an, daß die Umsiedlung der deutschen Bevölkerung oder Teile derselben, die in Polen, der Tschechoslowakei und Ungarn zurückgeblieben sind, nach Deutschland durchgeführt werden muß. Sie sind sich darin einig, daß Umsiedlungen, die stattfinden, in geordneter und humaner Weise erfolgen sollen.

Da der Zustrom einer großen Zahl von Deutschen nach Deutschland die bereits bestehende Belastung der Besatzungsbehörden vergrößern würde, sind sie der Auffassung, daß der Alliierte Kontrollrat in Deutschland zunächst das Problem unter besonderer Berücksichtigung der Frage einer gerechten Verteilung dieser Deutschen auf die einzelnen Besatzungszonen prüfen soll. [...]

Die tschechoslowakische Regierung, die Polnische Provisorische Regierung und der Kontrollrat in Ungarn werden gleichzeitig von Vorstehendem in Kenntnis gesetzt und ersucht, inzwischen weitere Ausweisungen auszusetzen, bis die betreffenden Regierungen die Berichte ihrer Vertreter im Kontrollrat geprüft haben.»[62]

Die Westalliierten maßen der zweiten Formel mehr Bedeutung bei als der ersten. Wie Churchill schon während der Konferenz betont hatte, war die Erklärung, die Übergabe der deutschen Gebiete östlich der Oder-Neiße-Linie an Polen sei provisorisch, praktisch bedeutungslos. Wenn die Region erst übergeben sei, würden die Polen «festen Fuß fassen, und sich zu den Herren dort machen».[63] Der Gedanke sei sinnlos, sie würden die Gebiete durch weniger als militärische Gewalt wieder aufgeben. Andererseits war der Appell der Großen Drei an die Tschechoslowakei, Polen und Ungarn, die zusätzlichen «wilden Vertreibungen» einzustellen, kein bloßes Lippenbekenntnis. Sowjetische Kommandeure in Deutschland standen genau wie ihre westlichen Kollegen vor gewaltigen Schwierigkeiten wegen der massenhaften Ankunft von Vertriebenen in ihrer Besatzungszone. Die Aussicht auf eine Atempause war ihnen willkommen.

Die übrigen Vorgaben von Artikel XIII machen ihren Autoren aber wenig Ehre. Öffentlich zu erklären, Vertreibungen sollten «geordnet und human» sein, wenn die beteiligten Regierungen schon abgelehnt hatten, Organisationen zu diesem Zweck zu schaffen, deutet entweder auf Zynismus oder auf Selbsttäuschung von atemberaubendem Ausmaß hin. Die Tatsache, dass sie weiterhin insistierten, nichts in dieser Art solle überlegt werden, lässt auf Ersteres schließen. Die Frage ist allerdings schwer zu entscheiden. Selbst wenn die Alliierten im Sommer 1945 beschlossen hätten, eine internationale Umsiedlungskommission einzusetzen, wäre es zu spät gewesen, eine humanitäre Krise zu verhindern. Außerdem hatte das Potsdamer Abkommen nichts zu den volksdeutschen Minderheiten in anderen Ländern als der Tschechoslowakei, Polen und Ungarn zu sagen, von denen manche in einer noch gefährlicheren Lage waren, etwa in Jugoslawien. Die Implikationen dieses Schweigens ließen nichts Gutes ahnen.

Als die Opfer «wilder Vertreibungen» trotz des Appells des Potsdamer Abkommens nach Deutschland strömten, überlegten Amerikaner und Briten, wo die Verantwortung dafür liege, dass die Vertreibungen nach den Worten eines britischen Ministers «völlig ungeordnet und ohne jede Beachtung humanitärer Prinzipien durchgeführt werden, wobei man die Deutschen ohne Warnung oder Vorbereitung einfach abtransportiert».[64] Die Schuld an diesem Zustand, der zu «hohen» Verlusten und «schrecklichem» Leid geführt habe, lag ihrer Meinung nach allein bei den Vertreibungsländern und der Sowjetunion. Das war und ist eine völlig unaufrichtige Interpretation. Obwohl die Vertreibungsländer zweifellos die Schuld an umfangreichen Menschenrechtsverletzungen trugen, waren die westlichen Demokratien ebenso verantwortlich für die Katastrophe, die sich vor ihren Augen anbahnte. Über einen Zeitraum von drei Jahren hatten sie den einstimmigen Rat von Experten, die sehr genau die Folgen ihrer Politik vorhersagten, nicht nur ignoriert, sondern bewusst und nach reiflicher Überlegung abgelehnt. Sie hatten sich bewusst für einen Kurs entschieden, der mehr statt weniger Leid verursachen würde, um das hervorzubringen, was sie als «erzieherische» Wirkung ansahen. Sie hatten Unterschiede zwischen Unschuldigen und Schuldigen als irrelevant abgetan, ganz zu schweigen von irgendeinem Versuch, Abstufungen der Schuld einzuführen. Sie hatten ihre Verbündeten zu Handlungen ermutigt und ihre Mitarbeit dabei versprochen, die sie bei ihren Feinden später als Kriegsverbrechen anklagten. Die Behauptung, die Westalliierten seien von der Welle staatlich geförderter Gewalt, die in den ersten Nachkriegsjahren Mittel- und Südosteuropa überspülte, überrascht worden oder hätten sie nicht verhindern können, ist also nicht stichhaltig.

Kapitel 4

DIE «WILDEN VERTREIBUNGEN»

Mit der Forderung nach «geordneten und humanen» Umsiedlungen versuchte das Potsdamer Abkommen eine Lawine aufzuhalten, die schon losgetreten war. Seit über drei Monaten wurden deutsche Zivilisten aus den von der polnischen Regierung sogenannten «Wiedererlangten Gebieten» vertrieben, eine Anspielung darauf, dass Polen unter der Dynastie der Piasten vor 600 Jahren auch Schlesien und Pommern regiert hatte. Ab Mitte Mai folgte die Tschechoslowakei dem polnischen Beispiel. Weiter südlich hatte Jugoslawien die Alliierten zwar weder um Erlaubnis gebeten, seine volksdeutsche Minderheit auszusiedeln, noch diese bekommen, doch bald begannen auch hier große Deportationen. Rumänien erließ nie einen formellen Vertreibungsbefehl gegen seine Volksdeutschen, fand aber ebenfalls wirksame Mittel, sie zum Gehen zu zwingen. Diese Aktionen mochten wenig organisiert und primitiv sein, waren aber weder spontan noch zufällig. Vielmehr wurden sie nach einer durchdachten Strategie verwirklicht – so ineffizient und in vieler Hinsicht kontraproduktiv sie auch sein mochte –, die alle betroffenen Regierungen schon lange vor Kriegsende ausgearbeitet hatten.

Für Polen und die Tschechoslowakei waren die «wilden Vertreibungen» ein Weg, ihre Position zu stärken. Obwohl die Großen Drei ihre Unterstützung für eine umfassende Aussiedlung der deutschen Minderheiten erklärt hatten, wussten Tschechoslowaken und Polen aus bitterer Kriegserfahrung, wie sehr sie den «feierlichen Verpflichtungen» der Großmächte trauen durften. Es gab keine Garantie, dass die Führung einer oder mehrerer von ihnen nicht frühere Versprechen an die Mitteleuropäer zurückziehen könnte, und keinen Zweifel, dass sie nicht damit zögern würden, wenn es ihrem nationalen Interesse entsprach. Zudem befanden sich die Westalliierten in einer Phase des politischen Übergangs. Der noch unerfahrene und fast unbekannte Harry S. Truman war im April 1945 Nachfolger Franklin D. Roosevelts geworden; obwohl seine Ansichten über die Zukunft Europas noch im Dunkeln lagen, gab es keinen Grund anzunehmen, dass er Vertreibungen ebenso positiv sehen würde wie sein Vorgänger. In Großbritannien standen Wahlen bevor, die Winston Churchill durchaus verlieren konnte – wie es im Juli 1945 dann auch geschah. Und selbst wenn die westlichen Staatschefs ihr Wort hielten, konnte die englische und amerikanische Öffentlichkeit vor dem Leid zurückschrecken, das ein unvermeidlicher Teil von Massenumsiedlungen war, und starken Druck auf beide Regierungen ausüben, internationale humanitäre Organisationen zur Überwachung hinzuzuziehen, was die gesamte Operation gefährdet hätte. Am sichersten schien es also, den Großmächten die Entscheidung aus der Hand zu nehmen, indem man «vor Ort» Fakten schuf, bevor eine Friedenskonferenz zusammenkam.

Ironischerweise hatten aber die polnische und die tschechoslowakische Regierung kaum mehr über die Planung der Aussiedlungen nachgedacht als die Großen Drei. Vielleicht hatte die bittere Erfahrung der deutschen Besatzung dazu geführt, die Effizienz purer Gewalt zu überschätzen. Vielleicht machte ihr ständiger Verweis auf Hitlers Deportationen und Völkerverschiebungen als Rechtfertigung ihres eigenen Handelns sie blind dafür, dass diese Präzedenzfälle aus der Kriegszeit ihre Ziele bei Weitem nicht erreicht hatten. In jedem Fall erstellte keiner der Vertreibungsstaaten einen schlüssigen Plan für das schnelle Identifizieren, Sammeln und Transportieren von Millionen Menschen. Nur eine «Geheime Studiengruppe» der tschechoslowakischen Exilarmee fertigte einige Skizzen an, in denen aber meist Grenzveränderungen angenommen wurden, die schließlich nicht eintraten.[1] Stattdessen verließen die meisten sich fast ausschließlich auf die Anwendung von Terror, um die deutsche Minderheit über die Grenzen zu treiben. Dieser Prozess war so chaotisch, dass ausländische Beobachter und sogar viele Menschen in diesen Ländern selbst die gewaltsamen Ereignisse vom Frühjahr und Sommer 1945 irrtümlich für spontane Ausbrüche hielten, bei denen Mitglieder der Bevölkerungsmehrheit sich erhoben, um ihre Städte und Dörfer von Deutschen zu reinigen – die sogenannten wilden Vertreibungen. Man muss betonen, dass daran so gut wie nichts wahr ist. Bis auf sehr wenige Fälle gab es im Europa des Jahres 1945 keine Deportationen als Folge spontaner Gewalt. Vielmehr wurden diese «wilden Vertreibungen» fast immer von Soldaten, Polizei und Miliz durchgeführt, die auf Befehl handelten und häufig Beschlüsse der höchsten politischen Ebene ausführten. Die Vorstellung, es handele sich um wirkliche «wilde Vertreibungen», lag aber im Interesse der betreffenden Regierungen, die diesen Mythos nur allzu gern beförderten. Erstens erlaubte er es ihnen, die Verantwortung für die Gewalttaten abzustreiten, die ein wesentlicher Teil der Operation waren; zweitens lieferte er fiktive, aber plausible Beweise für die Behauptung, die deutsche Minderheit müsse entfernt werden oder es seien sofortige Massaker durch ihre Nachbarn zu erwarten; drittens stärkte er das Argument, die einzige humane Alternative zu «wilden Vertreibungen» sei ein Programm «organisierter Umsiedlungen», das von den Alliierten selbst durchgeführt werden solle.

Einer jener Faktoren, die das Szenario spontaner «wilder Vertreibungen» glaubhafter erscheinen ließen, war der kurze, aber heftige Ausbruch von Racheaktionen in der Tschechoslowakei im Mai 1945. Die Emotionen waren besonders in Prag wegen der Entschlossenheit, mit der die deutschen Soldaten bis zum letzten Kriegstag und noch darüber hinaus kämpften, aufs Äußerste erhitzt. Am 5. Mai begannen tschechoslowakische Widerstandskämpfer einen Aufstand, dessen Ziele weitgehend symbolisch waren, da sie die amerikanischen und sowjetischen Truppen näher wähnten, als diese tatsächlich waren, und wussten, dass Karl Hermann Frank bereits eine teilweise Evakuierung Prags durch die Deutschen befohlen hatte. Obwohl der Krieg fast vorbei war, lehnten Einheiten der Waffen-SS den Rückzug ab und starteten stattdessen einen heftigen Gegenangriff – bei dem sie Zivilisten als menschliche Schutzschilde benutzten – gegen die unzureichend bewaffneten und schlecht ausgebildeten Tschechen. Erst das Eingreifen der «Wlassow-Armee», einer pro-deutschen russischen Einheit, die in letzter Minute zu den Aufständischen überging, verhinderte ein Blutbad. Dennoch mussten die tschechischen Kämpfer am 8. Mai einen Waffenstillstand mit ungünstigen Bedingungen schließen. Dass die Kämpfe in manchen Teilen Prags trotzdem bis zum nächsten Tag weitergingen und isolierte deutsche Einheiten in Westböhmen bis zum 11. Mai kämpften, weckte heftigen öffentlichen Zorn. Tschechoslowakische Bürger wurden immer noch Opfer von Deutschen, während der Rest des Kontinents das Ende des Krieges feierte; dies erschien als besonders bitteres Nachspiel einer Besatzung, die bereits länger dauerte als irgendwo sonst in Europa.

Es überraschte also nicht, dass die «revolutionären Tage» in Prag und anderswo nach der endgültigen deutschen Kapitulation von Gewalt und Rache geprägt waren. Trotzdem waren ausländische Beobachter und sogar die Tschechen selbst vom Ausmaß, der Heftigkeit und vor allem der Unterschiedslosigkeit der Vergeltung schockiert: «Das Ende der Okkupation war der Beginn der Vertreibung der deutschen Zivilisten, sofern sie die ersten Stunden und Tage blinder Rache überlebt hatten. Eine alte Frau wurde aus dem Fenster gestürzt, ein Musiker, Mitglied eines deutschen Orchesters auf Tournee, wurde auf der Straße erschlagen, weil er kein Tschechisch konnte, andere, die nicht alle der Gestapo angehört hatten, wurden aufgehängt, mit Benzin übergossen und angezündet wie lebende Fackeln; wütender Mob durchstreifte Krankenhäuser, um dort leichte Opfer zu finden (wie zum Beispiel den tschechischen Patienten, der nach seinen Papieren zu urteilen im Sudetenland geboren war; das war der Vater des Schriftstellers Michal Mareš).»[2]

Oberst Harold Perkins, ein tschechischsprachiger Verbindungsoffizier des britischen Geheimdienstes und kein Deutschenfreund, war erschüttert von den Szenen der Gewalt, die er in Prag sah, darunter dem Anblick von zwei deutschen Frauen, die von der Menge geschlagen wurden, bis sie «von Kopf bis Fuß eine blutige Masse waren».[3] Marjorie Quinn, eine andere Engländerin, die in Trutnov (Trautenau) nahe der polnischen Grenze lebte, schrieb an ihre Schwester, obwohl die örtlichen Tschechen im Gegensatz zur Roten Armee «selten morden oder vergewaltigen», hätten sie «Plündern und Foltern zur Kunst erhoben. [...] Die englischen Kriegsgefangenen haben sich bei den Tschechen sehr unbeliebt gemacht, weil sie deutsche Frauen und Kinder schützen, so gut es geht; auch sie sind schockiert von dem, was hier passiert.»[4]

Im Allgemeinen wurden die schlimmsten Gewalttaten während der «Mai-Tage» (die sich oft bis weit in den Juni erstreckten) aber nicht vom Mob, sondern von Soldaten, Polizisten und anderen Vertretern der Staatsmacht verübt. Einige der ersten Internierungslager für deutsche Zivilisten dienten eher als provisorische Pferche, deren Insassen herausgeholt und getötet werden konnten. In der berüchtigtsten Anlage dieser Art, einer Fasanenzucht im nordböhmischen Postoloprty (Postelberg), die zu einem improvisierten Lager umfunktioniert worden war, wurden am 5. und 6. Juni Gruppen von bis zu 250 Deutschen gleichzeitig herausgeholt und von tschechoslowakischen Soldaten erschossen. Die genaue Zahl der Ermordeten ist unbekannt, Schätzungen reichen von 763 (so viele Leichen wurden 1947 exhumiert) bis 2000. In einer ähnlichen Kategorie war das Kaunitz-Kolleg in Brno (Brünn), wo nach einer späteren tschechoslowakischen Untersuchung im Mai und Juni 1945 mindestens 300 Menschen – höchstwahrscheinlich aber mehr – durch Folter, Erschießen oder Erhängen starben.[5] Am 18. Juni wurden 265 Karpatendeutsche aus der Slowakei, darunter 120 Frauen und 74 Kinder, von tschechoslowakischen Soldaten ermordet, die sie in Horní Moštěnice (Moschtienitz) bei Přerov (Prerau) aus einem Zug holten, mit Genickschüssen töteten und in ein Massengrab neben dem Bahnhof warfen.[6] Keinesfalls alle offiziellen «Repressionen» wurden im Geheimen ausgeführt. In Landskron (Lanškroun) hielt der Vorsitzende des Nationalen Revolutionären Komitees, ein prominentes Mitglied der Beneš-Partei namens Josef Hrabáček, ein zweitägiges «Volkstribunal» vor dem Rathaus ab, bei dem mindestens 20 Menschen erschossen wurden; zwei wurden gehenkt, andere gefoltert, wieder andere im Feuerwehrteich ertränkt. Noch schrecklicher war die «Säuberungsaktion» durch Stabshauptmann Karel Prášil in Chomutuv (Komotau), bei der nach der Festnahme mehrerer Tausend deutscher Zivilisten bis zu einem Dutzend von ihnen am Morgen des 9. Juni auf dem Jahn-Turnplatz deutlich sichtbar für entsetzte tschechische Passanten zu Tode gefoltert wurden. Obwohl niemand den Mut hatte einzugreifen, schrieb ein anonymer tschechischer Bürger an das Büro des Premierministers, um seinen Abscheu vor dem Spektakel auszudrücken: «Nicht einmal die brutalen Deutschen haben sich ihrer Feinde auf solch eine Art und Weise entledigt, vielmehr haben sie ihren Sadismus hinter den Toren der Konzentrationslager verborgen.» Ähnliche Mord-, Vergewaltigungs- und Plünderungsexzesse durch Soldaten, «Partisanen» und «Revolutionsgardisten», die keine anderen Motive als Habgier und die Befriedigung sadistischer oder sexueller Impulse hatten, geschahen in kleinerem oder größerem Umfang an Hunderten anderer Orte auf tschechischem Territorium.[7]

Trotz ihrer Entscheidung, die deutsche Bevölkerungsgruppe aus dem Land zu treiben, drückten einige tschechoslowakische Führer ihre Bestürzung über das Ausmaß der Gewalt wie über ihre Publizität aus. Bereits am 12. Mai schlug Premierminister Zdeněk Fierlinger seinen Kollegen vor, die Regierung solle in einer landesweiten Radioansprache an die Tschechoslowaken appellieren, die Attacken auf «unschuldige» Deutsche einzustellen. Fierlinger fand aber keinen Widerhall, und der Appell wurde nie gesendet.[8] Obwohl die Politiker gegenüber den moralischen Aspekten der «Repressionen» relativ gleichgültig blieben, erkannten sie den Schaden für den Ruf ihres Landes im Westen. Ehemals pro-tschechische Beobachter wie F. A. Voigt, der langjährige außenpolitische Korrespondent des *Manchester Guardian*, begannen anonyme, aber weitgehend korrekte Berichte über das Schicksal der Sudetendeutschen zu veröffentlichen. Nach seinen Worten übernahmen die Tschechen, «eine Rassendoktrin, die der Hitlers ähnelt ... und Methoden, die kaum von denen des Faschismus zu unterscheiden sind. Sie sind zu slawischen Nationalsozialisten geworden.»[9] Als Reaktion auf ähnliche Beschwerden, vor allem die des Internationalen Komitees vom Roten Kreuz, änderte der kommunistische Innenminister Václav Nosek seine Meinung und sagte bei einer Kabinettssitzung am 23. Mai, es sei wichtig, dass «die Säuberung (*čištění*) der Republik [...] nach einem zentralen Plan betrieben wird», um «Verbrechen und Chaos» zu verhindern.[10] Der tschechoslowakische Generalstabschef, General Bohumil Boček, hatte am Vortag bereits Kommandeure davon informiert, dass «bei der Festnahme unerwünschter Elemente (nazistischer Verbrecher) in der ČSR an einigen Orten mit überflüssiger Brutalität vorgegangen wurde». Er verlangte, dies bei zukünftigen Aktionen zu vermeiden.[11]

Über oft wiederholte und allgemein ignorierte Appelle dieser Art hinaus versuchte die tschechoslowakische Regierung aber nie ernsthaft, die von ihr kontrollierten Organe zu zügeln. Ihr Widerwille erklärte sich teilweise daraus, dass sie eine einander beargwöhnende Koalition aus allen fünf legalen Parteien des Staates war, von denen jede mit Blick auf die Wahlen 1946 entschlossen war, sich von ihren Gegnern nicht als zu «sanft» in der Deutschenfrage darstellen zu lassen. Die Regierung war sich aber auch der sehr realen Grenzen ihrer Macht bewusst. Der größte Teil der Kommunalverwaltung lag in der Hand der Nationalausschüsse von 156 Bezirken, in denen die Kommunisten überproportional hohen Einfluss hatten und die höheren Instanzen selten für ihre Handlungen Rechenschaft ablegten. Das Verteidigungsministerium unter dem sowjetfreundlichen General Ludvík Svoboda kontrollierte die Armee und war fast ein Staat im Staate. Die zivilen Ministerien, unter denen Innen- und Außenministerium am wichtigsten waren, lagen in ständiger Fehde. Theoretisch konnte Präsident Beneš, der bis zur Wiedereröffnung des Parlaments Ende Oktober 1945 mit Dekreten regieren durfte, ihnen allen Anweisungen geben. Seine Macht war aber dadurch eingeschränkt, dass er seine Stellung «über den Parteien» bewahren musste und außerdem zwei ausländische Armeen, die sowjetische und die amerikanische, einen Großteil seines Landes besetzt hielten. Schließlich konnte nichts als die Anwendung massiver Gewalt die Tschechoslowakei von ihrer deutschen Bevölkerungsgruppe befreien. Zuviel Terror war schlimmstenfalls eine vorübergehende Peinlichkeit im Ausland, aber zuwenig konnte die ganze Operation gefährden. Beneš gab zu, dass er dies wusste, als er in einer Rede auf Radio Prag sagte: «Man wirft uns vor, die Nazis und ihre brutalen und unzivilisierten Methoden einfach nachzuahmen. Selbst wenn das in einzelnen Fällen zutreffen sollte, erkläre ich kategorisch: Unsere Deutschen müssen ins Reich gehen, und sie werden das unter allen Umständen tun.»[12]

Im Lichte der euphemistisch «Exzesse» genannten Ereignisse vom Mai und Juni konnten Beobachter von außen mit Recht vermuten, dass hinter den «wilden Vertreibungen» eine ähnliche Dynamik läge. Doch in den meisten Bezirken gab es keine pogromartigen Aktionen. Eine der seltenen Ausnahmen war der sogenannte Brünner Todesmarsch vom 30. Mai 1945. Obwohl die Ereignisse von Brno in der deutschen Vertriebenenliteratur häufig als Musterfall der «wilden Vertreibungen» dargestellt werden, sind die Unterschiede viel bedeutender als die Ähnlichkeiten. Als Industriestadt mit starker kommunistischer Gewerkschaftsbewegung und akuter Wohnungsknappheit war Brno besonders empfindlich für Druck von demagogischen Aktivisten. Während der zweiten Maihälfte forderten die örtlichen Kommunisten wiederholt öffentlich eine radikale Lösung des Deutschenproblems und drohten mit einem stadtweiten Streik, falls man keine härteren Maßnahmen ergreife. Zumindest der nicht arbeitende Teil der deutschen Minderheit sollte woandershin gebracht werden, damit seine Häuser und Wohnungen an Tschechen vergeben werden konnten. Am 30. Mai betrat eine Abordnung der Gewerkschaft unter Führung des kommunistischen Aktivisten Josef Kapoun das Rathaus und drohte, wenn die Behörden nicht sofort Maßnahmen gegen die Deutschen ergriffen, würde sie es mit den Munitionsarbeitern von Brno tun. Angesichts dieses Ultimatums stimmte der Bürgermeister zu, am selben Abend eine Vertreibungsaktion zu beginnen, was Innenminister Nosek unter der Bedingung ratifizierte, dass die Deutschen nicht von tschechoslowakischem Territorium vertrieben würden. Frauen, Kinder und Personen über 60 Jahren sollten sich um 21 Uhr mit Handgepäck und Nahrung für drei Tage vor einem der dreizehn städtischen Polizeireviere einfinden, die als Sammelstellen dienten. Arbeitsfähige Männer sollten vorerst nicht vertrieben, sondern anderswo «konzentriert» werden. Kranke und Schwangere, deutschsprachige Juden und Ehepartner in gemischten Ehen sowie offiziell anerkannte «Antifaschisten» wurden ausgenommen. Kurz vor Mitternacht marschierte die erste Kolonne in Richtung der österreichischen Grenze ab. Eine zweite aus Sudetendeutschen der umliegenden Städte und Dörfer folgte einige Stunden später. Die örtlichen Kommandeure der Roten Armee waren benachrichtigt und versprachen, nicht einzugreifen. An der 55 Kilometer entfernten Grenze versuchte man entgegen Noseks Anweisungen, die inzwischen rund 28 000 Deutschen nach Österreich zu treiben, aber die alliierten Besatzungsbehörden verweigerten den Grenzübertritt. Die für die Vertreibung verantwortlichen Aktivisten aus Brno waren auf einen solchen Fall nicht vorbereitet. Statt die Deutschen nach Hause zurückkehren zu lassen, sperrten sie sie in mehrere provisorische Lager im Dorf Pohořelice (Pohrlitz). Ohne Wasser und sanitäre Einrichtungen starben die ältesten, jüngsten und schwächsten Gefangenen dort zu Hunderten, vor allem an ansteckenden Krankheiten.[13]

Maria Ranzenhoferová, eine junge Mutter mit tschechisch-ungarischen Eltern aus Modřice (Mödritz) am Südrand von Brno, war gezwungen worden, sich dem Exodus anzuschließen, weil ein Milizionär sich dafür rächen wollte, dass sie nicht mit ihm geschlafen hatte. Während Teile der Kolonne von Männern beaufsichtigt wurden, die aus Konzentrationslagern befreit worden waren und die Menschen möglichst vor Misshandlungen durch die Fabrikarbeiter schützten, war die Behandlung der Frauen und Kinder, die sie nachts in Pohořelice sah, viel schlimmer als der Marsch selbst: «[Auf dem Marsch] wurden Menschen geschlagen, und sie rissen ihnen die Ohrringe ab und nahmen ihnen die Ringe weg; ein paar Leute starben, aber im Lager war es wie im Schlachthaus. Am nächsten Morgen stand ich gegen 4 Uhr auf, um weiterzugehen, und sah, dass sie Leichen auf die Lastwagen luden.» Einen Tag später konnte sie mit ihrem Säugling aus der Kolonne fliehen und fand Schutz bei den Behörden in Mikulov (Nikolsburg), wo sie bis heute lebt.[14]

Die zurückbleibenden Sudetendeutschen hatten weniger Glück. Diejenigen, die in den folgenden Tagen und Wochen doch über die Grenze nach Österreich getrieben wurden, fanden sich in Lagern wieder, wo die Bedingungen kaum besser waren als in Pohořelice und wo weitere 1062 Menschen starben. Die Schätzungen der Opferzahl bei dieser Vertreibungsaktion gehen weit auseinander. Der Historiker Eagle Glassheim hat geschätzt, dass die Gesamtzahl der Toten über 1700 lag – obwohl selbst diese Zahl nicht jene einbezieht, die während des Marsches selbst ums Leben kamen.[15]

Die Brno-Episode war schrecklich, aber im Mai 1945 ein sehr ungewöhnliches Ereignis, zum einen, weil sie überhaupt stattfand, zum anderen, weil die treibenden Kräfte örtliche Zivilisten waren, wenn auch stark politisierte. Nur wenige der fälschlich «wilde Vertreibungen» genannten Aktionen, die im Sommer stattfanden, folgten diesem Muster. Vielmehr beschwerten sich tschechoslowakische Armeeeinheiten nach den Worten eines Berichts wiederholt darüber, dass Nationalausschüsse in den Grenzgebieten zu langsam handelten und «strenge Aktionen gegen die Deutschen» verboten. Ein Memorandum des Verteidigungsministeriums bemerkte Mitte Juni sarkastisch, «es ist notwendig, die Initiative der nationalen Aktionskomitees zu unterstützen. Es könnte nicht schaden, wenn diese Initiative etwas beschleunigt würde».[16] Vor allem die Wirtschaft stellte sich entschieden gegen allgemeine Vertreibungen, worauf sich ungeduldige Offiziere beschwerten, Wirtschaftsexperten betrachteten die halbe deutsche Bevölkerung als «unverzichtbare Arbeiter».[17] Ein Major, den das Ausbleiben von harten Maßnahmen der örtlichen Behörden gegen die Deutschen in Polevsko (Blottendorf) erzürnte, drohte damit, aus der Stadt «ein zweites Lidice» zu machen, wenn sie nicht aktiver würden.[18] Nun begannen die Sicherheitskräfte das Tempo zu erhöhen. Eine paramilitärische Polizeitruppe, das Korps der nationalen Sicherheit (SNB), wurde gebildet, um die Vertreibungen zu unterstützen, kommunistische Forderungen nach «Volksbeteiligung» bei der Operation aufzunehmen und das Reservoir an undisziplinierten bewaffneten Gruppen wie der selbsternannten «Revolutionsgarden» zu integrieren, die für einen Großteil des Chaos in den Grenzgebieten verantwortlich waren.

Anfang Juni wurden als «Test» rund 1300 Deutsche in der Nähe von Děčín (Tetschen) von tschechoslowakischen Armeeeinheiten zusammengetrieben, an die Grenze transportiert und erfolgreich in die sowjetische Zone abgeschoben, obwohl die städtische Polizei versuchte, die Deportation durch die Besetzung des Bahnhofs zu behindern. Von nun an beschleunigten sich die Vertreibungen rapide. So führten Soldaten am 20. Juni eine gemeinsame Aktion mit dem örtlichen Sicherheitskorps durch, um mehrere Tausend Deutsche aus der Grenzstadt Krnov (Jägerndorf) nördlich von Opava (Troppau) nach Polen zu treiben. Nachdem die Kolonnen der Deutschen von polnischen Grenzposten abgewiesen worden waren, mussten sie auf Landstraßen ins 60 Kilometer weiter westlich gelegene Králiky (Grulich) marschieren und wurden dort über die Grenze getrieben.[19] Als die Zahl der Vertreibungen stieg, bildete sich ein typisches Muster heraus. Sudetendeutsche wurden meist eine Stunde vor der Festnahme benachrichtigt, durften etwas Handgepäck mitnehmen, wurden nach Konterbande durchsucht und dann zu Fuß an die Grenze oder in ein Internierungslager gezwungen. Manche dieser Zwangsprozessionen fanden in unmenschlichem Tempo statt. Die Menschen wurden von ihren bewaffneten Eskorten eine Woche lang oder länger jeden Tag 40 Kilometer vorangetrieben, mussten in Fabriken oder Scheunen schlafen und bekamen nichts zu essen oder zu trinken, als was sie von den Bewohnern der Dörfer erbetteln konnten, durch die sie kamen. Wenn die Besatzungsmächte diese erschöpften Kolonnen nicht über die Grenze nach Deutschland ließen, wie es oft geschah, wurden die Vertriebenen in vielen Fällen auf dem gleichen Weg zurückgebracht. Märsche dieser Art führten zu besonders vielen Todesfällen bei kleinen Kindern, deren geringere körperliche Ausdauer den Strapazen nicht standhielt, und vor allem bei Säuglingen, deren Mütter nach mehreren Tagen extremer körperlicher Anstrengung ohne Nahrung keine Milch mehr in ihren Brüsten hatten. Die nicht seltenen Proteste der Bezirksnationalausschüsse, dass diese pauschalen Räumungen die örtliche Wirtschaft unnötig schädigten, wurden beiseite gewischt, manchmal mit Gewalt.

Die Auswahl von Menschen für die Vertreibungen war in dieser Periode sehr zufällig. Bis zur Wiedereröffnung des Parlaments am 28. Oktober 1945 (dem Nationalfeiertag) konnte Präsident Beneš Dekrete mit Gesetzeskraft erlassen. Eines der ersten beschlagnahmte das Eigentum von Deutschen, Ungarn, Verrätern und Kollaborateuren; ein zweites, das wohl nicht zufällig am letzten Tag der Potsdamer Konferenz in Kraft trat, entzog allen Personen, die bei einer der Volkszählungen nach 1929 eine deutsche oder ungarische Abstammung angegeben hatten, die tschechoslowakische Staatsbürgerschaft. Die davon Betroffenen durften aber einen Antrag auf Rückgabe von Eigentum und Staatsbürgerschaft stellen, wenn sie aktiven Widerstand gegen die Nationalsozialisten beweisen konnten oder wegen ihrer Treue zur Republik unter den Deutschen gelitten hatten. Wie Kritiker betonten, war diese Formel sehr ungenau. Tschechen und Slowaken, die sich in der Zeit des Protektorats unauffällig verhalten hatten, waren von dem Gesetz nicht betroffen; Volksdeutsche, die genau dasselbe getan hatten, sollten aber enteignet und ausgesiedelt werden. Juden – sogar KZ-Überlebende – mit deutscher Muttersprache waren durch ihre Verfolgung nicht geschützt, es sei denn, sie hatten einer Widerstandsbewegung angehört. In allen Fällen mussten die, die als «Antifaschisten» Immunität beanspruchten, Anträge bei «Verifikationsausschüssen» mit sehr unterschiedlichen Standards und Prozeduren stellen.

Antifaschisten, die das tatsächlich taten, hatten hohe Hürden zu überwinden. Der Mann, der später der berühmteste sudetendeutsche Antifaschist werden sollte – Oskar Schindler, der 1908 in Svitavy (Zwittau) geborene Retter von Juden aus Groß-Rosen und Auschwitz, der selbst knapp der Internierung entging, indem er in den ersten chaotischen Friedenstagen als KZ-Häftling verkleidet aus der Tschechoslowakei nach Deutschland floh – stellte nie einen Antrag, da er sich als ehemaliger Abwehr-Agent und NSDAP-Mitglied keine Chancen ausrechnete.[20] Die Erfahrung anderer, kleinerer Schindlers zeigte, wie recht er hatte. Im September 1945 stellten beispielsweise 42 ehemalige britische Kriegsgefangene des Stalag IV C bei Teplice (Teplitz) beim Prager Innenministerium und beim Londoner Außenministerium einen Antrag zugunsten von H. und J. Kunert, den Besitzern einer Textilfabrik in Varnsdorf. Während des Krieges hatten die Kunerts die britischen Gefangenen vor deutschen Misshandlungen geschützt, ihnen Nahrungsmittel verschafft und sie BBC hören lassen. Mehrmals waren die beiden knapp der Festnahme wegen ihrer unpatriotischen Besorgnis um das Wohl der britischen Arbeiter entgangen. Während der «Mai-Tage» hatten die befreiten Kriegsgefangenen es übernommen, die Fabrik vor gewalttätigem tschechischen Mob zu schützen. Trotz dieser freiwilligen Aussagen sah die Regierung aber keinen Grund zum Eingreifen. Nachdem die tschechischen Arbeiter in der Fabrik mit Streik gedroht hatten, wenn ihre «deutschen» Chefs nicht entfernt würden, wurden die Kunerts in Varnsdorf (Warmsdorf) inhaftiert, ihr Eigentum beschlagnahmt, und sie mussten nach ihrer Freilassung nach Deutschland gehen.[21]

Fälle dieser Art waren nicht ungewöhnlich. Der Verteidigungsminister und spätere Präsident, General Ludvík Svoboda, vertrat in einer Rede eine typisch harte Haltung und forderte «die völlige Vertreibung aller Deutschen aus der Tschechoslowakei, auch der sogenannten Antifaschisten, um uns vor der Bildung einer neuen Fünften Kolonne zu schützen».[22] Die Verifikationsausschüsse handelten dementsprechend; wenn sie es nicht taten, wie in Ostrava (Mährisch-Ostrau), wurden sie aufgelöst und durch fügsamere ersetzt.[23] Die Namen der Antragsteller wurden ausgehängt, sodass alle Bürger ihre Einwände äußern konnten – auch anonym. Bis Ende Juni 1945 wurden von rund 4000 Anträgen in České Budějovice (Budweis) nur 34 angenommen.[24] Um Erfolg zu haben, brauchten die Antragsteller normalerweise Ehrenerklärungen von Tschechen oder Slowaken, die ihre Loyalität bekundeten; wer das tat, riskierte öffentliche Ausgrenzung oder Schlimmeres. Eine «spontane» Demonstration von Kommunistinnen im Prager Arbeiterviertel Žižkov war eine von vielen gegen tschechoslowakische Bürger, die für Deutsche aussagten.[25] In Nýřany (Nürschan) bei Plzeň (Pilsen) setzte eine andere «spontane» Initiative von Frauen beim Bezirksnationalausschuss durch, dass die Namen derer, die für antifaschistische Deutsche ausgesagt hatten, am Rathaus ausgehängt wurden. «So hat heute jeder die Gelegenheit, die Namen dieser ‹Patrioten› zu lesen.»[26] Oft wurden politische Prüfungen vorgenommen. Zuerst konnten nur Kommunisten und Sozialdemokraten als Antifaschisten eingestuft werden, später konnten in wenigen Fällen auch Parteilose nach genauer Untersuchung bestehen. Manche Komitees interpretierten das Kriterium des «Widerstands» gegen die Nationalsozialisten wörtlich und setzten die bewaffnete Partisanentätigkeit als einzigen akzeptablen Maßstab für Antifaschismus. Andere beurkundeten die Freistellung, zogen sie aber auf Druck von oben oder unten zurück.[27] Auch Polen sah wenig Grund, zwischen «unschuldigen» und «schuldigen» Deutschen zu unterscheiden. Stanisław Mikołajczyk, inzwischen Stellvertretender Premierminister der kommunistisch dominierten Koalitionsregierung, äußerte 1946, es sollten keine Ausnahmen für Deutsche gemacht werden, die während des Krieges mit der Widerstandsbewegung zusammengearbeitet hätten. «Wenn jemand Deutscher ist, ist sein Platz in Deutschland und nicht in unserem Land.»[28]

Unter diesen Umständen zählten Glück und Verbindungen ebenso sehr bei der Entscheidung, wer bleiben durfte und wer nicht, wie andere Faktoren. Oberst František Havel vom Verteidigungsministerium berichtete mit gewissem Understatement, Mitglieder der Bezirksnationalausschüsse seien nicht «immer völlig zuverlässig und unvoreingenommen», wenn sie Transferlisten mit Deutschen zusammenstellten. Häufig enthielten die Listen eigene Verwandte oder Bekannte, gegen die sie Groll hegten.[29] Am anderen Ende des Spektrums entdeckte Oberst František Dastich, dass zahlreiche Nationalausschüsse aktiv Deutsche versteckten, um ihre Aussiedlung zu verhindern, und dass Behörden routinemäßig Sudetendeutsche ausnahmen, die sich nach dem Krieg der Kommunistischen Partei angeschlossen hatten.[30] Es gab genug Beschwerden dieser Art, um die offizielle Behauptung zu untergraben, alle Deutschen müssten ausgesiedelt werden, damit sie nicht von ihren Nachbarn gelyncht würden. Trotz eines Dekrets des Innenministeriums, das es unter Strafe stellte, Deutschen Obdach, Unterschlupf, Nahrung, Kleidung oder ein Nachtlager zu gewähren, geißelten Zeitungen weiterhin «unpatriotische» Tschechoslowaken, die sie vor den Behörden verbargen oder beschützten, außerdem «die steigende Zahl von Fällen in den Grenzgebieten, bei denen wohltätige Menschen die deutschen Arbeiter und Gefangenen unterstützen, die in unserer Region aus Internierungslagern flüchten».[31]

Der Verkehr über die Grenze ging nicht nur in eine Richtung. Bei Kriegsende kehrten viele hunderttausend Deutsche aus den späteren «Wiedererlangten Gebieten», die vor der Roten Armee nach Westen geflohen waren, in ihre Heimat zurück. Gunter Lange, ein zwölfjähriger Junge, der im Juni 1945 aus Neumarkt (Środa Śląska) westlich von Wrocław (Breslau) vertrieben wurde, begegnete «Tausenden von Flüchtlingen», die aus Görlitz in ihre Heimatorte im Osten zogen. «Sie glaubten nicht, dass wir dort wegmussten. Sie konnten nicht verstehen, dass es keine Heimkehr geben würde.»[32] Das alarmierende Phänomen, dass die deutsche Bevölkerung «Neupolens» nach dem 8. Mai sogar anwuchs, war einer der Faktoren, die örtliche Behörden antrieben, so rasch wie möglich mit «wilden Vertreibungen» fortzufahren und ihre Maßnahmen gegen weitere unerwünschte Rückkehrer zu verstärken.[33] In Frankfurt an der Oder eröffneten polnische Soldaten vom Ostufer häufig das Feuer auf Deutsche, die sich dem Westufer näherten, um zu angeln.[34] Emilie Melina, eine 37 Jahre alte Frau, die sich bei Kriegsende auf der falschen Seite der Neiße befand, erlebte noch Schlimmeres, als sie versuchte, zu ihrer Mutter und ihren Schwestern in Raków (Rakau) zurückzukommen. Sie wurde mit zwei anderen jungen Frauen festgenommen, als sie bei Kaławsk (Kohlfurt) die Grenze überschritten, und mit 16 weiteren illegalen Grenzgängern beiderlei Geschlechts in eine Zelle gesteckt. Obwohl die Frauen nicht misshandelt wurden, waren sie davon traumatisiert, dass ihre männlichen Zellengenossen wiederholt 30 Minuten lang vor ihren Augen geschlagen wurden. Melinas Furcht war so groß, dass sie den Blick nicht vom Boden heben konnte. Zu ihrer Bestürzung versuchte man, sie und die anderen Frauen zu zwingen, die Männer mit Knüppeln zu schlagen. Die polnischen Wachen waren enttäuscht über die wenigen halbherzigen Schläge der Frauen und brüllten: «Wir haben sechs Jahre lang in euren Konzentrationslagern gesteckt, und ihr haltet nicht einmal eine Woche bei uns aus!», aber Melina und die anderen Frauen wurden nicht weiter misshandelt. Nach vier Tagen Gefangenschaft wurden sie an die Neiße geführt und zurück nach Deutschland geschickt.[35]

Gefahren wie diese hielten viele andere nicht von dem Versuch ab, verschollene Familienmitglieder wiederzufinden, versteckten Besitz zu holen oder unerkannt in der Heimat zu leben. Wie die Vertriebenen im Allgemeinen waren die meisten dieser Rückkehrwilligen weiblich. Im Herbst 1945 fanden so viele den Weg zurück in die Tschechoslowakei, dass Major Otokar Fischer vom Verteidigungsministerium empfahl, ihnen Aufenthaltsgenehmigungen für ein Jahr zu geben. Er schrieb, die Mehrheit seien junge Frauen aus der Arbeiterschicht, die keine politische Bedrohung darstellten und wegen des Arbeitskräftemangels in der Tschechoslowakei leicht Arbeit fänden.[36] Fischers Empfehlung wurde aber nicht verwirklicht. Stattdessen bekamen Rückkehrer meist mehrmonatige Gefängnisstrafen und wurden dann nach Deutschland zurückgeschickt. Auch in Polen gab das Ministerium für die Wiedererlangten Gebiete es auf, illegale Rückkehrer abzuschrecken und ordnete an, sie nicht zu inhaftieren, sondern sofort nach der Festnahme nach Deutschland zurück zu eskortieren.[37]

Obwohl fast alle «wilden Vertreibungen» mit staatlicher Zustimmung stattfanden, waren manche «wilder» als andere. Ungeduldige Behörden oder Sicherheitskräfte, die auf Druck von unten reagierten, beschlossen oft, ihre

Probleme zu lösen, ohne die Regierung zu fragen oder auch nur zu informieren. In manchen Fällen bedeutete das, eine eigene «Außenpolitik» zu betreiben. So besuchte das Amt für nationale Sicherheit in Jablonec nad Nisou (Gablonz), das sich von «immer radikaleren Stimmen» in der Stadt bedrängt sah, die Maßnahmen gegen Deutsche forderten und die scheinbare Nachgiebigkeit gegenüber Sudetendeutschen kritisierten, den örtlichen Kommandeur der Roten Armee, General Samochwalow, und erhielt seine Erlaubnis, 1000 Auszusiedelnde östlich von Polubný (Polaun) etwa 7 Kilometer entfernt an die Grenze zu schicken. Das örtliche Amt für nationale Sicherheit führte die Aktion Mitte Juni durch, ohne die Militärbehörden zu informieren, was fast zum Scheitern geführt hätte, als ein polnischer Offizier sich weigerte, die Deutschen passieren zu lassen, denn das betreffende Gebiet gehörte inzwischen zu den «Wiedererlangten Gebieten». Während der Offizier durch tagelange Verhandlungen abgelenkt wurde, schickte man die Deutschen an einer anderen Stelle über die Grenze.[38] Obwohl das Verteidigungsministerium eine solche Usurpation seiner Autorität nicht gern sah, waren ähnliche Fälle an der Tagesordnung. Die Zeitung *Severočeská Mladá fronta* aus Děčín lobte die örtlichen Behörden für ihre Aktivität in dieser Hinsicht: «Wie viele Reisen nach Dresden und wie viele erfolgreiche Aktionen haben wir schon in dieser Angelegenheit ausgeführt, ohne auf die Erlaubnis einer höheren Aussiedlungsstelle warten zu müssen!»[39]

Für jedes Jablonec oder Děčín gab es aber ein Dutzend Orte, die in große Schwierigkeiten kamen, wenn sie auf diese Art die Initiative zu ergreifen versuchten. Eine aufschlussreiche Analyse der typischen Schwierigkeiten bei «wilden Vertreibungen» auf der Basis der eigenen Erfahrungen im mährischen Bezirk Svitavy (Zwittau) schickte der Bezirksnationalausschuss von Moravská Třebová (Mährisch-Trübau) Ende August 1945 an das Innenministerium. Der Bericht ist erstaunlich offen, sein Inhalt könnte genauso gut aus Dutzenden anderer Bezirke stammen. Am 12. Mai hatte Svitavy eine Bevölkerung von 34 000 Deutschen und nur 115 Tschechen. Etwa 8000 Deutsche verließen die Stadt rasch von selbst oder wurden von der Roten Armee weggebracht, aber es war nicht klar, was mit den übrigen 26 000 geschehen solle. Die Behörden in Moravská Třebová widerstanden zunächst dem Druck von unten, der rasche Maßnahmen forderte – jedenfalls nach ihrem Bericht. Nur 291 deutsche Verdächtige wurden auf der Grundlage von Informationen der wenigen tschechischen und deutschen Antifaschisten in der Gegend verhaftet und 40 von ihnen bald wieder freigelassen. Ende Mai wurde die Position des Nationalausschusses aber von der Nachricht der Vertreibung der Deutschen aus Brno und einer mörderischen «wilden Vertreibung» durch die tschechoslowakische Armee im 15 Kilometer entfernten Litomyšl (Leitomischl) und seiner Umgebung erschüttert.[40] Es erhob sich öffentliche Empörung, dass man den Bürgern von Svitavy gesagt hatte, sie sollten die sudetendeutsche Bevölkerung nicht gewaltsam vertreiben und geduldig die Maßnahmen der Regierung abwarten, während die Bewohner von Nachbarbezirken ihr Deutschenproblem selbst lösen durften und zwar so gewalttätig, wie sie wollten. «Radikale Elemente», die in die Gegend kamen, um sich zu bereichern, dazu die ersten 2500 tschechischen «Kolonisten» aus dem Binnenland, erzeugten einen Rausch der Besitzgier. Unter seinem Einfluss forderten junge Leute lautstark sofortige Maßnahmen gegen die Deutschen; andere Goldsucher versuchten am Nationalausschuss vorbei zu handeln und schickten Abordnungen zu Ministern nach Prag und Brno. Diese demagogischen Appelle zielten nach Meinung der Behörden darauf ab, maximales Chaos zu schaffen, damit die Beteiligten so viel deutsches Eigentum wie möglich an sich bringen konnten.

Nachdem klar geworden war, dass die Öffentlichkeit nicht geduldig auf die von den Behörden angestrebte «organisierte Vertreibung» warten würde, versuchte der Nationalausschuss Anfang Juni die Situation zu entschärfen, indem er viele Deutsche in Lager sperrte, was eine rasche Neuverteilung ihres Eigentums ermöglichte. Vier provisorische Internierungslager wurden in Svitavy eröffnet, ein weiteres in Březová nad Svitavou, und ein Teil eines benachbarten Dorfes wurde abgesperrt, um die letzten aufzunehmen. Der Nationalausschuss gab zu, die Festnahmen seien chaotisch verlaufen und die Bedingungen in den Lagern schlecht. Wegen der Eile, mit der die Verhaftungen ausgeführt wurden, waren ganze Familien eingesperrt worden, außerdem nachgewiesene «Antifaschisten» und wichtige Industriearbeiter. Nach dem Bericht des Amtsarztes Dr. Votava brachen bald Typhus und Dysenterie unter den Internierten aus. Um die Überfüllung der Lager zu senken, hatte man Gruppen von je 200 Gefangenen in aller Stille über die Grenze ins besetzte Deutschland getrieben; diese Vertreibungen hatte man stets vor 6 Uhr früh durchgeführt, um nicht von amerikanischen oder sowjetischen Behörden entdeckt zu werden. Hierdurch sank die Zahl der Deutschen in Svitavy bis Mitte August um rund die Hälfte. Das genügte den «Radikalen» aber noch nicht. Weil «jeder Tscheche ein Haus oder eine Villa wollte», wurden die Deutschen mit den schönsten Immobilien zuerst enteignet, was die Bemühungen des Nationalausschusses um einen geordneten Transfer zunichte machte. Dem Unterausschuss zur Enteignung der Auszusiedelnden gehörten «viele Personen an, die im eigenen Interesse handelten». Sie wurden von der tschechoslowakischen Armee unterstützt, gegen die viele ernste und glaubhafte Vorwürfe erhoben worden waren – Folter, Erhängungen, Schläge und Beraubung von Deutschen. Dies hatte ein solches Ausmaß erreicht, dass sogar Rotarmisten eingriffen und den Deutschen die weißen Armbinden abrissen, die sie auf Anordnung des Nationalausschusses tragen mussten, was sie zum sichtbaren Ziel von Misshandlungen machte. Auch hier führte aber Druck von «Radikalen» und Armee dazu, dass die Deutschen erneut markiert wurden, nun durch ein «N» auf einem weißen Quadrat auf der Brust.

Die von diesen Ereignissen bewirkte Unruhe war nach dem Bericht des Nationalausschusses so groß, dass man die Operation vorübergehend stoppen musste. Die weitere «Konzentration» von Deutschen wurde eingestellt, bis es richtige Listen von Auszusiedelnden gab. Gemäß den Richtlinien des Innenministeriums wurden Kleinkinder und ihre Mütter aus den Internierungslagern entlassen – allerdings beschloss man zur Besänftigung der öffentlichen Meinung, sie nicht frei wohnen zu lassen, wie die Regeln vorgaben. Stattdessen mussten sie in einem «Ghetto» bleiben. Ein «Kontrollausschuss» war gebildet worden, um den Behörden dabei zu helfen, weiterem Druck von unten standzuhalten und ähnliche «Fehler» in Zukunft zu vermeiden. Nicht weniger als 15 500 von 26 000 Deutschen waren aber noch da, und der Nationalausschuss ließ die Regierung nicht im Unklaren darüber, dass es noch mehr Ärger geben würde, wenn man sie nicht rasch auswiese.[41]

Selbst die weniger chaotischen Vertreibungen durch die tschechoslowakische Armee stießen im Sommer aber auf immer größere Schwierigkeiten. Eine der größten war der Mangel an geeigneten Grenzübergängen. Zunächst leisteten manche US-Truppen in Westböhmen dabei Hilfe. Oberstleutnant V. Drozda berichtete am 19. Juni 1945, die Amerikaner in seinem Bezirk kooperierten mit den tschechoslowakischen Behörden bei der Festnahme der «hiesigen staatlich unzuverlässigen Bevölkerung», und die US-Militärpolizei sei an den meisten dieser Aktionen beteiligt.[42] Laut dem amerikanischen Journalisten Edward Angly war der Anteil der USA an den «wilden Vertreibungen» sogar noch größer. Mit Hilfe «eines gelegentlichen wohlgezielten Tritts, um ihnen Beine zu machen», wurden Vertriebene «in die Obhut der Dritten Armee getrieben [...] seit ihrer Ankunft haben Soldaten des Fünften Korps durchschnittlich 1000 Deutsche pro Tag auf Lastwagen aus der Tschechoslowakei gebracht.»[43] Wahrscheinlich wurde diese inoffizielle Mitwirkung der Amerikaner an Vertreibungsaktionen aber nach der Verkündung des Potsdamer Moratoriums nicht fortgesetzt. Mit der Zeit wurde den amerikanischen Kommandeuren immer unbehaglicher bei den Methoden der Tschechoslowaken, sodass Major-General Ernie Harmon vom XXII. Korps in Plzeň (Pilsen) dem US-Botschafter im Oktober mitteilte: «Ich glaube nicht, dass die amerikanische Armee sich daran beteiligen sollte.»[44] Infolgedessen behinderte die US-Armee ab Herbst 1945 den Transport von Vertriebenen durch Westböhmen so stark, dass er fast unmöglich wurde. Im Norden verkürzte die polnische Annexion der «Wiedererlangten Gebiete» die tschechoslowakisch-deutsche Grenze um etwa die Hälfte, was die Aktionen stark einschränkte. Weiter südlich war Österreichs Aufnahmefähigkeit viel geringer als die Deutschlands, und die sowjetischen Armeekommandeure zeigten für Prags Schwierigkeiten besonders wenig Verständnis. Die Tschechoslowakei musste ihre Vertreibungsaktionen also auf das schmale Grenzstück zwischen Jáchymov (St. Joachimsthal) und Liberec (Reichenberg) konzentrieren, mit Děčín als Epizentrum. Selbst hier stellten die sowjetischen Militärbehörden in den benachbarten deutschen Bezirken immer weiter gehende Forderungen. Die 13. Division der Roten Armee spezifizierte zum Beispiel, dass große Kolonnen von Deutschen durch tschechische Truppen 20 Kilometer weit über die Grenze begleitet werden müssten; sie sollten Proviant für mehrere Tage bei sich führen und ihr Besitz und ihre Rationen nicht geplündert werden, Alte und Kinder sollten in Wagen reisen und das Zentrum von Zittau umgangen werden. Andere Kommandeure ließen pro Woche nur zwei Gruppen von je 250 Menschen am Grenzposten Boží Dar (Gottesgab) durch, forderten, dass kein Vertriebener mit weniger als 25 Kilo Gepäck und ohne Ausweispapiere einreisen dürfe, und wollten 48 Stunden vorher informiert werden. Eine Aktennotiz der tschechoslowakischen Armee hielt aber fest, dass Alkohollieferungen sehr geholfen hätten, die Auslegung dieser Kriterien durch sowjetische Grenzposten flexibler zu gestalten.[45]

Wenn man den weit brutaleren und inhumaneren Charakter der deutschen Besatzung in Polen bedenkt, fällt auf, dass die Besetzung der «Wiedererlangten Gebiete» zunächst nicht von so gewalttätigen Vergeltungsaktionen geprägt war wie in der Tschechoslowakei, was sich aber bald ändern sollte. Transporte von Deutschen aus Danzig begannen bereits Mitte April 1945 und waren eher freiwillig als erzwungen. Wer freiwillig ausreisen wollte, erhielt Papiere mit einem Monat Geltungsdauer, die Zivil- und Militärstellen aufforderten, den Inhabern die Reise nach Deutschland zu erleichtern. In Zügen wurden sie meist anstelle von Fahrkarten akzeptiert. Anfang Juni wurde die Stimmung düsterer, als die erste aus einer Reihe militärischer Direktiven die sofortige Vertreibung der deutschen Bevölkerung anordnete. General Karol Świerczewski, der Kommandeur des 2. Armeekorps, bezog sich speziell auf den Erfolg der Tschechoslowakei bei der Vertreibung ihrer Deutschen und ermutigte seine Truppen im Befehl vom 24. Juni, dem nachzueifern: «Man muss seine Aufgaben so streng und entschieden erfüllen, dass sich das deutsche Ungeziefer nicht in seinen Häusern verstecken kann, sondern freiwillig vor uns flieht und in seinem eigenen Land Gott dankt, dass es seinen Hals gerettet hat.»[46] Es gab kaum konkretere Ratschläge, wie die Mission zu erfüllen sei, was – wie in der Tschechoslowakei – zu vielen lokalen Varianten führte. Im von der 5. Infanteriedivision kontrollierten Gebiet durften Aussiedler nur 20 Kilo Gepäck aus Proviant und Kleidung mitnehmen; der Kommandant der 11. Division erlaubte die Mitführung von Pferden und Ochsenkarren, obwohl diese an der Grenze beschlagnahmt wurden. Im Ganzen war diese Aktion aber durch ein außergewöhnlich hohes Maß an Gewalt gekennzeichnet. Nach Ansicht der Historikerin Bernadetta Nitschke waren die angewandten Methoden «keineswegs human und unterschieden sich oft nicht von denen Hitlers».[47] Ebenfalls im Gegensatz zur Tschechoslowakei waren die Zivilbehörden häufig gegen die Vertreibungen, wobei sie auf die Folgen für die Wirtschaft verwiesen und besonders darauf, dass die Ernte näher rückte. Auch die Rote Armee griff manchmal ein, und General Świerczewski erinnerte seine Untergebenen daran, wie wichtig es sei, Diskussionen mit sowjetischen Kommandeuren zu vermeiden und sie vor vollendete Tatsachen zu stellen.

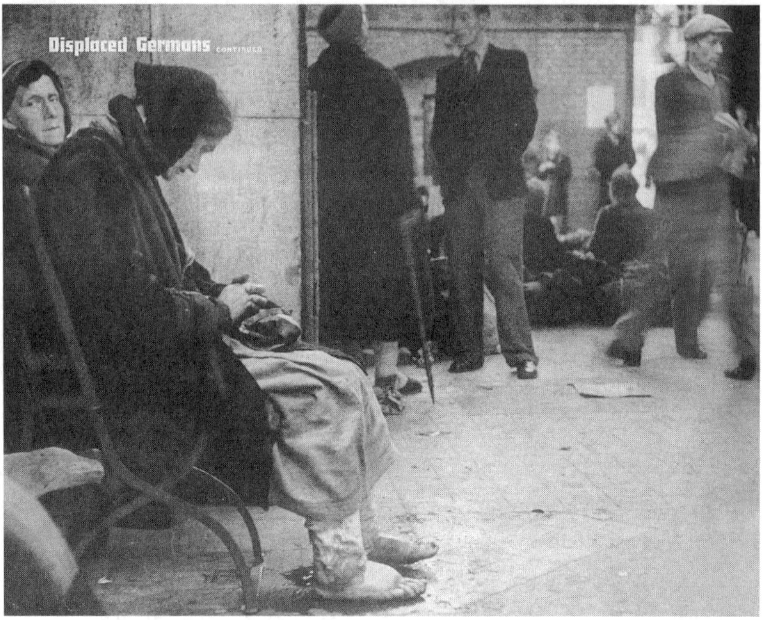

Abb. 2. **Nach einem 150-Kilometer-Marsch aus dem Osten sitzt eine ältere Frau mit gebrochenen Knöcheln und blutenden Füßen auf dem Stettiner Bahnhof in Berlin.**

Mitte Juni waren die Straßen zwischen den «Wiedererlangten Gebieten» und der Oder von Gruppen aus zwei oder drei bis zu mehreren Hundert Deutschen verstopft, die nach kurzer oder ganz ohne Vorwarnung aus ihren Häusern und Wohnungen geholt und nach Westen geschickt worden waren. Da sie weder Proviant noch Unterkunft und Fußmärsche von Hunderten von Kilometern vor sich hatten, hing ihr Überleben von dem ab, was sie unterwegs erbetteln oder stehlen konnten. Sie blieben auf den Straßen auch nicht unbehelligt. Die Erfahrung von Johanna Janisch, einer 25 Jahre alten Mutter dreier kleiner Kinder, kann für Hunderte anderer stehen. Nachdem sie mitten in der Nacht aus einem Dorf bei Świebodzin (Schwiebus) verjagt worden war, litt Janisch bereits an Gonorrhoe (umgangssprachlich als «Tripper» bekannt), die von rund 20 Vergewaltigungen durch Rotarmisten stammte. Die polnischen Polizisten des Ortes hatten sie und ihre Schwester vor weiteren Attacken bewahrt, indem sie vor den Sowjets behaupteten, ihre Ehemänner zu sein.

«In Schwiebus trafen die Flüchtlinge aus vielen umliegenden Dörfern zusammen und bildeten einen großen Treck, der sich nun nach Frankfurt an der Oder auf den Weg machte. Wir verbrachten die erste Nacht im Freien; später fanden wir Scheunen oder Schuppen, um uns nachts vor dem Wetter zu schützen. ... Während der fünf Wochen auf der Straße lebten wir nur von Kartoffeln und Feldfrüchten, die wir selbst ausgruben. ... Viele Schwache und Kranke, Alte und Kinder mussten tot zurückgelassen werden. Es war eine erbärmliche Prozession des größten Elends. Wir hatten alle viel Gewicht verloren und viele sahen aus wie Skelette. Nur der Himmel weiß, wie oft wir von Polen oder Russen geplündert wurden, und wie oft den Frauen immer und immer wieder Gewalt angetan wurde.»[48]

So groß die Gefahren und das Elend des Lebens auf der Straße auch sein mochten – in einem Bericht an Stanislaw Adamski, den Bischof von Wrocław (Breslau), nannte sie dessen Generalvikar «unbeschreiblich» –, wurden sie doch in den meisten Fällen den Vertreibungszügen vorgezogen, die die polnischen Behörden nun einzusetzen begannen. Die Fahrt nach Berlin, dem Ziel der meisten Transporte, dauerte zwei Wochen, manchmal länger, die Züge führten meist keinen Proviant mit und hatten keinerlei sanitäre Einrichtungen. Es überrascht nicht, dass die Sterberate in die Höhe schoss.

«In unserem Güterwaggon waren etwa 98 Menschen, und es ist keine Übertreibung, wenn man sagt, dass wir wie in einer Sardinendose zusammengequetscht waren. Als wir Allenstein erreichten, starben die ersten und mussten an der Strecke abgelegt werden. Danach gab es jeden Morgen ein oder zwei Leichen; auch sie mussten an der Böschung zurückgelassen werden. Viele, viele Leichen müssen an den Gleisen liegengelassen worden sein ...

Der Zug stand mehr, als dass er fuhr. Wir brauchten über vierzehn Tage bis zur russischen Besatzungszone. Nachts fuhren wir selten. ... Wir hatten keine Ahnung, wo wir waren, weil alle Bahnhöfe jetzt polnische Namen trugen. Lange Zeit hatten wir Angst, wir würden ins Innere Polens gebracht, um uns irgendwo verhungern zu lassen. Schließlich merkten wir aber, dass wir nach Westen fuhren. Nach ein paar Tagen hatten wir nichts mehr zu essen. Manchmal bekamen wir auf unsere Bitten etwas warmes Wasser vom polnischen Lokomotivführer. ... Die Nächte waren wegen der Enge unerträglich. Wir konnten weder aufrecht stehen, noch sitzen, geschweige denn liegen. Wir waren so eng zusammengepfercht, dass es unmöglich war, einander nicht manchmal zu stoßen. Es gab Vorwürfe und Streit, sogar Versuche, sich inmitten dieses Gedränges zu schlagen. Die Schwerkranken litten am meisten. Auf dem ganzen Transport gab es viele Typhusfälle, und die Zahl der Toten wuchs jeden Tag. Man kann sich gut vorstellen, wie es um die Hygiene im Wagen bestellt war.»[49]

Bei den kleinsten Vertreibungsstaaten, Jugoslawien und Rumänien, waren die Ausweisungen per definitionem «wilde Vertreibungen», da die Alliierten deren deutsche Minderheiten nicht ins besetzte Deutschland oder Österreich lassen wollten. Verspätet stellte Titos Regierung am 16. Januar 1946 einen formellen Antrag. «Schon zehn Jahre vor dem Zweiten Weltkrieg wurde die Zerstörung Jugoslawiens von der deutschen Minderheit systematisch geplant und vorbereitet», behauptete er. Laut einer staatlichen jugoslawischen Untersuchungskommission «blieben nur eintausend ... während der Besatzung neutral». Die Deutschen seien somit «ein schädlicher Fremdkörper im Blut des jugoslawischen Volkes», und die Bedrohung, die sie für den internationalen Frieden und die Sicherheit darstellten, sei so groß, dass ihre Entfernung Priorität vor allen anderen Transfers dieser Art haben sollte.[50] Bei Annahme des Antrags wollte Belgrad alle 130 388 Volksdeutschen binnen 15 Tagen deportieren.[51] Obwohl das britische Außenministerium die Idee mit dem Argument unterstützte, «es wäre schwierig, den Jugoslawen zu verweigern, was wir den Polen, Tschechen und Ungarn zugesagt haben»[52], waren andere skeptisch angesichts der bemerkenswert niedrigen – und verdächtig genauen – Zahl, die Belgrad für seine deutsche Minderheit nannte. Bei Volkszählungen vor dem Krieg hatte die Zahl noch bei über 600 000 gelegen. Es erschien daher wahrscheinlich, dass «die Jugoslawen uns jetzt bewusst eine niedrige Zahl mitteilen, damit wir der Umsiedlung leichter zustimmen und später feststellen, dass es in Wirklichkeit zwei- oder dreimal so viele Deutsche sind, wie zunächst angegeben».[53] Obwohl man von vielen Massakern an Volksdeutschen wusste – so berichtete die britische Militärmission im Januar 1945 von einer Vergeltungsaktion, bei der «150 Volksdeutsche in der Wojwodina wegen Mordes an einem russischen Soldaten durch eine einheimische Frau» erschossen worden waren –, erschien es unwahrscheinlich, dass allein dies die fehlende halbe Million Menschen erklärte.[54] Als der jugoslawische Antrag beim Alliierten Kontrollrat in Berlin einging, kämpften die Besatzungsmächte außerdem gerade mit dem Zustrom von Deutschen aus den drei «Potsdam-Staaten» Polen, Tschechoslowakei und Ungarn. Alle befürchteten, Titos Wunsch könne einen Präzedenzfall schaffen, der ihre Schwierigkeiten noch vergrößern würde. «Es ist bekannt, dass es deutsche Minderheiten in Bulgarien, Rumänien, dem Iran, der Türkei und anderen Ländern gibt, darum ist es nicht unwahrscheinlich, dass Anträge auf einen Transfer dieser Minderheiten nach Deutschland eingehen werden.»[55] General Wassili Sokolowski, der Oberbefehlshaber in der sowjetischen Besatzungszone, hatte bereits eine inoffizielle Bitte Belgrads um Aufnahme von Vertriebenen in seine Zone abgelehnt.[56] In seltener Einmütigkeit unterstützten die Großen Drei und Frankreich darum einen sowjetischen Vorschlag, den jugoslawischen Antrag unbefristet auf Eis zu legen. Dies hielt Tito zwar nicht davon ab, seine volksdeutsche Minderheit trotzdem zu vertreiben, zog den Prozess aber zumindest in die Länge und minimierte dadurch die Schwierigkeiten der Eingliederung.

Ein ähnliches Muster war bei der Aussiedlung der rumänischen Volksdeutschen zu beobachten. Die Bukarester Regierung forderte als einzige weder formell ihre Vertreibung, noch erließ sie einen Aussiedlungserlass. Sie protestierte sogar offiziell gegen den ersten Schritt in diese Richtung durch die sowjetischen Militärbehörden. Im Januar 1945 forderte General Wladislaw Winogradow die rumänische Regierung auf, alle volksdeutschen Männer zwischen 18 und 45 Jahren und alle Frauen zwischen 18 und 30 für den Transport als Zwangsarbeiter in die UdSSR festzunehmen. Die Koalitionsregierung von Nicolae Rădescu widersprach dieser Anordnung und wies darauf hin, unter den 500 000 rumänischen Volksdeutschen gäbe es viele, «mit sehr entfernter deutscher Herkunft oder bloß deutsch klingenden Namen [...] [die] treu ihren Dienst in der rumänischen Armee abgeleistet und ihre staatsbürgerlichen Pflichten erfüllt haben. Ihre Mobilisierung und Deportation ist umso ungerechter und unbegründet.»[57] Manche westlichen Offiziellen sahen die sowjetische Initiative kritisch, nicht wegen ihres pauschalen Charakters, sondern weil sie den Einsatz von Zwangsarbeit als eine Form von Sachreparationen sahen, die nur durch einen alliierten Rat für die Verteilung deutscher Vermögenswerte entschieden werden konnte, nicht durch einseitiges Handeln. Sir Orme Sargent vom britischen Außenministerium erklärte aber schon Anfang 1945: «Wir und die Amerikaner müssen uns an diese Massendeportationen gewöhnen, die die Russen sicher durchführen werden, wenn sie nach Deutschland kommen.»[58] Er erhielt Unterstützung von Winston Churchill, der sich erinnerte, dass in seinem berüchtigten Moskauer «Prozent»-Abkommen mit Stalin im Oktober 1944 die UdSSR 90 Prozent Einfluss im Nachkriegsrumänien bekommen hatte.[59] In zwei erzürnten Memos für Außenminister Eden wollte der Premierminister nun wissen: «Warum regen wir uns über die russischen Deportationen von Sachsen [Volksdeutschen] und anderen in Rumänien auf? Es war klar, dass die Russen in dieser Sphäre ihren Willen durchsetzen würden. Wir können sie auch gar nicht daran hindern.»[60]

Die Deportationen aus Rumänien waren ebenso chaotisch wie später die Vertreibung aus der Tschechoslowakei und Polen. Gemeinsame sowjetisch-rumänische Patrouillen begannen am 11. Januar 1945 vor Sonnenaufgang mit Verhaftungen und gaben den zu Deportierenden 15 Minuten Zeit, mit Kleidung und genügend Proviant für zehn Tage bereit zu stehen. Der britische Botschafter berichtete und General Winogradow bestätigte, dass in vielen Fällen «rumänische Polizisten Schmiergelder von Deutschen für ihre Freilassung annehmen, und ihre Zahl durch irgendwelche Passanten aufgefüllt wird, die die Polizisten festnehmen. Natürlich sind das dann Rumänen.»[61] Bis zu 75 000 Volksdeutsche wurden auf diese Weise deportiert. Andere kamen in Internierungslager, um die Verteilung ihres Eigentums zu erleichtern.

Obwohl die meisten Rumäniendeutschen nicht formell vertrieben wurden, sahen sie und die überlebenden Zwangsarbeiter, die zwischen Dezember 1945 und 1949 aus der UdSSR zurückkehrten, sich Lebensumständen gegenüber, die das Bleiben für viele unmöglich machten. Nachdem die Sowjets im März 1945 die Regierung Rădescu gestürzt und durch eine folgsame kommunistische ersetzt hatten, verloren die Volksdeutschen durch zwei Dekrete Land und Häuser sowie viele von ihnen die rumänische Staatsbürgerschaft. Sowohl die verbliebenen Deutschen als auch die zurückkehrenden Deportierten standen darum vor der Situation, dass Rumänen ihre ehemaligen Wohnungen und Häuser bewohnten und sie selbst offiziell als illegale Einwanderer eingestuft wurden. Die neue Regierung in Bukarest verweigerte dem Roten Kreuz das Recht auf Hilfe für die Volksdeutschen «mit der Begründung, diese Menschen hätten die rumänische Staatsbürgerschaft verloren». Ihre Lage war erbärmlich. Die zurückgekehrten Deportierten «leben unter freiem Himmel oder in Höhlen und haben manchmal nichts anderes zu essen, als was sie auf den Feldern finden», beobachtete das IKRK. Denen, die bleiben durften, ging es nicht viel besser: «Sie sind buchstäblich auf die Straße geworfen worden.... Ihre Häuser wurden meist an Zigeuner vergeben, die die früheren Besitzer als Hausangestellte beschäftigen.»[62] Ohne Existenzgrundlage waren die rumänischen Volksdeutschen also «praktisch vertrieben». Viele machten sich auf den Weg nach Deutschland und Österreich; bis August 1945 kamen rund 21 000 in Österreich an, die meisten in sehr schlechtem Gesundheitszustand.[63]

Zur großen Überraschung der meisten Beobachter leisteten die Deutschen in allen diesen Vertreibungsländern wenig Widerstand. Das rührte zweifellos auch von ihrer demographischen Verteilung her – Frauen, Kinder und Alte stehen selten an vorderster Front von Volksaufständen. Aber die Ruhe, mit der die deutschen Minderheiten ihr Schicksal hinnahmen, war für die polnische und tschechoslowakische Regierung geradezu enervierend, denn sie erwarteten heftigen Widerstand durch untergetauchte deutsche Guerillaeinheiten, die «Werwölfe». Obwohl inzwischen klar ist, dass es nie eine organisierte Aktivität dieser Art gab,[64] waren die Behörden in den Grenzgebieten beider Länder von der Möglichkeit einer Werwolf-Verschwörung besessen. Das galt besonders für die Tschechoslowakei, wo im Sommer 1945 eine große Sabotagepanik auf der Grundlage «pauschaler Gesichtspunkte, Halbwahrheiten und manchmal auch ausgesprochene[r] Erfindungen» geschürt wurde.[65] Ebenso wie die Nationalsozialisten während der Besatzungszeit das Ausmaß des tschechischen Widerstands übertrieben und Unfälle als Sabotage eingeordnet hatten, wurden nun viele ungeklärte Vorfälle, die zu Todesfällen oder Verletzungen führten, der Werwolf-Aktivität zugeschrieben.[66] Mitte Juli wurden zum Beispiel in Rudoltice (Rudelsdorf) nordwestlich von Olomouc (Olmütz) neun sudetendeutsche Zivilisten ohne Verfahren als Vergeltung für die Schusswunde eines tschechischen Soldaten erschossen. Bei weiterer Untersuchung stellte sich heraus, dass der Mann sie sich selbst beigebracht hatte, als sein Gewehr losging. Der Werwolf wurde auch für eine Schießerei verantwortlich gemacht, bei der US-Soldaten und Revolutionsgardisten in der Nacht des 30. Januar bei Aš (Asch) im Dunkeln aufeinander stießen und feuerten, wobei drei Mann verletzt wurden. Solche kleineren Zwischenfälle hatten oft gravierende Konsequenzen. Als ein SNB-Offizier sich in Bruntál (Freudenthal) versehentlich selbst mit einer Handgranate in die Luft sprengte, meinte Oberst V. Janko von der notorisch schießwütigen 1. tschechoslowakischen Panzerbrigade, die Explosion sei durch eine funkgesteuerte Bombe verursacht worden; der ihm unterstellte Hauptmann I. Gaš übte Vergeltung, indem er am 5. Juli 20 örtliche Sudetendeutsche erschießen ließ, Hunderte internierte, 4300 am 10. und 11. Juli über die Grenze trieb und weitere 750 zur Zwangsarbeit ins Binnenland schickte. Nachdem Soldaten derselben Brigade bei Javorník (Jauernig) am Rand von Svitavy (Zwittau) in der Nacht des 9. Juli auf eine Einheit der Finanzpolizei schossen, die sie für Werwölfe hielten, und sich ein Feuergefecht entwickelte, vertuschte der Brigadekommandeur das Debakel, indem er «Saboteuren» die Schuld gab und als Strafe die Vertreibung aller nichtarbeitenden Sudetendeutschen befahl. 48 Stunden später wurden die Männer und kinderlosen Frauen in Lagern interniert und 340 Alte, Mütter und Kinder in ein improvisiertes Ghetto im Dorf Vápenná (Setzdorf) getrieben. Ähnlich war der Ablauf, als es am 9. Juli zu einer Explosion in der Munitionsfabrik Körber in Hrádek nad Nisou (Grottau) kam, wenige Kilometer von der deutschen Grenzstadt Zittau entfernt. Sieben tschechische Soldaten und sieben deutsche Arbeiter wurden getötet. Alle Anzeichen deuten auf den falschen Umgang mit Sprengkapseln hin, die auf Lastwagen verladen wurden; die Behörden zogen aber den Schluss vor, einer der toten Deutschen habe einen Selbstmordanschlag begangen. Die einheimischen Deutschen mussten eine kollektive Strafe von 100 000 Reichsmark bezahlen und wurden eine Woche später über die Grenze getrieben. Der Vorfall von Hrádek wurde für tschechische Vertreter zum vielzitierten Beweis für die Existenz einer organisierten Widerstandsbewegung.[67]

Der berüchtigtste Vorfall, der Werwolf-Aktivität zugeschrieben wurde, war die Explosion eines Munitionslagers in der Grenzstadt Ústí nad Labem (Aussig an der Elbe) in Nordwestböhmen am Nachmittag des 31. Juli 1945, bei der 28 Menschen ums Leben kamen. Obwohl die meisten Opfer sich als Sudetendeutsche herausstellten, verbreitete sich rasch das Gerücht, es habe sich um Sabotage gehandelt, und eine Stunde später wurden die an ihren farbigen Armbinden leicht erkennbaren Deutschen von Arbeitern, tschechoslowakischen Soldaten, Revolutionsgardisten, Rotarmisten und SNB-Leuten durch die Straßen gejagt. Viele wurden an Ort und Stelle erschlagen, andere von der Brücke, die beide Ortshälften verband, in die Elbe geworfen und im Wasser erschossen. Fast alle Berichte erwähnen, dass mindestens ein Kinderwagen mit einem Baby in die Elbe geworfen wurde. Schätzungen der Opferzahl gehen weit auseinander – von mehreren Hundert bis zu mehreren Tausend –, aber die aktuelle Forschung spricht von 100 bis 150 Toten.

Das Massaker von Ústí wurde rasch zum bitteren Streitpunkt zwischen der tschechoslowakischen Regierung und den sudetendeutschen Sozialdemokraten in London. Das Prager Kabinett, das bereits durch Berichte unterer Offiziere aufgeschreckt worden war, die ihre Wachsamkeit zeigen wollten, indem sie jeden Fund alter Waffen oder jeden deutschen Zivilisten mit einem Fernglas als Beweis für eine «Werwolf-Zelle» darstellten, zählte sofort zwei und zwei zusammen und kam auf fünf. Obwohl die Armee erklärte, die Ursache der Explosion sei noch ungeklärt, zog das Kabinett den Schluss, sie sei zweifellos das Ergebnis einer «geplanten Sabotageaktion». Unbewiesene Gerüchte wurden an die nationale und internationale Presse als bestätigte Fakten weitergegeben – und unkritisch abgedruckt –, darunter eine Geschichte, nach der ein Werwolf-Flugzeug tief über Ústí geflogen sei und zum Zeitpunkt der Explosion vielleicht eine Bombe auf das Munitionslager abgeworfen habe.[68] Sechs Wochen später fragten Wenzel Jakschs Sozialdemokraten ironisch, warum man seither nichts von «der machtvollen Werwolf-Verschwörung, ihren Radiosendern, ihren grauen Flugzeugen, ihren Zentren in Belgrad, Paris und Argentinien» gehört habe.[69] Die Sudetendeutschen hegten wiederum den Verdacht, die Explosion sei eine tschechoslowakische Version des Reichstagsbrands von 1933 gewesen, und verwiesen auf die bemerkenswerte Koinzidenz, dass gerade die Potsdamer Konferenz stattfand. Im sudetendeutschen Lager kursierten Gerüchte, man habe schon vor der Explosion begonnen, Plakate zu kleben, die eine Ausgangssperre zur Beendigung der Unruhen in Ústí verfügten, und das Massaker sei veranstaltet worden, um den Großen Drei in Potsdam zu zeigen, was in größerem Umfang geschehen würde, wenn sie die Vertreibungen nicht erlaubten. Weder die Verschwörungstheorien der Regierung noch die der Sudetendeutschen sind aber besonders ernst zu nehmen. Mit großer Sicherheit folgte auf einen tragischen Unfall «ein spontaner Gewaltausbruch tschechischer Hooligans» mit und ohne Uniform, wie zwei in Ústi wohnende Engländerinnen, die die Morde miterlebt hatten, an Botschafter Nichols schrieben.[70]

Gleich nach dem Massaker nahm die offizielle Paranoia in Bezug auf Werwolf-Aktivitäten stark zu. Absurde Behauptungen wie «Hunderte von Werwölfen sind jeden Tag getötet worden» und «unsere ganze Grenze ist jetzt ein Kampfgebiet, wo der verborgene Feind Angriffe gegen das tschechische Volk ausführt», erschienen regelmäßig in den Zeitungen.[71] Der genaue Grund ist unklar. Vielleicht sahen die tschechoslowakischen Behörden sich durch die Forderung der Potsdamer Konferenz nach einem vorübergehenden Aussetzen der Vertreibungen unter Druck zu beweisen, dass die Anwesenheit der Deutschen eine konstante Bedrohung für die nationale Sicherheit sei, um die Argumente für ihre Aussiedlung zu stärken. Tomáš Staněk weist auch darauf hin, dass das kommunistisch dominierte Informationsministerium ein Interesse daran hatte, einen steten Strom von Geschichten über Werwölfe und Spione zu liefern, die den «volksdemokratischen» Staat» untergraben wollten.[72] In jedem Fall herrschte ab Anfang August in den tschechischen Grenzgebieten eine Atmosphäre, die an die Hexenprozesse im neuenglischen Salem des 17. Jahrhunderts erinnert. Zahlreiche Deutsche wurden gefoltert, um die Namen angeblicher Mitglieder von Werwolf-Zellen preiszugeben, die dann ebenso strengen Befragungen unterworfen wurden, um noch mehr Namen zu liefern. Staněk bemerkt, dass ein großer Teil der so gewonnenen «Geständnisse» denen ähnelt, die mit denselben Methoden nach dem kommunistischen Staatsstreich vom Februar 1948 von «Konterrevolutionären» und «kapitalistischen Spionen» erpresst wurden.[73]

Trotzdem waren bewiesene Fälle von Widerstand gegen Vertreibungen fast nirgends zu finden. Die allgemeine, fast unheimliche Stille der deutschen Bevölkerung wurde in zahlreichen tschechischen und polnischen Berichten erwähnt. Im Monat vor der Explosion von Ústí erklärte der Chef der Gendarmerie das Gebiet für völlig friedlich; und obwohl das örtliche SNB-Büro sich drei Wochen später über tägliche Schießereien und Räubereien beklagte, machte es dafür tschechische Soldaten und Rotarmisten verantwortlich.[74] Anderswo sprachen Polizei- und Armeeberichte selbst nach Massakern überwiegend von der «Passivität und Dienstfertigkeit» der Deutschen, sie seien offenbar «verängstigt» und «deprimiert» und die Sicherheitskräfte seien zuversichtlich, alle wirklich gefährlichen Elemente bereits aus dem Land getrieben oder festgenommen zu haben.[75] Auch Zeitungen bescheinigten den Deutschen, sie benähmen sich mit der «Unterwürfigkeit, an die die

Tschechoslowaken sich gewöhnt haben».[76] In Polen war es ganz ähnlich. Mit Ausnahme isolierter Vorfälle wie der Auseinandersetzung in Prudnik (Neustadt), wo ausgeplünderte Deutsche eine Kaserne der Miliz belagerten, in der sich die Offiziere aufhalten sollten, die sie beraubt hatten, war offener Widerstand auffällig selten.[77] Ein polnischer Beobachter, der Ende August von Poznań (Posen) nach Szczecin (Stettin) und zurück fuhr, tat die Behauptungen der Regierung über Werwolfaktivitäten als Propaganda ab und erwähnte stattdessen die «abstoßende Dienstfertigkeit» und das feige Benehmen der unterernährten Deutschen, denen er unterwegs begegnet war.[78] In Wrocław registrierten die Sicherheitskräfte 1945 nur 25 Fälle von oppositionellem Verhalten bei Deutschen, von denen sich 19 auf die Verteilung von Flugblättern gegen das Handeln der Behörden beschränkten. Für das ganze Jahr 1946 fiel die Zahl der Fälle auf neun.[79] Auch in der Provinz Olsztyn (Allenstein) sind «die Quellen voller Erwähnungen der völligen Passivität der Deutschen».[80]

Weder die polnische noch die tschechoslowakische Regierung erwarteten, dass die Phase der «wilden» Vertreibungen ewig dauern würde. Ihr Ziel war es gewesen, die verbliebene deutsche Bevölkerung durch die strategische Anwendung von Terror zur Flucht aus den Gebieten zu bewegen, die sie räumen wollten, noch vor der Potsdamer Konferenz und ganz sicher vor einer abschließenden Friedenkonferenz. «Organisierte Vertreibungen» würden erst ins Spiel kommen, wenn dieser Versuch, vollendete Tatsachen zu schaffen, sich als ungenügend erwies. Für Jugoslawien scheint das nicht gegolten zu haben. Laut dem damaligen Vizepräsidenten Milovan Djilas hatte sein Land zwar die prinzipielle Entscheidung zur Vertreibung der Volksdeutschen getroffen, «jedoch hätten wir uns das möglicherweise anders überlegt, hätten nicht die Russen, die Polen und die Tschechen die Vertreibung der Deutschen schon beschlossen und zum Teil auch in Angriff genommen. Wir bezogen unseren Standpunkt ohne darüber zu verhandeln, ohne Diskussionen – wie etwas, das durch die deutschen Verbrechen begreiflich und gerechtfertigt worden war.»[81] Die Politologin Klejda Mulaj ist dagegen der Auffassung, dass Titos Regime schon im Herbst 1944 Vernichtung als Instrument der Vertreibung benutzte und Massenmord an deutschen Zivilisten als «geplante und systematische» Operation zu diesem Zweck einsetzte.[82]

Tschechoslowaken und Polen ging die Operation aber ungeachtet aller Anstrengungen viel zu langsam. Trotz der Gewalt flohen nur wenige Deutsche freiwillig – was Wenzel Jaksch wenig überraschte, da er sich erinnerte, dass nach dem Münchner Abkommen nur 10 Prozent der sudetendeutschen Sozialdemokraten ins Landesinnere geflohen waren, obwohl ihnen Festnahme und Bestrafung durch die Gestapo drohte.[83] Auf dem Höhepunkt im Sommer 1945 wurden täglich rund 5350 Deutsche gewaltsam aus der Tschechoslowakei vertrieben und wahrscheinlich einige mehr aus den «Wiedererlangten» Gebieten in Polen.[84] Selbst wenn man ein solches Tempo im Winter beibehalten hätte, was höchst unwahrscheinlich war, weil die Güterwaggons, die man nach Deutschland schickte, oft nicht zurückkamen, hätten die Räumungen mindestens zwei Jahre gedauert. Die fast völlige Gewissheit, dass die Großen Drei schon lange vorher dagegen vorgehen würden, machte das nur noch unrealistischer.

Die Reaktion ließ tatsächlich nicht lange auf sich warten. Den ganzen Sommer über trafen Züge mit Vertriebenen in Berlin und anderen deutschen und österreichischen Städten ein und wurden zum frühesten und bleibendsten Symbol der Operation. Trotz verständlicher antideutscher Gefühle waren die westlichen Journalisten entsetzt von den Szenen, die sich an den großen Bahnhöfen im Sommer 1945 abspielten, wo die Bahnsteige voller Toter und Sterbender waren. Charles Bray, der Deutschlandkorrespondent des Londoner *Daily Herald*, schrieb, dass er vier Leichen am Stettiner Bahnhof sah und «fünf oder sechs andere Menschen ... daneben, die vom Arzt als hoffnungslos aufgegeben worden waren und im Sterben lagen». Andere im selben Zustand lagen in einem von seinem Kollegen Norman Clark vom *News Chronicle* sogenannten Viehwagenleichenhaus,[85] das jeden Abend geleert wurde, um Platz für die Toten des nächsten Tages zu schaffen. Bray entdeckte, dass der Anblick deutschen Leidens «mir keine Befriedigung verschaffte, obwohl ich jahrelang gehofft hatte, die Deutschen würden ernten, was sie gesät hatten».[86] Ein Reporter der *Times* fand im Monat darauf 60 Frauen und Kinder in einem Berliner Krankenhaus, die aus einem Kranken- und Waisenhaus in Danzig «herausgeworfen» worden waren. Man hatte sie in Lastwagen ohne Nahrung und Wasser transportiert, und bei der Ankunft in Berlin waren 20 tot.[87] Major Stephen Terrell vom Fallschirmjägerregiment, der vom Anblick «ganzer Völkerschaften, die zu Tausenden an den Straßenrändern an Hunger, Dysenterie und Erschöpfung sterben», erbost war, durchbrach den Dienstweg, indem er durch Bray einen Augenzeugenbericht ans Außenministerium schickte. «Selbst ein kurzer Besuch in den Berliner Krankenhäusern, wohin einige dieser Menschen sich geschleppt haben, ist eine Erfahrung, die den Anblick in den Konzentrationslagern normal erscheinen lässt.»[88] Der britische Militärarzt Adrian Kanaar, der in einem anderen Berliner Krankenhaus arbeitete, schickte ebenfalls einen Bericht über einen Vertriebenenzug aus Polen, in dem während der Reise durch Überfüllung 75 Menschen gestorben waren.[89] Obwohl Kanaar gerade einen Dienstaufenthalt als Arzt im Konzentrationslager Bergen-Belsen abgeschlossen hatte, schockierte ihn das Elend der Vertriebenen so, dass er seine Bereitschaft erklärte, vor ein Kriegsgericht zu treten, um die Tatsachen der Presse mitzuteilen. Er schrieb, er habe «nicht sechs Jahre in der Armee verbracht, um mit anzusehen, wie eine Tyrannei etabliert wird, die genauso schlimm ist wie die Nazis».[90]

Derselbe Vergleich drängte sich Gerald Gardiner auf, später britischer Lord Chancellor. Als Mitglied einer Einheit freiwilliger Sanitäter, die KZ-Überlebende versorgten, wurde er im Spätsommer und Herbst 1945 Zeuge der Ankunft von Vertriebenenzügen aus den «Wiedererlangten Gebieten», die für ihre Fahrt bis zu zwei Wochen gebraucht hatten: «Der Abtransport der Leichen auf Karren von den Bahnhöfen war eine düstere Erinnerung an das, was ich am Anfang in Belsen gesehen hatte.»[91]

Diese Einschätzung beschränkte sich nicht auf Journalisten und Mitglieder humanitärer Organisationen. Dem Karrierediplomaten Robert Murphy, der politischer Berater General Eisenhowers gewesen und nun höchster Vertreter des US-Außenministeriums in Deutschland im Botschafterrang war, wurden die Vertreibungen und die Mitwirkung seiner Regierung daran so unangenehm, dass er im Oktober eine Mischung aus Bericht und Protest an seinen Freund Harrison Freeman («Doc») Matthews schickte, den Direktor der Abteilung für Europaangelegenheiten im Außenministerium. Wie Freeman hatte Murphy der amerikanischen Delegation in Potsdam angehört und dem Vertreibungsplan dort nicht widersprochen. Er habe sogar «gezögert», bevor er das Memorandum abschickte, schrieb er Freeman, weil «man schon durch die Erwähnung der Angelegenheit in den Ruf gerät, ‹weich› gegenüber den Deutschen zu sein». Schließlich sei er aber «weniger über das besorgt,

Abb. 3. Eine Rotkreuzhelferin kümmert sich um einen alten Mann, der zusammen mit drei Toten in einem Güterwaggon liegt. Auch er starb, kurz nachdem das Photo gemacht wurde.

was mit der deutschen Bevölkerung geschieht, als über unsere eigenen Verhaltensregeln, denn ich habe das Gefühl, wenn wir bereit sind, Kompromisse bei bestimmten Prinzipien in Bezug auf die Deutschen oder irgendein anderes Volk einzugehen, könnte es immer leichter für uns werden, dieselben Prinzipien in Bezug auf unser eigenes Volk zu opfern.»[92] In seinem Memorandum schrieb Murphy: «Wenn man das Leiden und die Verzweiflung dieser Elenden sieht, wenn man sie in ihrem ungewaschenen Zustand riecht, denkt man sofort an Dachau und Buchenwald zurück. Hier ist Vergeltung im großen Ausmaß, aber nicht an Parteibonzen, sondern an Frauen und Kindern, Armen, Kranken. Die Mehrheit sind Frauen und Kinder …

Unsere Psychologie passt sich irgendwie der Idee an, dass Leiden zur Existenz des Soldaten gehört. Diese Psychologie verliert etwas von ihrer

Überzeugungskraft, wenn man die sinnlose Tragödie sieht, die jetzt Tausende unschuldiger Kinder, Frauen und alter Menschen trifft [...] Die Gedanken gehen zu den anderen, nicht lange zurückliegenden Massendeportationen zurück, die die Welt schockierten und den Nazis den üblen Ruf einbrachten, den sie so verdienten. Diese Massendeportationen der Nazis waren ein Teil der moralischen Grundlage, auf der wir den Krieg führten, und gaben unserer Sache Überzeugungskraft.

Nun hat die Lage sich umgekehrt. Wir sind in der unangenehmen Position, an diesem deutschen Unternehmen mitzuwirken, und teilen als Mitwirkende zwangsläufig die Verantwortung.»[93]

Als die Potsdamer Konferenz dann einen Stopp der «wilden Vertreibungen» forderte, war Berlin schon zum Epizentrum einer sich zuspitzenden humanitären Krise geworden. Die meisten Vertriebenen aus Polen und eine nicht geringe Zahl aus der Tschechoslowakei kamen in die Stadt, «weil Bahnverkehr möglich war und sie die Hoffnung haben [...] irgendeine zentrale Organisation zu finden, die sich um sie kümmern wird. ... In vielen Fällen werden die Kranken und Alten zurückgelassen, und viele sprachen von Tausenden von Kindern, die von ihren Familien getrennt wurden.»[94] Obwohl der besorgte Marschall Schukow zunächst Plakate aufhängen ließ, die Vertriebene vor dem Betreten Berlins warnten, und die Stadt, nachdem im Juli 550 000 Menschen eingetroffen waren, Ende des Monats als geschlossen für Neuankömmlinge erklärte, kamen in der ersten Augusthälfte weitere 262 000, was die Nutzlosigkeit des Verbots zeigte. Andere deutsche Städte waren proportional noch schlimmer dran. Mitte August waren über 50 000 Deutsche aus Opava (Oppau) und České Budějovice in Zittau eingetroffen und hatten die normale Bevölkerungszahl verdreifacht; Görlitz wurde von über 100 000 Menschen überschwemmt.

Obwohl Valerian Zorin, der sowjetische Botschafter in der Tschechoslowakei, Premierminister Fierlinger nach der Potsdamer Konferenz gesagt hatte, seine Regierung werde weitere diskrete Vertreibungen zulassen, waren die örtlichen Kommandeure der Roten Armee, die viel Autonomie genossen, weit weniger nachgiebig. Schon Mitte Juni versuchten beispielsweise Einheiten der Roten Armee, den Korridor Zittau-Görlitz, die wichtigste Route für «wilde Vertreibungen» aus der Tschechoslowakei in die sowjetische Zone, zu schließen. In einigen Fällen schickten sie die Vertriebenen gewaltsam zurück über die Grenze und begründeten dies mit Typhusfällen und Lebensmittelknappheit in der Grenzregion.[95] Als der Leiter der tschechoslowakischen Militärmission in Berlin, General František Hrabčík, Schukow Ende August drängte, sofort weitere 200 000 Vertriebene aufzunehmen, lehnte dieser rundweg ab, weil die sowjetischen Besatzungsbehörden sich schon einem Strom von Neuankömmlingen aus den polnischen «Wiedererlangten Gebieten» gegenübersahen.[96]

Wenn «wilde Vertreibungen» scheiterten, konnten die Folgen tödlich sein, denn Armee- und Milizeinheiten kannten manchmal kein Pardon. Am 28. Juni 1945 wurde eine Gruppe von 21 Deutschen aus Teplice nad Metují (Wekelsdorf) an die nahe polnische Grenze getrieben. Da die Polen ihnen den Grenzübertritt verwehrten, wurden die Vertriebenen, zumeist ältere Frauen und Kinder, vom Führer der Eskorte, Hauptmann V. Svoboda, in den Wald bei Buky am Rand des Riesengebirges geführt und ermordet. Die Leichen wurden 1947 exhumiert, und ein tschechischer Augenzeuge beschrieb die Szene: «Am schrecklichsten war der Anblick eines Kindchens in einem Wickelkissen, welches ein bis zur Unkenntlichkeit des Gesichtchens zerschmettertes Köpfchen hatte …, offenkundig mit einem Gewehrkolben gemacht.»[97] In vielen Fällen hielten die Bewacher ihre Pflicht aber für erfüllt, sobald sie die Deutschen an die Grenze geführt hatten, wo die Besatzungssoldaten sie entweder durchließen oder nicht. So wurden zwei Gruppen von jeweils über 1000 Menschen aus Ostrava am 13. Juni und 2. Juli von Polen wie von Sowjets zurückgewiesen. Obwohl viele auf dem Weg an die Grenze gestorben waren, wurden die Überlebenden von den Bewachern ihrem Schicksal überlassen. Einige fanden Zuflucht in nahe gelegenen Dörfern, anderen wanderten durch die Wälder, bevor sie schließlich nach Ostrava zurückfanden, um auf die erneute Festnahme zu warten.[98]

Da sie im Norden und Osten blockiert waren, wandten sich die tschechoslowakischen Behörden erneut nach Westen. Obwohl «wilde Vertreibungen» immer schwieriger wurden und die Sowjets nur ein schmales Rinnsal durch einen Korridor zwischen der Elbe und dem Dorf Boží Dar bei Jáchymov passieren ließen, akzeptierten die Alliierten immer noch Konvois von «freiwilligen Auswanderern» nach Deutschland.[99] Theoretisch sollten Sudetendeutsche, die die Tschechoslowakei von selbst verlassen wollten, ein Ausreisedokument vom Bezirksnationalausschuss und eine Bestätigung der

Besatzungsbehörden in Deutschland bekommen, dass nichts gegen ihre Einreise spreche. In der Realität blieb die Zahl der echten freiwilligen Emigranten aber klein. Bis Ende 1945 kamen insgesamt 11 000 Menschen in die Sowjetzone, was manchmal die «Aktion Schukow» genannt wurde.[100] Ungehorsame Kommunalbehörden bedienten sich aber dieser Kategorie, um «wilde Vertreibungen» unter anderem Namen fortzuführen, vor allem in Südmähren und Westböhmen.

In vielen Fällen wandten sie noch raffiniertere Täuschungen an. Ein typisches Beispiel bieten zwei von den örtlichen Behörden organisierte Transporte aus Stříbro (Mies) im amerikanisch besetzten Nordwestböhmen. Drei Wochen nach dem Potsdamer Moratorium für Vertreibungen erließ Dr. Josef Hrdlička, der Vorsitzende des Bezirksnationalausschusses, die Anordnung, 1236 Deutsche hätten sich zwei Tage später am Bahnhof zu versammeln, und drohte bei Zuwiderhandlung «strenge Strafen» an. Gleichzeitig beantragte der Ausschuss bei den amerikanischen Besatzungsbehörden, die Deutschen als Zwangsarbeiter zur Ernte in die Sowjetzone zu schicken, und behauptete, sie würden in drei oder vier Wochen zurückkommen. Da sie Verdacht schöpften, untersuchten die US-Behörden die «Landarbeiter» und fanden heraus, dass die Hälfte arbeitsunfähig war, darunter Amputierte mit Prothesen, Behinderte, schwangere Frauen, Babys, Blinde und «viele ältere Menschen, die ärztliche Hilfe brauchen». Der Bezirksnationalausschuss ließ sich durch die Weigerung der Amerikaner, die Vertriebenen in das von ihnen besetzte Gebiet der Tschechoslowakei zu lassen, nicht entmutigen und versuchte sie am 29. August mit einem Zug abzuschieben, was aber am Übergang Rokycany (Rokitzan) gestoppt wurde. Dr. Hrdlička beantragte dann erfolgreich, dass der Zug ins südlich von Stříbro gelegene Blatná fahren konnte, das immer noch in der US-Zone lag. Stattdessen tauchte er am nächsten Tag im mittelböhmischen Čáslav (Tschaslau) an der Grenze von US- und Sowjetzone auf. Die Amerikaner befahlen die Rückfahrt nach Stříbro, aber Hrdlička insistierte, es dürfe «kein einziger Deutscher aus dem Zug aussteigen, und wenn nötig würde er tschechische Soldaten [gegen amerikanische] einsetzen, um das zu verhindern». Die Passagiere blieben 36 Stunden lang ohne Nahrung oder Wasser auf einem Abstellgleis bei dem Dorf Chrást in der Nähe von Plzeň (Pilsen), bis das Prager Außenministerium die Erlaubnis der US-Behörden zur Durchfahrt bekam. Von diesem Erfolg ermutigt, versuchte der Nationalausschuss von Stříbro vier Wochen später dieselbe Taktik. Diesmal bestanden die Amerikaner darauf, dass 167 von 1299 sudetendeutschen Zwangsarbeitern, die in Dobřany (Dobrzan) nach einer Warnfrist von 30 Minuten festgenommen worden waren, aus medizinischen Gründen zurück nach Stříbro geschickt wurden. Der Bezirksnationalausschuss hielt sie elf Tage lang in vier Güterwagen gefangen und versuchte sie am 13. Oktober erfolglos nach Blovice (Blowitz) zu transportieren. Zwei Tage später wurde der Zug erneut losgeschickt, um sein Glück an der Grenze zu versuchen. Die Amerikaner weigerten sich standhaft, ihn passieren zu lassen, und es folgte ein dreitägiges Patt, während dem die Vertriebenen weder Wasser noch Nahrung bekamen. Schließlich erhielten die 167 Menschen am 18. Oktober von Soldaten der 94. US-Division Armeerationen und wurden nach Stříbro zurückgeschickt. Nach 16 Tagen in den Güterwagen brauchte fast die Hälfte ärztliche Hilfe, 22 waren Kinder unter zehn Jahren.[101]

Obwohl die Sowjetbehörden meist nachgiebiger waren als die Amerikaner, hatte auch ihre Geduld Grenzen. Der Bezirksnationalausschuss von Moravská Třebová (Mährisch Trübau) lernte sie kennen, als er am 12. Oktober auf eigene Faust eine «freiwillige Umsiedlung» von 700 Deutschen aus Switavy organisierte. Wie bei vielen solcher «freiwilligen» Transporte waren die Betroffenen einfach zufällig zusammengetrieben worden und «hatten keine Ahnung, wie sie dorthin kamen». Nach einer Fahrt von 320 Kilometern traf der Zug in Löbau westlich von Görlitz in der Sowjetzone ein. Die Rote Armee weigerte sich, den Transport zu akzeptieren und befahl seine sofortige Rückkehr in die Tschechoslowakei, ohne die Passagiere aussteigen zu lassen. Der Zug fuhr in die Grenzstadt Hrádek nad Nisou zurück und versuchte von dort am 16. Oktober abermals, die Grenze zu überqueren. Diesmal kam er bis Zittau, wo die Sowjets ihn abermals stoppten und das Entladen von drei Leichen erlaubten. Schließlich wurde der Zug wieder nach Hrádek zurückgeschickt, und hier fand ihn die tschechoslowakische Armee am 17. Oktober und erlaubte den Deutschen auszusteigen. Inzwischen waren weitere 18 Menschen gestorben. Die Überlebenden wurden ins Internierungslager Hrádek gesperrt, während die Armee auf weitere Befehle wartete.[102]

Wegen solcher Fiaskos hatte die Prager Regierung Ende 1945 selbst den Glauben an «freiwillige Umsiedlungen» verloren. Das Verteidigungsministerium berichtete, regionale Nationalausschüsse missbrauchten diese Kategorie dazu, ganze Gebiete auf eigene Faust von Deutschen zu räumen, die Menschen in Züge zu pferchen und ohne Ankündigung in die deutsche und österreichische Sowjetzone zu schicken. Die sowjetischen Behörden akzeptierten diese Transporte nicht länger, sondern schickten sie unter heftigen Protesten gegenüber den tschechoslowakischen Verbindungsstellen zurück. Die unnötigen Fahrten belasteten das halbwegs funktionierende Bahnnetz zusätzlich. Außerdem übernahm die Eisenbahn keine Verantwortung für die Beförderung der Deutschen auf der Rückfahrt, für die sie keine Bezahlung erhielt, und setzte die Vertriebenen einfach neben den Gleisen ab, sobald die Züge wieder tschechoslowakisches Territorium erreichten. Die meisten mussten sich zwei bis drei Tage lang zum nächsten Lager durchschlagen und hatten in dieser Zeit nichts zu essen. Die tschechische Bevölkerung in den Grenzregionen war beunruhigt durch diese hungernden Rückkehrer, von denen manche in Häuser einbrachen, um etwas Essbares zu finden, und forderte vernehmlich mehr Sicherheit.[103]

Aus diesen Gründen begann die Prager Regierung schließlich, ihre Autorität durchzusetzen und gegen den weiteren Missbrauch der Kategorie «freiwillige Umsiedlung» vorzugehen. Zum Jahresende 1945 hörten nach und nach auch die unautorisierten Transporte auf. Schnell traten aber «wilde Vertreibungen» aus Jugoslawien an ihre Stelle und füllten das Vakuum. Ab September bediente sich Titos Regime der Methoden, die zuerst die Tschechoslowaken angewandt hatten, und schickte große Gruppen von Volksdeutschen nach Österreich, entweder direkt über die slowenische Grenze im Norden oder mit Hilfe der Budapester Regierung über eine gewundene Nordostroute durch Ungarn. Die jugoslawischen Vertreibungen unterschieden sich von den polnischen und tschechoslowakischen dadurch, dass sie völlig ungenehmigt waren, abgesehen von der Transiterlaubnis, die Ungarn erteilt hatte. Nicht einmal die Sowjets wollten zu diesem Zeitpunkt ihre volksdeutsche Bevölkerung in Österreich oder Deutschland anwachsen sehen. Indem er sie ignorierte, riskierte Tito also nicht nur, seine Gegner zu brüskieren, sondern auch seine ideologischen Verbündeten.

Die Jugoslawen wurden besonders findig darin, unbewachte Orte zu finden, wo Vertriebenengruppen über die Grenze geschafft werden konnten. In manchen Fällen wurden Züge und ihre Insassen einfach stehen gelassen, sobald sie auf der anderen Seite waren. Die Agentur Reuters berichtete vom Schicksal eines Zuges mit Viehwaggons, in dem 650 volksdeutsche Frauen und Kinder aus Maribor in Slowenien Ende September 1945 nach Norden geschickt worden waren. Seine Insassen bekamen keine andere Nahrung als die, die sie selbst mitgebracht hatten. Nachdem der Zug Wien erreicht hatte, wurde er von den alliierten Behörden zurückgeschickt. 16 Tage später stand er «verlassen und unbeachtet auf einem Abstellgleis in Wilfersdorf, während Kinder sterben und Frauen wahnsinnig werden».[104] Häufiger aber dauerte es Tage oder sogar Wochen, einen entfernten Platz zu finden, wo Vertriebene auf österreichisches Gebiet gebracht werden konnten. Im Dezember 1945 kamen Partisanensoldaten nachts nach Tržič (Neumarktl) in Nordslowenien, trieben die volksdeutschen Einwohner zusammen und brachten sie in Lager. Neun Tage später schickten die Truppen die Gefangenen mit dem Zug nach Rateče (Ratschach) an der italienisch-österreichischen Grenze, wo ein erster Versuch des Grenzübertritts fehlschlug. Die Dorfbewohner wurden zurück in den Zug gebracht und ans andere Ende Sloweniens gefahren. Nach einem langen Marsch am Neujahrstag, bei dem «immer wieder gedroht wurde, die zu erschießen, die nicht Schritt halten könnten», versuchten die Bewacher, die Gruppe bei Szentgotthárd (St. Gotthard) über die österreichisch-ungarische Grenze zu treiben, wurden aber von sowjetischen Soldaten gestoppt. Nach einem weiteren Umweg fanden die Jugoslawen schließlich einen unbewachten Punkt nahe dem niedersteirischen Ort Fehring. «Bevor sie uns verließen, nahmen sie uns alles weg, was wir bei uns hatten, Kleider, Unterwäsche und Wertsachen, und sagten: ‹Hier ist die Grenze. Geht rüber. Wer zurückkommt, wird erschossen.›«[105]

Dass solche Warnungen nicht auf die leichte Schulter zu nehmen waren, zeigte eine Entdeckung, die der Schweizer Rotkreuzfunktionär Jean Pfeiffer, der im bayerischen Hof arbeitete, im März 1946 machte. Mehrere Wochen lang hatten die Sowjets die Einreise unautorisierter Züge mit sudetendeutschen Vertriebenen in ihre Besatzungszone in Österreich verhindert. Infolgedessen hatten die für die Transporte verantwortlichen Personen die Vertriebenen an der Grenze aussteigen lassen und jede Nacht 300 bis 400 von ihnen hinübergeschickt. Als Pfeiffer im Wald nahe der österreichischen Grenzstadt Lichtenberg spazieren ging, einem der wichtigsten Grenzübergänge, fand er die Leichen eines Mannes, einer Frau und eines etwa sechsjährigen Mädchens. Alle waren erschossen worden – ob von Rotarmisten, die den Grenzübertritt verhindern wollten, oder von Tschechoslowaken, die sie an der Rückkehr hindern wollten, blieb ungeklärt.[106]

Die Forderung der Potsdamer Konferenz nach einem Ende der «wilden Vertreibungen» zeigte die geringste Wirkung in Polen. Auch hier wurde der Trick der «freiwilligen Auswanderung» verwendet, manchmal mit Hilfe der KPD in der sowjetischen Besatzungszone. Die KPD spielte eine aktive Rolle bei der Organisation von Transporten aus den «Wiedererlangten Gebieten» nach Westen, was einige ihrer Anhänger mit unbewusster Ironie ein «Heim ins Reich»-Programm nannten. Mit Unterstützung der sowjetischen Behörden organisierten KPD-Funktionäre im Herbst 1945 Güterzüge, in denen «Umsiedler» bis zu den neuen Grenzstädten Küstrin und Frankfurt an der Oder fahren und von dort weiter nach Westen wandern konnten.[107] Polnische Soldaten und Milizen vertrieben weiterhin gewaltsam Deutsche aus ihren Häusern und von ihren Höfen, obwohl sie diese Menschen, wie es das Potsdamer Abkommen verlangte, nicht mehr unter Bewachung zur Grenze brachten. In manchen Fällen durchkreuzte das den Zweck der Aktion. Die Bewohner eines Dorfes wurden beispielsweise «etwa 15 Kilometer zum nächsten Bahnhof [gebracht] – von dem aus keine Züge fuhren. Da sie aber niemand an der Rückkehr hindern konnte, verstreuten sie sich wieder im Land.»[108] Für die meisten solcher Ausgesiedelten waren Hunger und Obdachlosigkeit aber ausreichend, um sie zum selbstständigen Verlassen des Landes zu bewegen. Zwei britische Diplomaten, die im September durch Niederschlesien fuhren, berichteten: «Es herrscht wenig Zweifel, dass die Polen in Zukunft versuchen werden, wirtschaftlichen Druck anzuwenden, um noch mehr Deutsche freiwillig zum Gehen zu bringen, wenn sie sie nicht anders loswerden, was uns der Starost [Landrat] in einem Ort auch offen sagte.»[109]

«Exzesse» wie diese erfüllten dennoch einen nützlichen Zweck. Wie Beneš und seine Minister den Westalliierten immer wieder sagten, lag die einzige Alternative zum weiteren Leiden der deutschen Minderheit darin, «wilde» Vertreibungen durch «organisierte» unter Aufsicht der Alliierten zu ersetzen. Die Überschwemmung deutscher Städte mit Hunderttausenden hungernden, armen und nicht arbeitsfähigen Vertriebenen im Sommer und Herbst 1945 war ein noch wirksameres Mittel, Druck auf die Großmächte auszuüben. Im Spätherbst 1945 begannen daher bei den Sitzungen des Alliierten Kontrollrats in Berlin Verhandlungen zwischen den Vertretern der beteiligten Länder, um zu entscheiden, wann wie viele Vertriebene wohin geschickt werden sollten. Hieraus entstand schließlich ein Plan der polnischen und tschechoslowakischen Regierungen in Verbindung mit den Vertretern der USA, Frankreichs, Englands und der UdSSR, der vom Alliierten Kontrollrat, der de facto-Regierung der Besatzungsmächte, am 20. November genehmigt wurde.

Dieser Kontrollratsbeschluss, ein Rahmenabkommen von nicht mehr als zwei Schreibmaschinenseiten Länge, bedeutete nicht, wie der britische Lordkanzler Lord Jowitt vor dem Parlament sagte, dass es «irgendeine internationale Maschinerie zur Umsetzung der Transfers oder zur Überwachung ihrer Durchführung geben [werde]. Die Arrangements werden direkt zwischen der Regierung des Aussiedlungslandes und den Behörden der Zone in Deutschland getroffen, in die die Ausgesiedelten geschickt werden.»[110] Vielmehr wurde ein ungefährer Zeitplan der Deportationen und ihre Verteilung auf die Besatzungszonen festgelegt. Von geschätzten 6,65 Millionen Deutschen, die noch in Polen, der Tschechoslowakei, Ungarn und Österreich lebten, wollten die Sowjets 2,75 Millionen aus den beiden erstgenannten Ländern aufnehmen, die USA 2,25 Millionen aus der Tschechoslowakei und Ungarn. England akzeptierte 1,5 Millionen Vertriebene aus den polnischen «Wiedererlangten Gebieten», sobald ein «Kopf-für-Kopf»-Programm («Operation Honeybee») abgeschlossen sei, das Briten und Sowjets bereits vereinbart hatten, um Vertriebene und Evakuierte mit Familien in der jeweils anderen Zone auszutauschen. Frankreich, das zunächst den tschechischen Appell abgelehnt hatte, 500 000 Sudetendeutsche in seine Zone zu lassen, sollte die Verantwortung für die restlichen 150 000 übernehmen, die sich noch in Österreich aufhielten.[111] Die Vertreibungen würden im Dezember 1945 beginnen, und in diesem Monat sollten 10 Prozent der Gesamtzahl auf den Weg gebracht werden. Im Januar und Februar 1946 sollten es je 5 Prozent sein, im März und April je 15 Prozent, im Mai und Juni je 20 Prozent und im Juli 1946 die restlichen 10 Prozent. Die Pariser Regierung setzte durch, dass die Deportationen in die französische Besatzungszone erst am 15. April 1946 beginnen würden. London wollte erst bei Verhandlungen zwischen britischen und sowjetischen Vertretern in der Viermächteverwaltung festlegen, ab wann es Vertriebene aus Polen in seiner Zone aufnehmen würde.[112]

Die internationale öffentliche Meinung war zwar im Allgemeinen von der Ankündigung erleichtert, dass die Alliierten endlich die Kontrolle über den Vertreibungsprozess übernehmen wollten, aber schockiert von der Zahl von Menschen, die in so kurzer Zeit umgesiedelt werden sollten. Nichts in dieser Art war in der Weltgeschichte je versucht worden. Ein Kommentar der *New York Times* verdeutlichte das Ausmaß der Operation durch den Vergleich, die Zahl der Deutschen, die in sieben Monaten aus ihrer Heimat entfernt werden sollten, entspreche «ungefähr der Gesamtzahl der Einwanderer, die in den letzten 40 Jahren in die Vereinigten Staaten kamen».[113]

In Wirklichkeit war der Kontrollratsbeschluss in seinen Details fast bedeutungslos, wie gut informierte Beobachter von Anfang an erkannten. Die Vorstellung, «organisierte Vertreibungen» könnten binnen zehn Tagen nach seiner Unterzeichnung mitten im Winter beginnen, war hoffnungslos unrealistisch, ebenso die Annahme, über sechs Millionen Menschen ließen sich in einem halben Jahr von einem in ein anderes Land transportieren, ohne die Reste des europäischen Verkehrssystems lahmzulegen. Die vorgeschlagene Verteilung der Vertriebenen auf dic vier Besatzungszonen rechnete nicht die Hunderttausende ein, die wahrscheinlich dorthin fahren würden, ohne auf die formelle Ausweisung zu warten, oder diejenigen, die von einer Zone in die andere wechseln würden. Der Kontrollratsbeschluss enthielt keines der Elemente, die man von einem ernsthaften Versuch, mit dem Problem umzugehen, hätte erwarten können – die Einsetzung einer Organisation zur Durchführung und Aufsicht über die Operation; eine Beschreibung der anzuwendenden Methoden oder die Zuweisung der Verantwortung für die notwendigen Vorbereitungen zur Sammlung, Abreise, Aufnahme und Assimilation dieser gewaltigen Zahl von Menschen. Es wäre aber falsch, den Beschluss aus dieser Perspektive zu bewerten. Seine Ziele waren viel begrenzter, nämlich die Zahl der entwurzelten Deutschen, die in die jeweilige Besatzungszone kamen, so niedrig wie möglich zu halten, und eine immer besorgtere Öffentlichkeit zu beruhigen, dass die Alliierten sich endlich um das Problem kümmerten.

In diesem Licht gesehen, erfüllte der Beschluss die Anforderungen derer, die ihn entwarfen. Eine seiner direkten Folgen war die Sabotierung von Robert Murphys Versuchen, einen offiziellen Protest der USA über die Methoden zu erwirken, mit denen vor allem die Polen die «Wiedererlangten

Gebiete» von der deutschen Bevölkerung räumten. Sein Memorandum vom Vormonat wurde im Außenministerium ungewöhnlich positiv aufgenommen, wo man bereits seit Langem gegen das Prinzip von Umsiedlungen opponierte. Der dort als Mitteleuropaexperte tätige Stanford-Historiker David Harris war ebenfalls der Meinung, die Anstrengung der Vereinigten Staaten, Deutschland auf demokratischer Basis wiederaufzubauen, werde keine «nützlichen und dauerhaften Resultate haben, wenn wir uns für die Untaten und Obszönitäten hergeben, die wir bekämpft haben». Ein formeller Protest könnte dagegen «einige Wirkung auf die Wiederherstellung der europäischen Moral haben».[114] Benjamin Cohen, ein Sonderassistent von Außenminister James F. Byrnes und ebenfalls ein führendes Mitglied der Potsdamer US-Delegation, empfahl ebenfalls, Washington solle sich offiziell an die alliierten Kontrollräte der Ex-Achsenmächte wie an die Regierungen der Vertreibungsländer wenden, «um klarzumachen, dass wir uns an diesen inhumanen und schrecklichen Dingen nicht beteiligen».[115] Das Außenministerium entwarf also eine Note, die zuerst der polnischen Regierung durch den US-Botschafter in Warschau, Arthur Bliss Lane, übergeben werden sollte. Diese Demarche, die schneidendste Verurteilung der Vertreibungen, die je von einer westlichen Regierungsbehörde formuliert wurde, zog bewusst den Vergleich zwischen dem Verhalten der Polen und den Umsiedlungsaktionen der Nationalsozialisten während des Krieges: «Die überwiegende Mehrzahl der Menschen, die aus Gebieten östlich der Oder-Neiße-Linie nach Deutschland kommen, sind Frauen, Kinder und Alte, die in unterschiedlichen Zuständen von Erschöpfung und Krankheit ankommen. Ihr Leiden vermittelt den Eindruck, als seien sie mit größter Rücksichtslosigkeit und Nichtachtung humanitärer Prinzipien behandelt worden.

Die US-Reg[ierung] versteht, dass die Polnische Provisorische Reg[ierung] [die] Haltung einnimmt, der Exodus der meisten dieser Deutschen über die Grenze sei ‹freiwillig›. Es ist zweifelhaft, dass so viele Menschen unter diesen abstoßenden Bedingungen die Grenze überschreiten würden, wenn sie nicht durch Vertreibungen und andere Formen wirtschaftlichen Drucks praktisch dazu gezwungen werden …

Das amerikanische Volk war schockiert von den Massendeportationen der Nazis und die völlige Nichtachtung für menschliches Leben, die sie in Polen und anderswo zeigten. Diese tiefsitzende Abneigung gegen Praxis und

Ideologie der Nazis gab dem amerikanischen Volk einen Teil der moralischen Grundlage für den Krieg gegen Nazideutschland. Das amerikanische Volk hält nach wie vor an den Prinzipien fest, für die es in den Krieg eintrat.»[116]

Der Abschluss des Kontrollratsabkommens entzog aber den Mitgliedern der US-Regierung die Grundlage, die nachträglich die amerikanische Mitverantwortung für die unangenehmeren Aspekte der Vertreibungen in Abrede stellen wollten. Das war wohl auch gut, denn Washington war durchgehend an der Entscheidung beteiligt, sie durchzuführen, wie Murphy in seinem Memorandum andeutete. Die Logik der Gleichsetzung von «Massendeportation» mit «Praxis und Ideologie der Nazis» durch das Außenministerium bestand darin, dass das Prinzip der Zwangsumsiedlung für die USA ebenso inakzeptabel war wie die Form ihrer Durchführung. Jeder Versuch, dieser Linie zu folgen, hätte aber sofort die Antwort hervorgerufen, dass die Amerikaner heuchlerisch versuchten, ihre Kriegsverbündeten dafür zu kritisieren, dass sie Maßnahmen durchführten, denen sie selbst nur drei Monate zuvor in Potsdam zugestimmt hatten. Es hätte auch einen Sturm der Kritik gegen die USA aus den Vertreibungsländern selbst entfacht, wie Botschafter Lane aus Warschau ihm rasch mitteilte. Lane hatte seinen polnischen Gastgebern bereits versichert, dass er die Notwendigkeit einer Politik «größter Härte» gegenüber den Deutschen völlig einsehe. Nur wenige Wochen zuvor hatte er einer polnischen Zeitung stolz erzählt, bei der Begegnung mit einigen Deutschen im schlesischen Zabrze (Hindenburg) «sagte ich ihnen, dass ich ihre Klagen über die schlechte Behandlung der deutschen Bevölkerung durch die Polen nicht verstehe. Wer hat den Krieg angefangen, wer hat Konzentrationslager und Auschwitz gebaut? Menschen, die all dieser Untaten schuldig sind, können heute niemand anderem als sich selbst die Schuld geben.»[117]

Das Kontrollratsabkommen gab dem Außenminister also eine Gelegenheit, die er eifrig ergriff, um sich aus der exponierten Lage zurückzuziehen, in die seine Mitarbeiter ihn vorübergehend gebracht hatten. Sobald es über das Abkommen informiert worden war, gab das Außenministerium den kompromisslosen Protestentwurf auf, an dem es gearbeitet hatte.[118] Stattdessen veröffentlichte es zwei Wochen später eine verwässerte Vorhaltung, die Washingtons prinzipielle Zweifel an den Vertreibungen verschwieg. Das Dokument, das Byrnes an die Polen schicken ließ, informierte sie nur, die

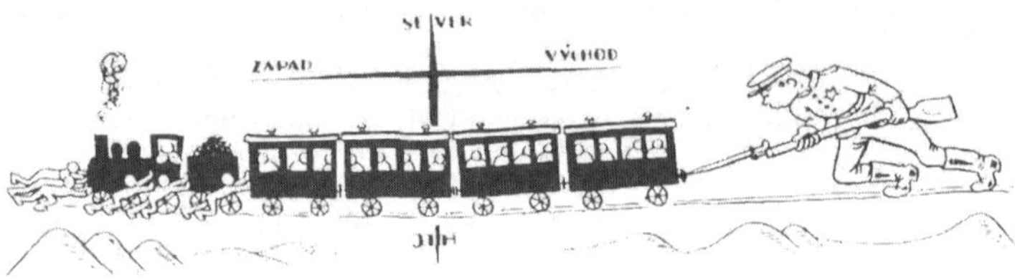

Abb. 4. Die Sicht eines tschechischen Karikaturisten auf die Vertreibungen: Ein sowjetischer Soldat treibt Sudetendeutsche über die westliche Grenze der Tschechoslowakei.

US-Regierung sei «ernsthaft beunruhigt» über den Zustand, in dem die Vertriebenen aus den Gebieten östlich von Oder und Neiße in Deutschland einträfen.[119] Selbst das wurde aber von Botschafter Lane zurückgewiesen, der Byrnes mitteilte, er sei «nicht überzeugt, dass die Deutschen in größerem Maße unter einer harten Behandlung gelitten hätten», und viele gegenteilige Berichte «kamen von Deutschen selbst, die in Übereinstimmung mit ihrem Charakterzug, nach dem verlorenen Krieg zu jammern, das Bild so schwarz wie möglich malen». Lane fügte hinzu, seine Meinung werde von General Eisenhower geteilt, der ihm vor Kurzem gesagt habe, «die Ansicht, dass Deutsche aus Polen misshandelt würden», sei falsch, und ein «Überdenken der Anordnungen, die ich erhalten habe», forderte.[120] Das Ergebnis war, dass das Jahr ohne einen formellen amerikanischen Protest gegen die Durchführung der «wilden Vertreibungen», endete. Botschafter Lane erhielt nur die Anweisung, der polnischen Regierung bei einer günstigen Gelegenheit mündlich den «Inhalt» der amerikanischen Besorgnis mitzuteilen.

Wie viele Deutsche durch «wilde Vertreibungen» entwurzelt wurden, ist ungeklärt. Nach Zahlen der Roten Armee waren bis zum 12. Dezember 1945 775 000 Menschen aus der Tschechoslowakei allein in die sowjetische Besatzungszone vertrieben worden.[121] Obwohl diese Zahlen nicht mit der tschechischen Statistik übereinstimmen, weisen Tomáš Staněk und Adrian von Arburg darauf hin, dass offizielle Berichte häufig «verdächtig genaue Zahlen» enthalten, die vielleicht aufgebläht wurden, um «das Prestige der verantwortlichen Kommandeure zu steigern».[122] Teilweise auf der Basis der Zahl von Lebensmittelkarten, die an Deutsche ausgegeben wurden, was ebenfalls kein präziser Maßstab ist, schätzen sie, dass bis Ende 1945 800 000 bis eine Million Menschen aus der Tschechoslowakei vertrieben wurden. Belastbare

Angaben für die Zahl der im gleichen Zeitraum aus den «Wiedererlangten Gebieten« Vertriebenen zu finden, ist fast unmöglich. Allein für Juni und Juli reichen die Schätzungen polnischer Historiker von 200 000 bis 1,2 Millionen – was auf die Verlässlichkeit der verfügbaren Dokumente schließen lässt. Für das ganze Jahr 1945 wäre eine Zahl von einer Million Deportationen wahrscheinlich viel zu niedrig. Bernadetta Nitschke erinnert uns aber daran, dass Deutsche, die bei dieser ersten Welle aus den «Wiedererlangten Gebieten» vertrieben wurden, häufig zurückkehrten; dass während des ganzen Jahres 1945 Menschen, die zu Jahresbeginn nach Westen geflüchtet waren, in ihre Heimatorte zurückkamen; und dass eine nicht geringe Zahl von Deutschen aus ländlichen Gebieten eine Weile in den Städten untertauchte, bevor sie zurückkehrten.

Unbestritten bleibt aber, dass die sieben Monate lange Periode der «wilden Vertreibungen» einen gewaltigen Ausbruch staatlich geförderter Gewalt bedeutete, der nach vorsichtigen Schätzungen Hunderttausende von Opfern forderte. Als solche sind sie einzigartig in der Geschichte der Friedenszeiten im Europa des 20. Jahrhunderts. Dennoch wurden sie nur von wenigen Europäern und bis auf die direkt anwesenden auch von kaum einem Amerikaner wahrgenommen. Nun würden die Alliierten versuchen, Massendeportationen zu organisieren, diesmal durch die «geordneten und humanen» Methoden, die das Potsdamer Abkommen forderte.

Kapitel 5

DIE LAGER

Wenzel Hrneček war für die, die ihn vor dem Krieg kannten, ein völlig unauffälliger junger Mann. Wie alle Tschechen seiner Generation war er als Untertan der k. u. k.-Monarchie geboren worden und erlebte ihren Zusammenbruch als Jugendlicher. Er wuchs in der ethnisch gemischten Stadt České Budějovice (Böhmisch Budweis) in Südböhmen auf, die unter ihrem deutschen Namen Budweis weltweit für ihr Bier bekannt ist. Der fließend Tschechisch und Deutsch sprechende Hrneček wurde 1928 Polizist. Seine Arbeit war gut, aber nicht herausragend. Bis zum Beginn des Zweiten Weltkriegs wurde er nicht ein einziges Mal befördert. Nach der Machtübernahme der Nationalsozialisten im Sudetenland im September 1938 diente er dem dritten Regime, das er in seinem Leben kennengelernt hatte, ebenso effizient wie dem vorigen. 1940 jedoch kam es zur Katastrophe, als er mit anderen Tschechen fälschlich beschuldigt wurde, ein illegales Radiogerät zu besitzen. Obwohl die Anklage schließlich fallengelassen wurde, kam Hrneček wie Tausende andere, die aus irgendeinem Grund den Verdacht der Deutschen erregt hatten, im Lager Theresienstadt in «Schutzhaft». Er verbrachte den Rest des Krieges in verschiedenen KZ in der Tschechoslowakei, Polen und Deutschland, darunter Sachsenhausen und Groß-Rosen, bevor er nach Dachau kam. Hier wurde er zum Stubenältesten ernannt, dem niedrigsten Rang der Kapos, die von den Deutschen zur Kontrolle ihrer Mithäftlinge ausgesucht wurden, und deren Brutalität oft den SS-Wachleuten nahekam. Wie seine Mitgefangenen aber bezeugten, machte Hrneček die Versuche seiner Wächter zunichte, ihn zum Mittäter werden zu lassen, indem er alles tat, um die tschechischen Gefangenen, für die er verantwortlich war, vor den größten Härten des Lagerlebens zu schützen.[1] Nach der Befreiung durch die US-Armee im April 1945 erholte er sich drei Wochen von seiner Lagerzeit, kehrte dann nach České Budějovice zurück und meldete sich in seiner alten Polizeikaserne zum

Dienst. Er wurde sofort zum stellvertretenden Kommandanten des Internierungslagers für Sudetendeutsche in Linzervorstadt ernannt, vier Kilometer außerhalb der Stadt, in dem bereits viele der deutschen Einwohner der Gegend eingesperrt waren. Sein Chef war Stabshauptmann Alois Vesely; die Leitung des Lagers lag aber de facto in Hrnečeks Händen.

Linzervorstadt war typisch für Tausende improvisierter Internierungslager für Deutsche, die in den Tagen und Wochen nach dem Rückzug der Wehrmacht in ganz Mitteleuropa entstanden. Es war während des Krieges für Zwecke des Reichsarbeitsdiensts genutzt worden und bestand aus fünf Wohnbaracken mit einem Verwaltungsblock, Küche und Krankenstation.[2] Selbst mit zwei Gefangenen pro Schlafplatz war seine Aufnahmefähigkeit schnell erreicht. Während ein Deutscher, der am 10. Mai 1945 – 48 Stunden nach der deutschen Kapitulation – nach Linzervorstadt geschickt wurde, die Lagernummer 682 bekam, erhielt ein pensionierter Friseur schon Ende Juli die Nummer 2212.[3] Einige der Verwalter und Lagerwachen, die Hrneček selbst einstellte, waren vor Kurzem selbst noch Häftlinge in deutschen KZ gewesen, andere waren «15- bis 18jährige Burschen, die ... als Partisanen bezeichnet wurden».[4] Sie machten das Lager sofort zu einem Dachau in kleinerem Maßstab und etablierten ein Regime für die deutschen Zivilisten, das so genau wie möglich dem nachgebildet war, was sie selbst durch die Nationalsozialisten erlebt hatten. Anstelle des SS-Mottos «Arbeit macht frei» trug das Lagertor den Bibelvers *Oko za Oko, Zub za Zub* (Auge um Auge, Zahn um Zahn). Neuankömmlinge, die auf den Straßen České Budějovics oft von Hrneček persönlich festgenommen wurden, wo er mit einem Polizeiwagen nach potenziellen Gefangenen suchte, wurden ausgezogen und nach SS-Tätowierungen abgesucht, danach mussten sie noch immer nackt durch eine Gasse von Wachen laufen, die sie ins Lagerleben «einführten», indem sie sie mit Gummiknüppeln, Rohrstöcken und Knüppeln schlugen. Sie wurden geschoren und bekamen schließlich eine Häftlingsuniform mit farbigen Markierungen (manche Gefangene erinnerten sich an dreieckige Abzeichen, andere an Streifen), die ihren Status als «Parteimitglieder», «Kollaborateure» oder gewöhnliche Zivilisten anzeigten. Die Strafen für so triviale Vergehen wie das Nichtabnehmen der Mütze in Anwesenheit eines Lageraufsehers oder das Versäumen des Laufschritts waren häufig und streng, darunter so charakteristische Merkmale der NS-Konzentrationslager wie das Aufhängen an

Pfählen (an den hinter dem Rücken gefesselten Handgelenken), Auspeitschen mit Stahlruten, Übungen mit schweren Steinen oder Ziegeln und nächtelange Appelle oder Paraden, bei denen die Gefangenen bis zum nächsten Morgen in Reih und Glied stehen mussten.[5] Der katholische Priester Josef Neubauer, der bis zu seiner Vertreibung im November 1945 in Linzervorstadt interniert war, sagte später über eine Prügelstrafe aus, die über ihn verhängt worden war, weil er entgegen den Lagerregeln sterbenden Gefangenen auf der Krankenstation die Sterbesakramente gegeben hatte: «Am 27.6.45 wurde ich plötzlich zur Wachstube kommandiert. Ich mußte mich vollständig nackt ausziehen und erhielt dann mit Stöcken und Fäusten Schläge. Dadurch erlitt ich einen Rippenbruch und wurden mir die Zähne eingeschlagen. Weiter erhielt ich von meinen zwei Henkern je 50 Hiebe mit einem daumendicken Stahldraht auf Leib, Rücken, Brust und Gesäß. Die Hiebe mußte ich jeweils selbst mitzählen. Nach Beendigung dieser Schlägerei stand ich am ganzen Leib blutend da und sagte zu meinen Henkern, daß ich ihnen verzeihe und daß es ihnen Gott nicht als Sünde anrechnen wolle. Auf diesen meinen Ausspruch hin waren sie baff und ich hatte von diesem Zeitpunkt an meine Ruhe.»[6]

Viele der Misshandlungen von Gefangenen waren ein Begleichen privater Rechnungen. Hrneček rächte sich persönlich an seinem früheren Hauptmann bei der Polizei von České Budějovice, indem er den Mann vier bis fünf Stunden an einem Pfahl aufhängte und dabei auspeitschen ließ, bis er ohnmächtig wurde, worauf man ihn mit Wasser übergoss, um ihn wieder zu wecken.[7] Ein Gefangener berichtete, dass «Aufseher» jeden Abend die Baracken und ihre Bewohner auf Sauberkeit inspizierten und diejenigen zum Verprügeln in die Waschräume brachten, «gegen die sie aus früherer Zeit einen Groll verspürten. Oft konnte man – nachdem jemand weggebracht worden war – auch vom Hof eine kurze Salve aus einem Maschinengewehr hören.» Ein anderer erinnerte sich: «Die Torturen fanden meist abends zwischen neun und zehn Uhr statt. Die Schreie der Gefolterten gingen aber immer bis Mitternacht weiter.» Hrneček gab zu, dass jeden Abend «frühere politische Flüchtlinge und Gefangene [aus der Stadt] ins Lager kommen durften, um Personen zu finden, die gegen die Tschechen gearbeitet hatten», und «oft schwer misshandelte [Häftlinge] aufgefunden wurden, die von diesen Personen geschlagen worden waren».[8] Er gab auch zu, dass Selbstmorde unter Gefangenen, um weiterer Folter zu entgehen, und Morde durch Wachen und Kapos an der Tagesordnung waren. Manche Gefangene hängten sich auf, andere machten ihrem Leben ein Ende, indem sie sich in den Stacheldrahtzaun warfen und von den Wachen erschossen wurden. Hrneček leugnete aber nicht, dass viele dieser Selbstmorde vielleicht vorgetäuscht waren. «Mir wurde immer berichtet, in der Nacht hätte sich der Gefangene … aufgehängt. Ob der Mann wirklich Selbstmord begangen hatte oder ob er von den Aufsehern aufgehängt wurde, kann ich nicht sagen. Ich will diese Möglichkeit aber nicht ausschließen.»

Wie seine deutschen Vorbilder hatte auch Linzervorstadt ein Netz von Nebenlagern, darunter ein Frauenlager in Zámostí bei Hluboká nad Vltavou (Frauenberg), das Hrneček und seine Untergebenen ebenfalls von Zeit zu Zeit besuchten, um die Gefangenen zu misshandeln oder, wie im Fall Veselys, um Minderjährige zu vergewaltigen. Außerdem gab es ein Arbeitslager im nahe gelegenen Kohlebergwerk Mydlovary. In Übereinstimmung mit einem Dekret der tschechoslowakischen Regierung vom September 1945 mussten sudetendeutsche Gefangene beiderlei Geschlechts Zwangsarbeit leisten, die Männer meist auf Baustellen, die Frauen in Küche oder Wäscherei des Lagers. Obwohl Arbeit außerhalb des Lagers manchmal Gelegenheiten zur Flucht bot, waren solche Versuche für die anderen Zwangsarbeiter nicht weniger gefährlich, weil ihnen dieselben Strafen drohten wie ergriffenen Geflohenen. Wie in Linzervorstadt und anderen Lagern üblich, wurden Schläge häufig von Mithäftlingen verabreicht. Hrneček erinnerte sich an eine Episode, bei der «drei oder vier Internierte ihre körperlichen Strafen gleichzeitig bekamen. Diese Leute waren weggelaufen, aber gefasst worden. Dann wurde eine kleine Einheit gebildet, die die Strafen an den Gefassten vollzog.»

Die Bedingungen in Linzervorstadt waren keineswegs außergewöhnlich. Ähnliche Geschichten wurden von ehemaligen Gefangenen wie von internationalen Beobachtern aus Dutzenden, wenn nicht Hunderten der Lager berichtet, die in den letzten Kriegsmonaten in der Tschechoslowakei, Polen, Jugoslawien, Ungarn und Rumänien entstanden. Die erste solche Einrichtung wurde im September 1944 im rumänischen Târgu Jiu eröffnet; andere entstanden im Oktober und November in der Umgebung Bukarests und in der nordjugoslawischen Batschka-Region.[9] Viele KZ des NS-Regimes wie Majdanek und Theresienstadt – sogar das Lager in Auschwitz – wurden nicht geschlossen, sondern dienten noch jahrelang nach dem Krieg als Internierungslager für Deutsche. In Oświęcim (Auschwitz) lagen die

Befreiung der letzten überlebenden jüdischen Häftlinge des Hauptlagers (Auschwitz I) und die Ankunft der ersten Deutschen keine zwei Wochen auseinander. Die Zahl dieser Einrichtungen und ihrer Gefangenen kann nicht ganz genau bestimmt werden,[10] war aber sicherlich sehr hoch.[11] Viele hinterließen keine dokumentarischen Spuren – in Polen ist z. B. nur das Gefangenenregister des Lagers Łambinowice (Lamsdorf) erhalten –, und es ist unwahrscheinlich, dass jedes einzelne von ihnen der Zentralregierung bekannt war. Das Staatliche Repatriierungsbüro und die Wojewodschaft von Szczecin erfuhren beispielsweise erst von einem Lager in Koszalin mit über 1000 Deutschen, als im März 1947 dort eine Typhusepidemie ausbrach.[12] Auch der Bezirksnationalausschuss von Prag, der die Verantwortung für die tägliche Verwaltung der Internierungslager für Deutsche in der Hauptstadtregion trug, beschwerte sich, er wisse nicht immer, wo und von wem Lager eingerichtet worden seien.[13] Der Leiter der Delegation des Internationalen Komitees vom Roten Kreuz in der Tschechoslowakei berichtete im Februar 1946, seine Frau sei bei einem privaten Besuch zufällig auf ein improvisiertes Lager für Sudetendeutsche in einem Gebäudeflügel einer Mädchenschule in Böhmen gestoßen. «Das ist nur ein weiteres Beispiel für die ‹verborgenen› Lager [...] wir entdecken ihre Existenz nur zufällig oder wenn wir einen bestimmten Fall untersuchen, darum kann man die genaue Zahl der im Land Internierten nicht wissen.»[14]

In den meisten Fällen war die Internierung der Deutschen aber zentral gesteuert. Das Polnische Komitee der nationalen Befreiung in Lublin erließ im November 1944 ein Dekret, das die sofortige Internierung aller deutschen Zivilisten im Generalgouvernement befahl.[15] Drei Monate später wurde diese Maßnahme auf die Menschen in allen Teilen des Landes ausgedehnt, die unter Kategorie 2 der Deutschen Volksliste fielen. Eine große Zahl von deutschen Bewohnern der «Wiedererlangten Gebiete» wurde aufgrund von Erlassen der lokalen Gouverneure ebenfalls interniert.[16] Über 40 000 Deutsche aus Polen deportierte man im Frühjahr 1945 außerdem in sowjetische Arbeitslager.[17] Gelegentlich wurden diese Internierungslager von Offizieren der Roten Armee aufgelöst. So befahl der sowjetische Militärbefehlshaber in Tczew (Dirschau), alle Deutschen aus den Arbeitslagern in diesem Landkreis sollten in ihre Häuser zurückkehren, ihre normale Arbeit wiederaufnehmen und die Hakenkreuzbinden und Identifikationsnummern ablegen, die sie auf Befehl der polnischen Behörden tragen mussten. Für gewöhnlich mischten sich die sowjetischen Behörden allerdings nicht in solche Dinge ein, solange ihre eigenen Interessen nicht berührt waren.

In der Tschechoslowakei legte Dekret Nr. 16 vom 19. Juni 1945 die Internierung sudetendeutscher Handwerker, Geschäftsleute und Akademiker, deren Dienste als unnötig erachtet wurden, dazu Vertreter der «überflüssigen Intelligenz» und des «überschüssigen Personals» in Industrie und Handel, zusammen mit ihren Familien, fest.[18] Die Bezirksnationalausschüsse vor Ort sahen die Notwendigkeit der Internierung aber oft viel umfassender: Eine Rechtsauslegung aus Plzeň, nach der die Festnahme von Deutschen autorisiert sei, «egal ob sie unter die Klauseln des Präsidentendekrets Nr. 16 vom 19. Juni 1945 fallen oder nicht», wurde an vielen Orten in der ganzen Tschechoslowakei nachgeahmt.[19] Mitte Juni hatte auch der slowakische Nationalrat das Ministerium für Nationale Sicherheit mit der Einrichtung, Organisation und Beaufsichtigung von Lagern für die deutschen und ungarischen Minderheiten beauftragt, obwohl es schon vorher lokale Verhaftungen gegeben hatte.[20] Laut den unvollständigen tschechischen Unterlagen gab es im November 1945 allein in Böhmen rund 152 000 Gefangene, davon 93 Prozent Deutsche, dazu mindestens 7000 in verschiedenen Gefängnissen. Bis zu 40 000 weitere waren in der Slowakei interniert. Diese Zahlen beziehen aber nicht die Menschen in den Lagern des Verteidigungsministeriums ein.[21] Die Schätzung eines amerikanischen Offiziers, der im Januar 1946 nach Prag kam, um die Vertreibungen zu koordinieren, und dort erfuhr, dass «etwa 250 000 jetzt gesammelt und in Lagern konzentriert werden», war also vielleicht nicht weit von der tatsächlichen Zahl entfernt.[22]

Ein ähnliches Edikt des Tito-Regimes befahl im November 1944 die Internierung aller jugoslawischen Volksdeutschen, bis auf jene, die aktiv gegen die NS-Besatzung gekämpft hatten. Obwohl die Alliierten die Zustimmung zur Vertreibung aus diesem Land verweigerten, war dem Roten Kreuz 1947 die Existenz von 96 Internierungslagern bekannt.[23] Mindestens 170 000 Volksdeutsche, bis auf jene, die bereits bei «willkürlichen Massenerschießungen» gestorben waren, wurden bis Mitte 1945 festgenommen; der Sonderüberprüfungsausschuss der Wojwodina berichtete im Mai nach Belgrad: «Die Mehrheit der Internierten sind Alte, Frauen und Kinder.»[24] Obwohl die Pläne der ungarischen Regierung zur Einrichtung von 22 «Sammellagern» nie verwirklicht wurden, gab es ein großes Lager für Volksdeutsche in Debrecen, wo die Bedingungen als «schwierig» galten;[25] über ein weiteres Lager außerhalb von Bonyhád, wo rund 20 000 Menschen aus dem südlichen Bezirk Baranya nahe der kroatischen Grenze gefangen sein sollten, berichteten amerikanische Diplomaten im Juni 1945.[26] In Rumänien gab es außer dem Lager Târgu Jiu bald weitere, denn die von den Sowjets unterstützte Regierung ordnete im Dezember 1944 die Internierung aller deutsch- und ungarischstämmigen Männer über 16 und Frauen über 18 Jahren an.[27] Während die Gefangenenzahl der deutschen Konzentrationslager Anfang 1945 mit 700 000 ihren Höhepunkt erreichte,[28] könnte die Zahl der in Europa in ähnlichen Einrichtungen eingesperrten Menschen am Ende des Jahres noch höher gelegen haben.

Das Lagersystem war ebenso vielgestaltig wie ausgedehnt. Bei Kriegsende zeigte sich in Mittel- und Südosteuropa das gleiche Muster von lokaler Improvisation wie beim Aufbau des deutschen KZ-Systems ab 1933.[29] Als Ergänzung zu den «wilden Vertreibungen» des Sommers 1945 waren viele dieser frühen Internierungszentren «wilde» Lager, eingerichtet durch örtliche Behörden, Elemente der tschechoslowakischen SNB und polnischen Milicja Obywatelska (Volksmiliz) oder selbsternannte «Bürgerkomitees», ohne von höheren Instanzen beauftragt zu sein oder diese auch nur zu informieren.[30] Wie oben erwähnt, wurden ehemalige KZ, Kriegsgefangenenlager, normale Gefängnisse und Baracken der Arbeitsfront sofort als Internierungslager für Zivilisten übernommen. Dazu kam aber noch ein breites Spektrum vorübergehender Einrichtungen von Sportstadien und verlassenen Fabriken bis zu Kirchen und Wohnhäusern. In Prag wurden Zehntausende bis zum September 1945 unter freiem Himmel im Strahovský-Fußballstadion gefangengehalten, bevor sie in andere Lager kamen; das Rote Kreuz beschrieb die Umstände dort als unmenschlich. Das Arbeitersportfeld in Popovice (Pfaffendorf) bei Děčín diente dem gleichen Zweck.[31] In dem provisorischen Lager auf dem Flugplatz Patrónka bei Bratislava waren beim Besuch des Roten Kreuzes im Juli 1945 2449 Menschen gefangen, fast drei Viertel von ihnen Frauen und Kinder.[32] Patrónka war keineswegs die größte dieser Einrichtungen, einige wie Rudolfsgnad (Knićanin) in Jugoslawien hatten über 20 000 Gefangene. Die kleinste war möglicherweise das Lager Svidnik in der Ostslowakei, wo nur 15 Männer aus der deutschsprachigen Zipser Minderheit interniert waren, «eine feuchte Höhle mit einem Fenster, das fast kein Licht hereinlässt [...] [Die Insassen] schlafen auf etwas Stroh auf dem Boden; wegen der Rauchentwicklung kann man kein Feuer anzünden.»[33] Die Gefangenen von Svidnik wurden zum Minenräumen eingesetzt; in den zwei Monaten vor dem Besuch des Internationalen Komitees vom Roten Kreuz waren zehn von ihnen dabei gestorben. Im Lager Koszalin (Köslin) in Nordpolen, vormals Hinterpommern, waren 1090 Menschen dichtgedrängt in zwei Mietshäusern ohne Toiletten und Kochgelegenheiten interniert, nur in einem gab es Wasser; bis März 1947 waren Dysenterie und Typhus unter den Insassen ausgebrochen.[34] In Jugoslawien waren die größten Lager ganze Dörfer, in denen Volksdeutsche hinter Stacheldraht lebten, wobei die Sterberate durch Überfüllung, Unterernährung, Seuchen und Misshandlungen in den schlimmsten davon, wie Gakowa und Kruševlje in der Batschka, die Zahl der Toten in jedem Barackenlager überstieg.[35]

Die Gesamtzahl der Gefangenen lässt sich nicht mit Gewissheit ermitteln. Sicher ist aber, dass die Mehrheit der Deutschen vor ihrer Vertreibung zweifellos nicht interniert war. Klare Kriterien, nach denen die einen interniert wurden und die anderen diesem Schicksal entgingen, lassen sich nicht feststellen. Anweisungen, nach denen Kinder, Alte, Schwangere oder Behinderte ausgenommen werden sollten, wurden fast immer ignoriert; wie bei der volksdeutschen Bevölkerung im Allgemeinen so waren auch in vielen Lagern Frauen und Kinder in der Mehrzahl. Darauf deuten auch andere Hinweise, so die pauschalen Festnahmen, die in der Praxis nicht zwischen Befürwortern und Gegnern der deutschen Besatzung unterschieden. In vielen Fällen gerieten sogar Opfer des NS-Regimes ins Netz. Etwa 2000 bis 3000 Häftlinge der tschechoslowakischen Lager waren Juden, die sich bei der Volkszählung 1930 als Deutsche hatten registrieren lassen, um antisemitischen Anfeindungen zu entgehen. Obwohl es einigen unter großen Anstrengungen gelang, ihre Befreiung zu erreichen, wurden andere ausgerechnet in das Land abgeschoben, das ihre Vernichtung geplant hatte.[36] Innenminister Václav Nosek erregte im Februar 1946 internationales Aufsehen durch die Äußerung, Juden «litten auch etwas unter dem Naziterror», aber das bedeute nicht, dass sie nicht an der «Germanisierung» während der Ersten Republik mitschuldig gewesen seien.[37] Das Gleiche galt für deutschsprachige Juden in Jugoslawien und auch für volksdeutsche Angehörige von Soldaten der jugoslawischen Armee, die beim Kampf gegen die deutschen Invasoren 1941 gefallen waren.[38] Wieder andere hatten als politische Gefangene den Krieg ganz oder teilweise in deutschen KZ verbracht, wurden nach der Befreiung aber in ihrer Heimat als Deutsche erneut eingesperrt.[39] Ein sudetendeutscher NS-Gegner und Emigrant, der im Krieg in der Royal Airforce gekämpft hatte, berichtete, die sozialdemokratischen Genossen in der Umgebung seiner Heimatstadt Podmokly (Bodenbach) seien durch das SNB, das er sarkastisch als «junge Männer in Uniformen, die denen der SS ähneln, und ebensolchen Stiefeln» beschrieb, in vier improvisierte Lager gesperrt worden.[40] Auch Ausländer gerieten in Internierungslager. Das tschechische Innenministerium behauptete im Juni 1945, schweizerische Staatsbürger seien festgenommen worden, nachdem man sie in der Öffentlichkeit Deutsch reden gehört hatte.[41] Ähnlich pauschale Festnahmen gab es im polnischen Bezirk Katowice (Kattowitz), darunter einen vierzehn Jahre alten Jungen aus den Niederlanden, dessen blondes Haar und blaue Augen der Miliz in Gliwice (Gleiwitz) genügten, um seine «deutsche» Nationalität nachzuweisen. Echte Holländer, so klärten sie ihn auf, bevor sie ihn ins Lager Świętochłowice-Zgoda (Schwientochlowitz), ein früheres Unterlager von Auschwitz III (Monowitz), schickten, seien stets dunkelhaarig und sprächen Französisch.[42]

Die Bedingungen in den Lagern waren zwar fast immer hart, zeigten aber deutliche Unterschiede. Manchmal wurde nicht versucht, die Volksdeutschen von anderen Inhaftierten zu trennen. Im Lager Autopark im Prager Bezirk Smíchov gab es neben deutschen Kriegsgefangenen auch Frauen und Kinder. Die Lebensbedingungen in reinen Kriegsgefangenenlagern, deren Insassen die Genfer Konvention schützte, waren in der Regel deutlich besser als in den typischen Lagern für Zivilisten. In Potulice bei Bydgoszcz (Bromberg) – zuvor das deutsche KZ Potulitz – waren neben deutschen Zivilisten nicht nur Kriegsgefangene, sondern auch «politisch unzuverlässige» Polen interniert, darunter Angehörige der Heimatarmee und Soldaten, die im Krieg unter britischem Kommando gekämpft hatten.[43] In Jaworzno, ehemals ein Nebenlager von Auschwitz, gab es neben Deutschen auch zahlreiche Menschen ukrainischer Abstammung, die unter noch härteren Bedingungen lebten. Obwohl Familien häufig getrennt wurden und kleine Kinder manchmal in Waisenhäuser kamen oder zur Adoption durch örtliche Familien freigegeben wurden, lebten in vielen Lagern Menschen beider Geschlechter und aller

Abb. 5. **Eine Kolonne von Insassen des Lagers Jaworzno**

Altersstufen. Es gab aber einige spezielle Kinderlager; im ehemaligen KZ Bunzlau (Bolesławiec) in Polen, einem Nebenlager von Groß-Rosen, lebten rund 1200 Jungen zwischen zwölf und fünfzehn Jahren, die als Zwangsarbeiter beim Straßenbau eingesetzt wurden.[44] Im Juli 1947 war von den 95 Insassen des Kinderlagers in České Křidlovice (Grillowitz) in der Tschechoslowakei ein Drittel unter sechs Jahren alt.[45]

Die Frage, wie diese Internierungslager zu kategorisieren sind, ist komplex.[46] Am einen Ende des Spektrums ist der Begriff «Konzentrationslager» angemessen – nicht nur, weil er zunächst von der tschechischen und polnischen Regierung, die sie betrieben, ohne Scheu benutzt wurde,[47] sondern auch weil manche Lager, wie Wenzel Hrnečeks Linzervorstadt, bewusst die Bedingungen in den deutschen Vorbildern kopieren sollten. Es gab wenig Unterschiede zwischen diesen und vielen «Internierungslagern», als deren offizieller Zweck manchmal die Untersuchungshaft von Personen angegeben wurde, die der Kollaboration mit den Nationalsozialisten verdächtig seien.[48] Wegen der meist schon vorausgesetzten Schuld waren die Bedingungen in solchen Einrichtungen hart. In den «Arbeitslagern» waren sie unterschiedlicher. Manche Häftlinge verbüßten lange Strafen für echte oder fiktive Vergehen, andere waren Techniker und Spezialisten, deren Kenntnisse als unverzichtbar galten und die mehr Privilegien hatten als viele andere eingesperrte Deutsche, vor allem größere Lebensmittelrationen. Die Mehrheit waren aber gewöhnliche Bürger, die zu geringen Löhnen an örtliche Unternehmer vermietet wurden, um die Lagerkosten zu finanzieren. Im Prinzip barg die Internierung in «Sammellagern» bei Bahnhöfen, wo die Insassen vor der Abfahrt nur wenig Zeit verbringen sollten, die geringsten Risiken, wenn auch meist nur durch die Kürze des Aufenthalts.[49] Wegen der Transportengpässe mussten die Menschen aber manchmal viele Wochen oder Monate in Sammellagern verbringen. Die Infrastruktur dieser Einrichtungen war rudimentärer als in vielen Internierungs- oder Arbeitslagern, wodurch die Zahl der Opfer von Seuchen, Unterernährung oder Unterkühlung vor allem im Winter die der strenger geführten Internierungslager übersteigen konnte.

Es bleibt die Tatsache, dass in sehr vielen Fällen die Unterschiede in der offiziellen Bezeichnung verschiedener Lager eher in der Theorie als in der Praxis bestanden. Ein typisches Beispiel ist das Lager Mirošov (Miroschau) bei Plzeň, das am 12. Mai 1945 eröffnet wurde. Bis zum August war sein offizieller Name «Konzentrationslager Mirošov» (*Koncentrační tábor Mirošov*), wie auf den Stempeln der Lagerdokumente zu sehen. Danach wurde es in «Sammellager Mirošov» umbenannt, obwohl das Innenministerium es als «Internierungslager» betrachtete. Der Zweck blieb aber immer derselbe: die sudetendeutschen Zivilisten der Umgebung aufzunehmen und als Zwangsarbeiter bis zu ihrer Vertreibung zu vermieten, es sei denn – wie häufig bei älteren Gefangenen –, sie starben vorher an Hunger oder Krankheiten. Als es noch offiziell «Konzentrationslager» hieß, war jeder siebente Gefangene in Mirošov jünger als vierzehn Jahre, 45 waren nicht einmal sechs Jahre alt.[50]

In ganz Mitteleuropa bestand für die 1945 internierten Menschen das höchste Risiko, hingerichtet, von Lagerpersonal gefoltert zu werden oder an vermeidbaren ansteckenden Krankheiten zu sterben. In späteren Jahren war die Internierung weniger gefährlich. Das wiederum rührte zum Teil daher, dass zu Beginn eine zentrale Kontrolle der Lager fehlte oder unwirksam war und ihre Verwaltung in den Händen von Personen lag, die der britische Botschafter in Prag zutreffend als «junge Schläger» beschrieb.[51] Das Lager Świętochłowice-Zgoda, dessen jüdische Gefangene im Februar 1945 fast über Nacht durch Deutsche ersetzt wurden, ist eines der schlimmsten Beispiele dieser Praxis. Der zwanzigjährige Kommandant, ein Offizier der polnischen Geheimpolizei (UB) namens Aleksy Krut, und seine zwischen 17 und 23 Jahre alten Helfer herrschten über ein System organisierter und brutaler Misshandlung der Häftlinge und sagten offen, sie wollten in fünf Monaten erreichen, wofür die Deutschen fünf Jahre gebraucht hätten.[52] Als Krut im Mai von seinem sechs Jahre älteren Stellvertreter Salomon Morel abgelöst wurde, rückte dieses Ziel noch näher. Durch massive körperliche Misshandlungen – neben der Folter durch Wachen und Kapos wurden Gefangene auch gezwungen, einander zu schlagen –, das Vorenthalten von Nahrung, Überarbeitung und einen Typhusausbruch, den Morel möglicherweise bewusst verschlimmerte, war laut den Lagerakten über ein Drittel der 5000 Insassen von Świętochłowice-Zgoda gestorben, als das Lager vom Ministerium für öffentliche Sicherheit in Katowice im November 1945 geschlossen wurde.[53] Diese Sterberate war ungewöhnlich hoch, aber kein Einzelfall. In Mysłowice, westlich von Jaworzno, gab es unter dem zwanzigjährigen Kommandanten Tadeusz Skowyra vom 6. März 1945 bis Jahresende 2227 Todesfälle. Der Historiker Wacław Dubiański warnt aber, dass diese Zahl eher zu niedrig ist, weil sie nur Todesfälle enthält, bei denen ein Totenschein ausgestellt wurde, und die Opfer der vielen Unterlager von Mysłowice fehlen.[54] Im Lager Zimne Wody (Kaltwasser) wurden an zehn Tagen von Ende März bis Anfang April 1945 265 Todesfälle registriert; im Dezember ordnete das Standesamt in Bydgoszcz an, die Todesfälle in Zimne Wody aus dem Register zu streichen, weil deren Ursachen auf die polnischen Lager «ein negatives Licht» werfen könnten.[55] Im Lager Łambinowice, dessen Kommandant Czesław Gęborski bei seiner Ernennung 21 Jahre alt war, wurden an einem einzigen Oktobertag 1945 40 bis 50 Gefangene erschossen.[56]

Ein wichtiges Element des Lagersystems nach dem Krieg war die Häufigkeit sexueller Angriffe sowie ritualisierter sexueller Demütigung und Bestrafung von Frauen. Weibliche Überlebende der deutschen KZ haben sich erinnert, dass trotz der ungezügelten Brutalität, die den größten Teil des täglichen Lebens bestimmte, Vergewaltigungen oder andere Formen sexueller Misshandlung durch ihre Wächter extrem selten vorkamen und bei Entdeckung von den Vorgesetzten streng bestraft wurden. Dies lag allerdings nicht an einer irgendwie gearteten Rücksichtnahme der Nationalso-

zialisten auf weibliche KZ-Insassen, sondern an den strengen Gesetzen gegen «Rassenschande», die sexuelle Beziehungen zwischen «Ariern» und als «rassisch minderwertig» eingestuften Personen unter Strafe stellten.[57] Nach dem Krieg registrierte das Rote Kreuz dagegen, dass sexueller Missbrauch weiblicher Gefangener sehr häufig und systematisch stattfand. Dies wurde auch von tschechischen Beobachtern bestätigt.[58] Ein ausländischer Beobachter notierte im August 1945, die Frauen in zwei tschechischen

Lagern würden «wie Tiere behandelt. Russische und tschechische Soldaten kommen, um nach Frauen zu suchen, der Grund ist nicht schwer zu erraten. Die Bedingungen sind für Frauen hier viel schlimmer als in den deutschen Konzentrationslagern, wo Vergewaltigungen selten waren.» Im zweiten Lager wurden nächtliche Partys organisiert, bei denen «etwa fünfzehn junge Mädchen die Ankunft der Besucher erwarten»; tschechische und sowjetische Soldaten «nehmen die hübschesten Mädchen mit, die oft spurlos verschwinden».[59] Jean Duchosal, der Generalsekretär des IKRK, erfuhr bei seinem Besuch im slowakischen Lager Matejovce im November 1945, dass Mädchen häufig vergewaltigt wurden und Schläge alltäglich waren.[60] Das Gleiche galt für Patrónka.[61] Die britische Armee erhielt mehrere unabhängige Berichte über die Wachen im Arbeitslager Ridjica, einem Nebenlager von Sombor im jugoslawischen Bezirk Batschka, die offen zugaben, «Soldaten und jeden anderen, der sich ‹amüsieren› will», hereinzulassen.[62]

Solche Vorgänge waren in Polen ebenso verbreitet. Zwei offizielle Inspektionen im Mai und August kamen zu dem Ergebnis, dass Jaworzno als «sexueller Supermarkt» für seine Wachmannschaft von 170 Milizionären diente. Laut Antoni Białecki vom Amt für öffentliche Sicherheit nahmen diese «in der Nacht deutsche Frauen unter Waffengewalt in ihre Wohnungen mit und vergewaltigten sie».[63] In Potulice, einem der größten polnischen Lager für Deutsche, war die sexuelle Demütigung von Frauen Ende 1945 zur gängigen Praxis geworden. Neuankömmlinge beiderlei Geschlechts wurden von Kopf bis Fuß rasiert, angeblich aus hygienischen Gründen. «Die Frauen mussten sich dafür auf zwei Stühle legen und die Beine spreizen, sodass ihre Haare entfernt werden konnten Die Rasur wurde durch Männer vorgenommen, und die ganze Prozedur wurde von den polnischen Beamten und Milizionären beobachtet.» Schläge während nächtlicher Rauminspektionen oder «Kontrollen» wurden «wenn möglich auf den nackten Körper verabreicht. Wenn eine Frau große Schmerzen wegen ihrer Tage hatte und bat, nicht so fest geschlagen zu werden, sagten die Männer, das müsse sie beweisen, und sie konnte nichts tun, als es zu zeigen, wenn sie nicht schlimmer geschlagen werden wollte.» Manchmal mussten männliche Gefangene zur Unterhaltung der Lagerwachen Geschlechtsverkehr mit weiblichen simulieren.[64] Manche Bestrafungen konnten zu schrecklichen Verletzungen führen. Ein Gefangener in Potulice sah eine Prozedur, bei der das Opfer in sitzender Position auf dem Bein eines umgedrehten Stuhls kauern musste, sodass ihr ganzes Gewicht auf dem Damm lastete. Häufig kam es zu ernsten Verletzungen, einschließlich Genital- und Analrissen.[65] Auch in der Tschechoslowakei erwähnte ein Bericht der Prager Polizei vom Juni 1945, dass Revolutionsgardisten die Gewohnheit hätten, «Frauen zu entblößen und mit brennenden Zigaretten zu peinigen».[66]

Sexuelle Misshandlungen oder Folter männlicher Gefangener waren keinesfalls unbekannt – in manchen Fällen mussten sie aneinander sexuelle Handlungen vornehmen. In der Regel beschrieben glaubhafte Berichte über sexuelle Attacken auf Männer aber eine eskalierende Gewalt, die oft mit dem Tod des Opfers endete, nicht die kontinuierliche und systematisierte Entwürdigung, der Frauen häufig unterworfen wurden. Tritte, Schläge und andere Misshandlungen der Genitalien männlicher Gefangener waren jedoch so verbreitet, dass sie kaum extra erwähnt wurden. Man braucht gar nicht auf freudianische Interpretationen zurückzugreifen, um in all diesen sexualisierten Formen der Misshandlung den Wunsch der jungen männlichen Täter zu erkennen, durch solche pathologisch verzerrte Hypermaskulinität die kastrierende und demütigende Erfahrung der deutschen Besatzung zu exorzieren.

In den meisten Lagern, zu welcher Kategorie sie auch offiziell gehören mochten, wurde von den Insassen erwartet, die Kosten ihrer Gefangenschaft durch Zwangsarbeit zu tragen oder in vielen Fällen durch Lösegeld, besonders bei Gefangenen mit Verwandten in Deutschland und Österreich. Britische Militärbeobachter erfuhren 1947 von «einer sehr realen Organisation», die die jugoslawischen Behörden geschaffen hatten, «um Menschen gegen Bezahlung aus dem Lager und nach Ungarn zu schicken. […] Offensichtlich begrüßen die Jugos[lawen] diese Methode, ihre Volksdeutschen loszuwerden, und finden sie wahrscheinlich sehr lukrativ.»[67] Typischer war aber, dass Lagerbehörden sich an den Gewinn hielten, den die Arbeit der Gefangenen abwarf. In Polen wie der Tschechoslowakei waren die internierten Deutschen ein wichtiger Teil der Übergangswirtschaft nach dem Krieg, da Gefangene spottbillig an öffentliche und private Arbeitgeber vermietet wurden. Meistens wurden die Bedingungen in Standardverträgen festgelegt, für die ein Vertrag vom Oktober 1945 zwischen dem Starost von Wyrzyk und der Lagerleitung von Potulice typisch ist. Demnach erhielt der Arbeitgeber die Dienste von 25 deutschen Männern auf zwei Monate für 1,50 Złoty plus 15 Prozent Verwaltungsgebühr. Er übernahm Kost, Unterkunft und Bewachung der Gefangenen, dazu die Kosten für Unfallversicherung oder medizinische Versorgung, den Transport vom und ins Lager und Verluste durch Flucht. Das Lager behielt sich das Recht vor, die Gefangenen zurückzuholen und jederzeit unangekündigte Inspektionen durchzuführen. Die Regeln im tschechoslowakischen Lager Mirošov waren bemerkenswert ähnlich. Hier waren Arbeiter entweder auf Stundenbasis (3,60 Kronen für Männer, 3 Kronen für Frauen) oder Tagesbasis (11 Kronen für Männer, 8,20 Kronen für Frauen) zu mieten. Arbeitgeber mussten versprechen, dass die wöchentliche Arbeitszeit 98 Stunden nicht überstieg, und waren für die Ablieferung der Gefangenen im Lager verantwortlich. Der Vertrag legte fest, dass keine privaten Arrangements zwischen Arbeitgebern und Gefangenen – z. B. Weitervermietung an andere, Zusicherung von Freizeit oder anderen Vorteilen – ohne Zustimmung der Lagerleitung erlaubt waren.[68] Auch die Zentralregierung profitierte von diesen Arbeitsverträgen, denn das Innenministerium ordnete an, 20 Prozent der Bruttoeinnahmen an die Staatskasse abzuführen.[69] Häufig verweigerten Arbeitgeber die Bezahlung aber mit dem Argument, die Arbeiter seien zu alt, zu krank oder zu unterernährt, was manchmal zum Rechtsstreit führte.[70]

Die Lebens- und Arbeitsbedingungen der als Arbeiter vermieteten Gefangenen unterschieden sich gewaltig. Manche wurden jeden Morgen zu ihren Arbeitsplätzen hin- und abends zurückgebracht und kamen nur zum Schlafen und zu den Appellen ins Lager. Andere arbeiteten in Werkstätten, die den Lagern angegliedert waren. Landarbeiter verbrachten Monate oder Jahre beim selben Arbeitgeber, wurden fast als Familienmitglieder behandelt und zogen manchmal Denunziationen wegen zu großer Milde von Nachbarn oder Beamten auf sich. So beschwerte sich Bohumil Pechman vom Bezirksnationalausschuss Terešov [Tereschau] im August 1945 beim örtlichen SNB über zwei Arbeitgeber, die seiner Meinung nach die Gefangenen zu gut ernährten, und zwei weitere, die ihnen erlaubten, ohne Bewachung herumzulaufen.[71] Arbeitern in staatlichen Unternehmen konnte es aber viel schlimmer ergehen. Ignacy Cedrowski, Lagerarzt in Potulice von 1945 bis 1948, war nicht für seine Sorge um das Wohlergehen der Gefangenen bekannt – eine zumindest verständliche Haltung, da er Auschwitz überlebt hatte und seine ganze Familie im Holocaust ermordet worden war. Selbst er war aber schockiert von dem häufig tödlichen Grad an Ausbeutung, dem deutsche Arbeiter

1946/47 auf Staatsfarmen in der Wojewodschaft Pommern unterworfen wurden. In manchen Fällen verbarg die Leitung kranke Deutsche vor den Quarantäneinspektoren, da sie fürchtete, wertvolle Arbeiter zu verlieren. Bis zu 200 Gefangene waren in diesen Einrichtungen in einer einzigen Behausung zusammengepfercht:

«Diese Häftlinge wohnen in ungeeigneten Räumen, schlafen überwiegend auf dem Boden auf zusammengedrücktem stinkendem Stroh, erhalten weder Seife noch Soda zum Wäschewaschen, sie arbeiten vom frühen Morgen bis in die Nacht, ohne Feiertagserholung, daß sie nicht einmal Zeit haben, ihre Wohnung aufzuräumen, ihre schmutzige Wäsche oder sich selbst zu waschen. Ihnen wird medizinische und hygienische Betreuung vorenthalten. Die Verlausung erreicht einen Grad bis zu 60 Prozent und an manchen Orten gar 100 Prozent. Die Häftlinge sind auf unmögliche Weise krätzig.»[72]

Die Lebensbedingungen waren nicht in allen Lagern so hart, und internationale Beobachter berichteten ebenso wie Gefangene von Fällen, in denen Kommandanten oder Wachen versuchten, die Häftlinge mit ihren begrenzten Mitteln human zu behandeln, auch wenn es die eigene Karriere gefährdete.[73] In den meisten Lagern, egal in welchem Land, gab es aber so wenig zu essen, dass es je nach Dauer der Gefangenschaft nicht nur zu Unterernährung kam, sondern die Insassen regelrecht verhungerten. Das Rote Kreuz untersuchte dies intensiv und kam zu dem Schluss, die in der Tschechoslowakei verabschiedeten Regeln über die Ernährung der Internierten würden fast durchgehend ignoriert, mit Wissen oder sogar auf Betreiben derselben Behörden, die sie erlassen hatten.[74] Während Erwachsene ein tägliches Minimum von 2000 Kalorien brauchten, um kein Gewicht zu verlieren, kalkulierte Pierre W. Mock, der Leiter der IKRK-Delegation in Bratislava, dass die Gefangenen im Lager Petržalka I in der dritten Oktoberwoche 1945 664 Kalorien bekamen; als er Ende Dezember wiederkam, waren es nur noch 512. Die tägliche Ration, der das entsprach – morgens Ersatzkaffee ohne Nährwert, mittags eine wässrige Gemüsesuppe, dazu 100 Gramm Brot, abends wieder Kaffee – war für auch andere Lager typisch. Wie Mock bemerkte, war Petržalka I im Vergleich kein schlechtes Lager. In Nováky, einem früheren deutschen KZ mit über 5000 Insassen, gab es für 250 Säuglinge, 33 Kranke und dreizehn schwangere oder stillende Frauen 18 Liter Milch, und die Ration von 100 Gramm Brot wurde nur zwei- bis dreimal die

Woche ausgegeben. Die offizielle Ration von 100 Gramm Brot in Trnavská cesta (Bratislava) betrug nur 45 Gramm, als Mock nachwog; die Suppe «sah aus wie eine Schüssel trübes, schmutziges Wasser, undefinierbar und ohne Inhalt».[75] Im Krankenlager Selmovska für Deutsche mit ansteckenden Krankheiten war es etwas besser, denn die Ration betrug 800 Kalorien. Dennoch beobachtete ein Rotkreuzarzt, dass die meisten Patienten an Kachexie litten – der Körper baut die langen Arm- und Beinmuskeln ab, um am Leben zu bleiben, was zum typischen skelettartigen Aussehen von Lagerinsassen führt – und dass ihr Gewicht auf durchschnittlich 30–40 Kilo gefallen war.[76] Im polnischen Lager Jaworzno wurde die an die Insassen ausgegebene Suppe von einem Inspektor des Amts für öffentliche Sicherheit als «reines Wasser» bezeichnet. Er fand auch heraus, dass große Mengen von Lebensmitteln «auf Befehl des Kommandanten» zurückgehalten wurden. Die Sterberate lag bei etwa 50 Menschen pro Monat wegen der «Kürzung der Lebensmittelzuteilungen».[77] In Oświęcim (Auschwitz) hielt ein offizieller Bericht kurz nach der Wiedereröffnung als Internierungslager für Deutsche fest, dass «die Gefangenen nichts zu essen bekommen und der Hunger ständig wächst. Sie leben von dem, was man ihnen von zuhause schickt.»[78]

Am schlimmsten waren die Lager in Jugoslawien. Die britische Botschaft in Belgrad, der es im Sommer 1946 gelang, die Freilassung einer Kanadierin mit doppelter Staatsbürgerschaft zu erreichen, berichtete, die Ration im Arbeitslager Ridjica, wo sie zunächst interniert war, «bestand aus wässriger Suppe und 200 Gramm Maisbrot, so steinhart, dass man es in Wasser einweichen musste, um es essen zu können.... Ende Januar wurde [sie] in das Internierungslager Kruševlje verlegt, wo es keine Arbeitspflicht gab und die Nahrung darum aus nichts als zwei Löffeln Maisbrei am Tag bestand. In diesem Lager lag die Sterberate bei bis zu 200 Menschen am Tag, besonders Kinder.» Die Botschaft gab an, dass dieser Bericht mit denen übereinstimmte, die sie über andere jugoslawische Lager für Volksdeutsche aus verschiedenen Quellen erhalten hatte.[79]

Wenn Wohlfahrts- und Nichtregierungsorganisationen gegenüber den Regierungen, die diese Lager führten, protestierten, war die Antwort stets, die Ernährungslage sei sehr schwierig, und die Gefangenen erhielten keine kleineren Rationen als die einheimische Zivilbevölkerung.[80] Schon die erste dieser Behauptungen war fragwürdig, jedenfalls für Polen und die Tschechoslowakei, und wurde oft durch offizielle Erklärungen aus anderen Quellen dementiert,[81] die zweite war eindeutig unwahr. Vielmehr versuchten zumindest 1945 und 1946 die Regierungen sicherzustellen, dass es unabhängig von der Versorgungslage keine Verbesserung bei den Rationen für internierte Deutsche geben würde. Ein Sozialarbeiter, der die schlimmsten Auswüchse des tschechoslowakischen Lagersystems zu mildern versuchte, schrieb im Februar 1946 an das britische Außenministerium, es habe keinen Zweck, Hilfslieferungen für sudetendeutsche Frauen und Kinder aus dem Ausland zu organisieren, denn seine Regierung würde ihre Verteilung nicht erlauben.[82] Wie richtig diese Einschätzung war, erfuhr das Rote Kreuz, als es mitbekam, dass von den 4,5 Tonnen Lebensmitteln, die es kurz vor Weihnachten 1945 an das Lager Hagibor geliefert hatte, wo drei Menschen pro Tag an Unterernährung starben, nichts an die Gefangenen verteilt worden war.[83] Gleiches galt für Arzneimittel, die laut Dr. Novák vom Innenministerium wegen «chauvinistischer Elemente» in seiner Regierung die Lager nicht erreichten.[84] Auch in Mirošov war Verhungern ein alltägliches Ereignis, hier nannte über die Hälfte der 145 Totenscheine, die von Mai bis Oktober ausgestellt wurden, Kachexie als Todesursache, ebenso im Lager Hradištko bei Prag, wo der für die Lebensmittelausgabe zuständige Wächter einem Besucher des Roten Kreuzes sagte, die niedrige Ration für die Internierten sei gesetzlich vorgeschrieben und die wenigen tschechischen Kinder dort bekämen «doppelt soviel wie die Deutschen».[85] Auch in Jugoslawien kam ein Rotkreuzvertreter zu dem Schluss, die Rationen in den vier Lagern Bački Jarak, Filipovo, Gakowa-Kruševlje und Sekić (Lovćenac), in die nicht arbeitsfähige Gefangene aus anderen Lagern geschickt wurden, seien so niedrig angesetzt worden, dass sie nur den Zweck hätten, deren Tod durch «natürliche» Ursachen herbeizuführen.[86]

Fast von Anfang an wurde Beobachtern sowohl in den betreffenden Ländern als auch im Westen deutlich, dass «Konzentrationslager und alles, wofür sie stehen, mit der deutschen Niederlage nicht zum Ende kamen», wie John Colville, ehemals Winston Churchills Privatsekretär und jetzt ein hoher Beamter im Außenministerium, es formulierte.[87] Wie in den dreißiger Jahren verhinderte aber eine Kombination aus politischen Überlegungen und der Meinung, die Gefangenen hätten sich ihr Leiden weitgehend selbst zuzuschreiben, jede wirksame Reaktion.

Trotz der Tatsache, dass gleich nach dem Krieg aus verständlichen Gründen nur wenige Europäer Tränen über das Schicksal von «Deutschen» vergießen wollten, egal wie ihr Alter, Geschlecht oder Nationalität waren, stimmt die Behauptung der tschechoslowakischen und polnischen Regierung nicht, die öffentliche Meinung binde den Verantwortlichen in diesen Ländern die Hände. Manche Personen wie der kommunistische Publizist Zdeněk Novák – selbst ein Buchenwald-Überlebender – äußerten tatsächlich düstere Befriedigung über die in seinen Augen poetische Gerechtigkeit für die deutsche Bevölkerung: «Wie lang ist es her, dass wir hilflos hinter Stacheldraht saßen? Und jetzt – geht nach Hause, und die Konzentrationslager sind voller Deutscher.»[88] In vielen anderen Fällen sahen die Einheimischen aber die unmenschliche Behandlung der deutschen Minderheit mit Abscheu und Entsetzen. Philip Nichols berichtete im Juni 1945, er und sein amerikanischer Kollege erhielten zahlreiche Briefe, «die sich bitter darüber beschweren, wie die Deutschen behandelt werden ... [und] dass die Tschechen die Deutschen genauso hart behandeln wie die Deutschen die Tschechen, was nicht zu den Leistungen und Zielen des Staatsgründers Masaryk passt».[89] Colonel John Fye, der Stellvertretende Stabschef des 22. US-Armeekorps in Plzeň hielt auch fest: «Viele mitfühlende Tschechen berichteten ständig von Fällen von Misshandlung jeder Art an das 22. Korps.»[90] In der Slowakei bat der Bezirksnationalausschuss von Kežmarok (Käsmark) die Prager Regierung um Erlaubnis, seine Internierten auf tschechisches Gebiet zu schicken, weil die einheimische Bevölkerung «Mitgefühl für die Deutschen» zeige.[91] Eine bemerkenswerte Serie von Leserbriefen, die im November 1945 in der tschechischen Zeitschrift *Obzory* (Horizonte), dem Organ der Katholischen Volkspartei (ČSL) erschien, untermauert diese Aussagen.[92] In einem früheren Heft hatte die Zeitschrift eine vorsichtige Beschreibung der Bedingungen in einem Internierungslager für Deutsche bei Prag gebracht. Obwohl *Obzory* die Lagerverwaltung von jeder Racheabsicht freisprach und der Regierung zugute hielt, sie wolle «ihre Konzentrationslager so schnell und ehrenhaft wie möglich schließen», zeigten Leserreaktionen, dass tschechische Bürger kaum Illusionen hatten, wie es in den Lagern wirklich aussah – und auch bereit waren, das auszusprechen.[93] Die Beobachtungen eines Prager Rechtsanwalts hätten direkt aus einem Rotkreuzbericht stammen können: «Ich habe mehrere Sammellager gesehen und glaubhafte Informationen über andere erhalten.... In einem Raum von 4 x 6 Metern sind 50 Männer untergebracht, ohne Decken oder Mäntel (diese werden bei ihrer Ankunft im Lager beschlagnahmt).... Alles ist voller Läuse.... Die Nahrung ist für Arbeiter unzureichend, erst recht für Schwerarbeiter. Morgens und abends gibt es schwarzen Kaffee ohne Zucker, mittags eine wässrige Suppe aus Gemüseabfällen und Kartoffelschalen.... Es gibt Typhusfälle. Die Gefangenen werden durch SNB-Leute bewacht. Wenn 20 schwache und ausgemergelte Gefangene zur Arbeit gehen, werden sie von acht bis zehn kräftigen jungen SNB-Männern eskortiert, natürlich mit automatischen Waffen. Wenn dagegen eine Bauersfrau kommt, um ein paar Arbeiter zu holen, bekommt sie zwei Gefangene, die sie allein und unbewaffnet mitnimmt.»[94]

Verschiedene Briefschreiber zögerten nicht, unbequeme Vergleiche zwischen ihrer eigenen Reaktion auf die Existenz solcher Lager und der gewöhnlicher Deutscher während der NS-Zeit zu ziehen. Ein Student schrieb: «Niemand von uns kann so tun, als wüssten wir nicht, was hinter den Gefängnistoren und in den Sammellagern passiert; trotzdem spricht kaum jemand laut aus, dass das tschechische Volk diese beschämenden Szenen nicht länger tolerieren kann. Wir schweigen, wir schweigen; genau wie das deutsche Volk schwieg.»[95] Ein Auschwitz-Überlebender erinnerte sich, «wie wir uns bei den schlimmsten Brutalitäten, die die Deutschen begingen, damit trösteten, dass wir sagten: ‹Zu so etwas sind nur die Deutschen fähig.› Ich will nicht um alles in der Welt, dass irgendjemand so etwas von uns sagen könnte.»[96] Die Reaktion eines Prager Bürgers war typisch für die Mischung aus Empörung und Beunruhigung, die viele Tschechen empfanden: «Hol der Teufel die Deutschen! Im Krieg haben sie unser Volk dezimiert, und nun gibt es wegen ihnen einen neuen Skandal.... Niemand soll sich damit entschuldigen, die Deutschen hätten dieselben Dinge getan. Entweder können wir ihre Richter sein, dann dürfen wir nicht ebenso handeln, oder wir sind nicht anders als sie und haben kein Recht mehr, sie zu richten.»[97]

Obwohl die Regierungen nicht glaubhaft den Druck der öffentlichen Meinung für die Behandlung der Internierten verantwortlich machen konnten, bleibt die Tatsache bestehen, dass das Prinzip der Internierung im Gegensatz zu ihrer Durchführung von der Bevölkerung dieser Länder weithin unterstützt wurde. In Polen und der Tschechoslowakei hielten die Parteien

Hunderte von Demonstrationen ab, um die völlige Entfernung der Deutschen aus der Gesellschaft zu fordern; bei einer wurde im polnischen Landkreis Kępno gefordert, alle Deutschen einzusperren, «egal wie sie sich während der Besatzung verhalten haben».[98] Der Historiker Leszek Olejnik weist darauf hin, dass die Haltung von mehr als antideutschen Gefühlen gespeist wurde. Weil deutscher Besitz erst verteilt werden konnte, wenn die Besitzer interniert waren, betrachteten Mitglieder der Bevölkerungsmehrheit, von denen viele im Krieg alles verloren hatten, eine allgemeine Internierung als notwendigen Schritt, um die eigenen Verluste auszugleichen.

Bis zum Herbst 1945 hatten die westlichen Regierungen soviele Berichte über Menschenrechtsverletzungen in den Lagern erhalten, dass sie in Sorge gerieten, die öffentliche Meinung könne die Unterbrechung oder sogar den völligen Stopp des ganzen Vertreibungsprojekts fordern. Solche Sorgen waren vermutlich grundlos; ein Bericht über die Lagerbedingungen in der Tschechoslowakei, den der britische Journalist Eric Gedye für den *Daily Herald*, die Zeitung der regierenden Labour Party, schrieb, war darin außergewöhnlich, dass er überhaupt öffentliche Aufmerksamkeit erregte.[99] Dennoch warnten amerikanische und britische Vertreter vor Ort, verfehlte Äußerungen der humanitären Besorgnis könnten in Mitteleuropa einen öffentlichen Gefühlsausbruch gegen die Westmächte auslösen, da es einen starken öffentlichen Konsens für die Internierung der Deutschen gebe. Laurence Steinhardt, der US-Botschafter in Prag, befürchtete, jeder Anschein, «die deutsche Bevölkerung unseren tschechischen Verbündeten vorzuziehen, könnte ernsthafte politische Konsequenzen in der Tschechoslowakei haben, vor allem im Kampf zwischen Kommunisten und Gemäßigten um die Kontrolle des Landes».[100] Als Philip Nichols wegen Berichten über die Bedingungen in den Lagern besorgt war und Beneš daran erinnern wollte, es sei «für unsere öffentliche Meinung, die gegenwärtig sicherlich für eine radikale Lösung der Minderheitenfrage ist, wichtig, dass die Frage nicht durch Geschichten von tschechischer Grausamkeit usw. verdeckt wird», ermahnte Sir Orme Sargent vom Außenministerium ihn zur Vorsicht, denn «diese Linie kann bei den Tschechen leicht übertrieben werden, und wir müssen aufpassen, nicht in den Ruf unnötiger Weichheit gegenüber den Deutschen zu geraten».[101]

Die feste Entschlossenheit der Westmächte, «nichts Böses zu sehen» – im

Oktober 1946 lehnte der britische Botschafter Cavendish-Bentinck eine Einladung ab, bei einem Besuch in Szczecin mit deutschen Internierten zu sprechen, und bemerkte gegenüber seinen polnischen Gastgebern, er sei «überzeugt, sie werden sich wie üblich beklagen»[102] – erwies sich als immer schwieriger durchzuhalten. Seit Kriegsende hatte das Internationale Komitee vom Roten Kreuz entschlossene Versuche unternommen, Zugang zu den Lagern zu bekommen. Obwohl eine vorgeschlagene Genfer Konvention über die Zuständigkeit des IKRK für zivile Opfer von Konflikten zu Beginn des Zweiten Weltkriegs noch nicht ratifiziert war, hatten die Regierungen Deutschlands, Italiens und der Westalliierten zugestimmt, dass für zivile Internierte ähnliche Bedingungen herrschen sollten wie für Kriegsgefangene. Nach dem Krieg gab es keinen solchen Konsens. Die rumänische Regierung erlaubte dem Roten Kreuz zunächst Inspektionen ihrer Internierungslager für volksdeutsche Zivilisten, verbot aber im März 1945 weitere Besuche.[103] Die Regierung der Tschechoslowakei, wo es während des Krieges eine etablierte IKRK-Delegation gegeben hatte, versprach Ende Mai 1945, die Organisation dürfe alle Lager für Deutsche besuchen, zog das aber ebenfalls rasch zurück.[104] Nur in der Slowakei, wo der Präsident des slowakischen Nationalrats dem IKRK-Delegierten einen Passierschein für unangekündigte Besuche in allen Lagern ausstellte, konnte das Rote Kreuz seine Mission erfüllen. Im tschechischen Landesteil durfte die Organisation Besuche nur nach vorheriger Ankündigung in Begleitung des für die Lagerverwaltung zuständigen Beamten vom Innenministerium durchführen. Im Mai 1946 wurde sogar diese Möglichkeit zurückgezogen. Das jugoslawische Rote Kreuz, einer von mehreren nationalen Zweigen, die sich der eigenen Regierung mehr verpflichtet fühlten als der Mutterorganisation, versicherte dem IKRK in Genf, die elf «Arbeitskolonien» im Lande, deren Existenz zugegeben wurde, würden von der Föderativen Volksrepublik so perfekt geführt, dass keine Verbesserung der Einrichtungen, geschweige denn eine Inspektion nötig sei.[105] Die polnischen Behörden lehnten von Anfang an alle Anträge des IKRK oder westlicher Journalisten, die Lager zu besichtigen, rundweg ab; und obwohl das polnische IKRK in der Frage der deutschen Internierten unparteiischer war als das jugoslawische, hatte es «in manchen Regionen fast keinen Einfluss, besonders in Niederschlesien».[106] Außerdem war ein Großteil seiner Ressourcen bereits für Kolonisten bestimmt, die häufig in erbärmlichem Zustand aus den an die UdSSR verlorenen Ostgebieten eintrafen, um sich in den «Wiedererlangten Gebieten» anzusiedeln, wie auch für polnische KZ-Überlebende.[107] Selbst wenn der Wille existierte, den deutschen Insassen der Internierungslager zu helfen, es fehlten die Mittel.

Trotz all dieser Rückschläge und obwohl manche seiner fuhrenden Vertreter dabei Vorbehalte hatten,[108] übte das IKRK weiterhin wegen der Bedingungen in den Lagern Druck auf Regierungen aus. Walter Menzel, der Leiter der Prager Delegation, warnte Außenminister Jan Masaryk im Februar 1946: «Es ginge gegen mein Gewissen, wenn ich weiter über die Umstände in den Lagern in der Tschechoslowakei schweige.»[109] Mehrere Monate zuvor hatte Menzel dem britischen Botschafter Informationen «über die unmenschlichen Bedingungen in den Lagern für deutsche Zivilisten in der Slowakei» zukommen lassen. Wie schon während des Zweiten Weltkriegs teilte das IKRK sein Wissen aber nur selten mit Dritten – wofür es später viel kritisiert wurde.[110] Da es befürchtete, seine Berichte könnten als Propaganda im sich verschärfenden Krieg der Worte zwischen Ost und West benutzt werden, behielt das Rote Kreuz die Details über Menschenrechtsverletzungen, die es sammelte, meist für sich, besonders wenn es meinte, es bestünde eine Chance, das Handeln der betreffenden Regierung durch «stille Diplomatie» zu beeinflussen.[111]

Aus demselben Grund zeigten die britische und amerikanische Regierung eine neue Sympathie für Menschen, die sie zuvor als Kollaborateure und Mitglieder von Fünften Kolonnen bezeichnet hatten, als der Kalte Krieg heftiger wurde und die Aussicht auf westlichen Einfluss in Mittel- und Südosteuropa in die Ferne rückte. Diese Sympathie ging aber nicht soweit, den Internierten Asyl in den westlichen Besatzungszonen in Deutschland oder Österreich anzubieten, die bereits die Last eines gewaltigen Zustroms unterernährter, mittelloser, oft kranker und überwiegend nicht arbeitsfähiger Volksdeutscher zu tragen hatten. Als die britische Botschaft in Belgrad berichtete: «Wir haben den Eindruck, dass die Menschen in den [jugoslawischen] Konzentrationslagern nicht alle schwerer Verbrechen schuldig sein können, besonders die Frauen und Kinder» und vorschlug, die Alliierten sollten trotz der Nichteinbeziehung dieser Volksdeutschen ins Potsdamer Abkommen versuchen, ihr Leben zu retten, indem sie «die Jugoslawen ermutigen, sie nach Deutschland zu deportieren», warnte die Deutschlandabteilung des Londoner Außenministeriums vor «jeder Tendenz, dabei zu stark in den Vordergrund zu treten. Angesichts der gegenwärtigen Ernährungsschwierigkeiten ist es fast sicher, dass wir keine zusätzlichen Deutschen in unseren Zonen haben wollen, und wir wollen niemandem den Eindruck geben, wir seien dazu bereit.»[112] Von Zeit zu Zeit wurden humanitäre Gesichtspunkte angesprochen. Zudem protestierte die britische Botschaft in Belgrad im Sommer 1946, die «unterschiedslose Vernichtung und Aushungerung» der Volksdeutschen müsse «eindeutig als Verletzung der Humanität» angesehen werden. Sie warnte, «wenn sie noch einen Winter hier ertragen müssen, werden nur sehr wenige überleben». Dennoch bemühte sich das Außenministerium vor allem darum, die jugoslawischen Behörden dazu zu bewegen, jeden weiteren Zustrom von Volksdeutschen in die Westzonen zu verhindern.[113]

Mangels greifbarerer Formen von Hilfe setzten einige britische Offizielle ihre Hoffnung auf eine öffentliche Kampagne. «Die Lebensumstände der Deutschen in Jugoslawien scheinen auf das Niveau von Dachau gesunken zu sein», schrieb die Belgrader Botschaft 1946 in einer Meldung, die an Attlees Kabinett weitergeleitet wurde.[114] Man habe nur wenig zu verlieren, wenn man der Öffentlichkeit diese Fakten enthülle, fuhr die Botschaft fort, «denn es ist kaum möglich, dass sich die Lage derer, die noch in den Lagern leben, dadurch verschlechtert».[115] Auch in London fand die Idee eines «Naming and Shaming» der Jugoslawen Unterstützung. Es wurde aber nicht gehandelt und der Vorschlag schließlich fallengelassen, weil das US-Außenministerium eine Verschlechterung der Beziehungen zu Tito befürchtete und die britischen Besatzungsbehörden in Österreich dagegen waren; außerdem hielt man die westliche Presse für gleichgültig gegenüber Schreckensgeschichten jeder Art.

Wie die Ereignisse zeigen sollten, hätte eine gut organisierte Meinungskampagne gegen das europäische Lagersystem durchaus etwas bewirken können, wenn nicht in Jugoslawien, dann zumindest in der Tschechoslowakei und Polen. Im September 1946 besuchte der prominente britische Parlamentarier und spätere Minister in Attlees Labour-Regierung Richard Stokes die Tschechoslowakei und konnte Zugang zu den Lagern in Most (Brüx), Ústí nad Labem (Aussig), Hagibor und Litoměřice (Leitmeritz) bekommen.

Nach seiner Rückkehr beschrieb er seine Erkenntnisse in einem langen Brief an den *Manchester Guardian*, darunter die verstörende Tatsache, dass «viele der sudetendeutschen Sozialdemokraten, die von den Deutschen als Nazigegner in Konzentrationslager gesperrt wurden, bei der Befreiung nur deshalb in tschechische Arbeitslager kamen, weil sie deutscher Abstammung waren». Die Nahrungsration in Hagibor schätzte er auf «750 Kalorien pro Tag, was unter dem Niveau von Bergen-Belsen liegt».[116] Stokes war zum Unmut der Lagerverwaltung auch Zeuge der täglichen Einteilung der Gefangenen für Arbeitskommandos geworden. «Ab sechs Uhr früh fuhren die Unternehmer mit Autos und Lastwagen vor, um ihre Sklaven für den Tag auszusuchen. [...] 300–400 Sklaven wurden aus dem Lager vorgeführt, und die Besucher trafen ihre Auswahl, unterschrieben eine Quittung für die abgeholten Personen und brachten sie abends zurück.» In Ústí hatte er den Lagerkommandanten dabei gestört, wie er «in Hemdsärmeln den Besitz eines alten Mannes von 65 Jahren durchwühlte, während andere Lagerbeamte danebenstanden und einer von ihnen einem anderen älteren Gefangenen etwas abnahm, was wie eine silberne Schnupftabaksdose aussah, dazu ein silbernes Streichholzetui und einen Zigarettenanzünder». Mit möglicherweise gespielter Naivität – er sprach über seine Entdeckungen zunächst mit lokalen IKRK-Vertretern, die ihre Beschwerden über das Lager dem tschechoslowakischen Präsidenten zwischen Mai 1945 und April 1946 bei fünf verschiedenen Gelegenheiten persönlich vorgetragen hatten – fragte Stokes sich, «ob Dr. Beneš weiß, dass diese schrecklichen Dinge vorgehen».[117]

Im Gegensatz zu den Enthüllungen des *Daily Herald* ein Jahr zuvor sorgte der Stokes-Bericht für einiges Aufsehen in England und war für die tschechoslowakische Regierung sehr peinlich. Premierminister Fierlinger verließ sich unklugerweise auf ein Dossier des Innenministeriums voller dreister Erfindungen, als er bei einer Pressekonferenz erklärte, «es gebe in der Tschechoslowakei keine Konzentrationslager», sondern neun «Internierungslager» mit insgesamt nur 2000 Insassen, die alle auf ihren Prozess wegen verschiedener Vergehen warteten. Die Menschen in diesen Lagern erhielten dieselben Nahrungsrationen wie der Rest der Bevölkerung.[118] Das Innenministerium gab eine ebenso unwahre Widerlegung von Stokes' Bericht heraus, in der es erklärte, jeder einzelne der von ihm namentlich genannten Gefangenen sei – durch eine Serie unwahrscheinlicher Zufälle – von den Prager Behörden zur Freilassung vorgesehen worden und das Lager Hagibor solle sofort geschlossen werden.[119] Die tschechoslowakischen Behörden forderten das IKRK öffentlich auf, die Lager zu inspizieren, um die Wahrheit dieser Aussagen zu prüfen.

Der Druck der internationalen öffentlichen Meinung erreichte so, was dem Roten Kreuz durch eigene Anstrengung nicht gelang. Ende Januar 1947 gab der Innenminister dem IKRK einen Passierschein, der ihm erlaubte, im Februar alle Lager unter Kontrolle des Ministeriums in Böhmen, Mähren und Schlesien zu besuchen, mit der Einschränkung, alle Berichte darüber müssten zuerst in Prag vorgelegt werden.[120] Die Wirkung war sofort spürbar. Einer der am längsten Inhaftierten in Linzervorstadt, ein Mann mit der Lagernummer 83, erinnerte sich: «Die Verhältnisse besserten sich nach jedem Besuch [des IKRK] zusehends.» Die Zahl der Wachen sank, die Häftlinge durften ohne Eskorte zu ihren Arbeitseinsätzen außerhalb des Lagers gehen, die Sonntagsarbeit hörte auf, und Zwangsarbeiter bekamen sogar ein geringes Taschengeld für ihre Arbeit.[121] Obwohl der Fortschritt in anderen Ländern weniger deutlich war, kamen IKRK-Hilfslieferungen ab Juni 1947 zum ersten Mal bei den Gefangenen in polnischen Lagern an, und Ende 1948 wurden begrenzte Inspektionen der Sammellager zugelassen.[122]

Für die meisten Internierten kam aber die einzige wirksame Verbesserung ihrer Lebensbedingungen durch die Vertreibung nach Deutschland oder Österreich. Mitte 1947 waren bereits so viele vertrieben, dass die Regierungen das Lagersystem verkleinern konnten. Rumänien, das als erstes Land deutschsprachige Zivilisten interniert hatte, erklärte dem Roten Kreuz im Juni 1946, alle Lager seien geschlossen worden.[123] Die Tschechoslowakei, die bis November 1946 die meisten Deutschen deportiert hatte, folgte mit der Schließung einiger Lager und der Zusammenlegung anderer. Laut der Prager Regierung gab es am 31. Mai 1947 noch 19 Internierungslager.[124] Auch die Vertreibungsaktion aus Polen näherte sich zu dieser Zeit dem Abschluss, wodurch viele kleinere Lager wie Oświęcim (Auschwitz) im Frühjahr 1947 geschlossen werden konnten.[125] Anfang 1948 war laut den Unterlagen des polnischen Ministeriums für Öffentliche Sicherheit die Gesamtzahl der Lagerinsassen aller Nationalitäten auf 47 000 gesunken, ein Jahr später war es nur noch die Hälfte, mehrheitlich «alte und gebrechliche Personen».[126]

Auch Jugoslawien, das bereits mehrere Lager aufgelöst hatte – vor allem Bački Jarak, Sekić und Filipovo –, weil die Sterberate in ihnen so hoch war, dass nur noch wenige Insassen am Leben waren, unternahm Anfang 1947 erste Schritte zur Beendigung der Internierungen und erlöste dabei von den verbliebenen Lagerinsassen soviel Geld wie möglich. Wie die britische Aufklärung berichtete, konnten Gefangene sich den Weg nach draußen entweder durch Schleusernetzwerke erkaufen, die die Lagerverwaltung bestachen, oder sich direkt an das Lagerpersonal wenden, das für den höheren Preis von 1000 Dinar pro Person Gruppen von rund 60 Häftlingen bei Nacht an die Grenze führte.[127] «Der Vorteil, das Lager unter offiziellen Arrangements zu verlassen, liegt darin, dass die Gruppe, falls sie von der ungarischen Grenzpolizei abgewiesen wird, [...] in der folgenden Nacht erneut an die Grenze gebracht wird, ohne wieder 1000 Dinar bezahlen zu müssen. Wird aber eine inoffizielle Gruppe gefasst, so werden der Anführer und die ganze Gruppe von den jugoslawischen Behörden festgenommen, die wahrscheinlich diese billigere Konkurrenz ausschalten wollen.»[128] Durch diese Netzwerke und durch Beispiele jugoslawischer Kommandanten, die die Tore ihrer Lager öffneten und den ärmeren Gefangenen sagten, sie sollten sich sofort an die Grenze begeben, stieg im Sommer 1947 die Zahl der illegal über Ungarn nach Österreich einreisenden jugoslawischen Volksdeutschen auf mehr als das Doppelte. Kničanin (Rudolfsgnad), das letzte Internierungslager in Jugoslawien, wurde im März 1948 geschlossen, obwohl viele ehemalige Gefangene danach noch zur Zwangsarbeit in staatlichen «Unternehmen» oder auf Staatsfarmen herangezogen werden konnten.

Angeregt durch Ereignisse wie den kommunistischen Staatsstreich in der Tschechoslowakei vom Februar 1948, die Berlin-Krise vom Sommer und die Gründung der Bundesrepublik Deutschland im folgenden Frühjahr sahen westliche Regierungen die relativ kleine Zahl der noch hinter dem Eisernen Vorhang lebenden Volksdeutschen und vor allem die noch internierten in einem völlig neuen Licht. Nachdem die Beziehungen zwischen den beiden Supermächten unwiderruflich zusammengebrochen waren, benutzten westliche Regierungen die Lager manchmal als Propagandawerkzeug, um die kommunistischen Staaten zu attackieren. Der stellvertretende britische Außenminister Christopher Mayhew kritisierte die Tschechoslowakei etwa im Februar 1949 öffentlich vor der UNO dafür, dass sie weiterhin Konzentrationslager für Sudetendeutsche betreibe und 170 000 von ihnen als Zwangsarbeiter einsetze.[129] Bei dieser Zahl verwechselte Mayhew aber anscheinend die Zahl der Zwangsarbeiter mit der geschätzten Gesamtzahl der noch in der Tschechoslowakei verbliebenen Sudetendeutschen. Trotzdem hielten westliche Staatsführer sich mit wenigen Ausnahmen an die Regel «was ich nicht weiß, macht mich nicht heiß», sowohl in Bezug auf die vergangene Internierung deutscher Zivilisten, als auch darauf, dass einige Lager mit deutschen Gefangenen noch bis weit in die fünfziger Jahre existierten, etwa Jaworzno.

Mit ganz wenigen Ausnahmen wurden Behördenvertreter, Lagerkommandanten oder -wächter der mitteleuropäischen Lager nie für ihre Verbrechen vor Gericht gestellt. Eine Ausnahme war Wenzel Hrneček. Obwohl er als de facto-Chef von Linzervorstadt rasch vom Korporal zum Oberleutnant aufgestiegen war, fiel er nach dem kommunistischen Staatsstreich vom Februar 1948 beim neuen Prager Regime in Ungnade. Nach eigenem Bericht wurde er wegen «Hochverrats durch die Kollaboration mit den Vereinigten Staaten von Amerika» festgenommen und angeklagt; frühere Internierte sagten, er habe sich viel Eigentum von Vertriebenen angeeignet, statt es an den Staat weiterzuleiten. Nach der Flucht über die Grenze nach Bayern 1949 trat er als sudetendeutscher Vertriebener «Johann Richter» auf und fand Arbeit bei der US-Armee in München. Sein Entschluss, in Süddeutschland zu bleiben, war aber unklug, weil hier viele seiner früheren Gefangenen lebten. Bald kursierten Berichte in der Vertriebenenpresse, Hrneček sei auf den Straßen von München gesehen worden. Erst im Juli 1952 wurde er aber nach heftiger Gegenwehr vor dem Münchner Telegrafenamt festgenommen. Zum Zeitpunkt seiner Festnahme besaß er Pässe mit vier verschiedenen Namen, in seinem Auto lagen eine geladene Walther PPK, eine belgische 9 Millimeter FN und eine Starterpistole. Die US-Behörden stellten ihn wegen 40 Anklagepunkten von Körperverletzung bis Totschlag vor Gericht, weil seine Verbrechen 1945 im Bereich ihrer Militärverwaltung stattgefunden hatten. Hrneček wurde in 18 Punkten schuldig gesprochen und zu acht Jahren Haft verurteilt, von denen drei zur Bewährung ausgesetzt wurden. Nach Verbüßung von sechs Monaten wurde seine restliche Strafe unter der Bedingung erlassen, die Bundesrepublik binnen 48 Stunden zu verlassen.

Einige Täter wurden noch angeklagt, obwohl nur wenige Gefängnisstra-

Abb. 6. **Václav Hrneček, der stellvertretende Lagerkommandant von Linzervorstadt, im Jahr 1953 auf dem Weg zu seinem Prozess.**

fen verbüßen mussten, wenn sie nicht wie Hrneček so unklug waren, nach Deutschland zu gehen, oder, in der Tschechoslowakei oder Polen selbst als Deutsche galten. Jan Kouřil, ein Wächter im grausigen Kaunitz-Kolleg in Brno, der später zum stellvertretenden Kommandanten des typhusverseuchten Lagers Kleidovka am Stadtrand ernannt wurde, kam 1951 in Karlsruhe vor Gericht – angeblich nach dem Versuch, einem Zahnarzt einen Beutel Goldfüllungen zu verkaufen – und wurde zu 15 Jahren Haft verurteilt.[130] Kurt Landrock, ein deutscher Kapo in Theresienstadt wurde in der Tschechoslowakei ein wenig heuchlerisch wegen der Mitschuld am Tod von rund 30 Gefangenen angeklagt und 1947 zu 20 Jahren verurteilt. Leutnant Karol Pazúr, der Verantwortliche für das Massaker von Přerov, der seine Entscheidung zum Kindermord mit dem Argument «Was soll ich mit ihnen tun, nachdem ich ihre Eltern erschossen habe?» rationalisiert hatte, war einer der wenigen Tschechen oder Slowaken, die für ihre Verbrechen zur Rechenschaft gezogen wurden, wie unzureichend auch immer. Im Januar 1949 wurde er von einem Kriegsgericht in Bratislava zu zwölf Jahren Haft verurteilt, kam aber drei Jahre später durch eine Amnestie frei.[131]

Den Versuchen, die Täter in Polen vor Gericht zu bringen, war noch weniger Erfolg beschieden. Czesław Gęborski, der junge Kommandant von Łambinowice, wurde im Oktober 1945 von seinem Posten abberufen, nachdem er den Wachen befohlen hatte, deutsche Gefangene zu erschießen, die aus einer brennenden Baracke zu fliehen versuchten. Er wurde vom Regime aber rasch rehabilitiert und zum Hauptmann der Geheimpolizei befördert. 1956 wurde das Verfahren gegen ihn durch die Regierung von Władysław Gomułka von Neuem eröffnet, aber wieder fallengelassen. Nach dem Fall des Kommunismus wurde Gęborski dann im Jahr 2000 von der polnischen Regierung der Ermordung, Folter und Vergewaltigung von Gefangenen angeklagt. Obwohl zahlreiche Beweismittel gesammelt wurden, war der Prozess beim Tod Gęborskis 2006 noch nicht eröffnet worden. Der Preis, den Salomon Morel, der Kommandant von Świętochłowice-Zgoda, bezahlte, war noch geringer. Die Verbrechen, für die er Verantwortung trug, waren so berüchtigt, dass der Direktor der Abteilung für Gefängnisse und Lager, Teodor Duda, ihn im Sommer 1945 mit drei Tagen Hausarrest bestrafte. Wie Gęborski war Morel aber bald wieder auf dem Weg nach oben und ging 1968 als Oberst in den Ruhestand. 1990 begann die Untersuchungskommission für Verbrechen gegen das polnische Volk eine Untersuchung von Morels Zeit in Świętochłowice-Zgoda, worauf er nach Israel emigrierte. Auslieferungsanträge der polnischen Regierung wurden 1998 und 2003 vom israelischen Justizministerium abgelehnt, das behauptete, es gebe «keine Grundlage, Herrn Morel ernsthafter Verbrechen anzuklagen, geschweige denn Verbrechen wie ‹Völkermord› oder ‹Verbrechen gegen das polnische Volk›».[132] Der World Jewish Congress nannte seine Strafverfolgung Teil eines politisch motivierten Versuchs von Holocaustleugnern und Neonazis, Deutschlands Verbrechen gegen die Juden zu «relativieren». 2007 starb Morel in Tel Aviv eines natürlichen Todes.[133]

Wenn man die Frage von Morels Schuld beiseite lässt – und die Beweise dafür sind überwältigend und nicht zu widerlegen –, so hatte der WJC-Direktor in dem Punkt recht, dass manche Deutsche später gern die Lagererfahrung von Juden und anderen NS-Opfern während des Krieges mit der späteren der deutschen Vertriebenen gleichsetzten. Die rechtsextreme Deutsche Volksunion listete Gęborski, Morel, Ignacy Cedrosky (den Lagerarzt in Potulice) und Jana Dragojlović (Kommandantin des Frauen- und Kinderlagers im jugoslawischen Jarek) neben Personen wie Sir Arthur Harris und Dwight Eisenhower in einem «Verbrecheralbum» als die «100 furchtbarsten Schreibtischtäter und Vollstrecker des Vernichtungskrieges gegen Deutschland» auf.[134] Maria Tenz, eine ehemalige Gefangene in Rudolfsgnad, beschreibt es in ihren Memoiren als «Todeslager».[135] So verständlich diese Rhetorik bei ehemaligen Gefangenen sein mag – und Tenz gehörte zu denen, die sich mit Recht glücklich schätzen konnten, mit dem Leben davongekommen zu sein –, gibt es für andere keine solche Entschuldigung. In Wirklichkeit gibt es keine stichhaltige Parallele selbst zwischen den schlimmsten Nachkriegslagern und den deutschen KZ der Kriegszeit. Mit der möglichen Ausnahme der jugoslawischen Internierungslager 1945/46, in denen tatsächlich zeitweise eine Politik herrschte, die erschreckend an das NS-Prinzip der «Vernichtung durch Arbeit» erinnert, waren die deutschen Lagerinsassen die Opfer von Misshandlungen und böswilliger Vernachlässigung, aber nicht von einem systematischen Massenmordprogramm. Die große Mehrheit überlebte ihre Haft, auch in Jugoslawien; alle mittel- und südosteuropäischen Länder ließen ihre Gefangenen schließlich frei. Nichts davon lässt sich über das NS-Lagersystem während des Krieges sagen.

Das ist eine wichtige Unterscheidung. Dennoch können die beispiellosen Gräueltaten des Hitler-Regimes kein Argument sein, massenhafte Menschenrechtsverletzungen nicht als solche zu benennen. Mit Ausnahme der Kriegsjahre hatte Europa westlich der UdSSR niemals ein so gewaltiges Ausmaß willkürlicher Internierung erlebt, bei dem Zehntausende von Menschen, darunter viele Kinder, starben, und sollte es auch nie wieder erleben. Dass dies der Aufmerksamkeit der Zeitgenossen im Rest Europas und vieler heutiger Historiker weitgehend entging, ist ein düsterer Kommentar zu der Leichtigkeit, mit der offen zutage liegende Übel sich übersehen lassen, wenn sie etwas zeigen, was die internationale Öffentlichkeit lieber nicht sehen will.

Kapitel 6

DIE «ORGANISIERTEN VERTREIBUNGEN»

Als der Vertriebenenzug Nr. 165 am Abend des 18. Mai 1946 in Kaławsk (Kohlfurt), zehn Kilometer östlich der neuen polnisch-deutschen Grenze, einfuhr, wurde er von Major Frederick Boothby, dem Kommandeur des britischen Verbindungsteams, höchst misstrauisch beobachtet. Als Erstes fiel ihm die ungewöhnliche Menge persönlicher Besitztümer auf, «alles von Kommoden bis Ehebetten», die die Vertriebenen mitnehmen durften. Im Gegensatz zu den meisten Deutschen, die aus Polen kamen, waren sie ausnahmslos gut ernährt und gekleidet. Außerdem schienen fast alle Juden zu sein. Da er nicht die Dokumente aller 1572 Personen im Zug überprüfen konnte, schickte er den Zug zu seinem Ziel weiter, meldete aber, Zug und Passagiere sollten bei der Ankunft sorgfältig untersucht werden.[1] Die britische Einheit im Transitlager Marienthal in Niedersachsen fand heraus, dass Major Boothbys Verdacht nur allzu begründet war. Als der Zug Marienthal erreichte, waren 456 Reisende hinzugekommen, die wohl zwischen Kaławsk und der Grenze zugestiegen waren. Die angeblichen Vertriebenen wurden von einem 34 Jahre alten Mann namens Günther Sternberg aus Wrocław (Breslau) begleitet, der eine selbstgemachte UNRRA-Armbinde trug und dessen Ausweispapiere, ausgestellt von einem «Captain Baker, Royal Signals, US Army», den Lagerbehörden noch mehr Anlass gaben, seine Glaubwürdigkeit anzuzweifeln. Sternberg wurde prompt festgenommen, aber die «Vertriebenen» zum Verlassen des Zuges zu bewegen, war schwieriger. Alle wirkten «überrascht, als sie bei der Ankunft erfuhren, sie würden als Flüchtlinge behandelt», und weigerten sich zu kooperieren. Schließlich musste zum ersten Mal in der Geschichte von Marienthal eine Kompanie des Yorkshire and Lancashire-Regiments eingesetzt werden, damit sie die Anordnungen befolgten. Die Soldaten hatten große Mühe, die Passagiere zu desinfizieren und zu registrieren, was neun Stunden dauerte und ergab, dass nur 56 von über 2000 überprüften Personen «echte Vertriebene» waren. Beim Verhör gab Sternberg zu, für 180 Personen die Ausweispapiere gefälscht zu haben und ihnen in Warschau Plätze im Zug für 500–600 Dollar pro Kopf verkauft zu haben. Das letzte Stück des Puzzles fand sich, als am nächsten Morgen ein Dr. Sanek vom American Jewish Joint Distribution Committee auftauchte, einer in New York ansässigen jüdischen Hilfs- und Auswanderungsorganisation. Er erklärte, Arrangements mit den amerikanischen Behörden getroffen zu haben, damit die Passagiere, polnische Juden, nach Süden, nämlich nach Oberammergau in der US-Besatzungszone und von dort nach Palästina weiterreisen konnten. Er zeigte einen Schein vor, der bewies, dass der Zug in Polen für 26 152 Reichsmark gechartert worden war, was auch die Begleitung durch eine Eskorte polnischer Soldaten umfasste. Da sie der Sache angesichts Tausender zusätzlicher Vertriebener, die Zug Nr. 165 folgten, nicht weiter nachgehen konnten oder wollten, fertigten die Beamten in Marienthal die Emigranten ab und ließen Sternberg frei, sodass dieser seine Reise in die US-Zone fortsetzen konnte.[2] Neun Wochen später berichteten die amerikanischen Behörden, sie wüssten nichts von dem Zug oder seinen Passagieren und hätten ihnen keine Transportmittel zur Reise in ihre Besatzungszone oder anderswohin zur Verfügung gestellt.[3]

Diese Überschneidung von Vertreibung und Unternehmertum war keineswegs außergewöhnlich. Nur sieben Wochen später traf ein weiterer «Zug Nr. 165» – eine bei Menschenschmugglern offenbar beliebte Zahl – in Marienthal ein. Zu diesem Transport gehörten 1700 Passagiere mit Dokumenten, die sie als deutsche Juden aus den «Wiedererlangten Gebieten» auswiesen, und Visa zur Reise über Le Havre in die USA. Erneut wurden die Briten misstrauisch. Generalmajor Erskine vom Büro des Militärgouverneurs hatte schon Berichte erhalten, dass polnische Behörden, deren Antisemitismus vom Holocaust unberührt blieb, ihr «Judenproblem» lösten, indem sie polnischen Juden Papiere ausstellten, die ihre Nationalität als Deutsch angaben, um sie zum Verlassen des Landes zu drängen. Das Personal in Marienthal befragte einen Querschnitt der Passagiere und kam zu dem Schluss, dass «praktisch jeder 30 US-Dollar für die Zugfahrt bezahlt hatte». Auch diesmal wurden die Neuankömmlinge zur Registrierung weitergeschickt, «da nicht bewiesen werden konnte, dass sie nicht echte Deutsche [Vertriebene] waren, obwohl guter Grund zu der Vermutung besteht, dass viele Papiere gefälscht waren».[4]

Wie solche Episoden zeigen, machten die sogenannten organisierten Vertreibungen von 1946/47 von Anfang an die Versuche der beteiligten Länder zunichte, dem Vorgang irgendeine Ordnung zu geben. Angesichts der minimalen Ressourcen, die für die Operation zur Verfügung gestellt wurden, des halsbrecherischen Tempos ihrer Durchführung und der Unschlüssigkeit der Vertreibungsstaaten, ob die effiziente Aussiedlung der Deutschen Vorrang vor ihrer kollektiven Bestrafung haben solle oder umgekehrt, konnte es kaum anders sein. So verkam die 18 Monate lange Periode der «organisierten Vertreibungen» rasch zu einem makabren Rennen gegen die Zeit, bei dem die Vertreibungsstaaten sich so vieler unerwünschter Minderheiten wie möglich zu entledigen suchten, bevor eine größere Zahl von Todesfällen während der Deportationen und das Chaos, in dem die Aufnahmegebiete im besetzten Deutschland rasch versanken, die Großmächte dazu bringen würden, weitere Transfers zu stoppen. Dass man diesen Punkt früher oder später erreichen würde, erkannten Politiker auf beiden Seiten, noch bevor die erste «organisierte» Aussiedlung stattfand. Statt aber die gesamte Operation im Lichte dieser Tatsache zu überdenken, verfolgten die Behörden in Ausgangs- wie Zielländern einen Kurs, von dem sie wussten, er würde beide ärmer machen, dem Wiederaufbau und der humanitären Hilfe wichtige Transportressourcen für einen unproduktiven Zweck entziehen und eine Spur menschlichen Elends hinterlassen.

Nach dem Vertreibungsbeschluss des Alliierten Kontrollrats vom 20. November 1945 wurde ein minimaler Logistik- und Verwaltungsapparat geschaffen, um die Operation zu organisieren. Da die Vertreibungen schon sechs Wochen später beginnen sollten, konnte dieser Apparat nur sehr rudimentär sein. Sein wichtigster Teil war die Combined Repatriation Executive (CRX), eine vom Alliierten Kontrollrat im Oktober 1945 eingesetzte Behörde, die sich den gewaltigen Transportproblemen widmen sollte, die bei den Vertreibungen entstehen würden. Aufgabe der CRX war die Koordinierung und Regelung aller organisierten Transporte von mehr als zehn Menschen nach oder aus Deutschland oder zwischen den vier Besatzungszonen. Darüber hinaus sollte die CRX den Transport von fast zwei Millionen Displaced Persons in ihre Heimat koordinieren, die meisten von ihnen Zwangsarbeiter aus Mitteleuropa, dazu die Rückführung Hunderttausender deutscher Kriegsgefangener aus anderen Ländern. Es bestand also die Möglichkeit, dass dieselben Züge auf dem einen Teil ihrer Reise heimkehrende Polen, Tschechoslowaken und Ungarn und auf dem anderen vertriebene Deutsche beförderten, wodurch die knappen Transportressourcen optimal hätten ausgenutzt werden können. Rasch wurde klar, dass die Einbeziehung von Vertretern der Vertreibungsländer in die CRX eine zentrale Rolle bei der Lösung der zwangsläufig entstehenden Schwierigkeiten spielen konnte. Ende 1945 hatte sie eine feste Struktur mit weniger als einem Dutzend «Repatriierungsoffizieren» aus allen sieben beteiligten Ländern und einem winzigen Bürostab, um zu versuchen, die logistischen Probleme der Operation zu lösen.[5] Die Behörde kam dem am nächsten, was eine internationale Organisation überhaupt leisten konnte, um Ordnung in den Ablauf der Vertreibungen zu bringen. Angesichts der niedrigen Priorität ihrer Arbeit für die Alliierten – kein Mitglied bekleidete einen höheren Dienstgrad als Oberstleutnant – und der Größe der Aufgabe waren ihre Leistungen bemerkenswert.

Das heißt nicht, dass die CRX stets harmonisch arbeitete. Vielmehr herrschte von dem Moment an, als ihre Mitglieder sich über Normen und Prozeduren für Transport und Aufnahme der Vertriebenen zu einigen versuchten, eine gespannte Atmosphäre. Die langen und schwierigen Verhandlungen spiegelten das gerechtfertigte Misstrauen wider, das die Aufnahmestaaten sowohl gegenüber den Vertreibungsländern als auch untereinander hegten. Die ersten von der CRX zu lösenden Fragen waren die Starttermine der organisierten Vertreibungen und die humanitären Mindeststandards, die während der Operation eingehalten werden sollten. In beiden Punkten gingen die Interessen von Ausgangs- und Aufnahmeländern auseinander, denn erstere wollten die Vertreibungen möglichst schnell beginnen und soviel deutschen Besitz wie möglich behalten. Bei den Vorverhandlungen in Berlin Anfang 1946 forderte Dr. Władysław Wolski, der Leiter des polnischen Staatlichen Repatriierungsbüros (*Państwowy Urząd Repatriacyjny* oder PUR), von der britischen und sowjetischen Regierung, nicht nur sofort große Zahlen von Vertriebenen aufzunehmen, sondern auch die Lokomotiven und Waggons zu stellen, um sie aus Polen zu deportieren. Über eine Million entwurzelter Polen aus Gebieten östlich der Curzon-Linie mit 170 000 Kühen, 100 000 Pferden, 120 000 Schweinen und 180 000 Schafen waren nach seinen Worten bereits auf dem Weg in die «Wiedererlangten Gebiete». «Am

Tag unserer Diskussion hatte der Minister mit 38 Zügen zu tun, die nach Westen unterwegs waren», sagte er einem der britischen Vertreter. Wenn diese Kolonisten und ihr Vieh nicht bis zur Frühjahrsaussaat auf Höfen in den «Wiedererlangten Gebieten» angesiedelt werden könnten, werde es «eine Hungersnot für die neue Bevölkerung» geben. Es sei sinnlos, wenn die britischen Behörden 1,5 Millionen Vertriebene akzeptierten, aber nicht bereit wären, sie zu transportieren. Weder Briten noch Sowjets ließen sich jedoch durch diese «ziemlich dreiste Forderung» zu überstürztem Handeln drängen. Der Militärkommandeur der Sowjetzone, Marschall Georgi Schukow, zeigte wenig Entgegenkommen und hatte sich bei Wolski bereits beschwert, die deutschen Vertriebenen aus Polen kämen an ihren Zielorten völlig besitzlos an und müssten von den Behörden erst mit Decken, Kleidung und Essbesteck aus lokalen Beständen ausgestattet werden. Die Briten erinnerten Wolski daran, dass er bereits 2000 geschlossene Waggons für den polnischen Teil der Vertreibungsoperation bekommen habe und die britischen Transportoffiziere zur Verteilung der Neuankömmlinge in ihrer Zone nur 750 hätten. Als Zeichen des guten Willens boten sie an, 4000 Vertriebene pro Tag aufzunehmen, wenn die polnische oder sowjetische Regierung passende Transportmittel zur Verfügung stellten. Die Sowjets wiederum unterstützten die Briten in der Ablehnung von Wolskis Forderungen. Sie zeigten aber ihr Misstrauen gegenüber ihrem Alliierten wie gegenüber den Polen durch die Forderung, die britischen Verbindungsmissionen, die die Transporte aus Polen offiziell in Empfang nehmen sollten, müssten am Startpunkt etabliert werden, nicht an der neuen polnisch-deutschen Grenze, weil sie befürchteten, die Polen würden von den Briten zurückgewiesene Vertriebene einfach in der Sowjetzone absetzen.[6]

Auf den ersten Blick mag es so scheinen, als seien die Alliierten bei diesen Verhandlungen in der stärkeren Position gewesen, da sie einfach die Grenzen schließen und die Aufnahme von Vertriebenen ablehnen konnten, bis ihre Bedingungen erfüllt waren. Es ist sicher richtig, dass die Briten es nicht eilig hatten, die Diskussionen abzuschließen. Ende Januar hatten sie eine prinzipielle Übereinkunft mit ihren polnischen und sowjetischen Kollegen darüber erreicht, auf welchen Routen die Deutschen transportiert und welche humanitären Mindeststandards eingehalten werden sollten. Sie ließen sich aber Zeit damit, diese Übereinkunft vor Ort umzusetzen. Wie der Vertreibungszeitplan des Alliierten Kontrollrats festgelegt hatte, wollten sie erst den Austausch mit der Sowjetzone abschließen, bevor eine viel größere und schwierigere Runde von Bevölkerungstransfers begann. Sie hofften auch, durch das Ausdehnen der Gespräche über die schlimmste Winterperiode hinaus die Zahl der Toten durch Unterkühlung zu senken. Doch für diese Hinhaltetaktik gab es eine Grenze, die durch die unkluge Enthüllung ihrer Motive durch einen Minister im Parlament Ende Januar 1946 näherrückte.[7] Mitte Februar warnten die britischen CRX-Vertreter, die Polen seien höchst erregt, weil die Westmächte keinen festen Termin für den Beginn der Massenumsiedlung setzten, die bereits über zwei Monate im Rückstand war. Sofern die Briten sich in den kommenden 48 Stunden nicht bereit erklärten, ab sofort Vertriebene aufzunehmen, befürchteten sie, die polnischen Behörden würden «ohne unsere Zustimmung an den Startpunkten Züge losschicken».[8]

Diese Befürchtungen sollten sich als übertrieben erweisen. Die UdSSR, deren eigene Besatzungszone von mittellosen Vertriebenen aus den «Wiedererlangten Gebieten» und dem Sudetenland überschwemmt wurde, hatte es mit dem Beginn der organisierten Vertreibungen nicht eiliger als die Briten. Da er aber meinte, weiteres Zögern werde keinen Vorteil bringen, unterzeichnete der britische CRX-Vertreter am 14. Februar 1946 ein Abkommen mit seinem polnischen Kollegen. Jeden Tag sollten demnach 1000 Deutsche von Szczecin über die Ostsee nach Lübeck transportiert und von dort mit Lastwagen ins Transitlager Pöppendorf gebracht werden. Auf einer Route von Szczecin nach Bad Segeberg, 25 Kilometer westlich von Lübeck, sollte jeden Tag ein einziger Zug weitere 1520 Vertriebene bringen. Über eine zweite Route von Kaławsk (heute Węgliniec) über Helmstedt nach Marienthal oder Alversdorf sollten täglich zwei Züge mit zusammen mindestens 3000 Passagieren rollen. Eine dritte Route war von Kaławsk nach Friedland bei Göttingen geplant. Hier sollten täglich 2500 Menschen transportiert werden, aus logistischen Gründen wurde sie aber nie genutzt. Die Transporte auf den Strecken Szczecin–Bad Segeberg und Kaławsk–Marienthal–Alversdorf sollten am 20. Februar beginnen, die Aufnahme der anderen Routen später entschieden werden. Obwohl man nicht erwartete, sofort die damit festgelegte Zahl von 56 000 Vertriebenen pro Woche zu erreichen, erklärten die Briten ihre Bereitschaft, bis zum 1. März 1946 mindestens 45 000 pro Woche aufzunehmen.[9]

Das englisch-polnische Abkommen legte auch detaillierte Normen für die Bedingungen fest, unter denen die Menschen transportiert werden sollten. Die Briten verpflichteten sich, die Deutschen an den Ausgangspunkten anzunehmen und – wie von den Sowjets gefordert – in Kaławsk und Szczecin sechsköpfige Verbindungsteams zu diesem Zweck zu stationieren. Nachdem diese Einheiten die Transporte inspiziert und bestätigt hätten, würden sie ohne Halt zu ihren Zielen in der britischen Zone fahren. Alle Lokomotiven und Waggons sollten von den Polen gestellt werden oder unter bestimmten Umständen von den Sowjets; die Polen sollten auch für jeden Transport eine Eskorte von zehn Soldaten bereitstellen, die in den britischen Aufnahmezentren übernachten würde. Die Vertriebenen würden an den Abfahrtspunkten mit DDT desinfiziert werden und jeder soviel Handgepäck mitnehmen dürfen, wie er oder sie tragen konnte, sowie bis zu 500 Reichsmark. Familien sollten nicht getrennt werden und schwangere Frauen sechs Wochen vor oder nach der Entbindung nicht reisen. Auf den ersten beiden Routen sollten die Polen ausreichende Rationen für eine zweitägige Reise im Zug bereitstellen und für einen weiteren Tag in Reserve halten. Auf den anderen beiden waren drei Tagesrationen mit einer weiteren als Reserve vorgesehen. Körperlich und geistig Kranke, Waisen und Kriminelle sollten erst ganz am Schluss der Operation transportiert werden. Schließlich sollte jeder Transport eine Namensliste der Passagiere und ein medizinisches Attest, dass keiner an ansteckenden Krankheiten litt, mit sich führen.[10]

Andere Abkommen zwischen Ausgangs- und Zielbehörden folgten einem ähnlichen Muster. Die Sowjetbehörden in Deutschland handelten mit der tschechoslowakischen Regierung noch härtere Bedingungen aus: Jeder der 600 000 Aussiedler, deren Vertreibung in dem Dokument vorgesehen war, sollte 50 Kilo Gepäck mitnehmen dürfen und nicht weniger als 500 Reichs- oder Besatzungsmark mitführen – wenn nötig von den Tschechoslowaken gestellt. Zwei Atteste mit der Unterschrift eines tschechoslowakischen und eines deutschen Arztes sollten die Reisefähigkeit der Menschen bestätigen, zwei deutsche Krankenschwestern jeden Zug begleiten und für körperlich und geistig Kranke gesonderte Waggons bereitgestellt werden. Jeder der 42 bis 43 geschlossenen Waggons sollte nicht mehr als 30 Passagiere haben, was ein Maximum von rund 1200 Menschen pro Transport bedeutete. Die Sowjets stimmten wiederum zu, ab dem 10. Juli 1946 an sechs Tagen pro Woche drei Züge täglich auf der kurzen Route von Podmokly nach Bad Schandau zu akzeptieren und drei weitere von Tršnice (Tirschnitz) nach Gera oder Altenburg in Thüringen. Ein strikter Zeitplan sollte eingehalten werden, damit die Züge am selben Abend in die Tschechoslowakei zurückkehren konnten. In den Sommermonaten würden auch Flussschiffe mit Deutschen nach Wittenberg in Sachsen und Wittenberge in Brandenburg fahren. Dagegen war das Abkommen zwischen der UdSSR und Polen, in dem das strategische Interesse der Sowjets zum Ausdruck kam, die «Wiedererlangten Gebiete» so schnell wie möglich von Deutschen zu räumen, viel weniger detailliert. Die UdSSR versprach, Züge in Forst und Görlitz mit je 1500 bis 1700 Vertriebenen aufzunehmen und nicht mehr zu verlangen als einen Abfahrtsbefehl und ein medizinisches Attest für jeden Transport.[11]

Die härtesten Bedingungen wurden von den Kommandanten der US-Zone gestellt, die nach dem Kontrollratsabkommen zur Aufnahme von Vertriebenen aus der Tschechoslowakei und Ungarn verpflichtet waren. Die Amerikaner hatten eine bittere Lektion gelernt, als sie sich die Zustimmung zu einem verfrühten Beginn der organisierten Vertreibungen abringen ließen, ohne die Standards für die Operation schriftlich festzuhalten. Ende November wurde Colonel John H. Fye, zuvor stellvertretender Stabschef des 22. US-Armeekorps, zum Verbindungsoffizier für Umsiedlungsangelegenheiten beim tschechoslowakischen Generalstab ernannt. Seine «Abteilung» bestand vor allem aus ihm selbst, einer Dolmetscherin, einem Sekretär und einem Fahrer. «Während dieser ganzen Operation war die Abteilung ein Waisenkind.» Unklugerweise stimmte Fye seinen Gastgebern zu, die Transporte in die US-Zone nur zwei Wochen später beginnen zu lassen. Das Ergebnis war eine Katastrophe. Die ersten Züge, die am 13. Dezember 1945 abfuhren, lösten «lauten Protest der Militärverwaltung in Bayern» wegen des «ausgeplünderten Zustands der Vertriebenen» bei der Ankunft in Deutschland aus. In einem Zug, der am 16. Dezember in Hof ankam, befanden sich 650 Vertriebene, die bei einer Außentemperatur von neun Grad unter Null gereist waren. Als die Türen bei der Ankunft geöffnet wurden, sahen wartende Rotkreuzvertreter, dass 94 Passagiere, darunter 22 Kinder, tot waren.[12] Die Beschwerden der US-Behörden über die Umstände dieser Transporte wurden vom Ministerium für nationale Sicherheit zurückgewiesen, das darauf hinwies, es gebe «keine vorgeschriebenen Standards für

Vertriebene bis auf ‹ein Minimum an notwendiger Bekleidung und Bettwäsche››. Das bedeutete nicht unbedingt viel an Bekleidung, und eine Decke konnte man das Minimum an notwendiger Bettwäsche nennen. Wegen einer Kombination aus amerikanischen Protesten und tschechoslowakischem Mangel an Vorbereitung wurden die Transporte aber am 29. Dezember eingestellt, um die Verhandlungen von US-Offizieren aus München und Vertretern der tschechoslowakischen Zivil- und Militärbehörden in der folgenden Woche abzuwarten.[13] Nach dem dabei zwischen den Amerikanern und dem tschechoslowakischen CRX-Vertreter vereinbarten Protokoll sollten Sudetendeutsche mindestens 48 Stunden vor ihrer Deportation von den örtlichen Behörden benachrichtigt und dann in einem Transitlager medizinisch untersucht und registriert werden. War das abgeschlossen, sollten maximal 50 Menschen pro Güterwaggon die Züge besteigen. Die US-Behörden traten erst in Erscheinung, wenn der Zug ihre Besatzungszone erreichte. Hier würden sie den Zug inspizieren, die Namensliste überprüfen, sichergehen, dass niemand ohne Familie reiste, und den Transport entweder akzeptieren und nichtautorisierte Personen entfernen lassen oder den ganzen Transport zurückweisen. Nach der Aufnahme durch die Amerikaner sollten die Vertriebenen eine warme Mahlzeit bekommen, desinfiziert und an die deutschen Landesbehörden übergeben werden, in deren Händen ihre weitere Ansiedlung lag.[14] Im Gegensatz zu den Briten, die den Vertriebenen bei der Ankunft Papiere ausstellten, bestanden die US-Behörden darauf, alle Sudetendeutschen müssten vor der Abfahrt einen Ausweis auf Tschechisch, Deutsch und Englisch bekommen. Allein das Drucken dieser Papiere verzögerte den Beginn der Operation um mehrere Wochen, wie die tschechoslowakischen Behörden monierten.[15] Zunächst sollte täglich ein Zug mit 1200 Vertriebenen in Furth im Wald eintreffen. Nach einem Monat verdoppelte sich diese Zahl, und das östlich von Bayreuth gelegene Wiesau wurde als zweiter Aufnahmeort ausgewählt. Bis zum 1. Mai kamen an den beiden Orten bereits 7200 Vertriebene täglich in die US-Zone, eine kleinere Zahl reiste auf den Straßen oder kam zu Fuß über die Grenze. Ein Vorschlag des tschechoslowakischen Generalstabs, weitere Sudetendeutsche auf Schiffen aus der Slowakei nach Passau zu bringen, wurde von den Amerikanern aus logistischen Gründen abgelehnt.[16]

Da Ungarn ein feindlicher Staat gewesen war, führte der Alliierte Kontrollrat für Ungarn keine Verhandlungen mit der Budapester Übergangsregierung, sondern erließ Anordnungen. In der Praxis hatten die US-Behörden, in deren Zone die ungarischen Volksdeutschen («Schwaben») kommen sollten, freie Hand, der provisorischen Regierung von Béla Miklós ihre Bedingungen zu stellen. Die Vertreibungen sollten am 15. Dezember 1945 mit einem einzigen Zug mit 1000 Passagieren in 40 geheizten Waggons beginnen, die vor der Abfahrt ärztlich zu untersuchen und mit den notwendigen Papieren auszustatten seien. Jeder Aussiedler, einschließlich der Kinder, sollte 100 Kilo Gepäck mitnehmen dürfen. Eine Gruppe von Inspektoren der drei Besatzungsmächte sollte sicherstellen, dass in den «Konzentrationsgebieten» und den Zügen humane Bedingungen herrschten, obwohl Marschall Woroschilow seine Kollegen im Kontrollrat für Ungarn darauf hinwies, «das Wort ‹human› habe angesichts der Umstände der ganzen Umsiedlung nur relative Bedeutung».[17]

In allen drei «Potsdam»-Ländern wurden ausländische Diplomaten und Vertreter der Weltpresse eingeladen, um die beispielhaften Bedingungen der ersten «organisierten Vertreibungen» zu verfolgen. Wie vorherzusehen war die tschechoslowakische Regierung am erfolgreichsten dabei, ein beruhigendes Spektakel für die Beobachter zu arrangieren. Der britische Konsul in Karlovy Vary (Karlsbad), Oswald Bamborough, ehemals Journalist beim staatlichen tschechoslowakischen Rundfunk, war beim ersten Transport von Sudetendeutschen aus Mariánske Lázně (Marienbad) am 25. Januar 1946 zugegen. Wie die übrigen Eingeladenen, darunter US-Botschafter Steinhardt und andere ausländische Würdenträger, staunte er über die Mühe, die sich die tschechoslowakischen Behörden gemacht hatten, um sicherzustellen, dass die Deportierten keinen legitimen Grund zur Klage hätten. Knapp 1000 Frauen und Kinder und 240 Männer waren zunächst in einer früheren US-Kaserne gesammelt worden, die mindestens sechsmal soviele Menschen fassen konnte. An alle war sofort eine Wochenration Nahrungsmittel ausgegeben worden, drei weitere Tagesrationen wurden in Reserve gehalten. Der Zug, der sie nach Bayern bringen sollte, besaß ein Rotkreuzabteil mit deutschen Krankenschwestern, und alle Passagiere wurden zuerst von einem deutschen Arzt untersucht. Der tschechische Kommandant der Operation bestätigte, es sei nichts vom Eigentum der Deutschen beschlagnahmt worden, und was die 50 Kilo erlaubtes Gepäck angehe, «sei er angewiesen, dabei großzügig zu verfahren». Wer keine Winterkleidung hatte, erhielt sogar welche von den Tschechoslowaken. Ein Filmteam der Wochenschau *March of Time* filmte lächelnde, gut angezogene sudetendeutsche Frauen mit ihren Babys, die sich für die letzte warme Mahlzeit vor der Abfahrt anstellten.[18] Bamborough war von dem Anblick bewegt und bekundete in seiner offiziellen Meldung den «tiefen Eindruck, den das Verhalten der tschechischen Vertreter auf mich machte; ich bin überzeugt, dass sie entschlossen sind, die von ihrem Sprecher so häufig geäußerten Worte, der Transfer der Deutschen solle human ablaufen, zu verwirklichen.»[19] Einem britischen Journalisten, der von den Behörden eingeladen worden war, einen anderen inszenierten Transport bei Karlovy Vary zu beobachten, erschien die Szene «mehr wie das Ende eines Gartenfests als wie der Teil eines großen Bevölkerungstransfers». Wie so viele ausländische Beobachter drückte er seine Befriedigung über die poetische Gerechtigkeit aus, die die Sudetendeutschen ereilt habe: «Während ihr Zug dem Reich entgegenfährt, werden die Sudetendeutschen sich vielleicht an die glücklichen Tage erinnern, als jüdische Schaufenster zersplitterten und Gewerkschaftshäuser brannten, und das Volk, das gewöhnliche Volk, herumlief, jemanden zum Verprügeln suchte und rief: ‹Wir wollen heim ins Reich!› Bald wird ihr Wunsch erfüllt sein.»[20]

Ähnliche Versuche potemkinscher Vertreibungen durch andere Potsdam-Länder waren deutlich weniger erfolgreich. Britische und US-Militärbeobachter und ein Reuters-Korrespondent, die die erste Gruppe von Volksdeutschen besuchten, die Ungarn verlassen sollte, sahen, dass die Festgenommenen im Gegensatz zu den offiziellen Versicherungen manchmal nur zehn Minuten vor ihrer Deportation benachrichtigt worden waren. Viele ergriffen die Gelegenheit, die das allgemeine Chaos der Operation bot, um aufs Land zu flüchten; von den 1000 Volksdeutschen aus der Kleinstadt Budaörs, zehn Kilometer außerhalb von Budapest, die am 19. Januar 1946 im ersten Zug sitzen sollten, waren nur 700 – und nicht alles Deutsche – bei der Zählung am Bahnhof versammelt. Das System ärztlicher Untersuchungen vor der Abfahrt brach rasch zusammen, und als der Zug schließlich losfuhr, kam er so langsam vorwärts, dass er fast drei Tage für die 250 Kilometer von Budapest bis zum ersten Halt Wien brauchte und die Passagiere ernsthaft unter Hunger litten. In Widerspruch zum Vertreibungsprotokoll war kein Proviant für die Reise bereitgestellt worden, und die US-Inspektoren, die den Zug in Freilassing in Empfang nahmen, kamen zu dem Schluss, alles in allem stellten die Bedingungen des Transports eine «inhumane Behandlung» dar.[21] Ähnlich war es bei einem polnischen «Rotkreuzzug», der zeigen sollte, dass die Behörden besonders um kranke und alte Deutsche aus den «Wiedererlangten Gebieten» besorgt seien. Auf der ersten, von den Medien vielbeachteten Fahrt von Wrocław nach Aurich, westlich von Wilhelmshaven, wurde die erwünschte Wirkung dadurch gemindert, dass «relativ viele» Passagiere an Alzheimer litten und «selbst während der Fahrt nicht wussten, was mit ihnen geschah», und der Proviant mit weniger als 150 Gramm Brot pro Tag unzureichend war. Fünf Vertriebene starben unterwegs, zwei weitere kurz nach der Ankunft.[22]

Trotz der allgemeinen Desorganisation waren manche alliierte Militärvertreter der Meinung, die ungarische Regierung habe am Anfang zumindest versucht, die Forderungen des Kontrollrats zu erfüllen, wenn auch unzureichend. Für die Vertreibungen aus den «Wiedererlangten Gebieten» in die britische Besatzungszone, die den Namen «Operation Swallow» bekommen hatten, galt das keineswegs. Der Korrespondent des *Manchester Guardian*, der den ersten Transport aus Szczecin nach Lübeck am 3. März 1946 sah, berichtete, 250 Passagiere seien so krank, dass sie sofort ins Krankenhaus müssten; ein Kind von 18 Monaten und ein 73 Jahre alter Mann waren im Zug gestorben. «Bei späteren Transporten waren die Zahlen höher.» Die Vertriebenen waren zum größten Teil über 50, «viele über 80». Nicht wenige hatten seit fast einer Woche nichts mehr zu essen gehabt, erst im Sammellager in Szczecin, dann im Zug. Am beunruhigendsten waren aber die Zeichen systematischer Misshandlungen über längere Zeit. Vor allem körperliche und sexuelle Misshandlungen waren leicht zu erkennen. «Die meisten Frauen waren laut Feststellung des ärztlichen Personals der Briten vergewaltigt worden, darunter ein Mädchen von zehn und ein weiteres von 16 Jahren.»[23]

Nur wenige Wochen nach Beginn der «organisierten Vertreibungen» wurde den Besatzungsbehörden in Deutschland klar, dass die Swallow-Transporte das Muster der ganzen Operation waren, nicht die ersten inszenierten Transporte. Von allen Seiten gingen Berichte der Aufnahmezentren ein, welcher immensen Anstrengungen es bedürfe, mit den Folgen der systematischen Misshandlung der Neuankömmlinge fertig zu werden. Die ersten drei Swal-

Abb. 7. **Eine tschechische «organisierte Vertreibung» in Nový Jičín (Neutitschein)**

low-Züge im Transitlager Pöppendorf enthielten «einen hohen Anteil alter Menschen, die meisten in sehr schlechter Verfassung, nicht wenige fast tot und mit Blutergüssen und anderen Zeichen von Schlägen». Von den 4100 Vertriebenen dieser drei Transporte wurden 524 sofort bei der Ankunft ins Krankenhaus gebracht.[24] Erneut berichtete der Kommandant seinen Vorgesetzten, die meisten Frauen seien mehrfach vergewaltigt worden, ebenso einige Kinder.[25] Ein britischer Oberst, der im April einen Vertriebenenzug in Bielefeld sah, registrierte die «bemerkenswerte und schreckliche Tatsache», dass fast alle Passagiere vor Kurzem «schwer misshandelt» worden waren. Sie zeigten «tiefe Narben im Schädelknochen, durch Misshandlung verkrüppelte Finger, mehr oder weniger verheilte Rippenbrüche und zum Teil große Blutergüsse auf Rücken und Beinen. Letztere sah man auch bei Frauen.»[26] Auch hier musste ein «hoher Prozentsatz» der Vertriebenen gleich nach der Ankunft ins Krankenhaus.[27]

Ein detaillierter Bericht über den ersten Swallow-Zug, der im westfälischen Detmold eintraf, zeichnet ein zu diesem Zeitpunkt typisches Bild der «organisierten Vertreibungen» aus den «Wiedererlangten Gebieten». Von den 1507 Passagieren waren 516 Kinder, viele von ihnen barfuß. Die Passagiere waren in der Nacht des 20. Februar 1946 geweckt worden und mussten binnen zehn Minuten zur Abreise bereit sein, was für viele Eltern nicht einmal ausreichte, um die Schuhe der Kinder zu finden. Die Deutschen wurden in ein Lager gebracht, wo die Männer vom Rest getrennt wurden; was aus ihnen geworden war, wusste keiner. Frauen und Kinder wurden zum Bahnhof getrieben, unterwegs nahm man ihnen ihr Gepäck ab, manche wurden geschlagen. Dann mussten sie den Zug besteigen, der erst am 3. März in Detmold eintraf. «Bei der Fahrt durch die Sowjetzone hatten die Roten ihnen Kaffee, etwa ein Pfund Brot und etwas Zucker gegeben, was die einzige Nahrung war, die sie auf der zehntägigen Reise bekamen.»[28] Es ist erstaunlich, dass es bei dieser Deportation nur wenige Todesfälle gab.

Fast jeder Bericht erwähnte den außerordentlich hohen Anteil alter Menschen bei den Transporten. Zwei britische Aufnahmeoffiziere, die im April 1946 einen Swallow-Zug mit 1400 Vertriebenen in Bad Segeberg empfingen, fanden eine Szene vor, die «einer Emmett-Karikatur in *Punch* ähnelte. [...] Sehr viele alte Männer und Frauen, die nur noch wenige Monate zu leben hatten. Manche konnten kaum gehen; die meisten mussten aus dem Zug gehoben werden. [...] Wir gingen den ganzen Zug entlang und sahen nur zwei gesunde junge Männer.»[29] Am anderen Ende des Altersspektrums bemerkten Militärbeobachter «ein beunruhigendes Fehlen von Kindern unter zwei Jahren», eine Folge der hohen Kindersterblichkeit durch die schlechte Ernährungslage der Deutschen in den «Wiedererlangten Gebieten».[30] Eine Serie statistischer Untersuchungen im März und April zeigte, dass die polnischen Behörden die Gelegenheit ergriffen, den nicht produktiven Teil der deutschen Bevölkerung loszuwerden und arbeitsfähige Männer als Zwangsarbeiter zu behalten. Nur etwa 8 Prozent der Vertriebenen, die aus den «Wiedererlangten Gebieten» in die britische Zone kamen, waren gesunde Männer; ihr Anteil an den Neuankömmlingen in der Sowjetzone wurde von einem Offizier der Roten Armee auf 10 Prozent geschätzt.[31]

Als nicht weniger besorgniserregend empfanden die Briten die chaotische Weise, in der Operation Swallow auf der polnischen Seite der Grenze organisiert wurde. Die Warschauer Behörden stellten den Deportierten während der Fahrt oder am Ankunftstag in Deutschland meist keinen Proviant bereit, wozu sie nach dem CRX-Abkommen verpflichtet waren; selbst wenn die Briten anboten, den Proviant selbst zu stellen, lehnten die Polen dies oft ab.

Abb. 8. **Operation Swallow: Älteren Vertriebenen wird unter Aufsicht eines britischen Soldaten in Travemünde bei Lübeck dabei geholfen, deutschen Boden zu betreten.**

Nach einer Untersuchung schickten die Polen zur Versorgung von 37 000 neu angekommenen Vertriebenen im Lager Alversdorf für einen Tag 198 Laib Brot, 180 Kilo Fleisch, zehn Kilo Ersatzkaffee und vier Kilo Zwiebeln.[32] Manchmal hatte nicht einmal die polnische Zugbewachung etwas zu essen und musste «bei der Ankunft Rationen [von den Briten] erbetteln». Ebenso wenig konnten die Wachen die Sowjets davon abhalten, die Durchfahrt der Swallow-Züge durch ihre Zone dafür auszunutzen, Menschen in die britische Zone abzuschieben, die sie aus dem einen oder anderen Grund loswerden wollten. In einem durch die polnischen Behörden mitgeteilten Fall stoppte die Rote Armee den Zug bei Völpke in Sachsen-Anhalt und zwang 70 Deutsche, die nicht aus den «Wiedererlangten Gebieten» stammten, zuzusteigen.[33] In einem anderen Fall endete in Wittenberg eine Konfrontation zwischen Sowjetsoldaten, die zusätzliche Passagiere in einen Deportationszug drängen wollten, und den polnischen Wachen tragisch, als ein Rotarmist während einer erhitzten Diskussion versehentlich ein deutsches Kind erschoss.[34] Dasselbe Problem wurde in Pöppendorf registriert, wo eine Zufallsüberprüfung von 4000 Neuankömmlingen ergab, dass 195 Personen nicht auf der Namensliste standen, während 100 andere verschwunden waren.[35]

Noch schlimmer war die verbreitete Schießwütigkeit der Zugwachen. Die Übergangspunkte in die britische Zone waren stets kritische Punkte, wo vertriebene Deutsche die Gelegenheit ergriffen, «die Wachen zu beschimpfen», sobald sie nicht mehr in polnischer Gewalt waren. Es war aber unklug, solchen Versuchungen nachzugeben. Viele Wachen reagierten in der britischen oder sowjetischen Zone ebenso schnell auf Provokationen wie in den «Wiedererlangten Gebieten» selbst.[36] Keineswegs waren nur Deutsche das Ziel polnischen Zorns. Wegen dieser Vorfälle schrieb der Kommandant des britischen Verbindungsteams in Kaławsk: «Die polnischen Wachen, die den Zug hier verlassen, kommen sehr wütend [aus der britischen Zone] zurück, und das setzt die Angehörigen der Einheit keiner geringen Gefahr aus.»[37] Im April beschwerten sich die Briten formell in Warschau, dass Wachen auf den Zügen aus Marienthal die Gewohnheit hätten, «das Feuer mit Maschinenpistolen zu eröffnen. Dies ist seit Beginn von Swallow häufig geschehen.»[38] Bei einem Vorfall zwei Monate später eröffnete eine betrunkene Zugwache in Szczecin das Feuer, während Deutsche den Zug bestiegen, und tötete eine Frau.[39] Es war also kaum überraschend, dass britische Offiziere zu dem Schluss kamen, «die Zugwachen scheinen wertlos und völlig undiszipliniert zu sein», und empfahlen, sie sollten den Befehl zum Wegtreten erhalten, wann immer ein Deportationszug an einem Bahnhof in der britischen Zone halte.[40] Ende Juni appellierte Major Boothby direkt an Wolski, als Zugwachen keine Angehörigen der Miliz mehr einzusetzen, die nach seinen wenig diplomatischen Worten «aus jungen Männern [bestand], die weder militärische Disziplin noch militärische Ausbildung besitzen», und diese Aufgabe «disziplinierten Soldaten» zu übertragen.[41]

Obwohl die Logistik der Transfers aus Polen in die Sowjetzone wegen der kürzeren Entfernung weniger kompliziert war, machte die UdSSR im Umgang mit den Polen ganz ähnliche Erfahrungen wie die Briten, was sich an den zahlreichen formellen Beschwerden zeigt, mit denen die Rote Armee das Ministerium für die Wiedererlangten Gebiete (MZO) bombardierte. Obwohl der Hauptteil der Deportationen erst im Sommer beginnen sollte, versuchten Armeekommandeure in der Sowjetzone ihren polnischen Kollegen entgegenzukommen, indem sie schon vorher eine bescheidene Zahl von

Transporten akzeptierten. Sie bereuten ihre Hilfsbereitschaft schnell. So wollte die sowjetische Militärverwaltung in Deutschland Anfang März wissen, warum ein Zug mit 379 Passagieren weniger eingetroffen war, als auf der Namensliste standen, und warum die Zugwachen anscheinend nichts getan hatten, um sie unterwegs am Verschwinden zu hindern. Drei Tage später beschwerten sich die Sowjets, die Polen hätten in Torún (Thorn) rund 350 Deutsche festgenommen, dann ohne Vorankündigung nach Frankfurt an der Oder transportiert und einfach im Stadtzentrum abgesetzt.[42] Auch die unzureichende Nahrungsmittelversorgung der Deportierten stand weit oben auf der Liste sowjetischer Beschwerden.[43] Darum war das britische Transferpersonal vor Ort überrascht, dass seine sowjetischen Kollegen, die vielfach dieselben Probleme mit den polnischen Behörden hatten, untypisch hilfsbereit und kooperativ waren. In manchen Fällen ließen Offiziere der Roten Armee sogar ärztliche Untersuchungen in Zügen durchführen, die nach Westen fuhren, und gaben den britischen Verbindungsteams wenn nötig «eine freundliche Warnung, dass die Bedingungen ihrer Meinung nach unbefriedigend waren».[44]

Nur zwei Monate nach Beginn der «organisierten Vertreibungen» aus Polen war die Operation schon so chaotisch geworden, dass die Offiziellen in den Aufnahmegebieten die sofortige Einstellung forderten. Auch Äußerungen über die Umsiedlungen in den polnischen Medien waren nicht dazu geeignet, die Stimmung der Briten zu verbessern. Ende März versicherte Radio Warschau seinen Hörern unklugerweise, sie bräuchten sich über die wirtschaftlichen Folgen der Vertreibung keine Sorgen zu machen, weil die zuerst ausgesiedelten Personen «meistens keine Arbeiter waren». Dieselbe Sendung behauptete, die umgesiedelten Deutschen würden rechtzeitig vorher verständigt und «dürfen soviel von ihrem Besitz mitnehmen, wie sie tragen können. In Wirklichkeit haben sie einiges mehr mitgenommen.» Die Deutschen würden «in fröhlicher Stimmung, unter Gelächter und Witzen» gehen. «Nicht selten haben Deutsche den polnischen Behörden wortreich gedankt. Das sollten gewisse ausländische Kreise zur Kenntnis nehmen, die ihr Mitgefühl mit den Deutschen nicht stark genug ausdrücken können.» Der Sender kritisierte dann die Briten dafür, dass sie das Tempo der Vertreibungen bremsten, weil sie den Polen nicht erlaubten, eine größere Zahl von Deutschen in die Waggons zu quetschen, als im CRX-

Abkommen vorgesehen. «Für diese Änderung bräuchte man die Zustimmung der britischen Behörden, die bis jetzt mehr Besorgnis für das Wohlergehen der Deutschen als für unsere Möglichkeiten gezeigt haben.»[45]

Im Gegensatz zu seiner früheren Gleichgültigkeit gegenüber dem Leiden der Deutschen reagierte Jack Troutbeck vom Außenministerium auf die vielen Berichte über polnische Verletzungen der Vereinbarungen mit dem Vorschlag, die Briten sollten «von den Amerikanern lernen» und die polnischen Behörden drängen, bei den Vertreibungen Mindeststandards einzuhalten. Bei Nichteinhaltung «sollten wir die Transporte stoppen und die Zugrouten schließen».[46] Bevin stimmte dieser harten Linie zu, und Botschafter Cavendish-Bentinck in Warschau wurde am 10. April angewiesen, den Polen mit der Unterbrechung der Operation Swallow zu drohen und sie zu informieren, «dass wir, da wir die Transporte kontrollieren, nicht die Absicht haben, Einwanderer unter den bisher herrschenden Bedingungen aufzunehmen».[47] Der Botschafter war außer sich über diese kompromisslose Anweisung, die das gute Verhältnis gefährdete, das er mit der polnischen Regierung aufgebaut zu haben glaubte. In einem Strom von Telegrammen nach London verteidigte er den polnischen Standpunkt. Es sei unpassend, westliche Menschenrechtskonzepte auf Slawen anzuwenden. «Obwohl die Bedingungen, unter denen die Polen Deutsche vertreiben, uns inhuman vorkommen mögen, haben die Polen – wie die Russen – andere Standards als wir.»[48] Am nächsten Tag stattete er einem Sammellager in Szczecin einen Besuch ab. Was er dort sah, überzeugte ihn, dass «die Polen nicht schuld» an den Schwierigkeiten seien, wie er nach London berichtete. Todesfälle und Geburten auf den Transporten seien deshalb vorgekommen, weil kranke und schwangere Frauen ihren Zustand verbargen, um nicht von ihren Familien getrennt zu werden. Den Grund, dass die überwiegende Mehrzahl der Vertriebenen Frauen, Kinder und Alte waren, sah er darin, dass in den «Wiedererlangten Gebieten» «nur noch wenige gesunde Männer da sind». Cavendish-Bentinck suchte auch die Unterstützung Frank Saverys, eines ehemaligen britischen Generalkonsuls in Warschau, der dem Außenministerium mitteilte, es sehe «so aus, als sei die öffentliche Meinung in England von der deutschen Propaganda hereingelegt worden».[49]

In London fand man diese Verteidigungen der Polen nicht besonders überzeugend. Der beklagenswerte Zustand, in dem die Vertriebenen eintrafen, war keine Erfindung der deutschen Propaganda, sondern eine sichtbare Tatsache, mit deren nur allzu realen Konsequenzen die überlasteten britischen Behörden in den Aufnahmegebieten zu kämpfen hatten. Der polnische Rundfunk hatte bereits bestätigt, dass eine Strategie existierte, arbeitsfähige Männer als Zwangsarbeiter zurückzuhalten, und dass die Vertreibungen aus Städten wie Wrocław deshalb gestoppt worden waren.[50] Die Idee, in Osteuropa gelte eine andere Definition des humanen Verhaltens, kommentierte ein britischer Beamter säuerlich: «Man erzählt uns immer, was für ein christliches Volk die Polen sind. Können sie sich nicht auch einmal wie Christen benehmen?»[51] Doch dass der Botschafter seine Anweisungen infrage stellte, verschaffte Hardlinern in London eine Atempause, um ihre Reaktion zu koordinieren. Denis Allen vom Außenministerium, der sich im vorigen Jahr während der «wilden Vertreibungen» aus der Tschechoslowakei dagegen ausgesprochen hatte, «wie eine Großmutter zu fühlen», unterstützte Cavendish-Bentinck entschieden. «Er hat uns wiederholt gewarnt, dass der Vorwurf unangemessener Milde gegenüber den Deutschen nahezu der einzige Punkt der gegenwärtigen antibritischen Propagandakampagne ist, der stets Widerhall bei allen Teilen der öffentlichen Meinung in Polen findet.»[52] Britische Vertreter im Kontrollrat für Deutschland empfahlen ebenfalls, mehr Verständnis für die Polen zu zeigen, die am 29. April immerhin zugaben, sie hätten wirklich arbeitsfähige Männer zurückgehalten, und für die Zukunft eine Änderung dieser Praxis versprachen.[53] Schließlich triumphierte die Staatsräson über die Beschwerden der Militärregierung in der britischen Zone. Bevin schickte am 7. Mai einen Widerruf der vorigen Anweisung an Cavendish-Bentinck und sagte nur, er solle gegenüber Warschau «informell betonen», dass «sowohl wir als auch sie wegen dieser Transfers wahrscheinlich zum Ziel heftiger Kritik der Weltmeinung werden», wenn die Bedingungen sich nicht verbesserten.[54] Vorläufig sollten die britischen Verbindungsteams in Kaławsk und Szczecin keine Züge losschicken, die nicht den drei Monate zuvor mit den Polen vereinbarten CRX-Kriterien entsprachen.[55]

In Wirklichkeit war das eine leere Drohung, wie Briten und Polen gleichermaßen wussten. Der Strom an Menschen, der jeden Tag zu den beiden Abfahrtsorten geleitet wurde, war so gewaltig, dass jeder Versuch, mehr als eine Handvoll der schwächsten Vertriebenen auszunehmen, rasch zu einem riesigen Rückstau geführt hätte. Lieutenant-Colonel Growse, Boothbys Vorgänger als Chef des Verbindungsteams in Kaławsk, erklärte: «Wenn [jeden Tag] nach der Abfahrt des zweiten Zugs Menschen übrig bleiben, und das immer so weiter geht, wird schließlich die ganze Stadt von heimatlosen und halbverhungerten Deutschen überschwemmt sein.»[56] Das war in Szczecin sogar schon geschehen. Das größte dortige Sammellager, eine frühere Zuckerfabrik im Bezirk Gumieńce (Stettin-Scheune) ohne Fenster, Türen oder Fußboden, in der es oft Vergewaltigungen oder Raub durch Angehörige der Volksmiliz gab, war für einen Aufenthalt von 24 bis 48 Stunden vorgesehen gewesen. Anfang April dauerte die Rückkehr der Züge aus der britischen Zone so lange, dass die Zahl der Internierten auf über 8000 stieg, fast dreimal soviel wie geplant, und die Lebensmittel ausgingen.[57] Die Bedingungen in diesem Lager waren so schlimm, dass die Sowjets 1946 von den polnischen Behörden forderten, die Gebäude zu renovieren und die Verbreitung von Krankheiten zu stoppen, indem sie Kranke in Hospitäler einwiesen. Die Polen weigerten sich mit dem Argument, dass «die meisten Deutschen Szczecin völlig erschöpft und geschwächt erreichen, und wenn man sie alle ins Krankenhaus einwiese, würde Szczecin ein großes Hospital werden».[58]

Das Problem der Überbelegung – in Lagern, Zügen, Schiffen und den Aufnahmegebieten – sollte Operation Swallow während ihrer gesamten Dauer von einem Jahr begleiten. Es war aber zum nicht geringen Teil von den Briten selbst verschuldet. Nachdem die Idee eines formellen Protests in Warschau aufgegeben worden war, wandten die britischen CRX-Vertreter die gegenteilige Strategie an. Statt die Aufnahme auf ein vertretbares Niveau zu begrenzen – was den Transfer zugegebenermaßen auf unbestimmte Zeit ausgedehnt hätte –, stimmten die CRX-Vertreter Ende April dem polnischen Antrag zu, die tägliche Aufnahmerate von 5000 auf 8000 zu steigern. Obwohl das immer noch weniger waren als die 10 000, die dem ursprünglichen Plan nach auf dem Höhepunkt von Swallow im Sommer täglich deportiert werden sollten, hoffte man das Programm trotz der Schwierigkeiten durch eine große Anstrengung vor dem Beginn des nächsten Winters abzuschließen. Die Absicht dahinter mochte ehrbar sein, aber durch diese Entscheidung wurde es unmöglich, irgendeine Kontrolle der Bedingungen durchzuhalten, unter denen die Vertreibungen stattfanden. Die bereits stark überlastete Umsiedlungsmaschinerie in den «Wiedererlangten Gebieten» wurde auf ihre einfachste und krudeste Form reduziert: so viele Menschen wie möglich in die Güterwaggons zu sperren. In einer konstanten Krisenatmosphäre, wo jeden Tag die Einwohnerzahl einer kleinen bis mittleren Stadt an den Abfahrtspunkten ankam, gab es weder Zeit noch Ressourcen für irgendetwas anderes. Größeres Leid und mehr Todesfälle unter den Vertriebenen waren die unausweichliche Folge. Die britischen Organisatoren trösteten sich allerdings mit dem Gedanken, eine noch größere Zahl von Menschen könne an Hunger oder Misshandlungen sterben, wenn sie noch sehr viel länger in Polen blieben.

Obwohl Briten und Sowjets mit den logistischen Problemen der Massenvertreibung zu kämpfen hatten, fielen ihre Probleme gegenüber denen des polnischen Repatriierungsbüros (PUR) kaum ins Gewicht. Seine Unterlagen zeigen die fast unglaubliche Desorganisation, niedrige Moral und in vielen Fällen direkte Gefahr, unter der die unterbezahlten und wenig geschätzten Angestellten jeden Tag arbeiteten. Im Prinzip hätte der Vertreibungsprozess nach einem geordneten Plan ablaufen sollen. Laut MZO-Rundbriefen für lokale Behördenvertreter sollten nichtinternierte Deutsche solange an ihrem Wohnort bleiben, bis die Kategorie, zu der sie gehörten, für die Aussiedlung aufgerufen wurde. In der Reihenfolge der Priorität waren das Arbeitslose und Nichtarbeitsfähige, «unruhestiftende Elemente», Landarbeiter auf Höfen in polnischem Besitz, Angestellte von Privatfirmen, ungelernte Arbeiter, enteignete Bauern und zum Schluss alle übrigen Deutschen. Nach der Benachrichtigung durch das MZO sollte den Deutschen in einem bestimmten Bezirk entweder befohlen werden, sich an einer Sammelstelle zu melden, meist durch Plakate, die 24 Stunden vorher ausgehängt wurden, oder sie sollten von Miliz oder Armee festgenommen werden. In beiden Fällen würden sie zu einem Internierungslager oder Bahnhof gebracht werden, wo sie die Schlüssel ihrer Häuser oder Wohnungen und alle Sparbücher, Wertpapiere oder Versicherungen abgeben mussten. Sie sollten bei der Ankunft auch auf Übergepäck oder Konterbande kontrolliert werden, die ebenfalls dem Staat verfielen. Die Definition von «Konterbande» wurde flexibel gehandhabt; eine Ärztin sagte aus, bei ihrer Abfahrt «beschlagnahmten die Zollbeamten sogar Frauenschlüpfer».[59] Dann sollten die Deutschen in ein Sammellager nahe einem der beiden Abfahrtspunkte gebracht werden –

Kaławsk oder Szczecin für Transporte in die britische Zone, Tuplice (Teuplitz) oder Kaławsk für Transporte in die sowjetische Zone – und nach einem oder zwei Tagen den Zug oder das Schiff nach Deutschland besteigen. Jeder Raub und jede Verletzung der Menschenrechte seien sofort den Behörden zu melden, so die Vorschriften.[60]

Wie MZO- und PUR-Beamte entdeckten, folgte aber kaum eine Vertreibung aus Polen diesem geordneten Ablauf. Die ersten Komplikationen entstanden bei den Festnahmen. Sowjetische und polnische Arbeitgeber ließen ihre deutschen Arbeiter keineswegs gern gehen. «Die Polen [...] beuten diese Menschen aus und lassen sie nur ungern ziehen. Sie wissen, dass die Deutschen gute Arbeiter sind, sie stellen heute keine Forderungen, und ihre Kosten sind lächerlich.»[61] Bei Ankündigung einer geplanten Deportation versteckten sie ihre Arbeiter, bis die Gefahr vorüber war. Laut polnischen Stellen behandelten die Sowjets die Anordnungen der Warschauer Regierung mit besonderer Geringschätzung. Register der von ihnen beschäftigten deutschen Arbeiter hatten «keinen Bezug zur Realität».[62] Offiziere der Roten Armee verbargen ihre «Lieblingsdeutschen» in Kasernen, Autos oder anderen für die polnischen Behörden unzugänglichen Orten, wenn PUR-Vertreter in der Nähe waren. Es gab Fälle, in denen Rotarmisten das Feuer auf polnische Beamte eröffneten, die «ihre» Deutschen mitnehmen wollten.[63] Für eine Deportation vorgesehene Deutsche versteckten sich oder ihr Eigentum in den Städten oder den Wäldern, bis die Räumungen vorüber waren. Bei einer Razzia im Bezirk Szczecin, bei der 900 Deutsche festgenommen werden sollten, fand man nur 232. Auch polnische Firmen fälschten ihre Unterlagen in der Hoffnung, ihre deutschen Arbeitskräfte zu behalten. Manche tauchten nicht «in den Büchern» auf, in anderen Fällen wurden Reinigungsleute, Nachtwächter oder Friseure als «Spezialisten» eingestuft.[64] Auch einzelne Polen, die Mitgefühl mit den Deutschen hatten, versuchten sie manchmal vor der Vertreibung zu bewahren «und gingen sogar so weit, sie in ihren eigenen Wohnungen zu verstecken».[65]

Häufig waren jedoch nicht zu wenige Deutsche zu deportieren, sondern zu viele. Dass die «wilden Vertreibungen» weitergingen und Deutsche, die keine Möglichkeit hatten, ihren Lebensunterhalt zu bestreiten, sich an Sammellagern oder Abfahrtspunkten einfanden, um wenigstens eine Mahlzeit zu bekommen, brachte die bereits chaotischen Vorkehrungen der PUR zusätzlich durcheinander. Lokale Behörden oder Milizen waren durch Demonstrationen mit der Forderung «Alle Deutschen sofort raus» häufig nationalistisch aufgeputscht – allein im Dezember 1946 veranstaltete die Abteilung für die Wiedererlangten Gebiete der Polnischen Sozialistischen Partei Demonstrationen in 54 Städten und Dörfern –, räumten ihre Bezirke gern selbst von Deutschen aller Kategorien und lieferten sie im nächsten Sammellager ab oder organisierten inoffizielle Transporte an die Zonengrenze. Die Zahl der von diesen «wilden Deportationen» Betroffenen war nicht gering: Allein im Juni 1946 wurden 4447 Deutsche aus der Wojewodschaft Gdańsk (Danzig), 4268 aus Westpommern und 3694 aus den zentralpolnischen Wojewodschaften auf diese Art vertrieben.[66] Auch die Sowjets hielten zwar Deutsche für eigene Zwecke zurück, hatten aber die fatale Tendenz, die Personen, deren Dienste sie nicht mehr brauchten, bei Deportationseinrichtungen abzusetzen, egal ob die Polen darauf eingerichtet waren oder nicht. Sogar nachdem das Internierungslager in Koszalin im April 1947 geschlossen worden war, setzten Lastwagen der Roten Armee dort noch überzählige deutsche Arbeiter wie unerwünschte Welpen am Stadtrand ab.[67]

Selbst das wurde aber durch die Massen von Deutschen weit in den Schatten gestellt, die entgegen der Bestimmung, bis zum Deportationsaufruf in ihren Heimatorten zu bleiben, von selbst zu den Sammellagern oder Abfahrtspunkten kamen. Häufig taten sie das, weil man sie durch Gewalt oder Einschüchterung aus ihren Häusern oder Wohnungen vertrieben hatte und sie darum keine Lebensmittelkarten oder andere Unterhaltsmöglichkeiten besaßen. So war die rasche Deportation oder zumindest die Aufnahme in ein Sammellager die einzige Alternative zum Verhungern. Ebenso oft kamen Deutsche, die sich bereits mit dem Unausweichlichen abgefunden hatten, zu dem Schluss, je schneller sie ihr neues Leben im Nachkriegsdeutschland begännen, desto besser. Diese Personen stammten nach Meinung eines britischen Offiziers meist «aus dem, was wir in England die Mittelklasse nennen würden».[68] Viele ließen sich nicht von den Strafen für jene abschrecken, die sich bei der Ausweisung «vordrängelten», denn sie wussten, dass die örtlichen Behörden gern ein Auge zudrückten, wenn Deutsche bei der eigenen Vertreibung kooperierten. In einigen Fällen verdienten dieselben Behörden nicht geringe Summen, indem sie Vertriebenen «offizielle» Pässe ausstellten, die ihnen erlaubten, das Land so schnell wie möglich zu verlassen.

Diese «ungeplanten» Vertriebenen bereiteten aber den MZO-Beamten wie der Verwaltung der Besatzungszonen große Kopfschmerzen. Bis zum Mai 1946 war die Zahl der «Inoffiziellen» an den Abfahrtspunkten der Transporte in die britische Zone so angewachsen, dass die «extrem überfüllten Züge» zur «Überforderung des Lagerpersonals [...] und höchstwahrscheinlich zu Todesfällen» in den Aufnahmelagern Marienthal und Alversdorf zu führen drohten.[69] Der bedrängte Major Boothby reagierte mit dem Hinweis, das Problem sei auf seiner Seite der Grenze noch größer. 1000 «inoffizielle» Deportationskandidaten kämen jeden Tag nach Kaławsk. 1500 würden oftmals mehrere Tage am Stück auf dem Bahnhof campieren. Die Polen lehnten es ab, sie unterzubringen oder zu ernähren, und «Zusammenbrüche» durch Hunger und Krankheit seien alltäglich.[70] Obwohl er bei den Zivilbehörden formell protestierte, glaubte Boothby nicht, dass sie die geringste Anstrengung unternähmen, den Zustrom zu begrenzen.[71] «Ganz im Gegenteil, da es ihnen viel von der Mühe erspart, die Menschen zu den Sammelpunkten zu bringen und dort in die Züge zu setzen.»[72] Unter diesen Umständen waren die britischen Verbindungsteams der Meinung, sie hätten keine Wahl als die Züge so voll zu stopfen wie möglich, um eine sofortige gesundheitliche Katastrophe zu verhindern. «Juristisch gesehen, können die ‹Überzähligen› abgewiesen und zurückgeschickt werden», gab Boothby zu. «Aber kein Engländer könnte so etwas tun.»[73]

Die Bereitschaft der Verbindungsteams, Verletzungen des CRX-Abkommens über humane Transferumstände hinzunehmen, mochte verständlich sein, bot aber den polnischen Behörden jeden Anreiz, die Klauseln weiterhin zu ignorieren, und das taten sie auch. Paradoxerweise reservierte die PUR die besten Waggons für die Fahrt in die Sowjetzone, obwohl die Fahrtzeiten dorthin viel kürzer waren. Der Grund lag vor allem darin, dass die Sowjets nicht zögerten, jedem Zug die Einreise zu verweigern, der nicht ihren Standards entsprach. Der Unterschied zeigte sich an den Zügen selbst. Die Normalzahl für einen Transport von 1500–1750 Menschen nach Ostdeutschland waren 55 Waggons.[74] Dagegen hatten die von Warschau gestellten Züge für den Transport in die britische Zone meist 30 Waggons, manchmal sogar nur 21, und oft fehlten ihnen Türen, gelegentlich auch Dächer.[75] «Dieser Punkt wurde den polnischen Vertretern geschildert, aber sie sagen, [...] eigentlich sollen die Russen die Transportmittel stellen, darum müssen wir jeden Zug überbelegen.»[76] Obwohl die Briten versuchten, die Zahl der Deportierten pro Zug bei höchstens 1750 zu halten, gaben sie zu, damit meist zu scheitern. Stattdessen war eine Zahl von 2000 bis 2200 Passagieren pro Zug die Norm und noch größere Zahlen – über 80 Menschen je Waggon – nicht ungewöhnlich. Die unausweichliche Folge war bestenfalls viel sinnloses Leiden und schlimmstenfalls Todesfälle durch Hitzekollaps oder Ersticken.

Ob sie nun selbst zu den Sammel- und Abfahrtspunkten kamen oder von den polnischen Behörden dorthin geschickt wurden, auf jeder Phase ihrer Reise mussten Vertriebene mit Gefahren rechnen. Zehntausende wurden wochen- oder monatelang von einem Sammellager zum nächsten gebracht, da die Behörden sie immer weiterschoben, um Überfüllung am eigenen Standort zu verhindern. Die größten Gefahren drohten während dieser Transfers zwischen Lagern innerhalb Polens, da Milizionäre, die manchmal mit Zugwachen zusammenarbeiteten, den Transporten auflauerten. Meistens ging es ihnen um Raub oder Vergewaltigung, aber die Gesetzlosigkeit in den «Wiedererlangten Gebieten» bot auch reichlich Gelegenheit für lukrative Schutzgelderpressung. Auf einem Transport aus dem pommerschen Świdwin (Schivelbein) nach Szczecin forderten und erhielten die Wachen eine «freiwillige Abgabe» von den Deportierten, um ihre Sicherheit zu garantieren.[77] Ein anderes Mal versuchten Rotarmisten nachts mit Brecheisen in einen Zug einzubrechen, der auf dem Bahnhof Świdnica (Schweidnitz) stand. Die Wachen wehrten sich gegen diese sowjetische Konkurrenz, eröffneten das Feuer, und es kam zu einer Schießerei. Nachdem die Sowjets vertrieben waren, warnte der polnische Unteroffizier den deutschen Transportführer, «es werde bis Kohlfurt Zwischenfälle geben». Er fügte hinzu, der Zug werde über Nacht in Chojnów (Haynau) stehen, «in einem völlig evakuierten Gebiet. Wenn die Flüchtlinge in Sicherheit sein wollten, müssten sie einen finanziellen Beitrag an die polnische Wache leisten.» Der Transportführer gab dem Unteroffizier 1400 Reichsmark und seinen Ehering, um weitere Zwischenfälle zu vermeiden, allerdings wurde die Forderung nach Geld wiederholt, sobald der Zug Kaławsk erreichte.[78]

Die Sammellager selbst waren keineswegs sichere Zufluchtsorte. Zunächst sollten sie die Vertriebenen vor ihrer Abfahrt ein oder zwei Tage beherbergen, doch im Herbst 1946 hatte jedes von ihnen wochen- oder monatelang Tausende von Insassen, die häufig tagsüber als Zwangsarbeiter vermietet wurden. Der britische Botschafter, der einige der vier Sammellager in Szczecin im April besucht und sie für einen kurzen Aufenthalt für adäquat gehalten hatte, war bestürzt, wie sehr sich die Bedingungen verschlechtert hatten, als er eines im Oktober erneut kontrollierte: «Seit ich zum Botschafter befördert wurde, habe ich viele üble Gerüche erlebt, aber nichts, was dem enormen und betäubenden Gestank dieses Lagers gleichkommt.» Der Kommandant gestand Cavendish-Bentinck, er könne die Langzeitinsassen nicht ernähren und habe sie freigelassen, damit sie in der Umgebung im Austausch gegen Lebensmittel Arbeit fänden. Der nicht als Freund der Deutschen bekannte Botschafter forderte Wolski auf, das Lager zu schließen, die Gebäude zu desinfizieren und zu reparieren.[79] Das geschah aber nie, und die Sammellager blieben Brennpunkte von Hunger und Krankheit, was zu vielen Todesfällen führte. Im größten Lager von Szczecin, Stettin-Scheune, starben allein im Januar 1947 52 Insassen «vor allem an Unterernährung, aber [in] ein oder zwei Fällen [...] auch an Erfrierungen».[80] Das Lager Golęcino (Frauendorf) am nördlichen Stadtrand musste im Februar und März zeitweise wegen Typhusausbrüchen geschlossen werden.[81] Andere Sammellager waren noch schlimmer. Im Februar starben 95 Insassen der an Dantes Inferno erinnernden Einrichtung in Świdwin, wo es weder Wasser noch Heizung, Betten, intakte Dächer oder medizinische Versorgung gab. Der lokale PUR-Arzt berichtete: «Das Gelände des gesamten Lagers ist nämlich mit Abfällen der verschiedensten Art, wie z. B. menschlichen Exkrementen, grauenhaft verunreinigt.» Im selben Monat gab es im Lager fast 3500 Krankheitsfälle.[82]

Viele MZO- und PUR-Beamte vor Ort sahen die Bedingungen in den Sammellagern nicht positiver als ausländische Offizielle und Journalisten. Hauptmann Edmund Kinsner, ein Lagerinspektor des MZO, entdeckte eine massive Überbelegung in Wrocław, einem Lager, das seiner Meinung nach allein zum Nutzen der korrupten Lagerverwaltung unterhalten wurde. Am Tag seines Besuchs im Juli 1946 lebten dort 4213 Deutsche, 1778 wurden am selben Tag neu aufgenommen. Weitere 800 wurden wegen Überfüllung abgewiesen und bekamen die Anordnung, in ihre Häuser und Wohnungen zurückzukehren, obwohl diese schon Polen zugewiesen worden waren. Noch einmal 1300 sollten am nächsten Tag eintreffen. Die Aufgenommenen wurden laut Kinsners Bericht systematisch von Beamten des Finanzamts ausgeplündert, die sie entgegen den MZO-Instruktionen einzeln durchsuchten.[83] Im Sammellager Świdwin waren rund 1000 der im Dezember 1946 aufgenommenen Deutschen im folgenden Mai immer noch nicht deportiert, als zwei MZO-Beamte eine Inspektion vornahmen.[84] Kazimierz Kuźmicki, der im Auftrag der PUR Internierungseinrichtungen besuchte, sah, dass es in den niederschlesischen Sammellagern Legnica (Liegnitz), Jawor (Jauer) und Świdnica genauso war, wobei die Insassenzahl des letzten allein in den sechs Stunden seiner Anwesenheit um über 500 stieg.[85] Vom Lager Ząbkowice Śląskie (Frankenstein) mit 1500 Insassen berichtete er, es gebe so gut wie keine Verwaltung, ob korrupt oder nicht. Der theoretisch zuständige Milizkommandeur sei selten zu sehen; und obwohl seine Untergebenen einen illegalen Handel mit Reichsmark betrieben, mache ihre stete Betrunkenheit sie so aufsässig, dass nichts als Gewalt und Disziplinlosigkeit von ihnen zu erwarten sei.[86]

Schließlich boten die Orte, von denen aus die Vertriebenen abfuhren, dasselbe Bild von Unordnung, Hunger, Krankheit und Misshandlungen. Das britische Verbindungsteam in Kaławsk protestierte häufig gegenüber den polnischen Vertretern gegen die von ihm beobachteten Regelverletzungen: schwangere Frauen, die beim Verlegen von Eisenbahntrassen von den Wachen mit Gummiknüppeln geschlagen wurden; Vergewaltigungen durch Milizionäre und keine Lebensmittelversorgung der auf den Transport wartenden Menschen. Die Inspektionsabteilung des MZO nahm diese und ähnliche Proteste der beiden britischen Verbindungsteams wenig ernst und wunderte sich über ihr Insistieren auf den «kleinsten Einzelheiten» des Vertreibungsabkommens und ihre offenbare Sorge, die Deutschen unter ihren «fürsorglichen Schutz» zu stellen und damit zu drohen, «daß sie abreisen werden und die Evakuierung unterbrochen werden wird». Polnische Beamte vor Ort gestanden aber ein, dass diese Vorwürfe weitgehend zutrafen.[87] Der Kommandant in Kaławsk stellte für eine Sitzung mit dem Kommissar für deutsche Repatriierung eine ähnliche Liste der Probleme zusammen, mit denen er zu kämpfen hatte. Die Milizionäre, die eigentlich für Sicherheit sorgen sollten, waren undiszipliniert und machten mit den Deutschen Devisengeschäfte oder beraubten sie. Die Züge hatten keine angemessenen Lebensmittelrationen und waren regelmäßig verspätet und überfüllt. Die notwendigen Dokumente waren nicht vorhanden. Auf der Krankenstation fehlten Medikamente, und Beamte waren oft nicht an ihrem Platz. Darum überraschte es nicht, wenn das MZO mit einiger Besorgnis im August berichtete, es gebe «eine recht hohe Zahl von Todesfällen unter deutschen Aussiedlern» in Kaławsk, und um sorgfältigere Maßnahmen bat, um eine mögliche Epidemie zu verhindern.[88]

Angesichts solcher Umstände und ihrer Unfähigkeit, viel für eine Verbesserung tun zu können, verloren die pflichtbewussteren Vertreibungsbeamten sichtbar an Arbeitsmoral. Inspekteur Kinsner war besonders verärgert über die offene Missachtung seiner Autorität durch das Personal der Sammellager. Weil so viele Gegenstände, die Deutschen in einem Lager in Wrocław abgenommen worden waren, nie das Ministerium erreichten, beschloss er bei einer Inspektion im November 1946 selbst ein Verzeichnis aufzustellen. Er berichtete seinen Vorgesetzten zornig, noch während er Gegenstände auf die Liste setzte, habe das Personal nicht gezögert, sie unter seiner Nase zu stehlen; das unverhohlenste Beispiel sei gewesen, dass ein elektrischer Ofen, neben dem er stand, «Beine bekam und verschwand», wie er seinem Assistenten diktierte.[89] Inspektor J. Lipiński vom PUR gab seinen Posten einfach auf, weil er es müde war, von denen bestohlen zu werden, die er zu beaufsichtigen versuchte.[90] Auch das Lagerpersonal hatte Grund zu Beschwerden. Unbeschäftigte Milizionäre und Soldaten, denen es an Geld fehlte, entdeckten rasch, dass die Sammellager unbegrenzte Reserven an Arbeitskräften boten, die sich an Bauern und lokale Firmen zu Hungerlöhnen vermieten ließen. Also entwickelten sie ein profitables Nebengeschäft darin, das Lagerpersonal zu «überfallen», ein paar Dutzend Insassen zu entführen, ihre Arbeitskraft zu verkaufen und den Erlös zu vertrinken. Bei einem Vorfall dieser Art überfielen zwei Wagen mit Milizionären das Lager Głubczyce (Leobschütz) an der polnisch-tschechischen Grenze. Die Männer im ersten Wagen bedrohten den zuständigen PUR-Beamten Adam Targosz mit Pistolen. Ihre Komplizen im zweiten Wagen brachten 40 bis 50 Deutsche auf Lastwagen weg und vermieteten sie zur Feldarbeit.[91]

In einer solchen Atmosphäre allgemeiner Gesetzlosigkeit blühten alle Arten von krummen Geschäften. Inspektor Lipiński sammelte für seine Unterlagen «einen ganzen Packen» gefälschter Passierscheine, die von örtlichen Beamten meist für viel Geld ausgestellt wurden und den deutschen Besitzern die unabhängige Reise von den Sammelpunkten zur Grenze erlauben sollten.[92] Manche Lager erhoben Eintrittsgeld; wer nicht bezahlte, musste ohne Nahrung und Obdach auskommen und wurde nicht zu Transporten eingeteilt.[93] In anderen wurden den Insassen Kisten, Karren oder Öfen verkauft, Stunden oder Tage später beschlagnahmt und an ihre gerade angekommenen Nachfolger verkauft.[94] Ein Offizier in einem der Sammellager in Wrocław hängte eine Preisliste an die Wand, die u. a. vorgezogenen Transport, Fahrt in Krankenabteilen und die Umgehung der Gepäckdurchsuchung für zusammen 500 Złoty anbot. Nicht so begüterte Deutsche konnten auch nur Betten in Krankenabteilen für 100 Złoty bekommen.[95] Weniger glückliche Aussiedlungskandidaten wurden manchmal aus Zügen geholt und in die Lager zurückgebracht, um Platz für andere zu schaffen, die PUR-Beamte dafür bezahlt hatten, auf der Liste nach vorne zu rücken.[96] Das war der Hauptgrund für die wiederholte Beschwerde von Briten und Sowjets, die Namenslisten stimmten nicht mit den eintreffenden Vertriebenen überein. Zugpersonal verkaufte Rationen an die Passagiere, statt sie auszugeben; bei einem Transport in die sowjetische Zone mussten die Mütter hungriger Kinder bis zu 120 RM für ein Stück Brot bezahlen.[97] Polnische Soldaten erzwangen Extrazahlungen, indem sie Züge nach der Abfahrt stoppten und drohten, so viele zusätzliche Deutsche in die Waggons zu quetschen, dass die Passagiere den Rest der Fahrt, die eine Woche oder mehr dauern konnte, stehen müssten, wenn sie nicht bezahlten.[98] Andere überredeten Deutsche, die in den Lagern ankamen, Geld, das sie noch am Körper versteckt hatten, abzugeben und dafür Quittungen zu bekommen, die bei der Ankunft von jeder deutschen Bank wieder eingelöst würden. Natürlich waren die Quittungen wertlos.[99]

Für bestechliche Vertreibungsbeamte war es aber am gewinnbringendsten, mit zionistischen Organisationen zusammenzuarbeiten, die versuchten, die Emigrationsbeschränkungen der britischen Behörden nach Palästina zu umgehen. Trotz der fast völligen Vernichtung der jüdischen Bevölkerung Mitteleuropas blieb der Antisemitismus nach dem Krieg von pathologischer Intensität. Nirgends war das offensichtlicher als in Polen, wo sogar Botschafter Cavendish-Bentinck im September 1945 äußerte: «Das Massaker an den Juden in diesem Land hat die Städte um einiges sauberer gemacht und sicherlich für weniger Zwischenhändler gesorgt.»[100] Als der Krieg vorüber war, kamen viele Holocaust-Überlebende angesichts neuer Pogrome wie in Krakau und Kielce zu der Überzeugung, sie könnten nie mehr auf ein sicheres Leben in Europa hoffen.[101] Darum versuchten sie auf allen möglichen Wegen ins Heilige Land zu fliehen. Die britische Regierung, die Palästina seit 1919 als Mandatsgebiet des Völkerbunds verwaltete, war nicht weniger entschlossen, dies zu verhindern. Da sie ein Wiederaufflammen arabischer Gewalttätigkeiten gegen Neuankömmlinge befürchtete, die in den dreißiger Jahren zu großen Unruhen geführt hatten, legte sie für Palästina eine Quote von 1500 jüdischen Einwanderern pro Monat fest, weit weniger als die Zahl der Einreisewilligen.

Europäischen wie amerikanischen zionistischen Organisationen bot der Beginn der Massenvertreibungen eine günstige Gelegenheit, die fast 200 000 überlebenden polnischen Juden nach Deutschland und von dort über Italien nach Palästina zu bringen. Die in Wien ansässige jüdische Untergrundorganisation Bricha hatte Emigranten bereits mit Geld und Ausweispapieren ausgestattet, die sie als griechische Bürger auswiesen. Mit finanzieller Unterstützung des American Jewish Joint Distribution Committee dehnte sie ihre Aktionen nun erheblich aus. In Wien rekrutierten Bricha-Mitarbeiter wie der spätere «Nazi-Jäger» Simon Wiesenthal Helfer bei den Besatzungsmächten, humanitären Organisationen wie der UNRRA und sogar unter den Deutschen, die vertrieben werden sollten.[102] Ein polnischer Bricha-Führer handelte ein geheimes Abkommen mit dem stellvertretenden polnischen Verteidigungsminister, General Marian Spychalski, aus, nach dem Juden das Land ab dem 30. Juli 1946 ohne Ausreisegenehmigung verlassen durften.[103] In den drei Folgemonaten kehrten über 66 000 polnische Juden dem Land mit Hilfe der Bricha den Rücken. Etwa die Hälfte konnte mit stillschweigender Billigung der Minister Gottwald und Masaryk offiziell durch die Tschechoslowakei in die amerikanische Besatzungszone in Deutschland reisen; viele andere kamen als Vertriebene getarnt durch die Operation Swallow in die britische Zone.

Die Möglichkeit, die Massenvertreibungen für diesen Zweck auszunutzen, war von den Westalliierten vorausgesehen worden. Schon im Dezember 1945 hatte Ernest Bevin sich erkundigt, ob mit den sudetendeutschen Vertriebenen auch Juden nach Österreich gekommen seien.[104] Etwa zur selben Zeit schlug Robin Hankey von der britischen Botschaft in Warschau vor, der polnischen Regierung mit der Verschiebung von Swallow zu drohen, falls sie keine wirksamen Maßnahmen gegen jüdische «Infiltration» ergreife.[105] Das

Problem erschien aber nicht dringlich, und erst in der zweiten Maihälfte 1946, nachdem der polnische Premier Edward Osóbka-Morawski verkündet hatte, die Regierung werde Juden, die das Land verlassen wollten, keine Hindernisse in den Weg legen, begann der Exodus in größerem Umfang. Am 26. Mai berichtete der britische Vizekonsul in Szczecin von weitverbreiteter «Konsternierung» unter den polnischen Kolonisten in der Stadt angesichts der Zahl von Juden aus den Gebieten östlich des Bug.[106] Der Unwille der nichtjüdischen Siedler hielt sich aber in Grenzen, weil sie glaubten, die Juden würden rasch nach Westen ausreisen. Diese Annahme erwies sich als richtig, und binnen weniger Wochen berichteten die britischen Verbindungsteams von der Ankunft zahlreicher «unechter» Vertriebener. Ein Beamter der Militärregierung beschwerte sich: «Diese Abteilung ist in eine peinliche Lage gekommen durch die Ankunft von Juden aus Polen mit Dokumenten, die vom sog. Jüdischen Komitee Breslau unterzeichnet sind und besagen, diese Polen seien Deutsche. [...] Manche der hierher geschickten Juden sprechen kaum Deutsch, haben aber Papiere, in denen das Komitee erklärt, sie seien Deutsche, und in ein paar Fällen, sie hätten Deutschland wegen Hitlers Judenverfolgung verlassen. Es ist auffällig, dass praktisch alle Deutschen, die in die britische Zone kommen, ihre Wertsachen und neuen oder fast neuen Kleider verloren haben, während diese Juden vergleichsweise wohlhabend ankommen. Die gegenwärtige Gruppe von 30 Juden, die in einem Waggon aus Neupolen kamen, hatten eine Menge völlig neuer Kleidung. Die Männer hatten im Durchschnitt ein Dutzend neuer Hemden, dazu Seidenpyjamas, Seidenunterwäsche und Seidentaschentücher. Die Frauen waren ebenso gut ausgestattet mit Seidenunterwäsche, Seidenstrümpfen usw. Alle behaupteten steif und fest, sie seien in Kaławsk durch den polnischen Zoll gekommen und man habe ihnen nichts abgenommen.»[107]

Nicht alle jüdischen Ausreisewilligen befanden sich in einem so günstigen Zustand. Sehr ungern ließ Major Boothby 252 Juden aus einem Zug in Kaławsk holen und bemerkte, dass «ihre Leiden der vergangenen Jahre nur allzu sichtbar waren».[108] Diese Menschen hatten aber versucht, ohne Dokumente, die sie als Deutsche auswiesen, über die Grenze zu kommen, und wurden leicht aufgespürt. Diesen Fehler machte die Bricha kein zweites Mal. Spätere Gruppen angeblicher Vertriebener erhielten «gefälschte Papiere in großem Umfang» – sogar so viele, dass der Überfluss an Papieren manchmal unerwünschte Folgen hatte. «Als ich 40 Wiener Juden aus einem Zug holte, kam ein polnisch-jüdischer Offizier zu mir und sagte, sie hätten nur deshalb österreichische Papiere gezeigt, weil sie auf bessere Behandlung gehofft hätten. Ob sie mir jetzt ihre deutschen Papiere zeigen könnten? Sie blieben Österreicher.»[109]

Für jede abgewiesene Gruppe kamen aber Dutzende andere ohne Hindernis durch. Ein britischer Offizier, der den Zustrom analysierte, nannte «die Organisation der Gruppen [...] ein Meisterstück in einem fast völlig zerstörten Land wie Polen». Üppige Zahlungen in Pfund und Dollars ebneten den Emigranten den Weg aus dem Land und durch Transitstaaten wie die Tschechoslowakei und Ungarn. Das jüdische Netzwerk war so effizient, dass «viele polnische Nichtjuden, die als gute Bürger gelten [...] und keine Visa auf normale Weise bekommen können [...] sie unter Verwendung jüdischer Namen bekommen haben und das Land verlassen konnten!»[110] Obwohl die Zahl der «Infiltratoren», die Polen auf diese Art verließen – wahrscheinlich weniger als 50 000 –, sich neben der Gesamtzahl der Swallow-Vertriebenen vergleichsweise bescheiden ausnahm, ließ die Erkenntnis, dass fast alle von ihnen wohl nach Palästina reisen würden, die britischen Behörden viel Energie darauf verwenden, den Zustrom zu stoppen. Sie brauchten nicht lange, um die Existenz einer ausgedehnten und gut finanzierten Organisation hinter dem plötzlichen Zustrom von Juden zu erkennen, die sich als Deutsche ausgaben. Soldaten in der polnischen, tschechoslowakischen, britischen und amerikanischen Armee ebenso wie UNRRA- und Rotkreuzvertreter wurden diskret daraufhin durchleuchtet, ob sie von der Großzügigkeit der Bricha profitierten. Der militärische Geheimdienst verdächtigte den kommandierenden Offizier des britischen Verbindungsteams in Szczecin wegen seiner jüdischen Herkunft, doch es fiel den Behörden schwer, den Verdacht zu beweisen. Alle Anstrengungen, an solide Informationen zu kommen, seien gescheitert, schimpfte der Chef der britischen Aufklärung in Deutschland im Juni 1946, denn «sobald eine Untersuchung in nichtarische [sic] Hände kommt, stößt man auf eine Wand».[111]

Selbst wenn die Untersuchungen erfolgreicher verlaufen wären, wäre es keinesfalls einfach gewesen, den Strom zu stoppen. Als man sich im Winter 1946/47 erstmals mit dem Problem beschäftigte, hatte Sir George Rendel von der Flüchtlingsabteilung des Außenministeriums eine harte Haltung befürwortet, weil er befürchtete, wenn Warschau damit durchkäme, jüdische «Scheinvertriebene» nach Deutschland zu schicken, werde es zusammen mit anderen mitteleuropäischen Regierungen rasch eine Flutwelle von «unerwünschten Personen» in die britische Zone abschieben. Wenn es osteuropäischen Juden gelänge, als Vertriebene nach Deutschland zu kommen, sollten sie seiner Meinung nach als solche behandelt werden und mit den Deutschen in Transitlagern leben. Natürlich hätte das die unglückliche Folge, sie neben «den Menschen, die sie in der Vergangenheit verfolgt haben», festzuhalten, aber solche Maßnahmen könnten sich als «wirksamste Abschreckung weiterer unautorisierter Bewegungen» erweisen.[112] Andere Beamte betonten aber, dass die Idee, Holocaust-Überlebende «nicht besser zu behandeln als den besiegten Feind», nicht nur undurchführbar sei – im Juli 1946 lebten allein im Displaced Persons-Lager Hohne (Bergen-Belsen) bereits fast 2000 Juden, die mit der Operation Swallow gekommen waren –, sondern unweigerlich auch einen Sturm internationaler Kritik entfachen würde.[113]

Wie sensibel diese Frage war, zeigte sich an einer Serie von Geheimtreffen zwischen britischen und amerikanischen Offizieren im Sommer 1946, um Informationen über die Verwicklung von alliiertem und UNRRA-Transferpersonal in den Menschenschmuggel auszutauschen. Der an den Diskussionen beteiligte amerikanische Colonel sagte, «die US-Behörden betrachteten das Thema als so delikat, dass er nichts schriftlich niederlegen dürfe». Lieutenant-General Sir Brian Robertson, der Stellvertretende Militärgouverneur der britischen Besatzungszone, erfuhr, dass diese Besorgnis auch ganz oben herrschte, als er seinem amerikanischen Amtskollegen General Lucius D. Clay den Namen eines US-Offiziers nannte, den die britische Aufklärung der Arbeit für die Bricha verdächtigte. Der nervöse Clay bestätigte, der Name des Offiziers sei ihm bekannt, und versprach, zu tun, was er könne, um die Infiltration der Vertriebenenzüge zu verhindern, allerdings «betonte [er] durchgehend, dass seine Anweisungen jedes drastische Handeln gegenüber jüdischen Flüchtlingen ausschlossen».[114] Die Briten sahen das als übergroße amerikanische Zimperlichkeit gegenüber zionistischem Druck – Colonel Ralph Thicknesse hatte bereits die Ansicht geäußert, die Haltung der US-Behörden in dieser Frage sei «scheinbar durch die Prinzipien von Beschützern der Unterdrückten bestimmt, wahrscheinlich aber eher durch die Macht ihrer jüdisch kontrollierten Zeitungen» –, sahen aber letztlich nur im völligen Ende der organisierten Vertreibungen eine Lösung. Die Verantwortlichen in der US-Besatzungszone zogen unabhängig davon dieselbe Schlussfolgerung.

Nach konventioneller Meinung waren die Deportationen aus der Tschechoslowakei die am besten organisierten aus den «Potsdam-Ländern». Die recht kurze Distanz vereinfachte den Prozess und sorgte dafür, dass einige der schlimmsten Folgen, die auftraten, wenn man Vertriebene ohne Wasser und Lebensmittel in Waggons sperrte und die Fahrt bei schlechtem Wetter Wochen dauern konnte, vermieden wurden. Das ist im Großen und Ganzen auch richtig. In vielen Fällen erzählen die Berichte von amerikanischen und tschechoslowakischen Beamten vor Ort aber eine Geschichte, die sich nicht allzu sehr von dem unterschied, was man bereits bei der Operation Swallow gesehen hatte.

Das größte Hindernis für eine reibungslose Durchführung der Vertreibung aus der Tschechoslowakei war das außergewöhnliche Maß an bürokratischen Kompetenzstreitigkeiten, das die Operation kennzeichnete. Zu Beginn beanspruchte das Innenministerium die Hauptrolle bei der Organisation und bildete dafür eine besondere Abteilung unter Leitung des Ministerialrats Dr. Antonin Kučera. Sie sollte die Auswahl der Deutschen überwachen, sie in Lagern zusammenführen und dafür sorgen, dass die von US- und Sowjetbehörden geforderten Ausweispapiere, ärztlichen Untersuchungen und das persönliche Gepäck aller Personen in Ordnung waren. Das Ministerium für nationale Verteidigung, vertreten durch Oberst František Dastich, sollte ihren Transport über die Grenze und dessen Koordinierung mit den wichtigsten Verbindungsoffizieren in der US- und Sowjetzone, Colonel John H. Fye und General S. N. Gorochow, übernehmen. In der Praxis wollte aber fast jedes tschechoslowakische Ministerium bei der Durchführung der Vertreibungen mitreden. Der junge, energische und sehr ehrgeizige kommunistische Chef des Ansiedlungsamts, Miroslav Kreysa, der für die Kolonisierung des geräumten Sudetenlands zuständig war, hatte eigene Vorstellungen von der Reihenfolge der Deportationen der Deutschen, und diese unterschieden sich von denen des Innenministeriums, zu dem seine Behörde formal gehörte.[115] Das Landwirtschaftsministerium war einerseits besorgt über den Zeitplan der Vertreibungen, damit der Erntezyklus nicht unterbrochen wurde, andererseits über die Umverteilung des Bodens an Neuansiedler. Das

Ministerium für Soziales und Arbeit war oft nicht einer Meinung mit Innen- und Verteidigungsministerium, denen es unnötig hartes Vorgehen vorwarf, das dem Ansehen der Tschechoslowakei im Ausland schade. Das Gesundheitsministerium machte sich Sorgen über die Möglichkeit, dass sich Seuchen aus den mit kranken Deutschen überfüllten Lagern und Ghettos ausbreiteten, und über die Schwierigkeiten in der Gesundheitsversorgung wegen des Verlusts so vieler gut ausgebildeter deutscher Ärzte und Krankenschwestern. Das Justizministerium war gegen die Ausweisung möglicher Kriegsverbrecher oder Zeugen. Die mit Wirtschaft befassten Ministerien – Finanzen, Industrie, Binnenhandel und Außenhandel – beklagten die Rückschläge für die Erholung der Tschechoslowakei nach dem Krieg. Das Büro des Premierministers hielt sich für befugt, allen anderen Behörden Anordnungen zu geben. Und am unteren Ende der Befehlspyramide befolgten, ignorierten oder untergruben schließlich die Nationalausschüsse der Bezirke, Kreise und Kommunen die Flut von oft widersprüchlichen Anweisungen.

Verschärft wurden diese Schwierigkeiten noch dadurch, dass, wie schon erwähnt, die Vertreibungsabkommen mit den US- und Sowjetbehörden erst kurz vor Beginn der Transporte in die beiden Zonen im Januar und Juni 1946 abgeschlossen wurden. So war ein großer Teil der frühen Planungen umsonst, denn sie beruhten auf Szenarien, die nie Wirklichkeit wurden. Der Standort einiger Sammellager wurde zum Beispiel zu einem Zeitpunkt ausgewählt, als einige Mitarbeiter im Verteidigungsministerium glaubten, eine Vertreibungsoperation ließe sich in 30 bis 40 Tagen abschließen und zwar auf Routen, die Amerikaner und Sowjets dann nicht benutzten.[116] Auch logistische Schwierigkeiten erzwangen Planänderungen in letzter Minute. Wegen der Knappheit geschlossener Waggons mussten die Tschechoslowaken im Frühsommer 1946 die Vertriebenen in Pirna und Plauen absetzen, nur zehn bis fünfzehn Kilometer nach Eintritt in die sowjetische Zone, statt im 60 Kilometer weiter entfernten Gera.[117] OMGUS-Vertreter fanden eine andere Lösung, um genügend Waggons zur Verfügung zu haben. Weil ein hoher Anteil des tschechoslowakischen Bestands von den Sowjets genutzt wurde, um deutsche Kriegsbeute in die UdSSR zu schaffen oder Einheiten der Roten Armee zu transportieren, wandten die Amerikaner sich dem einzigen verbleibenden Reservoir zu: den Güterzügen, mit denen UNRRA Hilfslieferungen in die Tschechoslowakei transportierte. Im Frühjahr 1946 wurden sie dafür eingesetzt, Vertriebene in die US-Besatzungszone zu bringen. Diese UNRRA-Ressourcen von ihrem eigentlichen humanitären Zweck abzuzweigen, widersprach nicht nur der Charta der Organisation, die ihre Aktivitäten auf «die Verwaltung von Hilfsmaßnahmen für Kriegsopfer» beschränkte, sondern UNRRA verfing sich bald auch in den logistischen Fallstricken des Vertreibungsprogramms. Anfang April waren nach amerikanischen Zahlen schon nicht weniger als 6000 UNRRA-Güterwaggons in der Tschechoslowakei gestrandet.[118]

Genau wie in Polen wurden die Deportationen auch von unten gebremst, vor allem durch die elastische Interpretation des Begriffs «unverzichtbarer Arbeiter» durch tschechoslowakische Arbeitgeber. Beispiele sind ein 65 Jahre alter Mann mit beidseitigem Leistenbruch, der als «Bergarbeiter» beschäftigt war, Türsteher, Zimmermädchen und Chauffeure, die ebenfalls als «unabkömmlich» galten, und Beschäftigte in einer Messerfabrik in Mikulášovice (Nixdorf), deren Arbeit angeblich unverzichtbar für die tschechoslowakische Wirtschaft war.[119] Dr. Kučera warf der Industrie im Juni 1946 vor, sie versuche die Umsiedlungen bewusst zu sabotieren oder zu bremsen.[120] Auch die Zeitung *Rude právo* behauptete, es gebe immer noch zahlreiche Fälle, in denen Deutsche durch Tschechoslowaken vor den Behörden versteckt würden.[121] Oft hatte die Regierung allerdings auch mit dem Gegenteil zu tun: der Sorglosigkeit übereifriger Armeeeinheiten oder Nationalausschüsse, die alle Deutschen aus einem bestimmten Ort pauschal hinauswarfen, ohne einen Gedanken an die Folgen für die Produktion zu verschwenden.

Insgesamt war die Zahl der Todesfälle bei den Deportationen aus der Tschechoslowakei aber viel niedriger als bei denen aus den «Wiedererlangten Gebieten». Das lag nicht nur an der kürzeren Distanz, sondern daran, dass die Operation im relativ milden Winter 1945/46 begann und weitgehend abgeschlossen war, bevor der viel härtere Winter 1946/47 einsetzte. Dennoch führte die Tatsache, dass so viele Transporte über so wenige Bahnstrecken liefen, zu enormen Rückstaus. Als die Vertreibungen in die Sowjetzone im Juni begannen, brauchten die Züge für die 120 Kilometer lange Hin- und Rückfahrt von Tršnice nach Plauen oder Pirna vier Tage. Den größten Teil nahm die Wartezeit an der Grenze ein.[122] Die Staus auf den Strecken in die US-Zone wurden so gravierend, dass im Mai ein Shuttle-Service mit 50 Wagen eingerichtet wurde, um sudetendeutsche Antifaschisten über die Zonengrenze zu bringen.[123] Da es nur wenige unbeschädigte Bahnstrecken gab, war das Verteidigungsministerium gezwungen, immer umständlichere Routen zu wählen, um die täglichen Ziele zu erreichen, etwa die 350 Kilometer lange Strecke von Cheb (Eger) durch die Sowjetzone nach Bebra. Obwohl das die Fahrzeit immer weiter verlängerte, waren Transporte, die länger als ein paar Tage brauchten, bei den «organisierten Vertreibungen» 1946 die Ausnahme, ganz im Gegensatz zu den häufig wochenlangen Odysseen des Vorjahres.

Das heißt nicht, dass die Vertreibungen aus der Tschechoslowakei den im Potsdamer Abkommen oder in den Abkommen mit den US- und Sowjetbehörden festgehaltenen Kriterien auch nur nahe kamen. Üblicherweise war das nicht der Fall. Eine rückblickende Analyse der Transfers in die Sowjetzone durch General Karel Klapálek im Dezember 1946 nannte viele Mängel, die sich nicht abstellen ließen (wie zu erwarten, erklärte Klapálek sie alle mit dem Versagen des Innenministeriums). Eine große Zahl Sudetendeutscher war transportiert worden, obwohl sie durch den Lageraufenthalt an ansteckenden Krankheiten litten; im nordostböhmischen Sammellager Mezimešti (Halbstadt) starben im Januar 1946 jede Woche bis zu fünf Insassen an Krankheiten.[124] Züge wurden meist ohne ausreichenden Proviant auf die Reise geschickt, worüber die Rote Armee sich immer wieder beschwerte. Endlose Probleme waren beim Zusammenstellen der Züge entstanden, weil unbenutzbare, schrottreife oder nicht zur Spur passende Waggons geschickt worden waren. Dies hatte es oft unmöglich gemacht, das Gepäck der Vertriebenen mitzunehmen, was eine weitere Welle sowjetischer Proteste hervorrief.[125] Andere offizielle Berichte sprachen davon, Vertriebene seien durch Militär- und Zivilpersonal systematisch ausgeplündert worden, unter den Deportierten seien Tschechen und Slowaken, und unautorisierte Vertreibungen durch lokale Stellen gingen unter dem Deckmantel «freiwilliger Umsiedlungen» weiter.

OMGUS-Vertreter hatten ebenfalls eine lange Liste von Beschwerden. Der zuständige Aufsichtsbeamte in Furth im Wald, Captain H. W. Lambert, gewann besonders umfassende Einblicke in die vielen raffinierten Methoden mancher Nationalausschüsse, wie auch der Prager Regierung und der Armee, ihre Vertragsverletzungen zu verschleiern. Wie den Briten war auch den Amerikanern sofort der hohe Anteil Nichtarbeitsfähiger bei den Transporten aus der Tschechoslowakei aufgefallen. Nach einem vorläufigen Bericht vom Juni 1946 waren «davon nicht mehr als 15 Prozent arbeitsfähige Männer ab 15 Jahren»; beim Abschluss der Operation wurde die Zahl der gesunden und ausgebildeten Arbeiter unter den Vertriebenen als «lächerlich niedrig» bezeichnet.[126] Die Schlussfolgerung, dass entgegen dem Verbot, Familien zu trennen, produktive Personen zurückgehalten würden, war offensichtlich; nach amerikanischen Schätzungen betraf das bis zu ein Drittel aller Fälle. Eines der wichtigsten Schlupflöcher für die tschechoslowakischen Behörden war die Klausel, dass Deutsche, die wegen Kriegsverbrechen zu mehr als einem Jahr Gefängnis verurteilt worden waren, nicht als «zurückgehalten» galten. Stattdessen sollte der Rest der Familie mit einem Dokument des Gerichts, das die Verurteilung der fehlenden Person beurkundete, in der US-Besatzungszone aufgenommen werden. Captain Lambert hielt die seltsame Tatsache fest, dass Züge aus Bezirken wie Bruntál (Freudenthal) stets einen außergewöhnlich hohen Anteil an solchen Familien enthielten und «die Männer in den meisten Fällen Facharbeiter waren, die kurz vor der Vertreibung der Familien verurteilt wurden. Noch seltsamer ist, dass sie in ihren Berufen auf denselben Posten weiterarbeiteten, während sie ihre Strafen absaßen.» In manchen Fällen machten Nationalausschüsse sich nicht einmal die Mühe, ein Exemplar des Urteils beizulegen, und stellten nur einen Bescheid aus, die betreffende Person solle irgendwann in Zukunft verurteilt werden. US-Vertreter merkten, dass es sinnlos war, solche Familien zurückzuweisen, denn «sie würden mit dem nächsten Zug und den richtigen Papieren erneut hergeschickt, und das würde für die Vertriebenen nur zusätzliche Strapazen bedeuten. Die tschechischen Behörden betonten diesen Punkt stets von Neuem.»[127]

Noch häufiger wurde Vertriebenen gedroht, wenn sie den US-Inspektoren nicht überzeugende Lügen über den Verbleib ihrer Familienmitglieder erzählten, würden diese schwer bestraft. So lehnten US-Vertreter im Mai 1946 die Aufnahme der aus Olomouc (Olmütz) stammenden Anna Laner und ihrer Tochter Maria ab, weil Unterlagen zeigten, dass ihr minderjähriger Sohn Ludwig noch in der Tschechoslowakei war, vermutlich als Zwangsarbeiter. Zwei Wochen später tauchten die beiden Frauen erneut an einem Grenzübergang auf. Diesmal baten sie, nicht zurückgeschickt zu werden, denn «sie seien von tschechischen Offiziellen bedroht worden, die sagten, wenn sie darauf bestünden, dass der Sohn mitevakuiert werde, werde man disziplinarische Maßnahmen ergreifen».[128] Bei anderer Gelegenheit hörte Captain Lambert, wie der tschechoslowakische Stabshauptmann Meitner die Zugleiter anwies, «den getrennten Familien in ihren Waggons zu sagen, sie sollten auf Befragung antworten, das zurückgehaltene Familienmitglied sei tot oder vermisst».[129] Colonel Fye berichtete, dass Vertriebenen dabei eingeschärft wurde, «wenn es Beschwerden gebe, würde es den Transportführern schlecht ergehen».[130]

Auch die Geschichten über Bestechung und Korruption in Verbindung mit der Operation ähnelten sich. Ein tschechischer Vertreibungsbeamter fand heraus, dass zwei Prager Anwälte Einreisebewilligungen für die amerikanische Besatzungszone für 1500 Kronen pro Stück verkauften; diese Bewilligungen stammten anscheinend von einem ebenso unseriösen amerikanischen Partner.[131] Der Kommandant des Hauptlagers in Liberec (Reichenberg), einem der schlimmsten tschechoslowakischen Internierungslager, entwickelte einen raffinierten Plan zu seiner Bereicherung, indem er Vertriebenen verbot, auf ihrem Transport Gepäck mitzunehmen. Stattdessen mussten sie eine kommerzielle Spedition in der Stadt benutzen und «Ausfuhrzölle» für ihr Eigentum bezahlen. Es wurde ihnen nie zugestellt; als man bei der Spedition nach dem Gepäck von zwei Vertriebenenzügen nachfragte, gab sie an, es an die Grenze geliefert zu haben, wo es vom SNB beschlagnahmt worden sei. Die Spedition stellte eine «Quittung» mit diesem Inhalt aus und erklärte, sie habe ihren Teil des Vertrags erfüllt. Das Gleiche passierte mit anderen Lieferungen derselben Firma.[132] Andererseits waren manchmal Wertsachen in den Vertriebenenzügen, die sich dort gar nicht befinden sollten. So entdeckten US-Stellen durch abgehörte Telefonanrufe, dass die Züge von einem internationalen Währungsschmugglerring zur Geldwäsche benutzt wurden.[133]

Die Zusammensetzung der «Vertriebenen»-Transporte wirkte nur allzu bekannt. Tatsächlich fand man in den tschechoslowakischen Zügen einen noch bunter gemischten Querschnitt durch die mittel- und südosteuropäische Bevölkerung als in den polnischen oder ungarischen. Lieutenant Colonel Edgar Jordan vom OMGUS in Bayern kontrollierte am Grenzübergang Freilassing den Zug 7315-A, in dem sich 1265 Sudetendeutsche befinden sollten. In Wirklichkeit stellten sie nur die Hälfte der Passagiere, dazu kamen

256 jugoslawische Volksdeutsche, 126 Deutsche aus den «Wiedererlangten Gebieten», 70 Volksdeutsche aus Rumänien, 20 aus der Sowjetunion und 94 Reichsdeutsche aus den anderen Besatzungszonen. Zug 7527-A, der neun Tage später am selben Ort kontrolliert wurde, enthielt eine noch exotischere Mischung, bei der die Sudetendeutschen weniger als ein Viertel ausmachten.[134] Angesichts der Tatsache, dass mindestens die Hälfte der Passagiere aus den tschechoslowakischen Zügen, die in die Sowjetzone fuhren, beim Transit durch die US-Zone verschwanden, kam der amerikanische CRX-Vertreter zu dem düsteren Schluss, es gebe praktisch offene Grenzen, was jeden Versuch zunichte mache, ein demographisches Gleichgewicht zwischen den vier Besatzungszonen herzustellen.[135]

Auch hier war der Faktor, der zu den größten Spannungen zwischen Vertreibungs- und Aufnahmestaaten führte, der Zustand der Deportierten bei der Ankunft. Obwohl weniger Neuankömmlinge in der amerikanischen Zone starben oder wegen der Reisestrapazen ins Krankenhaus kamen als bei den aus Polen Vertriebenen, hatten die US-Militärbehörden nur wenig davon, wenn sie wegen systematischer Misshandlungen oder langer Aufenthalte in Internierungslagern sowieso bei der Ankunft ärztlich behandelt werden mussten. Ein Transport aus Gablonz nach Furth im Wald im April 1946 bestand aus Vertriebenen in «schrecklichem» Zustand, von denen manche wie bloße «Skelette» wirkten. Wegen ihres Aufenthalts in einem der Lager in Liberec, wo es außer stehenden Tümpeln kein Wasser gab, litten 70 Prozent unter schwerer Diarrhö, und bei einigen erwartete man den baldigen Tod als Folge der Unterernährung.[136] Trotz sofortiger Behandlung waren solche Todesfälle keineswegs ungewöhnlich. Ein Bericht des Roten Kreuzes hielt beispielsweise fest, dass zwei Wochen Krankenhausaufenthalt nicht ausgereicht hätten, um den Tod durch Unterernährung eines 45 Jahre alten Vertriebenen aus einem der ersten tschechoslowakischen Transporte zu verhindern, der zehn Monate in einem Internierungslager verbracht hatte.[137]

Eine Kategorie von Vertriebenen, die sogenannten Antifaschisten, wurden bevorzugt behandelt. Obwohl NS-Gegner theoretisch von der Aussiedlung ausgenommen waren, ließ sich diese Schwierigkeit leicht überwinden, indem man ihre Bereitschaft, «freiwillig» nach Deutschland zu gehen, «weil sie dort gebraucht werden, um das Volk umzuerziehen», zum Test ihrer antifaschistischen Haltung machte.[138] Angesichts der Tatsache, dass das tschechoslowakische Verteidigungsministerium schon am 28. Juli 1945 bestimmt hatte, alle Untersuchungen zur Überprüfung der antifaschistischen Haltung von Deutschen seien einzustellen, und der Erkenntnis von Gruppen wie dem Wrocławer antifaschistischen Komitee, dass «die Polen sie einfach aus der Stadt haben wollten und nicht an deutscher Hilfe beim Wiederaufbau eines antifaschistischen Polen interessiert waren», hatte es wenig Sinn, bleiben zu wollen.[139] Wenn sie sich stattdessen ins Unvermeidliche schickten, konnten «Antifaschisten» zumindest bessere Transportbedingungen erreichen. In der Slowakei konnten erwiesene «Antifaschisten» von der Internierung ausgenommen werden und sich am Abfahrtstag direkt zu den Bahnhöfen begeben.[140] Bei tschechoslowakischen «Antifaschistentransporten» befanden sich normalerweise nur 300 Vertriebene im Zug statt wie sonst 1200 bis 1500. Gelegentlich durften sie ihren Transport selbst organisieren. Ein aktiver Deutscher aus Wrocław namens Paul Eggers führte in Kooperation mit dem Repatriierungskommissariat für Niederschlesien einen «enorm populären» Busdienst durch, der das Stadtzentrum mit dem Grenzort Zgorzelec verband. Für einen Fahrpreis von 1500 Złoty reisten die Passagiere relativ komfortabel, durften zwei Koffer und einen Rucksack mitnehmen und wurden von einer Eskorte aus drei Soldaten oder Milizionären begleitet. Diese Verbindung endete aber Weihnachten 1945, weil die Sowjetbehörden die Aufnahme in ihre Zone für den Winter einstellten.[141]

Es gab aber Grenzen der Toleranz bei Vertreibungs- wie Aufnahmeländern. So benutzten die Tschechoslowaken die «Antifaschistentransporte» als Mittel, um die 500 RM zurückzubekommen, ohne die Vertriebene nicht in die US-Zone einreisen durften. Die Passagiere wurden vor der Abfahrt gewarnt, wenn sie das Geld nicht zurückgäben, würden sie in ein Internierungslager zurückgebracht und später mit einem «normalen» Transport unter viel schlechteren Bedingungen deportiert. Sobald der Zug den amerikanischen Kontrollpunkt passiert hatte und in Deutschland war, nahm eine Person das Geld von den Mitreisenden entgegen und gab es im Münchner SPD-Büro ab, von wo es an das Antifaschistische Zentralbüro in Prag überwiesen wurde, um den Transport einer weiteren Ladung von Vertriebenen sicherzustellen.[142] Die Vorteile des Status als «Antifaschist» waren nicht nur kleiner als es schien, sondern wer diese Bezeichnung trug, wurde auch allgemein mit besonderem Misstrauen betrachtet. Die «Vorzugsbehandlung wie unbegrenzte Gepäckmitnahme», die sie bekamen, weckte die «Ressentiments gewöhnlicher Vertriebener», die darüber spekulierten, wie weit ihre Kooperation mit den Regierungen der Vertreibungsländer gegangen sein mochte.[143] In den Aufnahmegebieten galten «Antifaschisten» ebenfalls als besonders unzuverlässig, allerdings aus dem gegenteiligen Grund. Colonel John Fye warnte seine Vorgesetzten, es gebe «unter ihnen Kommunisten, die versuchen werden, jeden westlichen Einfluss in der US-Besatzungszone in Deutschland zu untergraben und zu zerstören». Die Behörden in Ost-Berlin betrachteten sie wiederum als «freiwillige» Aussiedler, die keine besonderen Privilegien verdienten. So erlebten die Wrocławer Antifaschisten nach einem «schwierigen und demütigenden» Transport in die Sowjetzone einen frostigen Empfang durch örtliche KPD-Funktionäre und darauf «Überstellung in das frühere KZ Buchenwald», bevor sie schließlich in Weimar und Halle angesiedelt wurden.[144]

Als sich 1946, das Jahr der «organisierten Vertreibungen», langsam dem Ende zuneigte, waren alle drei großen Besatzungsmächte an den Grenzen ihrer Leistungsfähigkeit angelangt. «Gegenwärtig neigen wir dazu, das besetzte Deutschland als Papierkorb mit unbegrenzter Aufnahmefähigkeit für den unerwünschten Abfall der Welt zu betrachten», warnte Colonel Thicknesse. «Wir sind nicht überzeugt, dass diese Haltung richtig ist, weder wirtschaftlich noch politisch.»[145] Nach den Zahlen des CRX hatte die Sowjetzone bis November über 1,8 Millionen Vertriebene aus Polen und der Tschechoslowakei aufgenommen, die US-Zone rund 1,7 Millionen aus der Tschechoslowakei und Ungarn (darunter 160 000, die über Österreich gekommen waren) und die britische Zone über 1,3 Millionen aus den «Wiedererlangten Gebieten», insgesamt fast fünf Millionen Menschen. Hierzu muss man eine nicht genau festzustellende Zahl von Deutschen addieren, die ihre Heimat unter Zwang verlassen hatten, aber als unregistrierte «Infiltratoren» nach Deutschland gekommen waren – sicherlich Hunderttausende in jeder Besatzungszone. Alle kamen in ein Land, dessen große Städte die Westalliierten in den letzten fünf Jahren unter großen Kosten und Mühen dem Erdboden gleichgemacht hatten, was ihnen recht gut gelungen war, und in Deutschland «ein schlimmeres Wohnungsproblem [schuf], als es je zuvor in irgendeinem Gebiet von vergleichbarer Größe und Bevölkerungszahl existierte».[146] Selbst nachdem alle verfügbaren Lager, Kasernen, Schulen, Kirchen,

Scheunen, Luftschutzbunker und manchmal Höhlen mit Vertriebenen belegt waren, machte der nicht versiegende Zustrom von Menschen die Anstrengungen der rudimentären deutschen Verwaltung zunichte, auf deren Schultern die Besatzungsmächte die Verantwortung abluden. Laut den Aufnahmeoffizieren in allen drei Besatzungszonen besaßen die meisten Menschen nicht viel mehr als ihre – meist unzureichende – Kleidung. Die überwiegende Mehrheit waren Frauen und Kinder. Nur wenige konnten kurzfristig etwas zu ihrem eigenen Unterhalt beitragen. Hunderttausende brauchten sofortige Versorgung in Krankenhäusern, Altenheimen, Waisenhäusern oder Heimen für Behinderte, doch wegen der knappen Ressourcen blieb sie vielen versagt.

So hatten die Alliierten sich die Umsiedlungen nicht vorgestellt, als man ihnen die Idee während des Krieges vortrug. Damals hatte man als Begründung die Entfernung «gefährlicher» Deutscher genannt – vor allem Männer im wehrfähigen Alter –, die die Sicherheit ihrer Heimatländer gefährden könnten. Stattdessen waren die ungefährlichsten Deutschen deportiert worden, während die gesunden Männer als Zwangsarbeiter zurückgehalten und in vielen Fällen gezwungen wurden, gegen ihren Willen die polnische oder tschechoslowakische Staatsbürgerschaft anzunehmen. Die Besatzungsmächte standen so vor einer großen sozialen, wirtschaftlichen und humanitären Krise, die alle ihre Pläne für den Aufbau Deutschlands zu durchkreuzen drohte und außerdem die Wirtschaft der Vertreibungsstaaten auf Jahre hinaus schädigte. Wie vorherzusehen, sank die Begeisterung der Großen Drei für diese neue Methode, Europa zu «stabilisieren», durch die praktischen Erfahrungen auf den Nullpunkt. Nach den «wilden Vertreibungen» des Jahres 1945 und den «organisierten Vertreibungen» von 1946 hatten Briten, Amerikaner und Sowjets für das Jahr 1947 dasselbe große Ziel: das, was sich für sie als unerträgliche Last erwies, so schnell wie möglich zu beenden.

Kapitel 7

DAS ZAHLENSPIEL

Die Schreie, die Dr. Loch, ehemals Oberarzt im Breslauer St. Josephs-Krankenhaus, sagten, dass seine Dienste am anderen Ende des stockdunklen Viehwaggons gebraucht würden, waren der einzige Hinweis, wo sich seine Patientin befand. Als Fachkraft hätte der Arzt gar nicht im Zug sein sollen, der in der Nacht des 20. Dezember 1946 auf dem Weg aus Polen ins Aufnahmelager Marienthal in der britischen Besatzungszone war. Seine kranke Ehefrau war aber zur Deportation eingeteilt worden, und statt von ihr getrennt zu werden und abzuwarten, bis er an die Reihe kam, hatte er beschlossen, sich als «wilder Heimkehrer» in einen Transport zu schmuggeln.[1] Als er über andere Vertriebene, Gepäckhaufen und Eimer kletterte, die als Toiletten dienten, wurde sein Weg von einer alten Frau blockiert, die seine Bitte, ihn durchzulassen, ignorierte. Bei näherem Hinsehen erkannte der Arzt, dass sie erfroren war. Da er keine Zeit für sie hatte, kämpfte er sich weiter durch, bis er seine Patientin erreichte, eine schwangere Frau, deren Wehen vorzeitig eingesetzt hatten.

«Sie blutete sehr stark. Als ich versuchte, sie in eine bequemere Lage zu bringen, sah ich, dass sie an ihrem eigenen Blut am Boden festgefroren war. Jemand hatte noch eine kleine Petroleumlampe, mit der wir aus Eisstücken etwas heißes Wasser schmolzen. Nachdem ich eine Weile heißes Wasser neben sie gesprenkelt hatte, bekamen wir die arme Frau los. Bis auf eine Spritze und etwas blutstillendes Mittel hatte ich nichts, was für eine solche Operation notwendig war, nicht einmal Watte. Durch eine Injektion konnte ich die Blutung stoppen. Mehr konnte ich nicht tun. Während der Arbeit erfroren mir fast selbst die Füße. Ob die Frau überlebte, weiß ich nicht. Wegen der gewaltigen Arbeit, die wir Ärzte tun mussten, verlor ich sie aus den Augen.»[2]

Die meisten von Dr. Lochs Mitreisenden waren kaum weniger gefährdet. Von den 1543 Vertriebenen aus Poznań und Łódź waren 600 älter als 60 Jahre.

Viele andere waren Säuglinge zwischen drei und zwölf Monaten; 22 Kinder kamen aus einem Waisenhaus in Leszno (Lissa). Sie hatten den Zug fünf Tage zuvor bei Temperaturen von 15 Grad unter Null bestiegen, und die Viehwaggons hatten keine Heizung, nicht einmal Stroh auf dem Boden. Während der viereinhalbtägigen Fahrt ins 350 Kilometer entfernte Marienthal bekam jeder Passagier eine Tagesration von rund 85 Gramm Brot, zehn Gramm Gerste, fünf Gramm Zucker, zweieinhalb Gramm Kaffee und zwei Gramm Salz. Ein einziger Hering sollte unter 25 Menschen geteilt werden. Wegen der bitteren Kälte gab es kein Wasser; Mütter versuchten Eisstücke in Gefäßen zwischen den Schenkeln aufzutauen, um den Durst ihrer Kinder zu löschen. So kleine Rationen hatten zu wenig Nährwert, um eine Unterkühlung zu verhindern, und als die Temperatur weiter fiel, begannen die sehr alten und sehr jungen Passagiere zu sterben. Eine Frau erinnerte sich: «Bis zu 40 Menschen waren in einen Waggon gesperrt. Es wurde immer kälter. Morgens waren unser Gepäck, unser Haar und der ganze Waggon mit einer dicken Frostschicht überzogen. Unser Atem gefror in der Luft. Der Transportführer war ein alter Mann. Er versuchte immer, uns aufzumuntern. Nachdem wir Sagan passiert hatten, sangen wir abends mit ihm noch Weihnachtslieder. Am nächsten Morgen war er tot. Niemand hatte bemerkt, dass er starb. So wurde ich Transportführer. Ich konnte auch nichts machen.»

Als der Zug am Abend des 21. Dezember schließlich Marienthal erreichte, wurden die Leichen von 16 Erfrorenen herauszogen. Unterwegs hatte es auch drei Geburten und zwei Fehlgeburten gegeben.[3] 53 Passagiere mussten wegen Erfrierungen sofort ins Krankenhaus, wo sechs Notamputationen vorgenommen wurden. Major E. M. Tobin, der Kommandant von Marienthal, hatte den Eindruck, die Passagiere schienen «in furchtsamer Unterwürfigkeit gelebt zu haben und wirkten eher wie geprügelte Hunde als wie Menschen». Selbst im Vergleich zu früheren Transporten hatte der Zug «einen bemerkenswert hohen Anteil an Alten und Krüppeln. Diese Krüppel waren auch sehr gebrechlich».[4] Marienthal besaß aber keine eigenen Unterkünfte, und nachdem die Vertriebenen desinfiziert worden waren und eine warme Mahlzeit bekommen hatten, ließen die britischen Militärbehörden sie zur Fahrt an ihre endgültigen Zielorte wieder in die Waggons steigen. Auf der Fahrt nach Hameln starben 16 weitere, und 130 mussten dort ins Krankenhaus eingeliefert werden. In Rinteln wurden erneut 27 Passagiere zur ärztlichen Behandlung herausgeholt. Als der Zug eine Woche nach seiner Abfahrt am 23. Dezember das Ziel Bückeburg in Niedersachsen erreicht hatte, kamen 141 der restlichen Passagiere sofort ins Krankenhaus. Bis Ende Februar starben 26 Menschen an den Folgen der Reisestrapazen. Unter ihnen war auch die Frau von Dr. Loch.

Man kann kaum sagen, dass der Zug aus Wrocław ein Unfall war, denn in den Wochen zuvor hatte eine Reihe von Transporten Marienthal in kaum besserem Zustand passiert. Am 7. und 8. Dezember hatten die polnischen Behörden beispielsweise 1853 Deutschen, darunter 459 Kindern, aus dem schlesischen Lubán (Lauban) befohlen, sich in Ujazd (Moys) nahe der Grenzstadt Zgorzelec zu versammeln, um nach Deutschland transportiert zu werden. Der Zug kam aber erst am 11. Dezember, und die Vertriebenen mussten vier Tage und Nächte auf einem Feld unter freiem Himmel warten. Es regnete die meiste Zeit, und beim Besteigen des Zuges waren alle bis auf die Haut nass. Dann fiel die Temperatur unter Null. Drei Tage später, am Morgen des 14., wurde Major Tobin informiert, ein Vertriebenenzug sei in Eilsleben in der Sowjetzone auf einem Abstellgleis gestrandet und habe keine Lokomotive. Er befahl, ihn sofort nach Marienthal zu bringen, falls es der vermisste Transport aus Zgorzelec sei. Als er bis 17 Uhr nichts gehört hatte, schickte er seine Leute, die seit morgens um halb sieben in Bereitschaft gewesen waren, nach Hause. Drei Stunden später meldete man ihm, der Zug werde in die britische Zone einfahren. Da er nun keine Leute mehr hatte, befahl Tobin, den Zug über Nacht in Barmke abzustellen, bis das Aufnahmelager öffnete. Der Zug kam am nächsten Morgen um neun Uhr in Marienthal an, die Fahrt aus dem rund 350 Kilometer entfernten Zgorzelec hatte vier Tage gedauert. 109 Passagiere hatten Erfrierungen – der jüngste ein fünf Monate altes Mädchen –, was zu 15 Notamputationen führte. Major Tobin sah selbst zwei Säuglinge mit Erfrierungen, die in Zgorzelec gesund gewesen waren, als ihre Mütter sie in Decken wickelten, «aber sie waren im Regen nass geworden, und während der Zugfahrt war die Feuchtigkeit in den Decken gefroren». Auch diesmal wies das Lagerpersonal von Marienthal die zwölf schwersten Fälle ins nahe gelegene Helmstädter Krankenhaus ein und schickte die übrigen im Zug an ihre Zielorte, da man annahm, eine weitere Tagesreise werde den Passagieren nicht zusätzlich schaden, und es in Helmstedt darüber hinaus keine weiteren Plätze gab.[5] Auch hier sprach

Tobin auf dem Bahnsteig mit einigen Vertriebenen. «Ihre Moral war auf dem Tiefpunkt, und ein Mann gab zu, er habe nicht einmal die Kraft, Selbstmord zu begehen.» Da Tobin aber keine Wahl hatte, als sie entweder «weiterzuschicken oder sie in die frostige Wildnis zurückzuschicken, aus der sie gekommen waren», glaubte er, er habe «keine echte Alternative, als Züge anzunehmen, die einmal losgeschickt worden waren».[6]

Das Leiden der Vertriebenen in den Transporten nach Marienthal, über das in der deutschen und britischen Presse ausführlich berichtet wurde, gab den Beamten in London und Lübbecke, was sie schon lange suchten: eine Gelegenheit, die Operation Swallow ein für allemal zu stoppen. Die gleichgültige Haltung der polnischen Behörden, die in einer offiziellen Erklärung behaupteten, die «von den britischen Verbindungsteams unterzeichneten Dokumente bewiesen die Abnahme des Transports in gutem Zustand» und es ablehnten, «irgendeine Verantwortung für Transporte zu übernehmen», sobald sie von den Briten abgenommen waren, bestärkte sie in ihrer Entschlossenheit.[7] Es wäre aber falsch, daraus zu schließen, dass die Behörden durch diese hässlichen Szenen plötzlich Gewissensbisse bekommen hätten. So schlimm die Strapazen der Passagiere aus Polen auch waren, übertrafen sie doch nicht die ihrer Vorgänger im Frühjahr 1946 oder die der Deutschen, die gleichzeitig außerhalb des Blickfelds westlicher Medien in die Sowjetzone deportiert wurden. Beispielsweise verließ am 16. Dezember ein Zug das Sammellager Stettin-Scheune mit dem 250 Kilometer entfernten Ziel Stendal westlich von Berlin. Die meisten Passagiere waren nach ihrem Aufenthalt in polnischen Lagern völlig abgemagert, verlaust und litten unter verschiedenen ansteckenden Krankheiten. Während ihrer fünftägigen Fahrt kamen noch Erfrierungen dritten Grades hinzu. Als der Zug den Ort Wriezen auf deutschem Territorium erreichte, waren 18 bereits tot. 21 weitere gefrorene Leichen wurden am 21. Dezember in Stendal ausgeladen, und insgesamt 248 schwer kranke Menschen in Krankenhäuser eingewiesen, die meisten in Stendal.[8]

Was sich bis Ende 1946 verändert hatte, war also nicht der Grad des Leidens der Vertriebenen, sondern der Enthusiasmus der britischen Beamten und Politiker für ein Projekt, das eine wachsende, nicht absehbare und ruinös teure soziale Krise in ihrer Besatzungszone schuf, die von den Steuerzahlern in England bezahlt werden musste. Seit Sommer 1946 hatten Offiziere der britischen Militärregierung einen passenden Vorwand gesucht, die Operation Swallow zu beenden. Die wenigen Dutzend Toten bei den Marienthaler Transporten im Dezember – eine winzige Zahl im Vergleich zu den Todesfällen bei den Vertreibungen der letzten 18 Monate – lieferten ihn endlich.

Als eine Beendigung der Operation im Juli 1946 erstmals ernsthaft diskutiert wurde, verbargen die Funktionäre in der britischen Besatzungszone nicht, dass es ihnen vor allem um die Belastungen ging, die die Vertreibungen für sie darstellten, nicht um humanitäre Sorgen über das Schicksal der Vertriebenen. Aus der ganzen Zone kamen alarmierende Berichte über die «unmögliche Situation», mit der Vertreter der Militärregierung angesichts des Zustroms aus Polen zu tun hatten. Sobald das Kontrollratsabkommen unterzeichnet worden war, hatte die französische Delegation gewarnt, bis zum Sommer 1946 würden die Vertreibungen aus den drei «Potsdam»-Staaten Polen, Tschechoslowakei und Ungarn pro Monat den Einsatz von 1800 Zügen erfordern. Sie fragte, ob «eine so große Zahl zusätzlicher Züge nicht andere wichtige Transporte in Deutschland und sogar in Europa ernsthaft beeinträchtigen könnte».[9] Die Briten sahen nun, wie diese Voraussage sich vor ihren Augen erfüllte. Dringend benötigte Transportkapazitäten wurden nicht nur dadurch belegt, dass man Vertriebene über die Grenzen brachte, sondern die Waggons wurden auch nach der Ankunft noch längere Zeit gebraucht, weil Züge «lange Strecken fahren mussten, um kleine Gruppen von Vertriebenen auf verschiedene Kreise» zu verteilen. Dies war wegen der akuten Wohnungsnot erforderlich – die sich ironischerweise verschlimmerte, weil polnische Displaced Persons nicht aus Deutschland in ihre Heimat zurückkehren wollten. Selbst wenn es Häuser gab, bedeutete das Fehlen funktionierender Wasser- und Abwasserleitungen, dass eine «ernste Gefahr» von Seuchen bestand.[10] Wegen des hohen Anteils an Kranken, Misshandelten oder Gebrechlichen waren «alle Heime und Krankenhäuser in der Zone bis zum Bersten voll».[11] Von der über einen Million Vertriebenen, die 1946 offiziell oder inoffiziell aus Polen gekommen waren, waren nur 77 000 erwachsene und arbeitsfähige Männer.[12] Die amerikanischen Behörden standen bei den gleichzeitigen Transporten aus der Tschechoslowakei vor ähnlichen Schwierigkeiten. Bereits im April 1946 hatte sich der US-Vertreter im Manpower Directorate (Direktorat für Arbeit) des Alliierten Kontrollrats offiziell bei der Prager Regierung beschwert, sie habe «deutschen Bergleuten und anderen Fachkräften die Ausreise aus der Tschechoslowakei mit der übrigen ausgewiesenen deutschen Bevölkerung verweigert». Im Hochsommer war das Problem, dass die Tschechoslowakei «ausschließlich unproduktive» Vertriebene in die US-Besatzungszone schickte, so akut geworden, dass die Amerikaner mindestens eine arbeitsfähige Person pro ausgewiesene Familie forderten.[13] Diese Appelle blieben unbeantwortet. Vielmehr bemerkte Colonel John Fye, der US-Verbindungsoffizier für Umsiedlungen in Prag: «Die Mehrheit der tschechischen Field Force, der Nationalausschüsse, des SNB, der Kommandanten und Aufseher der Sammellager ignorierten einfach die zahlreichen und unmissverständlichen Briefe der tschechischen Umsiedlungsabteilung, die beim Transport der Sudetendeutschen eine sorgfältige Beachtung der Abkommen mit der US-Militärregierung forderten.» Es gab nicht nur «offene Verletzungen des Transferabkommens», sondern US-Vertreter wussten auch von «vorsätzlichen Versuchen zur Täuschung der amerikanischen Behörden und Drohungen gegen Vertriebene durch die Kommissare bestimmter Bezirke, wenn sie sich beschwerten, solange sie in der Tschechoslowakei waren».[14]

Die Idee, die Operation Swallow im Sommer 1946 zu stoppen, wurde auf höchster britischer Regierungsebene ernsthaft erwogen. Ende Juli legte John Hynd dem Overseas Reconstruction Committee des Kabinetts ein Papier vor, das betonte, die Lage in der britischen Zone «erreiche allmählich einen Zustand der Übervölkerung», wie er in einer städtischen und industriellen Gesellschaft «noch nie da gewesen» sei. Es war seiner Meinung nach nun die Zeit gekommen, «über entschiedenere Maßnahmen nachzudenken».[15] Das war bereits geschehen, obwohl der Minister nichts davon wusste. Kurz zuvor hatten Offiziere der britischen Militärregierung erfahren, dass es ihren amerikanischen Kollegen gelungen war, durch Nachverhandlungen den Zustrom von Sudetendeutschen in ihre Besatzungszone ab dem 15. Juli von 7200 auf 4800 pro Tag zu drücken.[16] Hierdurch ermutigt, kamen britische Vertreter zu dem Schluss, es sei besser, nachträglich um Verständnis, als im Voraus um Erlaubnis zu bitten. Am 26. Juli verhängten sie eine einseitige Senkung der täglich aus Polen aufzunehmenden Vertriebenen von 8000 auf 5000. Gleichzeitig erging an die britischen Verbindungsteams die Anordnung, «unter keinen Umständen Vertriebene aus Heilanstalten, Bettlägerige, Gruppen von Geisteskranken, Waisenkindern usw. oder nichtdeutsche Juden für die britische Zone zu akzeptieren».[17] Als der überraschte Lieutenant-

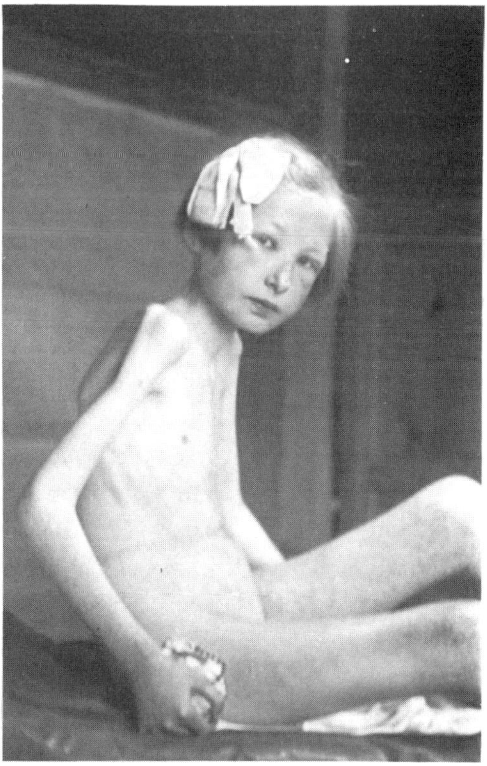

Abb. 9. **Operation Swallow: Eine Vertriebene aus den Wiedererlangten Gebieten, deren untere Gliedmaßen vom Hunger geschwollen sind.**

Colonel Ford vom CRX diese Anweisung infrage stellte, indem er darauf hinwies, sie scheine dem anglo-polnischen Abkommen vom vorigen Februar zuwiderzulaufen, sagte man ihm deutlich: «Ihre Ablehnung muss offen, fest und unzweideutig sein. Humanität ist hierbei nicht zu diskutieren.»[18] Eine ähnliche Antwort erhielt Major Boothby in Kaławsk, der sich Sorgen machte, das Pogrom von Kielce könne der Auftakt zu einem landesweiten Massaker an polnischen Juden sein, und um Instruktionen bat, was er tun solle, wenn ein Zug voller jüdischer Flüchtlinge das Land auf den Vertreibungsrouten zu verlassen versuche. Auch ihm sagte man, wenn diese Lage eintrete, solle er «unbedingt versuchen, den Zug zu stoppen und nach Polen zurückzuschicken».[19]

Angesichts der fast panischen Stimmung unter den britischen Beamten in Deutschland ignorierten die Vorgesetzten in London die Verletzung ihrer Autorität und nahmen die Reduzierungen hin. Sie wollten die Operation Swallow aber nicht völlig beenden, obwohl Angehörige der Militärregierung sie eindringlich darum baten. Administratoren aus der Besatzungszone argumentierten, die Deutschen aus den «Wiedererlangten Gebieten» könnten «wegen ihrer schlechten körperlichen und wirtschaftlichen Lage keinen Beitrag zum eigenen Unterhalt oder zum Wiederaufbau Deutschlands leisten». Infolgedessen «führen wir einen Plan aus, der für die britische Zone außergewöhnlich nachteilig und inzwischen zu einer unerträglichen Last geworden ist».[20] Genauso sahen es manche Beamte im Außenministerium. Andrew Franklin von der Deutschland-Abteilung schrieb unverblümt: «Die umgesiedelte Bevölkerung war weitgehend menschliches Treibgut», das den britischen Steuerzahler dauerhaft belasten werde.[21] Trotz dieser Warnungen der vor Ort in Deutschland aktiven Stellen wurde aber entschieden, weiterhin Vertriebene aufzunehmen, wenn auch deutlich weniger. Erstens war die Aussiedlung der Deutschen «der einzige Punkt, in dem alle polnischen Parteien übereinstimmen», und England werde sofortige Unpopularität riskieren, «wenn wir keine unumstößlichen Gründe angeben können, warum wir das nicht mehr tun können, wozu wir uns im vorigen November verpflichtet haben». Zweitens war London entschlossen, die jugoslawischen und anderen Volksdeutschen, die nach Österreich gelangt waren, auf keinen Fall in seiner Zone aufzunehmen. Bei den Viermächteverhandlungen hatten die Briten das Prinzip vertreten, ihre eigene und die sowjetische Zone sollten Vertriebene aus Nordeuropa aufnehmen und die amerikanische und französische Zonen Vertriebene aus dem Süden. Sich von bestehenden Verpflichtungen zu distanzieren, konnte zu Forderungen führen, eine neue Flut von Volksdeutschen aus Südosteuropa aufzunehmen. Schließlich waren da noch 166 000 Deutsche aus Ostpreußen in dänischen Lagern, die nicht in ihre Heimat zurückkehren konnten. London hoffte mit Moskau auf eine Einigung, nach der diese Deutschen über die Grenze in die britische Zone gebracht werden konnten, wenn die Sowjets dafür 166 000 Swallow-Vertriebene aufnahmen. «So ein Arrangement wäre offensichtlich von großem Nutzen für uns, weil wir besser ernährte Deutsche bekommen würden und auf dänische Hilfe bei Lebensmittel- und Barackenlieferungen hoffen könnten.»[22]

Obwohl die Umsiedlungen eingeschränkt weitergingen, war die Aussicht, die Verpflichtungen der Operation Swallow endlich loszuwerden, zu verführerisch, um ignoriert zu werden. Von diesem Zeitpunkt an suchten britische Offizielle in England wie in Deutschland nach einer Begründung, die es ihnen erlauben würde, ihre Verpflichtungen gegenüber Polen für erfüllt zu erklären und Swallow ein für allemal zu begraben. Ein mögliches Argument war, die Briten hätten zwar ihren Teil des Abkommens erfüllt, aber die Sowjets nicht. Ab Mitte 1946 setzte sich im Außenministerium immer stärker die Überzeugung durch, es gebe eine Absprache zwischen Polen und Sowjets, alle Vertriebenen aus den «Wiedererlangten Gebieten» in die britische Zone zu schicken, wofür sie auch die Statistiken fälschten. Besonders Sir Orme Sargent war immer sehr misstrauisch gegenüber den polnischen Bevölkerungszahlen gewesen. Im Dezember 1945 hatte er gesagt: «Genau wie wir in Potsdam von den Russen getäuscht wurden, die behaupteten, es gebe nur noch 1,5 Millionen Deutsche östlich von Oder und Neiße, so werden wir jetzt wohl herausfinden, dass es sehr viel mehr sind als die vom Alliierten Kontrollrat verteilten 3,5 Millionen.»[23] Sein Untergebener Robin Hankey, ehemals in der Warschauer Botschaft, aber nun in Whitehall, kam vom entgegengesetzten Ausgangspunkt her zum selben Schluss. Im Juli 1946 erklärte er, er könne sich des Zweifels nicht erwehren, «dass wir beim Berliner Abkommen getäuscht werden. Ich habe nie geglaubt, dass es 3,5 Millionen Deutsche in Polen gibt, als es unterzeichnet wurde. Ich habe den Verdacht, die Sowjets nehmen gar keine auf oder nur arbeitsfähige.» Fünf Tage später bestärkte er gegenüber Con O'Neill seine Überzeugung, dass «die Sowjets uns hierbei hintergehen». Auch Andrew Franklin glaubte, England sei «bei ‹Operation Swallow› hereingelegt worden».[24] So begann das Außenministerium fast besessen Indizien zu sammeln, die darauf hinwiesen, dass die Sowjetzone nicht ihren entsprechenden Anteil aufgenommen hatte. Eine Sendung von Radio Warschau, nach der bis zum 17. Juli 1946 900 000 Deutsche aus den «Wiedererlangten Gebieten» ausgewiesen worden waren, galt als Schlüsselindiz: Da durch die Operation Swallow schon 700 000 Vertriebene in die britische Zone gekommen waren, mussten die Sowjets offensichtlich viel weniger aufgenommen haben – vielleicht sogar überhaupt keine.[25] Sowjetische Wohnungsstatistiken wurden analysiert, um zu zeigen, dass die Bevölkerungsdichte in Ostdeutschland niedriger war, als sie hätte sein dürfen: Wenn tatsächlich zwei Millionen Vertriebene dort eingetroffen wären, hätte der durchschnittliche Wohnraum pro Person nicht mehr als sechs Quadratmeter betragen dürfen, nicht die 14,4 von der UdSSR genannten.[26] Der zufällige Kommentar eines Offiziers der polnischen Militärmission, dass die Sowjets zwei Züge der Operation Swallow benutzt hätten, um ihr eigenes Territorium im Memelland von Deutschen zu räumen, wurde als Indiz gesehen, dass sie ihre Verpflichtungen nicht ernst nahmen.[27]

Tatsächlich gab es genug Nahrung für die britische Skepsis über die Zahl der in der Sowjetzone aufgenommenen Deutschen. Man brauchte kein Statistikexperte zu sein, um zu bemerken, dass die Daten über die Transporte, die die Sowjets an CRX lieferten, offensichtlich Unsinn waren, zumindest für die erste Jahreshälfte 1946. Wenn man den Sowjets Glauben schenkte, waren in den ersten zehn Tagen nach Abschluss des Kontrollratsabkommens im November 1945 nicht weniger als 209 000 Deutsche aus Polen deportiert worden – mehr als die Briten mit Zügen und Schiffen in den ersten beiden Monaten der Operation Swallow transportiert hatten. Weitere 341 000 seien im Dezember 1945 im tiefsten Winter ausgereist. Dagegen betrug die Zahl der in der ersten Junihälfte 1946 angeblich von den Sowjets transportierten Deutschen nur 938. Die Sowjets behaupteten, bis zum 15. Juni 1946 insgesamt 748 373 Deutsche aus den «Wiedererlangten Gebieten» abtransportiert zu haben, und diese Zahl wurde vom polnischen CRX-Vertreter, Oberstleutnant Konarski, auch ordnungsgemäß bestätigt.[28] Auf die Frage, wie diese Zahlen denn zutreffen könnten, behaupteten Sowjets und Polen, sie umfassten auch Fußgänger zwischen beiden Ländern sowie eine angebliche «Massenwanderung über die zugefrorene Oder» im Winter 1945/46 – was die Briten verständlicherweise mit offenen Ausbrüchen des Unglaubens quittierten.[29]

Ab Ende August 1946 wurden die monatlichen Sitzungen des für die Transporte zuständigen Viermächtegremiums darum durch gegenseitige Vorwürfe der sowjetischen und britischen Vertreter belebt, die die Zahlen der anderen Seite anzweifelten. Die Briten wiesen die sowjetische Behauptung zurück, 100 000 Vertriebene aus den «Wiedererlangten Gebieten» seien illegal aus der britischen in die Sowjetzone gekommen. Die Sowjets wiederum lehnten die britische Gegenbehauptung ab, 188 800 hätten den entgegengesetzten Weg genommen. Beide warfen einander vor, heimlich unerwünschte

Deutsche über die Zonengrenze abzuschieben; nach einem Bericht hatten die Polen rund 80 000 Vertriebene in die britische Zone gebracht, die nicht in der offiziellen Zählung auftauchten, indem sie zwei nicht autorisierte Züge von Szczecin nach Schwerin schickten, die Deutschen dort absetzten und es ihnen überließen, den Weg in den britischen Sektor von Berlin zu finden.[30] Um glaubwürdige Zahlen zu bekommen und im Krieg der Worte abzurüsten, schlug Brigadier Kenchington die Schaffung eines gemeinsamen britisch-sowjetischen Revisionsbüros vor, das mit Hilfe der CRX die Unterlagen von Transitlagern, Verteilungszentren und Wohnungsämtern inspizieren sollte. Die Sowjets lehnten den Vorschlag aber schließlich mit dem Argument ab, ein Aufgeben des Systems eigener Zahlenangaben «würde einen Akt des Misstrauens gegenüber den von den Delegationen vorgelegten Daten darstellen».[31] Die britische Seite nahm das als letzten Beweis, dass die UdSSR gewohnheitsmäßig «völlig inakzeptable und unverifizierbare Zahlen [fälschte], um zu zeigen, dass alle Berechnungen [der Vertriebenenzahl] zu ihren Gunsten ausfallen».[32]

Obwohl das Misstrauen gegenüber den sowjetischen Daten durchaus verständlich war, täuschten die Briten sich in ihrer Erklärung für Moskaus allzu offensichtliches Bemühen der kreativen Buchführung. In Wirklichkeit versuchten die Sowjets nicht, sich aus ihren Verpflichtungen nach dem Kontrollratsabkommen herauszuwinden. Genau wie die Briten wurden sie einfach überschwemmt. Nachdem sie 1945 den Hauptteil der «wilden Vertreibungen» aus der Tschechoslowakei und Polen getragen hatten, als fast anderthalb Millionen Menschen in ein weitgehend agrarisches und ländliches Gebiet strömten, war die Aufnahmefähigkeit der Sowjetzone bis aufs Äußerste angespannt. Laut internen sowjetischen Zahlen waren 1945 mindestens weitere 248 000 Menschen als «wilde Rückkehrer» gekommen. Ein früher Versuch, Ende November 1945 organisierte Transporte aus den Regionen Gdańsk und Poznań aufzunehmen, musste nach wenigen Wochen gestoppt werden, nicht nur wegen des schlechten Wetters, sondern auch wegen der Belastung des Transportsystems.[33] Im März 1946 sagte der bedrängte und ungeduldige General Kwaschnin als Chef der Transportverwaltung in der Sowjetzone zu seinem tschechoslowakischen Kollegen, es überlaste das ostdeutsche Eisenbahnnetz schon, auch nur Transitkapazitäten für die Briten in der Frühphase der Operation Swallow bereitzustellen.[34] Es war darum 1946 oberste Priorität der sowjetischen Behörden, den Beginn des Transfers aus Polen so lange wie möglich hinauszuschieben, vor allem während sie versuchten, mit der Aussicht auf weitere 750 000 Vertriebene aus der Tschechoslowakei fertig zu werden. Darum wurde mit Polen erst am 5. Mai ein Abkommen über die Transferbedingungen geschlossen, und große Transporte begannen erst am 17. Juni. Trotzdem versicherte die UdSSR Warschau stets, sie werde ihre Verpflichtungen vollständig erfüllen; im Spätsommer 1947 erklärte sie sogar, alle noch in Polen verbliebenen Deutschen in ihre Zone aufzunehmen, unabhängig von der Zahl. Warum die Sowjets also so darauf erpicht waren, ihre Schwierigkeiten vor den Westalliierten zu verbergen, muss Spekulation bleiben. Am wahrscheinlichsten ist die Erklärung, dass sowohl sie als auch die Polen befürchteten, wenn sie zugäben, den Plan des Kontrollratsabkommens nicht minutiös zu befolgen, würden Amerikaner und Briten das zum Vorwand nehmen, die eigenen Versprechen zu brechen.

Obwohl die Westmächte noch nicht so weit gehen wollten, waren sie zumindest entschlossen, nicht einen Vertriebenen mehr aufzunehmen, als sie vertraglich verpflichtet waren. Ihr Alptraumszenario war eine Situation, in der sie ihren vollen Anteil gemäß dem Abkommen aufgenommen hätten, aber zum unfreiwilligen Ziel eines endlosen Stroms zusätzlicher Deutscher würden, die illegal über die «grüne Grenze» einreisten – und dazu vieler politischer und Wirtschaftsflüchtlinge aus der Sowjetzone. Darum forderten sie, alle Ankömmlinge aus der Tschechoslowakei und Polen, einschließlich «wilder Rückkehrer», gegen ihre jeweiligen Quoten aufzurechnen. Einige einfallsreiche britische Administratoren schlugen sogar vor, die geschätzten 550 000 Deutschen aus den «Wiedererlangten Gebieten», die 1945 vor Abschluss des Kontrollratsabkommens in die britische Zone gekommen waren, von den 1,5 Millionen Vertriebenen, die insgesamt aufgenommen werden sollten, abzuziehen. Hierdurch hätte man die Operation Swallow am 27. Juli 1946 für abgeschlossen erklären können. Sie wurden davon überzeugt, dieses Argument aufzugeben, weil – wie ein sowjetischer Vertreter im April gesagt hatte – bereits fast drei Millionen Deutsche aus den «Wiedererlangten Gebieten» und dazu 800 000 Sudetendeutsche in die Sowjetzone gekommen seien. Bei Einbeziehung dieser Ankömmlinge hätte die UdSSR beanspruchen können, ihre Verpflichtungen schon vollständig erfüllt zu haben, bevor die ersten Züge der «organisierten Vertreibungen» überhaupt abgefahren waren.[35] Doch Briten und Amerikaner beharrten darauf, dass ihnen zumindest jene «wilden Rückkehrer», die seit dem 20. November 1945 Aufnahmelager in den westlichen Besatzungszonen durchlaufen hatten, gutgeschrieben wurden. Anfang August beanspruchten die Briten 184 182 dieser Menschen aus Polen, das Äquivalent von einem Zug voll «wilder Rückkehrer» für je fünf Züge mit offiziell registrierten Vertriebenen. Auch in der US-Zone gab es 100 000 Menschen aus den «Wiedererlangten Gebieten»; statt sie nach Polen zurückzuschicken, damit sie in schlechterer Verfassung in die britische Zone vertrieben würden, willigte London ein, sie direkt aufzunehmen und von der Swallow-Quote abzuziehen. Die Amerikaner kamen auf andere Art zu ihren Zahlen und nahmen zu ihrer Gesamtsumme Einreisende in die US-Zone hinzu, die vor der Unterzeichnung des Kontrollratsabkommens aus der Tschechoslowakei eingetroffen waren. Dennoch forderten die US-Behörden am 31. März 1947, 325 439 Sudetendeutsche gutgeschrieben zu bekommen, die auf inoffiziellen Wegen in ihre Zone gekommen waren, dazu 118 574, die nach Österreich geflohen oder getrieben worden waren und die die Regierung in Wien wieder loswerden wollte.[36]

Schließlich entschieden sich beide Regierungen aber dagegen, die weitere Aufnahme von Deutschen auf der Basis dessen zu stoppen, was ein unproduktiver Zahlenstreit zu werden drohte. Stattdessen beschlossen sie, die Klausel des Potsdamer Abkommens, nach der Vertreibungen «geordnet und human» ablaufen sollten, zum Grundprinzip aller früheren und folgenden Übereinkünfte zu erklären, einschließlich des Kontrollratsabkommens. Wie Offiziere der britischen Militärregierung im August in Berlin erklärten, war durch die völlige Überfüllung aller vorhandenen oder potenziellen Unterkünfte, die akute Lebensmittelknappheit, die Ausbreitung ansteckender Krankheiten wie Tuberkulose und Typhus sowie durch ein demographisches Übergewicht unproduktiver Teile der Bevölkerung «eine Situation entstanden, in der die weitere Aufnahme von Flüchtlingen aus humanitären Gründen unvertretbar ist». Deswegen informierten die Briten die polnische Regierung, wegen «der Gefahr für die öffentliche Gesundheit durch die extreme Wohnungs- und Nahrungsmittelknappheit» werde es nötig sein, die Zahl der Züge in die britische Zone ab dem 5. September 1946 auf zwei pro Woche zu senken.[37] Die Note an die Polen erklärte auch, die Briten strebten eine förmliche Überprüfung der Vertreibungsoperation an, wie im Viermächteabkommen vom 17. November 1945 vorgesehen.[38]

Diese Initiative führte zu besorgten Reaktionen der Polen und des Botschafters Cavendish-Bentinck, der sich trotz vieler gegenteiliger Hinweise eingeredet hatte, der Schlüssel zu guten Beziehungen zwischen Warschau und London liege in einer weiterhin verständnisvollen Haltung der Briten gegenüber den Vertreibungen. Als er die dringende Bitte von Minister Wolski nach einem Überdenken dieser Entscheidung und der Aufnahme von mindestens sieben Zügen pro Woche weitergab, warnte Cavendish-Bentinck, das Handeln seiner Regierung werde «ein starker Schock für die öffentliche Meinung in Polen sein, die bei diesem Thema sehr empfindlich ist».[39] Die britischen Beamten hatten aber schon zu viele Variationen des Botschafters über dieses Thema gehört und zu lange auf Zeichen des guten Willens der polnischen Regierung gewartet, um sich jetzt von diesen Argumenten beeindrucken zu lassen. Ebenso wenig gelang das Oberstleutnant Jakub Prawin von der Polnischen Militärmission. Er erinnerte die Briten, sie müssten geglaubt haben, 1,5 Millionen deutsche Neuankömmlinge unterbringen zu können, als sie im vorigen November das Abkommen unterzeichneten. Prawin betonte, Polen könne nicht für das englische Versagen haftbar gemacht werden, genug Unterkünfte bereitzustellen, und auch nicht für Flexibilität bestraft werden, wenn die Operation Swallow laut dem Kontrollratsabkommen bis Juli 1946 hätte abgeschlossen sein sollen. Die angebliche britische Besorgnis über geordnete und humane Zustände sei wenig überzeugend, da zahlreiche polnische Kolonisten aus dem Osten nun den Winter über in Transitlagern statt in ehemals deutschen Häusern leben müssten, was eine nicht weniger ernste humanitäre Krise sei. Und was die Berufung auf das Potsdamer Abkommen als übergeordnetes Recht betreffe, so war Artikel XIII laut Prawin «eine internationale Verpflichtung der betreffenden Besatzungsmächte, die auf keinen Fall so interpretiert werden kann, dass sie das Prinzip außer Kraft setzt». Bis zu einem Zeitpunkt, an dem eine von den Briten geforderte Überprüfung der Vertreibungen durch alle vier Mächte stattfinde und ihre Empfehlungen treffe, bleibe das anglo-polnische Abkommen vom Februar 1946 in Kraft und könne «NICHT durch einseitige Erklärungen aufgehoben werden».[40]

Die polnischen Behörden folgten Prawins Worten, indem sie am 6. September sechs Züge an die Grenzübergänge schickte. Da er es für möglich hielt, dass die Züge vielleicht schon vor dem Inkrafttreten des Stopps am Vortag losgefahren seien, erlaubte der Stellvertretende Militärgouverneur Sir Brian Robertson ihre Einfahrt. Zugleich traf er aber Vorbereitungen, um eine Wiederholung zu verhindern. Nachdem er angeordnet hatte, bis zum 12. September keine weiteren Züge durchzulassen und danach nur zwei pro Woche, stationierte er Einheiten des South Staffordshire-Regiments in Helmstedt und Lübeck, um Versuchen durch Polen oder Sowjets entgegenzuwirken, Vertriebene über die Zonengrenze zu treiben. Die Soldaten erhielten aber den Befehl, «falls der Schusswaffengebrauch nötig ist, dürfen nur Warnschüsse abgegeben werden».[41] Es kam jedoch zu keiner Konfrontation. Obwohl am 9. September fünf weitere Züge die Zonengrenze erreichten, wurden alle ohne Zwischenfälle zurückgeschickt.

Die Briten machten wiederum den Polen klar, dass sie nicht nachgeben würden. Andrew Franklin notierte, es sei «äußerst wichtig, entschlossen aufzutreten, auch wenn es einen Krach gibt».[42] In seiner Antwort an Prawin zeigte General Erskine, dass er darauf vorbereitet war. Das Potsdamer Abkommen drücke unmissverständlich den Willen der Großen Drei aus, dass alle Transfers «auf eine geordnete und humane Weise durchgeführt werden sollen». Dies könne durch keinen Beschluss einer nachgeordneten Behörde wie des Alliierten Kontrollrats verändert werden. Der Zeitplan für die Aussiedlung aller Deutschen aus Polen, der Tschechoslowakei und Ungarn bis Juli 1946 sei überdies nur ein Plan gewesen, keine bindende Verpflichtung, die Operation bis dahin abzuschließen. «Nach meinen Informationen ist es keiner Besatzungsmacht möglich gewesen, Deutsche in diesem Tempo aufzunehmen», unterstrich Erskine. Er wies genau darauf hin, wo er die Verantwortung für das Problem sah, und versicherte Prawin: «Die britischen Behörden sind sich der Bedeutung völlig bewusst, welche die Umsiedlung der deutschen Bevölkerung für die Provisorische Polnische Regierung besitzt, sonst hätten sie die Aufnahmerate wegen des beklagenswerten Zustands vieler vertriebener Personen bei der Ankunft in der britischen Zone und des sehr niedrigen Anteils arbeitsfähiger Personen bereits früher gesenkt.»[43] Weitere polnische Appelle wurden ebenso knapp abgeschmettert. Wolskis Beschwerde bei der britischen Botschaft in Warschau, die Sowjetbehörden seien «hilfreicher», weil sie 15 Züge pro Woche in ihre Zone ließen, stieß in der britischen Zone auf wenig Verständnis. «Wenn dies als Beispiel für uns hingestellt wird, braucht uns das wenig zu beeindrucken, da wir im Sommer 30–40 Züge pro Woche bewegt haben.»[44] Nachdem die Versuche, Mitgefühl für polnische Kolonisten zu wecken, gescheitert waren, probierte Warschau aus, ob es mehr Erfolg habe, wenn sie andeuteten, Deutsche in Polen würden leiden, wenn man sie nicht rasch umsiedelte. Doch auch davon zeigten sich die Briten unbeeindruckt. Ende September informierte das polnische Außenministerium die Botschaft: «Der größere Teil der deutschen Bevölkerung in Polen ... ist gegenwärtig in Transitlagern untergebracht. Diese Deutschen müssten im Herbst und Winter in Umständen leben, die wie leicht zu verstehen recht hart sein würden. Die britische Anordnung würde darum auch diese Menschen in Mitleidenschaft ziehen.» Duncan Wilson vom Außenministerium kommentierte diese verhüllte Drohung beißend: «Man könnte die Polen gelegentlich an das erinnern, was ihr Patron Stalin in Potsdam sagte – es gebe weder sieben noch drei oder eine Million Deutsche in dem Gebiet, das die Polen übernommen haben, sondern gar keine. Aber besser nicht jetzt.»[45]

Obwohl es zwischen den USA und Großbritannien überraschenderweise kaum Diskussionen über Fragen der Vertreibung gab, war OMGUS im Frühsommer 1946 in einem ähnlichen Zustand der Erschöpfung wie die Briten. US-Militärgouverneur General Clay schätzte im Mai 1946, es gebe schon fast 2,9 Millionen Vertriebene in der amerikanischen Zone, zu einer Zeit als erst 375 000 der erwarteten 1,75 Millionen Sudetendeutschen und 75 000 von 500 000 Ungarndeutschen eingetroffen waren.[46] Obwohl OMGUS widerwillig akzeptierte, es müsse zu seinen Verpflichtungen gegenüber der Tschechoslowakei stehen, galt das nicht für Ungarn. Weil die Budapester Regierung offensichtlich als sowjetische Marionette agierte, war wenig oder nichts damit zu gewinnen, ihren Wünschen in der Frage der Deutschen nachzukommen.

Da Ungarn ein ehemaliger Feindstaat war, hatte man kein Abkommen mit der provisorischen Regierung in Budapest über die Aussiedlung der Deutschen geschlossen oder angestrebt. Vielmehr hatte die Potsdamer Konferenz dem Alliierten Kontrollrat in Ungarn, der wie in Deutschland aus amerikanischen, britischen, französischen und sowjetischen Militärkommandeuren bestand, die Aufsicht über die Vertreibungen aus diesem Land übertragen.

Daraus folgt nicht, dass die ungarische Regierung gegen die Idee einer Vertreibung ihrer deutschen Minderheit war, sondern dass die Planer nicht auf eine Grundströmung von Deutschenfeindlichkeit in der Bevölkerung zählen konnten, wie sie die Aussiedlung in Polen und der Tschechoslowakei erleichterten. Während des Krieges hatten die etwa 500 000 Ungarndeutschen die ersten Siege des Deutschen Reichs ebenso begeistert begrußt wie die Volksdeutschen in anderen mitteleuropäischen Ländern. Rund 46 000 hatten sich freiwillig zur Wehrmacht gemeldet, obwohl sie dadurch die ungarische Staatsbürgerschaft verloren. Als sich nach Stalingrad die Kriegslage wendete, trocknete der Nachschub an Rekruten aber rasch aus. Auf starken Druck aus Berlin stimmte die ungarische Regierung im April 1944 zu, dass die Volksdeutschen zur Wehrmacht eingezogen werden durften. Da sie nicht zum Kanonenfutter in einem verlorenen Krieg werden wollte, entdeckte die deutsche Minderheit rasch ihr Ungarntum, versuchte sich zur ungarischen Armee zu melden und demonstrierte öffentlich gegen ihre Einziehung zur «Armee eines fremden Staates». Das hatte wenig Wirkung, und man schätzt, dass rund 100 000 Ungarndeutsche bei Kriegsende unfreiwillig die deutsche Uniform trugen.[47] Trotzdem erkannten zumindest einige Teile der Bevölkerungsmehrheit das Dilemma der geteilten Loyalität, in dem sich die Volksdeutschen befanden. Viele Magyaren waren dem Argument zugänglich, die Volksdeutschen seien durch den Befehl der ungarischen Regierung als Verbündeter der Dritten Reichs gezwungen gewesen, sich zur Wehrmacht zu melden. Die Nachkriegsregierung wiederum stellte nie in Frage, dass Zwangsaussiedlungen erwünscht seien, ließ aber ihren Umfang im Unklaren. Der am entschiedensten für Vertreibungen eintretende Teil der Vierparteienkoalition war die Nationale Bauernpartei, der es offen um die Übertragung von Boden ging. Im Namen der Kleinbauern des Landes, die von einer Enteignung der Volksdeutschen zu profitieren hofften, beharrte Parteichef Imre Kovács darauf, sie sollten «das Land so verlassen, wie sie kamen, mit einem einzigen Bündel».[48] Auch die Kommunistische Partei unter Mátyás Rákosi startete im Frühjahr 1945 eine Pressekampagne, um die Entgermanisierung des Landes zu fordern. Die Unabhängige Partei der Kleinlandwirte, die von Parlamentspräsident Ferenc Nagy und Außenminister János Gyöngyösi vertreten wurde, wies aber darauf hin, es sei zumindest unklug, die gesamte deutsche Minderheit im selben Moment vertreiben zu wollen, in dem Budapest auf die Großen Drei einzuwirken versuchte, die Tschechoslowakei von der Vertreibung der dortigen 500 000 Ungarn abzuhalten.[49] Die Sozialdemokraten als vierte Koalitionspartei mischten sich wenig in die Diskussion ein, bis auf den Versuch, ihre deutschsprachigen Aktivisten aus verschiedenen weitgehend vorgeschobenen Gründen als «Magyaren» oder «Antifaschisten» einstufen zu lassen. Wie im September 1938, als es sich begeistert Hitlers Einschüchterung der Tschechoslowakei angeschlossen hatte und mit einem Teil der Südslowakei belohnt worden war, war Ungarn 1945 ein Staat, für den materielle Fragen viel wichtiger waren als ideologische. Im Allgemeinen waren die Ungarn nach dem Krieg hin und her gerissen zwischen dem Wunsch, von der Enteignung und Vertreibung einer wohlhabenden, aber gerade machtlosen Minderheit zu profitieren, und der Befürchtung, einen Präzedenzfall zu schaffen, der später auf sie selbst zurückfallen könnte.

Die Budapester Regierung versuchte das Dilemma aufzulösen, indem sie die gesamte Verantwortung für die Vertreibungen auf die Großen Drei abzuwälzen suchte und sich als deren widerwilliges Werkzeug darstellte. In Wirklichkeit war sie bei der Aussiedlung der deutschen Minderheit sehr viel aktiver. Als die Rote Armee im Dezember 1944 die letzten Wehrmachtseinheiten aus Ungarn verjagte, hatte sie die Einziehung aller volksdeutschen Männer zwischen 17 und 45 Jahren und aller Frauen zwischen 18 und 30 zur Zwangsarbeit in der UdSSR verkündet. Der neue Innenminister Ferenc Erdei war weit davon entfernt, diese Festnahme ungarischer Bürger zu behindern, vielmehr erließ er Anordnungen zur Zählung und Registrierung der zu deportierenden Personen. Bis zu 65 000 Ungarndeutsche wurden bis Februar 1945 aus Ungarn verschleppt, schätzungsweise ein Drittel von ihnen starb in sowjetischen Lagern. Viele Überlebende durften niemals in ihre Heimat zurückkehren, sondern mussten direkt aus den Zügen, die sie aus der UdSSR brachten, in solche steigen, die in die amerikanische Besatzungszone Deutschlands fuhren.[50] Die Rückkehrer erfuhren meistens, dass in ihrer Abwesenheit Häuser und Wohnungen enteignet und ihre Familien nach Deutschland deportiert worden waren.[51] Weitere ungarische Dekrete schufen Tribunale, um jene als Kriegsverbrecher abzuurteilen, die in Wehrmacht oder deutscher Polizei gedient hatten (eine spätere Anordnung von Premierminister Béla Miklós legte fest, es sei kein Unterschied zwischen Freiwilligen und Eingezogenen zu machen), ließen alle deutschen Staatsbürger – eine

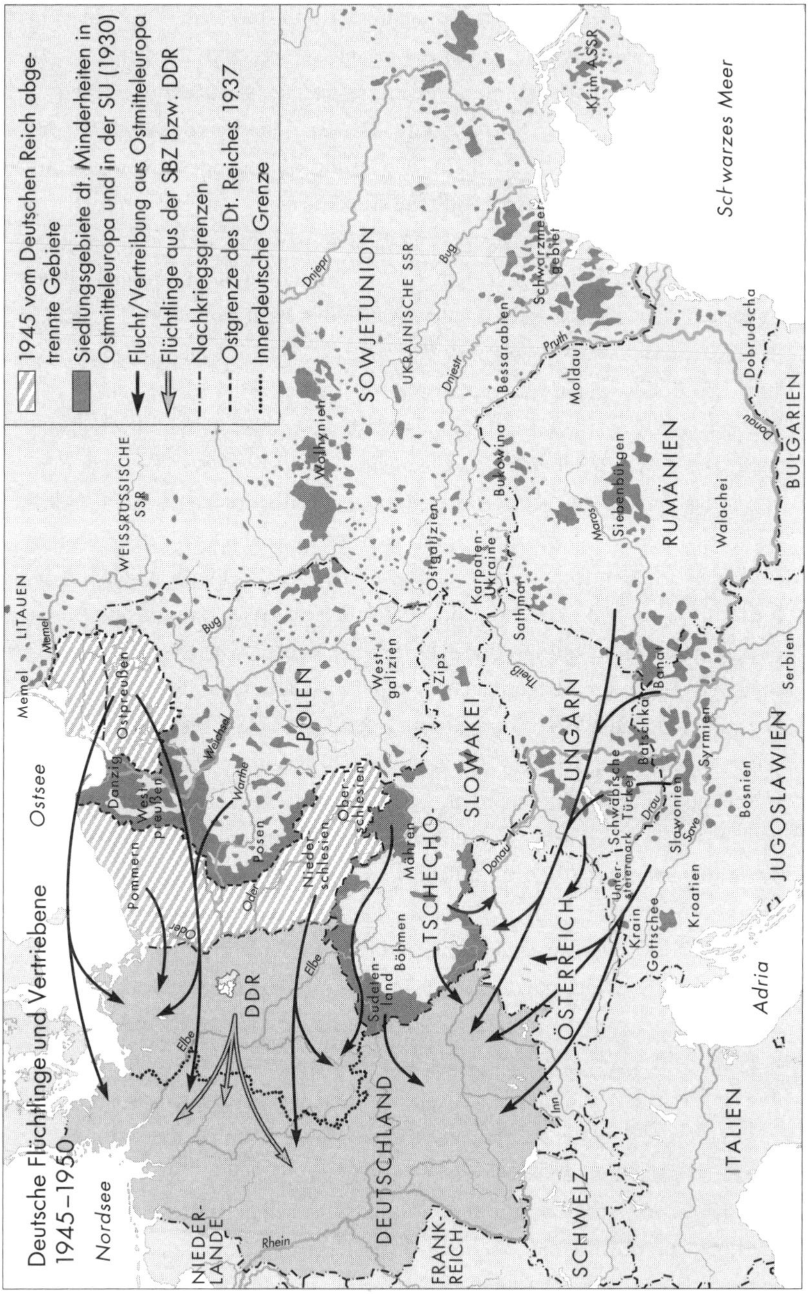
Deutsche Flüchtlinge und Vertriebene 1945–1950
1945 vom Deutschen Reich abgetrennte Gebiete
Siedlungsgebiete dt. Minderheiten in Ostmitteleuropa und in der SU (1930)
Flucht/Vertreibung aus Ostmitteleuropa
Flüchtlinge aus der SBZ bzw. DDR
Nachkriegsgrenzen
Ostgrenze des Dt. Reiches 1937
Innerdeutsche Grenze
Nordsee
Ostsee
Schwarzes Meer
Adria
NIEDERLANDE
DEUTSCHLAND
DDR
FRANKREICH
SCHWEIZ
ÖSTERREICH
ITALIEN
TSCHECHOSLOWAKEI
POLEN
UNGARN
RUMÄNIEN
JUGOSLAWIEN
BULGARIEN
SOWJETUNION
UKRAINISCHE SSR
WEISSRUSSISCHE SSR
LITAUEN
Memel
Ostpreußen
Danzig
Westpreußen
Pommern
Posen
Niederschlesien
Oberschlesien
Sudetenland
Böhmen
Mähren
Zips
Westgalizien
Ostgalizien
Wolhynien
Karpaten-Ukraine
Bukowina
Bessarabien
Moldau
Schwarzmeergebiet
Krim ASSR
Sathmar
Siebenbürgen
Walachei
Dobrudscha
Banat
Batschka
Schwäbische Türkei
Syrmien
Slawonien
Bosnien
Serbien
Kroatien
Untersteiermark
Krain
Gottschee
Elbe
Oder
Weichsel
Warthe
Bug
Rhein
Donau
Inn
Theiß
Maros
Drau
Save
Pruth
Dnjestr
Dnjepr

Kategorie, die in der Praxis auf Mitglieder des Volksbunds der Deutschen in Ungarn ausgedehnt wurde – internieren und autorisierten am 14. Mai 1945 schließlich auch die Festnahme von Familienmitgliedern der Internierten.

Lange bevor sich der Alliierte Kontrollrat für Ungarn in Budapest mit der Frage befasste, war also schon eine Vertreibungsdynamik im Gange. Tatsächlich hatte das Budapester Außenministerium sich eine Woche nach der deutschen Kapitulation zuerst an A. D. F. Gascoigne gewandt, den diplomatischen Vertreter Englands in Ungarn, um halboffiziell anzufragen, ob es 200 000 Volksdeutsche nach Deutschland ausweisen könne; den gleichen Antrag richtete es an Moskau und Washington.[52] Staatssekretär Joseph Grew vom US-Außenministerium antwortete, das Ministerium habe «nicht den Wunsch, sich für eine Gruppe einzusetzen, die wahrscheinlich weitgehend aus Nazis bestand», obwohl die allgemeinen Vorbehalte der US-Regierung gegen das Prinzip der Massenvertreibungen immer noch galten.[53] London lehnte den Vorschlag vehement ab, da es gewaltige Zahlen von Vertriebenen aus Polen und der Tschechoslowakei erwartete. Trotz einer britischen Aufforderung von Ende Mai 1945, die Idee fallen zu lassen, antwortete Budapest, es habe bereits mit der Festnahme seiner Volksdeutschen zur Vorbereitung der Deportation begonnen. Gyöngyösi erklärte Gascoigne, der Zweck liege sowohl in der Bestrafung als auch darin, Platz für Menschen ungarischer Abstammung zu schaffen, die aus Nachbarländern vertrieben worden waren oder kurz davor standen, besonders aus der Tschechoslowakei.[54] Budapest zeigte, wo seine wahre Priorität lag, indem es mit der Enteignung und dann erst mit der Vertreibung begann. Ein Erlass vom 1. Juli 1945 setzte Bezirkskomitees ein, um die Loyalität der Volksdeutschen über 16 Jahren während des Krieges zu untersuchen. Anführer oder einfache Mitglieder des Volksbunds, der während des Krieges stark kollaboriert hatte, sollten sofort interniert und vom Staat enteignet werden. Vier Tage später schickte die ungarische Regierung eine Note an den Kontrollrat, in der sie formell um dessen Mitarbeit bei der Deportation der Volksdeutschen bat.

Die genaue Zahl der zu deportierenden Personen wurde aber kontrovers diskutiert. Bei seinen ersten Kontakten zu britischen und US-Vertretern hatte Gyöngyösi von 200 000 bis 340 000 Volksdeutschen gesprochen. Kurz nach der Potsdamer Konferenz forderte Generalleutnant Wladimir Swiridow, der sowjetische Vertreter im Alliierten Kontrollrat für Ungarn, Miklós auf, einen

Aktionsplan zu erstellen, um so schnell wie möglich 450 000 Volksdeutsche zu deportieren. Seine Motive dafür sind umstritten. Der französische Historiker Jean-Leon Muller sieht den Grund für die Eile darin, dass vor den anstehenden Wahlen die Zahl antikommunistischer Wähler verringert werden sollte, um die Bodenenteignung und -umverteilung zu erleichtern und vielleicht auch die Westalliierten zu destabilisieren, indem man eine zusätzliche halbe Million verarmter Deutscher in ihre Besatzungszonen schickte. Manche ungarischen Historiker vermuteten dagegen, die Beneš-Regierung habe auf die größtmögliche Zahl zu deportierender Volksdeutscher gedrängt, um Budapest jeden Vorwand zu rauben, nicht eine vergleichbar große Anzahl von vertriebenen Magyaren aus der Tschechoslowakei aufzunehmen.[55] Wie dem auch sei, die sowjetische Initiative erzeugte eine Spaltung zwischen Regierungsmitgliedern, die reinen Tisch mit den Volksdeutschen machen wollten, und gemäßigteren Stimmen, die befürchteten, damit Prag in die Hände zu spielen. Schließlich erzielte man einen Kompromiss, nach dem jene, die sich bei der Volkszählung 1941 als deutschsprachig und deutscher Abstammung hatten registrieren lassen, ausgewiesen werden sollten, insgesamt rund 303 000 Menschen.

Dass die ungarischen Kommunisten bei den Wahlen im November 1945 nicht die erwarteten Stimmengewinne erzielten, ließ sie eine radikalere Position in der Frage der Deutschen einnehmen. Sie machten klar, dass sie für die sowjetischen Besatzungsbehörden sprachen, und drängten das Kabinett erfolgreich dazu, die Debatte wieder zu eröffnen. Imre Nagy, der neue kommunistische Innenminister, der ein Jahrzehnt später den gescheiterten Versuch Ungarns anführte, sich aus dem sowjetischen Griff zu befreien, nahm eine besonders harte Haltung ein, beschrieb die Reinigung des Landes von deutschem Einfluss als «unsere nationale Pflicht» und forderte, jeden zu deportieren, der bei der Volkszählung 1941 als deutschsprachig registriert worden sei. Die neue, strengere Position zeigte sich in einem Entwurf, den die Budapester Regierung im Dezember 1945 schließlich dem Alliierten Kontrollrat vorlegte. Er schlug die Vertreibung von 510 000 Volksdeutschen vor, wofür neun Heeresbataillone, 7000 Eisenbahnwagen pro Monat und 22 Transitlager nötig sein würden. Der südwestliche Bezirk Tolna sowie Budapest und seine Umgebung sollten zuerst geräumt werden, dann der Bezirk Baranya an der Grenze zu Kroatien und zuletzt der Rest des Landes.

Die Hauptgefahren, mit denen man rechnete, waren die Flucht der Deutschen und die Zerstörung, das Verstecken oder der Verlust ihres Eigentums. Um dem vorzubeugen, sollten sechs der neun Bataillone die Vermögenswerte beschlagnahmen und inventarisieren. Die Volksdeutschen sollten nach Kriegsrecht unter Hausarrest leben, bis man sie in Lager überführte. Die ganze Aussiedlung sollte bis Juli 1946 abgeschlossen sein.[56]

In der Praxis kam aber nur wenig davon über das Planungsstadium hinaus. Major A. D. Spottswood, ein mit der Vertreibung befasster Offizier in der amerikanischen Delegation des Alliierten Kontrollrats für Ungarn beschrieb recht genau, die Ungarn hätten «nur auf dem Papier eine Organisation für die Durchführung» geschaffen. Die versprochenen Transitlager wurden nie gebaut; stattdessen wurden Dörfer abgeriegelt und als Sammellager definiert, aus denen Volksdeutsche deportiert wurden. Die «organisierten Vertreibungen» verliefen von Beginn an desorganisiert. Züge wurden nicht nur regelmäßig ohne Proviant für die Passagiere losgeschickt, sondern zwei Drittel der Transporte wurden Anfang Mai auch nicht in Freilassing und Passau in der US-Zone angekündigt. Nur fünfzehn Züge der von den Westalliierten gestohlenen oder von den Sowjets geliehenen Waggons standen für die Operation zur Verfügung. Manche davon waren in «beklagenswertem Zustand». Laut Clay war «eine Mehrheit der Schwaben [Ungarndeutschen], die in der US-Zone eintreffen, praktisch mittellos».[57] Die amerikanischen Behörden hatten also genügend Gründe für den Vorwurf, dass die Deportationen aus Ungarn weit hinter dem «geordneten und humanen» Ablauf zurückblieben, den das Potsdamer Abkommen forderte.

Das ungarische Volk schien selbst unschlüssig zu sein, ob es die ganze deutsche Minderheit vertreiben wollte oder nicht. Im Januar 1946 veröffentlichten Miksa Fenyö, ein jüdischer Ex-Parlamentarier, und György Parragi, ein Überlebender des KZ Mauthausen, ein Manifest im Namen der ungarischen Intellektuellen, das die Vertreibung jener Deutschen ablehnte, die «keine kriminellen Handlungen begingen und nur Teil einer Massenhysterie waren oder die sich gleichgültig verhielten». Es wies darauf hin, dass man viele Ungarn während des Krieges auch selbst in beide Kategorien hätte einordnen können.[58] Der katholische Primas von Ungarn, Jószef Kardinal Mindszenty, und seine Mitbischöfe verurteilten ebenfalls, was sie als Ungerechtigkeit gegen die deutsche Minderheit ansahen, obwohl Kritiker zu

Recht bemerkten, dass nur wenige von ihnen sich zwei Jahre zuvor gegen die Deportation ungarischer Juden ausgesprochen hatten.

Es schien wenig Grund für die Sorge zu geben, eine Unterbrechung der Transfers werde zu einer antiamerikanischen Reaktion in der öffentlichen Meinung führen. Nachdem OMGUS also 118 474 Deutsche aus Ungarn akzeptiert hatte, verkündete es am 4. Juni 1946 eine unbefristete Unterbrechung der weiteren Transporte. Als Gründe nannte es «Mängel, die bei der Abfahrt der Schwabenzüge beobachtet wurden, die unorganisierte Durchführung des Programms und die Inhumanität, deutsche Wohlfahrtsstellen mit mittellosen und verarmten Menschen zu belasten».[59] In Wirklichkeit deutete nichts darauf hin, dass die Vertreibungen aus Ungarn schlimmer waren als die Transporte, die die Amerikaner weiterhin aus der Tschechoslowakei aufnahmen. Neun Wochen zuvor hatte Con O'Neill vom britischen Außenministerium geschrieben: «Wenn man Noten für Ordnung und Humanität auf einer Skala von 1 bis 100 vergeben wollte, würde ich Ungarn 40 Punkte geben, der Tschechoslowakei 30 und Polen 5.»[60] Die amerikanische Entscheidung, die Transporte aus dem einen Land zu stoppen und aus dem anderen nicht, hatte also weniger mit den objektiven Bedingungen zu tun, als damit, dass man auf Budapest leicht einwirken konnte, auf Prag nicht.

Das plötzliche Handeln der Amerikaner traf die ungarische Regierung völlig unvorbereitet. Mátyás Rákosi gab gegenüber Molotow später reuevoll zu, die Behörden hätten «den Aussiedlungsprozess mit der Annahme begonnen, wir könnten 100 000 Schwaben [mehr] in die amerikanische Zone umsiedeln».[61] Da sie kein ausgedehntes Lagersystem für die Internierung der Deutschen errichtet hatten wie die Polen und Tschechoslowaken und auch nicht auf die Unterstützung der Öffentlichkeit zählen konnten, während sie eines schufen, hatten die Minister in Budapest kaum eine Wahl, als alle Bedingungen für weitere Vertreibungen zu akzeptieren, welche die Amerikaner ihnen stellten. Nach einer Reihe einseitiger Gespräche im Sommer 1946 schlossen die beiden Regierungen am 22. August ein überarbeitetes Vertreibungsprotokoll ab. Budapest war nun verpflichtet, die Volksdeutschen mindestens zehn Tage im Voraus zu benachrichtigen, bevor es sie festzunehmen versuchte. Die Züge sollten aus 35 Passagierwaggons, fünf Gepäckwaggons, einem Küchen- und einem Hospitalwaggon bestehen; mindestens ein Arzt, zwei Krankenschwestern und ein Wachtposten würden jeden Zug begleiten. Die maximale Passagierzahl sollte bei 1100 liegen. Jeder Zug würde einen Rat von fünf Personen wählen, um in Zusammenarbeit mit den Zugwachen Raub und Diebstähle zu verhindern. Neben 100 Kilo Gepäck sollte jeder Passagier mindestens 500 Reichsmark mit sich führen dürfen, und weder Uhren noch Eheringe durften beschlagnahmt werden. Die Budapester Regierung sollte keine Menschen wegen «gegenwärtiger politischer Zugehörigkeit, Wohlstand, Alter, Geschlecht [oder] körperlicher Verfassung» zurückhalten oder andere bevorzugt schicken. Inspektoren von OMGUS und dem Alliierten Kontrollrat für Ungarn waren berechtigt, die Züge bei der Abfahrt und Ankunft und an jedem dazwischen liegenden Punkt zu überprüfen. Während Schlechtwetterperioden oder beim Ausbruch ansteckender Krankheiten sollten die Vertreibungen unterbrochen werden. Wenn alle Bedingungen erfüllt waren, würden die USA ab dem 1. September 1946 wieder Transporte aufnehmen und bis zum 1. April 1947 jede Woche 20 Züge akzeptieren, insgesamt also maximal 90 000 Deutsche. Wenn die US-Militärregierung überzeugt sei, dass die Ungarn alle Abmachungen erfüllt hatten, würde sie bis zum 1. Dezember 1947 weitere 100 000 Deutsche zu denselben Bedingungen aufnehmen und die Operation danach als beendet ansehen. Budapest wurde gewarnt, ein System von «Zeitfenstern» für die Züge streng einzuhalten. Jeder Zug musste den amerikanischen Behörden einen Monat im Voraus angekündigt werden. Wenn er am genannten Tag nicht ankam, würde dieser Termin dauerhaft verfallen und die Ungarn dürften diese Tagesquote von Personen nicht mit einem späteren Transport schicken.[62]

Die neuen Bedingungen für die Ungarn waren die bei Weitem strengsten, die während der Vertreibungen gefordert wurden. Ihre Verkündung rief eine schmerzliche Reaktion der Briten hervor, weil sie erstens zeigte, dass es möglich war, von den Vertreibungsländern Standards zu fordern und zu erhalten, die «viel strenger [sind] als alles, was wir je von den Polen gefordert haben», und zweitens, weil «wir gerade ‹Operation Swallow› stoppen und es gut gewesen wäre, darauf hinweisen zu können, die Amerikaner hätten ihre Aufnahme aus Ungarn auch einseitig gestoppt».[63] Die weitere Entwicklung zeigte aber, dass Londons Sorgen unnötig waren. In Ungarn wie anderswo standen die Organisatoren der Vertreibungen vor einem unauflöslichen Konflikt zwischen Humanität und Praktikabilität. Als sie von den USA gezwungen worden waren, Ersteres zur Priorität zu machen, überstieg das Zweite ihre Kräfte. Laut Zeitplan sollten in den drei Monaten nach Wiederaufnahme der Transporte im September 57 200 Deutsche in der amerikanischen Besatzungszone eintreffen. Tatsächlich kamen aber nur sechs Züge mit insgesamt 6090 Menschen in den zwei Wochen nach dem 10. November. Obwohl die Amerikaner mit Budapests Erfüllung der Anforderungen zufrieden waren, stoppten sie die Operation am 1. Dezember wegen schlechten Wetters und einem Rückstau von über 100 000 Vertriebenen in den deutschen Aufnahmelagern bis zum kommenden März.[64] Gleichzeitig erklärten sie, da die Ungarn ihre Termine für 60 Züge zwischen September und Mitte November nicht in Anspruch genommen hätten – was Budapest damit begründete, es habe nicht genügend Reichsmark für jeden Vertriebenen gehabt –, werde sich die Zahl der in der US-Zone aufzunehmenden Deutschen um 66 000 verringern.

Diese zweite Unterbrechung war zuviel für Ungarn und Sowjets. In einem formellen Protest wollte Dr. Gyula Fischer vom Innenministerium wissen, was geschehen wäre, wenn die ungarische Regierung die Möglichkeit gehabt hätte, alle Termine ab September wahrzunehmen. «Hätte dann die Expatriierung nach der Umsiedlung von 5000 Personen wegen fehlender Unterkünfte in den Lagern gestoppt werden müssen?» Bei einer Sitzung des Alliierten Kontrollrats am 6. Dezember warf General Swiridow den USA vor, sie versuchten den Prozess zu sabotieren, indem sie neue Forderungen stellten, sobald Budapest die vorigen erfüllt habe. Als Beispiel zitierte er «eine neue Bedingung, nach der jeder Zug 50 Tonnen Kohle mit sich führen muss, ohne die er in Deutschland nicht einfahren darf». Sogar General Oliver Edgcumbe, der britische Vertreter im Kontrollrat, unterstützte seinen sowjetischen Kollegen und drückte sein Unverständnis darüber aus, «dass das Abkommen zwischen den US-Behörden und der ungarischen Regierung es den Schwaben erlauben würde, in Ungarn zu bleiben, nur weil der Zeitplan des Programms nicht eingehalten wurde».[65]

Der Mann, der die neue amerikanische Politik verteidigen sollte, Brigadier-General George («Pappy») Weems, war eine der exotischeren Persönlichkeiten der Vertreibungsoperation. Der ehemalige Kavallerist Weems löste im Sommer 1946 den aggressiven General William Key als US-Vertreter im Kontrollrat für Ungarn ab und konnte kaum als Verbesserung angesehen werden. Laut seinem Untergebenen Lieutenant-Colonel William Karp benahm Weems sich so unvorhersehbar, dass seine Umgebung allgemein annahm, er habe vor Kurzem einen nicht diagnostizierten Schlaganfall gehabt. Neben Gedächtnislücken, Verwirrung, hinkendem Gang und der Tendenz zu Wutanfällen, wenn er unterbrochen wurde, war er «von der Idee besessen, es gebe eine internationale Verschwörung zum Diebstahl von Schreibmaschinen, und wollte über jeden solchen Fall informiert werden».[66] Die Ernennung eines solchen Mannes als Kontrolleur der Vertreibungen aus Ungarn zeigt wahrscheinlich recht genau, wie stark Washington an einer vollständigen Durchführung der Operation interessiert war. Zumindest um jedes mögliche Hindernis für ihre Wiederaufnahme aufzubauen, war Weems durchaus geeignet. Mehrere Monate lang beschwerte er sich offiziell darüber, dass Budapest es so hinzustellen versuchte, «als würden die Deportationen auf Druck der Alliierten und nicht auf Wunsch der ungarischen Regierung stattfinden», wie sein Kollege General Edgcumbe es formulierte.[67] Weems machte diesem Bluff der Ungarn nun ein Ende. Seiner Meinung nach erlaubte es das Kontrollratsabkommen vom November 1945 «der ungarischen Regierung, die von ihr gewünschten Personen zu deportieren, verpflichtete sie aber nicht, irgendeine bestimmte Anzahl in die US-Zone zu deportieren». Anfang März, als die Winterunterbrechung enden sollte, teilte Weems Budapest mit, das Programm für 1947 werde nicht wiederaufgenommen, sofern die ungarische Regierung nicht einen Vertreter nach Berlin schicke, um über zusätzliche Bedingungen zu verhandeln. Als die Regierung Tildy sogar dieser Bedingung zustimmte, kehrte Weems zur Hinhaltetaktik zurück und informierte den Alliierten Kontrollrat, die US-Behörden in Deutschland könnten keine weiteren Menschen aus Ungarn aufnehmen, solange sich die soziale und wirtschaftliche Lage dort nicht verbessere. «Die US-Behörden in Deutschland erwarten nicht, dass in den nächsten zwölf Monaten spürbare Verbesserungen bei den Ansiedlungsbedingungen in der US-Besatzungszone eintreten werden.»[68]

Angesichts der erneuten Unterbrechung – von der General Clay inoffiziell sagte, er halte sie für endgültig – gab die Tildy-Regierung nicht mehr vor, bloß gehorsam Anordnungen des Alliierten Kontrollrats auszuführen. Die Aussiedlung der verbliebenen Deutschen sei eine drängende nationale Priorität. Etwa 25 000 seien schon für die Vertreibung «vorbereitet» worden;

wenn die Amerikaner ihre starre Haltung aufrechterhielten, würde es ein Chaos geben.

«Der Besitz dieser Personen war eingefroren, und die Familie war entweder mit einer anderen Schwabenfamilie in einem Haus zusammengelegt oder ein ungarischer Siedler bei den Schwaben im Haus einquartiert. Das Haus kam dann unter gemeinsame Kontrolle des Neusiedlers und des schwäbischen Besitzers, dadurch mischte sich die Bevölkerung dieser Dörfer. Die ungarischen Behörden melden, dass es täglich zu Schlägereien und Streitigkeiten zwischen den Schwaben und den ungarischen Siedlern kommt und mehrere Morde geschehen sind. [...] Es wird berichtet, dass die Schwaben offen behaupten, die Amerikaner würden ihren Widerstand gegen die Repatriierung unterstützen und hätten das Programm gestoppt, um sie zu schützen. [...] Als Resultat der Unterbrechung der Ausweisungen haben Gruppen, die die Vertreibung aller Schwaben fordern, starken Druck ausgeübt, und die Unfähigkeit der Regierung, ihren Verpflichtungen hierbei nachzukommen, hat zu einiger Peinlichkeit geführt.»[69]

Die Beschwerden der ungarischen Regierung über vermehrte Zusammenstöße wegen der aufgeschobenen Transfers beruhten sicher auf Tatsachen, auch wenn diese Vorfälle von Budapest selbst verursacht waren. Ungarn war das einzige Land, in dem Volksdeutsche soviel Selbstbewusstsein zeigten, dass sie nennenswerten Widerstand gegen ihre Enteignung und Vertreibung leisteten. «Aus dem Bezirk Baranya berichtete man, die Schwaben würden die Zuwanderer [ungarische Siedler] ‹Zigeuner› nennen und manchmal am hellichten Tag angreifen.»[70] Die häufig durch Funktionäre von Kommunisten und Bauernpartei aufgehetzten Siedler entwickelten daraufhin eine «Lynch-Mentalität», durch die sie ihre Frustration über die Langsamkeit abreagierten, mit der deutsches Eigentum umverteilt wurde. Manchmal hatte das tödliche Folgen. Genauso beunruhigend waren für die Behörden aber Sympathiebekundungen für die Aussiedler, etwa im Bezirk Tolna, wo 80 Menschen der magyarischen Mehrheit festgenommen wurden, weil sie einem Konvoi von Volksdeutschen geholfen und Proviant für die Reise gebracht hatten.[71] In seiner Verzweiflung über den anscheinenden Zusammenbruch des Programms wandte sich Rákosi an Molotow und bat um Erlaubnis, die von den Amerikanern nicht aufgenommenen Deutschen in die Sowjetzone schicken zu können. Er versprach, aus Furcht vor dem Bolschewismus würden die Vertriebenen gewiss über die «grüne Grenze» nach Bayern gehen. Der skeptische sowjetische Außenminister war aber weniger überzeugt als die Ungarn, dass die Sowjetzone als «Vogelscheuche» dienen würde und lehnte die Bitte ab.[72] Um der ungarischen KP aber aus ihren Nöten zu helfen, willigte die UdSSR in einem Notenaustausch mit Budapest im Juli 1947 ein, 50 000 Deutsche direkt in die Sowjetzone aufzunehmen und zwar in drei Zügen pro Woche.[73]

Diese letzte Phase der Vertreibungen aus Ungarn degenerierte zu einer tragikomischen Parodie des ursprünglichen Regierungsplans. Frühere Abschiebungsversuche hatten sich besonders auf jene konzentriert, die als die «schuldigsten» Deutschen galten: Familien, deren Männer sich im Krieg dem Volksbund oder der Waffen-SS angeschlossen hatten. Diese waren aber meist auch die Menschen am Fuß der sozialen Leiter gewesen, die weniger aus Überzeugung als durch gesetzlichen oder ökonomischen Zwang zur Armee gekommen waren. Der Anblick armer Bauern und Arbeiter, die aus Ungarn deportiert wurden, während die wohlhabenderen deutschen «Kulaken» blieben, von denen sich viele während des Krieges erfolgreich dem Wehrdienst entzogen hatten, gefiel der ungarischen KP überhaupt nicht. Um sicherzugehen, dass nur Klassenfeinde vertrieben würden, wurden die Vertreibungskriterien 1947 dahingehend geändert, dass nur die Personen deportiert werden sollten, die als «freiwillige» Angehörige von Volksbund und Waffen-SS galten. Industriearbeiter, Bergleute, Landarbeiter und unverzichtbare Arbeiter sollten ausgenommen werden, egal was sie im Krieg getan hatten. Michael Mevius bemerkt hierzu trocken: «Sich der Einberufung durch die [Waffen-] SS entzogen zu haben, erschien nun als größeres Verbrechen, als dort gekämpft zu haben.»[74]

Die Sowjets waren bei den Mindeststandards für das Wohlergehen der Deportierten viel toleranter als die Amerikaner. Britische Militärbeobachter erfuhren, dass es kaum welche gab. Eine Operation zur Räumung der benachbarten Kleinstädte Dunabogdány, Visegrad und Nagymaros nördlich von Budapest, die eine Woche dauerte, gibt ein Beispiel für die Methoden, die bei der Vertreibung angewandt wurden. In Dunabogdány, wo über die Hälfte der rund 3000 Bewohner deutscher Abstammung war, bemerkte Major M. Hanley von der britischen Militärmission: «Die Schwaben bekamen höchstens zwei Stunden Vorwarnung, manchmal weniger.» Etwa 1400 wurden mit

Lastwagen zum Bahnhof von Nagymaros transportiert. «Freie Plätze auf den Lastwagen scheinen etwas zufällig gefüllt worden zu sein, und es gibt Berichte, nach denen auch ein oder zwei Ungarn festgenommen wurden (aber hier sind weitere Beweise nötig).»[75] In Nagymaros war es um einiges chaotischer. Corporal C. Sassie, der die Festnahmen in Visegrad nicht beobachten durfte, war Zeuge, wie ungarische Polizisten 700 Deutsche zum Bahnhof von Nagymaros trieben. Einheimische, mit denen er sprach, meinten, die beteiligten Polizisten seien «diszipliniert, hilfsbereit, mitfühlend», aber «die Offiziere seien Schweine». Das war auch Sassies Eindruck. «Grob, herumbrüllend, schienen getrunken zu haben. Drei waren in Begleitung von Polizistinnen in zivil oder Freundinnen.» Die ungarischen Polizisten, mit denen er sprach, während sie die Stadt abriegelten, sagten ihm, sie hätten es ignoriert, dass einige Deutsche in die Hügel geflüchtet seien, und drei ältere Menschen seien bei der Festnahme bereits gestorben. Die kommandierenden Offiziere hätten Eigentum der Volksdeutschen beschlagnahmt und in ihre Autos geladen, und entgegen den Hoffnungen der ungarischen KP hätten «viele wohlhabende Schwaben sich ein Bleiberecht durch Bestechung der Polizei erkauft. [...] Fast alle Vertriebenen waren arm. Viele Ex-Volksbund- und SS-Leute kauften sich frei.»

Ebensolche Unordnung herrschte an Sassies nächstem Halt, dem Bahnhof. Hier sah er «20 Viehwaggons, manche mit Dach, manche ohne, jeder für 35 Menschen mit Gepäck, das vor allem aus Bettzeug zu bestehen schien. Keine sanitären Einrichtungen am Bahnhof. Kein Küchenwagen, kein Hospitalwagen. Kein Proviant, alles musste von Einzelnen gebracht werden. [...] Alle schienen zu weinen. Szene war ganz wie ein Gefangenenumschlagplatz. Sah eine Mutter die Wachen um ihr Kind anflehen, das mit ihrer ältesten Tochter zurückgeblieben war. [...] Sah einen alten Mann zum Bahnhof eilen und hörte, er lag im Krankenhaus, als er erfuhr, dass seine Frau schon am Sammelplatz war, worauf er zu ihr ging.»[76]

Trotz der Willkür und Desorganisation der sowjetisch kontrollierten Vertreibungen waren sie relativ kurz. Nachdem bis August 1948 50 000 Volksdeutsche ausgesiedelt worden waren, gab es keine weiteren Deportationen aus Ungarn. Ohne Zweifel rettete das fast von Beginn an vorherrschende langsame Tempo der US-Behörden bei den «organisierten Vertreibungen» viele Ungarndeutsche vor der Deportation. Statt der angestrebten 25 000 wurden im Januar 1946 nur 3866 abgeschoben, Ende April waren es erst 41 500 von geplanten 250 000.[77] Insgesamt wurden 126 843 Ungarndeutsche in die US-Besatzungszone und 50 000 in die Sowjetzone abgeschoben, statt der ursprünglich von Budapest angestrebten 447 000. Der ungarische Fall ist daher eine lebhafte Illustration der Tatsache, dass Vertreibungen sich nur sofort oder aber gar nicht ausführen ließen. Ein wenig mitfühlender Molotow sagte 1948 zu Rákosi: «Ihr habt den günstigen Moment verpasst.»[78]

Dass die Amerikaner einfach das Ende weiterer Transporte aus Ungarn erklärt hatten und durchsetzten, war auch ein Vorbild für die britischen Planer, die sich dasselbe für die Operation Swallow wünschten. Nach dem Debakel der Züge nach Marienthal im Dezember 1946 hatten Offizielle des Kontrollrats für Deutschland zunächst alle weiteren Transporte gestoppt. Sir William Strang war der Meinung, man solle die Polen außerdem davor warnen, «Flüchtlinge an den Abfahrtsorten zu sammeln, wo sie offenbar unter noch schlimmeren Bedingungen als in den Zügen gehalten werden». Außerdem würde «jeder Versuch ihrerseits, gegen diese Maßnahme vorzugehen, mit einer vollen Veröffentlichung der Umstände beantwortet werden, unter denen sie die Repatriierungen in den letzten Wochen durchgeführt haben».[79] Nur zehn Tage nach der Unterbrechung prüften die polnischen Behörden aber die Entschlossenheit der Briten, indem sie einen weiteren Vertriebenenzug nach Marienthal schickten. Weil dieser Stroh enthielt, geheizt war und mit nur sieben toten Passagieren eintraf, wurde er in die britische Zone gelassen. Das Verbindungsteam in Szczecin wies aber endgültig den Zug zurück, den die Polen am 6. Januar 1947 für einen Transport nach Lübeck bereitstellten. Als er zwei Tage verspätet in Szczecin eintraf, hatten die Deutschen, darunter 693 Kinder, schon fast sechs Stunden im Freien bei 21 Grad unter Null gewartet. Der Zug, den das britische Team als «nicht gut genug für Vieh, geschweige denn für Menschen» ansah, bestand aus neun Passagierwaggons ohne Fensterscheiben und 23 Güterwaggons, von denen nur bei der Hälfte die Türen zu schließen waren. Da Vertriebenenzüge meist nicht mehr als 60–80 Kilometer am Tag schafften, war es offensichtlich, dass es viele Tote geben würde, wenn man die Abfahrt erlaubte. Zum ersten Mal lehnten es die Briten ab, dass die Vertriebenen einen Zug bestiegen, und protestierten nachdrücklich bei der polnischen Eisenbahnbehörde.[80]

Polnische Warnungen – oder Drohungen –, dies werde nichts ausrichten, um das Leiden der Vertriebenen zu mindern, wurden von der Realität bald bestätigt. Anfang Februar lag die Zahl der Deutschen in Kaławsk bei 4000 und wuchs weiter an, obwohl es keine Unterkunft für sie gab.[81] Tausende andere – laut dem Polnischen Roten Kreuz «überwiegend Frauen, alte Menschen und Kinder» – wurden von den Behörden beim Sammellager Szczecin-Golęcino abgeladen, das wegen eines Typhusausbruchs vorübergehend geschlossen worden war. Sie lagerten in Ruinen um das Lager herum «in unglaublich schlechten sanitären Verhältnissen und entbehren jeglicher Fürsorge und Hilfe». Der örtliche Rotkreuzvertreter berichtete säuerlich: «Der Delegierte des Amerikanischen Roten Kreuzes, Herr Slendziński, [wollte] während seines letzten Aufenthalts das Lager [...] besuchen [...] Mit Mühe ist es mir gelungen, ihn davon abzubringen, weil mir klar war, daß sein Bericht in dieser Angelegenheit sehr ungünstig hätte ausfallen und uns auf internationaler Ebene hätte schaden können.»[82] Noch schlimmer war es in Gdańsk, wo Marta Dobrzyńska, die Wojewodschaftsbevollmächtigte für Umsiedlungsangelegenheiten, berichtete, der Zustand der verbleibenden deutschen Bevölkerung habe sich seit der Unterbrechung der Vertreibungen rasch verschlechtert: «In der Wojewodschaft Gdańsk befinden sich 34 500 Deutsche. Die überwiegende Mehrheit bilden Frauen, Alte und Kinder. Die Sterblichkeit unter den Deutschen ist erschreckend – vom 1.1.1947 bis 1.4.1947 starben 5,7 Prozent der Deutschen. Ursachen: durch Hunger und fehlende ärztliche Versorgung hervorgerufene Krankheiten.»[83]

Angehörige der Militärregierung in Deutschland sahen aber auch positive Aspekte. «Wir haben das Gefühl, dies wäre eine gute Gelegenheit, Swallow zu stoppen», schrieb einer.[84] Obwohl einige höhere Beamte in London nicht verstanden, warum man soviel Aufhebens um eine vergleichsweise triviale Sache machte – einer verwies auf einen Zeitungsbericht, nach dem im Januar 1947 37 Menschen in Hamburg erfroren waren, und setzte hinzu: «damit Swallow wieder in einem realistischen Rahmen erscheint» –, sorgten britische Beamte in beiden Ländern dafür, dass die polnische Nichteinhaltung der vereinbarten Transportbedingungen volle Publizität erhielt. Ungewöhnlicherweise erlaubten die Zensoren es deutschen Zeitungen, kritische Berichte über die jüngsten Transporte zu drucken. Im Unterhaus von Westminster wurden Fragen gestellt, und John Hynd erklärte unverblümt: «Die polnischen Behörden haben den Transport dieser Deutschen nicht auf die geordnete und humane Art durchgeführt, die im Potsdamer Abkommen gefordert wird.»[85] Nun standen britische Verantwortliche vor der Frage, ob man die Deportationen unter sehr viel strengeren Bedingungen wieder aufnehmen solle, wobei Offiziere der Militärregierung «freie Hand aus London [hätten], die Transporte *endgültig* zu stoppen, sobald eine einzige Klausel des Abkommens gebrochen wird», oder ob man wie die Amerikaner die Phase der «organisierten Vertreibungen» für beendet erklären solle.[86]

Nachdem man die Angelegenheit im Frühjahr 1947 debattiert hatte, entschied London sich für Letzteres. Obwohl die Entscheidung sofort «wie erwartet einen aufgeregten Appell unseres Botschafters [in] Warschau hervorrief», wurde er von Außenministerium und Militärregierung ignoriert, die sich mit den praktischen Aspekten der Beendigung von Swallow befassten.[87] Der erste Schritt war der Abzug der Verbindungsteams aus Kaławsk und Szczecin. «Die Erfahrung hat gezeigt, dass sie machtlos sind, den Abtransport der Deutschen unter inhumanen Bedingungen zu verhindern, und ihre Anwesenheit den Polen nur die Ausrede liefert, die britischen Behörden hätten die Bedingungen, unter denen die Deutschen vertrieben werden, genehmigt», schrieb ein Administrator in Berlin.[88] Der zweite Schritt war die Konstruktion einer passenden Begründung für das Ende des Programms. Zu diesem Zweck praktizierte auch die Militärregierung ein wenig kreative Buchführung. Nach den Zahlen, die sie der CRX vorlegte, waren bis Ende November 1946 1 134 000 Deutsche aus Polen offiziell aufgenommen worden, dazu 184 000 inoffizielle Vertriebene aus den «Wiedererlangten Gebieten», die zu britischen Aufnahmelagern kamen. Zusätzlich waren 100 000 Deutsche aus Polen auf dem einen oder anderen Weg durch die US-Besatzungszone eingetroffen. Auch sie mussten von den Briten in einem interzonalen Austausch aufgenommen werden. Insgesamt waren also schon rund 1,4 Millionen Deutsche aus den «Wiedererlangten Gebieten» in die britische Zone gekommen. Da weiterhin 2000 «Inoffizielle» pro Woche eintrafen, würde Englands im Kontrollratsabkommen festgelegte Quote von 1,5 Millionen Deutschen aus Polen etwa Ende Juli erfüllt sein.[89] Es war darum nicht nötig, weitere «organisierte Transfers» durchzuführen, und es würden auch keine mehr anfgenommen werden.

Wie zu erwarten, wurde die britische Rechnung von Oberst Prawin mit Unterstützung der sowjetischen Vertreter in der Viermächteverwaltung angefochten. Prawin war dagegen, «inoffizielle» Vertriebene mit einzurechnen. Niemand könne sagen, wann oder wie sie in Deutschland eingetroffen seien; da die britische Zone keine Grenze zu Polen hatte, waren sie offensichtlich nicht direkt gekommen. Nach polnischen Zahlen waren nur 1 156 000 Deutsche in die britische Zone transportiert worden, also blieben noch 334 000 übrig. Als die Briten hart blieben, gab Prawin etwas nach. Er sagte, seine Regierung sei «weniger daran interessiert, die volle Zahl auszuschöpfen, als daran, dass die britischen Behörden die Aufnahme von Transporten aus Polen nicht prinzipiell ablehnten».[90] Wenn London z. B. noch 150 000 Deutsche aufnehme, könne Warschau bereit sein, die Operation zu beenden.[91] Prawin hielt einen noch verlockenderen Köder hin, indem er hinzufügte, «der Prozentsatz arbeitsfähiger Männer unter den künftigen Umsiedlern ist hoch, darunter sind Industrie- und Bergarbeiter, die für Ihre Zone nützlich wären. Unter den gegebenen Umständen bin ich fest überzeugt, dass die britische Zustimmung zur Wiederaufnahme der Transporte in die britische Zone ein echter Vorteil für die Wirtschaft Ihrer Zone wäre und von der polnischen Regierung sehr gewürdigt werden würde.» Bei einem direkten Treffen mit Bevin Ende April 1947 deutete der polnische Außenminister Zygmunt Modzelewski an, er wäre damit zufrieden, wenn die Briten noch 50 000 Deutsche aufnähmen. Er versprach, dies würde «viel dazu beitragen, das anglo-polnische Verhältnis zu verbessern».[92]

Die Briten waren davon wenig beeindruckt. Nach zwei Jahren immer schärferer Wortwechsel zwischen beiden Ländern über Themen wie das Schicksal der Londoner Exilregierung bis zur Zukunft der Displaced Persons war ihnen die Aussicht auf bessere Beziehungen inzwischen nicht einmal mehr den Schleuderpreis wert, den Modzelewski angeblich akzeptieren wollte. Bis auf den leichtgläubigen Cavendish-Bentinck waren sie noch skeptischer bei Prawins Angebot von Facharbeitern. Einige Monate zuvor hatten die Polen vorgeschlagen, das Tempo der Vertreibungen vor Winterbeginn zu verdoppeln, und angedeutet, wenn die Briten zustimmten, würden sie als Belohnung eine große Zahl deutscher Bergleute bekommen – die wertvollste Kategorie von Arbeitern im Nachkriegseuropa. Das Angebot wurde abgelehnt, weil die Briten erstens überzeugt waren, «wir würden diese Bergleute nicht bekommen, und die Polen hätten wieder eine Gelegenheit zum Betrügen», und weil zweitens «unsere Argumente zur Einschränkung von Swallow dumm, um nicht zu sagen unehrlich, wirken würden», wenn die Militärregierung Unterkunft und Verpflegung für besonders wertvolle Arbeiter finden würde, nachdem sie darauf beharrt hatte, es gebe in Deutschland keinen Platz mehr für weitere Neuankömmlinge.[93] In jedem Fall sahen die Briten Prawins unausgesprochenes Eingeständnis, die Polen hätten tatsächlich arbeitsfähige Männer zurückgehalten, während sie die übrigen Menschen aus den «Wiedererlangten Gebieten» in die britische Zone schickten, als weitere Bestätigung, dass man Warschau nicht trauen könne.

Noch heftiger reagierten die Engländer auf sowjetische Vorwürfe, sie wollten sich der Erfüllung des Kontrollratsabkommens durch Täuschung entziehen. «Inoffizielle Vertriebene» einzurechnen, bedeutete nach Meinung der Sowjets, dass ein Deutscher, der offiziell aus den «Wiedererlangten Gebieten» nach Ostdeutschland gebracht wurde und dann in die britische Zone wechselte, zweimal gezählt werden würde. Außerdem würde die britische Behauptung, ihre Zone sei voll, durch die Anwesenheit von 260 000 antisowjetischen Polen in Displaced Persons-Lagern und Zehntausenden von Balten, Jugoslawen und anderen widerlegt, denen die Behörden Asyl gaben. Wenn man diese Elemente zur Rückkehr zwinge, werde es genügend Platz für die verbliebenen Deutschen aus den «Wiedererlangten Gebieten» geben.[94] Auf diese Argumente antworteten Vertreter der Militärregierung mit unverhülltem Zorn: «Es ist uns völlig egal, ob diese [inoffiziellen Vertriebenen] zweimal gezählt worden sind (einmal an der Sowjetgrenze, einmal an unserer) – Tatsache ist, dass wir sie haben und sie hier essen und leben.» Nachdem die Sowjetunion darauf beharrt habe, keine weiteren Vertriebenen mehr in ihrer Besatzungszone aufzunehmen, und dann einseitig 50 000 weitere aus Ungarn akzeptierte, um ihren Protégés in Budapest einen Gesichtsverlust zu ersparen, sei sie überdies nicht in einer Position, andere zu kritisieren. «Das ist ein Vertrauensbruch und dazu ein hervorragender Grund für [die Sowjets], über unsere Jugoslawen und Tschetniks den Mund zu halten.»[95]

Am 28. Juli 1947 erklärte die britische Regierung die Operation Swallow daher offiziell für beendet. Ihr Ende wurde im Westen nicht betrauert, vor allem unter den humanitären Organisationen, deren Ressourcen übermäßig belastet wurden, um das damit verbundene Leid zu lindern. Ein großer Teil davon fand nie den Weg in offizielle Statistiken. Laut Pater Edward Swanstrom von den War Relief Services der amerikanischen Katholiken war die Operation Swallow «als unbekümmertes Human Engineering des Westens nach dem Krieg nicht zu übertreffen». In einem provisorischen Altersheim im ehemaligen KZ Salzgitter, das er besuchte, «waren über 400 alte Leute, die von der Deportation und damit einhergehendem Hunger und Vernachlässigung so geschwächt waren, dass sie in diesem Kasernenkrankenhaus starben», während Swallow durchgeführt wurde.[96] Man sollte an menschliche Folgen wie diese denken, die in den Akten des britischen Außenministerium nicht zu finden sind, wenn behauptet wird, die Operation Swallow sei «mit sehr geringen Verlusten an Menschenleben» umgesetzt worden, wie erst jüngst geschehen.[97]

Der Prozess, durch den die US-Behörden sich der Last weiterer «organisierter Vertreibungen» aus der Tschechoslowakei entledigten, war mit der britischen Methode fast identisch, doch nichts deutet darauf hin, dass die beiden Westmächte koordiniert handelten. Im April 1946 konnte Colonel Fye ein privates Gespräch mit Präsident Beneš führen und «erzählte ihm ganz offen von den Schwierigkeiten, die wir wegen der ‹kleinen Rädchen› in seiner Maschinerie haben, die aus Willkür oder Gleichgültigkeit die festgelegten Regeln der Umsiedlung ignorieren». Fye war erstaunt über die «völlige Vertrautheit [des Präsidenten] mit der Vertreibungsbewegung, soweit es die technischen Einzelheiten betraf», hielt aber fest, dass Beneš «kein Versprechen für Abhilfe» abgab.[98] Aus diesem Grund waren die US-Behörden zum einseitigen Handeln übergegangen. Wie oben erwähnt, wurde die Aufnahme am 15. Juli von sechs Zügen täglich auf vier reduziert. Am 4. Oktober informierte die Militärregierung die Tschechoslowaken, sie werde aus acht bestimmten Bezirken wegen ihrer konstanten Übertretung des Transferabkommens überhaupt keine Züge mehr akzeptieren. Zwölf Tage später wurde der tägliche Strom auf drei Züge reduziert und ab dem 1. November auf wöchentlich nur noch drei gewöhnliche und fünf «antifaschistische» Züge mit je 300 privilegierten sozialistischen oder kommunistischen deutschen Vertriebenen und ihrem Gepäck. Nach der Aufnahme von rund 1,34 Millionen Sudetendeutschen auf offiziellem Wege – einer Zahl, die die Tschechoslowaken anfochten, die von nur 1,222 Millionen sprachen – erklärte OMGUS am 1. Dezember 1946 schließlich die unbefristete Unterbrechung weiterer Transporte und begründete dies zum einen mit dem schlechten Wetter, zum anderen mit der «katastrophalen Wirtschafts- und Unterbringungslage in der [US-] Zone».[99]

Wie die Engländer sahen auch die Amerikaner keinen guten Grund, die «vorläufige» Unterbrechung nicht in eine endgültige umzuwandeln, indem sie zu ihren Zahlen 118 000 Sudetendeutsche hinzurechneten, die über Österreich in ihre Zone gekommen waren, und weitere 325 000, die zwischen dem Abschluss des Kontrollratsabkommens und dem Beginn der «organisierten Vertreibungen» zwei Monate später legal oder illegal eingereist waren. Beim Zusammenrechnen all dieser Zahlen und dazu jener vertriebenen Deutschen, die eigentlich in die sowjetische oder britische Zone gehörten, aber kaum abgeschoben werden konnten, kam die US-Botschaft in Prag zu dem Schluss, dass die Amerikaner ihre Quote bereits um rund 30 Prozent übererfüllt hatten.[100] Major-General Frank Keating, der Stellvertreter General Clays, bestätigte im April 1947 inoffiziell, für OMGUS seien die Vertreibungen aus der Tschechoslowakei und Ungarn in die US-Zone beendet und würden nie wieder aufgenommen.[101] Erst im August verkündeten die US-Behörden ihre Entscheidung aber offiziell und riefen damit «ein Geheul der Tschechen hervor, die sagten, die Amerikaner würden ihr Wort brechen, das Potsdamer Abkommen verletzen usw.»[102] Mit der gleichen Taktik, die vor ihm die Polen angewandt hatten, leugnete Innenminister Vaclav Nosek bei indirekten Kontakten mit den amerikanischen Behörden, dass sich mehr als 230 000 inoffizielle Vertriebene in der US-Zone aufhalten könnten. Nach tschechoslowakischer Rechnung musste OMGUS noch fast 400 000 Sudetendeutsche mehr aufnehmen. Im Interesse einer raschen Lösung erklärte Prag sich aber bereit, auf alle weiteren Ansprüche zu verzichten, wenn die Amerikaner 100 000 weitere Deutsche aufnehmen würden.[103] Dieses Angebot machte ebenso wenig Eindruck auf OMGUS wie Oberst Prawins ähnliche Offerte an das britische Außenministerium. Wie ein amerikanischer Offizieller gegenüber Eric Mayer vom IKRK erklärte, belastete die Aufnahme jedes weiteren Vertriebenen die amerikanischen Steuerzahler mit über 100 Dollar pro Jahr an zusätzlichen Besatzungskosten, die sie nicht länger zahlen wollten.[104] Wie ihre britischen Kollegen waren die US-Behörden Ende 1946 aus dem Vertreibungsprozess ausgestiegen.

Damit war allein die UdSSR noch beteiligt. Kurz nachdem die Anglo-Amerikaner Ende 1946 die Aufnahme in ihren Zonen beendet hatten, ergriffen die Sowjets die Gelegenheit, sich anzuschließen. Angesichts der früheren Erfahrungen hatten sie es mit einer Wiederaufnahme nicht eilig. Die Verhandlungen mit den Polen gingen gemächlich voran und wurden erst am 12. April 1947 abgeschlossen. Diesmal beharrten die Sowjets im Austausch gegen die Aufnahme von 520 000 Deutschen, die sich laut Wolski noch in den «Wiedererlangten Gebieten» befanden, auf für sie – und damit für die Vertriebenen – vorteilhaftere Regeln als beim Abkommen 1946. Nun war Prawin verpflichtet, alle Begrenzungen bei Gepäck und deutscher Währung aufzuheben, welche die Deutschen mitnehmen durften, die Regeln der ärztlichen Untersuchungen durchzusetzen (im Jahr zuvor hatten die Sowjets sich wiederholt über die «schlechten sanitären Bedingungen, unter welchen die Kranken transportiert würden», beschwert), sicherzustellen, dass alle Vertriebenen Ausweispapiere hatten, und allen notwendigen Proviant für die Reise mit einer Reserve für drei Tage bereitzustellen.[105] Im Gegenzug stimmten die Sowjets zu, zwei Züge pro Tag mit je 1500 Deutschen an den Ausgangspunkten Kaławsk und Tuplice (Teuplitz) abzufertigen.

Manche Indizien deuten darauf hin, dass sie stärker als in früheren Jahren bestrebt waren, diese Standards aufrechtzuerhalten. Erneut machte aber die Notwendigkeit, eine große Zahl von Menschen in kurzer Zeit zu transportieren, jede Art systematischer Kontrolle zunichte. Bald nach Wiederaufnahme der Transporte am 18. April begannen dieselben Beschwerden wegen überfüllter Züge, unterernährter und kranker Deutscher, getrennter Familien, illegaler Beschlagnahmen und Diebstähle. Binnen weniger als einer Woche präsentierte die sowjetische Militärmission ihren polnischen Kollegen eine umfangreiche Liste von Kritikpunkten: die Bereitstellung unhygienischer Viehwaggons ohne Bodenbelag; schmutzige, mit Bleistift geschriebene und unleserliche medizinische Atteste, falsche Namenslisten, fehlende Ambulanzwaggons und viele ähnliche Mängel. Der Beamte, der diese Vorwürfe an den PUR-Direktor nach Wrocław schickte, erinnerte ihn daran, dass ein Teil des Problems der seit einem Monat ausstehende Lohn seines Personals war.[106]

Mindestens zweimal während der Vertreibungsphase 1947 stellten die Sowjets die Transporte wegen Typhusausbrüchen unter den Vertriebenen teilweise ein.[107] Die Mitarbeiter des PUR-Büros am Transitpunkt Kaławsk berichteten erregt, ein «gewaltsamer Zusammenbruch» der Repatriierung sei schon vor der zweiten Unterbrechung dieser Art wegen Desorganisation, Pflichtverletzung, schlechter Weitergabe von Dienstanweisungen und Trunksucht unter dem polnischen Personal eingetreten. Während diese Unterbrechung andauerte, sei Kaławsk – das keine ausreichenden Unterkünfte, Toiletten und Entlausungseinrichtungen besaß – zu einem schockierenden Ort voller Exkremente und Schmutz geworden. «Man könnte meinen, daß die Eisenbahnbehörden, der Fahrdienstleiter, der hier amtierende Arzt usw. sich mit allen Kräften bemühen, zuerst den Vertretern der britischen und anschließend denen der sowjetischen Missionen Argumente zu liefern, die das heutige Polen diskreditieren.» Die PUR forderte für den Leiter des Transferpunkts die Kompetenzen eines «Repatriierungsdiktators» über alle anderen Beamten, «die sich, wann sie wollen, gnädig herablassen, den Bitten um Ausführung der einen oder anderen für die Durchführung der Repatriierung notwendigen Tätigkeit nachzukommen».[108] Es wurden aber keine Maßnahmen ergriffen, um diese Mängel abzustellen. Ein Vertreter des IKRK, der im August erneut Kaławsk besuchte, fand vieles, was ihm missfiel, darunter ein älteres Ehepaar, das von der Volksmiliz geschlagen und beraubt worden war. Als er sich beim polnischen Kommandanten darüber beschwerte, sagte dieser zunächst, das sei der erste solche Vorfall, der je vorgekommen sei – «ein ungewöhnliches Zusammentreffen» mit seinem Besuch, bemerkte der IKRK-Mann –, dann erklärte er, «dieses Verbrechen sei zweifellos von als Milizionären verkleideten Banditen begangen worden».[109] Beraubung und Misshandlung der Vertriebenen gingen in so starkem Maße weiter, dass ein MZO-Inspektor in Olsztyn empfahl, keine Vertreibungen bei Nacht mehr durchzuführen, um die Gefährdung zu senken.[110] Immerhin beendeten die Sowjets die Praxis, Familien zu trennen, und schickten einmal einen ganzen Transport zurück ins Lager Potulice, weil unterwegs Familienmitglieder herausgeholt worden waren.[111] Bernadetta Nitschke weist aber darauf hin, dass die geringere Zahl von Todesfällen bei den Transporten 1947 ebenso viel mit der Unterbrechung während der Wintermonate zu tun hatte, wie mit der angeblich verbesserten Organisation.[112]

Die Umsiedlungen aus Polen waren 1947 viel geringer als die Massendeportationen im Jahr zuvor, stellten aber eine große administrative Last für die Sowjetzone dar. Als der Herbst näherrückte, ließen die sowjetischen Behörden in Deutschland trotz früherer Versprechen, so viele Deutsche aufzunehmen, wie die Polen schickten, immer offenere Hinweise fallen, der

Zeitpunkt für das Ende der Operation werde mit der Zahl von 520 000 erreicht sein, die Wolski Anfang 1947 genannt hatte. In Wirklichkeit wurde diese Marke aber leicht überschritten. Die letzten akzeptierten offiziellen Transporte waren die, die am 1. November bereits unterwegs zum Grenzubergang Tuplice waren; andere, die später eintrafen, wurden zurückgeschickt. Trotzdem wurden nach den Zahlen des MZO 1947 insgesamt 593 120 Deutsche aus Polen deportiert; wenn man die inoffiziellen Abfahrten dazuzählt, lag die Zahl der Deportierten in den 30 Wochen der «organisierten Vertreibungen» bei über 20 000 wöchentlich. Als sie beendet waren, gab es im «Neuen Polen» nicht mehr viele Deutsche, nur noch wenige Hunderttausend Facharbeiter, Gefangene in Arbeitslagern, Kriegsgefangene, Ehepartner (meistens Frauen) in gemischten Ehen und Kinder, deren Verwandte nicht zu finden waren. Mit dem Ende der Hauptphase der Vertreibungen richtete sich das staatliche Interesse Polens immer mehr darauf, die verbliebenen Deutschen zu behalten und zu polonisieren, da diese nicht als Angehörige einer schrumpfenden und diskriminierten Minderheit zurückbleiben wollten.

Dennoch gab es 1948 und 1949 noch kleine «Nachbeben» der Massenvertreibungen. Zwischen Oktober 1947 und Oktober 1948 deportierte die Rote Armee rund 100 000 Deutsche aus dem sowjetisch annektierten ostpreußischen Gebiet um Kaliningrad (Königsberg). Jede Familie durfte 300 Kilo persönlichen Besitz mitnehmen, und die Aktion wurde von den Vertriebenen für ihre effiziente Durchführung gelobt.[113] In einem Abkommen mit Warschau vom Mai 1948 versprachen die Sowjets, bis zu 30 000 Deutsche zusätzlich aufzunehmen, die im Sommer in 20 Zügen über Tuplice reisen sollten, während Polen dafür garantierte, unter den Deportierten würden 3000 deutsche Bergleute mit ihren Familien sein.[114] Die letzten organisierten Transporte fanden im Sommer 1949 statt, als ein weiteres polnisch-sowjetisches Abkommen die Auflösung der letzten Arbeitslager in Polen und den Transport ihrer Insassen nach Ostdeutschland regelte. Nach den Klauseln dieses Vertrags sollte jeder Transport einen festgelegten Mindestanteil von Facharbeitern enthalten und die genaue Zahl durch die Alterszusammensetzung der Vertriebenen bestimmt werden. Die Operation wurde zwischen April und August 1949 durchgeführt.[115] Von allen Transfers seit dem Krieg kamen diese der Forderung des Potsdamer Abkommens nach einer «geordneten und humanen» Durchführung am nächsten. Das lag weniger an irgendwelchen Maßnahmen der Warschauer Regierung – das Sammellager Glubczyce (Leobschütz) z. B blieb ein Ort, wo viel zu viele Menschen viele Tage unter unhygienischen Bedingungen eingepfercht waren – als an der erschöpften Geduld der sowjetischen Behörden mit polnischen Vertragsbrüchen.[116] Ab Sommer 1948 wurde das sowjetische Verbindungsteam in Tuplice immer reizbarer und wies jeden Zug zurück, der die vereinbarten Mindestanforderungen nicht erfüllte.[117] Das wiederum trieb die Polen dazu, sich genauer an ihre Verpflichtungen zu halten. Als also Jerzy Szczepanik vom PUR sah, dass ein Zug mit 1528 Vertriebenen aus Gorzów Wielkopolski (Landsberg an der Warthe) vor allem Paralysierte und Behinderte, Mütter mit kleinen Kindern, Nonnen und Einzelpersonen ohne landwirtschaftliche Erfahrung enthielt – und niemand Ausweispapiere besaß –, schickte er ihn an den Ausgangspunkt zurück, und der Transport wurde völlig neu zusammengestellt, da die Sowjets ihn sonst höchstwahrscheinlich zurückgewiesen hätten.[118]

In dieser letzten Phase der Massenvertreibungen wurden rund 77 000 Deutsche aus ihren Heimatorten deportiert. Eine kleine Zahl wurde auch in den Folgejahren noch ausgesiedelt, insgesamt etwa 30 000 Deutsche aus Polen, die 1950/51 mit Zustimmung der DDR-Regierung nach Ostdeutschland kamen.[119] Schon lange vorher begannen die Vertreibungsländer mit einer Reihe öffentlicher Feiern auf regionaler und nationaler Ebene, um die «Säuberung» ihrer Territorien zu begehen. In Niederschlesien wurde eine Prämiensumme von 300 000 Złoty für PUR-Personal zum Dank für die Vertreibung des 500 000. Deutschen aus dieser Provinz ausgelobt.[120] Die Abfertigung des 500 000. Vertriebenen am Abfahrtspunkt Kaławsk wurde ebenfalls gefeiert. Der betreffende Deutsche, ein kleines Kind, bekam eine Tafel Schokolade; das polnische Vertreibungspersonal feierte am selben Abend mit einem Bankett.[121] Auch in der Tschechoslowakei wurde eine Reihe von Feierlichkeiten anlässlich des letzten offiziellen Transfers von Deutschen organisiert. Die Regierung hatte sich sehr bemüht, die Operation bis zum Unabhängigkeitstag am 28. Oktober 1946 abzuschließen. Obwohl der Termin knapp verpasst wurde, fanden Ende 1946 in vielen Städten im ganzen Land offizielle Feiern statt, zu denen ausländische Würdenträger eingeladen und jene Personen ausgezeichnet wurden, die sich bei der Entgermanisierungskampagne besonders hervorgetan hatten.[122] So erhielt Colonel John Fye den

Weißen Löwen-Orden, die höchste Auszeichnung des Landes für Ausländer, in Anerkennung seiner Verdienste «um die Aussiedlung von Deutschen aus der Tschechoslowakei», wie *Rudé právo* es formulierte.[123] In seiner Weihnachtsansprache im Rundfunk forderte Edvard Beneš seine Landsleute auf, sich darüber zu freuen, dass «dies die ersten Weihnachten der Tschechoslowakei ohne die Deutschen» seien.[124]

Dieses Gefühl der Befriedigung hielt aber nicht lange an. Zum einen konnten diese Gesellschaften niemals sicher sein, dass ihre deutschen Minderheiten endgültig vertrieben waren. Weil es bei Kriegsende keinen Friedensvertrag gab, blieben die Nachkriegsgrenzen Deutschlands – und die seiner Nachbarn – provisorisch. Es gab keine Garantie, dass die Alliierten nicht zu dem Schluss kämen, ein geteiltes Deutschland voller entwurzelter, verbitterter Menschen in der Mitte des Kontinents sei zu gefährlich, und ihm einen Teil der verlorenen Gebiete zurückgeben würden. Auch die Furcht, Deutschland könne eines Tages wieder aufsteigen und Rache für die Vertreibungen nehmen, ließ sich nicht völlig zerstreuen. Infolgedessen konnten Polen und Tschechoslowaken ein Gefühl der Bedrohung nie überwinden. Einige haben es bis heute.

Eine zweite ernüchternde Überlegung war das Ausmaß des selbst zugefügten Schadens für die demographische und wirtschaftliche Struktur der Vertreibungsländer. Sie waren bereits durch den Krieg stark geschädigt gewesen und auf eine weitere Phase tiefgreifender Umwälzungen schlecht vorbereitet, vor allem wenn diese durch Politiker und Bürokraten von oben geleitet wurden, deren Ideologie sie von der Wirklichkeit abschottete. Der Glaube all dieser Staaten, eifrige Kolonisten würden in die eben von Deutschen geräumten Gebiete strömen, wurde rasch enttäuscht. Auf Jahrzehnte hinaus blieben diese Grenzregionen die am dünnsten besiedelten und am wenigsten entwickelten Landesteile.

Die wahrscheinlich schädlichsten Folgen der Vertreibungen waren aber die nicht quantifizierbaren Aspekte. In jedem der Vertreibungsländer hatte die Abschiebung der Deutschen die Aussetzung von Menschenrechten und Rechtsstaat erforderlich gemacht. Willkürliche Dekrete hatten ganze Personenkategorien zu «Menschen ohne Menschenrechte» gemacht, wie eine Gruppe amerikanischer Kritiker es nannte. Durch Verwaltungserlasse wurden Individuen des Eigentums, der körperlichen Unversehrtheit, der Freiheit oder sogar des Lebens beraubt. Die Ausübung von «zusätzlicher Grausamkeit» bei der Verwirklichung eines Ziels nationaler Säuberung – selbst gegen die hilflosesten oder am wenigsten Widerstand leistenden Opfer – galt als positiver Wert, als Demonstration patriotischen Engagements oder notwendige Katharsis. Das Wissen über diese Verbrechen wurde verborgen oder geleugnet, nicht nur vom Staat, sondern auch von gewöhnlichen Bürgern, die dadurch eine gewisse Komplizenschaft mit dem eingingen, was in ihrem Namen getan wurde, wie indirekt auch immer. Die Kultur der Lüge als Mittel zur Erleichterung oder Betäubung des individuellen Gewissens wie als Mittel der offiziellen Politik wurde gefördert. Und selbst nach dem scheinbaren Sieg über die totalitäre Ideologie in Gestalt der Nationalsozialisten wurden ganze Gesellschaften in dem Glauben bestärkt, komplexe politische und soziale Probleme, die sich über Jahrhunderte entwickelt hatten, ließen sich mit einem Streich durch die Anwendung radikaler Lösungen und intensiver Gewalt zum Verschwinden bringen. Die Annahme, all dies lasse sich gegen eine einzige Gruppe angeblicher Feinde richten und werde später nie wieder einem anderen Zweck dienen, sodass man hinterher zu einer friedlichen, geordneten Existenz zurückkehren könne, bei der individuelle Rechte wieder garantiert und respektiert würden, sollte sich als größte Verblendung der ganzen tragischen Episode erweisen.

Kapitel 8

DIE KINDER

Im April 1946 besuchte Willy Montandon von der IKRK-Delegation in der Tschechoslowakei das Internierungslager Modřany in den südlichen Vororten von Prag. Er hatte einen Arzt mitgebracht, weil er hoffte, eine ältere deutsche Frau, die bald deportiert werden sollte, ärztlich versorgen lassen zu können, kam aber nicht weiter als bis zum Büro des Lagerkommandanten. Dort zeigte man ihm eine zwei Wochen alte Anordnung des Innenministeriums, «die es jedermann verbot, das Lager zu betreten und mit den Internierten zu sprechen, der keine schriftliche Erlaubnis des genannten Ministers besaß – einschließlich Vertretern von Internationalem Roten Kreuz und UNRRA». Auf dem Weg hinaus wurde Montandon von der jungen Internierten Emma Duda angesprochen, die ihn um Hilfe bat. Sie hatte in Prag gewohnt und erzählte, bei ihrer Festnahme während der «Revolution» im Mai 1945 seien ihr ihre Töchter Inge (fünf Jahre) und Ilse (drei Jahre) von den tschechischen Behörden weggenommen worden. Seitdem habe sie nichts von ihnen gehört.

«Auf unsere Frage nach irgendwelchen Einzelheiten, die weitere Untersuchungen erleichtern könnten, schwieg sie einen Moment, dann fuhr sie mit derselben fast unhörbaren, ruhigen, gleichmäßigen Stimme fort: ‹Ja, sie waren beide wirklich sehr hübsch und sehr brav …› Das war alles. Der Anblick dieser Mutter, der alles außer ihren vermissten kleinen Mädchen gleichgültig war; diese fast instinktive Trauer; diese völlige Gleichgültigkeit gegenüber allem, was sie umgab, und für ihr eigenes Schicksal; der Kontrast zwischen der gleichmäßigen Stimme und den ausgezehrten, fast harten Gesichtszügen, zugleich ruhig und tragisch, hatte etwas Unerträgliches, das mich, obwohl ich an solche Dinge gewöhnt bin, sprachlos machte. Ich konnte nichts anderes tun, als stumm ihre schlaffe Hand zu drücken und dem Fahrer rasch ein Zeichen zum Abfahren zu geben.»[1]

Solche Fälle waren weder ungewöhnlich noch zufällig. Laut einer Schätzung von Monsignore Edward Swanstrom, der nach dem Krieg das Hilfsprogramm der U. S. National Catholic Welfare Conference in Europa leitete, waren 160 000 bis 180 000 Kinder, die im Verlauf der Transporte von ihren Eltern getrennt worden waren, 1950 noch nicht wieder bei ihnen.[2] Viele dieser Trennungen seien die unausweichliche Folge von «Sofort»-Vertreibungen, wie etwa bei der Geschichte «eines kleinen Jungen, der in die nahe gelegene Stadt zum Einkaufen ging. Noch vor seiner Rückkehr war seine ganze Familie auf einem Lastwagen zur Deportation in ein Internierungslager gebracht worden.»[3] Andere Trennungen resultierten aus der ebenso verbreiteten Praxis, Familien während der Transporte zu trennen, wenn «Männer und Frauen, die gesund und arbeitsfähig waren, aus dem Zug geholt [...] und die Kinder allein zurückgelassen wurden».[4] Doch es gab auch zahllose Fälle, in denen deutsche Kinder für die Sünden der Eltern büßen mussten, innerhalb wie außerhalb der Internierungslager. Und viele andere wurden wie die Kinder von Emma Duda nach der Internierung der Eltern zurückbehalten, um Kriegsverluste der Bevölkerung auszugleichen oder weil nach pseudorassischen Theorien der Anteil polnischen oder tschechoslowakischen «Blutes» in ihren Adern hoch genug war.

Wie bei so vielen Aspekten des Vertreibungsprogramms hatte auch hier das Dritte Reich mit seinen Plänen für das besetzte Polen Präzedenzfälle geschaffen. Nach dem «Generalplan Ost», dem Rahmen für die ethnische Säuberung Mittel- und Osteuropas, war das Rasse- und Siedlungshauptamt der SS dafür verantwortlich, «rassisch wertvolle» polnische Kinder zwischen acht und zehn Jahren zu identifizieren und von den Eltern zu trennen. Himmler, der Polen nach dem Feldzug 1939 besuchte, war von der Zahl blonder und blauäugiger Kinder beeindruckt gewesen. In vielen scheinbaren «Polen» sah er «polonisierte» Arier, die wieder zum Teil des deutschen Volkes gemacht werden konnten, wenn sie noch jung genug waren. In den folgenden Jahren durchkämmten Frauenteams des Nationalsozialistischen Volkswohlfahrtsamts (die «braunen Schwestern») in Zusammenarbeit mit SS-Rassenkundlern Polen und entführten «potenziell nordische» Kinder aus Waisenhäusern, Schulen und manchmal von der Straße. Diese Kinder wurden vielen körperlichen und psychologischen Tests unterzogen. Die vielen Ungeeigneten – rund 90 Prozent – wurden nach Hause geschickt, zur

Zwangsarbeit nach Deutschland gebracht oder in einigen Fällen zur sofortigen Ermordung in Todeslager geschickt. Kinder, die den rassischen Kriterien entsprachen, kamen in «Lebensborn»-Heime; wenn sie älter waren, konnten sie von deutschen Familien adoptiert werden, die die «Polonisierung» der frühen Lebensjahre rückgängig machen sollten.[5] Die meisten Unterlagen dieses Entführungsprogramms wurden vor Kriegsende zerstort; man schätzt, dass die Zahl der entführten polnischen Kinder zwischen 20 000 und 200 000 lag.[6] Wie hoch die Zahl auch immer war, man nimmt an, dass nicht mehr als 15 Prozent von ihnen je wieder zu ihren Eltern zurückkehrten.[7] Ebenso wurde eine kleinere Zahl «rassisch wertvoller» Kinder, deren Eltern von den Deutschen als Partisanen oder bei Vergeltungsmaßnahmen getötet worden waren – wie beim Massaker von Lidice – aus der besetzten Sowjetunion, Tschechoslowakei und Jugoslawien zur «Eindeutschung» ins Reich geschickt.[8] Ein weiterer Zweck der Operation lag für Himmler darin, nicht nur sicherzustellen, dass kein wertvolles Erbmaterial verloren ging, sondern auch Deutschlands Feinde im Osten «rassisch» zu schwächen, indem man den Anteil «nordischen Blutes» am polnischen oder ukrainischen Genpool verminderte.

Nach dem Krieg waren tschechoslowakische und polnische Diskurse über das Schicksal von Kindern im Vertreibungsprogramm manchmal den NS-Vorläufern beunruhigend ähnlich. Die komplizierte Frage «wer ist Deutscher» stellte sich im Fall der Kinder aus gemischten Ehen besonders akut. Häufig drehte sich die Debatte – die in der Nachkriegszeit einfach die Wertskala der Nationalsozialisten umkehrte – um die angebliche «Stärke» der jeweiligen «rassischen» Einflüsse; würden «arische» oder «slawische» Tendenzen die Oberhand gewinnen, wenn das Kind erwachsen war? Die Antwort auf diese Frage entschied häufig, ob Kinder aus gemischten Ehen mit ihrem deutschen Elternteil vertrieben wurden, weil sie «unreines» Blut besaßen, oder beim «slawischen» Elternteil bleiben durften. So abstoßend solche sozialdarwinistischen Kategorien auch sein mochten, implizierten sie doch wenigstens, dass diese Kinder bei mindestens einem Elternteil aufwachsen würden. Behördenvertreter, die Erziehung für wichtiger als Abstammung hielten, beschworen aber ein noch düstereres Szenario: Kinder mit gemischten oder sogar zwei deutschen Elternteilen ließen sich zu guten Tschechoslowaken oder Polen umerziehen, indem man sie dem schädlichen Einfluss ihrer deutschen Angehörigen völlig entzog.

Vor dem Zweiten Weltkrieg hatte es in der Tschechoslowakei ständig erhitzte Debatten über die nationale Identität von Kindern gegeben. Besonders Schulen galten als wichtiges Schlachtfeld beim Kampf um die Entgermanisierung des Landes. Die Historikerin Tara Zahra bemerkt, dass in den ersten Jahren der tschechoslowakischen Unabhängigkeit «tschechische nationalistische Organisationen die Regierung mit Petitionen für die Schließung deutscher Schulen überschwemmten [...] um den tschechischen Volkscharakter und die Demokratie zu schützen».[9] Sudetendeutsche reagierten mit der Verwüstung tschechischsprachiger Schulen, einer schon vor dem Ersten Weltkrieg verbreiteten Praxis, als beide Sprachgruppen Untertanen des österreichisch-ungarischen Reichs waren.[10] Unter der Ersten Republik führte die Tendenz mancher tschechischer Eltern, ihre Kinder auf deutschsprachige Schulen zu schicken, weil sie dort eine bessere Ausbildung und nützliche Sprachkenntnisse erwarteten, zu besonderer Besorgnis der Bevölkerungsmehrheit. Gendarmen griffen in solchen Fällen häufig ein, um die Kinder zwangsweise in tschechische Schulen zu bringen; manchmal wurden deutsche Schulen vom Staat geschlossen, weil sie Kinder der «falschen» Volksgruppe aufnahmen. Wenn deutsche Eltern ihre Kinder in die besser ausgestatteten tschechischen Schulen schickten, wurde das bei Volkszählungen dafür verwendet, sie als Tschechen zu registrieren. Dies alles führte zu einer schärferen Selbstabgrenzung der beiden ethnischen Gruppen, da Deutsche sich gezwungen sahen, ihre Kinder in deutschen Schulen und Vereinen anzumelden, damit sie die «objektiven» Kennzeichen der nationalen Identität erhielten, die vor einem tschechischen Gericht Bestand hatten. Tara Zahra kommt zu dem Schluss: «In seiner Entschlossenheit, die Germanisierung tschechischer Kinder zu verhindern, beschwor der tschechische Staat außerordentliche hohe soziale und kulturelle Grenzen zwischen den deutschen und tschechischen Bewohnern Böhmens.»[11]

Während des Krieges kehrte sich zwar das Machtverhältnis zwischen beiden Gruppen um, aber nicht die zugrundeliegende Gleichung. NS-Besatzer und tschechische Nationalisten versuchten weiterhin, die nationale Identität der Kinder im Protektorat zu kontrollieren, und hatten dabei ebenso wenig Erfolg wie ihre Vorgänger vor dem Krieg. Aufstiegsbewusste tschechische Familien hatten einen zusätzlichen Anreiz, ihre Kinder in deutsche Schulen zu schicken oder für deutsche Sprachkurse anzumelden; auf der anderen

Seite des ethnischen Grabens leistete eine überraschend hohe Zahl von Sudetendeutschen Widerstand gegen das, was sie als aufdringliche Germanisierungspolitik der Besatzer ansahen. Dies ging soweit, dass sie es ablehnten, für sich und ihre Kinder die Reichsbürgerschaft zu beantragen, die ihnen nach den NS-Gesetzen zustand.[12] Im Allgemeinen wurden Kinder aus gemischten Ehen automatisch als Deutsche registriert. Trotzdem bedeutete die relative Milde, mit der die Deutschen das Protektorat regierten – wobei dieser Begriff innerhalb des Spektrums brutaler Besatzungsmethoden des Dritten Reichs zu sehen ist –, der Respekt der Besatzer für die «deutschlandtreue» tschechische Kultur, die Nichteinmischung in die Schulpolitik des kollaborierenden Tiso-Regimes in der Slowakei und die Kürze der Besatzung, dass es während der Kriegsjahre weniger Versuche zur Einbeziehung nichtjüdischer tschechoslowakischer Kinder aller Nationalitäten in die Neue Ordnung des Nationalsozialismus gab, als man erwarten sollte.

In Polen war dies völlig anders. Zwischen den Kriegen hatte der polnische Staat viel heftiger und gewaltsamer versucht, den «Germanismus» in der Republik, vor allem in den Schulen, auszurotten als in der Tschechoslowakei. Dank großzügiger Subventionen aus Berlin widersetzte sich die deutsche Minderheit diesen Versuchen energisch und stellte für die Kinder, die sonst in eine polnische Schule hätten gehen müssen, deutsche Lehrer an, um sie zu Hause zu unterrichten.[13] Die Paranoia beider Seiten über «Germanisierung» und «Polonisierung» der jeweils anderen Kinder wurde durch ein Gefühl der Unsicherheit angefacht. Seit den frühesten Tagen der Zweiten Republik war die Warschauer Regierung sich der Zerbrechlichkeit des polnischen Staatsgebildes nur allzu bewusst. Der Staat vereinigte innerhalb seiner Grenzen über ein Dutzend ethnischer Minderheiten, von Ukrainern im Osten bis zu Litauern im Nordwesten. Weniger als zwei Drittel der Bevölkerung waren zum Zeitpunkt ihrer Gründung Polen. Die Dominanz der katholischen Kirche über das polnische Bildungssystem führte ebenfalls zu ständigen Spannungen mit den Volksdeutschen, die mehrheitlich evangelisch waren. Als Reaktion auf Hitlers immer drohendere Haltung gegenüber dem polnischen Nachbarn diskriminierte die Warschauer Regierung vor Kriegsbeginn Angehörige der deutschen Minderheit, die ihre Kinder auf deutschsprachige Privatschulen schickten.[14] Die deutsche Bevölkerung wurde stärker diskriminiert als in der Tschechoslowakei, aber die Rache der deutschen

Eroberer nach 1939 war extrem. Bis auf die zwangsgermanisierte Jugend der «eingegliederten Ostgebiete» und den «rassisch wertvollen» Teil der übrigen Kinder in Polen betrachteten die Nationalsozialisten polnische Kinder wie Erwachsene als einzig dazu geeignet, für das Reich körperlich zu arbeiten. Alle polnischen Oberschulen wurden geschlossen, ihre Lehrer häufig als Teil einer Strategie zur Zerschlagung der Bildungsschicht ermordet. Kinder konnten mit ihren Familien gewaltsam aus der gewohnten Umgebung gerissen oder zur Zwangsarbeit für die deutsche Kriegswirtschaft ins Reich gebracht werden, und manche wurden in den KZ medizinischen Experimenten unterzogen.

Nach der deutschen Niederlage waren die neuen Regime in Mittel- und Osteuropa nicht geneigt, zwischen schuldigen und unschuldigen Deutschen zu unterscheiden. Diese kompromisslose Haltung galt auch für deutsche Kinder, für die in der Praxis nur wenige Ausnahmen gemacht wurden. Ein Beispiel für die vorherrschende Stimmung war die von der Prager Zeitung *Mladá fronta* geäußerte Befriedigung, als die britische Regierung Vorschläge zurückwies, im Winter 1945/46 einen vorübergehenden Zufluchtsort für 10 000 hungernde deutsche Kinder zu schaffen, wogegen die Zeitung heftig protestiert hatte. Als verkündet wurde, dass der Plan nicht umgesetzt werde, lautete die Schlagzeile «ENGLAND ERNÄHRT KLEINE HITLERISTEN NICHT: UNSERE INITIATIVE VON ERFOLG GEKRÖNT».[15] Ein anderes Beispiel war die offizielle Rationentabelle der tschechischen Regierung, die selbst die jüngsten sudetendeutschen Kinder für die möglichen Untaten ihrer Eltern haftbar machte. Ab August 1945 bekamen deutsche Kinder unter sechs Jahren nur halb soviel Milch und weniger als halb soviel Gerste wie ihre tschechischen Altersgenossen. Deutsche Kinder bekamen kein Fleisch, keine Eier, Marmelade oder Fruchtsirup, dies blieb den Kindern der Bevölkerungsmehrheit vorbehalten.[16] In den «Wiedererlangten Gebieten» war es anders: da der deutschen Bevölkerung die Nahrungsmittelkarten nach und nach entzogen wurden, hatten deutsche Kinder ebenso wenig einen Anspruch auf Rationen wie ihre Eltern. So widersprach der Leiter des Kommissariats für Szczecin-Stołczyn entschieden der Behauptung einer Lokalzeitung, Deutsche in seinem Bezirk hätten tägliche Milchrationen bekommen; vielmehr berichtete er stolz, seit Ende November 1945 seien auch die Milchrationen für deutsche Kinder unter zwei Jahren gestrichen worden.[17] Auch das Alter, von dem an

Kinder als «Erwachsene» galten und damit zur Zwangsarbeit eingesetzt werden konnten, war weitgehend der Laune örtlicher Behörden überlassen. Normalerweise wurden Deutsche in der Tschechoslowakei mit 14 Jahren Zwangsarbeiter (Mädchen manchmal mit 15). In manchen Bezirken mussten aber alle Kinder ab zehn Jahren arbeiten.[18] Auch in Jugoslawien wurden Kinder ab zehn Jahren routinemäßig als Zwangsarbeiter eingesetzt.[19]

Am schlimmsten war das Leben für Kinder in den Internierungslagern. Als die ersten provisorischen Lager entstanden – allein in Prag gab es ab Ende 1945 rund 40 davon mit 20000 bis 25000 deutschen Gefangenen –,[20] wurden Babys und Kinder mit ihren Eltern eingesperrt. Wegen ihrer noch nicht entwickelten Immunsysteme und Mangel an Reserven waren sie durch Hunger und Krankheiten besonders gefährdet. Das schreckliche Tempo, mit dem sich der Zustand der kleinsten Kinder in den Lagern verschlechterte, wurde von dem Prager Sozialarbeiter Přemysl Pitter im Sommer 1945 festgehalten. Pitter, eine bescheidene, aber heroische Figur, hatte durch seine Erfahrungen als k. u. k.-Soldat im Ersten Weltkrieg zu einem christlichen Pazifismus gefunden. Zwischen den Kriegen betrieb er ein Heim für schutzlose Kinder; für seine mutigen Versuche, jüdische Schützlinge während der Besatzung vor den Nationalsozialisten zu bewahren, wurde er später als Gerechter unter den Völkern in der Gedenkstätte Yad Vashem in Jerusalem geehrt. Nach der deutschen Kapitulation eröffnete er sein Heim wieder im verfallenen Schloss Lojovice, um jüdischen Kindern zu helfen, die die NS-Lager überlebt hatten. In den Internierungslagern des neuen tschechoslowakischen Regimes sah er aber rasch, dass die überwiegende Mehrheit jener, die seine Hilfe brauchten, deutscher Abstammung waren. Ende Juli 1945 besuchten Pitter und seine Helfer die K. V. Rais-Schule, ein provisorisches Internierungslager für Deutsche im Prager Bezirk Vinohrady: «Vor uns öffnete sich die Hölle, von welcher die Vorübergehenden keine Ahnung hatten. Mehr als tausend Deutsche, meistens Frauen und Kinder, waren in Schulklassen und Kellern zusammengedrängt. Als wir die abgemagerten und apathischen Kinder mitbrachten und auf dem Gras ausbreiteten, dachte ich, daß nur wenige überleben würden. Unser Arzt, Dr. E. Vogl, selbst ein Jude, der die Hölle von Auschwitz und Mauthausen durchgemacht hatte, weinte fast, als er diese kleinen lebenden Leichname sah. ‹Also dies haben wir Tschechen binnen zweieinhalb Monaten zustande gebracht!› rief er aus.»[21] Wie Rotkreuz-Vertreter erfuhren, waren die Bedingungen in den anderen Prager Lagern kaum besser. Anfang Juli informierte das IKRK Innenminister Václav Nosek, 51 deutsche Kinder in einem anderen Internierungslager, einem Haus in der Půjčovny-Straße (Leihamtsgasse) nahe dem Masaryk-Bahnhof, hätten in der vorigen Woche so wenig Nahrung erhalten, dass zwei von ihnen verhungert seien. Die gleiche Situation herrsche in anderen Lagern für Deutsche.[22] Außerhalb der Stadt war es noch dramatischer. Im besonders schlimmen Lager Suchdol nad Odrou (Zauchtel) befanden sich Ende August 1945 508 Kinder, darunter 74 unter zwei Jahren. Nach den ersten drei Wochen der Existenz des Lagers waren 13 gestorben.[23]

Die Behörden in der Tschechoslowakei und anderswo ignorierten Appelle für diese gefangenen Kinder fast ausnahmslos. In der Tat hatten die ersten Erlasse zur Internierung der Deutschen kleine Kinder und ihre Mütter meist ausgenommen. Weil aber die Mehrheit der Deutschen Frauen und Kinder waren, hätte eine Ausnahme für sie bedeutet, den Großteil der deutschstämmigen Bevölkerung nicht zu internieren. Ebenso wenig hätte man die Erwachsenen allein in Lager schicken können, ohne die Last, für Millionen von Kindern zu sorgen, den Regierungen zu übertragen. Das Ergebnis war daher, dass wie bei den «Ausnahmen» für Antifaschisten die tschechische, slowakische, polnische und rumänische Regierung sich damit begnügten, Regelungen zu erlassen und angesichts internationaler Proteste zu bekräftigen, deren Durchsetzung sie nicht beabsichtigten. Nosek wiederholte beispielsweise im August 1945, die Internierungslager sollten sofort alle Kinder unter 14 Jahren freilassen, mit Ausnahme jener, deren Eltern sie bis zur Deportation bei sich behalten wollten. Jugendliche zwischen 14 und 18 Jahren sollten interniert bleiben, aber in besonderen Lagern von ihren Familien getrennt.[24] Als Philip Nichols aber Premierminister Fierlinger Ende Oktober bat, Frauen und Kinder aus den Lagern zu entlassen, wurden diese Anweisungen nicht ausgeführt. Obwohl der Premierminister erneut Versprechungen gemacht hatte, informierte Nichols Ernest Bevin, das sei «nur im Gespräch geschehen, und ich kann nur schwer glauben, dass es der tschechoslowakischen Regierung gelingen wird, diese Maßnahmen zu verwirklichen, wenigstens in nächster Zeit».[25] So waren laut IKRK am 1. April 1946 allein in der Slowakei etwa 2000 Kinder unter sechs Jahren, fast 3300 zwischen sechs und 16 und über 1200 Jugendliche zwischen 16 und

Abb. 10. **Přemysl Pitter**

20 Jahren in Lagern interniert.[26] In ähnlicher Weise wurde eine Anordnung des polnischen Ministeriums für öffentliche Sicherheit, dass niemand unter dreizehn Jahren interniert werden dürfe, ebenso wenig beachtet wie Regeln, welche die körperliche Misshandlung von Gefangenen verboten.[27] Über zwei Jahre später beschwerte sich das Ministerium für Arbeit und Soziales, die Regeln gegen die Internierung von Kindern blieben weiterhin «völlig unberücksichtigt».[28] Noch im Januar 1949 befahl eine interministerielle Kommission die sofortige Freilassung von 128 deutschen Kindern, für deren Internierung keine rechtliche Grundlage existierte, und im folgenden August entdeckte eine andere Inspektion, dass nicht nur 171 Kinder weiterhin im Lager Gronowo (Grunau) gefangen waren, sondern auch jeder Kontakt zwischen ihnen und ihren Eltern im selben Lager verboten war.[29]

Die Lagerbedingungen waren für Kinder ebenso unterschiedlich wie für Erwachsene. Bis auf gewisse Ausnahmen deutet nur wenig darauf hin, dass die Behörden Anstrengungen unternahmen, um Kinder vor den härteren Seiten des Lagerlebens zu bewahren. In manchen Lagern mussten auch Kinder unter 14 Jahren arbeiten.[30] Ein Extremfall war Mirošov, wo die örtliche Definition von «Erwachsenen» alle Insassen über sechs Jahren umfasste.[31] Direkt nach dem Krieg konnte die Inhaftierung für Kinder ebenso tödlich sein wie für Erwachsene. Im nordböhmischen Lager Postoloprty (Postelberg) wurden im Juni 1945 fünf sudetendeutsche Kinder auf Befehl des Polizeioffiziers Bohuslav Marek geprügelt, weil sie einen Ausbruchsversuch unternommen hatten. Wie er zwei Jahre später vor einer Untersuchungskommission des tschechoslowakischen Parlaments zugab, missbilligte der Lagerkommandant Major Vojtěch Černý dies als unpassende Milde und ließ die fünf noch am selben Tag erschießen.[32] Hinrichtungen von Kindern ohne Gerichtsurteil wurden – wie in diesem Fall – häufig damit begründet, die Opfer hätten der Hitlerjugend angehört und müssten daher genauso behandelt werden wie die Mitglieder anderer NS-Organisationen. Auch bei den Kindern war daher die Kultur der straflosen Willkür zu beobachten, mit der ähnliche Exzesse bei den Erwachsenen gedeckt wurden. Der weit verbreitete, obwohl unbewiesene Glaube, Kinder seien unter dem Nationalsozialismus zu «gehorsamen Automaten» und «fanatischen kleinen Jüngern des Führers» indoktriniert worden, die ihren Anführern roboterhaft folgten und «ihre Eltern erpressten, indem sie drohten, sie wegen mangelnder Loyalität bei der Partei zu denunzieren», konnten sie sogar als gefährlicher erscheinen lassen als Erwachsene.[33] So kam denn auch die Kommission, die 1947 die Massaker von Postoloprty untersuchte, trotz Černys Geständnis zu dem Schluss, es liege keine Straftat vor.[34]

Gelegentlich wurden besondere Kinderlager errichtet, in denen die Insassen, manche von ihnen Waisen oder von ihren Eltern bei der Vertreibung getrennt, human behandelt wurden. Der britische Parlamentarier Richard Stokes war bei seinem Besuch im Kinderlager Litoměřice (Leitmeritz) mit dem Standard zufrieden, wies aber darauf hin, er habe dort nur sehr wenig Zeit verbracht.[35] Das IKRK vermerkte auch die Anstrengungen der Lagerleitungen in Brno-Jundrov und České Křídlovice (Groß-Grillowitz). Obwohl die Kinder keine ausreichende Kleidung und Schuhe hatten und nicht

Deutsch sprechen durften, war das Rote Kreuz bei seinem Besuch im Sommer 1947 positiv beeindruckt, dass man sich um ihr Wohlergehen kümmerte.[36] In beiden Fällen fanden die Inspektionen aber zu einem Zeitpunkt statt, als die große Mehrheit der Sudetendeutschen schon vertrieben war.

Anderswo waren die Zustände in den Kinderlagern viel düsterer. Zwei fünfzehnjährige Jungen, die im Sommer 1948 aus dem hygienisch katastrophalen Lager Bolesławiec (Bunzlau) in Niederschlesien geflüchtet waren, berichteten, die 1200 bis 1300 dort internierten Kinder würden zu Bauarbeiten eingesetzt. Im Dezember 1947 waren 1000 Jungen in die Sowjetunion deportiert worden, über ihr weiteres Schicksal war nichts bekannt.[37] Auch in Jugoslawien waren 1946 für kurze Zeit Kinderlager errichtet worden, die von internierten volksdeutschen Frauen geführt wurden, um Kinder unterzubringen, deren Eltern in Lagern wie Gakovo oder Kruševlje gestorben waren. Nach drei Monaten wurden die Kinder von den Behörden weggebracht und die Lager aufgelöst. Auch hier brachte das Rote Kreuz nichts weiter über sie in Erfahrung.[38]

So übel die Bedingungen in den schlimmsten Kinderlagern wie Bolesławiec auch sein mochten, waren sie doch vielen Einrichtungen vorzuziehen, in denen Kinder und Erwachsene gemeinsam interniert waren. Natürlich war die Gegenwart der Eltern in manchen Lagern für die Kinder ein wichtiger Vorteil im Kampf ums Überleben. Die britischen Offiziere, die im September 1945 das Lager Turnu Măgurele in Südrumänien besuchten und empfahlen, Kinder unter zwölf Jahren nur freizulassen, «wenn es keine politischen Einwände gegen die Freilassung von Vater oder Mutter gibt», befürchteten zweifellos, diesen Kindern werde es noch schlechter gehen, wenn sie außerhalb des Lagers auf sich allein gestellt seien.[39] In anderen Lagern teilten die jugendlichen Gefangenen aber alle Härten mit den Erwachsenen, was vorhersehbare Folgen hatte. Das IKRK beschwerte sich im September 1945 bei Nosek, die jungen Männer des Wachpersonals in den tschechoslowakischen Lagern behandelten die Gefangenen «mit größter Brutalität», und das Schlagen von Kindern wie von Erwachsenen sei an der Tagesordnung.[40] Zur körperlichen Misshandlung der Kinder kam noch die seelische, wenn manche gezwungen wurden, die Folter oder Hinrichtung ihrer Eltern mitanzusehen, wie etwa im jugoslawischen Kruševlje.[41]

Die weitaus meisten Todesfälle bei Kindern waren aber eine Folge von

Unterernährung und den daraus folgenden Krankheiten, nicht von direkten Misshandlungen. Auch hier waren die Jüngsten am gefährdetsten. Ein glaubhafter und detaillierter Bericht einer Gefangenen in Potulice hielt fest, dass von 110 Kindern, die seit Anfang 1945 im Lager geboren wurden, bei ihrer Vertreibung im Dezember 1946 nur noch elf am Leben waren.[42] Untersuchungen des IKRK ergaben, dass eine hohe Kindersterblichkeit durch Unterernährung in der Tschechoslowakei ebenso verbreitet war. Ein paar westlichen Journalisten wie Eric Gedye war es auch gelungen, das Innere der Lager zu sehen: «Am schockierendsten war der Anblick der Babys, mit denen die meisten Hütten belegt waren. Eine Frau saß mit einer Medizinflasche voll Muttermilch da – andere Milch gibt es im Lager nicht – und versuchte die Lippen von etwas zu benetzen, das sie ihr Baby nannte.

Es war zwei Monate alt, aber kleiner als ein gesundes Neugeborenes. Es hatte ein mageres, affenähnliches Gesicht, dunkelbraune über den Knochen gespannte Haut, Arme dünn wie Streichhölzer – ein verhungerndes Baby.

Neben ihr stand eine andere Mutter, die ein kleines Bündel aus Haut und Knochen hielt, kleiner als ein normales zwei Monate altes Baby. Ich konnte es kaum glauben, als sie mir sagte, es sei vierzehn Monate alt.»[43]

Dass Gedye die Bedingungen im Lager Hagibor nicht übertrieben hatte, zu dem er im Oktober 1945 Zutritt erhielt, weil er sich als Rotkreuz-Vertreter ausgab, zeigte sich, als drei Monate später eine echte IKRK-Delegation ins Lager kam. Der tschechoslowakische Versorgungsbeamte, «der uns ziemlich hart und heuchlerisch vorkam», informierte die Delegation, dass schwangere Frauen keine Ergänzungsnahrung erhielten. Er behauptete, stillende Mütter bekämen 0,75 Liter Milch am Tag, doch die Gefangenen widersprachen. Der gewählte Vertrauensmann der Gefangenen sagte dem IKRK, dass etwa drei Menschen täglich im Lager starben, fast alle Kleinkinder oder Alte.[44]

In anderen Lagern war es ebenso. Ein Journalist von *Obzory*, der im Herbst 1945 ein Prager Internierungslager in Begleitung eines Mannes besuchte, der fünf Jahre in Hitlers Konzentrationslagern verbracht hatte, berichtete, die Kindersterblichkeit sei «erschreckend angestiegen», da es keinerlei Babynahrung gebe und die Mehrheit der Mütter zu abgemagert sei, um ihre Neugeborenen stillen zu können.[45] Im slowakischen Nováky, wo die Wachen oft Mütter daran hinderten, die Windeln ihrer Kinder zu waschen, wurde für

Insassen jeden Alters «die Tagesration gekürzt, wenn sie nicht arbeiten können, egal aus welchem Grund. Darum muss eine kranke Mutter ihre Kinder zur Arbeit schicken, auch wenn sie jünger als zwölf Jahre sind.» In diesem besonders üblen Lager starb im Juli 1945 durchschnittlich ein Kind pro Tag an Unterernährung und schlechten hygienischen Bedingungen.[46] In Petřzalka I lebten beim Besuch des IKRK im November 1945 1279 Frauen und Kinder; die 30–50 stillenden Mütter waren theoretisch berechtigt, zusammen 18 Liter Milch zu bekommen, um eine Tagesration zu ergänzen, die vom medizinischen Personal auf 430 bis 520 Kalorien geschätzt wurde. In der Praxis wurde aber selbst diese magere Zuteilung häufig nicht ausgegeben. Das IKRK hielt fest, dass auf der Liste der in Petřzalka gestorbenen Personen «die große Zahl von Kindern erstaunlich ist» und die Kleider der überlebenden Kinder «in einem erbarmungswürdigen, schrecklichen Zustand» waren.[47] «Unterernährung, die zu vielen Todesfällen führte», herrschte auch im Gefängnis Hradištko westlich von Prag. Ein Mitglied des Wachpersonals verriet den IKRK-Vertretern unklugerweise, dass «tschechische Kinder» – vermutlich aus gemischten Ehen – im Gefängnis «doppelt soviel wie die Deutschen bekommen». Dafür wurde der Lagerkommandant von den bloßgestellten Beamten des tschechischen Innenministeriums, die dem Roten Kreuz die humanen Bedingungen in den sudetendeutschen Lagern vorführen wollten, sofort entlassen.[48] Noch schlimmer war Trnavská cesta im slowakischen Bratislava, wo das IKRK Ende 1945 sah, dass jedes einzelne der abgemagerten Kinder und Säuglinge «an schrecklichen Hautausschlägen» litt und die Bedingungen «allgemein so schrecklich waren, dass man nur schwer Worte findet», um die Insassen zu trösten.[49]

Ein weiterer Grund für die hohe Kindersterblichkeit war die Schwierigkeit, manchmal auch die Unmöglichkeit, medizinische Versorgung für kranke Kinder zu bekommen. Obwohl der Historiker Tomáš Staněk schreibt, dass deutsche Insassen, die Krankenhausbehandlung brauchten, sie im Allgemeinen auch bekamen, gab es doch zahllose Fälle von Kindern, denen eine Behandlung wegen ihrer Nationalität verweigert wurde. Eine britische Staatsangehörige, die im Sommer 1945 im Lager Rupa in Prag interniert war, hielt fest, dass nicht einmal das persönliche Eingreifen des Lagerkommandanten ausreichte, um ein krankes Kind in ein örtliches Krankenhaus einzuweisen, dessen norwegische Mutter mit einem Deutschen verheiratet war. Kein Tag

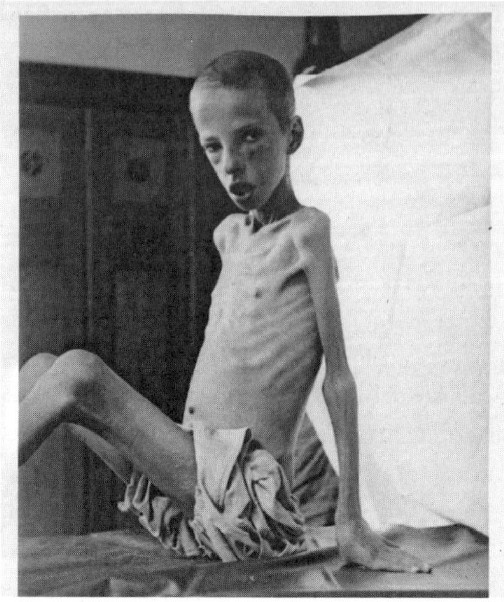

Abb. 11. **Operation Swallow: Ein elfjähriges, kahlgeschorenes Mädchen aus den «Wiedererlangten Gebieten», die zum Zeitpunkt ihrer Vertreibung nur noch 14 kg wiegt.**

ihrer Haft sei vergangen, ohne dass im Lager ein Kind gestorben sei, einmal seien es drei gewesen.[50] Der Kommandant von Suchdol nad Odrou rechtfertigte seine Weigerung, etwas gegen die erschreckend hohe Kindersterblichkeit im Lager zu unternehmen, indem er behauptete, Mütter würden ihre Kinder absichtlich krank werden lassen, weil sie so auf eine Freilassung hofften. Ein Wachtposten im selben Lager gab eine ähnliche Erklärung, doch seiner Meinung nach lag die Absicht der Mütter, die ihre Kinder vergifteten, darin, «Propaganda für Leute im Ausland zu erzeugen».[51]

Viele schockierte örtliche Einwohner taten, was sie konnten, um das Leiden der internierten deutschen Kinder zu lindern. Die oben zitierte Gefangene aus Potulice sagte aus, «freundliche Bauern» hätten einige der Kinder aus dem Lager gerettet, als sie nach Bydgoszcz transportiert wurden, und in ihren Häusern untergebracht. Manche setzten ihre Hoffnung auf die westlichen Medien, an die sie appellierten, den Druck der internationalen öffentlichen Meinung gegen ihre eigenen Regierungen einzusetzen. Ein Wachtposten in Hagibor gestand Eric Gedye: «Ich habe selbst ein Baby zu Hause. Kann niemand etwas tun, wenigstens gegen die Schrecken, die die Kinder hier erdulden? Manchmal habe ich das Gefühl, ich halte es hier keinen Tag länger aus.»[52] Das IKRK versuchte, einigen der Hinweise zu folgen, die es sowohl anonym als auch offen von Bürgern bekam, doch wegen der unzureichenden Informationen konnte es oft nicht helfen. Beispielsweise erhielt die Prager Delegation im Januar 1946 den Brief einer Tschechin, nach dem die Insassen eines Lagers für kleine Mädchen in Veltrusy bei Prag stark vernachlässigt wurden. Rotkreuzvertreter suchten das Gebiet einen Tag lang ab, konnten das Lager nach den angegebenen Informationen aber nicht finden. Später erfuhren sie, dass dort etwa 50 Mädchen interniert waren. Alle waren am Tag der deutschen Kapitulation in Prag festgenommen und einen Monat später nach Veltrusy gebracht worden. Seitdem waren sechs von ihnen an Unterernährung gestorben.[53]

Jede Hoffnung, dass die Regierungen oder Völker der Westalliierten intervenieren würden, um zumindest den Kindern hinter Stacheldraht zu helfen, zerbrach aber rasch. Obwohl eine engagierte Minderheit von Nichtregierungsorganisationen und Politikern aus der zweiten Reihe Mitgefühl mit ihnen und – manchmal sehr heftige – Empörung äußerten, war die westliche Meinung im Allgemeinen nicht bereit, vom etablierten Bild der Deutschen als Täter abzugehen, egal wie alt die betreffenden «Deutschen» waren. Obwohl die Vertreibungsländer ebenso wie die Westalliierten 1926 die Internationale Erklärung der Rechte des Kindes unterzeichnet hatten, nach der Kinder «in Krisenzeiten als erste Hilfe erhalten» sollten, ohne Ansehen von «Rasse, Nationalität oder Glauben», stand das nur auf dem Papier. Genau wie ihre Eltern erhielten auch volksdeutsche Kinder keine Hilfe von internationalen Organisationen wie UNRRA und der Internationalen Flüchtlingsorganisation (IRO). In einer typischen Entscheidung vom Januar 1948 erklärte der Chef der Antragsabteilung der IRO in Österreich neun Kinder «wegen ihrer volksdeutschen Herkunft von jeder Hilfe ausgeschlossen».[54] Sogar die Kinderhilfsorganisation UNICEF folgte dieser diskriminierenden Haltung, indem sie der Hilfe für Kinder von «Aggressionsopfern» Priorität einräumte und deutsche Kinder hintansetzte.[55]

Angesichts einer solchen Mentalität scheiterten alle Versuche besorgter Bürger innerhalb wie außerhalb der Vertreibungsländer, die Lebensbedingungen der internierten Kinder zu verbessern. Ein Leser des Londoner *Daily Herald* sprach für viele seiner Landsleute, als er schrieb: «Feinde bleiben Feinde, auch wenn die Kämpfe ihrer jeweiligen Truppen beendet sind, und alles, was getan wird, um ihr wohlverdientes Elend zu lindern, ist gegen britische Interessen.»[56] In einer Parlamentsdebatte im Oktober 1945 lehnte Hector McNeil es ab, zwischen volksdeutschen Babys und ihren Eltern einen Unterschied zu machen oder «die Idee zu akzeptieren, dies seien vergleichsweise unschuldige Menschen».[57] Das deutsche Volk als Ganzes trage kollektiv Verantwortung für die Untaten seiner politischen Führer. Der frühere Ernährungsminister in der Churchill-Koalition, Lord Llewellin, äußerte sich ähnlich deutlich: «Ich erinnere mich, dass nach dem Ende des letzten Krieges Appelle ertönten, die deutsche Jugend leide an Unterernährung und Rachitis und wir sollten etwas tun, um sie vor den schrecklichen Lebensbedingungen zu bewahren, unter denen sie lebten. Du lieber Himmel! Das waren die, aus denen 25 Jahre später Hitlers SS-Männer wurden. Machen wir denselben dummen Fehler nicht wieder.»[58]

Llewellins konservativer Kollege Lord Mountevans stimmte ihm zu und drückte seine Empörung aus, dass Englands Prestige im Ausland durch humanitäre Appelle für volksdeutsche Kinder beschädigt werde: «Wir laden Europa ein, wir laden sogar die ganze Welt ein, uns auszulachen. [...] Warum diese Gefühlsduselei?»[59] Umsonst erinnerte der gerade gewählte Labour-Abgeordnete Michael Foot das Parlament an die Passage des Lukas-Evangeliums, in der Jesus warnt: «Es wäre ihm besser, daß man ihm einen Mühlstein an seinen Hals hängte und würfe ihn ins Meer, denn daß er dieser Kleinen einen ärgert.» Foot fuhr fort: «Wenn diese Infamien weitergehen dürfen, werden Mühlsteine in Europa bald ebenso knapp sein wie alles andere.»[60] Der linke Verleger Victor Gollancz wollte ebenfalls wissen, warum McNeil, ein «ungewöhnlich anständiger und humaner Mann», sich gezwungen sehe, «wie ein Nazi zu reden, sobald er Minister wird? [...] Mit welchem Alter wird ein Kind ‹schuldig›? Mit zwölf? Mit sechs? Im Augenblick seiner Zeugung? Wahrscheinlich ist das Haarspalterei: sie sind alle schuldig, sagt Mr. McNeil, ob nun selbst oder ‹durch ihre Führer›, denn ‹sie sind Deutsche›. Das ist genau die Lehre Hitlers.»[61]

Přemysl Pitter kam Anfang 1946 zu dem Schluss, dass moralische Appelle an seine Regierung, die sudetendeutschen Kinder zu verschonen, sinnlos waren. Im vorigen Sommer hatten die Prager Behörden versucht, die regelmäßigen Beschwerden des IKRK abzuwehren, indem sie ihn zum Berater der Sozialkommission des Zentralen Volkskomitees mit besonderer Verantwortung für Frauen und Kinder machten. In dieser Funktion hatte er mehrere Internierungslager in und um Prag mit einem Vertreter der Föderation der tschechoslowakischen Jugend besucht und Fälle von Totschlag, Schlägen gegen schwangere sudetendeutsche Frauen, Folter und Diebstahl von für die Insassen bestimmten Lebensmitteln registriert. Seine Stellung als offizieller Aufseher wurde von Ladislav Kopriva, dem späteren Minister für Nationale Sicherheit, rasch beendet, der ihn im Herbst entließ.[62] Als prominentester Aktivist für die Menschenrechte der Sudetendeutschen erhielt Pitter aber weiterhin Informationen von Mitbürgern, die von dem, was sie mitansahen, schockiert waren – sowie natürlich eine noch größere Zahl an Beschimpfungen in Briefen und Zeitungen, die ihm Verrat am tschechischen Volk vorwarfen und seine Vertreibung nach Deutschland mit seinen Schützlingen forderten.[63] Hinter den Kulissen wurde er auch von Teilen des Sozialministeriums unterstützt, die eine Kampagne gegen ihre Kollegen vom Innenministerium und gegen die Nationalausschüsse führten, die die Hauptverantwortung für die Lagerverwaltung trugen. Er stimmte mit ihnen überein, dass die einzige Chance, das Leben sudetendeutscher Kinder zu retten, darin bestünde, sie mit ihren Müttern so schnell wie möglich aus der Tschechoslowakei zu bringen. Statt zu versuchen, die Vertreibungen zu stoppen, sollten sie beschleunigt werden und die am stärksten gefährdeten Menschen Priorität bekommen. Selbst ein Transitlager im verwüsteten und hungernden Deutschland bot seinen Insassen bessere Überlebensaussichten als die Internierung zu Hause.

Von Vertretern des britischen Roten Kreuzes und Außenminister Jan Masaryk ermutigt, der ihm einen Empfehlungsbrief für das Londoner Außenministerium mitgab, reiste Pitter im Februar 1946 nach London, um die britische und amerikanische Regierung zu überzeugen, 10 000 Mütter und Kinder aufzunehmen, die in den schlimmsten Lagern in Zentralböhmen interniert waren. Es ist nicht klar, warum Masaryk diese Mission indirekt unterstützte. Vielleicht hatte er verspätete Gewissensbisse, nachdem er dem IKRK über ein halbes Jahr lang versichert hatte, die Bedingungen in den Lagern würden sich bald verbessern; wahrscheinlicher ist aber, dass der Außenminister hoffte, die Vertreibung dieser Sudetendeutschen könne als Präzedenzfall für die beschleunigte Deportation anderer dienen, deren

Situation den Alliierten ebenfalls als besonders prekär geschildert werden konnte.

In Wirklichkeit war Pitters Mission schon gescheitert, bevor sie begann. Fünf Monate zuvor hatten Außen- und Innenministerium in London einen Antrag geprüft, einige der am stärksten gefährdeten sudetendeutschen Kinder vorübergehend in England aufzunehmen, damit sie den Winter überlebten. Das Außenministerium war strikt dagegen. «Wir sind der Auffassung, es wäre besser, nichts zu tun, als so wenig. [...] Wenn wir ein paar dieser Menschen aufnähmen, würde man uns nur bedrängen, mehr aufzunehmen; wir hätten keine gerechte Grundlage, um sie auszuwählen, und würden zahlreiche unangenehme Präzedenzfälle schaffen.» Selbst wenn man sich auf die doppelt verfolgten sudetendeutschen Juden beschränkte, «würde das unsere Meinung nicht ändern, denn wir können kaum zu diesem Zeitpunkt weiterhin Juden aus einem Europa retten, das doch wieder als Wohnort für sie möglich sein soll».[64] Es überrascht also nicht, dass Pitter, dessen britische Gastgeber ihn irrtümlich für den tschechoslowakischen Sozialminister hielten, nicht mehr Erfolg in London hatte als zuvor in Prag. Er erklärte den britischen Vertretern, die Bedingungen in den zentralböhmischen Lagern seien «äußerst schlecht und [die] Kindersterblichkeit liege bei 100 Prozent».[65] «Aus politischen Gründen» sei es auch unmöglich, «ihnen in der Tschechoslowakei zu helfen, selbst von außerhalb».[66] Die britischen Minister blieben aber von seinem Appell ungerührt. John Hynd lehnte es rundweg ab, mehr Vertriebene aufzunehmen, als im Kontrollratsabkommen vom November 1945 vereinbart. Die Tschechoslowakei erhalte bereits umfangreiche Lebensmittelhilfen durch UNRRA, und es bestehe kein Grund, warum nicht ein Teil davon zur Ernährung der sudetendeutschen Internierten verwendet werden solle. «Die Idee, dass sie aus einem UNRRA-Land nach Deutschland geschickt werden sollten, wo es bereits Anzeichen verbreiteter Hungersnot gibt und UNRRA-Lieferungen nicht erlaubt sind, erscheint abwegig.»[67] Wieviel Dringlichkeit das Leiden der sudetendeutschen Kinder für Whitehall hatte, ist aus der Tatsache ersichtlich, dass Botschafter Nichols in Prag seine Meinung zu Pitters Appell erst Anfang April 1946 äußerte, zwei Monate nach seinem Londoner Besuch. Er schrieb, «aus verschiedenen Gründen» sei es «schwierig für die Tschechen, viel zur Verbesserung der Bedingungen in diesen Lagern zu tun». Die Briten könnten oder sollten wenig tun, obwohl er optimistisch vorhersagte: «Wenn der Frühling kommt, ... werden sich die Bedingungen in den Lagern automatisch etwas verbessern.»[68]

Inzwischen ging es aber auch den Kindern, die bis dahin den Lagern entkommen waren, häufig schlecht. Vor allem durch die Enteignung deutscher Kirchen- und Wohlfahrtseinrichtungen verloren Insassen von Waisenhäusern und Heimen für körperlich und geistig behinderte Kinder ihre Zuflucht. Diese Einrichtungen, von denen sich viele in großen Gebäuden mit weitläufigen Gärten befanden, waren für die Repräsentanten der Nachkriegsregime besonders attraktiv, die neue, ihrem Status angemessene Unterkünfte suchten. Aus dem polnischen Kłodsko berichteten britische Diplomaten: «Zwei Mitglieder der PPR (Kommunistische Partei) kamen mit einem Dokument, das ihnen das Grundstück eines Kinderheims persönlich übereignete.»[69] Im April 1946 beschrieben britische Umsiedlungsoffiziere die Lage der deutschen Waisenhäuser in den «Wiedererlangten Gebieten» dem Wojewoden von Niederschlesien als «verzweifelt».[70]

Selbst für Kinder, die das Glück hatten, ein Dach über dem Kopf zu haben, gab es aber meist weder in Polen noch in der Tschechoslowakei Schulunterricht. Die tschechoslowakische Regierung ließ im Juni 1945 alle deutschsprachigen Schulen schließen.[71] Spätere Anordnungen des Bildungsministeriums schrieben vor, dass die bei ihnen während des Krieges angemeldeten Schüler nur in Ausnahmefällen tschechische Schulen besuchen durften und nur, «wenn die Kinder tschechischer Abstammung sind und beweisen können, dass sie die deutschen Schulen auf deutschen Druck hin besuchten. [...] Anträgen [...] ist eine Urkunde des Bezirksnationalausschusses beizufügen, welche die nationale Zuverlässigkeit des Schülers und der Eltern erklärt.»[72] Ähnliche Verordnungen gab es in Polen – wo es aber einige «Untergrund»-Schulen gab, meist unter sowjetischem Schutz – und in Jugoslawien.[73]

Wie Přemysl Pitter erkannte, bestand langfristig die einzige Hoffnung für diese Kinder darin, so schnell wie möglich nach Deutschland abgeschoben zu werden. Eine nicht geringe Zahl – wieviele kann gegenwärtig nicht gesagt werden – durfte das Land aber nie verlassen. Manche waren Waisenkinder aus gemischten Ehen, andere mit «rein» slawischen Vorfahren wurden ihren Eltern in den Lagern einfach weggenommen, um demographische Lücken durch Kriegsverluste und die Vertreibungen selbst auszugleichen.

Das Problem der «halbdeutschen» Kinder war für alle Vertreibungsländer schwierig. Vor dem Krieg waren Ehen zwischen volksdeutschen und «slawischen» Partnern nicht ungewöhnlich gewesen. Benjamin Frommer schätzt, dass es 1945 allein in der Tschechoslowakei mindestens 90 000 gemischte Ehen mit 150 000 Kindern gab.[74] Obwohl die Mehrheit dieser Ehen vor dem Krieg geschlossen worden war, wuchs ihre Zahl weiter an, wenn auch langsamer: Im ersten Kriegsjahr gab es bei einer von fünf sudetendeutschen Hochzeiten einen tschechischen Ehepartner. Strengere rassische Kriterien ab 1941, die vom tschechischen Ehepartner unter anderem ein Nacktfoto forderten, das den Behörden zur Bewertung vorgelegt wurde, ließen diese Zahl sinken, genau wie die Tendenz vieler Tschechoslowaken während der Besatzung, gemischte Ehen, vor allem bei Frauen, als «horizontale Kollaboration» mit dem Feind anzusehen. In Polen war die Zahl gemischter Ehen vor dem Krieg womöglich noch größer, besonders im katholischen Oberschlesien, obwohl weitere Ehen zwischen Deutschen oder Volksdeutschen und Polen nach 1939 nahezu unmöglich und 1943 völlig verboten wurden. Unter der NS-Herrschaft wurde der Status des polnischen Teils in bereits bestehenden Ehen durch seine oder ihre Einbeziehung in eine der Kategorien der Deutschen Volksliste geregelt. Falls sich der nichtdeutsche Ehegatte gegen die «Eindeutschung» wehrte, wurde die Ehe üblicherweise aufgelöst, und das Sorgerecht für die Kinder ging an den deutschen Elternteil. In beiden Ländern wurden die Kinder gemischter Ehen nach dem NS-Staatsangehörigkeitsrecht meist als deutsch registriert, es gab aber auch Ausnahmen.[75] Tara Zahra bemerkt aber, dass solche sauberen Einteilungen meist scheiterten, weil sie nicht auf Familien passten, die «zweisprachig, flexibel in ihrer nationalen Loyalität oder völlig gleichgültig gegenüber der Nationalität waren». Ein lebhaftes Beispiel dafür ist die Tatsache, dass in der HJ-Abteilung im ostmährischen Přerov «angeblich 80 Prozent Tschechisch sprachen und der Anführer darum gezwungen war, Befehle auf Tschechisch zu geben. Der HJ in Bat'ha (Bata) gehörten ebenfalls zum größten Teil Kinder aus gemischten Ehen an, die nur Tschechisch sprachen.»[76]

Nach dem Krieg war der rechtliche Status «hybrider» Kinder besonders kompliziert. Die Staatsbürgerschaftsgesetze vor 1939 boten wenig Orientierung, denn sie gaben unterschiedliche Antworten, je nachdem, ob das Kind ehelich oder unehelich, der «deutsche» Elternteil der Vater oder die Mutter war oder ob die Geburt vor oder nach Beginn der NS-Besatzung stattgefunden hatte. In einigen Ländern ratifizierten post facto-Gesetze die ausnahmslose Deportation von Kindern mit «unreinem» Blut. So entzog ein norwegisches Nachkriegsgesetz norwegischen Frauen, die nach dem 9. April 1940 (dem Einmarsch der Wehrmacht) deutsche Männer geheiratet hatten, die Staatsbürgerschaft. Wie zu erwarten, sagte das Gesetz nichts über norwegische Männer aus, die deutsche Frauen geheiratet hatten. Viele dieser Frauen wurden mit ihren in Norwegen geborenen Kindern interniert und später nach Deutschland abgeschoben; dieses Gesetz wurde erst 1989 aufgehoben. Ein ähnliches Gesetz in Dänemark wurde dagegen selten angewandt, obwohl laute Stimmen wie die Untergrundzeitung *De Frie Danskere* forderten, «Drachensaat», d. h. Kinder aus gemischten Ehen, nach dem Krieg nach Deutschland zu deportieren.[77] Am anderen Ende des Spektrums nahmen sowohl der jugoslawische Vertreibungserlass vom Dezember 1945 wie die sechs Monate später ergangenen Anordnungen der Regierung alle Kinder aus gemischten Ehen wie auch ihren deutschsprachigen Elternteil von der Deportation aus, zumindest theoretisch – obwohl ein breiter Graben Vorschrift und Praxis trennte, wie noch zu sehen sein wird.[78]

Im Normalfall betrachteten die Vertreibungsländer aber Kinder aus gemischten Ehen ebenso wie die deutschen Besatzer: Die mit dem «richtigen» Blut mussten umerzogen und für das Volk zurückgewonnen werden. In manchen Fällen bedeutete das nicht mehr als den Versuch, die Maßnahmen der NS-Rassen- und Siedlungspolitik rückgängig zu machen. So informierte das Polnische Rote Kreuz in Wrocław im Juni 1946 das Ministerium für die «Wiedererlangten Gebiete», die Kinder aus gemischten Ehen seien während des Krieges von den NS-Behörden zur Eindeutschung in deutsche Familien gegeben worden. Es bestehe die große Gefahr, dass diese Kinder zusammen mit ihren deutschen Adoptivfamilien zum Nachteil der demographischen Zukunft Polens deportiert würden. Das Polnische Rote Kreuz drängte auf Maßnahmen, um diese Möglichkeit auszuschließen, vor allem sollten die Geburtsurkunden von den Repatriierungsbehörden sorgfältig geprüft werden.[79]

Dasselbe Prinzip sollte nach Meinung vieler tschechoslowakischer und polnischer Stellen auf die Kinder aus gemischten Ehen angewandt werden, die bei ihren Eltern blieben. Die wenigsten Komplikationen gab es im Fall eines gestorbenen oder verschwundenen deutschen Elternteils, besonders wenn es der Ehemann war. Das Büro des Bevollmächtigten für Niederschlesien setzte sich im Februar 1946 für polnische Frauen ein, deren deutsche Ehemänner verschollen waren. Nach dem bestehenden Gesetz gab es keine Möglichkeit für diese Frauen, ihre Staatsangehörigkeit zurückzuerhalten. Sie aber abzuschieben, hätte dazu geführt, dass ihre Kinder «germanisiert und auf ewig dem Polentum verloren» wären.[80] Ähnliche Argumente kamen aus allen Ecken in der Tschechoslowakei. Im Verfassungsdekret Nr. 33 vom August 1945 wurde «tschechoslowakische[n] Staatsbürgern deutscher oder magjarischer [ungarischer] Nationalität» die Staatsangehörigkeit aberkannt, aber Beneš wies die Bezirksnationalausschüsse an, Anträge von deutschen Ehefrauen und Kindern tschechoslowakischer Männer «wohlwollend zu beurteilen. Bis zur Entscheidung darüber sind die Antragsteller als tschechoslowakische Staatsbürger zu betrachten.»[81] Der Historiker Benjamin Frommer bemerkt zum sexuell diskriminierenden Charakter dieser Einschränkung: «Anscheinend sahen Regierung und Öffentlichkeit deutsche Frauen als weit weniger bedrohlich an als deutsche Männer.»[82] Dieser relativ liberalen Haltung widersprachen aber andere Regelungen, welche die Heirat mit einem deutschen Ehepartner nach der Schaffung des Protektorats Böhmen und Mähren (oder bei strengeren Versionen nach der Erklärung der tschechoslowakischen Generalmobilmachung am 21. Mai 1938) als strafbaren Akt der Kollaboration definierten. Nach dem «Kleinen Retributionsdekret» Nr. 138 vom 27. Oktober 1945 wurden soziale oder sexuelle Beziehungen zu Sudetendeutschen, egal ob durch Heirat legitimiert, meist als «ungebührliches, das Nationalgefühl des tschechischen oder slowakischen Volkes verletzendes Verhalten» behandelt und mit bis zu einem Jahr Haft oder hohen Geldbußen bestraft. Außerdem hielt die Empfehlung der Regierung, «Wohlwollen» für deutsche Frauen und Kinder zu zeigen, die Bezirksnationalausschüsse nicht davon ab, Zehntausende in Lager zu schicken und schließlich zu deportieren.

Während Appelle für eine großzügigere Behandlung sudetendeutscher Frauen und Kinder weitgehend auf taube Ohren stießen, weckte das Schicksal tschechoslowakischer Frauen und Kinder mit der Zeit einiges öffentliche Mitgefühl. Berichte über die Internierung dieser früheren Angehörigen der nationalen Gemeinschaft in schmutzigen und brutalen Lagern, wo sie Armbänder tragen mussten, die sie als «Deutsche» auswiesen, und «deutsche Rationen» bekamen, die einen Tod auf Raten bedeuteten, machten eine wachsende Zahl tschechischer Bürger besorgt. Die Zeitung *Nová doba* veröffentlichte beispielsweise im Sommer 1946 eine Artikelserie über das Leiden von Tschechen, die «von den Tschechen und der tschechischen Republik verurteilt wurden, weil sie zu einer Zeit, als das kein Verrat war, einen deutschen Ehepartner gewählt hatten». Ein verbitterter Tscheche fragte rhetorisch: «Sollen wir jetzt unsere deutschen Frauen verlassen und auf unsere Kinder spucken?»[83] Verwandte und Freunde setzten sich ein, um sicherzustellen, dass solche Anomalien von Politikern und Öffentlichkeit nicht vergessen wurden. Besonders viel journalistische Tinte wurde über den regelmäßigen Anblick Hunderter tschechischsprachiger Kinder vergossen, die mit ihren tschechoslowakischen Müttern und deutschen Vätern nach Deutschland deportiert wurden, in das einzige Land, gegen das die Tschechoslowakei sich künftig noch verteidigen zu müssen glaubte. *Obzory* vertrat die Auffassung, eine so inhumane und kurzsichtige Politik werde ein Erbe der Bitterkeit hinterlassen, dem sich die nächste Generation von Tschechoslowaken stellen müsse. «Es ist im Interesse der Republik, diese Kinder im Staat und im Volk zu halten, da sie – oder mindestens die Hälfte von ihnen – tschechoslowakische Kinder sind, die, wenn sie einmal aus dem Land ihrer Geburt vertrieben sind, es mit aller Kraft dafür hassen werden, wie es ihre Mütter behandelt hat!»[84] Noch direkter appellierte das Innenministerium im folgenden Jahr an die Staatsräson, indem es warnte: «Viele Hundert Kinder werden grundlos aus Gedankenlosigkeit oder bösem Willen der sicheren Germanisierung überliefert und damit bewusst in die Reihen des größten Feinds des tschechischen Volkes gestoßen – denn diese Kinder werden germanische Janitscharen werden. Während wir unser eigenes Volk berauben, bereichern wir ein fremdes, uns feindliches Volk.»[85]

Die Prager Behörden merkten aber, dass der Vertreibungsprozess, auch wenn es um Kinder ging, ein eigenes Momentum hatte, das leichter in Gang zu setzen als zu bremsen war. Am Silvestertag 1945, als die von den Alliierten sanktionierten Massenvertreibungen beginnen sollten, erließ das Innenministerium Anordnungen, um die zuvor den sudetendeutschen Ehefrauen tschechoslowakischer Bürger gewährte Ausnahme auch auf deutsche Ehemänner auszudehnen, sofern die Ehe schon vor dem 21. Mai 1938 geschlossen worden war.[86] Von den Bezirksnationalausschüssen die Anerkennung dieser Ausnahmen zu erreichen, erwies sich aber als etwas ganz anderes. Sechs Monate später beschwerte sich das Ministerium, trotz seiner Anordnungen habe ein Vertreibungszug Hunderte tschechischer Kinder und ihre tschechischen Mütter nach Süddeutschland gebracht. «Auf dem ganzen Transport wurde fast nur Tschechisch gesprochen – als sei es eine Deportation von Tschechen, nicht von Deutschen –, weil er vor allem aus gemischten Ehen bestand, tschechischen Frauen mit ihren deutschen Ehemännern.» Ähnliche Szenen gab es sogar noch im September des folgenden Jahres, als die Phase der Massenvertreibungen sich in der Tschechoslowakei dem Ende zuneigte.[87] Benjamin Frommer vermutet, dass eher materielle als ideologische Motive hinter der Insubordination der Nationalausschüsse standen. Gemischte Familien von der Vertreibung auszunehmen, bedeutete, keine Gelegenheit zur Aneignung ihres Besitzes zu haben. So besorgt sie um die demographische Zukunft der Nation gewesen sein mögen, waren doch nur wenige Nationalausschüsse zur Rückstellung der eigenen materiellen Interessen fähig, die eine Befolgung dieser Maßnahmen von ihnen verlangt hätte.

Eine rücksichtslosere Methode zur Lösung der Probleme, die durch ethnisch gemischte Familien entstanden, lag darin, den unerwünschten Elternteil einfach zu entfernen. Während der Besatzung hatten die Nationalsozialisten intensiven Druck auf tschechische Nichtjuden ausgeübt, sich von jüdischen Ehepartnern zu trennen und dadurch den Diskriminierungen zu entgehen, denen die Mitglieder «nichtarischer» Familien unterworfen waren. Nach der deutschen Kapitulation legten die Nationalausschüsse tschechoslowakischen Ehepartnern nahe, sich ähnlich zu verhalten, und boten Anreize wie normale Rationen, das Recht, öffentliche Orte zu besuchen oder zu reisen, und die Befreiung von Ausgangssperren. In manchen Fällen führte das zum Erfolg, und der Jurist Josef Frydruch bemerkte 1945 sarkastisch, der Scheidungsboom tschechoslowakischer «Arier» von ihren jüdischen Ehepartnern während des Krieges «hat jetzt sein Gegenstück in der … Scheidung zwischen einem tschechischen und einem deutschen Staatsbürger».[88] Andere waren aber widerstandsfähiger, obwohl nur wenige so entschlossen waren wie ein tschechischer Ehemann aus Šumperk (Mährisch-Schönberg), der versuchte, in ein Vertriebenenlager zu kommen, um nicht von seiner deutschen Frau getrennt zu werden.[89]

Um die Auflösung gemischter Ehen zu fördern, ermöglichte die Änderung des polnischen Familienrechts gleich nach dem Krieg die Scheidung, falls einer der Ehegatten «seine Zugehörigkeit zum deutschen Volk erklärt hat», obwohl die Stärke des Katholizismus einer allgemeinen Lösung des Deutschenproblems durch die staatliche geförderte Auflösung der Ehe entgegenstand.[90]

Während verschiedene Hindernisse die Trennung der Eltern von den Kindern erschwerten, fiel es Beamten in Polen, der Tschechoslowakei, Ungarn und Jugoslawien viel leichter, Kinder von ihren Eltern zu trennen, wie es die Deutschen während des Krieges vorgemacht hatten. Die Geschichte von Emma Duda und ihren Töchtern illustriert, dass die Entführungen volksdeutscher Kinder gleich nach dem Abzug der Wehrmacht begannen. Manchmal wurden die Kinder den Eltern bei der Festnahme weggenommen, wie in Dudas Fall, manchmal führte die Auswahl der Eltern für die Deportation zum Zurückbleiben der Kinder. Kardinal Josef Mindszenty beschwerte sich in einem Brief an den ungarischen Premierminister – der nie beantwortet wurde –, dass örtliche Transferkommissionen illegalerweise beide Partner aus gemischten Ehen festnahmen und nach Deutschland schickten, wobei Kinder zurückblieben, «um die sich aus Furcht vor den politischen Konsequenzen niemand zu kümmern wagte».[91]

Typischer waren dagegen regelmäßige Besuche von Sozialarbeitern in Internierungslagern, besonders in Polen, bei denen sie sich in Ruhe die vielversprechendsten Kandidaten aussuchen konnten, wobei die Situation manchmal einem römischen Sklavenmarkt ähnelte. In den meisten Fällen fanden die Trennungen sofort statt, ohne dass Eltern und Kinder voneinander Abschied nehmen konnten. Im Lager Potulice wurde der erste Kindertransport im Sommer 1945 «so rasch durchgeführt, dass die Mütter nicht einmal Zeit hatten, ihren Kindern ein Namensschild anzuheften. Viele kleine Kinder kannten ihre Namen noch nicht.»[92] Martha Kent, eine amerikanische Neuropsychologin, die als Siebenjährige in den Kinderbaracken von Potulice interniert war (und deren Autobiographie ein Klassiker der Vertriebenenliteratur ist), hat den Druck beschrieben, dem ältere Kinder ausgesetzt waren und dem ihre ebenfalls internierte ältere Schwester fast erlag, sich nach der Vertreibung ihrer Eltern für das Bleiben in Polen zu «entscheiden», wobei der Anreiz in besserer Ernährung und Lebensbedingungen bestand.[93]

Als 1946 die «organisierten Vertreibungen» begannen, wurden die Alliierten darum von Bitten verzweifelter Eltern überschwemmt, die in Deutschland eintrafen, nachdem man ihnen in den Lagern die Kinder weggenommen hatte. Eine seit April 1945 internierte Frau Bauer aus Łódź sah ihren vierjährigen Sohn Gerd zuletzt im November, und das Lagerpersonal sagte ihr, «ihr Kind werde in Łódź bleiben und als Pole erzogen werden». Sechs Wochen später wurde sie in die britische Besatzungszone deportiert und hatte bis zum September 1946, als sich die Behörden mit dem Fall beschäftigten, nichts mehr von ihm gehört.[94] Die in Jaworzno internierte 23 Jahre alte Lydia Hauk wurde im Mai 1946 von ihrem jüngeren Bruder Robert durch polnische Milizionäre getrennt, die ihr versicherten, «da ihr Bruder erst dreizehn Jahre alt sei, werde sicher ein guter Pole aus ihm werden». Josefa Arndt, ihr Mann und ihre fünf Kinder waren ebenfalls Insassen von Jaworzno, wo die Krakauer Polizei die drei jüngsten (acht, neun und vierzehn Jahre) zur Adoption mitnahm. Ida Hartmann aus Matzhausen und ihre neun und 16 Jahre alten Söhne wurden bei Kriegsende festgenommen, im berüchtigten Lager Sikawa bei Łódź interniert und mussten Zwangsarbeit leisten; am 6. Februar 1946 nahmen polnische Soldaten den Neunjährigen mit und deportierten die Mutter und den anderen Sohn nach Deutschland. Das Gleiche geschah im Fall von Magdalena Martin, einer anderen Gefangenen in Sikawa, die die zwei jüngsten ihrer vier Kinder verlor, einen zwölfjährigen Jungen und ein neunjähriges Mädchen. Lisbeth Fladda aus dem ostpreußischen Szczytno (Ortelsburg) wurde mit ihrer Mutter, ihrer fünfzehnjährigen Tochter und ihrem elfjährigen Sohn in verschiedenen polnischen Lagern interniert. Ihre Mutter verhungerte in dieser Zeit. Fladdas Sohn wurde nach ihrer Deportation zunächst ins Gefängnis Skierniewice gebracht und dann einer polnischen Frau im nahen Strzyboga an Sohnes statt übergeben.[95] Ähnliche Fälle wurden aus der Tschechoslowakei berichtet. Ein sudetendeutscher Kriegsgefangener in britischem Gewahrsam suchte beispielsweise Hilfe beim IKRK, als er erfuhr, dass die tschechoslowakische Polizei seiner Frau, die in einem provisorischen Lager in Prag interniert war, die sechs Monate bzw. zwei Jahre alten Kinder genommen hatte. Sie sollten zu einer Familie in Ustí nad Labem (Aussig) kommen, «damit man sie als Tschechoslowaken erziehen und ins tsch[echoslowakische] Volk eingliedern könne».[96]

Im Sommer 1946 waren die britischen Besatzungsbehörden zu dem Schluss gekommen, es gebe eine deutliche Tendenz, «gewaltsam Arbeitskräfte für die Zukunft zu rekrutieren, indem man junge Deutsche zu ‹guten Polen› macht. Acht bis 15 Jahre scheint das erwünschte Alter zu sein.»[97] Die polnische Regierung hatte aber auch an jüngeren Kindern und Kindern außerhalb der Lager Interesse. Max Runge, der vom US-Militärkommandeur in Aš (Asch) mit der Rückführung von 54 Babys und Kleinkindern beauftragt war, die man vor den Kämpfen der letzten Kriegstage aus Kłodzko (Glatz) evakuiert hatte, erfuhr bei seiner Ankunft, dass die Polen die umkämpfte Stadt kontrollierten und die Eltern der Kinder bereits vertrieben seien. Die Leiterin des Polski Związek Zachodni (Polnischer Westverband) verweigerte ihm die Erlaubnis, die Kinder zu ihren Familien nach Deutschland zu bringen. «Sie wolle nur solche Kinder ins Reich [sic] schicken, deren Eltern [persönlich in Kłodzko] vorsprachen, und die übrigen zu polnischen Staatsbürgern machen. Da ihre Versuche, polnische Nonnen oder anderes polnisches Pflegepersonal zu bekommen, erfolglos waren (kein Lohn, unzureichende Ernährung), wollte sie die Kinder in polnische Familien geben.»[98]

Streitigkeiten über Nationalität und Sorgerecht für die Kinder sorgten noch auf Jahre hinaus für Schwierigkeiten zwischen den Vertreibungsländern und den Alliierten. Manche Mütter «versuchten wiederholt, in die polnische Besatzungszone zu kommen, um ihre Kinder zu holen».[99] Obwohl diese Versuche fast immer erfolglos blieben, war die ungelöste Frage der «gestohlenen Kinder» ein Hindernis für jede Normalisierung der Beziehungen zwischen Ost und West. Hässliche Szenen spielten sich auch bei der ungeplanten Trennung von Eltern und Kindern während der Deportationen ab. Nach tschechoslowakischem Recht wurden «unbegleitete» Kinder, deren Eltern verschwunden waren, nach einem Jahr zur Adoption freigegeben. Häufig waren Deutsche in Lager ohne Kontakt zur Außenwelt gekommen oder mit den üblichen 15 Minuten Vorwarnung vertrieben worden, während ihre Kinder nicht zu Hause waren. Wenn sie schließlich frei waren oder den Aufenthaltsort ihrer Kinder entdeckten, waren viele schon bei tschechoslowakischen Familien und hatten enge Bindungen an ihre Adoptiveltern entwickelt, die sie nicht wieder hergeben wollten. Häufig folgten heftige Auseinandersetzungen zwischen den betreffenden Regierungen.[100]

Auf beiden Seiten des Eisernen Vorhangs waren die Kinder von Vertriebenen nicht um ihre unmittelbare Zukunft zu beneiden. Ob sie nun bei ihren

Eltern bleiben durften oder ob sie zu Familien kamen, die der Bevölkerungsmehrheit angehörten, standen volksdeutsche Kinder unter enormem Druck, jede Spur ihrer «deutschen» Identität abzulegen. Da sie das Stigma trugen, «schuldig geboren» zu sein, und diskriminiert wurden, sobald sie ihre deutsche Herkunft durch Sprache, Akzent oder sogar Namen verrieten, lernten diese jungen Menschen, ihren deutschen Hintergrund zu einem dunklen, beschämenden Geheimnis zu machen. Ein deutsch klingender Name war in Polen ein nicht geringes soziales Handikap. «Aus einem Helmut wurde also jedesmal ein Kazimierz und aus einer Hilda eine Halina. Manchmal wurden auch die Nachnamen geändert. Die Polonisierung wurde bis in die intimsten Winkel der Identität hinein forciert.»[101] Für diese Generation wurde die Verstellung zur Gewohnheit und soziale Mobilität zur Ausnahme. Dieses Muster setzt sich bis heute fort, denn wie die Politologen Karl Cordell und Stefan Wolff schreiben, will auch die jüngere Generation von Deutschen in der Tschechischen Republik ihre Kinder «in der Schule nicht als Deutsche anmelden und bekennt sich selten zu deutscher Kultur und Traditionen, weil sie dadurch Nachteile befürchten». In Polen ist die verbliebene deutsche Bevölkerung zwar größer und besser organisiert, aber «es ist extrem selten, ein vor 1980 geborenes Mitglied der deutschen Minderheit zu finden, das studiert hat».[102]

Nicht weniger traumatisch waren die Erlebnisse vertriebener Kinder, die ohne Eltern nach Deutschland oder Österreich kamen. Die irische Journalistin Dorothy Macardle berichtete, ihr Leiden sei «unbeschreiblich» und «sie litten an vielen Arten von Krankheiten [...] sie brauchten gute Ernährung, aber man konnte ihnen nur wenig außer Grütze und Hafersuppe geben.»[103] Aleta Brownlee, die Leiterin der IRO-Abteilung für Kinderwohlfahrt in Österreich, hielt ebenfalls fest, dass die von der Familie getrennten oder verwaisten Kinder aus Jugoslawien, denen sie begegnete, alle dieselbe Geschichte erzählten: «Sie wurden von der jugoslawischen Regierung in Lagern für Volksdeutsche interniert; ihre Väter waren in der Wehrmacht gewesen und jugoslawische oder russische Kriegsgefangene, sofern sie noch lebten. Die Frauen und Kinder waren in die Lager gekommen; die Frauen arbeiteten, solange sie konnten; wenn sie krank oder zu alt zum Arbeiten wurden, verhungerten sie langsam. Manchmal half jemand den Kindern; den Wachen war es anscheinend oft egal, ob sie flüchteten oder nicht; sie krochen

Abb. 12. Ein volksdeutsches Kind, das aus Osteuropa vertrieben wurde, wartet neben einem Sack mit Proviant.

unter dem Zaun durch und kamen auf verschlungenen Wegen meist durch Ungarn nach Österreich.»[104]

Nach den IRO-Regeln konnte Brownlee zu ihrer wachsenden und oft geäußerten Frustration nur wenig für diese Kinder tun. Schließlich verlor sie im September 1948 die Geduld und wies ihre Mitarbeiter auf eigene Faust an, das Kainsmal der Registrierung als Volksdeutsche nicht mehr auf deutschstämmige Kinder anzuwenden, die nach Österreich kamen. In Zukunft sollten sie «nach dem Geburtsland, der vermutlichen Nationalität oder in Zweifelsfällen mit ungeklärter Nationalität registriert werden».[105]

In Deutschland selbst gab es verschiedene improvisierte Methoden, das Problem verwaister oder von den Familien getrennter volksdeutscher Kinder zu lösen. Colonel Wilfred Byford-Jones von der britischen Militärregierung sah in Berlin eine von den Sowjetbehörden organisierte «Präsentation verlorener Kinder», bei der «man Kinder, die vermutlich Waisen waren, adoptieren konnte. Der Zulauf übertraf alle Erwartungen, und nach ein paar Stunden stellte ein Witzbold unter den Veranstaltern vor dem Gebäude das Plakat AUSVERKAUFT auf.»[106] Soviele verlorene Kinder waren aber über ganz

Deutschland verstreut, dass solche Hilfsmittel nur wenig bewirkten. Noch Jahre nach dem Krieg ähnelten westliche und sowjetische Besatzungszonen einem großen Suchplakat, wo getrennte Eltern und Kinder verzweifelt versuchten, einander wiederzufinden. Pater Swanstrom berichtete darüber: «Die öffentliche Suche durch Plakate, Zeitungsanzeigen und viele Tausend Radiosendungen hat dem Alltagsleben in Deutschland eine tragische Tonart gegeben. Es gibt Sendungen für Kinder, die ihre Namen und die früheren Adressen der Eltern kennen. Es gibt auch Sendungen für Eltern, die noch glauben, dass ihre Kinder, von denen sie während der Deportation getrennt wurden, sich in Deutschland oder einem der Nachbarländer aufhalten. Tag für Tag hört man diese herzzerreißenden Meldungen von Eltern, die ihre Kinder nach drei oder vier Jahren der Trennung immer noch zu finden hoffen.»[107]

Selbst für diese Kinder war die Lage aber nicht immer hoffnungslos. Der erstaunlich effiziente Suchdienst des Roten Kreuzes in Hamburg brachte noch bis in die fünfziger Jahre hinein Eltern mit ihren Kindern zusammen. Die Mehrheit der vertriebenen Kinder, deren Familien intakt geblieben waren, erwiesen sich auch als widerstandsfähiger als selbst die größten Optimisten vorherzusagen gewagt hatten. Ängste, dass es in der «Vertriebenengeneration» weitverbreitete Jugendkriminalität, sexuelle Promiskuität oder schulisches Versagen geben könne, verwirklichten sich nicht. Ob diese jungen Menschen sich in ihrer neuen Umgebung eingewöhnen würden oder ob sie, wenn sie erwachsen waren, Rache für die Traumatisierungen ihrer Kindheit suchen und das Recht auf Rückkehr ins Land ihrer Geburt fordern würden, blieb aber noch auf lange Zeit eine ungeklärte Frage. Von ihrem Ergebnis würde das Schicksal der beiden deutschen Staaten wie des künftigen Friedens in Europa abhängen.

Kapitel 9

DER WILDE WESTEN

Kazimierz Trzciński zählte zu den Hunderttausenden hoffnungsvollen Kolonisten aus Zentralpolen, die 1947 in Scharen in die «Wiedererlangten Gebiete» kamen, um ihr Glück zu machen. Als entlassener Soldat war er genau die Art von Krieger-Kolonist, den die polnische Regierung am liebsten im westlichen Grenzgebiet haben wollte: ein Mann, der wusste, wie man kämpft und nicht zögern würde, sein Eigentum zu verteidigen – wenn nötig auch mit Waffengewalt, falls die Deutschen oder, was wahrscheinlicher war, die Friedenskonferenz versuchen sollte, es ihm wegzunehmen. Manche seiner Handlungen ließen jedoch darauf schließen, dass er vielleicht doch nicht der Mustersiedler war, als der er zunächst erschien. Eine davon war seine Bitte an den Bürgermeister der hübschen Kleinstadt Jelenia Góra (Hirschberg) am Fuß des Riesengebirges, wo er zuerst angefragt hatte, ihm ein beschlagnahmtes deutsches Stück Land zu übertragen, das groß genug sei, damit er nicht mehr zu arbeiten brauche. Da so große Güter bereits an wesentlich höherstehende Mitglieder der polnischen Nomenklatura vergeben worden waren, bot man ihm stattdessen vier andere kleine Höfe zur Auswahl an, die er alle ablehnte. Darauf fasste Trzciński das Jelonka-Hotel samt Restaurant im benachbarten Skigebiet Szklarska Poręba (Schreiberhau) ins Auge, ein in seinen Augen für seinen Status als mutiger Soldat der Republik wesentlich angemesseneres Objekt als ein kleiner Hof. Leider war dieses Hotel schon in den Händen einer gewissen Frau Pudlo, die keine Anstalten machte, es zu räumen. Obwohl die Verwaltung von Jelenia Góra kurz überlegte, beide zur Teilung des Hotels zu zwingen, überzeugte sie Trzciński schließlich, einen benachbarten Eckladen zu akzeptieren. Das Dasein eines Ladenbesitzers gefiel ihm aber nicht, und sein neues Geschäft war kein Erfolg. Allerdings mag seine fortgeschrittene Trunksucht die Hauptursache seiner mangelhaften Arbeitseinstellung gewesen sein. Als ein anderer Siedler ein konkurrierendes Geschäft gegenüber eröffnete, nahm Trzciński das zum Anlass, den Laden aufzugeben und seinen Anspruch auf das Hotel noch dringlicher als zuvor anzumelden. Er war so hartnäckig, dass die örtliche Behörde Frau Pudlos Eigentumsrecht am Hotel überprüfte und erstaunt feststellte, dass sie keinen größeren Anspruch darauf besaß als er. Nach ihrer Ankunft in Szklarska Poręba hatte man ihr eine Villa aus deutschem Besitz gegeben, doch sie hatte nichts anderes damit getan, als mit der Einrichtung das Hotel Jelonka zu möblieren und wiederzueröffnen. Angesichts dieser neuen Tatsachen stellte der Stadtrat Frau Pudlo den Räumungsbefehl zu und übergab Trzciński die Besitzurkunde. Als er zur Übergabe erschien, ließ sie ihn eine ganze Weile warten, bis sie endlich das Hotel aufschloss. Dann begann sie systematisch, die Einrichtung um ihn herum kurz und klein zu schlagen, während er in der Empfangshalle Schutz suchte. Da es keine Polizei oder Miliz in der Nähe gab, ergriff Trzciński die Flucht, verfolgt von Frau Pudlos Flüchen und Drohungen. Nach diesem traumatischen Erlebnis hatten es die Stadtväter leichter, ihn davon zu überzeugen, sich mit einem anderen beschlagnahmten Objekt in der Rokossowskistraße zu begnügen und der furchteinflößenden Pudlo das Hotel kampflos zu überlassen. Diese Immobilie hatte auch eine schwierige Vorgeschichte, denn sie war seit der Konfiszierung von den deutschen Besitzern durch verschiedene Hände gegangen.[1]

So banal dieser Streit auch sein mochte, zeigt er im Kleinen doch viele der Probleme bei der «Wiederbesiedlung» der Gebiete, aus denen die deutsche Bevölkerung vertrieben worden war. Die Aussiedlung der Deutschen war nicht nur ein enormes logistisches Vorhaben. Sie war zugleich der Ursprung einer umfassenden wirtschaftlichen und sozialen Transformation der betroffenen Gebiete, deren Auswirkungen noch heute erkennbar sind. Ganz ähnlich wie die Mittäterschaft gewöhnlicher Deutscher – und auch die von Polen, Ukrainern und anderen Nationalitäten – bei der Verfolgung und Deportation von Juden, durch die Gelegenheit zur Aneignung des Besitzes der Holocaust-Opfer erreicht worden war, so beruhte die Begeisterung tschechoslowakischer und polnischer Bürger für die Vertreibungen zum großen Teil auf der Aussicht, von der Beschlagnahmung des Eigentums ihrer deutschen Nachbarn zu profitieren. Die neuen Grenzgebiete waren jedoch kein Schlaraffenland, und die unter anomalen Bedingungen entstandenen neuen Gegebenheiten zogen unvorhergesehene Schwierigkeiten nach sich.

Zum großen Teil bestimmte die Jagd nach Beute das halsbrecherische Tempo der Vertreibungen, denn örtliche Behörden, Milizverbände oder politisch einflussreiche Einzelpersonen beeilten sich, die verlockendsten deutschen Besitztümer an sich zu bringen, bevor ihnen andere oder die Regierung zuvorkamen. Der Löwenanteil der Beute blieb dennoch in den Händen des Staates, wo sie ein wichtiges Instrument zum Aufbau des Kommunismus wurde. Vor dem Zweiten Weltkrieg hatten kommunistische Parteien nur geringen Einfluss in Mittel- und Osteuropa. Der Hitler-Stalin-Pakt, Stalins hinterhältiger Angriff auf Polens Ostgrenze, als das Land verzweifelt ums Überleben kämpfte, die darauf folgenden Vertreibungen, die Massaker im Wald von Katyn und anderswo sowie die zynische Preisgabe der polnischen Heimatarmee durch die Rote Armee beim Warschauer Aufstand im August 1944 ließen keinen gewöhnlichen Polen daran glauben, dass die russische Katze das Mausen lassen würde. In der Tschechoslowakei war die Begeisterung für einen Staatssozialismus nach sowjetischem Vorbild ebenfalls gering. Obwohl die UdSSR dort größeres Ansehen genoss, rührte das im Wesentlichen von der Meinung her, Moskau sei im Unterschied zu den Appeasement predigenden Westmächten bereit gewesen, Prag vor der Münchner Konferenz militärisch zu unterstützen. Da die Kommunisten nach dem Krieg jedoch in beiden Ländern das Innen- und das Landwirtschaftsministerium kontrollierten, konnten sie auch über die Verteilung des beschlagnahmten deutschen Besitzes entscheiden. Sie zogen vollen Nutzen aus den dadurch entstandenen reichen Quellen zur Patronage, um sich vielleicht nicht die Unterstützung, aber zumindest die Duldung der Bevölkerung für ihre Herrschaft zu verschaffen. Die Vertreibungen lieferten damit die materielle Basis, die es den Regierungen der sowjetischen Satellitenstaaten ermöglichte, ihr Ansehen im Inland im Moment ihrer größten Verwundbarkeit zu festigen.

Wie der Streit um das Jelonka-Hotel allerdings zeigte, konnte die Umverteilung von Eigentum ein Instrument sozialer Spaltung wie auch eine schwere Probe für den sozialen Zusammenhalt sein. Auseinandersetzungen um das Eigentumsrecht an einem konfiszierten Haus oder Bauernhof in einer Situation, in der das Anwesen an einem Wochenende mehrmals den Besitzer wechseln konnte, beschäftigten die Rechtsprechung der Vertreibungsländer auf Jahre hinaus. Die Grenzgebiete verloren nicht nur über

Nacht ihre Bevölkerung, sondern auch ihre Behörden. Wenn ein deutsches Dorf von seinen Einwohnern geräumt wurde, verschwanden auch Gemeinderat, Polizei, Stadtverwaltung und wichtige Dienstleistungen wie Müllabfuhr oder Wasserversorgung. Sogar in den relativ seltenen Fällen, wo Ersatzbeamte aus der Bevölkerungsmehrheit gefunden werden konnten, verhinderten sowjetische Militärkommandeure häufig ihre Amtsübernahme, da sie die Zügel lieber selbst in den Händen behielten. Buchstäblich und nicht bloß im übertragenen Sinn wurden viele dieser Bezirke zu gesetzlosen Gebieten, wie es auch der glücklose Kazimierz Trzciński erlebte, als er das Hotel übernehmen wollte. Noch Jahre nach der Aneignung des Territoriums herrschte ein Vakuum staatlicher Autorität und das Recht des Stärkeren. Es war also kein Wunder, dass weniger Menschen als erwartet bereit waren, sich in so einem Gebiet dauerhaft niederzulassen, oder dass ein überproportional hoher Anteil von ihnen sich als Leute wie Trzciński erwiesen, nicht als die robusten, selbstständigen Pioniere aus der kommunistischen Propaganda. Der traurige Name, den Polen wie auch Tschechen und Slowaken ihren Grenzgebieten nach dem Krieg gaben – der «Wilde Westen» – spiegelte ihre Erkenntnis wider, dass diese Landstriche selbst nach dem Weggang der Deutschen in vieler Hinsicht Fremdkörper in den Ländern blieben, zu denen sie auf dem Papier gehörten.

Als die Vertreibungspläne entwickelt wurden, hatte man nur wenige dieser Schwierigkeiten vorausgesehen. Ihre Schöpfer waren begeistert von den Möglichkeiten der Kolonisierungs- und Umverteilungsprogramme, nicht nur zur Schaffung neuer sozialer und wirtschaftlicher Realitäten in den Grenzgebieten, sondern auch als Muster für die gesellschaftliche Neugestaltung im Kernland. Als er bei seinem Moskauer Besuch im Dezember 1943 um sowjetische Unterstützung für die Vertreibungen bat, beschrieb Edvard Beneš seinen Gastgebern die Aussicht, dass die Vertreibung der Sudetendeutschen den Weg für die Sozialisierung der tschechoslowakischen Wirtschaft insgesamt ebnen würde. «70 Prozent der Deutschen sind reich», sagte er Molotow. «Der Transfer ihres Eigentums würde nicht nur eine Tschechisierung, sondern auch den Beginn einer großen sozialen Umwälzung bedeuten.»[2]

«Beneš ließ durchblicken, dass die Verteilung des deutschen Eigentums in private Hände erbitterte Auseinandersetzungen hervorrufen würde; folglich würde man die Tschechen auffordern, ähnliche Opfer zu bringen und eine weitreichende Nationalisierung zu akzeptieren. Auf Molotows Frage, ob die Tschechen das akzeptieren würden, sagte Beneš, es werde nicht leicht sein, sie zu überzeugen, aber die Umverteilung des deutschen Eigentums werde den Beginn einer allgemeinen Verstaatlichung bedeuten.»[3]

In Wirklichkeit hatte Beneš nie die Absicht, in der Tschechoslowakei eine Planwirtschaft nach sowjetischem Muster ins Leben zu rufen; seine Andeutungen in Moskau, dass er über so etwas nachdachte, waren ebenso bewusst irreführend wie seine Versicherungen an die Westalliierten, es sollten nur «Faschisten» und «Kollaborateure» aus dem Sudetenland ausgewiesen werden. Es besteht aber kein Zweifel, dass er das Land nach dem Krieg weit nach links rücken und dabei die staatliche Kontrolle über die Wirtschaft ausweiten wollte. Sein Motiv dafür war nicht nur die Erleichterung einer engen Beziehung zur UdSSR, in seinen Augen eine Conditio sine qua non für die künftige Sicherheit der Tschechoslowakei, sondern die Festigung seiner politischen Stellung nach innen. Eine «fortschrittliche» Umverteilung des nationalen Reichtums, so glaubte Beneš, werde diejenigen sozialen Klassen schwächen, auf deren Unterstützung die National-Sozialistische und die Bauernpartei angewiesen waren. Gleichzeitig hoffte er die Attraktivität des Kommunismus zu mindern, was den Präsidenten der Republik, der über der Politik stand, in die Lage versetzen würde, die nationale Agenda vorzugeben. Dabei überschätzte Beneš allerdings seine Fähigkeit zur Ausführung dieses politischen Dreieckshandels in einem Milieu des deutlichen Übergewichts der Roten Armee und der Nationalausschüsse gegenüber der Prager Regierung ebenso wie seine Unersetzbarkeit im öffentlichen Leben der Tschechoslowakei. Die tschechoslowakische KP hatte ein entgegengesetztes Ziel: «Die Region gleichermaßen zu einem Vorbild und einem Labor für den Aufbau des Sozialismus zu machen.»[4] In dem Ausmaß, in dem der Präsident bei der Vorbereitung dieses Ziels mithelfen wollte, war die Partei gern bereit, mit ihm gemeinsame Sache zu machen; sobald er nicht mehr von Nutzen war, würde sie selbst das Steuer übernehmen.

Auch die neue polnische Regierung gab sich Visionen von der Umgestaltung der Grenzgebiete in sozialistische Vorzeigeprojekte hin. Bei den einwöchigen Feiern zur «Heimkehr der Potsdamer Gebiete nach Polen» in Wrocław und Jelenia Góra freute sich der kommunistische Industrieminister Hilary Minc über «den Erwerb eines vollständig ausgerüsteten Gebietes mit einem gewissen Restanteil deutscher Bevölkerung, zu deren Abschiebung wir jedes moralische und internationale Recht haben, und das zu einer Zeit und mit Methoden, die uns angemessen erscheinen». Er fügte eine Warnung hinzu: «Die größte Gefahr in unseren Westgebieten kommt von engstirnigen Männern mit beschränkter Perspektive.»[5] Minc selbst oder seinen Ministerkollegen konnte gewiss niemand solche Unzulänglichkeiten vorwerfen. Vielmehr erschienen die von der polnischen Regierung für die «Wiedererlangten Gebiete» angekündigten Zielsetzungen so ehrgeizig, dass sie schon unrealistisch wirkten. Beispielsweise setzte sie im August 1945 eine Zielvorgabe von einer halben Million Kolonisten in der Provinz Olsztyn (Allenstein) vor Wintereinbruch. Wie zu erwarten, waren nur etwa 20 Prozent davon eingetroffen, als man am 1. Januar 1946 eine Zählung durchführte.[6]

Ein Faktor, der das Besiedlungsprogramm hemmte, war, dass weder die tschechoslowakische noch die polnische Regierung während des Krieges einen detaillierten Plan für die Einziehung und Verteilung deutschen Eigentums entwickelt hatten. Um westliche Unterstützung für die Vertreibungen zu gewinnen, hatte Edvard Beneš den Alliierten ursprünglich versprochen, kein Vertriebener solle ohne Abfindung enteignet werden, sofern sein Besitz nicht illegal erworben worden war. Die Exilregierung hatte jedoch nicht vor, dieses Versprechen zu halten, das eine untragbare wirtschaftliche Last für den Nachkriegsstaat bedeutet hätte. Hubert Ripka versöhnte diese konkurrierenden Forderungen elegant, als er im Oktober 1944 die Formel verkündete, nach der Prag handeln würde: Alle Sudetendeutschen, die kollaboriert oder «pangermanische Neigungen und Einstellungen» gezeigt hatten, mussten ihr Eigentum an den tschechoslowakischen Staat abtreten, und alle ihnen zustehenden Abfindungen sollten «durch die Anpassung finanzieller und wirtschaftlicher Ansprüche der Tschechoslowakei an Deutschland» bezahlt werden.»[7] Laut Ripka sollten Vertriebene eine Quittung der tschechoslowakischen Regierung über den Wert ihrer enteigneten Besitztümer bekommen. Die Reparationsforderungen der Tschechoslowakei an Deutschland würden um die entsprechende Summe gemindert; die Vertriebenen konnten die Quittungen dann für Entschädigungsforderungen an die deutsche Nachkriegsregierung verwenden. Dies war allerdings wenig mehr als eine Propagandageste, die den zusätzlichen Vorteil hatte, die Aufmerksamkeit vom genauen Ausmaß der materiellen Kriegsverluste des Landes abzulenken. Obwohl dies kein adäquater Ausgleich für den systematischen Terror sein konnte, dem ihr Volk unter der deutschen Besatzung ausgesetzt gewesen war, hatte die Tschechoslowakei wirtschaftlich gesehen einen «guten Krieg» hinter sich. Nach Jaroslav Krejčís Berechnungen wuchs das Realeinkommen zwischen 1939 und 1945 um 20 Prozent für männliche Arbeiter und um fast 30 Prozent für Frauen.[8] Die Tschechoslowakei kam dazu mit höherem Stammkapital als 1939 aus dem Krieg heraus, und zwar dank der deutschen Entscheidung, viele Industrien dort anzusiedeln, wo sie außerhalb der Reichweite der meisten alliierten Bombardements lagen. Die von der Pariser Reparationskonferenz errechnete abschließende Summe der tschechoslowakischen Kriegsschäden von 347,5 Milliarden Kronen (6,95 Milliarden Dollar) berücksichtigte diese deutschen Investitionen nicht. Nicht ganz zufällig war sie etwa ebenso hoch wie eine erste tschechoslowakische Schätzung des Werts des enteigneten sudetendeutschen Eigentums (die selbst unrealistisch niedrig war).[9] Auf jeden Fall bekamen die vertriebenen Sudetendeutschen nie eine Quittung, während die Prager Regierung bei der Pariser Konferenz mit Hilfe eines zweiten Taschenspielertricks erfolgreich argumentierte, der Erlös der Vertreibungen solle nicht auf die tschechoslowakischen Forderungen angerechnet werden, weil die Sudetendeutschen 1938 keine deutschen, sondern tschechoslowakische Staatsangehörige waren, wodurch die Verbindung zwischen Enteignungen und Reparationen infrage gestellt wurde. 1946 kündigten die Ungarn an, es wie die Tschechoslowaken zu machen; da die Alliierten entschieden, dass Ungarn keinen Anspruch auf deutsche Reparationen hatte, wurde den Vertriebenen nie eine Entschädigung angeboten, nicht einmal in Form wertloser Quittungen.[10] Weder die polnische Exilregierung noch ihre stalinistische Konkurrenz in Lublin hielten dagegen irgendeine Rechtfertigung für notwendig. Für sie stand fest, dass die Deutschen ihr Eigentum zurücklassen sollten, wenn sie gingen. In Warschau stellte sich die Frage der «Entschädigung» der Vertriebenen nicht einmal theoretisch. Wäre das geschehen, so hätte der enorme materielle Schaden, den die Polen unter der deutschen Besatzung erlitten hatten und für den ihre verwüstete Hauptstadt als düsteres Symbol stand, dem polnischen Staat allerdings viel überzeugendere Forderungen ermöglicht als dem tschechoslowakischen.

Das Fehlen einer Vorausplanung schuf große praktische Schwierigkeiten. Der *Economist* erwähnte die deutschen Erfahrungen bei der Beschlagnahme und Verteilung des Besitzes nationaler Minderheiten während des Krieges und warnte die Exilregierungen im Jahr 1944 vorausschauend, es könne ein wilder Wettlauf nach Reichtum bei der örtlichen Bevölkerung dabei herauskommen. Er wies darauf hin, dass in sehr vielen Fällen diejenigen, die in den Besitz der eingezogenen Vermögenswerte gekommen waren, «nicht nur, und nicht einmal hauptsächlich, Deutsche waren. Kroaten eigneten sich den Besitz von Serben an, die aus Kroatien vertrieben worden waren. Ungarn bereicherten sich auf Kosten der Rumänen in Siebenbürgen. Während Deutsche sich Güter von Polen aneigneten, übernahmen Polen die Häuser und Geschäfte ermordeter oder deportierter Juden.» Es bestand kein Grund zu der Annahme, dass es bei Polen und Tschechoslowaken anders sein würde. Weitreichende Enteignungen könnten sogar wirtschaftlichen und sozialen Reformen im Weg stehen, indem sie «neue und mächtige Rechte» schufen, die eine weitergehende Neuverteilung des Wohlstands behindern würden.[11]

Diese Warnungen wurden von den Ereignissen voll und ganz bestätigt. Als die Wehrmacht im Frühjahr 1945 den Rückzug nach Norden und Osten antrat, wurden die ersten Zwangsenteignungen von den polnischen und tschechoslowakischen Regierungen durchgeführt. Ein Edikt der Lubliner Polen vom 28. Februar 1945 zum «Ausschluss von der polnischen Bevölkerung feindlich gesonnenen Elementen» vom öffentlichen Leben sah die Einziehung des Besitzes aller in der Deutschen Volksliste verzeichneten Personen vor. Dieser Erlass verursachte große Bestürzung. Fast drei Millionen Einwohner der «Wiedererlangten Gebiete», davon mindestens zwei Drittel polnischer Abstammung, hatten sich während des Krieges als Deutsche registrieren lassen. In Hunderttausenden von Fällen hatten sie dies nur getan, um der Deportation ins Generalgouvernement zu entgehen. In Oberschlesien hatten sich nur 50 000 aus einer Bevölkerung von fast 1,4 Millionen nicht eintragen lassen, und sowohl die Londoner Exilregierung als auch örtliche Geistliche wie der Wrocławer Bischof Stanisław Adamski hatten den Kirchgängern seiner Diözese sogar wiederholt zur Unterschrift geraten, um unnötiger Verfolgung zu entgehen.[12] Adamski erinnerte seine radikaleren Landsleute nach dem Krieg daran, dass manche Polen wegen ihrer wirtschaftlichen Bedeutung für die Besatzer und nicht wegen Unterstützung des Nationalsozialismus in die zweite Kategorie der Volksliste «befördert» worden waren.[13] Erst über zwei Monate später gab es eine zweite Fassung, um die nach der ersten Version vorgekommenen Ausschreitungen zu stoppen. Diese sah eine «Beglaubigung» vor, durch die Personen der dritten und vierten Kategorie, die «gegen ihren Willen oder unter Zwang» in der Volksliste geführt wurden und die «ihre Bindung zur polnischen Nation bewiesen», ihr Eigentum zurückbekommen konnten, sobald ihre «Rehabilitierung» erfolgreich abgeschlossen war.

Der tschechoslowakische Enteignungserlass, das Verfassungsdekret Nr. 12, wurde noch später, nämlich am 21. Juni 1945 veröffentlicht. Nach ihm sollte alles Land im Besitz von Deutschen, Ungarn und «Verrätern und Feinden der Republik» an den Staat fallen. Ein nationaler Landfonds unter dem vom Kommunisten Julius Duriš geführten Landwirtschaftsministerium sollte alles Land treuhänderisch verwalten und seine Verteilung in Parzellen zu 12 Hektar an tschechische und slowakische Siedler organisieren. Wirtschaftsunternehmen, die für einen einzelnen Betreiber zu groß waren, erhielten von den Orts- und Bezirksnationalausschüssen «nationale Verwalter» zugeteilt. Die Aufgabe dieser Personen war die Übernahme der Treuhänderschaft und die Führung der Unternehmen, bis die Behörden über deren endgültiges Schicksal entschieden. Der Posten eines nationalen Verwalters war eine wichtige Form von Protektion und Stimmenkauf, da er viele Möglichkeiten für Veruntreuung und persönliche Bereicherung bot. Obwohl KP-Mitglieder besonders aussichtsreiche Kandidaten für diese einträglichen Stellen waren, wurde das Angebot einer nationalen Verwalterstelle und des Parteieintritts oft gleichzeitig gemacht. Dadurch wurde beschlagnahmter deutscher Besitz zu einer schier unerschöpflichen politischen Schmiergeldkasse, die den Kommunisten die Unterstützung derer sicherte, die ihnen nie aus ideologischen Gründen gefolgt wären. Es war kein Zufall, dass die Kommunistische Partei bei den Wahlen vom Mai 1946 bis zu 75 Prozent der Stimmen im Sudetenland erhielt, mehr als doppelt so viel wie im Rest des Landes.[14] Das Gleiche galt für Polen, wo Władysław Gomułka, der künftige Lenker des Umsiedlungsprogramms, auf einem KP-Parteitag Anfang 1945 offen zugab: «Die Westgebiete sind einer der Gründe, warum die Regierung die Unterstützung des Volkes genießt.»[15]

Eine unerwartete Schwierigkeit für Polen lag darin, genügend Interessen-

Abb. 13. **Einem polnischen Siedler wird der ehemals deutsche Bauernhof gezeigt, den er übernehmen soll.**

ten zu finden, um die eben geräumten Gebiete zu besiedeln. Im Gegensatz zu den ständigen Erklärungen von Ministern, dass die Deutschen so schnell wie möglich entfernt werden müssten, um Platz für die von Stalin aus den annektierten Gebieten östlich des Bugs vertriebenen Polen zu machen, wurde bald deutlich, dass in den «Wiedererlangten Gebieten» in Wirklichkeit Bevölkerungsmangel herrschte. Nur ungefähr 1,7 Millionen «Repatriierte» aus dem Osten wurden ins Nachkriegspolen verlegt, um angeblich den Platz der bis zu acht Millionen vertriebenen Deutschen aus den «Wiedererlangten Gebieten» einzunehmen. Das schließt Polnischstämmige ein, die aus der Ukraine und Weißrussland ausgewiesen worden waren, dazu die aus dem sowjetisch annektierten Baltikum und Überlebende von Stalins Deportationen aus Ostpolen nach Sibirien 1939. Ein erstaunlich geringer Anteil dieser Menschen fand den Weg in die neuen Westgebiete, und noch weniger blieben dort. Viele reisten nicht weiter als bis in die zentralen Provinzen, da sie lieber in einem gewiss polnisch bleibenden Teil des Landes leben wollten als in einer neuen, unsicheren Grenzregion, die sie vielleicht wieder verlassen müssten, wenn die Großmächte es so wollten. Doch auch wenn alle Heimkehrer und Displaced Persons polnischer Herkunft in die «Wiedererlangten Gebiete» gezogen wären, wäre die Rechnung nicht aufgegangen. Wie das britische Außenministerium 1945 nachrechnete, hätte deutlich über ein Drittel der Bevölkerung Nachkriegspolens in die neuen Grenzgebiete abwandern müssen, um diese sofort wieder zu besiedeln. Sie mit Hilfe des natürlichen Bevölkerungswachstums des übrigen Landes zu bevölkern, hätte bedeutet, die Aufgabe nicht vor 1977 abzuschließen.[16]

Folglich war der unmittelbare Eindruck von Besuchern der «Wiedererlangten Gebiete» in den frühen Nachkriegsjahren der einer unheimlich leeren Landschaft. Radio Lublin übertrieb nicht sonderlich, als es am 30. Mai in einem Aufruf an potenzielle Siedler verkündete: «Ostpreußen ist leer.»[17] Der britische Handelsattaché Leonard Holliday sah das Ganze ähnlich, als er das Gebiet im September 1945 bereiste. Einen Besuch in Ostpreußen nannte er «in der Tat ein[en] Ausflug in die Wüste. Ein Feld nach dem anderen war mannshoch von Unkraut bedeckt, ein klares Zeichen dafür, dass ein ganzes Jahr lang nichts angerührt worden war. Die Städte Deutsch Eylau [Iława], Danzig [Gdańsk] und in geringerem Maße Marienwerder [Kwidzyn] wie auch die kleineren Orte sind nicht nur verwüstet, sondern auch so gut wie leer. Das sind frische Ruinen, unberührt und unaufgeräumt, wie zerfetzte Pferde in einer Stierkampfarena. Die polnische Bevölkerung in dieser Gegend ist immer noch winzig klein. In jedem Dorf und jeder Kleinstadt gibt es einen Posten der Bürgermiliz mit wild aussehenden Burschen, die geradewegs aus einer Wildwestgeschichte aus den Tagen Buffalo Bills stammen könnten.»[18]

Pommern war fast ebenso dünn besiedelt. Als Holliday dort Mitte 1946 unterwegs war, legte er «weite Meilen zwischen Szczecin und der alten Grenze zurück, wo die Felder nicht angerührt worden waren und der allgemeine Durchschnitt von bewirtschaftetem Land vielleicht 10 Prozent betrug. [...] Noch schlimmer war die Gegend südlich von Legnica [Liegnitz], die wieder zum Moor wurde.»[19] Noch im Mai 1947 durchquerten zwei britische Beamte die «Wiedererlangten Gebiete» von Süden nach Norden, stießen auf viele völlig verwaiste Dörfer und beobachteten, dass «entlang der gesamten Strecke große Ackerflächen liegen, wo noch Reste der Ernte von 1945 stehen».[20] Dieses Aufgeben von fruchtbarem Ackerland führte zu seltsamen Konsequenzen für die Umwelt. Jerzy Morzycki, der Hauptbevollmächtigte für Seuchenkontrolle, berichtete im September 1946, die zurückgewonnenen Gebiete und besonders Ostpreußen seien «von einer

Mäuseplage befallen. […] Das liegt daran, dass im letzten Jahr … mangels polnischer Bevölkerung der von den Deutschen gesäte Weizen nicht geerntet werden konnte. […] Diese Plage nimmt ernsthafte Formen an, und die Behörden sind sehr bemüht, ein Bacteria [*sic!*] zu bekommen, das eine Seuche unter diesen Mäusen auslöst und sie tötet.»[21]

Obwohl der Anblick von Geisterstädten und verlassenen Bauernhöfen in der Tschechoslowakei sehr viel seltener war, konnte man auch hier vollkommen menschenleere Bezirke finden. Godfrey Lias, der Prager *Times*-Korrespondent, der im Sommer 1947 das Sudetenland bereiste, berichtete: «Es gibt nicht nur viele leere Häuser in den Städten und auf dem Land, sondern ganze Dörfer ohne Bewohner. […] man muss nur den Hauptweg verlassen, um große Felder zu sehen, wo die Kartoffeln des letzten Jahres und weite Getreideflächen noch nicht geerntet sind.»[22] Das war weniger das Ergebnis von Siedlermangel – schon Ende 1945 war die Bevölkerung der Grenzgebiete gegenüber der Vorkriegszahl leicht angestiegen – als der Tatsache, dass die Neuankömmlinge wie in Polen viel lieber in große und kleine Städte als in entlegene ländliche Gebiete zogen, wo es kaum Anbindung oder Komfort gab. Der Besitzerwechsel in der Landwirtschaft war auch extrem hoch, fast ein Drittel ehemals deutscher Höfe wurde von den neuen Besitzern nach wenigen Jahren verlassen.[23] Um aus der Not eine Tugend zu machen, entschied sich die Prager Regierung daher gegen die Bewirtschaftung eines beachtlichen Anteils von Ackerfläche und forstete stattdessen auf; dies rechtfertigte sie damit, eine Barriere aus Wäldern gegen eine künftige deutsche Invasion zu brauchen.[24] So wurden von 29 Dörfern in der Umgebung von Sušice (Schüttenhofen) am Rand des Böhmerwalds im September 1946 nur sieben zur teilweisen Besiedlung ausgewählt und der Rest dem Verfall preisgegeben.[25]

Wo es keine stabilen Gemeinschaften gab, fehlten auch Recht und Gesetz. Dies traf vor allem für die «Wiedererlangten Gebiete» zu, wo jede neue Gruppe von Siedlern bald schreckliche Geschichten über die Haifischbecken zu erzählen wusste, zu denen viele Bezirke in der unmittelbaren Nachkriegszeit geworden waren. Die ersten Gruppen, die Anfang Mai 1945 in Wrocław ankamen, wurden Zeugen, wie sowjetische Soldaten untereinander Feuergefechte um deutsche Beute austrugen. Ein besonders erbitterter Kampf zwischen zwei Einheiten der Roten Armee um die Kontrolle der Lebensmittelgeschäfte in der Sienkiewiczstraße dauerte zwei Tage.[26] «Diebstahl, Überfälle, Vergewaltigung und Mord waren an der Tages(un)ordnung» bei den Rotarmisten in der Wojewodschaft Wielkopolska, wo die polnische Bevölkerung von ihren nominellen Verbündeten so behandelt wurde, als sei sie und nicht Deutschland die besiegte Nation.[27] Aber auch die polnischen Sicherheitskräfte wurden eher als Ursache denn als Schutz vor der ungezügelten Kriminalität angesehen. In Bytów (Bütow) bei Gdańsk wurde ein kleiner Bürgerkrieg von rivalisierenden Gruppen der *Urząd Bezpieczeństwa* (Geheimpolizei) geführt, bei dem sich zwei Fraktionen mit wahrer Begeisterung prügelten.[28] Britische Beobachter stellten mit Recht fest, dass ein großer Teil der «Gesetzlosigkeit, die man den Polen nachsagt», auf Kosten der «flegelhaften, bis an die Zähne bewaffneten jungen Burschen» ging, «die die ‹Miliz› stellen».[29] Die polnischen Behörden sahen die Miliz genauso. Umsiedlungsoffiziere bemerkten, dass «es nicht genug von ihnen gab, um Plünderungen zu verhindern – oder sie waren selbst zu sehr damit beschäftigt».[30] In einem Fall war der Bürgermeister des Dorfes Michałkowa (Michelsdorf) von der Neigung der ihm eigentlich unterstellten Miliz zu schwerem Raub so eingeschüchtert, dass er sich bei einem Transport von Deutschen in die britische Zone im Rahmen der Operation Swallow selbst im Gepäckwaggon versteckte und erst entdeckt wurde, als der Zug Marienthal erreichte.[31] Obwohl zahllose Berichte über das kriminelle Treiben der Milizionäre eingingen, drückte ein polnischer Beobachter, der im August 1945 das Gebiet zwischen Poznań und Szczecin besuchte, Verständnis für ihre Schwierigkeiten aus, da sie kaum eine Wahl hätten, als so gut es ging vom Land zu leben. «Die Frage der Lebensmittelversorgung bleibt fast in der Regel der eigenen Erfindungsgabe der Milizionäre überlassen. Es sind dies überwiegend junge Burschen [...] Bewaffnet sind sie im günstigsten Fall mit Karabinern, haben jedoch sehr häufig keine Patronen. [...] Folglich beschränkt sich die Rolle der Milizionäre als Hüter der Ordnung und der Habe der Siedler auf die passive Beobachtung der an ihnen begangenen Raubüberfälle.»[32]

Auch in der Tschechoslowakei gewann das Grenzgebiet bald einen zwielichtigen Ruf als Ort, den man nur auf eigene Gefahr besuchte. Obwohl die Verbrechenswelle in der zweiten Hälfte 1945 und Anfang 1946 keinesfalls vergleichbar mit der in den «Wiedererlangten Gebieten» war, vermehrten sich Banditen, organisierte und nicht organisierte Kriminelle und Taugenichtse in einem Maß, das in der Geschichte der Tschechoslowakei als unabhängigem Staat beispiellos war. Wie in Polen war es bei legal oder illegal Uniform tragenden Personen wahrscheinlicher als bei der allgemeinen Bevölkerung, dass sie ihre Mitbürger beraubten. Es war allgemein bekannt, dass Rotarmisten bei Raub, Vergewaltigung oder Vandalismus nicht zwischen Tschechoslowaken und Deutschen unterschieden, doch das galt auch für viele Mitglieder von Polizei, SNB oder Revolutionsgarden. Die tschechoslowakische Armee wurde ebenfalls weitreichender Gesetzlosigkeit beschuldigt; Einheiten der Ersten Tschechoslowakischen Division mit einem großen Anteil von Slowaken, Ukrainern und Wolhyniern galten als besonders anfällig für Verbrechen in tschechischen Gebieten. Führungspositionen wurden häufig von jenen besetzt, deren bisheriger Ruf nicht der beste war. Der Leiter des «Amts für Deutsche in Svitavy», K. Haas, war ein Mann mit langem Vorstrafenregister. Bei B. Kovář, einem Partisanen-«Leutnant» und selbst ernannten Kommissar in Miroslav (Mißlitz) südlich von Moravský Krumlov (Mährisch Kromau), wurden bei seiner Verhaftung wegen Betrugs im Juni 1945 sieben Vorstrafen festgestellt. Š. Gába aus Olomouc (Olmütz), dessen wesentliche Aufgabe die Verhaftung und Enteignung «feindlicher» Personen war (und der ebenfalls einen zweifelhaften Partisanenhintergrund hatte), übertraf ihn noch mit elf Vorstrafen.[33]

Ein besonders deutliches Beispiel für die in der frühen Nachkriegszeit vorherrschende unsichere Atmosphäre und für die fließenden Grenzen zwischen Kriminellen und Gesetzeshütern findet sich im Grenzort Česká Kamenice (Böhmisch Kamnitz) bei Děčín. Wie der Historiker David Gerlach beschreibt, wurde Ende Mai 1945 ein Ortsnationalausschuss eingerichtet, der vorschriftsmäßig deutsches Eigentum beschlagnahmte. Kleidung, Hausrat und andere Artikel des täglichen Bedarfs wurden an die örtliche tschechische Bevölkerung verteilt und die Wertsachen nach Prag geschickt. Der pflichtgetreue Ausschussvorsitzende Karel Caidler geriet jedoch schnell mit dem lokalen Chef des militärischen Nachrichtendiensts in Konflikt, der mit Hilfe von Adolf Charous, einem weiteren zweifelhaften «Partisanen»-Anführer, «umfangreiche Enteignungen» deutschen Besitzes durchführte, mit besonderer Vorliebe für «das Sammeln von Autos». Nachdem sich Caidler geweigert hatte, mit ihnen gemeinsame Sache zu machen, nahmen sie ihn und mehrere andere Ausschussmitglieder fest und beschuldigten alle der Teilnahme an Werwolf-Aktivitäten. Sie folterten ihn in einem improvisierten Verlies im Keller des örtlichen Bezirksgerichts und beförderten Charous zum Ortskommissar. Dieser stolzierte mit einer Peitsche in der Hand durch die Straßen von Česká Kamenice, beschlagnahmte deutsche Geschäfte und gab sie an seine Spießgesellen weiter. «Ein ehemaliger Polizist des Ortes gab an, die Plünderei sei so sehr ausgeufert, dass die Polizei keine Zeit hatte, die Deutschen zu überwachen. Sie war zu sehr damit beschäftigt, den Zufluss von Siedlern zu kontrollieren.»[34]

Obwohl potenzielle Siedler in der Tschechoslowakei leichter zu finden waren als in Polen, war es eine andere Sache, die richtigen anzuwerben. Die Erwartung der Regierung, dass eine beträchtliche Zahl von Emigranten nach Hause zurückkehren werde, erfüllte sich nicht. Bis zum 31. Juli 1945, als der Staat ausgebürgerte Tschechen und Slowaken formell zur Heimkehr einlud, waren die besten Grundstücke meist schon offiziell oder inoffiziell von anderen übernommen worden. Vor 1947 gab es kein Zentralbüro zur Aufsicht über die Ansiedlung von Heimkehrern. Dadurch blieb die Zahl von Rückkehrern gering. Der größte Anteil – beinahe 72 000 – kam aus Ungarn, dazu über 35 000 aus Wolhynien in der Westukraine und 21 000 aus Rumänien. Ein erheblicher Anteil von ihnen war im Ausland geboren; viele aus Ungarn sprachen weder tschechisch noch slowakisch und wurden von der einheimischen Bevölkerung als Ausländer und Eindringlinge abgelehnt, die die Konkurrenz um beschlagnahmten Besitz anheizten. Obwohl über 570 Millionen Kronen für Tschechischunterricht, Umzugsdarlehen und soziale Programme ausgegeben wurden, war die Aktion ein Fehlschlag. Recht bald beantragten viele Heimkehrer, die sich über Diskriminierung beschwerten, die Erlaubnis zur Rückkehr in ihre Heimatländer.[35]

Erfolgreicher war die Überredung tschechischer und slowakischer Bewohner des Sudetenlandes, die bei der Ankunft der Nationalsozialisten 1938 ins Inland geflohen waren, wieder in ihre angestammte Heimat zurückzukehren – in den meisten Fällen kamen diese «Altsiedler» von allein zurück. Manche Kommunen wandten auch Vertreibung als ein Instrument der sozialen Lenkung an, indem sie bei den Behörden beantragten, der Entfernung von Sudetendeutschen Vorrang zu geben, «vor allem, um die Orte attraktiver für potenzielle Siedler zu machen, die keine deutschen Nachbarn haben wollten».[36] Als Zeichen dafür, wie sehr die Idee der Vertreibung als Allheilmittel für soziale Probleme das nationale Bewusstsein durchdrungen hatte, forderte der Ortsnationalausschuss von Rýmařov im September 1946, «unzuverlässige Einwohner, Ganoven, Spieler, notorische Trinker und Zigeuner» zusammen mit den Deutschen auszuweisen».[37] Aber die Regierung und die einheimische Bevölkerung der tschechischen Gebiete beschwerte sich genauso nachdrücklich über den Zuzug «unerwünschter» Elemente unter den Kolonisten. Einige dieser Konflikte kamen von Klassen- und Altersunterschieden; der Historiker Andreas Wiedemann bestätigt die weitgehende Richtigkeit der Wahrnehmung, dass ein überproportionaler Anteil der Siedler in den Grenzgebieten jung war und aus der Arbeiterklasse stammte.[38] Die Zahl derer, die ein neues Leben in den «gesäuberten» Gebieten suchten, war dennoch beeindruckend. Bis 1950 war einer von vier Tschechen ins Grenzgebiet gezogen, obwohl die Rückkehrerzahl ebenfalls hoch war.[39]

Trotz der Deportation der Deutschen blieben ethnische Spannungen ironischerweise durchaus nachweisbar. Ende 1946 berichtete Philip Nichols, dass sich von der beträchtlichen Zahl von Slowaken, die ihr Glück im Sudetenland versuchten, «ein erheblicher Teil als schlechte Siedler erwiesen hat und nach einigen Plünderungen wieder in ihre eigentliche Heimat zurückgekehrt ist».[40] Auch Romafamilien kamen, was beträchtliche örtliche Fremdenfeindlichkeit hervorrief. Nachdem die Prager Regierung die Alliierten nicht von der Vertreibung der Ungarischstämmigen zusammen mit den Deutschen aus der Tschechoslowakei überzeugen konnte, wurden Pläne auf den Weg gebracht, eine Viertelmillion von ihnen in die nördlichen Grenzgebiete zwangsumzusiedeln. Am Ende wurden nur 42 000 überführt, von denen die meisten wieder in ihre Heimat in der Südslowakei zurückkehrten, sobald sie die Erlaubnis dazu bekamen.

In Polen wie in der Tschechoslowakei gab es auf lokaler Ebene Versuche, den Migrationsprozess zu kontrollieren und ungeeignete oder unerwünschte Kolonisten auszusortieren. Eine besonders entschiedene Haltung nahmen die polnischen Umsiedlungsbehörden in Miastko (Rummelsburg) ein, wo «arbeitsscheue» Kolonisten mit zehn Kilo persönlichem Gepäck von der Miliz zum nächsten Bahnhof eskortiert wurden, um dorthin zurückzufahren, woher sie gekommen waren.[41] Im nordböhmischen Rychnov (Reichenau) ging die tschechische Polizei ähnlich mit gerade eingetroffenen Roma aus der Slowakei um, die im Verdacht standen, gekommen zu sein, um mit Deutschen zu handeln oder zu stehlen, statt sich als echte Einwanderer niederzulassen.[42] Nichtsdestoweniger ermutigte die Ansicht in beiden Ländern, dass die Grenzgebiete als Abladeplatz für sozial oder ethnisch unerwünschte Personen dienten, die potenziellen Kolonisten aus dem Landesinneren nur wenig, ihnen dorthin zu folgen.

Es waren vor allem zwei Hindernisse, die einem geordneten Siedlungsprozess in allen drei Potsdam-Ländern entgegenstanden: zum einen die Heuschreckenwolke von «Goldgräbern», «Fledderern» oder «Schatzsuchern», die über die geräumten Gegenden herfielen, um entweder die begehrenswertesten Häuser und Geschäfte in Besitz zu nehmen oder einfach leer stehende Geschäfte zu plündern und die Waren für den Gebrauch oder Verkauf mitzunehmen, zum anderen die Anwesenheit der Roten Armee. Ersteres schien ursprünglich die größere Bedrohung zu sein. In Ungarn war die Regierung «sichtlich beunruhigt angesichts der Möglichkeit, dass schwäbische Häuser wegen der Wahrscheinlichkeit von Plünderungen auch nur einen Tag lang leer standen».[43] Während die Aufgabe für Budapest durch den relativ kleinen Umfang der Aussiedlungen etwas einfacher wurde, verloren die Regierungen in Polen und auch in der Tschechoslowakei sehr schnell die Kontrolle über die Verteilung beschlagnahmten deutschen Eigentums und gewannen sie nie vollständig zurück.

Die Aussage ist nicht übertrieben, dass «Goldgräberei» die gesamte tschechoslowakische und polnische Gesellschaft von ganz unten bis ganz oben durchdrang. Nach seiner Rückkehr aus dem Londoner Exil verschaffte sich beispielsweise Hubert Ripka, der neu ernannte Außenhandelsminister, «eine große Villa mit 17 Zimmern, die deportierten deutschen Besitzern gehört hatte» (das Gebäude ist heute die Botschaft Venezuelas). Der Minister «stattete das Haus bald mit besten Möbeln aus gleicher Quelle aus».[44] Für ein paar eifrige Pioniere war das «Goldgräbertum» nichts weiter als die Fortsetzung eines Profitstrebens, das während des Holocaust begonnen hatte. Wie der *Economist* im Juli 1946 verächtlich feststellte, hatte sich «in Mitteleuropa während des Krieges eine neue Lumpenbourgeoisie ausgebreitet, die zuerst den Besitz ermordeter Juden und dann vertriebener Deutscher plünderte».[45]

Das «Goldgräbertum» dehnte sich auch auf die christlichen Kirchen aus, die begeistert die Gelegenheit beim Schopf packten, Besitz zu erwerben und gleichzeitig den Einfluss konkurrierender Glaubensgemeinschaften auszuschalten. Der Protestantismus war ein genauso starkes Element der tschechischen Nationalidentität wie der Katholizismus in Polen, und in beiden Ländern gaben Geistliche ihren Regierungen starken praktischen und theologischen Rückhalt bei der Entfernung derer, die als fremd in Religion und Rasse galten. Władysław Bartoszewski, der spätere polnische Außenminister, erinnerte sich: «Die katholische Kirche übernahm einen großen Teil der Polonisierung in der Oder-Neiße-Region. Sie schickte sofort Hunderte von Priestern in die ehemals deutschen Gebiete. Die Neusiedler, die fast alle katholisch waren, sagten sich: ‹Der Pfarrer ist schon da, also muss irgendwie alles in Ordnung sein.›»[46] *Głos Katolicki*, die wichtigste katholische Zeitung in Wielkopolska, «unterstützte offen die ethnische Säuberung Polens durch das Regime und jubelte, dass sich aus ihr auch eine ethnoreligiöse Säuberung ergeben werde».[47] Von den rund 3020 evangelischen Kirchen in den «Wiedererlangten Gebieten» wurden bis 1948 2895 unter katholische Verwaltung gestellt. Karol Milik, der vorübergehende apostolische Verwalter, der nach der Vertreibung des deutschen Bischofs in Niederschlesien die Bischofsfunktion in Teilen des Gebiets übernahm, leugnete beim Besuch eines britischen Diplomaten, es habe während der Vertreibungen Misshandlungen an Deutschen gegeben, und beschuldigte einige seiner eigenen deutschen Geistlichen, während ihres Wartens auf die Deportation «unter dem Schutz der Kirche eine Widerstandsorganisation» gebildet zu haben.[48] Die antideutschen Tendenzen in Kirchenkreisen waren aber nicht einheitlich, und die britische Botschaft berichtete von einem Fall, in dem die katholische Diözese von Wrocław «einen deutlichen Protest gegen die Äußerungen von Intoleranz» gegenüber dem lutherischen Klerus gerichtet hatte. Ein katholischer Priester, der «sich weigerte, die Messe in einer von den Polen beschlagnahmten und ihm zugewiesenen evangelischen Kirche zu feiern», wurde selbst durch Vertreibung bestraft. Im Großen und Ganzen begrüßte die katholische Kirche jedoch die Entfernung evangelischer Geistlicher und ihrer eigenen deutschstämmigen Priester und leistete den weltlichen Behörden jede erdenkliche Hilfe bei der Ausführung, wobei sie energisch Anspruch auf die irdischen Güter der enteigneten evangelischen Gemeinden erhob.[49]

In der Tschechoslowakei herrschten genau entgegengesetzte Verhältnisse. Hier wagten die katholischen Geistlichen nach den Worten von Emilia Hrabovec «keine offene Konfrontation zu riskieren», denn sie befürchteten «ihre nicht geringen Güter durch Verstaatlichung zu verlieren … oder die gefährlichen Folgen, von einer immer stärker links und radikal eingestellten Gesellschaft als rückständig und unpatriotisch angesehen zu werden».[50] Tatsächlich gab es eine echte Grundlage für diese Befürchtungen. Im Land des Jan Hus wurde der Weggang der hauptsächlich katholischen Sudetendeutschen besonders von evangelischen Geistlichen als Ausdruck göttlicher Vorsehung begrüßt. Der evangelische Theologe František Bednář argumentierte in einer schriftlichen Verteidigung der Vertreibungen, dass die Sudetendeutschen gleich doppelt mit der Erbsünde behaftet seien. Ihr Verhalten während der Besatzung durch die Nationalsozialisten «war nur der Höhepunkt und die Offenbarung dessen, was schon Jahrhunderte in ihren Herzen geschlummert hatte», standen sie doch «vollständig und bewusst für Lügen, Gewalt, Unmenschlichkeit und Brutalität». Ihre Deportation war nach Ansicht der tschechoslowakischen Kirchen «bei allem Respekt für das Christentum» ein praktischer und moralischer Imperativ. «Die fortgesetzte Anwesenheit der deutschen Bevölkerung in der Tschechoslowakei hätte in der Zukunft den geistlichen Zustand der Nation gefährdet.»[51] Dieser Ausdruck des göttlichen Willens verband sich mit dem weltlichen Streben des tschechischen Klerus. Da die deutsche lutherische Kirche «keine rechtlich gesicherte Existenz mehr besaß», wurde ihr Besitz von der evangelischen Kirche der Böhmischen (oder Mährischen) Brüder übernommen. Ein schottischer Geistlicher beobachtete bei seinem Besuch jedoch kritisch den Druck, der von «skrupellosen Menschen in anderen Kirchen» ausgeübt wurde, die ihre eigenen Ansprüche auf die Verteilung der Reichtümer anmeldeten. Auch in dieser Sphäre werde der Lockruf des leicht verdienten Geldes «zur moralischen Versuchung, und die Jagd nach deutschem Besitz ähnelt ein wenig dem Goldrausch in Kalifornien oder der Verteilung der Beute nach der Auflösung der Klöster durch Heinrich VIII.».[52]

Auf lange Sicht sollten aber die Mehrheitskirchen beider Länder die Entwurzelung etablierter Gemeinschaften mit ihren lebendigen religiösen Traditionen und Bräuchen bedauern. Sie waren leichter zu zerstören als zu erneuern. Besonders in der Tschechoslowakei waren religiöse Bindungen unter den Siedlern viel weniger sichtbar als unter den Vertriebenen; in den folgenden Jahren wurden Kirchen und Monumente von den neuen Gemeindemitgliedern häufig besonders als eine leicht zugängliche Quelle von Baustoffen geschätzt.[53]

Auf profanerer Ebene wies eine Sendung von Radio Warschau ihre Hörer im September 1945 auf eine alarmierende neue «soziale Krankheit» hin. Warum, so die rhetorische Frage des Sprechers, war es für ehrbare polnische Bürger so schwer, einen Platz in einem Zug nach Westen zu bekommen? Auf den ersten Blick schien die Antwort offensichtlich. Die Züge waren mit Kolonisten überfüllt, die auf dem Weg in ein neues Leben in den «Wiedererlangten Gebieten» waren. Jeder dieser Pioniere hatte Reisedokumente und eine staatliche Beihilfe bekommen, um die ersten Ausgaben zu bestreiten, bis er für sich selbst aufkommen konnte. Die gleichen ehrbaren Bürger sahen jedoch staunend, dass die Siedler allem Anschein nach so gut wie nichts nach Westen mitnahmen. Ihr Erstaunen war noch größer, wenn sie «die gleichen Züge zehnmal überfüllter wiederkommen sahen, und das nicht nur mit Passagieren, sondern auch mit Bündeln, Koffern, Paketen, Rucksäcken, Schreibmaschinen, Nähmaschinen, Radios usw.» Die Erklärung war offensichtlich: «Die ‹Siedler› kommen als ‹Fledderer› zurück, die mit allen möglichen mehr oder weniger illegal beschafften Dingen beladen sind. Die erste Reise war gewinnbringend, versuchen wir es noch einmal! Wenn ein Ort von den ‹Siedlern› ausgeraubt worden ist, ziehen sie zum nächsten: von Schlesien nach Pommern, von Pommern nach Masuren und von dort wieder zurück nach Schlesien. [...] Manche würden sagen, dass diese Leute unsere Nachfrage nach Kleidung, Wäsche und anderen Gebrauchsgegenständen befriedigen, dass die verarmten Einwohner von Warschau auch auf Kissen schlafen, sich mit Decken zudecken und ein sauberes Hemd und einen ordentlichen Anzug haben wollen. Die Deutschen haben ganz Polen ausgeplündert, also sollte Polen davon profitieren, diese Dinge zu angemessenen Preisen zu bekommen. [...] Das alles ist wahr, aber warum können das nicht soziale Organisationen übernehmen und alles an die Leute verteilen? [...] Währenddessen bestehlen die professionellen Fledderer den Staat, indem sie umsonst reisen; sie überfüllen die Züge; und sie verursachen falsche Statistiken über die Besiedlung des Westens, weil selbst der beste Statistiker nicht wissen kann, wer die echten und wer die falschen Siedler sind; schließlich rauben sie die Gegend so vollständig aus, dass die echten Siedler nur Leere vorfinden. Es ist eine Krankheit, eine Seuche, und sie muss entschieden bekämpft werden.»[54]

Dass echte Siedler von «Goldgräbern» und «wilden Umsiedlern» verdrängt wurden, die sich Häuser, Höfe und Geschäfte ohne legalen Anspruch unter den Nagel rissen, traf zweifellos zu. Wrocławs Stadtpräsident Bołesław Drobner schätzte, dass 60 Prozent der Neuankömmlinge im Jahr 1945 mit dem erklärten Ziel des Plünderns kamen; das Verhältnis in Szczecin und anderen Großstädten mag durchaus ähnlich gewesen sein.[55] Lokalpolitiker wandten sich häufig an die Regierung in Warschau, weil sie die Möchtegern-Siedler nicht richtig unter die Lupe nahm; dazu gab es eine förmliche Beschwerde, «nachdem ein Zug aus Krakow mit einer riesigen Menge ‹unerwünschter Personen› eintraf – Sträflinge, Spekulanten und Trinker».

Die Räubereien der Roten Armee vertrieben jedoch wahrscheinlich mehr echte Siedler, als es die gierigsten «Goldgräber» vermocht hätten. Unzählige Berichte sagten aus, dass sich sowjetische Soldaten ausnahmslos an «das Prinzip hielten, alles, was nach dem Abzug der Deutschen übrig blieb, sei ihre ‹Kriegsbeute›, Maschinen und Vieh, Feldfrüchte, Fabrikausstattungen usw.»[56] Sogar «so primitive Gegenstände wie Äxte, Eggen, Sicheln usw. sind nach Russland mitgenommen worden».[57] Ironischerweise hatten ihnen die «wilden Vertreibungen» des Sommers 1945 in die Hände gespielt. Da es keine potenziellen Siedler gab und alle Deutschen vertrieben worden waren, wie die Gorzówer (Landsberger) Filiale des staatlichen Rückführungsbüros von Wielkopolska reumütig feststellte, endete dies damit, «dass aller beweglicher deutscher Besitz in Gorzów zur Beute sowjetischer Soldaten wird» und dazu die Ernte in Ost-Brandenburg auf den Feldern verrottet.[58] Ein enttäuschter örtlicher KP-Sekretär beschwerte sich, sobald die Siedler ein Gehöft in Gang brächten, käme die Rote Armee und beschlagnahme es.

Wie in der Tschechoslowakei war es in den «Wiedererlangten Gebieten» eine noch größere Herausforderung, Siedler zum Bleiben zu bewegen, als sie zu rekrutieren. Während Warschaus bevorzugter Siedler aus dem Gebiet östlich des Bugs stammte, da er wusste, wie man Land bestellte und normalerweise Geräte und Vieh mitbrachte, «kommt er jedoch nicht immer so gern, wie die Regierung ihn dort haben möchte. In Kalisz Nowy (Kallies, heute Kalisz Pomorski) gab es laut unserem kommunistischen Informanten acht Waggons voller neuer Siedler, die einen von ihnen zum Auskundschaften des Landes ausgeschickt und einen Sitzstreik begonnen hatten, als sie seinen Bericht hörten. Ein Bauer aus Tarnopol fragte, ob wir ihn ‹irgendwohin zurück nach Polen› mitnehmen könnten.»[59]

Ein anderer erschöpfter Pionier erzählte Leonard Holliday, er und seine

Mitumsiedler hätten «genug davon, neben ihren Pferden mit dem Gewehr in der Hand zu schlafen».[60] In vielen Fällen hatten Kolonisten so wenig Lebensmittel, dass sie ihr Saatgut aufessen mussten, um den ersten Winter im neuen Haus zu überleben.[61] Auch die geringe Größe der ihnen zugewiesenen Höfe – üblicherweise zwischen sieben und 15 Hektar, je nach Bodenqualität – trug dazu bei, dass Fehlschläge in den ersten schwierigen Jahren noch schmerzhafter waren. Es war also kein Wunder, wenn der Gemeindebeamte im schlesischen Grodków (Grottkau) Holliday verriet, die Leute «müssten mit Gewalt von der Rückkehr nach Osten abgehalten werden».[62]

Die Bedingungen für die Umsiedler waren erbärmlich, und viele von ihnen standen vor nicht minder schweren Bedingungen in den «neuen Heimstätten». Hunderttausende machten ähnliche Erfahrungen wie Michał Sobków, der von den Sowjets im Jahr 1945 gezwungen worden war, seinen Hof im ostgalizischen Koropiec zu verlassen. Nach der Vertreibung hatte er mit seiner Familie zwei Monate lang in einer Zeltstadt in Pyszkowice auf den Transport in die «Wiedererlangten Gebiete» gewartet. Schließlich bekamen sie mit zwei Stunden Vorwarnung den Marschbefehl und drängten sich mit ihren Tieren in den Zug, der plötzlich losfuhr. Dabei blieb die Hälfte der Waggons zurück. Sobków und seine Familie hatten nur wenig Reiseproviant, die ersten Tiere verendeten an Futter- und Wassermangel, und auch Menschen starben und wurden neben den Gleisen beerdigt. Nach einer entsetzlichen Fahrt, die länger als einen Monat dauerte, stiegen sie in Brochów (Brockau) bei Wrocław aus, mussten aber feststellen, dass frühere Ankömmlinge sich allen brauchbaren deutschen Besitz gesichert hatten.[63]

Das vorhersehbare Ergebnis waren Enttäuschung und Wut über das irreführende Bild, das Regierungsstellen über das Leben in den neuen westlichen Gebieten verbreiteten. Ein britischer Journalist bemerkte bei seinem Besuch die Menge von Plakaten mit der Aufschrift «Kommt in Polens neues Paradies» an vielen Wänden in den Zentralprovinzen. «‹Macht Euer Glück im Westen›, heißt es in den Zeitungen. ‹Land und Arbeit für alle›, heißt es in jeder Radiosendung.»[64] Radio Lublin versprach besonders glänzende Aussichten und ließ angehende Siedler im Juni 1945 wissen, dass «alle Höfe in Westpommern gut in Schuss sind; es gibt gute Gebäude und genug Ausrüstung, große Vorräte an Kartoffeln und Korn. Die Möglichkeiten zur Ansiedlung in den Dörfern sind auch gut; es gibt immer noch ein paar leere möblierte Wohnungen und einige Werkstätten.»[65] Mit nicht weniger Überzeugung versprach die *Trybuna Związkowca* den Siedlern, dass «die Sicherheitslage optimal ist».[66]

Die Wirklichkeit sah für die meisten anders aus. Botschafter Cavendish-Bentinck berichtete von den Erfahrungen eines Bekannten aus Poznań, der im August 1945 mit seiner Nichte nach Szczecin gereist war, um dort sein Glück zu versuchen. «Die Aussichten schienen verlockend – die Regierungspropaganda versprach jedem potenziellen Siedler unerhörte Möglichkeiten. Der überfüllte Zug mit von abenteuerlustigen Zuwanderern besetzten Trittbrettern und Dächern bewies den Glauben der polnischen Öffentlichkeit an diese Versprechungen.» Die beiden sahen jedoch, dass etwa 70 Prozent der Stadt wegen der Bombardements der Royal Air Force «ein Haufen Ruinen» war und die Rote Armee bereits die meisten intakten Häuser requiriert hatte. Es herrschte förmlich Kriegszustand zwischen den häufig betrunkenen Banden sowjetischer Soldaten, die unterschiedslos die Zivilbevölkerung und die polnische Polizei und Miliz ausraubten. Nach zwei Tagen fuhren die Möchtegern-Siedler wieder nach Hause. «Der Zug war mit zurückkehrenden empörten ‹Goldsuchern› überfüllt, und kein Ausdruck war stark genug für ihre Meinung über die russische ‹Goldateska› und die polnischen Machthaber, die diese Zustände tolerieren und ihre Befehle aus Moskau bekommen.»[67] Auch Robin Hankey und Michael Winch sahen, dass die meisten Umsiedler, mit denen sie in Niederschlesien sprachen, «sehr unzufrieden waren [...] und sich beschwerten, sie würden häufig von den Russen ausgeraubt; manche sagten, sie gäben alles darum, irgendwo anders hinzugehen, wenn sie nur wüssten, wohin».[68] Paradoxerweise stieg die Zahl der Verbrechen in den Städten der «Wiedererlangten Gebiete» stark an, nachdem die erste wilde Jagd auf deutsches Eigentum vorbei war. Der britische Vizekonsul in Szczecin gab für dieses Phänomen die Erklärung, dass «leere Häuser und [die] Aussicht auf Beute eine große Zahl von Abenteurern anzogen, die eine Zeitlang ein sehr einträgliches Dasein führten, indem sie ihr Diebesgut in Warschau und anderen Städten an den Mann brachten oder es sogar an angehende Siedler verkauften». Als die leichte Beute aus deutschen Quellen erst einmal versiegt war, musste diese überproportional große kriminelle Bevölkerungsgruppe wieder ins normale Verbrecherleben zurückkehren, darum stieg die Zahl der Morde, Überfälle und Diebstähle stark an.[69]

Hatten Heimkehrer und Siedler aus den Zentralprovinzen allen Grund zur Enttäuschung, so fühlte sich die einheimische polnische Bevölkerung der «Wiedererlangten Gebiete», die den ganzen Krieg über dort geblieben war, ebenso schlecht behandelt. Ein Mitarbeiter des Umsiedlungskomitees in Bydgoszcz stellte das fest, als er das Gebiet im Juli und August 1945 bereiste. Sobald die Wehrmacht abgezogen war, hatten sich die polnischen Bauern und Landarbeiter der Gegend beeilt, die deutschen Bauernhöfe in ihren Besitz zu bringen. Nur ein Viertel des Landes war vom Ministerium aber an Ortsansässige verteilt worden, die restlichen drei Viertel wurden für Siedler aus den verlorenen östlichen Gebieten und aus Zentralpolen reserviert. Die Einheimischen waren über die Anwesenheit dieser Neuankömmlinge sehr verbittert, da sie fanden, dass sie selbst durch ihre von den Deutschen erzwungene Arbeit auf den Höfen während des Krieges ein Vorrecht erworben hatten. Mit dem Wahlspruch «Pommern den Pommern» weigerten sie sich, den Kolonisten Platz zu machen. Um das Ganze noch schlimmer zu machen, «verwüsteten» die Besetzer die Anwesen, verkauften das Vieh und ließen landwirtschaftliche Maschinen verkommen. Eine ähnliche Situation zeigte sich in Bydgoszcz selbst, wo angehende Kolonisten eintrafen und die Einheimischen schon fest etabliert vorfanden, obwohl ihnen Häuser, Geschäfte und Werkstätten zugewiesen worden waren.[70] Obwohl das Gesetz zweifellos die offiziellen Siedler von außerhalb bevorzugte, war bei Weitem nicht klar, ob ihr Anspruch eine größere Legitimität besaß.

Manchmal stand den Polen die Rote Armee dabei im Weg, die ursprünglichen deutschen Besitzer zu enteignen, weil manche Sowjets entweder keinen Hehl aus ihrer Abneigung gegen die Polen machten oder weil ihnen die Deutschen wertvolle Dienste leisteten. Im Januar 1946 beschwerte sich Władysław Gomułka, der frisch ernannte Minister für die Wiedererlangten Gebiete, bei Marschall Schukow, dem örtlichen sowjetischen Militärkommandeur Konstantin Rokossowski und dem sowjetischen Botschafter Wiktor Lebedjew über die unverblümte Deutschenfreundlichkeit mancher hochrangiger Offiziere der Roten Armee. Er schlug vor, die private Einquartierung von Rotarmisten in den «Wiedererlangten Gebieten» zu verbieten, um ihrer «Verbrüderung mit den Deutschen und deren Bevorzugung gegenüber der polnischen Bevölkerung» vorzubeugen.[71] Es gab zweifellos einigen

Grund für solche Beschwerden,[72] obwohl Fälle dieser Art wohl nicht so häufig waren, wie oft behauptet. Viel häufiger waren Deutsche durch niedrige Funktionäre aus ihren Häusern vertrieben worden, «aber nach kurzer Zeit konnten sie immer zurückkommen und sehen, dass ihre Häuser zwar geplündert waren, aber immer noch von ihnen repariert werden konnten». Das Ergebnis war, dass die Deutschen Geschick im Verstecken ihrer Wertsachen entwickelten. Dies setzte sie jedoch großer Gefahr aus, da sich räuberische Elemente nicht scheuten, sie zu foltern, um sie zur Preisgabe der Verstecke zu zwingen. Nachdem die polnische Geheimpolizei beispielsweise einen Einwohner Niederschlesiens im Februar 1946 verhaftet hatte, wurde er nach eigenen Angaben «von vier Polen mit Gummiknüppeln geschlagen, bis ich aufgab und einige der geheimen Verstecke in der Apotheke meines Vetters verriet».[73] Diejenigen, die keinen versteckten Besitz hatten, den sie verraten konnten, verloren bei solchen Verhören manchmal ihr Leben.

Wegen großer Unsicherheit, materieller Not und explodierender Preise – die Lebenskosten in den «Wiedererlangten Gebieten» waren mehr als doppelt so hoch wie in Zentralpolen, wobei der staatliche «Westbonus» für Lohnempfänger den Unterschied nicht einmal annähernd ausglich –, war die Rückwanderung erheblich. Anfang 1946 war einer von vier Neuankömmlingen in Wrocław wieder nach Hause oder in eine andere Gegend gegangen, wo das Leben womöglich leichter war. Andere aber blieben und waren zum Durchhalten entschlossen. Keineswegs alle Neuankömmlinge waren Spekulanten auf der Jagd nach schneller Beute. Genau wie nicht wenige sowjetische Bürger während des ersten Fünfjahresplans Ende der zwanziger Jahre zunächst begeistert von der Aussicht, den Sozialismus zu ihren Lebzeiten aufzubauen, in die halbfertigen Städte östlich des Ural geströmt waren, so freuten sich viele Polen auf das Abenteuer und die Möglichkeiten, die das Leben in einer Pioniergesellschaft bot. Einer von ihnen war Jakub Egit, ein jüdischer Aktivist aus Galizien, der während des Krieges in der Roten Armee gedient hatte und dessen Familie fast vollständig in Bełżec von den Deutschen ermordet worden war. Nachdem er im Sommer 1945 ins Zentralkomitee der polnischen Juden gewählt worden war, reiste Egit nach Niederschlesien, wo er eine jiddischsprachige «Jischuw» (jüdische Siedlung) für KZ-Überlebende und ihre Familien auf beschlagnahmtem deutschen Besitz gründen wollte. Er verfiel auf den Ort Dzierżoniów (Reichenbach), wo eine

Anordnung quasi als ausgleichende Gerechtigkeit vorschrieb, dass «Deutsche den Juden auf dem Bürgersteig den Weg freizumachen hatten».[74] Schließlich wurde Egits Gemeinschaftsexperiment nach vielversprechenden Anfängen von den kommunistischen Behörden als zionistische Abweichung verboten, er selbst musste nach Kanada fliehen.

Polnische Vertreter äußerten oft, ein ernstes Hindernis bei der Kolonisierung der «Wiedererlangten Gebiete» sei die Weigerung der Westalliierten, die «vorläufige Verwaltung» des Gebiets, das Warschau in Potsdam zugesprochen worden war, für dauerhaft und unwiderruflich zu erklären. Bevor Siedler nicht die feste Zusicherung hätten, sie müssten das Gebiet nie wieder wegen einer Entscheidung der Großmächte verlassen, würden sie nicht bereit sein, das Risiko eines Neubeginns in den Grenzgebieten einzugehen. Gewiss war es den USA nicht unlieb, im eigenen Interesse Unsicherheit über die Zukunft der «Wiedererlangten Gebiete» zu schüren. In einer Rede in Stuttgart im September 1946 sorgte Außenminister James Byrnes für kurze Zeit für eine Sensation, als er seine Zuhörer daran erinnerte, dass die Potsdamer Konferenz der Übertragung «Schlesiens und anderer ostdeutscher Gebiete» an Polen nicht de jure zugestimmt habe und dass «der Umfang des Polen zugesprochenen Gebiets entschieden werden muss, wenn der abschließende [Friedens-] Vertrag abgeschlossen wird». Die Rede wurde von polnischen Kommunisten als Beweis gewertet, dass der Westen als Teil seiner antisowjetischen Strategie die Wiederherstellung Deutschlands in seinen Vorkriegsgrenzen plante, und gab Vertriebenen ein Fünkchen Hoffnung, sie könnten irgendwann doch heimkehren. In Wirklichkeit war die Rede nicht mehr als ein politisches Manöver von Byrnes gewesen. Er machte sich keine Illusionen, dass Polen oder Sowjets die «Wiedererlangten Gebiete» jemals wieder aufgeben würden. Vielmehr wollte er die Sowjetunion öffentlich dazu bringen, die bestehende Grenze zwischen Polen und Deutschland zu verteidigen, um der KPD bei den bevorstehenden Wahlen in der SBZ den Wind aus den Segeln zu nehmen. Die Rede hatte die gewünschte Wirkung, da sie eine öffentliche Erklärung Molotows hervorrief, die UdSSR unterstütze wie die anderen Mächte in Potsdam die Vertreibungen und habe «niemals eine künftige Revision dieser Entscheidung angestrebt». Obwohl der sowjetische Außenminister selten in der Position war, irgendjemandem unmoralisches Verhalten vorwerfen zu können, war seine Feststellung nicht ganz unbegründet, Byrnes habe sich der «Grausamkeit [...] sowohl gegenüber den Polen als auch gegenüber den Deutschen» schuldig gemacht, weil er bei den Kolonisten Ängste und bei den Vertriebenen fruchtlose Hoffnungen geweckt hatte.[75] Nach den Worten von Cavendish-Bentinck war die Stuttgarter Rede «ein Gottesgeschenk für die polnische Propaganda» und der Vorwand für eine landesweite Kampagne offiziell gelenkter «spontaner» Demonstrationen, von denen viele sich gegen die Büros von Stanisław Mikołajczyks Bauernpartei richteten.[76] Unter den Kolonisten selbst wurden Byrnes' Kommentare aber als das gesehen, was sie waren. Francis Bourdillon von der Forschungsabteilung des britischen Außenministeriums, der zum Zeitpunkt der Rede durch die «Wiedererlangten Gebiete» reiste, bemerkte, dass die Siedler sie weitgehend ignorierten. Sie glaubten allgemein, dass «die Russen einer Grenzveränderung nicht zustimmen werden, die Alliierten werden niemals Gewalt anwenden, um uns zu vertreiben, und etwas anderem werden wir nicht weichen».[77]

Das größte Problem der polnischen Behörden war der Umgang mit den rund zwei Millionen polnischen Bewohnern der «Eingegliederten Ostgebiete», die während des Krieges auf die Deutsche Volksliste gekommen waren und nun die Ausweisung in genau das Land befürchten mussten, das sie ausgebeutet und terrorisiert hatte. Laut einer Verordnung vom Mai 1945 «über den Ausschluss feindlicher Elemente aus der polnischen nationalen Gemeinschaft» war die Grundregel, dass Personen, die vor dem Krieg die polnische Staatsbürgerschaft besessen hatten und deren Namen in irgendeiner Kategorie der Volksliste auftauchte, die polnische Staatsbürgerschaft verlieren und ausgewiesen werden sollten. Da so viele Polen die Volksliste aber unter Zwang oder zur Vermeidung der Deportation ins Generalgouvernement unterzeichnet hatten, hätte die rigorose Anwendung dieses Gesetzes die Deportation Hunderttausender Polen bedeutet, die schon unter den Deutschen gelitten hatten. Es gab auch das schwierige Problem der sogenannten autochthonen Bevölkerung – deutschsprachige Personen slawischer Herkunft, meist Masuren oder Kaschuben – von denen viele lieber mit ihren Sprachgenossen nach Deutschland gingen, die aber der Regierung als «germanisierte» Polen galten, die für die Nation «rehabilitiert» werden müssten. Somit bot das Gesetz zwei Wege, durch die Unterzeichner der Volksliste ihre Lage nun in Ordnung bringen konnten.

Indem sie beschloss, denen die polnische Staatsangehörigkeit wiederzugeben, die sie verloren hatten, trat die Regierung ironischerweise in die Fußstapfen der NS-Rassenpolitik. Wie die Kriterien für die Aufnahme von Polen in die Deutsche Volksliste während des Krieges so aufgeweicht wurden, dass sie in vielen Fällen jede Bedeutung verloren, fühlte sich die Regierung in Warschau aus dem gleichen Grund verpflichtet sicherzustellen, dass Prüfkommissionen die neuen Westgebiete nicht durch allzu genaue Überprüfung der Volkslisten-Unterzeichner weiter entvölkerten.[78] Sobald das «Rehabilitierungs»-Verfahren festgelegt war, waren die Kriterien zur Wiedererlangung der polnischen Nationalität überschaubar und leicht zu erfüllen. Wer «vor dem 1. Januar 1945 einen festen Wohnsitz in den Wiedererlangten Gebieten» besaß, nie der NSDAP angehört hatte, nicht höher als in Kategorie 3 der Volksliste eingestuft und bereit war, vor einem «Verifizierungsausschuss» eine formelle Treueerklärung zum Staat abzugeben, erhielt normalerweise seine Staatsangehörigkeit zurück, zunächst in Form einer sechs Monate geltenden provisorischen Staatsbürgerschaftsurkunde, die später unbegrenzt verlängert werden konnte. Volksdeutsche der Kategorie 2, die diese Kriterien nicht erfüllten, aber «aus anderen verdienstvollen Gründen für die polnische Staatsbürgerschaft in Betracht kommen», konnten stattdessen eine «juristische Rehabilitierung» anstreben, indem sie vor Gericht bewiesen, dass sie sich unter Druck für die Volksliste hatten registrieren lassen und ihre polnische Nationalität niemals freiwillig abgelegt hatten. Was die Masuren und anderen «Autochthonen» betraf, hatte die große Mehrheit nie eine Wahl, sondern wurde zur Annahme der polnischen Nationalität gezwungen. Als aber Mitte der fünfziger Jahre die Emigration möglich wurde, zog fast die gesamte masurische Bevölkerung in die Bundesrepublik.[79]

Das Amt für Repatriierung (PUR) ermutigte meist zur großzügigen Auslegung dieser Regeln. Im pommerschen Miastko (Rummelsburg) berichtete der örtliche Umsiedlungsbeamte Paweł Grzeszczak, der Leitgedanke bei den Prüfungen in dieser Region laute: «Kein Tropfen polnisches Blut jenseits der Oder.»[80] Der überall anzutreffende Leonard Holliday fand bei einem seiner Besuche in Oberschlesien heraus, dass die Prüfkommission die Anweisung hatte, Menschen, die polnisch sprachen und nicht freiwillig deutschen Organisationen beigetreten waren, vor Ort zu belassen. Sogar für die Minderheit, die die Prüfung nicht bestand, gab es noch einen Berufungsweg. «Zweimal erzählte man mir, dass diejenigen, die den Test nicht bestehen (und von denen einige propolnisch waren), sich an die russischen Behörden wenden, die sie in einigen Fällen wieder in ihre Häuser und Bauernhöfe zurück gelassen und neue Siedler vertrieben haben, die die polnische Repatriierungskommission dort eingesetzt hatte.»[81]

Was die Rückgabe des Eigentums der «Rehabilitierten» betraf, dominierte allerdings eine andere Einstellung. Theoretisch hätte es durch die PUR oder die staatliche Abwicklungsbehörde treuhänderisch verwaltet werden sollen, bis die Überprüfung beendet war. Das geschah aber nur in wenigen Fällen. Verifizierungsausschüsse hatten keine Richtlinien, wie die Kriterien anzuwenden oder ihre Entscheidungen durchzusetzen seien, und während das Verfahren lief, war der Besitz oft schon «neu zugeteilt» oder einfach gestohlen worden, während der Besitzer in einem Internierungslager für «Deutsche» saß. Ganz abgesehen vom Schicksal der vertriebenen Deutschen brachte diese Regelung darum zahlreiche Polen durch die Launen der örtlichen Bürokratie oder durch habgierige Nachbarn in Gefahr. Der Kommandant des Lagers Złotów ignorierte beispielsweise die Urteile des Verifizierungsausschusses und behielt «rehabilitierte» Polen hinter Stacheldraht, während er sich den Inhalt ihrer Häuser aneignete.[82] Verifizierungsausschüsse waren selbst in einer guten Position, von ihren offiziellen Funktionen zu profitieren, entweder durch die Annahme von Schmiergeldern, um ein positives Ergebnis zu gewährleisten – in Poznań wurde von Personen, die eine Loyalitätserklärung abgeben wollten, eine Gebühr von 6000 Złoty verlangt –, oder indem sie gerechtfertigte Ansprüche abwiesen, um ihren Mitgliedern die Übernahme des Besitzes der Antragsteller zu ermöglichen.[83] Mirosław Dybowski, ein Verifizierungsinspektor in der Wojewodschaft Gdańsk, berichtete von den «skandalösen Praktiken» des dortigen Ausschusses, der an einem einzigen Tag alle 37 Anträge abgelehnt hatte. Es war kein Zufall, dass die Höfe und Besitztümer der Antragsteller bald in der Hand von Freunden der Ausschussmitglieder bei der Geheimpolizei (UB) waren. In einem besonders schlimmen von Dybowski aufgedeckten Fall hatte ein UB-Mann namens Słysk ein Auge auf den Hof der benachbarten Familie Regenbrecht geworfen, die für die Verifizierung infrage kam. Obwohl das Verhalten der Familie während des Krieges tadellos war, arrangierte Słysk die Inhaftierung des Vaters in einem UB-Gefängnis in Kwidzyn (Marienwerder) und die Einweisung der Mutter und ihrer drei Kinder in ein Zwangsarbeitslager. Dann eignete er sich den Hof an. Als Dybowski eine Episode dieser Art zuviel aufgedeckt hatte, wurden seine Untersuchungen abrupt von einem Beamten des Kreisamts für die ländlichen Gebiete beendet, der ihm mitteilte, er sei zu weiteren Inspektionen in Kwidzyn nicht befugt.[84]

Abgesehen von Machtmissbrauch dieser Art rührten die meisten Schwierigkeiten daher, dass die rechtliche Situation bezüglich des deutschen Eigentums in Polen von Anfang an anarchisch war, denn zwischen 1944 und 1948 kamen fast ein Dutzend mehrdeutige und manchmal widersprüchliche Anordnungen zu diesem Thema aus Warschau. Laut den seit Mai 1945 gültigen Regelungen sollten nur diejenigen aus der dritten und vierten Kategorie der Volksliste enteignet werden, die sich während des Krieges freiwillig als Deutsche bekannt hatten. In der Praxis war es für überlastete Umsiedlungsbeamte vor Ort unmöglich, solche Unterschiede zu machen, und fast alle «Deutschen» waren unabhängig von ihrer Kategorie in den ersten Friedensmonaten enteignet worden. Dieser Besitz wurde Siedlern aus dem Osten und den Zentralprovinzen zugewiesen, und obwohl sie keinen rechtlichen Anspruch darauf besaßen, hatten so viele von ihnen seit der Übernahme Zeit und Geld darin investiert, dass es zu massiven Verwerfungen geführt hätte, wenn sie zugunsten der «rehabilitierten» Eigentümer wieder verdrängt worden wären.

Nicht weniger als dreimal versuchte die Regierung, diese potenziell explosive Situation zu entschärfen. Im Oktober 1945 sah ein Zusatz zum Siedlungsgesetz vor, dass «rehabilitierte» Personen, deren Land beschlagnahmt und neu verteilt worden war, Anspruch auf angemessenen Ersatz an einem anderen Ort hatten.[85] Aus vielerlei Gründen, darunter nicht zuletzt dem Mangel an geeignetem Land, stellte sich dieser Lösungsvorschlag ebenso wie eine ähnliche Klausel der Landreformgesetze im folgenden Monat als nicht praktikabel heraus. Schließlich wurde mit einem Erlass vom Juni 1946 versucht, den gordischen Knoten zu zerschlagen, indem alle vorherigen Bestimmungen widerrufen wurden. Doch auch dieser Erlass hatte zwei fatale Fehler. Er bezog sich nur auf Enteignungen, die aufgrund der früheren Gesetze ausgeführt worden waren, und schwieg zu jenen, die keine gesetzliche Grundlage besaßen. Der Erlass war zudem so schlecht formuliert, dass nicht klar wurde, ob Personen, die in irgendeiner Kategorie der Volksliste geführt wurden, immer noch zu enteignen waren – was zu dem Paradox führte, dass eindeutig «Deutsche» oder sogar «Nazis», die bereits deportiert waren, noch einen rechtlichen Anspruch auf ihr Eigentum geltend machen konnten.[86]

Wie ein Beamter aus der Rechtsabteilung der Łódźer Abwicklungsbehörde betonte, wurde das Gesetz selbst dort, wo es deutlich formuliert war, von den Gerichten nicht angewandt. Trotz des Insistierens der Regierung, die unerfreuliche Kategorie des «provisorischen Polentums» abzuschaffen, sahen die öffentliche Meinung und auch die Richter die Unterzeichner der Volksliste – ob gezwungen oder nicht – als Menschen an, die Polen in der Zeit der Prüfung nicht treu geblieben waren. Dass Letztere den gleichen rechtlichen Status wie jene bekommen sollten, die von den Nationalsozialisten verfolgt worden waren, weil sie sich geweigert hatten, ihr Polentum zu verleugnen, erschien unannehmbar.[87] Der Chef der polnischen Repatriierungsmission in der britischen Besatzungszone sprach für viele, als er in offizieller Funktion behauptete, alle diese Personen seien «im Prinzip deutsche Kollaborateure unterschiedlicher Art» gewesen und müssten als solche behandelt werden. Teilweise als Resultat dessen war von den nicht weniger als 223 331 Anträgen auf Rehabilitierung, die bis zum 31. Juli 1946 bei den Gerichten eingegangen waren, nach einem Jahr nur ein Drittel entschieden. Die Zahl derer, die trotz Anrecht auf Antragstellung nicht davon Gebrauch gemacht hatten, war noch größer. In der Folge herrschte im Land eine Atmosphäre von «Jeder für sich und Gott für alle» vor, und polnische Gerichte fällten routinemäßig Urteile zur Enteignung deutschen Besitzes, die einer juristischen Überprüfung nicht standhielten.[88]

Obwohl die Vertreibungsländer, die im Potsdamer Abkommen nicht erwähnt waren, weniger strukturelle Probleme zu bewältigen hatten, da die Zahl deportierter Volksdeutscher deutlich geringer war als in der Tschechoslowakei oder in Polen, gibt es Anzeichen dafür, dass auch dort das Bild einer schlecht organisierten Ansiedlung zutrifft. Ein Offizier der alliierten Militärmission, der das ländliche Rumänien in der Gegend von Brașov (Kronstadt), Făgăraș (Fogarasch) und Sibiu (Hermannstadt) bereiste, von wo die deutsche Bevölkerung in die Sowjetunion deportiert worden war, fand «weite Gebiete wertvollen Ackerlands einfach brachliegen». Treibhäuser für Tomaten, Salat und anderes Gemüse wären ebenso verlassen und würden in manchen Fällen einiges Kapital erfordern, um die Frostschäden zu beseitigen.[89] Sein Eindruck wurde von einem Reuters-Journalisten bestätigt, der im Jahr 1946 die rumänischen Bewohner der Region befragte. «Alle sagten, sie hätten Mitgefühl mit den Sachsen [Volksdeutschen] und es tue ihnen Leid, dass ihr Land bei der Agrarreform enteignet worden war, damit die Regierung es im Austausch für Unterstützung an Zigeuner vergeben konnte, die sehr faul waren und das Land nicht bestellten.»[90] Ähnlich war es in Jugoslawien, wo Siedlungsminister Sreten Vukosavljevic Ende 1945 durchblicken ließ, das Umsiedlungsprogramm in der Wojwodina sei nicht nach Plan verlaufen. Die Bedingungen, zu denen 390 000 Hektar deutscher Boden verteilt wurden, waren äußerst unattraktiv, da eine fünfköpfige Familie nur Anspruch auf ein Gelände von zwei Hektar hatte. Die neuen Besitzer waren verpflichtet, 20 Jahre zu warten, bevor sie den Besitz verkaufen durften. Es war also nicht erstaunlich, dass von den 45 000 Familien, die dort siedeln sollten, die meisten aus Bosnien-Herzegowina, bis Ende 1945 nur 5000 eingetroffen waren. Und auch diese waren «nicht an intensive Bewirtschaftung gewöhnt [...] Darum wird es in den ersten Jahren nach der Ansiedlung deutlich sinkende Erträge geben.»[91] Das stellte sich als Untertreibung heraus. 1950 herrschte in der Wojwodina praktisch ein Zustand der Rebellion, da die 230 000 meist serbischen Bauern, die auf ehemals deutschen Höfen angesiedelt worden waren, oft mit Gewalt den Ansprüchen eines jugoslawischen Staats Widerstand leisteten, der sie inzwischen als «Kulaken» und «Saboteure» ansah.[92]

Wirtschaftliche Verwerfungen waren zweifellos auf kurze wie auf lange Sicht die wichtigsten Folgen der Vertreibungen. Die Regierungen der Vertreibungsländer hatten diese Situation sehenden Auges in Kauf genommen und darauf bestanden, eine vorübergehende Unterbrechung der normalen wirtschaftlichen Aktivität sei ein Preis, den es sich zu zahlen lohne. In einer der zahlreichen Ansprachen, die unterstrichen, dass die Geschäftswelt die tschechoslowakische Regierung nicht von ihrem Kurs abbringen würde, erklärte Innenminister Václav Nosek im Juli 1946, falls man Ausnahmeregelungen für deutsche Facharbeiter schaffe, werde dies «alle möglichen materiellen Vorteile durch die Kosten für Sicherheitsmaßnahmen neutralisieren».[93] Ein frustrierter Geschäftsführer der Chemiewerke Poldina wies jedoch auf die Konsequenzen dieser Politik hin, indem er betonte, dass in seiner Fabrik «9000 Arbeiter mit der Arbeit anfangen wollten, aber aufgehalten wurden, weil die Firma keinen Ersatz für 270 entlassene deutsche

Chemiker finden konnte».[94] Auch auf dem Land war es im Sommer 1946 notwendig geworden, 6000 bulgarische Landarbeiter nach Böhmen zu holen, um den örtlichen Arbeitskräftemangel zu bekämpfen, den die Deportation der Deutschen bewirkt hatte. Ähnliche Beispiele für Polen und die Tschechoslowakei ließen sich fast endlos aufführen. Obwohl sich nach polnischen Zahlen, bei denen man sich gerne zu den eigenen Gunsten verschätzte, gegen Ende 1946 etwa vier Millionen Siedler in den «Wiedererlangten Gebieten» befanden, stand die Industrieproduktion wegen der Vertreibung unersetzlicher Fachkräfte so gut wie still. Gegenüber 180 000 Menschen in der Vorkriegszeit arbeiteten jetzt nur 7000 in der chemischen Industrie, fünf der 54 Baumwollspinnereien waren in Betrieb, und der Maschinenbauindustrie ging es noch schlechter.[95]

In jedem der Vertreibungsländer gaben sich Regierungen, Einwohner und Kirchen größte Mühe, alle Anzeichen auszulöschen, dass dort jemals Deutsche gelebt hatten. Edvard Beneš stachelte seine Landsleute an: «Wir müssen unsere Republik entgermanisieren [...] Namen, Regionen, Städte, Bräuche – alles, was entgermanisiert werden kann, muss weg.»[96] Ortsnamen wurden geändert, und das oft durch direkte Übersetzung in die neue Sprache (so wurde etwa «Grünberg» zu «Zielona Góra»), Statuen und Denkmäler wurden zerstört und fantasievolle Lokalgeschichten erdacht, die Jahrhunderte deutschen Lebens übertünchten.[97] In Wrocław gab es Teams der Stadtverwaltung, die jahrelang deutsche Inschriften übermalten und herausmeißelten. Geschlossene deutsche Friedhöfe wurden zu Parks umgewandelt, Grabsteine zum Auskleiden von Teichen und Abwasserleitungen benutzt.[98] Der ehrgeizigste – und unrealistischste – Versuch, dieses Ziel zu erreichen, war ein Befehl des Kommandanten Srević der jugoslawischen Militärregion Banat, alle deutschen Schriftzüge an Häusern innerhalb von zwölf Stunden zu entfernen, sonst würden die deutschen Bewohner sofort hingerichtet.[99] Dies war keine vorübergehende Phase. Noch 1989 wurden Besuchervisa für in den «Wiedererlangten Gebieten» geborene Deutsche verweigert, wenn die Antragsteller den deutschen Namen ihrer Geburtsorte angaben.[100] Der Versuch der Entgermanisierung umfasste nicht nur das Verbot der deutschen Sprache, sondern auch den Druck, deutsch klingende Namen aufzugeben. Daraufhin brachen kulturelle und manchmal auch gewalttätige Auseinandersetzungen zwischen polnischen Neusiedlern und vielen alteingesessenen Bewohnern der «Wiedererlangten Gebiete» aus, die jahrelang ein hohes Maß an Germanisierung erfahren hatten. Auch neue Ortsnamen wurden manchmal von der einheimischen Bevölkerung abgelehnt, die «neue Namen boykottierte und sogar Ortsschilder entfernte. [...] Für sie war der Namenswechsel in ihren Wohngebieten nie eine *Re*-Polonisierung, sondern eine Polonisierung gegen ihren Willen.»[101]

Die Existenz deutscher Siedlungen einem Orwellschen «Erinnerungsloch» zu überantworten, war eine Sache, dauerhafte Gemeinschaften an ihre Stelle zu setzen, eine andere. Die Historiker Norman Davies und Roger Moorhouse vertreten die Auffassung, dass die Heimkehrer aus Ostpolen, die in den «Wiedererlangten Gebieten» siedelten, das zweite dieser Ziele nie erreichten: «Zumindest bis 1970 glaubten sie, ihr Aufenthalt in Schlesien sei vorübergehend. [...] Sie tranken übermäßig, ließen Entwässerungs- und Heizungssysteme verrotten und litten anschließend in ihren feuchten Zimmern häufig an Rheumatismus. [...] Sie schauten einfach zu, wie Unmengen nicht mehr genutzter landwirtschaftlicher Geräte in ihren undichten Scheunen verrosteten [...] Sie rieten ihren Kindern bei jeder Gelegenheit, nach Zentralpolen wegzuziehen. Objektiv betrachtet war ihr Schicksal genauso tragisch wie das der deutschen Heimatvertriebenen, deren Land und Besitz sie so widerstrebend geerbt hatten. Es kann nur mit den Stichworten Apathie, Alkoholismus und Entfremdung zusammengefasst werden.»[102]

Obwohl dieses düstere Bild auf die erste Siedlergeneration stärker zutraf als auf ihre Nachkommen, blieben soziale Probleme in den kolonisierten Grenzgebieten aller Vertreibungsländer stets virulent. Trotz der energischen Versuche der tschechoslowakischen Regierung war Alkoholismus bei den ländlichen Kolonisten im Sudetenland sehr verbreitet.[103] Unausgeglichene Migrationsmuster – besonders der Widerwille von Fachkräften der Mittelschicht, in die geräumten Gebiete zu ziehen – führte zum Fehlen vitaler Einrichtungen und sozialer Dienste in den Ortschaften. In der Umgebung des westböhmischen Tachov gab es Anfang der fünfziger Jahre beispielsweise nur einen einzigen Arzt für 17 000 Einwohner. Ein hartnäckiger Lehrermangel erwies sich als besonders schwieriges Problem und war einer der Faktoren, zusammen mit dem Fehlen einer kulturellen Infrastruktur wie Kinos und Bibliotheken, der Siedler aus den ländlichen Regionen zurück in die Städte trieb. Mitte der fünfziger Jahre war dies ein festes Muster geworden, das sich trotz großer staatlicher Anstrengungen zum Kampf gegen die Landflucht bis zum Ende des 20. Jahrhunderts fortsetzte. 1985 hatte die Bevölkerung der tschechischen Grenzgebiete noch nicht wieder den Stand von 1930 erreicht, ganz zu schweigen von 1945.[104]

Andere Beobachter sahen, dass das wahre Ausmaß des Schadens für die jeweiligen Gesellschaften erst Jahrzehnte nach dem Ende der Vertreibungen deutlich wurde. Titos Vizepremier Edvard Kardelj bemerkte später reuevoll zu Milovan Djilas, Jugoslawien habe durch die Ausweisung der Volksdeutschen «die produktivste Bevölkerungsgruppe» verloren.[105] Auch die Tschechoslowakei glich die Verluste der vierziger Jahre nie wieder aus. Obwohl die Gewinne aus der Beschlagnahme und Neuverteilung deutschen Eigentums in einen 80 Milliarden Kronen schweren «Fonds für nationale Erneuerung» fließen sollten, wurde mit 34 Milliarden Kronen nur ein Bruchteil des wirklichen Werts durch den tschechoslowakischen Staat erzielt.[106] Der Autor Petr Příhoda hat die Meinung vertreten, dass die Vertreibungen über die Verschwendung und illegale Aneignung von Mitteln hinaus lang anhaltenden Schaden für die Tschechoslowakei bedeuteten, der nicht allein finanziell gemessen werden kann. Der Versuch, über Jahrhunderte gewachsene organische Gemeinschaften durch halsbrecherisch schnell geschaffene Nachfolger und eine mobile und fluktuierende Bevölkerung zu ersetzen, die höchst abhängig von der Freigiebigkeit eines kommunistischen Staates war, höhlte die tschechoslowakische Gesellschaft aus und schwächte ihr politisches Immunsystem aufs Empfindlichste. Der Schaden war zudem nicht auf die Grenzgebiete beschränkt. Die Abwanderung so vieler Menschen aus den zentralen Gebieten an die Peripherie in so kurzer Zeit begründete auch interne Migrationsmuster, welche die von den Siedlern verlassenen Gebiete nicht weniger schwächten als die Regionen, in die sie kamen. Obwohl Eagle Glassheim den Vertreibungen nicht ganz so viele schädliche Folgen anlastet wie den nachfolgenden Jahrzehnten kommunistischer Misswirtschaft, weist er in einer Studie über die nördlichen Bezirke des früheren Sudetenlands darauf hin, dass vom ersten Moment der Vertreibungen an «Regierungsbeamte Nordböhmen stets als Versuchslabor ansahen».[107] Seiner Argumentation nach wurde die Umsiedlung der Deutschen zum Vorbild – und Katalysator – jener schlecht geplanten Experimente des hierarchischen kommunistischen Baus von Utopien, der über die nächsten 40 Jahre verheerenden

Schaden in der Tschechoslowakei und ihren Nachbarn im Ostblock anrichtete.

Wie auch immer man die Langzeitwirkungen bewertet, es bleibt eine Tatsache, dass die Bezirke, aus denen die Deutschen in den vierziger Jahren vertrieben wurden, nicht als Beispiel für die positive Wirkung von Bevölkerungsverschiebungen gelten können. Der Grund dafür lag zum Teil im Eifer der jeweiligen Regierung, die völlige Integration durch ein Machtwort zu verkünden und die Hilfe der Zentralregierung zu früh zu beenden. Eine große Ausstellung über die «Wiedererlangten Gebiete» wurde Ende Juli 1948 in Wrocław gezeigt, um «die vollständige Vereinigung der West- und Nordgebiete mit dem Rest des Landes» zu verkünden.[108] Vier Monate später beschloss die Regierung, das Ministerium für die «Wiedererlangten Gebiete» aufzulösen, weil die Notwendigkeit einer solchen Organisation nicht mehr bestehe, und das PUR dem Ministerium für öffentliche Verwaltung zu unterstellen. Ein Parlamentarier verkündete im Januar 1949 lauthals: «Das Problem der Wiedererlangten Gebiete als gesonderte Frage in Volkspolen existiert nicht mehr.»[109] Die Wirklichkeit sah anders aus. Obwohl bis 1950 rund 5 Millionen Hektar ehemals deutscher Boden in den «Wiedererlangten Gebieten» an 700 000 Familien verteilt worden waren, begann bald eine Landflucht der Siedler, die durch ein immer strengeres Kollektivierungsprogramm der Regierung beschleunigt wurde.[110] Weil nur fünf Prozent der Besitzer das vollständige Eigentumsrecht an ihren ehemals deutschen Höfen bekamen, sahen sich Hunderttausende von Siedlern in den «Wiedererlangten Gebieten» nach nur wenigen Jahren als Opfer einer staatlichen «Köderungs»-Strategie.[111] Die Mehrzahl der westpolnischen Gebiete, aus denen die Deutschen abgeschoben wurden, gehört bis heute zu den am dünnsten besiedelten und wirtschaftlich rückständigsten Regionen des Landes. In den Städten musste polnischen Arbeitern jahrelang ein «Westbonus» gezahlt werden, um sie für das raue Leben in den Grenzgebieten zu entschädigen. Ähnliche Anreize für bestimmte Kategorien von Einwohnern des früheren Sudetenlands gab es bis Ende der achtziger Jahre. Die Historikerin Caitlin Murdock weist darauf hin, dass in der Tschechoslowakei selbst nach dem Fall des Kommunismus «das Erbe der Bevölkerungs- und Wirtschaftspolitik von Nachkriegszeit und Kommunismus die Grenzgebiete weiterhin zum international für Armut und industriellen Verfall bekannten Sonderfall machte, statt zur Anerkennung als genuin tschechisches Staatsgebiet».[112] Obwohl die Nachkriegsveränderungen also manchen Menschen unzweifelhaft die Gelegenheit zum sozialen Aufstieg boten, besonders denen, die bereits gute Beziehungen hatten, erfüllte sich für die meisten niemals das Versprechen eines reichen Anteils an der deutschen Beute.

Kapitel 10

DIE INTERNATIONALE REAKTION

Johannes Kostka, ein deutscher Kriegsgefangener in einem britischen Lager in Ägypten, schrieb Ende 1947 an die US-Militärregierung in Frankfurt, um seine Sorge über seine junge Frau Gertrud mitzuteilen, die in der südwestpolnischen Stadt Bielsko-Biała (Bielitz) lebte. Da sie 1921 geboren wurde, hatte es Gertrud Kostka nur knapp verpasst, Bürgerin der k. u.k-Monarchie zu werden. Obwohl die Gegend weitgehend von deutschen Muttersprachlern bewohnt war, war sie nach dem Ersten Weltkrieg an Polen gefallen. Die Frage des Zeitpunkts sollte sich in ihrem Fall als entscheidend erweisen. Statt als Österreicherin eingestuft zu werden, wurde sie nach dem Überfall auf Polen 1939 als eindeutige, aber unpolitische Deutsche in die zweite Kategorie der Volksliste eingestuft; ihr Ehemann, ein Ingenieur aus dem Altreich, wurde kurz darauf zur Wehrmacht eingezogen. Ihre Tochter Barbara («Bärbel») wurde im Oktober 1944 geboren, starb aber wie Hunderttausende anderer im folgenden Frühjahr im Chaos des sowjetischen Vormarsches durch Polen. Nach fast vier Jahren der Trennung bekam Johannes Kostka endlich einen Brief seiner Frau, den er an die amerikanischen Behörden weiterleitete:

«Nach unserer letzten Begegnung gingst Du wieder an die Front und kämpftest um Dein Leben. Unser Überlebenskampf begann erst nach der Kapitulation. Ich habe Dir nie davon geschrieben, denn die Not, den Hunger und die Verzweiflung kann man nicht beschreiben. Aber heute muss ich Dir etwas sagen. Ich musste für das Kind, für meine Mutter und mich selbst kämpfen. Ich war als Frau eines Reichsdeutschen bekannt. Das mag genügen, um Dir meine Lage zu schildern. Ich wurde viermal von Bärbel getrennt, um mit vielen anderen nach Sibirien geschickt zu werden; viermal konnte mich ein Mann vor diesem Schicksal bewahren. Als mein Kind im Sterben lag und kein Doktor zu Hilfe kam, brach ich zusammen. Ich wollte meinem Kind folgen. Doch man kam mir zuvor, und der Kampf ging weiter. Von der ersten Stunde meiner Verzweiflung an half mir ein Mann, der mich immer als Mutter und als Frau eines anderen behandelte. Doch nun hat er sich nach fast drei Jahren seinen Lohn geholt.

Ich kann in diesem Brief nichts schwören, denn ich fühle mich leer und tot. Aber so ehrlich unser gemeinsames Leben gewesen ist, so ehrlich sollen diese letzten Zeilen sein. Ich habe keine Schuld zu beichten, keine Tränen zu vergießen. Ich habe nur den einen Glauben, dass Gott Dir helfen wird, meinen Worten zu vertrauen. Nach kurzem Schmerz wirst Du wieder Dein Glück finden. Für mich wird es nur Verzweiflung und die Hoffnung geben, dass Gott mich nicht verlässt und mich in meiner dunklen Stunde zu sich rufen wird, so dass ich mit meinem Kind vereint sein kann. Im Vertrauen auf seine Hilfe nehme ich Abschied von Dir und von meinem Leben. Ich kann nicht mehr schreiben. Ich kann Dich nur anflehen, bitte glaub mir. Ich bin ohne Schuld. Lebwohl Hans.»

Johannes Kostka bat US-Vertreter, sich bei der polnischen Regierung dafür zu verwenden, der Ausweisung seiner Frau Priorität zu geben, bevor sie ihre Selbstmordabsicht in die Tat umsetzte; nach ihrer Vergewaltigung war sie schwanger geworden.[1] Da sich die USA nur mit Vertreibungen aus der Tschechoslowakei und Ungarn befassten, wurde der Brief mit der Bitte um weitere Bearbeitung an die britische Botschaft in Warschau weitergeleitet. Vier Monate später antwortete die Botschaft dem Außenministerium in London. Sie stimmte zu, dass Johannes Kostka zweifellos in einer «Notlage» sei. Allerdings «verschafft jedes Eintreten unsererseits zugunsten eines deutschen Bürgers bei der polnischen Regierung den hiesigen Behörden nur Propagandamaterial gegen uns. Wenn dieses Eintreten überhaupt etwas bewirkt, dann macht es die Situation für die betroffene Person in Polen nur noch schwieriger. Zudem sind die polnischen Behörden der strikten Ansicht, dass die Ausweisung von Deutschen eine rein polnische Angelegenheit ist, in die wir uns nicht einzumischen haben. Solange Ihnen also nicht sehr stark an diesem Fall gelegen ist, empfehlen wir, ihn fallen zu lassen.» Dem Außenministerium war nicht sehr stark daran gelegen, also wurde er fallen gelassen.[2]

Der Fall Kostka zeigt die offizielle westliche Reaktion auf das offenkundige Scheitern des Vertreibungsprojekts, die im Potsdamer Abkommen vereinbarten «geordneten und humanen» Standards einzuhalten. Wie in fast jedem

Fall, in dem die Frage der Linderung der Not von Vertriebenen aufkam, war die erste und wichtigste Erwägung das nationale Interesse der Westmächte. Die zweite war die fatalistische Voraussage, jede Handlung dieser Art sei entweder zum Scheitern verurteilt oder werde eine schädliche Wirkung haben – meistens, wie in diesem Fall, entgegen aller Logik und den Tatsachen der Situation. Drittens wiesen die westlichen Demokratien, obwohl die Vertreibungen in Einklang mit der erklärten Politik der Angloamerikaner standen und ihre bereitwillige Teilnahme und Mitarbeit erforderten, jegliche Verantwortung für das daraus entstehende Leid zurück, das sie zum alleinigen Problem der Vertreibungsstaaten und der Deutschen selbst erklärten.

Gegen diese Regierungslinie konnten Einzelpersonen und Nichtregierungsorganisationen wenig ausrichten, die versuchten, wenigstens die schlimmsten Auswirkungen der Vertreibung zu lindern, wenn sie sie schon nicht beenden konnten. Das größte Hindernis für sie war die Entschlossenheit der siegreichen Alliierten, die Volksdeutschen von jeder Form internationalen Schutzes oder Beistands auszuschließen. Dies verwehrte ihnen mehr als nur Nahrung, Kleidung und Unterkunft. Solange diese Regel galt, gab es keine Organisation, die befugt war, sie vor den Vertreibungsstaaten oder den alliierten Militärregierungen in Deutschland zu vertreten. Dadurch konnten humanitäre Organisationen wie das Rote Kreuz theoretisch daran gehindert werden, auch nur die geringste in ihrer Macht stehende Hilfe zu leisten, was oft auch geschah. Außerdem gab es keine nationale oder internationale Organisation, an die sich unmenschlich behandelte Volksdeutsche wenden konnten. Paradoxerweise war der rechtliche Status von Frauen und Kindern, die den größten Anteil der Vertriebenen ausmachten, weit niedriger als der von Waffen-SS-Mitgliedern, die als frühere Angehörige des deutschen Militärs von der Genfer Konvention geschützt waren. Daher konnten die Fürsprecher der Vertriebenen kaum mehr tun, als öffentliche Aufmerksamkeit zu wecken. Zwar hatten sie damit begrenzte Erfolge, doch war es nie genug, um den Ablauf der Vertreibungen beeinflussen zu können. Dies ist eine bemerkenswerte Tatsache. Obwohl die Vertreibungen und ihre Folgen nicht versteckt werden konnten und es auch nicht wurden, nahmen wenige Europäer außerhalb der betroffenen Staaten und noch weniger Amerikaner davon Kenntnis. Keine der abschiebenden oder aufnehmenden Regierungen war zu irgendeiner Zeit durch öffentlichem Druck gezwungen, eine einmal begonnene Maßnahme zu verändern. Außerhalb der kommunistischen Welt gibt es wahrscheinlich keine Episode von vergleichbarem Ausmaß in der modernen Geschichte, in der die Ausführenden derart unbehelligt von externer Aufmerksamkeit handeln konnten.

Ein Teil dieser Blindheit war bewusst und mutwillig. Seit 1943, als immer klarer wurde, dass ein alliierter Sieg wahrscheinlich, wenn nicht sogar sicher war, hatte man im Westen die Frage der deutschen Kollektivschuld für den Nationalsozialismus und seine Verbrechen intensiv diskutiert. Gegen Ende des Krieges war die Debatte weitgehend entschieden. Meinungsumfragen in Großbritannien zeigten, dass die große Mehrheit keinen Unterschied zwischen «gewöhnlichen Deutschen» und «Nazis» machte; ähnliche Umfragen in den USA zeigten die Ansicht der Amerikaner, dass Deutschland nicht hart genug behandelt wurde. In Frankreich ergab eine Umfrage, dass 59 Prozent der Befragten für die Vertreibung zumindest einiger Deutscher waren.[3] Obwohl viele Bürger im Westen vielleicht nicht die polnische und tschechoslowakische Ansicht teilten, die jeweiligen deutschen Minderheiten hätten der Barbarei den Verrat hinzugefügt und seien daher noch schuldiger als die Einwohner des Altreichs, teilten sie doch weitgehend die Ansicht Hubert Ripkas, dass «der Nazismus nur die moderne Form und ein Kulminationspunkt eines brutalen Pan-Germanismus war, von dem die Köpfe und Herzen der Deutschen vollkommen durchdrungen waren».[4] Und manche meinten sogar, es sei angemessen, wenn auch Kinder den Preis für die NS-Verbrechen zahlten. Als das National Peace Council in London die Briten im September 1945 dazu aufforderte, verminderte Lebensmittelrationen zu akzeptieren, damit vertriebene Frauen und Kinder versorgt werden könnten, verurteilte ein Korrespondent des *Daily Herald* jene Landsleute, die immer noch «freundschaftliche Gefühle für dieses Volk mörderischer weißer Wilder» aufbrachten. Ein von 60 *War Workers* unterzeichneter Brief war noch deutlicher; er forderte, dass Deutsche «ebenso wie die griechischen und russischen Männer, Frauen und Kinder unter der Nazibesatzung» hungern sollten.[5] Sogar einige Vertreter der Alliierten Militärregierung in Deutschland wie Goronwy Rees waren der Meinung, massenhafte Todesfälle unter den Vertriebenen seien zwar kein Kriegsziel der Alliierten, aber auch nicht sehr wichtig im Vergleich zu dem Ziel, der Sowjetunion keinen vermeidbaren Grund zur Unzufriedenheit zu geben: «Es ist unvermeidlich, dass

Milllionen von Deutschen im kommenden Winter sterben werden. Es ist unvermeidlich, dass Millionen von Heimatlosen, die Deuschland ziellos in alle Richtungen durchwandern, keine andere Zuflucht als das Grab finden werden. Diese Tatsachen ließen sich, wenn überhaupt, nur durch eine universale philantropische Anstrengung ändern, die den Ausgang des Krieges umkehren würde. [...] Die wahre Gefahr in Deutschland liegt nicht darin, dass Millionen Deutsche im Winter verhungern, erfrieren [...] und sterben müssen; sie liegt darin, dass die Deutschen aus ihren Elend die Gelegenheit schaffen, [...] die Einheit der Alliierten zu zerstören, die sie besiegt haben.»[6]

Zwar waren solche Ansichten keineswegs ungewöhnlich, drückten aber nicht die Meinung der Mehrheit aus. Westliche Bürger fanden, dass zwar alle Deutschen mit Ausnahme von Kleinkindern zumindest einen Teil der Verantwortung für den Krieg trugen und dafür Bestrafung verdienten, stimmten aber nicht zu, dass jede Form der Strafe berechtigt sei. Obwohl ein Bericht des Londoner *Daily Express* die Ansicht vertrat, die «wilden Vertreibungen» hätten einen heilsamen Effekt und würden die Deutschen lehren, dass «Krieg sich nicht auszahlt», riefen die meisten Zeitungsartikel über den Zustand der in Berlin ankommenden Vertriebenen im Sommer 1945 eine kurzlebige, aber scharfe Reaktion hervor. Ein Protest an Ernest Bevin vom Ortsverein der Peace Pledge Union in Coventry, der die Vertreibungen als «absolute Dummheit» beschrieb, wurde vom Außenministerium als «einer von unzähligen Briefen, die wir in dieser Frage bekommen haben», bezeichnet. Bis Ende September trafen so viele ein, dass der Beamte Jack Troutbeck eine Musterantwort an alle künftigen Absender verfasste.[7] Zwei Abordnungen besuchten im September und Oktober Clement Attlee; die eine war von George Bell, dem Bischof von Chichester, organisiert und vertrat die christlichen Kirchen, die andere war eine parteienübergreifende Gruppe unter Führung von Sir William Beveridge. Sie baten den Premierminister, alle notwendigen Schritte zu unternehmen, um den Vertriebenen zu helfen und weitere Vertreibungen zumindest während des kommenden Winters zu stoppen. Zwar ging der Premier etwas barsch mit den Geistlichen um und gab ihnen zu verstehen, die Deutschen bezahlten «die gerechte Strafe» für ihre Rolle im Krieg und «das besondere Problem der deutschen Flüchtlinge aus Osteuropa sei keines, für das die Regierung in irgendeiner Weise verantwortlich war». Seine deutlich mildere Antwort an die zweite

Gruppe, deren Zielen gegenüber er «große Sympathie» bekundete, zeigte aber, dass britische Politiker das Risiko erkannten, die Frage könne ein «Cause célèbre» werden.[8]

Für kurze Zeit schien es, als könnte das tatsächlich passieren. Das Chaos, in dem die «wilden Vertreibungen» versanken, veranlasste jene Meinungsmacher, die schon ihre Ablehnung dieser Maßnahmen zum Ausdruck gebracht hatten, die Öffentlichkeit genau daran zu erinnern. Dass diese schlimmen Geschichten genau zu dem Zeitpunkt ans Licht kamen, als die Prozesse gegen die überlebenden Kriegsverbrecher in Nürnberg begannen, verstärkte die öffentliche Beunruhigung. In einem Brief an die *Times* lenkte der Philosoph Bertrand Russell die Aufmerksamkeit auf die Tatsache, dass einer der Anklagepunkte gegen die NS-Größen ihre Beteiligung an «Deportation und anderen unmenschlichen Akten gegen die Zivilbevölkerung» war: «In Osteuropa werden jetzt Massendeportationen unerhörten Ausmaßes von unseren Verbündeten durchgeführt. [...] Dies gilt nicht als kriegerische Handlung, sondern als Teil einer bewussten ‹Friedens›-Politik. [...] Sind Massendeportationen Verbrechen, wenn sie von unseren Feinden während des Krieges durchgeführt werden, und gerechtfertigte Maßnahmen sozialer Anpassung, wenn unsere Verbündeten sie im Frieden veranlassen? Ist es humaner, alte Frauen und Kinder zu vertreiben und in der Ferne umkommen zu lassen, als Juden in Gaskammern zu vergiften? Können die Personen, die für den Tod jener, die nach der Vertreibung gestorben sind, Verantwortung tragen, als weniger schuldig gelten, weil sie die Leiden ihrer Opfer weder sehen noch hören? Soll das Kriegsrecht künftig das Töten feindlicher Staatsangehöriger rechtfertigen, nachdem der Widerstand des Feindes beendet ist?»[9]

Andere Kritiker wiesen darauf hin, dass die Doktrin der «Kollektivschuld» ein zweischneidiges Schwert sei. Der linksgerichtete Verleger Victor Gollancz, der selbst aus einer jüdischen Familie stammte, betonte häufig: «Wenn wirklich jeder Deutsche für Belsen verantwortlich war, dann sind wir als Mitglieder einer Demokratie und nicht eines faschistischen Staates ohne freie Presse und Parlament individuell und kollektiv dafür verantwortlich», was im Namen Englands deutschen Frauen und Kindern widerfahre.[10] In den folgenden zwei Monaten organisierte Gollancz mehrere erfolgreiche Protestversammlungen, deren größte die Royal Albert Hall füllte.[11] Auf Anregung der Bischöfe Bell von Chichester und Garbett von York verurteilte eine Synode der anglikanischen Kirche die Vertreibungen einstimmig als «Verstoß gegen das Prinzip der Humanität, das die Alliierten zu beachten verpflichtet sind».[12] Doch beinahe so schnell, wie sich die Welle der öffentlichen Aufmerksamkeit erhoben hatte, ebbte sie auch wieder ab. Die von Gollancz ins Leben gerufene und hastig zusammengewürfelte Organisation Save Europe Now machte einen gravierenden taktischen Fehler, als sie an die Briten appellierte, einer freiwilligen Verringerung der Lebensmittelrationen zuzustimmen, damit Vertriebene und andere hungernde Europäer ernährt werden konnten. Obwohl etwa 60 000 Menschen, die hauptsächlich religiösen oder Friedensgruppen angehörten, dem Aufruf folgten, erwies sich die Idee als weitgehend unpopulär.[13] Nach sechs Jahren der Kriegsentbehrungen sträubten sich die Briten entschieden gegen jeden Vorschlag, ihren Lebensstandard noch weiter einzuschränken, vor allem zugunsten früherer Feinde.[14] Air Force-Marschall Philip Joubert de la Ferté drückte vermutlich die Stimmung seiner Landsleute im *Observer* wesentlich zutreffender als Save Europe Now aus: «Ich sähe es lieber, wenn meine Kinder, die in Freiheit und mit gutem Willen gegen jedermann aufwachsen, sich körperlicher Gesundheit erfreuen, als die Deutschen, die ihre Kraft vielleicht zur Kriegführung gegen eine neue Generation verwenden können.»[15] Save Europe Now wurde auch schnell durch eine schleichende Ausweitung seiner Ziele geschwächt, da es sich zunehmend mit der Bereitstellung von Büchern und Zeitungen in Deutschland und der vorzeitigen Entlassung von Kriegsgefangenen der Alliierten befasste. Schließlich wurden Ende November 1945 viele Menschen durch die Ankündigung des Endes der «wilden» und des Beginns der «organisierten» Vertreibungen in dem Glauben bestärkt, dass die Probleme der Vertriebenen angemessen behandelt würden. Trotz ihrer guten Absichten taten Save Europe Now und ähnliche Gruppen mehr dafür, das moralische Unbehagen der Briten zu beschwichtigen, als das Elend der Deutschen zu lindern. Matthew Frank fasst dies ein wenig sarkastisch, aber dennoch zutreffend so zusammen: «Während der Vertreibungen und der deutschen Flüchtlingskrise konnten sich die Briten den Spiegel vorhalten, und alles in allem gefiel ihnen, was sie sahen.»[16]

Außerdem waren keinesfalls alle der Ansicht, die Vertreibungen würden inhuman durchgeführt. Zwischen den Kriegen hatte die tschechoslowakische Regierung viel in Auslandspropaganda investiert und dabei großen Erfolg gehabt. Dreh- und Angelpunkt dieser Bemühungen war die Dritte Abteilung des Außenministeriums, die einen großen und gut finanzierten Auslandsinformations- und -propagandadienst unterhielt. Zusätzlich zur Pflege von Beziehungen zu ausländischen Amtsinhabern und Meinungsmachern diente die Dritte Abteilung als «halboffizieller Verlag der Regierung, der Zeitungen, Broschüren und anderes PR-Material in allen europäischen Sprachen veröffentlichte».[17] Sie kontrollierte den Sender Central European Network in Genf. Indirekt leitete sie das Verlagsimperium Orbis, das nicht nur den europäischen Markt mit «pro-tschechoslowakischen Propagandatexten aller Art» bis hin zu Reiseführern versorgte, sondern auch die Werke freundlich gesonnener ausländischer Autoren wie Robert Seton-Watson und Lewis Namier verlegte, die andernfalls unrentabel gewesen wären. Sie subventionierte nicht weniger als 26 französische Zeitungen, Radiosender und Nachrichtenbüros, finanzierte wohlwollende britische Schriftsteller und sicherte sich positive Berichterstattung, indem sie Anzeigen in internationalen Zeitschriften schaltete. Dazu übernahm sie Recherchen, Themenvorschläge und Spesen für eine große Zahl ausländischer Journalisten und Autoren, die den einzigen in Versailles geschaffenen Staat besuchen wollten, der sein parlamentarisches System behalten hatte. Während der Amtszeit von Edvard Beneš als Außenminister konnte die Dritte Abteilung mit Recht von sich behaupten, dass sie «an fast jedem außerhalb der Tschechoslowakei verlegten Buch über tschechische Themen beteiligt war».[18] Obwohl dieser Aufwand für ein kleines und nur teilweise entwickeltes Land enorm hoch war, war das Geld gut angelegt. Zwischen den Kriegen war das kulturelle Diplomatieprogramm der Tschechoslowakei das bei Weitem erfolgreichste und anspruchsvollste in Europa. Ihm war es im Wesentlichen zu verdanken, dass sich das Image der Tschechoslowakei als Modelldemokratie nach westlichem Vorbild so lange hielt – sogar nachdem die Regierung mit der Verabschiedung eines Ermächtigungsgesetzes 1933 das Parlament zunehmend auf eine Weise durch Notverordnungen umging, die in mancher Hinsicht an die Spätphase der Weimarer Republik erinnerte.

Nach dem Krieg übernahmen ehemalige Mitglieder der Dritten Abteilung erneut die Aufgabe, ein Bild der Tschechoslowakei herzustellen, das widerspiegelte, was westliche Bürger in ihr und in sich selbst sehen wollten. Diese Zielsetzung wurde dadurch unterstützt, dass besonders in Großbritannien viele einflussreiche Medienvertreter tief beschämt darüber waren, wie ihr Land die Tschechoslowakei 1938 verraten hatte. Gewöhnliche Briten wollten ihre eigene unrühmliche Haltung jener Zeit auf die verachteten Appeaser projizieren; «München» war in London wie in Prag zum Schimpfwort geworden. Die offensichtliche Orientierung der Tschechoslowakei hin zur UdSSR nach dem Krieg, die scheinbar mit der Wahl einer Labour-Regierung in Großbritannien zusammenpasste, verschaffte dem Land viele neue Freunde in linken Kreisen. Obwohl die wiederhergestellte Beneš-Regierung ausländische Journalisten nicht mehr so fürstlich bewirten konnte wie früher, war die pro-tschechoslowakische Einstellung in der britischen Presse in den entscheidenden Jahren 1945 und 1946 ebenso deutlich wie vor dem Krieg.

Die Beneš-Regierung überließ dennoch so wenig wie möglich dem Zufall. Im Außenministerium und im politischen Nachrichtendienst des Innenministeriums wurden detaillierte Dossiers über führende westliche Journalisten erstellt, ihren politischen und ideologischen Hintergrund, ihre Verbindungen und ihre frühere Einstellung gegenüber der tschechoslowakischen Politik. Der Reuters-Korrespondent Jon Kimche wurde als «kompetent» beschrieben, war aber nicht für seine wohlwollende Berichterstattung über die tschechoslowakische Republik bekannt. Michael Foot, ehemals Chefredakteur des Londoner *Evening Standard* und inzwischen Labour-Abgeordneter, war angeblich für die unangenehm große Aufmerksamkeit verantwortlich, die der parteinahe *Daily Herald* den dunkleren Aspekten der tschechoslowakischen Angelegenheiten widmete. «Es gab Warnungen über Foots Aktivitäten in Verbindung mit Jaksch», stand in einer Beurteilung seiner Karriere.[19]

Alles in allem hatten die Prager Behörden jedoch wenig Grund zur Beschwerde. Ralph Parker, im Sommer 1945 der dortige *Times*-Korrespondent, war ein früherer Spezialist des Außenministeriums für tschechoslowakische Angelegenheiten und dazu ein Kryptokommunist, der später Moskauer Bürochef des *Daily Worker* wurde.[20] In einem Brief an den *Times*-Chefredakteur Robin Barrington-Ward im Juli 1945 unterstrich er die Wichtigkeit, Großbritannien nicht als «unfreundlich gegenüber nationalen Bestrebungen» in Mitteleuropa darzustellen, indem man gegen Vertreibungen eintrete. Dazu hoffte er, dass die Großen Drei in Potsdam ihren ganzen Einfluss für das Projekt aufwenden würden.[21] Parkers Nachfolger Godfrey Lias hatte

1940 eine idealisierende Biografie über Beneš geschrieben und übersetzte später die Memoiren des Präsidenten. Maurice Hindus, der Prager Korrespondent der *New York Herald Tribune*, hatte ebenfalls lobhudelnd protschechoslowakische Veröffentlichungen geschrieben, darunter ein Buch, in dem er das Land als «Festung des Humanismus» feierte – praktisch eine Sammlung von Argumenten der Dritten Abteilung.[22] Manche Journalisten wie George Bilainkin von der Londoner *Daily Mail* hielten es für ihre Pflicht, beim Beschreiben der Vertreibungen vom freundlichen Bericht zur offenen Parteinahme überzugehen. In einem Interview mit Beneš im November 1945 fragte Bilainkin den Präsidenten: «Wie kann ich Ihnen am meisten helfen?» Beneš bat ihn, «den Leuten begreiflich zu machen», dass kein Weg um die Vertreibung der Deutschen herumführe. Das versprach ihm Bilainkin, denn er hielt es «für das Mindeste, was ich der Tschechoslowakei schulde, diesem am längsten leidenden Märtyrer der modernen Geschichte».[23]

Die willige Kooperation solcher ausländischen Sprachrohre half den Bemühungen der tschechoslowakischen Regierung, die internationale Aufmerksamkeit von den unschönen Aspekten der Vertreibungen abzulenken. Nachdem beispielsweise Eric Gedyes Enthüllung über die Zustände im Lager Hagibor erschien, besuchte der Parlamentarier Tom Williamson, ein Mitglied des Nationalen Exekutivkomitees der Labour Party, zehn Tage später Prag und versicherte seinen Gastgebern in einer Rede, «die Kommentare der britischen Presse sollten nicht zu ernst genommen werden und die Labour Party sei von der Notwendigkeit überzeugt, die Deutschen umzusiedeln». Der demokratische Senator Claude Pepper aus Florida äußerte sich wenig später auf einer Pressekonferenz ganz ähnlich.[24] Für Sheila Grant Duff, die während des Krieges den tschechischen Dienst der BBC geleitet hatte, eng mit Hubert Ripka bekannt und Autorin eines höchst mitfühlenden Buchs über die München-Krise war, wurde rasch eine potemkinsche Tour arrangiert, damit sie Gedyes Vorwürfen im *New Statesman* und anderen Zeitschriften mit dem entgegentreten konnte, was sie den Lesern als Information aus erster Hand verkaufte.[25] George Bilainkin hatte man bereits eines der Lager in Liberec (Reichenberg) gezeigt, wo er «hübsche Schnittblumen» in einem Insassenzimmer vorfand und die «hervorragende Suppe» und das «frische und leckere» Brot lobte.[26] Der Reuters-Sonderkorrespondent in Prag, Guy Bettany, beruhigte seine Leser fälschlicherweise: «Vertreter des

Internationalen Roten Kreuzes haben jetzt die uneingeschränkte Möglichkeit, [die Lager] zu inspizieren und Vorschläge zu machen, und sind im Allgemeinen mit dem zufrieden,was sie dort vorfinden.»[27] Dennis Bardens vom *Sunday Dispatch*, zuvor Verbindungsoffizier bei der tschechoslowakischen Exilregierung in London, wurde für die Kampagne eingespannt und lieferte wie gewünscht einen Persilschein für die ihm vorgeführten Lager.[28] Sogar Journalisten, in die die Beneš-Regierung nicht so stark investierte, «betonten das Positive und wollten im Zweifelsfall für die Tschechen entscheiden. Wenn es Kritik gab, war man darauf bedacht, die Zentralregierung von jeder Verantwortung freizusprechen und die Schuld den örtlichen – ausnahmslos kommunistischen – Behörden zuzuschreiben.»[29]

Andererseits sahen die tschechoslowakischen Medien nahezu einstimmig den üblen Einfluss der Deutschen – und besonders den von Wenzel Jaksch – in jedem kritischen Kommentar, der in der ausländischen Presse erschien. So stellte Ezven Klingler in *Svobodné noviny*, dem führenden Organ des Landes, die rhetorische Frage: «Was weiß der britische Durchschnittsleser davon, dass der Redakteur für Auslandspolitik der ‹englischsten aller Zeitungen›, wie der *Manchester Guardian* oft genannt wird, ein Journalist deutscher Herkunft ist? [...] Wie kann der durchschnittliche Engländer feststellen, dass die meisten Artikel zur Auslandspolitik im *Observer* von einem Journalisten deutsch-polnischer Herkunft stammen? Wie kann er wissen, dass die *Tribune* mit Berichten von Leuten aus dem Dunstkreis von Wenzel Jaksch versorgt wird?»[30]

Klinglers Auswahl von Beispielen verkappter Pan-Germanen war nicht glücklich, da Frederick Voigt vom *Manchester Guardian* wohl der prominenteste NS- und Appeasement-Gegner in der europäischen Presselandschaft der dreißiger Jahre war. Sebastian Haffner vom *Observer*, das zweite Beispiel, war aus Deutschland nicht nur wegen seiner Abneigung gegenüber dem Nationalsozialismus geflohen, sondern auch, weil seine spätere Frau nach den Rassegesetzen der Nationalsozialisten «jüdisch» war und sie ein Kind von ihm erwartete.[31] Solche Details wurden von den wütenden tschechoslowakischen Befürwortern der Vertreibungen jedoch übersehen, die weiterhin jede ausländische Kritik «Jaksch und all denen» anlasteten, «die heute für die Autonomie der Sudetendeutschen und die Vereinigung des früheren Sudetenlandes mit Bayern eintreten».[32]

Polens amateurhafte Versuche des Nachrichtenmanagements waren weit weniger erfolgreich. Nur wenige Mitglieder der Nachkriegsregierung waren westlichen Journalisten ein Begriff; mit Ausnahme von Stanisław Mikołajczyk hatte keiner zuvor Verbindungen zu ihnen gehabt. Statt aber zu versuchen, den Kontakt zur Auslandspresse zu pflegen, gaben sich polnische Politiker und Medienvertreter entweder damit zufrieden, sie dafür anzuklagen, dass sie nicht die Notwendigkeit erkannten, die Deutschen hart anzufassen, oder sie lancierten Geschichten, die zeigen sollten, dass es keine schlechte Behandlung gab. Zur ersten Kategorie gehörte ein Artikel im *Dziennik polski*, dem Organ der Londoner Polen, der paradoxerweise eine marxistische Analyse der britischen Kritik an den «wilden Vertreibungen» aus den «Wiedererlangten Gebieten» lieferte. «Englands künftige deutsche Kunden, die künftigen Konsumenten englischer Waren, sind angesichts der zu erwartenden hohen Profite sozusagen bereits Englands Lieblinge geworden. Wie sonst sind englische Presseberichte zu verstehen, die die Ungerechtigkeiten der Polen gegenüber den Deutschen beklagen?»[33] Zur zweiten Kategorie gehörten zwei Interviews, die Mitglieder der britischen Verbindungsteams in Kaławsk und Szczcecin angeblich polnischen Journalisten gegeben hatten: «Der Transport der Aussiedler könnte nicht besser organisiert sein [...] die Aussiedler erfreuen sich bester Gesundheit, und die Transportbedingungen sind human [...] die Aussiedler verlassen Polen zufrieden.» Gegenteilige Berichte in der britischen Presse seien «eine ausgemachte Lüge». Beide Äußerungen wurden von ihren angeblichen Autoren dementiert.[34]

Man kann wohl sagen, dass angesichts der vorherrschenden Gleichgültigkeit der öffentlichen Meinung kein sehr anspruchsvolles Informationsmanagement notwendig war. In den USA hatten die Bemühungen von Menschenrechtsaktivisten und ihren Unterstützern sogar noch weniger Wirkung als Save Europe Now in England. In vielerlei Hinsicht verlief die Geschichte beider Bewegungen ähnlich. Wie in England kamen infolge der Berichterstattung aus Deutschland Bedenken über die Vertreibungen auf, besonders durch die persönlichen Berichte von Anne O'Hare McCormick in der *New York Times*. McCormick, die führende Auslandskorrespondentin dieser Jahre, hatte 1937 als erste Frau den Pulitzer-Preis für Journalismus gewonnen. Nach dem Krieg kehrte sie nach Europa zurück, wo sie den Wiederaufbau des Kontinents zu ihrem Hauptthema machte. Ihre schärfste Kritik am Vorgehen der Alliierten auf diesem Gebiet hob sie sich für das Vertreibungsprogramm auf, das ihrer Ansicht nach ein Verrat an den Idealen war, für die man im Krieg gekämpft hatte. Im Oktober 1946 schrieb sie: «Das Ausmaß dieser Umsiedlung und die Bedingungen, unter denen sie stattfindet, sind beispiellos in der Weltgeschichte. Niemand, der ihre Schrecken selbst mit ansieht, kann daran zweifeln, dass sie ein Verbrechen gegen die Menschlichkeit ist, für die die Geschichte schreckliche Rache nehmen wird.»[35] Ihre Kollegin, die für mehrere Zeitungen schreibende Kolumnistin Dorothy Thompson, die selbst mit einem Tschechen verheiratet war, ging noch einen Schritt weiter. In Zusammenarbeit mit dem internationalistisch-republikanischen Rundfunkjournalisten Christopher Emmet und anderen führenden Intellektuellen aus dem linken wie dem rechten Spektrum der amerikanischen Politik wie John Dewey, Sidney Hook, A. Philip Randolph, Norman Thomas und Oswald Garrison Villard wirkte sie bei der Gründung des in New York ansässigen Committee Against Mass Expulsions (CAME) mit. Das Komitee versuchte die amerikanische Öffentlichkeit durch Versammlungen und Broschüren zu mobilisieren; letztere basierten weitgehend auf Augenzeugenberichten westlicher Journalisten und Offiziere, die recht genau die menschlichen Konsequenzen der Vertreibungen in der Tschechoslowakei und in Polen beschrieben. 1947 wurden 10 000 Exemplare der ersten CAME-Broschüre mit dem Titel *The Land of the Dead* verkauft, und Freiexemplare der zweiten, *Men Without the Rights of Men*, gingen im Jahr darauf an alle US-Kongressmitglieder und britischen Parlamentarier, dazu an alle Universitätsbibliotheken in den USA und Kanada sowie an die Leitartikler von 1500 Zeitungen.[36] Darin war zu lesen: «Indem wir dem Irrlicht rassisch reiner europäischer Staaten folgen, verschlimmern wir nur die Nationalismen, die in der Vergangenheit Europas Kriege heraufbeschworen haben.»[37] Darüber hinaus wies die aus den Vertreibungen gezogene Lehre unausweichlich darauf hin, dass massenhafte Umsiedlungen nicht ohne massive Menschenrechtsverstöße umgesetzt werden konnten; hierfür trügen die Alliierten wie auch die Vertreibungsländer die volle Verantwortung.

CAME wurde jedoch von der deutschfeindlichen Society for the Prevention of World War III unter Vorsitz des Krimiautors Rex Stout bekämpft, die von Eleanor Roosevelt, dem CBS-Journalisten William Shirer, später Autor des Bestsellers *Aufstieg und Fall des Dritten Reiches*, und dem demokratischen Senator Harley Kilgore aus West Virginia unterstützt wurde.[38] Sie geriet auch durch die American Friends of Czechoslovakia unter Beschuss, deren Ehrenvorsitzender Beneš persönlich war und die mit einer noch eindrucksvolleren Riege gut vernetzter Mitglieder aufwarten konnte, darunter Nicholas Murray Butler, Präsident der Columbia University, und James T. Shotwell, Berater des Außenministeriums und Präsident der Carnegie-Stiftung für Internationalen Frieden. Diese Organisation attackierte die Enthüllungen von CAME heftig und betonte, während der ersten Phase der Vertreibungen in der Tschechoslowakei seien «die meisten der Ausgewiesenen Mitglieder der Gestapo, der SS, Reichsbeamte oder Reichsflüchtlinge» gewesen.[39] Obwohl die Friends of Czechoslovakia es nie schafften, die Aussagen von CAME zu diskreditieren, nahm die Auseinandersetzung zwischen den Gruppen die Form eines privaten Streits über ein fernes Land an, über das die meisten Amerikaner nichts wussten. Der wesentliche Faktor, der die Propagandakampagne von CAME lähmte, war jedoch die Tatsache, dass sie erst richtig in Gang kam, als die organisierten Vertreibungen schon weitgehend abgeschlossen waren. Folglich blieb unklar, was die Organisation von der Politik wollte, da sie nicht dafür eintrat, die Vertriebenen wieder in ihre Heimat zurückkehren zu lassen.

Die Aufmerksamkeit, die führende Medienvertreter wie Anne McCormick oder Dorothy Thompson und Gruppen wie CAME auf die Menschenrechtsverletzungen lenkten, bewirkte zumindest, dass Politiker und andere, die für Umsiedlungen eingetreten waren, sich von ihren früheren Aussagen distanzierten. Winston Churchill, dessen politisches Gespür äußerst fein war, gehörte zu den ersten, die erkannten, dass seine Stellung als einer der Urheber der Vertreibungen nicht dazu angetan war, sein Ansehen vor der Geschichte zu verbessern. In einer Rede vor dem Unterhaus im August 1945 gab er sich einem typisch Churchillschen Vergießen von Krokodilstränen über die Konsequenzen der eigenen Politik hin: «Besonders beschäftigen mich in diesem Augenblick die Berichte, die uns über die Bedingungen zukommen, unter denen die Vertreibung und der Auszug der Deutschen aus dem neuen Polen durchgeführt werden. Vor dem Krieg lebten acht bis neun Millionen Menschen in diesen Gebieten. [...] Spärliche und vorsichtige Berichte über die Dinge, die vor sich gingen und gehen, sind durchgesickert; es ist aber nicht ausgeschlossen, daß eine Tragödie ungeheuren Ausmaßes sich hinter dem Eisernen Vorhang, der Europa gegenwärtig entzweischneidet, abspielt. Ich würde jede Erklärung des Premierministers begrüßen, die uns beruhigt oder zumindest über diese höchst schmerzliche Angelegenheit informiert.»[40]

Erstaunlicherweise stellte mit Ausnahme des Labour-Abgeordneten und Journalisten Michael Foot niemand diese Selbstentlastung in Frage.[41] Dass man es aber als nötig empfand sicherzustellen, dass die westlichen Demokratien nicht für ihre Handlungen zur Verantwortung gezogen würden, führte 1949 und 1950 zu einem noch außergewöhnlicheren und eigennützigeren Manöver des US-Repräsentantenhauses. Auf Betreiben des Justizausschusses unternahm ein vom demokratischen Abgeordneten Francis E. Walter geleiteter Unterausschuss im September 1949 eine dreiwöchige Recherchereise durch Deutschland und Österreich. Ziel war es, den «Irrtum der Theorie von einer amerikanischen Mitverantwortung für die Entwurzelung deutscher Vertriebener und Flüchtlinge» aufzuzeigen. Der Unterausschuss kam zu dieser einfallsreichen Schlussfolgerung, indem er sich selbst einredete, «ein sehr großer Anteil der Deutschen [sei] schon vor der Potsdamer Konferenz aus Osteuropa vertrieben worden», ein «großer und spontaner Exodus deutscher Staatsangehöriger» habe ihre Zahl weiter verringert, und was den Rest anbetraf, hätten die USA «dem Wortlaut von Artikel XIII [des Potsdamer Abkommens] nur zugestimmt, weil sie a) die unvermeidliche Vertreibung der noch in Osteuropa verbliebenen Deutschen geordneter und humaner gestalten wollten, und b) das besetzte Deutschland für jene öffnen wollten, die vor der Deportation in entfernte subpolare Gebiete Sowjetrusslands standen, was ihrer Vernichtung gleichgekommen wäre. Die Akten der Potsdamer Konferenz machen diese Tatsachen deutlich.»[42]

So fadenscheinig und durchsichtig die Behauptungen des Walter-Ausschusses auch waren, so signalisierten sie doch eine Veränderung in der Einstellung gegenüber den Vertriebenen. Zuvor hatte man sie allgemein als Urheber ihres eigenen Unglücks betrachtet. Sogar die australische Zeitung *Mercury* hatte ihre Vertreibung als gerechte Strafe dafür begrüßt, dass sie sich als «Verräter im eigenen Haus» und eine «riesige kompakte Fünfte Kolonne» gezeigt hätten, die in den dreißiger Jahren hindurch geduldig auf Befehle aus Berlin gewartet habe, um ihre jeweiligen Länder an Hitlers Invasoren zu verraten.[43] Zum Teil aus diesem Grund waren die Vertriebenen ausdrücklich von jeglicher Hilfe durch internationale Hilfsorganisationen ausgeschlossen worden, einschließlich der UN-Nothilfe- und Wiederaufbauverwaltung (UNRRA) und der Internationalen Flüchtlingsorganisation (IRO).[44] Sogar das Internationale Komitee vom Roten Kreuz «sah davon ab, seine Meinung über die eigentliche Vertreibungsentscheidung zu äußern, da dies eine politische Frage war, für die allein die betroffenen Regierungen verantwortlich sind», und beschloss Ende 1946, Hilfsaktionen für Zivilisten völlig einzustellen.[45] Danach beschränkte das IKRK sich darauf, die Frage der Lebensbedingungen der Vertriebenen bei den Regierungen vorzubringen, mit denen seine Delegationen verbunden waren, und Hilfsgüter aus anderen Quellen zu verteilen. Nur die Schweiz, Irland und Schweden, die während des Krieges neutral geblieben waren, schlossen die Deutschen nicht von den Hilfsfonds aus, die sie zur Unterstützung der Bedürftigen in Europa an das IKRK spendeten. So wertvoll ihre Hilfe eher vom psychologischen als vom materiellen Standpunkt aus war, reichte sie doch nicht annähernd aus. 1949 stellte der Weltkirchenrat fest, die deutschen kirchlichen Wohlfahrtsorganisationen hätten den Vertriebenen mehr Hilfe geleistet als alle anderen nationalen und internationalen Organisationen zusammen.[46]

Was die christlichen Kirchen anbetraf, waren kleine Hilfsleistungen aus bestehenden Fonds alles, was sie zu geben bereit waren. Ein größerer Hilfsaufruf zugunsten der deutschen Vertriebenen hätte zumindest eine öffentliche Stellungnahme für sie erfordert, und dazu war keine von ihnen bereit. Obwohl der Großteil der Vertriebenen katholisch war, hielt sich der Vatikan mit einem Protest gegen die Massendeportationen auffällig zurück. Es steht außer Frage, dass Papst Pius XII. sie theoretisch und praktisch entschieden ablehnte. Bei einem privaten Treffen mit drei amerikanischen Kongressabgeordneten sagte er, «die Notlage von Millionen, die sich nun die schreckliche Bezeichnung ‹Vertriebener› gefallen lassen müssen, sei nicht länger nur ein Grund für Beschämung und Bedauern», und «er sei fest dazu entschlossen, dieses gewaltige Gespenst menschlichen Elends für immer aus dem Gewissen der Menschheit zu tilgen».[47] Der Papst war zudem sehr über die Art und Weise betrübt, wie die Kriegskonflikte die katholische Kirche in den Nachkriegsjahren gespalten hatten. Der Historiker Michael Phayer merkt dazu an: «Als Pius erfuhr, dass Kardinal Hlond nach dem Krieg den Gebrauch der deutschen Sprache in der Liturgie überall dort in Polen verbot, wo noch katholische Volksdeutsche lebten, weinte er.»[48] Doch der persönliche Schmerz war größer als das öffentliche Engagement – abgesehen von der indirekten Methode, dass der Vatikan bis zum Juni 1972 «apostolische Verwalter» statt Bischöfe für die «Wiedererlangten Gebiete» einsetzte.[49] Die katholische Kirche ist zurecht wegen ihrer zurückhaltenden Reaktion auf die Judenverfolgungen im Krieg kritisiert worden, bezog aber anschließend auch keine aktivere Position zugunsten der Vertriebenen. Es ist gut möglich, dass zwischen beidem eine Verbindung bestand und die Kirche in der Nachkriegszeit zögerte, sich der Kritik auszusetzen, sie sei besorgter um die Deutschen als um diejenigen, die beinahe von ihnen vernichtet worden waren. Aber obwohl einzelne Priester und Bischöfe in Mitteleuropa und den USA Massenvertreibungen als unvereinbar mit den Gesetzen Gottes verurteilten, tat der Heilige Stuhl das zu keinem Zeitpunkt. Es ist jedoch nur fair anzumerken, dass auch kein Leitungsgremium irgendeiner anderen christlichen Glaubensgemeinschaft so etwas tat.

Gegen Ende der vierziger Jahre kamen Politiker und andere – darunter General Lucius D. Clay, Sir Brian Robertson und der Walter-Ausschuss – zu dem Schluss, das Vertriebenenproblem sei nur durch umfangreiche deutsche Emigration zu lösen.[50] Besonders die französische Regierung fürchtete die Konsequenzen einer größeren deutschen Bevölkerung als in den Vorkriegsjahren, die in einem um ein Viertel kleineren Land zusammengepfercht war. Aus der Pariser Perspektive war es nur eine Frage der Zeit, bis neue Forderungen nach Lebensraum den europäischen Frieden stören würden. Ungeachtet der Intensität und Langlebigkeit der deutsch-französischen Feindschaft begann also Georges Bidaults Nachkriegsregierung die Möglichkeit auszuloten, eine nicht unbeträchtliche Zahl deutscher Vertriebener als Einwanderer aufzunehmen, um sowohl die französischen Kriegsverluste auszugleichen als auch anderen Ländern ein Vorbild zu geben. Schon im Oktober 1945 hatte der französische Botschafter in Prag erstmals das Interesse seiner Regierung angedeutet, bis zu einer halben Million Sudetendeutsche in Frankreich oder in den französischen Kolonien aufzunehmen. Paris, so sagte er, «hatte festgestellt, dass sich die Deutschen leicht anpassten und gute Staatsbürger waren. In dieser Hinsicht waren sie potenziell bessere französische Bürger als Polen oder Italiener.»[51] Durch eine Zuwanderung von Deutschen könnte man, so glaubten französische Politiker, zwei Fliegen mit einer

Klappe schlagen: den deutschen nationalen «Genpool» schwächen und zugleich den französischen stärken. Ebenso wie im Rest Europas, hatten die französischen Behörden dabei insbesondere Kinder im Auge. Denn ein Kind sei, wie es Pierre Pflimlin ausdrückte, «der ideale Immigrant, da es eine menschliche Ressource darstellt, deren Wert sicher ist. Denn es wird sich garantiert assimilieren.» Aus diesem Grund setzte sich Raymond Bousquet, ein höherer Beamter des französischen Außenministeriums, besonders für die Aufnahme von «deutschen Waisen» aus den ehemaligen deutschen Ostgebieten ein. «Neben unserem Interesse daran, den romanischen Anteil an unserer Bevölkerung durch einen nordischen aufzuwiegen, wird diese Einwanderung auch den Vorteil haben, wenigstens teilweise den deutschen Bevölkerungsüberschuss zu absorbieren, der eine dauernde Bedrohung für Frankreich darstellt.»[52]

Bei der Außenministerkonferenz im März 1947 erklärte Bidault formell seine Bereitschaft, die Einwanderung von Deutschstämmigen beginnen zu lassen. In der Tat war die Bevorzugung deutscher Einwanderer durch die französische Regierung so deutlich, dass sie die energischen britischen Überredungsbemühungen ablehnte, stattdessen polnische Displaced Persons aus alliierten Lagern aufzunehmen. Sie riet London, die Polen «in Deutschland zu lassen, um dem teutonischen Stamm ein friedliches slawisches Element hinzuzufügen, während die Deutschen nach Frankreich auswandern sollten, um gallisiert und zivilisiert zu werden».[53]

Sie war nicht die einzige Regierung, die so dachte. Als in der Nachkriegszeit besonders in Schlüsselindustrien der Mangel an Arbeitskräften schmerzhaft spürbar wurde, richteten auch andere Länder ein neugieriges Augenmerk auf ein besonders wertvolles Fachkräftereservoir. Die schwedische Regierung stellte im Sommer 1947 einen formlosen Antrag auf 2000 Sudetendeutsche und präzisierte, es sollten möglichst Arbeitskräfte aus Ingenieurwesen, Eisenproduktion, Glasherstellung, Textilindustrie, Streichholzherstellung und Viehzucht sein, dazu zwischen 20 und 45 Jahren alt und politisch unbelastet.[54] Norwegen bat die US-Besatzungsbehörden um 150 Metallarbeiter, Wartungstechniker, Werkzeugmacher und Textilarbeiter.[55] Textilhersteller in Großbritannien verlangten 5000 bis 6000 «unverheiratete sudetendeutsche Frauen [...] als zusätzliche Arbeitskräfte für unsere hauptsächlich im Textilbereich unterbesetzten Industrien».[56] Sogar in den fernen Südstaaten der USA wurden Deutschstämmige als Niedriglohnersatz für die schwarzen Landarbeiter angeworben, die während des Zweiten Weltkriegs in die Städte des Nordens und Westens abgewandert waren.[57]

Langjährigen Gegnern der Vertreibungen erschien es nur wie ein schlechter Scherz, dass die Länder, die sie ausgeführt hatten, die dadurch hervorgerufenen sozialen und wirtschaftlichen Probleme lösen wollten, indem sie deutsche Minderheitengebiete außerhalb der Landesgrenzen schufen. Anne McCormick geißelte den Vorschlag Bidaults und wies darauf hin, dass Frankreich, das bis zu diesem Zeitpunkt keine humanitären Einwände gegen eine «schreckenerregende Operation in menschlicher Entsorgung» gehabt hatte, nun erklärte, «der operative Eingriff, der Millionen von Menschen im Namen des Friedens heimatlos gemacht hat, bedroht jetzt den Frieden Frankreichs».[58] Deutsche Politiker lehnten den Plan strikt ab. Wenn das Land nun die relativ wenigen Fachkräfte unter den aufgenommenen Vertriebenen verlieren und nur die unproduktiven und nicht vermittelbaren Arbeitskräfte von den eigenen mageren Ressourcen unterhalten sollte, widersprach dies offensichtlich den deutschen Wirtschaftsinteressen.[59]

Tatsächlich verließen erstaunlich wenige einheimische oder vertriebene Deutsche das Land, als 1949 schließlich das alliierte Auswanderungsverbot aufgehoben wurde. Inzwischen zeigte der wirtschaftliche Aufschwung im Heimatland, dass die «Druckfaktoren», die eine Auswanderung befördert hätten, nicht mehr so stark waren. Die Vertriebenen, unter denen Frauen mit Familie in der Mehrheit waren, gehörten zu der demografischen Gruppe, die in fast allen Ländern und Epochen am wenigsten zur Auswanderung neigte. Da sie bereits eine traumatische Umsiedlung in ein neues und unbekanntes Land hinter sich hatten, ist es verständlich, dass nur wenige gleich die nächste wagen wollten. Aus diesen und anderen Gründen verließ eine auffallend geringe Anzahl Deutscher – nur 780 000 bzw. weniger als 2 Prozent der Bevölkerung – zwischen 1945 und 1961 das Land, um in Übersee zu leben. Der Anteil der Vertriebenen unter ihnen betrug weniger als die Hälfte.[60]

Dass die alliierten Staaten Deutsche aufnehmen wollten, zeigt aber, dass diese am Ende der vierziger Jahre grundlegend anders wahrgenommen wurden. Ein großer Teil des Wandels war das Ergebnis des Kalten Krieges, durch den die Sowjetunion NS-Deutschland als Hauptsymbol des politisch Bösen abgelöst hatte. Ein bezeichnendes Beispiel für die neue Ausdrucksweise war die Rede John Gibsons, des Leiters der US-Kommission für Displaced Persons, vor der ersten Gruppe von 500 «volksdeutschen» Einwanderern in die USA im Oktober 1951: «Diese Tage, von denen mir viele von Ihnen erzählt haben – der Tag, an dem Ihre Familie Haus und Heimat verlassen musste; der Tag, an dem eine Verhaftung stattfand; der Tag, an dem eine lange Lagerhaft begann; der Tag, an dem Sie erkannten, dass Sie nicht länger frei waren, sondern unterdrückte Opfer einer gottlosen Diktatur – das sind die Tage, die der heutige Tag auslöschen wird.»[61] Im westlichen Sprachgebrauch sollte nun auch der Begriff «Vertriebener» verschwinden; Deutschstämmige wurden stattdessen zu politischen Flüchtlingen erhoben – Opfern des Kommunismus und nicht der alliierten Politik. Es war eine Ausrede, welche die meisten von ihnen gern übernahmen, da sie offensichtlich dem Vorwurf vorzuziehen war, «Mitläufer der Fünften Kolonne» oder «Hitlers erste Anhänger» gewesen zu sein. Am Ende des 20. Jahrhunderts jedoch, als viele von ihnen ihren Lebensabend erreicht hatten, fühlten sie sich mit dieser bequemen Fiktion immer unwohler. Nach dem Zusammenbruch des Kommunismus sollten sie immer entschiedener ihre eigenen Geschichten erzählen und die Anerkennung durch andere suchen oder – wenn nötig – einfordern.

Kapitel 11

DER NEUBEGINN

Bei der Betrachtung der Vergangenheit widmen Historiker den wichtigsten Ereignissen naturgemäß die größte Aufmerksamkeit. Infolgedessen übersehen sie manchmal, was *nicht* geschah. Die erfolgreiche Neuansiedlung und Assimilation von zwölf bis 13 Millionen Vertriebenen, von denen ein Zehntel sich in der neuen Heimat zunächst kaum verständlich machen konnte, ist dafür ein gutes Beispiel. Rational betrachtet, war das «Abladen» einer riesigen verarmten und traumatisierten Bevölkerungsgruppe in einem zerbombten Land, das sie nicht haben wollte und wo keine Vorbereitungen für ihre Aufnahme getroffen worden waren, ein Rezept für eine Katastrophe. 1919 hatten die Alliierten Deutschland in Versailles einen strengen Friedensvertrag auferlegt; dies trug 14 Jahre und eine Wirtschaftskrise später zum Machtantritt Adolf Hitlers bei. In jeder Hinsicht bot die Lage 1945 viel düsterere Aussichten. Deutschland hatte doppelt soviel Territorium verloren wie 1919 und konnte sich nicht mehr selbst ernähren. Die Bevölkerung dieses geteilten und geschrumpften Landes war 1945 paradoxerweise größer als 1939, weil der Zustrom von Vertriebenen die Kriegsverluste mehr als ausglich. Das wirtschaftliche Leben stand praktisch still, und die unkluge alliierte Politik einer Demontage aller deutschen Industrieanlagen über einem bestimmten Niveau aus Furcht vor ihrem Einsatz für eine künftige Rüstungsproduktion bedeutete, dass selbst die wenigen vorhandenen Beschäftigungsmöglichkeiten oft willkürlich zerstört wurden.[1] Der Wohnungsmangel war so kritisch, dass viele Schätzungen der Militärregierung im Winter 1945 auf dem Ausbruch von Seuchen unter den Vertriebenen basierten, sonst sahen sie keine Möglichkeit, die Neuankömmlinge unterzubringen. Was diese Menschen selbst betraf, die ans untere Ende der sozialen Leiter gestürzt waren, erschien es unvorstellbar, dass sie nicht zum Rückgrat einer neuen radikalen oder revanchistischen Bewegung auf der radikalen Linken oder Rechten werden würden, die Rache für die gerade zurückliegenden Leiden und die Wiedergewinnung der verlorenen Heimat suchte. Wie durch ein Wunder kam es nicht dazu. Binnen unglaublich weniger Jahre hatten sich die Vertriebenen zum größten Teil in die Gesellschaften West- und Ostdeutschlands integriert. Das sollte aber nicht als nachträgliche Rechtfertigung der alliierten Politik gesehen werden. Sogar im Rückblick wirken deren Maßnahmen erstaunlich unbedacht. Dass für Deutschland und Europa nicht die schlimmsten Folgen eintraten, die davon zu erwarten waren, verdankt sich weitgehend dem Fleiß und der Vernunft der meisten Deutschen selbst – und der Art von Glücksfall, der höchstens einmal im Leben vorkommt.

Sowenig die Alliierten während des Krieges irgendwelche Pläne gemacht hatten, wie die Volksdeutschen nach Deutschland umzusiedeln seien, sowenig machten sie sich Gedanken über deren Unterbringung und Integration nach der Ankunft. Wenn überhaupt eine politische Grundlinie existierte, ließ sie sich in der populären Maxime «Die Deutschen müssen es machen» zusammenfassen.[2] Gemäß diesem Prinzip sollte die alliierte Militärregierung «die deutschen Angelegenheiten indirekt kontrollieren, d. h. Anweisungen an die örtlichen deutschen Behörden geben und ihre Ausführung überwachen, aber wo immer möglich nicht selbst administrativ tätig werden».[3] Für sich genommen, war das kein schlechtes Prinzip. Zwei andere Trends wirkten ihm aber entgegen. Der erste war, dass die Alliierten kontinuierlich die Reihen jener Deutschen säuberten, die «es machen» sollten, um nationalsozialistisch belastete Personen von allen öffentlichen Funktionen auszuschließen. Man kann argumentieren, dass die Angloamerikaner beim ungeschickt durchgeführten Entnazifizierungsversuch keines ihrer Ziele erreichten. Das Aussieben war weder streng genug, um alle schwer belasteten Nationalsozialisten zu bestrafen, noch milde genug, um einen Kern von Funktionsträgern in ihren Ämtern zu belassen, die zumindest effizient waren, egal wie ihre politische Vergangenheit aussah. Die Sowjets waren weniger wählerisch – oder hatten weniger Illusionen – und stuften Nationalsozialisten der mittleren Ebene, die den neuen Herren dienen wollten, rasch als «Antifaschisten» ein. Das zweite Problem dabei, den Deutschen die Verantwortung für die Ausführung alliierter Anweisungen zu übertragen, lag darin, dass sie dafür keine Instrumente besaßen. Ein britischer Beamter sagte dazu: «Wenn fast die ganze Welt an akuter Güterknappheit leidet [...], ist es schwer zu arrangieren oder zu rechtfertigen, dass Deutschland nicht ganz zuletzt kommt.»[4] Die menschlichen Kosten dieser verständlichen, aber auf lange Sicht perspektivlosen Politik wurden rasch sichtbar. Im August 1945 war die tägliche Sterberate in Berlin von 150 Personen vor dem Krieg auf 4000 gestiegen, obwohl die Bevölkerung inzwischen deutlich kleiner war. Im amerikanischen Sektor überlebten nur 5 Prozent aller im Sommer 1945 geborenen Kinder.[5] Zwei Monate später war der Hunger in der Stadt so groß, dass man Frauen sah, «die das Spülwasser eines Hauses, in dem sich eine alliierte Kantine befand, durchseihten, um kleine Fettstückchen zu bekommen, die sie noch verwenden konnten».[6]

Dies war die Umgebung, in die die Alliierten sieben bis acht Millionen Menschen schicken wollten, nicht eingerechnet die schon im Lande befindlichen Flüchtlinge. Nach ihren folgenden Entscheidungen zu urteilen, ist die Schlussfolgerung fast unausweichlich, dass sie weder psychologisch noch administrativ auf die Folgen der Beschlüsse vorbereitet waren, die sie zwei Jahre zuvor getroffen hatten. Auf jeden Fall waren alliierte Militäradministratoren schon wenige Wochen nach Kriegsende von der riesigen Welle an Menschen aus dem Osten und Süden überfordert. Im Augenblick konnten sie nichts weiter tun, als die Neuankömmlinge eine Nacht oder zwei irgendwo unterzubringen und den Rest zu zwingen, irgendwohin weiterzuziehen, wo sie das Problem eines anderen sein würden. Im September waren in Berlin aus Wehrmachtskasernen, Schulen und allen anderen noch nicht belegten Gebäuden 45 provisorische Aufnahmelager geschaffen worden. Eine typische Einrichtung war das Lager in der Kruppstraße im Bezirk Tiergarten. Diese frühere Kaserne, deren Gebäude sämtlich beschädigt waren, hatte Schlafplätze für 400 Personen, beherbergte aber 3000 Vertriebene, und weitere 600 schliefen «zwischen den Trümmern in den beschädigten Ställen». Über 80 Prozent der Bewohner waren Mütter, Kinder und Alte. Die meisten waren nach der Deportation aus den «Wiedererlangten Gebieten» zu Fuß vom Stettiner oder Lehrter Bahnhof gekommen; ein Viertel litt an Dysenterie. Sie bekamen täglich 200 Gramm Brot und 0,75 Liter Suppe. Nach einer Nacht im Lager mussten sie ihren Platz für die nächsten 3000 räumen.[7]

Die Zahl der obdachsuchenden Menschen überstieg bei Weitem die vorhandenen Plätze. Um Vertriebene dazu zu bringen, nicht nach Berlin zu kommen, wurde beschlossen, nur «minimale Vorkehrungen zu treffen, um

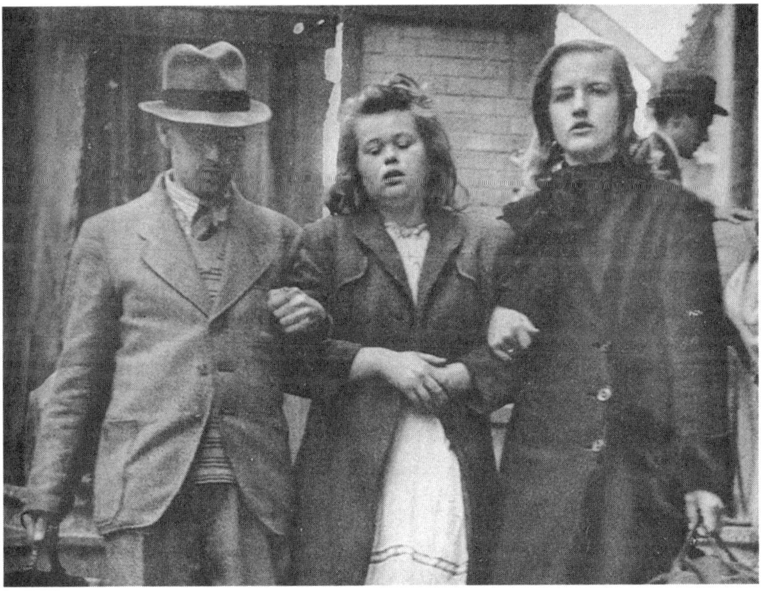

Abb. 14. **Ein junges Mädchen, das im Oktober 1945 während ihrer Deportation aus den Wiedererlangten Gebieten im Zug vergewaltigt worden war, wird am Bahnhof versorgt.**

Krankheitsausbrüche gerade noch zu vermeiden», und ab dem 1. Oktober 1945 keine Lebensmittelkarten an Neuankömmlinge mehr auszugeben. All das führte aber nur dazu, die Menschen auf die Straßen zu treiben.[8] Tausende verließen nie die Bahnhöfe, an denen sie angekommen waren, und schliefen wochen- oder monatelang auf den Bahnsteigen oder in Güterwaggons auf Abstellgleisen. Andere errichteten improvisierte Zeltstädte in Parks oder Wäldern am Stadtrand. Als es kälter wurde, starben viele an Unterkühlung, und der Anblick gefrorener Leichen in Hauseingängen, auf den Straßen und in Gruben wurde zu einem nicht ungewöhnlichen Morgenanblick des ersten Friedenswinters in Deutschland.

Vom makabren, aber verständlichen Blickpunkt einiger alliierter Vertreter blieb die Zahl der Toten aber etwas hinter den Erwartungen zurück. So bemerkte der *Economist* im November 1945: «Vielleicht steckt eine Spur zu viel Fatalismus in den jetzt so häufigen Vorhersagen, dass ‹im Winter Massen von Deutschen am Straßenrand sterben werden›.»[9] Obwohl man sicher nicht sagen kann, dass die Militärregierung auf den Ausbruch einer Hungersnot oder Seuche hoffte, förderte der allgemeine Glaube, die Natur werde wenigstens ein paar Probleme der Neuansiedlung lösen, sobald die Kälte einsetzte, eine gewisse Selbstzufriedenheit angesichts der neuen Herausforderungen, welche die «organisierten Vertreibungen» im kommenden Jahr bringen würden. Doch der Winter 1945/46 war viel milder als üblich, und die von Hector MacNeil vom britischen Außenministerium befürchtete «Katastrophe, wie es sie seit Jahrhunderten nicht gegeben hat», trat nicht ein.[10]

Als die Besatzungsbehörden erkannten, dass doch nicht so viele Vertriebene sterben würden wie vorhergesagt, sahen sie zugleich, dass es ein Fehler gewesen war, in Deutschland keine Transferkommission mit Exekutivbefugnissen einzusetzen. Auch jetzt noch wurde der Aufbau einer angemessenen Verwaltungsmaschinerie, die mit den zu erwartenden Massen würde fertig werden können, nicht mit der nötigen Dringlichkeit vorangetrieben. Dies lag zum Teil auch an der Weigerung der alliierten Regierungen, ihren Vertretern vor Ort – meist Offizieren der mittleren Ebene ohne Verwaltungserfahrung – die nötigsten Informationen über Art und Umfang der bevorstehenden Aufgabe zur Verfügung zu stellen. So wurde beispielsweise erst im Januar 1946 der interministerielle Bericht über den Transfer der deutschen Bevölkerungsgruppen von 1944 an die Leiter der britischen Militärregierung in Deutschland weitergegeben. Hätten sie ihn früher gesehen, so wäre es möglich gewesen, einige seiner Empfehlungen ins Kontrollratsabkommen vom 20. November 1945 einzubringen, wie ein zorniger Beamter schrieb. Doch «zum jetzigen Zeitpunkt gibt es keine Aussicht, dass alle vier Partner dem Bericht oder seinen Empfehlungen zustimmen». Ein Versuch in dieser Richtung würde nur die Vertreibungsländer zu dem Schluss führen, dass die Alliierten ihre Zusagen brechen wollten, und daraufhin würden sie die «wilden Vertreibungen» wiederaufnehmen.[11]

Dennoch können Planungsfehler allein nicht den Mangel an Zusammenarbeit oder sogar an grundlegendem Informationsaustausch zwischen den Behörden erklären, die für die Neuansiedlung in den alliierten Besatzungszonen verantwortlich waren. Die gleichgültige Haltung der Franzosen, deren Zone in Südwestdeutschland die geringsten Kriegsschäden erlitten hatte und eigentlich am besten zur Aufnahme von Neuankömmlingen geeignet war, ist vielleicht am leichtesten zu verstehen. Die Pariser Regierung lehnte das ganze Konzept von Massenvertreibungen ab, weniger aus humanitären Gründen als wegen ihrer Besorgnis, die Umsiedlung von Millionen Deutschen in ein geschrumpftes Land, das sie nicht ernähren konnte, werde an Frankreichs Westgrenze dieselbe Situation schaffen, die zu Hitlers Aufstieg in den dreißiger Jahren beigetragen hatte – ein übervölkertes Deutschland, das Lebensraum für seine Bewohner suchte. Obwohl sich die Franzosen im Kontrollratsabkommen vom November 1945 verpflichtet hatten, 150 000 Deutsche, die sich vorübergehend in Österreich aufhielten, in ihre Zone aufzunehmen, machten sie rasch einen Rückzieher. Mit der Behauptung, diese Verpflichtung bedeute, dass sie 150 000 deutsche Bürger des Altreichs, keine Volksdeutschen, aus Österreich aufnehmen sollten, nahmen die Franzosen alle in ihre Zone auf, die in diese Kategorie fielen – nur 4500 Menschen –, schlossen dann die Grenzen und erklärten ihre Quote für erfüllt.

Da die Beziehungen zwischen Ost und West abkühlten, ist es vielleicht nicht überraschend, dass es wenig Kommunikation über Vertriebenenprobleme zwischen den sowjetischen und angloamerikanischen Behörden gab. Aber auch Briten und Amerikaner tauschten sich nicht hierüber aus und setzten diese isolationistische Haltung auch noch fort, nachdem beide Länder beschlossen hatten, ihre Besatzungszonen im Januar 1947 zur «Bizone» zusammenzulegen. Erst im Dezember, fast ein Jahr später, traten die britische und die amerikanische Transferbehörde zum ersten Mal zusammen. Aus den Protokollen der folgenden Sitzungen geht klar hervor, dass die beiden bis dahin nicht nur jede Kooperation vermieden hatten, sondern auch erstaunlich wenig von dem wussten, was in der jeweils anderen Zone geschah und welche Prinzipien und Prozeduren dort herrschten.[12] Es scheint also, dass die Militärregierungen ihr Wissen eifersüchtig hüteten, vielleicht aus der Sorge heraus, Austausch und Diskussion zwischen den Zonen könnten zu unerwünschter öffentlicher Betrachtung ihrer jeweiligen Ansiedlungspraxis führen.

Dennoch ist bemerkenswert, wie ähnlich sich die Methoden der drei vor allem betroffenen Besatzungsbehörden bald entwickelten. Obwohl die Sowjets noch keine Politik der indirekten Herrschaft wie die anderen Besatzungsmächte verfolgten, waren auch sie wegen der gewaltigen Menschenflut, die im Sommer 1945 von Norden, Osten und Süden kam, dazu gezwungen, «es die Deutschen machen zu lassen». In ihrer Zone herrschte noch mehr Chaos als im zerstörten Westen Deutschlands. Aus purer Verzweiflung über die Zahl der hereinströmenden Menschen «schickten die Behörden in Sachsen mehrere Tausend Flüchtlinge auf Flößen die Elbe flussabwärts».[13] Laut dem Oberbürgermeister von Frankfurt an der Oder, einem der Haupteinfallstore für Vertriebene aus den «Wiedererlangten Gebieten», gab es zwischen dem 8. Mai und dem 1. Dezember 1945 dort rund 12 000 Hungertote.[14] Im Aufnahmelager Kaisersteinbruch in Österreich, das ebenso wie Deutschland in vier Besatzungszonen geteilt war, gingen den Sowjetbehörden im Oktober die Lebensmittel für die über 5000 Sudetendeutschen aus, also schlossen sie das Lager und sagten ihnen, sie sollten zu Fuß nach Wien weiterziehen und für sich selbst sorgen.[15] Als im folgenden Monat eine Radiosendung in der sowjetischen Besatzungszone Deutschlands verkündete, alle Deutschen, die je in den Westzonen gelebt hätten, müssten bis zum 5. November Brandenburg verlassen, um Platz für Vertriebene zu schaffen, machten sich gewaltige Kolonnen von «Heimatlosen, hungernden Alten, Kindern und Wehrmachtskrüppeln» auf den Weg in die britische Zone. Binnen 24 Stunden nach der Bekanntmachung schätzte man, «entlang des 150 Kilometer langen Abschnitts der Straße zwischen Weimar und dem Zonenübergang Friedland [seien] mindestens eine halbe Million Menschen auf Straßen und Wegen und in Gräben unterwegs».[16] Lautstarke Proteste der Briten und Amerikaner ließen die Sowjets diesen Befehl zurückziehen, den sie einem «Übersetzungsfehler» zuschrieben, obwohl einige misstrauische Westler überzeugt waren, es sei ein bewusster Plan gewesen, um die gleichzeitigen Verhandlungen zum Kontrollratsabkommen zu beeinflussen, indem die Sowjetbehörden zeigten, was geschehen würde, wenn sie sich unkooperativ zeigten.[17] Die Tatsache, dass dieser Anordnung Ende August eine ebenso kurzlebige der sächsischen Behörden vorausgegangen war, die vier Millionen Vertriebene aufforderte, den Staat binnen 48 Stunden zu verlassen, deutet aber an, dass Beamte und Kommandeure vor Ort, die von ihrer enormen Aufgabe überfordert waren, einfach alles versuchten, um den Druck zu mindern, und den Folgen weder Zeit noch Überlegung widmen konnten.[18]

Da Ostdeutschland die schwerste Last als Aufnahme- wie als Ansiedlungsgebiet trug – allein im Sommer 1945 waren zwei bis zweieinhalb Millionen Menschen eingetroffen –, überrascht es nicht, dass dort die erste rein deutsche Organisation für die Eingliederung der Vertriebenen entstand. Die Zentralverwaltung für deutsche Umsiedler wurde im September 1945 gegründet, um die Aufnahme und Registrierung der Vertriebenen, ihre Verteilung auf die Länder der Sowjetzone und ihre Integration und Assimilation in die ostdeutsche Gesellschaft zu leiten. Die Zentralverwaltung unterstand den sowjetischen Militärbehörden, was zumindest eine kurze und leicht verständliche Befehlskette schuf. In den Westzonen war der Verwaltungsapparat, der sich ab Ende 1945 herausbildete, komplizierter. Die meisten alltäglichen Aufgaben wurden von deutschen Beamten auf Gemeinde- und Kreisebene ausgeführt. Ihre Arbeit wurde durch «Flüchtlingskommissionen» in der US-Zone und «Beratungsausschüssen» in der britischen Zone überwacht, denen auch einige Vertriebene angehörten und die der jeweiligen Besatzungsmacht unterstanden. Ab 1946 übernahmen aber die Landesregierungen eine größere Rolle bei der Verwaltung ihrer Länder, und richteten, beginnend mit Bayern, spezielle Stellen für Vertriebenen- und Flüchtlingsangelegenheiten ein, auch dies auf der Basis grundsätzlicher Vorgaben der alliierten Militärregierung. Das angloamerikanische Modell, das die Bedeutung widerspiegelte, welche die Westalliierten einer dezentralisierten Regierungsform im Nachkriegsdeutschland beimaßen, zeigte darum viele Kompetenzüberschneidungen und die unvermeidliche Verwirrung und Frustration, die aus einem solchen System folgt. Fehlende Effizienz glich es dadurch aus, dass es einen viel breiteren Querschnitt an deutschem Verwaltungstalent für die Probleme nutzbar machte, was die Nachteile des Regierens von oben nach unten teilweise ausglich.

Trotz der strukturellen Unterschiede verfolgten die Besatzungsbehörden aber, wie schon bemerkt, eine überraschend ähnliche Politik, um mit der Vertriebenenkrise fertig zu werden. Bei diesen Herausforderungen waren zwei kurzfristige und zwei langfristige besonders akut. Die aktuelle Priorität lag darin, die Neuankömmlinge auf die Länder zu verteilen und irgendwie unterzubringen. Sobald das getan war, stellte sich die schwierigere Aufgabe, sie in die deutsche Wirtschaft zu integrieren und die Lücke zwischen Vertriebenen und Eingesessenen zu schließen. Tatsächlich ergänzten diese Ziele einander, denn die Art, wie man das erste erreichte, würde großen Einfluss auf den Erfolg oder Misserfolg des zweiten haben.

Die Überwindung der Wohnungskrise war das dringendste Problem – da Lebensmittel sich importieren ließen, Häuser aber nicht, war es sogar dringender als die Rationierung. Weil 1945 und 1946 praktisch jeden Tag die

Bevölkerung einer mittelgroßen Stadt in Deutschland eintraf, hatten die Behörden keine Wahl, als so viele Menschen wie möglich in jedes verfügbare Gebäude zu quetschen. Viele davon gab es nicht. In Düsseldorf, einer der am stärksten zerbombten Städte, waren bei Kriegsende 93 Prozent der Häuser und Wohnungen unbewohnbar; im ganzen Land lebten schon vor Beginn der Vertreibungen «zehn Deutsche, wo vorher vier gewohnt hatten, obwohl einige der benutzten Keller und Bunker kaum den Namen Wohnraum verdienten».[19] Eine der wenigen abgestimmten Entscheidungen auf Viermächteebene, das Kontrollratsgesetz Nr. 18 (Wohnungsgesetz) vom März 1946, autorisierte die Requirierung von ungenutztem Wohnraum bis hin zu leer stehenden Zimmern, um Vertriebene unterzubringen. Weil die meisten unbeschädigten Häuser in abgelegenen Landstrichen standen, wurden 85 Prozent der Neuankömmlinge dorthin geschickt.[20] Fast über Nacht stieg die Übervölkerung auf dem Land in astronomische Höhen. Im kleinen Dorf Bakede westlich von Hildesheim mit 700 Einwohnern wurden im April 1946 zusätzlich 400 Vertriebene einquartiert.[21] In Flensburg an der deutsch-dänischen Grenze beherbergte der Landrat 17 Flüchtlinge im eigenen Haus. «Ein Bauer hat 70 Menschen ein Dach über dem Kopf gegeben, und viele andere haben alles Vieh in den einen Stall gestellt, damit das freie Gebäude von den Heimatlosen genutzt werden kann.»[22]

Das Wohnungsproblem war zwischen den drei Zonen, in die Vertriebene kamen, ungleich verteilt. Insgesamt waren die Westzonen, wo sich die städtischen Zentren konzentrierten und die von alliierten Bombern am leichtesten zu erreichen gewesen waren, in den größten Schwierigkeiten. Nach fünf Jahren Wiederaufbau war die Bevölkerungsdichte pro Wohneinheit 1950 immer noch doppelt so hoch wie vor dem Krieg.[23] Am schwersten war die britische Zone getroffen. Im Juli 1946 musste das ländlich geprägte Schleswig-Holstein, dessen Bevölkerung wegen des Zustroms von Vertriebenen um zwei Drittel angestiegen war, zum «schwarzen» Gebiet erklärt werden, das niemanden mehr aufnehmen konnte; das Ruhrgebiet und Hamburg kamen bald in dieselbe Kategorie. Im Gegensatz dazu war die Sowjetzone mit Ausnahme von Städten wie Berlin und Dresden im Krieg viel weniger schwer getroffen worden. Die Schwierigkeit lag darin, dass sie ein weitgehend ländliches Gebiet war und der Bestand an Wohnraum daher von vornherein klein. Die Tatsache, dass so viele Menschen, ob Vertriebene oder Alteingesessene, kontinuierlich über die «grüne Grenze» in die Westzonen gingen, bot aber ein Überdruckventil, das den bedrängten britischen und amerikanischen Behörden fehlte.[24]

Als der Bevölkerungsdruck extrem anwuchs, suchten die Ansiedlungsbehörden kreativere – oder verzweifeltere – Lösungen. Obwohl sie kein natürliches Licht und oft nicht einmal die primitivsten sanitären Einrichtungen besaßen, wurden Luftschutzbunker zu einer Lieblingsoption. In Hannover lebten 750 Vertriebene in einem Bunker, in Frankfurt am Main 945, in Höchst 644. Selbst diese standen aber bald nicht mehr zur Verfügung, da alliierte Kommandeure darauf bestanden, sie wegen ihrer möglichen Verwendung in einem Krieg zu sprengen.[25] Auf Vorschlag von Walter Mann, dem Staatsbeauftragten für das Flüchtlingswesen in Groß-Hessen, wurde ein Teil von Hitlers Residenz auf dem Obersalzberg bei Berchtesgaden als Unterkunft für Sudetendeutsche genutzt.[26] Trotz dieser Hilfslösungen gab es aber keine Alternative dazu, Vertriebene über längere Zeit in verschiedenen Formen von Lagern unterzubringen. Ende 1945 führte die Zentralverwaltung für deutsche Umsiedler 625 Lager unterschiedlicher Art – frühere Konzentrationslager, Baracken der Arbeitsfront und leere Kriegsgefangenenlager – mit insgesamt über 480 000 Insassen.[27] Im Westen ging die Zahl der Lager in die Tausende.[28]

In allen drei Zonen verfolgten die Behörden diesen Kurs überaus widerwillig. Sie hatten zunächst gehofft, die Neuankömmlinge würden wenige Tage oder bei Gesundheitsrisiken höchstens zwei oder drei Wochen in Aufnahmelagern bleiben. Längere Aufenthalte konnten zu einer dauerhaften Trennung und Ghettoisierung der Vertriebenen führen, und die Militärregierung in allen drei Zonen war «darum bemüht, alles Mögliche zu tun, damit die Deutschen die Menschen aus dem Osten als ihr eigenes Volk akzeptier[t]en und nicht als aufgezwungene Fremde ans[a]hen».[29] Viel offizielle Besorgnis wurde über die demoralisierende Wirkung langer Lageraufenthalte geäußert, die für die *Frankfurter Allgemeine Zeitung* zum Auftreten eines pathologischen Typus führen konnten: «Der ‹Homo barackensis›! Das 20. Jahrhundert hat den Menschen eine furchtbare Wahrheit gelehrt: Fortschritt, Humanität und Selbstachtung gibt es nur in der intakten Welt. Wenn die Ordnung zerfällt, entsteht das Lager, das grauenvollste und grausamste Zeugnis menschlichen Unvermögens – entsteht die Brutstätte des Nihilismus.»[30]

Zweifellos ließen sich viele Beispiele von Vertriebenen finden, die wegen langer Aufenthalte in abgelegenen Lagern, wo sie von der Welt vergessen zu sein schienen, tief demoralisiert waren. Frau Klug, die 1945 nach der Flucht aus den «Wiedererlangten Gebieten» ins Lager Burlagsberg, etwa 65 Kilometer nördlich von Osnabrück, gekommen war, beschrieb die Abwärtsspirale, die während ihres siebenjährigen Aufenthalts dort einsetzte. Das galt auch für viele andere Lager. Sie hatte sich sehr gefreut, überhaupt eine Unterkunft zu finden, aber die anfänglich positive Atmosphäre verschlechterte sich rasch.

«Zuerst standen die Baracken direkt im Wald und bekamen so willkommenen Schutz von den Bäumen, aber wegen des Bedarfs an Feuerholz, vor allem 1946/47, wurden viele Bäume gefällt, sodass die Baracken nun auf einer offenen, sandigen Fläche standen und Wind und Wetter ausgesetzt waren. So war auch die Schäbigkeit der Baracken deutlich sichtbar, denn die Gebäude waren sehr wacklig, und hier und da waren Eisenstücke und Bretter angefügt. [...] Bald [...] zerfiel der Gemeinschaftsgeist, und der einzelne Bewohner lebte sein Leben für sich. [...] Nach der Währungsreform wurde die finanzielle Lage immer schlimmer, weil die Arbeitslosigkeit anstieg (im Moment bekommen 90 Prozent der arbeitsfähigen Männer Arbeitslosengeld). Als Ehemänner und Söhne aus der Kriegsgefangenschaft kamen, wurde das Wohnraumproblem zur Katastrophe [...]. Die meisten Baracken waren in sehr schlechtem Zustand, weil die Gemeinde Löningen keine Reparaturen vornahm, außer die Dächer zu teeren. Alle Arten von Elend und dazu eine unsichere Zukunft machten die Menschen bitter, denn sie sahen kein Ende, und man hatte soviel versprochen, aber nichts getan.»[31]

In zahllosen anderen Lagern war es ebenso trostlos. Die Berichte von Besatzungsbehörden und humanitären Organisationen wie IKRK, Caritas, Evangelischem Hilfswerk und American Friends Service Committee sind voller Beschreibungen überfüllter, ungeheizter, ungesunder und sogar dachloser Gebäude, in denen Vertriebene monate- oder jahrelang hausten. Formulierungen wie «erinnert an einen Londoner U-Bahnhof zu Beginn des Blitz», «Behausungen, von denen manche den Eindruck machen, der Teufel habe sie persönlich erfunden» und «elender als die schlimmsten Kriegsgefangenenlager, die wir je gesehen haben», tauchen in Inspektionsberichten häufig auf.[32] In Bayern waren die Durchgangslager (Dulags) «immer noch von Mauern und/oder Stacheldraht umgeben, und Flüchtlinge, die draußen ohne

Pässe angetroffen wurden, wurden von der Polizei mit Gewalt zurückgebracht, sodass es schwierig war, die Dulags nicht als Internierungslager anzusehen».[33]

Doch die Befürchtungen, das Lagerleben könne eine ganze Generation von Arbeitsunwilligen und Soziopathen züchten, stellten sich als übertrieben heraus. Demoralisierung und Verzweiflung waren keine Folge des Lagerlebens an sich, sondern des langen Aufenthalts in abgelegenen Einrichtungen wie Burlagsberg, wo es keine Aussichten auf Arbeit oder die Entwicklung eigener Fähigkeiten gab. In zentraler gelegenen Einrichtungen war das Problem, mit dem die Behörden fertig werden mussten, nicht Apathie und Fatalismus, sondern Militanz und Zorn. Das frühere KZ Dachau, das 1948 in ein provisorisches Quartier für etwa 2000 Sudetendeutsche umgewandelt wurde, war bald ein Treibhaus des Vertriebenenaktivismus. Dem Vorbild von Internierten im Lager Dachau folgend, begannen 72 000 bayerische Lagerinsassen im August 1948 einen siebentägigen Hungerstreik für bessere Verpflegung und Lebensbedingungen. Erst 1953 gelang es einer Baugenossenschaft der Insassen, soviele Unterkünfte zu bauen, dass die meisten Bewohner das Lager verlassen konnten. Ihre Plätze wurden von späteren Ankömmlingen aus der Tschechoslowakei eingenommen, den letzten Angehörigen der deutschen Minderheit, die 1948 bleiben durften, darum wurde Dachau erst 1965 endgültig geschlossen.

Aber das Bild war nicht überall gleich. Die Historikerin Meryn McLaren bemerkt, dass bessere Flüchtlingslager eine wichtige Übergangsrolle bei der Integration der Vertriebenen spielten: «Sie gaben den Bewohnern eine Chance, sich an ihre Lage zu gewöhnen und einzusehen, dass es keine Rückkehr gab, in einer sie unterstützenden und in sich geschlossenen Umgebung, wo sie Beziehungen knüpfen und in ihrer kulturellen Identität vor der Ablehnung der Einheimischen geschützt waren.»[34] Anderswo, wie in Nürnberg, wurden die gegenseitigen Bindungen der Bewohner so stark, dass sie sich weigerten, in dauerhafte Unterkünfte zu wechseln, was einen Beamten zu der Einschätzung brachte, «es könnte Polizei nötig sein, um sie von dort wegzubringen».[35] Das war vor allem dort der Fall, wo bezahlte Arbeit für einen größeren Teil der Lagerbewohner vorhanden war. Auch wenn es andere Defizite geben mochte, zeigte sich das Ergebnis meist schon am äußeren Eindruck der Gebäude. Das westlich von Klagenfurt gelegene Lager Treffling in Österreich, wo 3000 Volksdeutsche lebten, von denen viele als Landarbeiter bei den Bauern der Umgebung Geld verdienten, beeindruckte einen britischen Inspekteur durch die «herausragende Sauberkeit und Organisation in diesem Lager, die vor allem durch die Bewohner selbst kommt».[36] Auch in weniger gut geführten Lagern erwies sich das Vorhandensein von Arbeit als Schlüssel dafür, die Zeit, die man in dieser ungesunden Umgebung verbrachte, so kurz wie möglich zu halten.

Arbeit für Vertriebene zu finden, war aber nicht einfach. Die große Notwendigkeit zwischen 1945 und 1947, Neuankömmlinge dorthin zu schicken, wo es Unterkünfte für sie gab, ließ die Mehrheit in isolierten, ländlichen Gegenden stranden, wo ihre Berufe nicht gebraucht wurden. Das war besonders schlimm für die Sudetendeutschen, von denen überproportional viele in der Industrie gearbeitet hatten. Manche Vertriebene versuchten, sich an ihren neuen Wohnorten selbstständig zu machen. Das berühmteste Beispiel waren die Glasbläser und Juweliere aus Jablonec nad Nisou (Gablonz), die nach der Vertreibung ins bayerische Kaufbeuren kamen, am Stadtrand Neu-Gablonz gründeten und in einer stillgelegten Munitionsfabrik mit der Produktion begannen. 1947 hatten sich viele Tausend Vertriebene schon wieder in ihren traditionellen Berufen etabliert, und die Produkte ihres Fleißes trugen zu den westdeutschen Exporteinnahmen bei. Trotz der breiten Aufmerksamkeit für das Experiment Neu-Gablonz war dies aber kein Muster, das sich anderswo leicht nachahmen ließ. Gemeinschaften waren im Lauf der Vertreibung weit verstreut worden; nur wenige Sudetendeutsche besaßen Berufe, die so leicht kommerziell nutzbar zu machen waren, und Startkapital war für Menschen, deren Besitz weitgehend aus den Kleidern bestand, die sie trugen, meist nicht zu bekommen. Daher hatten selbst die Gablonzer, die es nach Sachsen-Anhalt und Thüringen statt nach Bayern verschlug, «gewaltige Schwierigkeiten» beim Neubeginn ihrer Firmen.[37]

Wenn Vertriebene überhaupt Arbeit fanden, war sie meist schlecht bezahlt, wenn nicht pure Ausbeutung. Das war besonders in Österreich der Fall, wo Volksdeutsche im Gegensatz zu Deutschland kein juristisches Aufenthaltsrecht besaßen. Theoretisch hätten alle oder die meisten Volksdeutschen eine unbefristete Aufenthaltsgenehmigung erhalten müssen, als die Verwaltung der Lager von den Alliierten 1948 auf die Wiener Regierung übertragen wurde. Viele bekamen aber keine, weil sie keinen österreichischen Bürgen fanden, der dafür garantierte, dass sie nicht dem Staat zur Last fielen. Da sie ihre Aufenthaltserlaubnis alle drei oder sechs Monate erneuern mussten, wurden sie häufig von geldgierigen Hauswirten oder Arbeitgebern ausgebeutet.[38] Ein britischer Beamter im Land Kärnten beschwerte sich 1947 bei der österreichischen Landwirtschaftskammer über die Praxis örtlicher Bauern, die volksdeutschen Landarbeiter nur fur die Sommerperiode einzustellen und nach Abschluss der Ernte sofort zu entlassen. Vertriebene wurden «aus den Lagern geholt und wieder zurückgebracht, wenn ihre Dienste nicht mehr gebraucht wurden».[39] Der Direktor einer Wohlfahrtsorganisation für Vertriebene verglich ihre Beschäftigungsbedingungen zwei Jahre später mit denen eines «feudalen Leibeigenen».[40] Erst 1952 hob der österreichische Gewerkschaftsverband die Arbeitsbeschränkungen für Volksdeutsche auf, sodass sie nun in allen Bereichen bis auf die Medizin gleichberechtigt mit österreichischen Arbeitskräften eingestellt werden konnten.

In Deutschland standen vertriebene Arbeiter nicht vor denselben rechtlichen Hindernissen, genossen aber ebenfalls keine volle Freiheit. Unter Besatzungsrecht konnten sie dafür eingesetzt werden, besondere Lücken auf dem Arbeitsmarkt zu schließen. Einige skrupellose Arbeitsämter entwickelten die Gewohnheit, Vertriebenenzüge bei den Durchgangslagern zu erwarten und die produktiv wirkenden Passagiere für schwer zu besetzende Stellen zu rekrutieren. So holte das Helmstedter Arbeitsamt im Frühjahr 1946 «alle arbeitsfähigen Männer aus den ankommenden Konvois, trennt[e] sie von ihren Familien und schickt[e] sie in örtliche Betriebe. Die nicht arbeitsfähigen [blieben] mit Frauen und Kindern im Lager, um von den Landkreisen aufgenommen zu werden.»[41] Eine etwas andere Variante praktizierten die bayerischen Landesbehörden, denen ihre Kollegen aus Württemberg und Groß-Hessen eine Politik der selektiven Aufnahme vorwarfen. Sie behaupteten, wenn ein unautorisierter Zug aus dem Sudetenland am Zonenübergang Bebra ankomme, ließen die Bayern ihn durch, sofern er einen hohen Anteil junger Erwachsener enthalte, wiesen ihn aber stets ab, wenn er nur aus Frauen und Kindern bestehe. Infolgedessen müssten diese Länder die Last der nicht arbeitsfähigen Menschen tragen, während Bayern die produktiven sofort zur Arbeit einsetzen konnte.[42] In der Sowjetzone versuchten die Behörden die Auswirkungen einer ungeplanten Zuweisung von Landarbeitern an die Städte und Bürokräften an die ländlichen Gebiete durch einen erzwungenen Austausch innerhalb der Zone zu reduzieren. Beim einzigen Mal, wo dies praktiziert wurde, waren die Proteste der Vertriebenen, die schon einmal zwangsweise verschoben worden waren und das kein zweites Mal hinnehmen wollten, so heftig, dass das Experiment fast so schnell aufgegeben wurde, wie es begonnen hatte.

In den Westzonen wie im Osten standen die Neuankömmlinge häufig vor der Realität einer «kalten Heimat». Den Einheimischen, die bereits ums Überleben kämpften, erschien die Ankunft so vieler Menschen, deren Status als Deutsche ihnen oft sehr fragwürdig vorkam, als zu große Last. Die Praxis der zwangsweisen Einquartierung Vertriebener erzeugte auf Seiten der Einheimischen keine Sympathie, und ein ungefährer Eindruck, wie es um das Verhältnis zwischen beiden Gruppen bestellt war, lässt sich aus der Intensität des Widerstands dagegen gewinnen. Ein Beamter der Militärregierung bemerkte, die Einheimischen in der britischen Zone ignorierten oft ihre rechtliche Verpflichtung, die Neuankömmlinge aus dem Osten aufzunehmen: «Bestenfalls bekommen sie das gesetzlich vorgeschriebene Minimum, schlimmstenfalls müssen sie eine Unterkunft akzeptieren, die kaum gut genug für Vieh ist.»[43] In ganz Deutschland gab es Fälle, in denen Einheimische das Wohnungsgesetz offen missachteten. Häufig wurden sie dabei von örtlichen Beamten unterstützt, die nur zu gut verstanden, dass die Alteingesessenen das Wahlrecht hatten, die Vertriebenen anfangs zumeist nicht. Der Fall des Bürgermeisters im hessischen Nieder-Weisel, der 35 Vertriebene zwei Wochen lang in zwei Zimmer steckte, statt sie auf die Haushalte zu verteilen, war keineswegs ungewöhnlich.[44] Ein zusätzliches Problem war, dass jene Hausbesitzer, die das Gesetz befolgten, die Einquartierten häufig als unerwünschte Gäste oder Eindringlinge behandelten, die Badezimmer oder Küchen nicht benutzen oder nur zu bestimmten Zeiten kommen und gehen durften. Man kann wohl sagen, dass die Behörden im Westen aktiver gegen diese Missstände vorgingen als im Osten und manchmal auch kreative Methoden dafür fanden. So wurde 1947 der Frankfurter Bäcker Wilhelm Rapp mit seiner Frau und zwei Töchtern dazu verurteilt, vier Wochen im Transitlager zu leben, weil sie einquartierte Vertriebene diskriminiert hatten.[45] Die Aufgabe, die Einheimischen in der sowjetischen Zone zur Erfüllung ihrer Pflichten zu bewegen, stieß dagegen wohl wegen der Ineffizienz und Gleichgültigkeit der Behörden an ihre Grenzen. Allein im Land Brandenburg waren bis 1948 nur

25 000 von 600 000 Häusern und Wohnungen inspiziert worden, um den verfügbaren Wohnraum für die Aufnahme von Vertriebenen festzustellen.[46]

Die Alliierten versuchten nicht nur, die Einheimischen dazu zu bewegen, die Vertriebenen als gleichberechtigte Angehörige des deutschen Volkes zu akzeptieren, sondern auch die Vertriebenen davon zu überzeugen, dass sie «für immer da seien und irredentistische Agitation den Interessen eines neuen demokratischen Deutschland zuwiderlaufen würde».[47] Dies war beiden Seiten nur schwer zu vermitteln. In Ost- wie Westdeutschland wurden Vertriebene aus den «Wiedererlangten Gebieten» oft abschätzig «Wasserpolen» (oberflächlich germanisierte Polen), «Russen», «Rucksackdeutsche» oder «40-kg-Zigeuner» genannt.[48] Eine amerikanische Umfrage in Württemberg-Baden ergab im November 1946, dass nur die Hälfte der Einheimischen die Vertriebenen als Mitbürger ansah; der gleiche Anteil glaubte, sie würden eines Tages wieder in ihre Heimat gehen. Überraschender war, dass viele Vertriebene – rund 40 Prozent – die deutsche Identität ablehnten und sich als Tschechoslowaken, Ungarn oder Angehörige anderer Nationalitäten bezeichneten. Etwa dieselbe Zahl beklagte sich, die Einheimischen «betrachteten sie als Menschen von geringerem Wert, als Ausländer oder Bettler».[49] In manchen Landesteilen war die Militärregierung der Meinung, die Vertriebenen würden «mit Hass» angesehen, und sie wiederum «betracht[et]en die Einheimischen und nicht die Besatzungsmacht als ihre Unterdrücker».[50] Österreicher zeigten gegenüber den Fremden in ihrer Mitte noch größere Feindseligkeit, obwohl viele zwischen ihren sudetendeutschen Nachbarn und den kulturell fremderen Volksdeutschen aus Jugoslawien und Rumänien unterschieden. Landesrat Ludwig Oberzaucher aus der Steiermark informierte zum Beispiel 1947 die britischen Behörden, der normale Bürger seines Landes könne nicht verstehen, warum «er eine Hungerration bekommt, während ein Großteil der vorhandenen Lebensmittel von den zahlreichen Ausländern verbraucht wird».[51] Ironischerweise stimmten manche Einheimische in beiden Ländern, besonders die weniger gebildeten, mit der tschechoslowakischen und polnischen Regierung darin überein, die Vertriebenen hätten «den Krieg angefangen» und das Reich in den Untergang gestürzt. Das Schwinden des gegenseitigen Verständnisses wurde durch zwei landesweite Umfragen in Deutschland von März 1946 und September 1947 düster illustriert. Bei der ersten Umfrage äußerten sich 7 Prozent der Vertriebenen unzufrieden mit ihrer Behandlung durch die Einheimischen, bei der zweiten waren es 45 Prozent.[52]

Allerdings war das Verhältnis nicht überall so feindselig. Manchmal waren Einheimische und Vertriebene in der gemeinsamen Abneigung gegenüber noch verachteteren Außenseitern wie den polnischen Displaced Persons verbunden.[53] Andere hatten Verwandte in Deutschland oder Österreich, die ihnen helfen oder zumindest den Kulturschock lindern konnten, in ungewohnter Umgebung ein neues Leben zu beginnen. Und selbst wenn das Verhältnis zwischen den beiden Gruppen am gespanntesten war, erkannte eine Mehrheit der Deutschen – allerdings eine knappe Mehrheit, in der die gebildete Mittelschicht und frühere NSDAP-Mitglieder überproportional stark vertreten waren – die Verantwortung an, den Neuankömmlingen in der Stunde der Not zu helfen.

Dennoch hatten die meisten Vertriebenen gewaltige Schwierigkeiten, sich in ihr Schicksal zu fügen. Ein feinfühliges psychologisches Profil, das im Februar 1947 für die amerikanische Militärverwaltung erstellt wurde, warnte, der typische Deportierte akzeptiere nicht «die Aussicht, den Rest seines Lebens in einer fremden Gemeinschaft zu leben, deren Angehörige feindselig und deren Gewohnheiten fremd sind und wo alles bereits jemand anderem gehört. Der Vertriebene hört auf alle Berichte und Gerüchte über die Möglichkeit ‹heimzukehren› und wird Petitionen jeder Art unterzeichnen, die skrupellose Provokateure ihm vorlegen, um dies zu verwirklichen. Er wird Kettenbriefe an alle seine Freunde schicken, solange er sich einreden kann, es gebe eine Chance zur Rückkehr. Wenn er sich umschaut, kommt es ihm vor, als habe er allein im Krieg am meisten verloren, weil die einheimischen Deutschen, die nicht vertrieben wurden, Häuser, Land und Vieh behalten haben. Der Vertriebene muss in seinem neuen Land etwas besitzen, bevor man von ihm erwarten kann, dass er Anteil daran nimmt oder ein Gefühl der ‹Zugehörigkeit› entwickelt.»[54]

Meinungsumfragen bestätigten diese starke Sehnsucht nach der «Heimat.» Trotz aller schlechten Behandlung, die sie erfahren hatten, sagten 85 Prozent der im September 1947 in der US-Zone befragten Vertriebenen, sie würden in ihre Heimatorte zurückkehren, wenn die Möglichkeit dazu bestünde.[55] Obwohl einige Beobachter trocken bemerkten, die nostalgischen Gefühle der Vertriebenen für ihr glückliches Leben in der Tschechoslowakei oder in

Jugoslawien stünden in krassem Gegensatz dazu, wie dieselben Menschen ihren Status als Mitglieder der «unterdrückten» Minderheiten der dreißiger Jahre dargestellt hätten, erzeugten Verbreitung und Konstanz dieser Haltung bei wiederholten Befragungen große Sorge bei alliierten Vertretern, die darin das Potenzial für den Aufstieg einer neuen «revisionistischen» Bewegung sahen, gespeist aus der sozialen und wirtschaftlichen Marginalisierung der Vertriebenen und ihrem Gefühl der Ungerechtigkeit. Ein hoher US-Beamter warnte im April 1949, diese Gruppe sei «die am offensten nationalistische Fraktion im Nachkriegsdeutschland».[56] Falls sie nicht rasch integriert werde, könne eine gefährliche Situation entstehen.

Zunächst verhinderten die Besatzungsmächte in allen drei Zonen entschlossen jedes Anzeichen einer politischen Mobilisierung der Vertriebenen als solcher, die über das Engagement in den legalen Parteien hinausging. Obwohl einige US-Vertreter keine Einwände gegen Vertriebenenorganisationen hatten, die sie für «nichts anderes [hielten] als eine Bauernpartei, die sich um die Interessen der Farmer kümmert,» verbot General Clay im Juni 1946 ausdrücklich jede Organisation dieser Art. Sie zu erlauben, war nach seinen Worten genauso, als hätte man «jeder großen Gruppe von Einwanderern erlaubt, politische Parteien zu gründen. Nichts hätte ihrer Sache – oder der Demokratie – mehr schaden können.»[57] Die Briten hatten im Monat zuvor bereits ähnlich gehandelt. 1947/48 nahmen beide Militärregierungen aber die Entstehung von Traditions- und Hilfsvereinen der Vertriebenen, der Landsmannschaften, hin. In Wirklichkeit war die Unterscheidung zwischen «unpolitischen» und «politischen» Aktivitäten nur schwer zu treffen und wurde schließlich ganz aufgegeben. Nach der Gründung der Bundesrepublik im Mai 1949 fügte sich Konrad Adenauers Regierung rasch ins Unvermeidliche und gestattete den Vertriebenen die Gründung politischer Bewegungen, die mit den übrigen legalen Parteien gleichberechtigt waren. Im Januar 1950 wurde der Bund der Heimatvertriebenen und Entrechteten gegründet, sein erster Vorsitzender wurde der Bauernfunktionär Waldemar Kraft, ehemals NSDAP-Mitglied und SS-Hauptsturmführer mit zweifelhafter Kriegsvergangenheit.

Die Entstehung der Vertriebenenlobby als politische Kraft war zugleich ein wichtiges Element ihrer Integration und ein Augenblick der Gefahr für die junge Bundesrepublik. Wenn man die politische Mobilisierung der Vertriebenen unterdrückte, würde sie dies nur noch weiter an den Rand drängen. Andererseits erzeugte die Möglichkeit eines kompakten Blocks von bis zu einem Viertel der Wählerschaft, der von den jüngsten Erfahrungen verbittert war und die territorialen Veränderungen der Nachkriegszeit rückgängig machen wollte, natürlich die Sorge, er könne zu viel Einfluss in einem neuen demokratischen Staat ausüben.

Dass die Vertriebenen nicht zu einem Element der Desintegration wurden, war vier Faktoren zu verdanken: der Mäßigung ihrer meisten Führungspersonen, dem Wirtschaftswachstum, den günstigen Rahmenbedingungen des Kalten Krieges und dem Instinkt des ersten Nachkriegskanzlers Adenauer. Entgegen den Befürchtungen schlossen sich Vertriebene nicht überdurchschnittlich oft radikalen Bewegungen an. Weil die meisten die Schuld für ihr Exil bei den kommunistischen Regimen sahen, die ihre Heimatländer regierten, war die Wahrscheinlichkeit, dass eine größere Zahl der extremen Linken folgen könnte, die in Deutschland und anderswo die Umsiedlungen weiterhin als Akt politischer Klugheit verteidigte, immer recht klein. Bis auf eine lautstarke Randgruppe tendierten Vertriebene aber auch nicht zur «revisionistischen» Rechten. Im Bewusstsein, ihre deutschen Mitbürger wie auch die internationale öffentliche Meinung von ihren guten Absichten überzeugen zu müssen, verabschiedeten die Landsmannschaften bei einer Konferenz in Stuttgart im August 1950 eine «Charta der deutschen Heimatvertriebenen». Sie lehnte «Rache und Vergeltung» ab und forderte ein geeintes Europa als einzige dauerhafte Lösung für die Minderheitenprobleme des Kontinents. Die Charta nannte zwar «das Recht auf die Heimat [...] eines der von Gott geschenkten Grundrechte der Menschheit», entwarf aber ein Sofortprogramm, das ausschließlich Maßnahmen zur Verbesserung der Lebensbedingungen der Vertriebenen in der deutschen Gesellschaft enthielt. Hierzu zählten: «Gleiches Recht als Staatsbürger nicht nur vor dem Gesetz, sondern auch in der Wirklichkeit des Alltags», die Integration der Berufsgruppen und eine «gerechte und sinnvolle Verteilung der Lasten des letzten Krieges auf das ganze deutsche Volk».[58]

Die Idee eines «Lastenausgleichs» war bereits zum Mantra in Vertriebenenkreisen geworden, nachdem die alliierten Behörden 1948 die westdeutschen Politiker aufgefordert hatten, sich dem Problem zu widmen. Anfang 1951 erhielt das Projekt wertvolle internationale Unterstützung durch eine hochrangige Kommission der Economic Cooperation Administration (ECA), die den Marshall-Plan begleitete. Ihr gehörten namhafte amerikanische und westdeutsche Wissenschaftler an, darunter der Harvard-Ökonom John Kenneth Galbraith. Der Bericht, der Adenauer im März 1951 überreicht wurde, beschrieb das Problem der Vertriebenen als «vor allem ein deutsches Problem», und empfahl ein kühnes Programm öffentlicher Ausgaben von rund 12,5 Milliarden Mark, um in den kommenden sechs Jahren Unterkünfte, Ausbildung und Arbeitsplätze für sie zu schaffen. Dies würde eine Vervierfachung der Bundesausgaben bedeuten und sollte durch Kredite und die Einnahmen aus einem Lastenausgleich finanziert werden.[59]

Obwohl alle drei großen Parteien sich bereits für radikale Maßnahmen ausgesprochen hatten, um die soziale und wirtschaftliche Lage der Vertriebenen zu verbessern, räumte Adenauers CDU der Frage den größten Raum ein. Der knorrige, autokratische und manchmal unaufrichtige Politiker, der bis 1933 Oberbürgermeister von Köln und Mitglied der katholischen Zentrumspartei gewesen war, besaß ein feineres (wenn auch nicht untrügliches) Gespür für das politisch Machbare als seine politischen Rivalen. Er war besonders beeindruckt vom politischen Durchbruch des Bundes der Heimatvertriebenen, der im Juli 1950 bei den Landtagswahlen in Schleswig-Holstein ein Viertel der Stimmen holte und einige Monate später in Bayern und Niedersachsen ebenfalls solide Ergebnisse erzielte. In Wirklichkeit war dieser Erfolg kleiner, als es auf den ersten Blick schien, denn in keinem der drei Länder erreichte der Bund auch nur den Anteil der Vertriebenen an der Gesamtbevölkerung. Für Adenauer, der erst gut ein Jahr Kanzler war, unterstrichen die Ergebnisse aber die Notwendigkeit, diese Bedrohung für die politische Zukunft der Bundesrepublik – und auch für seine eigene – zu entschärfen.

Zum Glück für ihn und Deutschland hatte die Vertriebenenbewegung viele schwache Punkte. Ihr politischer Flügel war weniger wichtig als die Landsmannschaften, von denen es Mitte der fünfziger Jahre 20 mit insgesamt 1,3 Millionen Mitgliedern gab.[60] Da sie aber geographisch gegliedert waren, differierten sie in zahlreichen Punkten. Die ostpreußische Landsmannschaft hatte beispielsweise wenig mit den Heimatvereinen der Deutschen aus Jugoslawien gemein. Der Bund der Heimatvertriebenen war selbst eine unruhige und streitsüchtige Organisation, die immer nur von einer

Minderheit der Menschen unterstützt wurde, die sie angeblich vertrat, und vor allem am rechten Rand zu Abspaltungen neigte. Er hatte auch prominente Mitglieder, die noch dubioser waren als Kraft, darunter Wilhelm Stuckart, den Mitautor der «Nürnberger Gesetze», der sich glücklich schätzen konnte, nicht wegen seines Mitwirkens an der Wannsee-Konferenz 1942 gehenkt worden zu sein. Schließlich waren die Vertriebenen zwar der marginalisierteste Teil der westdeutschen Nachkriegsgesellschaft, aber keineswegs der einzige, der staatliche Aufmerksamkeit suchte. Ausgebombte, Kriegsversehrte und andere Gruppen mit gut organisierten Lobbys beanspruchten die Aufmerksamkeit und Großzügigkeit der Regierung und waren nicht bereit, den Bund die erste Geige spielen zu lassen.

Für einen so gewieften politischen Pragmatiker wie Adenauer gab es also genügend Angriffspunkte. Seine Strategie zur Neutralisierung des Bundes der Heimatvertriebenen war einfach, aber wirksam: sein Führungspersonal zu übernehmen und seine Wähler zu überzeugen, dass er und die Christdemokraten ihre Interessen effektiver vertraten, als es ihrer eigenen Partei möglich war. Der erste Schritt bestand darin, den Lastenausgleich und andere vertriebenenfreundliche Gesetze vor den nächsten Bundestagswahlen durchs Parlament zu bringen und dem Bund so sein wichtigstes Ziel zu nehmen. Dieses im August 1952 angenommene Gesetz schuf einen Fonds außerhalb des Bundeshaushalts, der im Wesentlichen durch eine Abgabe von 50 Prozent auf im «Stichjahr» 1948 vorhandene Vermögenswerte (vorwiegend Immobilien- und Grundbesitz) finanziert wurde. Das mochte hoch erscheinen, aber es wurden so viele Ausnahmen gemacht, dass die Last für die Einheimischen erheblich leichter war als erwartet. Die Abgabe wurde nicht sofort fällig, sondern konnte über einen Zeitraum von 30 Jahren bezahlt werden. Außerdem bedeutete nach den Worten des Journalisten Aidan Crawley «die Tatsache, dass der Wert des Eigentums 1948 auf dem niedrigsten Stand war, durch den plötzlichen Boom der Einkommen und Vermögen auf Grund der [wirtschaftlichen] Erholung, dass die meisten Menschen ihre Abgabe ohne Schwierigkeit bezahlen konnten».[61] Somit war der Lastenausgleich zugleich bescheidener und langfristiger als der im Bericht der Economic Cooperation Administration vorgeschlagene und kostete relativ überschaubare 1,5 Milliarden Mark pro Jahr – d. h. etwas über 5 Prozent aller Steuereinnahmen von Bund, Ländern und Gemeinden (beim Auslaufen des Lastenausgleichs

2001 waren allerdings 145 Milliarden Mark daraus geworden).[62] Vertriebene und andere Deutsche, die materielle Verluste durch den Krieg erlitten hatten, konnten staatliche Entschädigung beantragen, zwischen 100 Prozent für die kleinsten Ansprüche und 6,5 Prozent für die größten. Vertriebene konnten auch Baukredite und Ausbildungshilfe beantragen. Auf diese Maßnahme folgte das Vertriebenengesetz vom Mai 1953, in dem unter anderem das Recht der deutschen Minderheiten außerhalb der Landesgrenzen festgeschrieben wurde, ohne unnötige Komplikationen in die Bundesrepublik einzuwandern. Schließlich sorgte im August 1953 das kurz vor den Wahlen verabschiedete Fremdrentengesetz dafür, dass Vertriebene und Flüchtlinge das gleiche Recht auf Sozialversicherung hatten, als hätten sie ihre Rentenansprüche in der Bundesrepublik erworben.

Adenauers zweite Front gegen den Bund der Heimatvertriebenen war die Übernahme seiner Parolen in der Außenpolitik. Das bedeutete für ihn nicht notwendigerweise politische Verstellung, zumindest keine übermäßige. Mit Ausnahme der Kommunisten lehnten Deutsche aller politischen Richtungen die Gebietsverluste des Landes durch den Krieg ab, und obwohl sie nicht bereit waren, den europäischen Frieden deswegen zu zerstören, waren sie für die Wiederherstellung der Grenzen von 1937. Adenauer teilte diese Sicht zumindest teilweise, aber die ungewohnte Schärfe, mit der er sie in der Öffentlichkeit ausdrückte, deutete an, dass ihm nicht entging, wie Äußerungen dieser Art von den Wählern des Bundes der Heimatvertriebenen aufgenommen werden würden. Dass sie dies weitgehend honorierten, zeigten die Bundestagswahlen von 1953. Die CDU/CSU gewann über 45 Prozent der Stimmen, weit mehr als die oppositionelle SPD. Der Bund fiel unter 6 Prozent, bekam weniger Unterstützung von den Vertriebenen als die CDU und so gut wie keine von den einheimischen Wählern. Der Bundeskanzler nutzte seinen Sieg rasch aus, wandte sich an den geschrumpften Bund, bot Waldemar Kraft und dessen Stellvertreter Theodor Oberländer Ministerposten an und «band die Partei dadurch an [seine] Politik».[63] Zwei Jahre später traten Kraft und Oberländer in die CDU ein, womit das Schicksal ihrer alten Partei als politische Bewegung besiegelt war.

Konrad Adenauer und seine Nachfolger sind heftig für die «opportunistische» und «manipulative» Haltung kritisiert worden, die sie in den fünfziger Jahren in der Vertriebenenfrage einnahmen, insbesondere für das Ignorieren von Vorschlägen zur Verbesserung der Beziehungen zu Deutschlands Nachbarn im Osten, um sich bei den Landsmannschaften beliebt zu machen. Obwohl die CDU-Führung weder den Wiedergewinn der verlorenen Gebiete noch eine Entschädigung für das 1945 beschlagnahmte deutsche Eigentum oder ein «Rückkehrrecht» der Vertriebenen aus der Tschechoslowakei, Polen und Ungarn erwartete oder auch nur wollte, stellte sie weiterhin diese unerreichbaren Forderungen und beförderte schädliche Illusionen bei den westdeutschen Wählern, um Stimmen zu gewinnen. Sie bestand darauf, das Münchner Abkommen von 1938 bleibe in Kraft, egal wie eine solche Position im Ausland aufgenommen werden mochte.

Zweifellos äußerte sich Adenauer gegenüber den Vertriebenen – die seit Mitte der fünfziger Jahren zu den treuesten CDU-Wählern gehören – und der deutschen Öffentlichkeit unaufrichtig. Nur wenige Ziele der Landsmannschaften waren in den fünfziger Jahren auf irgendeine Art zu erreichen, und heute ist es ebenso. Die Regelmäßigkeit, mit der diese Organisationen Personen mit zwielichtiger politischer Vergangenheit an die Spitze wählten, und die Bereitschaft des Kanzlers, trotzdem mit ihnen zusammenzuarbeiten, führt zu legitimen Fragen nach seiner politischen Urteilskraft und Klugheit. Schließlich ist seine Betonung und Ausnutzung der Vertriebenenfrage häufig mit den gedämpfteren Äußerungen zu den NS-Verbrechen verglichen worden, ohne die die Vertreibungen mit größter Wahrscheinlichkeit nicht stattgefunden hätten.

Auch wenn man die Wahrheit dieser Kritik anerkennt, ist selbst im Nachhinein nicht leicht zu sehen, wie Adenauer mit der Herausforderung, vor der er stand, völlig anders hätte umgehen sollen. Die Nöte und Wünsche eines so großen Teils der Wählerschaft einfach zu ignorieren, wäre politisch unrealistisch gewesen; zudem hätten sich seine politischen Gegner diese Chance nicht entgehen lassen. Man vergisst manchmal, dass die Führungen anderer Parteien kaum weniger Skrupel hatten, Erwartungen bei den Vertriebenen zu wecken. SPD-Chef Willy Brandt verkündete etwa 1961: «Schlesien bleibt in unserem Bewußtsein deutsches Land.»[64] Natürlich war für die erfolgreiche Entschärfung der Vertriebenenkrise Glück noch wichtiger als Geschick. Adenauer wurde zu einem Zeitpunkt Bundeskanzler, als sich das Verhältnis zwischen Vertriebenen und Einheimischen vielleicht auf dem Tiefpunkt befand. Die Währungsreform, durch die 1948 die Deutsche Mark mit einem sehr ungünstigen Umtauschkurs von eins zu zehn gegenüber der Reichsmark eingeführt wurde, traf die Neuankömmlinge am härtesten. Im Gegensatz zu den Einheimischen besaßen sie wenig Sachwerte. Die Währungsreform löschte ihre mageren Ersparnisse praktisch aus und stieß sie wieder die sozioökonomische Leiter herunter. Ende 1949 war die Arbeitslosigkeit unter den Vertriebenen doppelt so hoch wie unter der einheimischen Bevölkerung, fast jeder Dritte von ihnen hatte keine Arbeit. Kaum einen Monat vor Gründung der Bundesrepublik warnte ein Vertreter der amerikanischen Regierung, er und die drei deutschen Vertriebenenbeauftragten in der US-Zone seien der Meinung, «die Lage ist heute mindestens so schlecht wie 1946».[65]

Der wahrscheinlich wichtigste Faktor für die Rettung des Landes aus diesem nicht gerade vielversprechenden Szenario war der Wiederaufstieg der deutschen Wirtschaft. Ab Mitte 1950 ging die Arbeitslosigkeit schnell zurück, und wenige Jahre später war sie praktisch verschwunden. Die Bundesrepublik erlebte einen langen, vom Export angetriebenen Boom, dessen Tempo wohl von keiner entwickelten Wirtschaft je zu wiederholen ist, und die Bereitschaft der Vertriebenen, auch weniger gut bezahlte Arbeit anzunehmen, trug dazu bei, den Inflationsdruck zu senken. Dieser wohltätige ökonomische Zyklus machte nicht nur teure Sozialprogramme wie den Lastenausgleich bezahlbar, sondern befreite Bonn auch immer mehr davon, harte Entscheidungen treffen zu müssen, ob Vertriebene oder Einheimische in den Genuss begrenzter staatlicher Ressourcen kommen sollten – Entscheidungen, die in einem auf freien Wahlen beruhenden System fast zwangsläufig nur in einer Richtung verlaufen wären.

Westdeutschland konnte das beispiellose Wachstum aber weder voraussehen, noch auf seine unbegrenzte Dauer zählen. Bei einer schweren Krise wie 1923 oder 1929 hätten alle Gefahren einer nicht assimilierten und desillusionierten Masse von acht Millionen Vertriebenen sich mit neuer Intensität gestellt. Adenauer konnte eine solche Möglichkeit nicht ausschließen und musste seinen Einfluss völlig ausschöpfen, um seine junge Republik gegen solche Auswirkungen abzusichern. Da es der sicherste Weg zur Schaffung der selbsterfüllenden Prophetie von einer radikalisierten und entfremdeten Minderheit gewesen wäre, die Vertriebenen und ihre gewählten Vertreter mit Misstrauen und Distanz zu behandeln, oder zu versuchen, sie von ihren inakzeptablen Zielen abzubringen, bevor sie ins deutsche Staatswesen integriert würden, gab es für den Kanzler kaum eine Alternative zu der von ihm verfolgten Politik. Der Historiker Pertti Ahonen bemerkt zurecht: «Die oft wiederholte Behauptung, dass die Integration der Vertriebenen gleich nach dem eng verwandten Phänomen des Wirtschaftswunders in der Liste westdeutscher Triumphe rangiert, hat einiges für sich. Die Bundesrepublik hat Grund, auf ihre Leistungen auf diesem Gebiet stolz zu sein, besonders angesichts der vielen potenziellen Gefahren, die am Wegesrand lauerten.»[66]

Noch überraschender ist vielleicht, dass es auch der DDR halbwegs gelang, ihr Vertriebenenproblem zu lösen, wenn auch mit ganz anderen Mitteln. Natürlich existierten für sie völlig andere Gefahren und Risiken. Dem ostdeutschen Regime standen unbegrenzte Zwangsmittel zur Verfügung. Wenn es Anzeichen des Scheiterns zeigte, stand hinter ihm die Sowjetunion. Es bestand also wenig Gefahr, dass die Vertriebenen zur Bedrohung für das Überleben des Staates werden könnten. Da der Osten vorwiegend agrarisch geprägt war, war die Nahrungsmittelversorgung nach dem Krieg hier weniger kritisch als in anderen Teilen Deutschlands. Schließlich hatte die wirtschaftliche Schwäche des Ostens zumindest den negativen Vorteil, dass der Abstand zwischen dem Lebensstandard der Neuankömmlinge und dem der Einheimischen weniger groß war und sich leichter überbrücken ließ als in der Bundesrepublik.

Dennoch zeigten sich viele der Probleme, die in den westlichen Besatzungszonen zu beobachten waren, auch hier. Noch unter Marschall Schukow wurde ein erster Versuch unternommen, die Millionen Neuankömmlinge gleichmäßig über die sowjetische Besatzungszone zu verteilen. Diejenigen, die aus dem Gebiet nördlich der Warthe kamen, sollten in Mecklenburg angesiedelt werden, Vertriebene aus Regionen südlich des Flusses in Brandenburg. Sudetendeutschen und jugoslawischen Volksdeutschen waren das südliche Brandenburg und das östliche Sachsen-Anhalt zugedacht. Dabei waren, wie die Historikerin Jessica Reinisch festgestellt hat, die lokalen Behörden in der sowjetischen Besatzungszone genauso darauf bedacht wie ihre westlichen Kollegen, die Vertriebenen und die mit ihnen verbundenen Probleme anderswohin weiterzureichen. «Sachsen, die am dichtesten besiedelte und industriereichste Region der Zone, war in dieser Hinsicht am schlimmsten. Aus den benachbarten Gebieten gab es Beschwerden, dass die sächsischen Behörden über zwei Millionen Vertriebene und Heimkehrer über die sächsische Grenze transportiert und diese dann dort ihrem Schicksal überlassen hätten.»[67] Manchmal bedurfte es der direkten Intervention der sowjetischen Besatzungstruppen um diese lokalen Beamten zu einem weniger eigennützigen Verständnis ihrer Pflichten zu bringen.

Allerdings konnten die Sowjetbehörden, die Zentralverwaltung für deutsche Umsiedler und nach 1949 die DDR-Regierung sich nicht darauf verlassen, ihre Ziele durch Zwang durchzusetzen. Ihr Hauptproblem lag darin, dass die Vertriebenen im Osten kaum willkommener waren als im Westen. Eine Reihe von «Umsiedlerwochen», bei denen die Einheimischen Kleidung und Haushaltsgüter für die Neuankömmlinge spenden sollten, waren 1948 in vielen Gebieten peinlich erfolglos. So erbrachten die solidarischen Gefühle der einheimischen Bevölkerung für die Vertriebenen nur 110 Paar Schuhe, 132 Kochtöpfe und 10 große Öfen.[68] Angesichts der Unpopularität des Regimes konnten die Behörden auch nicht strenger vorgehen. Im Sommer 1947 äußerte die sächsische Landesregierung die Auffassung, «eine Beschlagnahmung [von Gütern zur Verteilung an die Vertriebenen] ist unmöglich. Wir können nicht riskieren, dass die Stimmung im Volk sich verschlechtert.»[69] Schließlich mussten die sowjetischen Militärbehörden Wohlfahrtsleistungen aus Staatsmitteln auszahlen. Eine Umsiedlerhilfe von 300 Reichsmark pro Erwachsenem und 100 Reichsmark für jedes Kind wurde im Oktober 1946 eingeführt. Obwohl diese Subvention auch Stimmen für die SED bei den anstehenden Wahlen gewinnen sollte, kam die Hilfe immer noch früher als ähnliche Maßnahmen in den Westzonen. Die sowjetischen Stellen zeigten auch ein erstaunliches Maß an Flexibilität bei der Zusammenarbeit mit kirchlichen Wohlfahrtsorganisationen und dem Roten Kreuz und ermutigten letzteres, sich besonders auf vertriebene Kinder zu konzentrieren.[70] Marschall Schukow und Marschall Sokolowski waren in dieser Hinsicht besonders kooperativ.

Dennoch wollten die Sowjets nicht, dass die «Umsiedler»-Frage (der Ausdruck «Vertriebener» war im Osten politisch unkorrekt, da er übertriebene Härte der abschiebenden Regierungen implizierte) ihre Besatzungszone auf unabsehbare Zeit belastete. Stattdessen lag das Hauptgewicht auf der Vollendung von Neuansiedlung und Assimilation – oder zumindest der Verkündung ihrer Vollendung – in einem überschaubaren Zeitraum. Aus diesem Grund wurde großes Gewicht darauf gelegt, Vertriebene aus den Lagern zu holen und diese dann zu schließen, was 1950 weitgehend erreicht war. Für dieses eindrucksvolle Resultat war etwas statistische Kosmetik nötig; an manchen Orten wurden «Lager» offiziell in «Wohnsiedlungen» umbenannt, um den Plan zu erfüllen.[71] Dennoch war die Leistung des Ostens bedeutend, wenn man bedenkt, dass in der Bundesrepublik noch 1951 324 000 Menschen in Lagern lebten und die letzte Einrichtung dieser Art erst 20 Jahre später geschlossen wurde.

Das Konzept des «Lastenausgleichs» fand in Ostdeutschland nicht viele Anhänger. Der Historiker Philipp Ther stellt fest, die von den «sozialistischen Bruderstaaten» intensiv propagierte Vorstellung, die Vertriebenen seien eine «Fünfte Kolonne» der Nationalsozialisten gewesen, implizierte, dass sie nicht mehr Hilfe verdienten – vielleicht sogar weniger – als die einheimische Bevölkerung. «Ein Lastenausgleich wie im Westen war darum aus ideologischen Gründen unmöglich.»[72] Daher beschlossen die Sowjets zwei Fliegen mit einer Klappe zu schlagen, indem sie die Ansiedlung der Vertriebenen mit einer Landreform verbanden. Weil die meisten Vertriebenen in ihrer Zone genau wie im Westen aufs Land geschickt worden waren – in Brandenburg lebten im Dezember 1947 fast 55 Prozent der Neuankömmlinge in Orten mit weniger als 2000 Einwohnern –, hatte diese Lösung den zusätzlichen Vorteil, dass keine größere interne Umverteilung der vier Millionen Vertriebenen nötig sein würde.[73] Güter, die über 100 Hektar groß waren oder «Kriegsverbrechern» gehört hatten, wurden aufgeteilt und neben anderen auch Vertriebene auf den neuen Parzellen angesiedelt. Obwohl bei Abschluss des Programms 567 000 Hektar im Besitz von Vertriebenen waren, wurden sie, wie der Historiker Michael Schwartz herausgefunden hat, bei der Vergabe des Landes nicht bevorzugt. Im Gegenteil, die einheimische Bevölkerung konnte sich durch ihre gewachsenen politischen, sozialen und kulturellen Netzwerke Vorteile verschaffen.[74]

Die Ergebnisse bestätigten im Allgemeinen die Prognosen jener britischen Beamten, die Ernest Bevin 1944 erfolgreich vom Verfolgen desselben Irrglaubens abgehalten hatten. Die Landreform war ein teurer Fehlschlag. «Noch Ende 1946 mussten drei Viertel der Neubauern ohne Pferde arbeiten ... und nur ein Drittel besaß eine Kuh. Nur ein Viertel der Höfe hatte einen Pflug, ein Fünftel eine Egge, und nur einer von vierzehn besaß Ernte- und Dreschmaschinen.»[75] Vieh und Landmaschinen gingen außerdem eher an die einheimische Bevölkerung, die in den ländlichen Gemeinden von ihren guten Beziehungen zu den für die Verteilung Verantwortlichen profitierte, während «Umsiedler» meist leer ausgingen. Schließlich machten es überhöhte und unrealistische Quoten, die die Neubauern dazu zwangen, sogar Saatgut und Saatkartoffeln an die Regierung abzuliefern, vielen unmöglich, das zum Überleben notwendige Minimum zu erwirtschaften. Aus diesem Grund war 1950 nach dem Bericht staatlicher Inspektoren der Lebensstandard der Neubauern «fast unvorstellbar niedrig», während die Kosten des Programms, die 1953 die alarmierende Höhe von 900 Millionen Mark der DDR erreicht hatten, von Planungsminister Heinrich Rau ein «Fass ohne Boden» genannt wurden.[76]

Statt das Scheitern des Experiments einzugestehen und – wie in Westdeutschland – die Vertriebenen aus ihren Quartieren auf dem Land in die Städte zurückzuholen, als es dort mehr Arbeit und Unterkünfte gab, verstärkten die sowjetischen Militärbehörden ihre nutzlosen Investitionen und verkündeten 1947 ein groß angelegtes Bauprogramm auf dem Land. Da praktisch der gesamte Bauetat im Osten für den Bau von Höfen verwendet wurde, die die Umsiedler rasch verließen, kam der Wiederaufbau der kriegszerstörten Städte fast zum Stillstand. Ein Neubauer äußerte: «Die Verzweiflung und Wut unter den Siedlern kennt keine Grenzen. [...] Ganze Gruppen von Siedlern haben nachts die Siedlungen verlassen und sind nach dem Westen geflüchtet.»[77] Erst 1950 wurde dieses teure Programm gestoppt, das wenig Nutzen gebracht hatte.

Zu diesem Zeitpunkt wollten die Behörden aber den Sieg verkünden und sich anderem zuwenden. Die Zentralverwaltung wurde im Juli 1948 aufgelöst und ihre Funktion einer kleinen und nicht besonders wichtigen Abteilung im Innenministerium übertragen. Von nun an war der Begriff «Umsiedler» fast ebenso tabu wie vorher «Vertriebener»; alle sollten gleiche Bürger der Deutschen Demokratischen Republik sein. Diese Verschiebung zeigte sich sowohl in der Innen- wie in der Außenpolitik. Zu Hause ging die Regierung entschieden gegen inoffizielle Vertriebenenorganisationen vor, so harmlos sie auch sein mochten.

Während die Außenpolitik der Bonner Regierung die Vertriebenen übermäßig hofierte, wurden sie von der DDR-Regierung völlig ignoriert. Auf Druck der UdSSR schlossen die kommunistischen Regierungen Polens und der DDR im Juli 1950 den Vertrag von Görlitz, der die Oder-Neiße-Linie als endgültige Grenze zwischen beiden Ländern anerkannte. Das war ein schwerer Schlag für Vertriebene im Osten, von denen viele sich für das Bleiben in der Sowjetzone entschieden hatten, weil sie auf eine baldige Rückkehr in ihre Heimat hofften. «Manche lebten so nah an der Grenze, dass sie sogar das Haus sehen konnten, das sie verlassen mussten.»[78]

Als letztes Zugeständnis an die Umsiedler, bevor sie in der ostdeutschen Gesellschaft auf sich allein gestellt waren, erließ die DDR-Regierung unter starkem Druck der sowjetischen Militärbehörden im Herbst 1950 das vielsagend benannte «Gesetz zur weiteren Verbesserung der Lage der ehemaligen Umsiedler». Dieses stellte zinslose Kredite in Höhe von 1000 Mark zum Kauf von Haushaltsgütern zur Verfügung, zinslose Kredite für den Hausbau und bescheidene Ausbildungshilfen für Umsiedlerkinder. Erneut war der ostdeutsche Ehrgeiz größer als die Fähigkeiten. Möbel- und Haushaltwarenhersteller konnten mit der gewaltig steigenden Nachfrage nicht mithalten, und weder Zentral- noch Landesbehörden hatten die Mittel, um allen Antragstellern Kredite zu bewilligen. Obwohl die DDR also einen viel größeren Anteil ihrer knappen Ressourcen für Ansiedlungsaktivitäten aufwandte als die Bundesrepublik, waren die Resultate viel bescheidener und – was ebenso wichtig war – erzeugten tiefe Enttäuschung bei denen, die eigentlich davon profitieren sollten.

Dennoch waren Mitte der fünfziger Jahre die größten Probleme der Vertriebenenansiedlung in beiden deutschen Staaten überwunden. Es stimmt, dass es im Osten nach 1948 die Strategie der SED war, «das Integrationsproblem zu übertünchen und durch Leugnen zu lösen»,[79] aber bis zum Bau der Berliner Mauer 1961 hatten die Menschen, die mit dieser Methode unzufrieden waren, die Möglichkeit, mit den Füßen abzustimmen und in den Westen zu gehen, diesmal als willkommen geheißene «Flüchtlinge». Über 830 000 gingen schließlich diesen Weg.[80] In der Bundesrepublik erwiesen sich das Erreichen der Vollbeschäftigung und die Ankunft einer neueren und sozial noch marginalisierteren Gruppe, der «Gastarbeiter» aus dem Mittelmeerraum, als wichtige Schrittmacher der Integration. Sicherlich waren die Folgen der Ankunft ohne jeden Besitz und des erzwungenen Neuanfangs nicht leicht zu überwinden; zahlreiche Studien haben gezeigt, dass nicht nur Vertriebene selbst, sondern auch Kinder von Vertriebenen nach wie vor überproportional unter sozial Benachteiligten vertreten sind. Marita Krauss weist außerdem darauf hin, dass es selbst innerhalb der beiden deutschen Staaten und nicht nur zwischen ihnen kein einheitliches Muster der Anpassung gab, daher sollte man eher von unterschiedlichen und stärkeren oder schwächeren «Integrationen» sprechen als von einem einheitlichen Prozess.[81] Doch die Furcht vor Konflikten zwischen gesellschaftlichen Gruppen, Jugendkriminalität und politischem Radikalismus erfüllte sich nicht, und trotz aller Fehler und Versäumnisse von alliierten und deutschen Behörden hat sich die verbreitete Auffassung, dass die Integrationsversuche im Allgemeinen erfolgreich waren, auch gegenüber den entschiedensten Revisionsversuchen behauptet.

Das bedeutet aber nicht, dass alle Spannungen beseitigt wurden. Die Vertreibungen blieben eine zutiefst traumatische und spaltende Erfahrung in einer Gesellschaft, die seit dem Beginn des 20. Jahrhunderts bereits zu viele davon erlebt hatte. Im Inland wie im Ausland wurden sie psychologisch denselben bequemen Mechanismen unterworfen, mit denen andere unbequeme Aspekte der deutschen Vergangenheit üblicherweise behandelt wurden – Leugnung, Mythenerzeugung, Entkontextualisierung und Rationalisierung. Mit dem Fall des Kommunismus, der Wiedervereinigung und der erzwungenen Auseinandersetzung mit den Nachbarn Deutschlands als Folge der EU-Erweiterung verloren diese Strategien aber ihre Fähigkeit, die ungelösten Fragen der vierziger Jahre mit einem Schleier bequemer Ausflüchte zu verhüllen. Wie und warum die «begrabene Geschichte» der Vertreibungen ein Deutschland und ein Europa heimsuchte, die sich allem Anschein nach von ihrer gewaltsamen Geschichte gelöst, wenn auch nicht mit ihr auseinandergesetzt hatten, ist das Thema der letzten Kapitel.

Kapitel 12

DAS RECHT

Im Oktober 2009 überraschte und verärgerte der tschechische Präsident Václav Klaus seine EU-Kollegen, als er sie unerwartet aufforderte, eine Erklärung zu unterstützen, die die Beneš-Dekrete des Jahres 1945 über die Ausbürgerung, Enteignung und Vertreibung der deutschen Bevölkerungsgruppe in der Tschechoslowakei für legal erklärte. Der Streit brach aus, als der Ratifizierungsprozess des Lissabon-Vertrags über die Zentralisierung der Europäischen Gemeinschaft vor dem Scheitern stand. Damit der Vertrag in Kraft treten konnte, mussten alle 27 Mitgliedsländer zustimmen. 26 hatten ihn bereits ratifiziert, als er auf Klaus' Schreibtisch kam; beide Kammern des tschechischen Parlaments hatten mit großer Mehrheit zugestimmt und das Verfassungsgericht seine Übereinstimmung mit dem tschechischen Recht erklärt. Es fehlte nur noch die Unterschrift des Präsidenten, damit der Vertrag in Kraft treten konnte. Klaus bemängelte aber die dazu gehörende Charta der Grundrechte, von denen zwei seiner Meinung nach den deutschen Vertriebenen und ihren Nachkommen eine rechtliche Handhabe gegen die Tschechische Republik lieferten. Artikel 17 der Charta schützte das Recht auf Eigentum und erklärte, im Fall seiner Entziehung müsse eine «rechtzeitige angemessene Entschädigung» stattfinden. Artikel 19 (1) stellte unmissverständlich fest: «Kollektivausweisungen sind nicht zulässig.»[1] Um sicherzugehen, dass «der Lissabon-Vertrag nicht zum Bruch der sogenannten Beneš-Dekrete führt», erklärte der Präsident bei einer Pressekonferenz auf der Prager Burg, müsse es eine «Ausnahme» geben, die garantiere, dass europäische Gerichte nicht das tschechische Recht über die Geltung der Dekrete angreifen könnten.[2] Sei dies nicht gewährleistet, wollte er seine Unterschrift auf unbestimmte Zeit verweigern, was den Vertrag zum Scheitern gebracht hätte.

Für viele Beobachter war Klaus' Ausspielen der «Vertreibungskarte» nicht mehr als der letzte Versuch eines bekannt euroskeptischen Präsidenten, ein Abkommen zu verhindern, das er lautstark ablehnte. Auch wenn es so war, war er aber keinesfalls der einzige tschechische Politiker, der große Besorgnis über den möglichen Einfluss der EU-Rechtsprechung auf die Beneš-Dekrete zeigte. Am 24. April 2002, zwei Jahre vor dem EU-Beitritt der Tschechischen Republik, hatten beide Kammern des Prager Parlaments einstimmig eine gemeinsame Resolution verabschiedet, nach der «die Rechts- und Eigentumsbeziehungen, die sich aus [den Dekreten] ergeben haben, nicht in Frage zu stellen, unantastbar und unabänderlich sind». Der britische Premierminister Tony Blair, der russische Präsident Wladimir Putin und der stellvertretende US-Außenminister Marc Grossman erklärten öffentlich ihre Unterstützung für die tschechische Position, nachdem der tschechische Ministerpräsident Miloš Zeman sie daran erinnert hatte, dies sei ebenso «im Interesse» der Unterzeichnerstaaten des Potsdamer Abkommens wie der Tschechischen Republik.[3] Ob Klaus' Widerspruch gegen den Lissabon-Vertrag sieben Jahre später nun taktisch begründet oder aufrichtig war, machte für das Ergebnis keinen Unterschied. Im folgenden Monat lieferten die Staatschefs der übrigen EU-Mitglieder die gewünschte «Ausnahme» in Form eines Protokolls, nach dem die Charta den Bürgern keine neuen Rechte verlieh, die nicht bereits von tschechischen Gerichten anerkannt wurden. Hierauf unterzeichnete der Präsident den Vertrag, der im Dezember 2009 in Kraft trat.

Diese Kontroverse über die fortdauernde Gültigkeit der Beneš-Dekrete lenkte neue Aufmerksamkeit auf die Anwendbarkeit des Völkerrechts auf die Vertreibungen. In einem Augenblick, in dem der neu geschaffene Internationale Strafgerichtshof in Den Haag Anklagen auf der Grundlage des Römischen Statuts formulierte, das «Vertreibung oder zwangsweise Überführung der Bevölkerung» als «Verbrechen gegen die Menschlichkeit» definierte, erschien die Auffassung, dass Dekrete, die solche Handlungen autorisierten, in Europa rechtlich wirksam bleiben sollten, besonders unlogisch. Vom Standpunkt des Völkerrechts führen die Vertreibungen aber zu drei Fragen: Waren sie damals rechtmäßig, sind sie es heute, und könnte eine ähnliche Zwangsumsiedlung in Zukunft rechtmäßig sein? Die Antwort auf jede dieser drei Fragen ist viel weniger klar, als es auf den ersten Blick erscheint.

Das Konzept universaler Menschenrechte ist eine relativ junge Entwicklung in der Weltgeschichte. Bis zum späten 19. Jahrhundert bezog sich die

Idee von «Rechten» nur auf solche Ansprüche, die Einzelpersonen gegenüber ihrer Regierung haben konnten. In der Renaissance hatten einige Autoritäten die Möglichkeit vorgeschlagen, einen individuellen Schutz zu schaffen, der sich unter bestimmten Umständen über Grenzen hinweg erstrecken konnte. Der holländische Rechtsgelehrte Hugo Grotius zum Beispiel beschrieb im 17. Jahrhundert die heute als «universelle Jurisdiktion» bekannte Lehre: «Die Könige und die ihnen gleichstehenden Staatsoberhäupter können Strafen nicht nur wegen des gegen sie und ihre Untertanen begangenen Unrechts fordern, sondern auch wegen Taten, die zwar eigentlich nicht sie selber treffen, aber in einzelnen Personen das Natur- oder Völkerrecht in roher Weise verletzen.»[4] Ideen dieser Art wurden aber nicht aufgegriffen. In Grotius' eigener Epoche lief der Trend der internationalen Beziehungen deutlich in die entgegengesetzte Richtung. Der Westfälische Friede, der 1648 den ungeheuer zerstörerischen Dreißigjährigen Krieg beendete, legte als fundamentale Norm des Völkerrechts fest, dass es keine Macht oder Körperschaft über dem einzelnen Staat gebe. Diese Doktrin der «staatlichen Souveränität», deren Kern bis heute als Westfälisches System bekannt ist, blieb bis zur Haager Konferenz von 1899 unangefochten. Ironischerweise wurde diese Konferenz von Zar Nikolaus II. vorgeschlagen, dessen Name für Autokratie und Gewaltherrschaft stand, um die Aufmerksamkeit der Welt von der schlechten Menschenrechtsbilanz der eigenen Regierung abzulenken. Um sich als Friedensapostel neu zu erfinden – so wenig überzeugend das wirken mochte –, lud der Zar Delegationen aus 26 Ländern ein, um ein Abkommen auszuhandeln, das bewaffnete Konflikte zwischen Staaten verhindern und, wenn dies nicht möglich war, eine so humane Kriegsführung wie möglich sicherstellen sollte. Auf der Konferenz einigte man sich über die Annahme einer Reihe von Haager Konventionen, die Regeln über legitime und illegitime Methoden der Kriegsführung festlegten und das Haager Tribunal als ersten internationalen Gerichtshof etablierten, seit das Papsttum diese Funktion im 15. Jahrhundert verloren hatte. Eine zweite Konferenz weitete diese Normen 1907 durch zusätzliche Konventionen aus. Die Haager Konventionen waren keineswegs vollkommen. Sie waren nur für die unterzeichnenden Staaten bindend und enthielten nur wenige Schutzklauseln für Zivilisten – ein zentrales Versäumnis, das später die Arbeit humanitärer Organisationen wie des Roten Kreuzes behinderte. Sie sagten nichts über Situationen, in denen Regierungen die eigenen Bürger und nicht die Bewohner militärisch besetzter Länder misshandelten. Sie galten nur für Konflikte, in denen ein formeller Kriegszustand herrschte, nicht für «unerklärte Kriege» oder im Frieden. Sie schufen weder Mittel für individuelle Rechtshilfe noch Durchsetzungsmechanismen. Dennoch bedeuteten sie für das Völkerrecht einen Fortschritt von immenser Bedeutung. Zum ersten Mal wurde in den Haager Konventionen erklärt, dass Staaten und ihre Führung zumindest prinzipiell für Menschenrechtsverletzungen von der internationalen Gemeinschaft verantwortlich gemacht werden konnten. Vor allem auf der Grundlage dieser Konventionen, die bis 1914 von fast allen Staaten ratifiziert worden waren, wurden nach dem Zweiten Weltkrieg für die Nürnberger Prozesse die «Nürnberger Prinzipien» entwickelt, welche die Befolgung von Befehlen als Verteidigungsprinzip außer Kraft setzten.

Obwohl der Erste Weltkrieg den Fortschritt des Völkerrechts umzukehren schien, führte er paradoxerweise zu einer noch schnelleren Ausweitung des gesetzlichen Schutzes der Menschenrechte. Auf den ersten Blick war der Krieg für den Haager Prozess eine Katastrophe. Unter dem Druck des totalen Krieges verletzten die kriegführenden Mächte – fast immer zuerst Deutschland – systematisch ihre Versprechen in den Haager Konventionen. Geiselnahme, bewusste Zerstörung historischer Stätten, Einsatz chemischer Kampfmittel und uneingeschränkter U-Boot-Krieg, Luftbombardement von Städten und Zwangsarbeit wurden zu alltäglichen Methoden der Kriegsführung. Wenn die Haager Verbote des Vergiftens von Brunnen oder der Erhebung von Portogebühren für Lebensmittelpakete an Kriegsgefangene eingehalten wurden, dann nur deshalb, weil dies damals nicht als militärisch nützlich galt.

Das Ausmaß der Gräueltaten während des Ersten Weltkriegs rief aber etwas hervor, was es bis dahin nicht gegeben hatte: die weitverbreitete Erkenntnis unter den Bewohnern aller Länder, der moderne Krieg sei so destruktiv geworden, dass der internationale Schutz von Zivilisten und vor allem von gefährdeten nationalen, ethnischen oder religiösen Minderheiten dringend notwendig war. Der erste Schritt in dieser Richtung wurde im Mai 1915 von den Entente-Regierungen unternommen, als sie auf die ersten Berichte über den Völkermord an den Armeniern eine Erklärung herausgaben, welche die Handlungen des Osmanischen Reichs als «*Verbrechen gegen die*

Menschlichkeit und Zivilisation [verurteilten], für die alle Mitglieder der türkischen Regierung zusammen mit allen ihren an den Massakern beteiligten Untergebenen die Verantwortung zu tragen haben».[5] Dies war ein Akt von revolutionärer Bedeutung, das erste Mal, dass ein wichtiger Teil der internationalen Gemeinschaft versuchte, Staaten für Verbrechen verantwortlich zu machen, die sie an ihren eigenen Bürgern verübten. In dieselbe Richtung ging Artikel 228 des Versailler Vertrags, der erklärte: «Die deutsche Regierung räumt den alliierten und assoziierten Mächten die Befugnis ein, die wegen eines Verstoßes gegen die Gesetze und Gebräuche des Krieges angeklagten Personen vor ihre Militärgerichte zu ziehen.»[6] Natürlich war die direkte Wirkung beider Klauseln minimal. Ebenso wie die US-Regierung unter Präsident Clinton in den neunziger Jahren der Hauptgegner der Schaffung eines Internationalen Strafgerichtshofs war,[7] torpedierten Woodrow Wilson und sein Außenminister Robert Lansing in Versailles wirksam die Versuche, ein Tribunal zur Verfolgung von Kriegsverbrechen zu schaffen – eine zuerst 1872 von Gustave Moynier, dem Vizepräsidenten des Internationalen Komitees vom Roten Kreuz, geäußerte Idee.[8] Im Fall der Türkei wie Deutschlands überließen die Alliierten es also ihren besiegten Feinden, Kriegsverbrecher vor Gericht zu stellen. Die Ergebnisse waren vorhersehbar. Nur ein paar niedrige Chargen unter den Verantwortlichen für den armenischen Völkermord kamen vor Gericht; 1923 erließ die Regierung Kemal Atatürks eine allgemeine Amnestie für alle Beteiligten. In Deutschland ähnelte das Vorgehen noch mehr einer Farce. Das Reichsgericht in Leipzig eröffnete zwischen 1921 und 1927 907 Verfahren gegen Personen, die von den Alliierten als Schuldige an Kriegsverbrechen genannt wurden. Nur sieben Anklagen führten zu Verurteilungen, in fast allen Fällen akzeptierte das Gericht die später berüchtigt gewordene «Nürnberger Verteidigung», die Berufung auf Befehlsnotstand. Der Jurist Gerd Hankel hat überzeugend argumentiert, dass der weitverbreitete Glaube, die Kriegsverbrecherprozesse seien nicht mehr als eine ritualisierte Demütigung der besiegten Länder, im Zweiten Weltkrieg tragische Konsequenzen hatte, als die Deutschen ihre Verachtung für jede Art rechtlicher Beschränkung zeigten.[9] Obwohl diese Verfahren aber nach «Siegerjustiz» rochen – was nur teilweise durch den praktisch automatischen Freispruch der Angeklagten ausgeglichen wurde –, hatte die Implikation, dass Einzelne auch inmitten des zerstörerischsten Kriegs der Weltgeschichte einen legitimen Anspruch auf Schutz hatten, in anderen Ländern positive Folgen für Status und Prestige der internationalen Menschenrechtsgesetzgebung.

Aus den gleichen Gründen nahm die Schaffung eines internationalen Systems zum Schutz von Minderheiten eine zentrale Stelle in der Neuordnung Europas nach dem Ersten Weltkrieg ein. Da sie bei der Friedenskonferenz erkannt hatten, wie unmöglich es war, die Grenzen in Mittel- und Osteuropa so zu ziehen, dass die ethnisch gemischten Völker der Region «nationale Selbstbestimmung» erhielten, kamen die Väter des Versailler Vertrags auf die Idee, dem Völkerbund – einem riesigen Mülleimer, in den die zahllosen ungelösten Probleme des Friedensvertrags geworfen wurden – den Schutz der Minderheiten vor genau den Regierungen zu übertragen, welche die Alliierten einsetzten. Die Notwendigkeit eines solchen Schutzes wurde durch die Tatsache verdeutlicht, dass sich trotz des heroischen Versuchs, neue politische Grenzen zu ziehen, viele Millionen Europäer auf der «falschen» Seite dieser neuen Grenzen wiederfanden. Über ein Drittel der Bewohner Rumäniens gehörte verschiedenen Minderheiten an, fast die Hälfte der polnischen Bevölkerung war nichtpolnischer Herkunft. Jüdische Gruppen setzten sich ebenfalls intensiv für ihren Schutz durch den Völkerbund ein, weil sie zurecht befürchteten, dass Juden von den Regierungen der Nachfolgestaaten der im Ersten Weltkrieg untergegangenen Imperien sonst nichts Gutes zu erwarten hätten. Im Juni 1919 bewogen die Alliierten die polnische Regierung zum Abschluss eines Vertrags, der die Rechte sprachlicher und religiöser Minderheiten garantierte und eine unklar definierte Aufsicht durch den Völkerbund schuf. Ähnliche Arrangements für Bulgarien, Griechenland, Jugoslawien, Österreich, Rumänien, die Tschechoslowakei und Ungarn folgten bald darauf, und Mitte der zwanziger Jahre hatten nicht weniger als 14 Staaten der Aufsicht des Völkerbunds über ihre Minderheiten zugestimmt.

Wie die Haager Konventionen hatten die Verträge über den Minderheitenschutz viele Mängel. In den meisten Fällen forderten sie, nationale, sprachliche, ethnische und religiöse Minderheiten sollten dieselben Rechte genießen wie die Bevölkerungsmehrheit und ihre Kinder in der Sprache ihrer Wahl erziehen dürfen. Nirgendwo wurden aber die Kriterien der Zugehörigkeit zu einer Minderheit definiert, sodass unklar blieb, wer auf Schutz durch den Völkerbund rechnen konnte. Mit Ausnahme der Deutschen in den zu Polen gekommenen Teilen Schlesiens durften sich die Minderheiten nicht selbst an den Rat des Völkerbunds wenden; dieser konnte erst eine Untersuchung aufnehmen, wenn ein Mitgliedsstaat die Beschwerde unterstützte. Das bedeutete stets, dass die größten und lautstärksten Minderheiten, die von den aktivsten Regierungen unterstützt wurden, die meiste Aufmerksamkeit erhielten und kleinere Gruppen, die weniger Gehör fanden, wie die Ukrainer in Polen, die Slawen in Mazedonien oder die Südtiroler in Italien wenig Schutz zu erwarten hatten. Viele Angehörige der Bevölkerungsmehrheiten standen den Verträgen sehr feindlich gegenüber, noch 1984 schrieb ein polnischer Wissenschaftler fälschlicherweise, sie seien «dazu gedacht gewesen, den Großmächten die Einmischung in die Angelegenheiten neuer Staaten zu erlauben, die Minderheitenverträge unterzeichnet hatten, unter dem Vorwand, im Interesse der Minderheiten in diesen Staaten zu handeln».[10] Schließlich war der Schutz durch diese Verträge nicht universell, sondern erstreckte sich nur auf die Nachfolgestaaten Österreich-Ungarns und des Zarenreiches und einige andere wie die Türkei, die sie unter Druck unterschrieben hatten. Die Briten stellten sich strikt jeder möglichen Ausweitung entgegen, die womöglich ihre Behandlung der Katholiken in Nordirland hätte betreffen können; die USA waren kein Mitglied des Völkerbunds und wollten nicht, dass die Welt sich mit der Diskriminierung der Afroamerikaner befasste. Ein noch wichtigerer Mangel war das Scheitern der Alliierten in Versailles, Deutschland zur Annahme des Völkerbundsystems zu bringen. Es trat erst 1926 ein und 1933 wieder aus. Infolgedessen hatte der Völkerbund keine Grundlage für ein Eingreifen, als die Nationalsozialisten mit der Verfolgung der deutschen Juden begannen.

Der größte Schwachpunkt des Minderheitenschutzes zwischen den Kriegen war aber, dass Volksdeutsche 1919 ebenso wie 1945 die weitaus größte Minderheit in Mittel- und Osteuropa ausmachten. Der Schutz des Völkerbundsystems bedeutete darum weitgehend, dass die Sieger des Ersten Weltkriegs den Beschwerden bestimmter Mitglieder der unterlegenen Nation nachgingen, wobei deren persönlichen Umstände aus dieser Niederlage folgten. Da der «Siegerbund» von vornherein nicht ganz grundlos argwöhnte, viele dieser Proteste seien Versuche, den Nachkriegszustand zu revidieren, statt unmittelbares Unrecht zu beheben, nahm er sie nur widerwillig ernst. Der Historiker Mark Mazower bemerkt dazu: «Der Umgang des Völkerbunds mit Minderheitenrechten machte es niemandem Recht. Den Großmächten gefiel es immer weniger, darüber zu befinden, wie Polen, Rumänen oder Tschechen – ihre Klientenstaaten – ihre Minderheiten behandelten. Als Deutschland und die UdSSR wieder stärker wurden, wehrten Briten und Franzosen sich gegen alles, was die osteuropäischen Staaten schwächen konnte, die sie geschaffen hatten. Letztere wiederum fühlten sich durch die internationalen Verpflichtungen gedemütigt, zu deren Annahme sie allein gezwungen worden waren, und warfen ihren Minderheiten vor, für ihre Beschwerden Publizität im Ausland zu suchen und sich nicht zu assimilieren. Die Minderheiten schließlich verloren durch all diese Faktoren allmählich das Vertrauen in den vom Völkerrecht gewährten Schutz und beschwerten sich immer seltener in Genf.»[11]

Noch bevor die Nationalsozialisten die Lebensumstände der Volksdeutschen zum Anlass ihres – unendlich wiederholten – «letzten Gebietsanspruchs in Europa» nahmen, war das System des Minderheitenschutzes also schon so gut wie zusammengebrochen. Ein tödlicher Schlag wurde ihm versetzt, als die polnische Regierung im September 1934 einseitig erklärte, die Aufsicht des Völkerbunds über ihre Behandlung von Minderheiten nicht mehr anzuerkennen. Das war ein extrem kurzsichtiger Schritt Warschaus, denn «wenn die deutsche Minderheit sich nicht mehr an den Rat [des Völkerbunds] wenden konnte, würde sie sich unweigerlich an Berlin wenden».[12] Ende der dreißiger Jahre «war der Einfluss des Rats auf diesem Gebiet fast verschwunden».[13]

Die nahezu einhellige Meinung, das Experiment des Völkerbunds beim Schutz gefährdeter Bevölkerungsgruppen sei völlig gescheitert – oder mit den Worten von Edvard Beneš, es sei ein «lächerlicher Unsinn» – muss dennoch in Zweifel gezogen werden.[14] Was immer seine Defizite sein mochten, war es doch unvergleichlich humaner als die Alternative der Massenvertreibung. Es zeigt den moralischen Rückschritt im 20. Jahrhundert, dass die Urheber des Minderheitenschutzes es im Gegensatz zu ihren Nachfolgern ein Vierteljahrhundert später «für barbarisch gehalten hätten, ganze Gemeinschaften zu entwurzeln, weil es den eigenen Interessen nützte».[15] Zudem war der Schutz nicht immer erfolglos. Ein Anzeichen, dass er seinen Zielen näher kam als häufig gedacht, war, dass die Vertreibungsstaaten nach dem Zweiten Weltkrieg eine vergleichbare Institution zu verhindern trachteten, um die Vertreibung der Deutschen nicht zu gefährden. Hubert Ripka betonte bei den Planungen der tschechoslowakischen Exilregierung für den Umgang mit den Sudetendeutschen: «Wir können nicht zulassen, dass diese Angelegenheiten zum Thema von Entscheidungen oder gemeinsamen Entscheidungen internationaler Organisationen werden.»[16] Mit dieser Forderung rannten die Vertreibungsstaaten natürlich offene Türen ein. Die Alliierten waren nicht weniger interessiert, ein neues System des Minderheitenschutzes zu verhindern. «Die Aussicht auf einen solchen Schutz behindert die Durchführung der Transferoperation», warnte der interministerielle Ausschuss des britischen Außenministeriums 1944.[17] US-Außenminister Ed Stettinius trat bei der Konferenz von San Francisco, auf der 1945 die UNO gegründet wurde, ebenfalls dafür ein, dass die UN-Charta keine «Aufzählung individueller und kollektiver Menschenrechte und Grundfreiheiten» enthalten solle.[18] Stattdessen schlug Präsident Truman mit begeisterter Zustimmung der anderen Großmächte vor, den Entwurf einer «Erklärung der Menschenrechte» auf einen passenden künftigen Zeitpunkt zu vertagen. Selbst dies war in Form der Allgemeinen Erklärung der Menschenrechte nicht mehr als der Ausdruck wohlmeinender Ziele der Unterzeichnerstaaten, keine bindende Verpflichtung.

Als die Vertreibungen geplant wurden, widmete man ihrer Legalität offenbar erstaunlich wenig Aufmerksamkeit. Natürlich gab es nur wenige Gesetze oder Präzedenzfälle, die ihnen vielleicht entgegengestanden hätten. Sie sollten im Frieden ausgeführt werden und wichen dadurch den Haager Konventionen von 1899 und 1907 aus, die nur in Kriegszeiten Anwendung fanden. Sie betrafen die Zivilbevölkerung, die nicht unter dem Schutz der Genfer Konvention stand. Das Internationale Komitee vom Roten Kreuz hatte 1934 auf die paradoxe Tatsache hingewiesen, dass Soldaten, die sich verteidigen konnten, viel mehr Schutz durch das Völkerrecht genossen als Zivilisten und präsentierte bei einer Konferenz in Tokio einen Entwurf, um dies zu korrigieren. Dieser sah vor, die Lebensbedingungen internierter Zivilisten sollten «keinesfalls schlechter» sein als die von Kriegsgefangenen; Deportationen waren ausdrücklich verboten, «es sei denn, es handelt sich um Evakuierungen, die wegen der Ausweitung militärischer Operationen für die Sicherheit der Bevölkerung sorgen sollen».[19] Leider war die Konferenz, auf der dieses Dokument ratifiziert werden sollte, für 1940 angesetzt und fand wegen des Zweiten Weltkriegs niemals statt. Erst 1949 wurde durch die Annahme der Vierten Genfer Konvention zum ersten Mal ein Instrument zum ausdrücklichen Schutz von Zivilisten geschaffen.

Zweifellos waren die Vertreibungen nach dem Zweiten Weltkrieg nicht mit den Minderheitenverträgen des Völkerbunds vereinbar, die alle Vertreibungsstaaten unterzeichnet hatten. Diese verpflichteten die betreffenden Regierungen zu einer Garantie, dass «Angehörige rassischer, religiöser oder sprachlicher Minderheiten juristisch und praktisch dieselbe Behandlung und Sicherheit genießen» sollten wie die Bevölkerungsmehrheit. Die Minderheitenverträge litten aber unter dem Fehlen eines Durchsetzungsmechanismus, und nichts konnte Staaten daran hindern, eingegangene Verpflichtungen später nicht zu erfüllen, wie im Fall Polens. Überdies kamen die Vereinten Nationen nach dem Krieg zu dem Schluss, die Verträge seien nicht länger bindend – nicht weil irgendeine Nachfolgeregelung sie abgelöst oder die Unterzeichner von ihren Verpflichtungen befreit hätte –, sondern nur, weil «die Umstände sich zwischen 1939 und 1947 so verändert hatten, dass, allgemein gesagt, das System [des Minderheitenschutzes] als nicht mehr existierend angesehen werden sollte».[20] Gleiches galt für Minderheitenrechte als solche. Was das Völkerrecht betraf, so begann die Nachkriegswelt nach den Worten des Juristen Patrick Thornberry «gewissermaßen mit einer Tabula rasa beim Thema der Toleranz und Förderung von Minderheiten. Staaten konnten gegenüber ihrer Bevölkerung so handeln, wie es ihnen gefiel, wenn sie nicht durch einen relevanten Vertrag daran gehindert waren.»[21] Außerdem wies das britische Außenministerium darauf hin, wenn die Alliierten mit der polnischen und tschechoslowakischen Regierung bei der Vollendung des Vertreibungsprogramms kooperierten, werde es in Europa praktisch kein Minderheitenproblem mehr geben und ein neues System des Minderheitenschutzes unnötig sein.[22]

Die einzigen verbliebenen rechtlichen Hindernisse, die es für die Vertreibungen hätte geben können, waren die Anklagepunkte gegen Deutschland, die die Alliierten während des Krieges und gleich nach Kriegsende aufstellten. Die alliierte Konferenz von Washington im Januar 1942 listete «Massenvertreibungen» unter den Verbrechen auf, für die man deutsche Täter zur Rechenschaft ziehen werde.[23] Die polnische Exilregierung versprach acht Monate später die Todesstrafe für jene, die an «Bevölkerungstransfers» mitwirkten.[24] Am wichtigsten war das Nürnberger Statut des Internationalen Militärgerichtshofs vom 8. August 1945 (auch Londoner Statut bzw. Londoner oder Nürnberger Charta genannt), welches die wichtigsten Taten aufführte, für die die deutsche Führung angeklagt werden sollte. Auf den ersten Blick schien die Definition in Artikel 6 (c) des Statuts, nach dem «Vertreibung oder zwangsweise Überführung der Bevölkerung» «Verbrechen gegen die Menschlichkeit» darstellten, ebenso, wenn nicht stärker, auf das Programm anwendbar, das die Großen Drei in Potsdam nur wenige Tage zuvor beschlossen hatten. Da sie aber befürchteten, man könne das Statut gegen sie selbst ins Felde führen, begrenzten die Alliierten seine Anwendbarkeit auf «jedes Verbrechen innerhalb der Jurisdiktion des Gerichtshofs» – d. h. jene, die von den Achsenmächten zwischen dem 30. Januar 1933 und 8. Mai 1945 begangen wurden. Als der Verteidiger von Generalgouverneur Hans Frank den Anteil seines Mandanten an der Deportation von Polen und Juden zu rechtfertigen versuchte, indem er darauf hinwies, dass die Alliierten keine 100 Kilometer entfernt an einer weit größeren Zwangsumsiedlung beteiligt seien, erklärte das Gericht dieses Argument für unzulässig, weil Nachkriegsangelegenheiten nicht innerhalb seiner Zuständigkeit lägen. Obwohl es als Widerspruch erscheinen mag, dass das Statut Handlungen Deutschlands und seiner Verbündeter als Verbrechen einstufte, aber identische Handlungen, die von anderen begangen wurden, nicht berührte, hat sich die Anwendbarkeit der Nürnberger Prinzipien in den letzten 60 Jahren als viel schmaler erwiesen, als gemeinhin angenommen.[25] Nach den Worten des Völkerrechtlers Egon Schwelb ist das im Statut genannte Verbrechen gegen die Menschlichkeit (oder die Menschheit) nicht «der Eckpfosten eines Systems des internationalen Strafrechts, das in Kriegs- und Friedenszeiten gleichermaßen anwendbar ist, die Menschenrechte der Bewohner aller Länder, ‹jeder zivilen Bevölkerung› vor jedermann schützt, einschließlich ihrer eigenen Staaten und Regierungen».[26] Vielmehr bezieht es sich nur auf Verbrechen, die in Verbindung mit und als Teil der Führung eines «Angriffskrieges» begangen würden, auch das eine Kategorie, die nur auf die Verlierer des Zweiten Weltkriegs erfolgreich angewandt wurde.[27]

Spätere Menschenrechtsdeklarationen taten wenig, um diese Lücke zu schließen. Die UN-Menschenrechtskommission, die im Januar 1947 zusammentrat, um universelle Prinzipien festzulegen, lehnte die Idee des

Minderheitenschutzes entschieden ab. Ihre Vorsitzende Eleanor Roosevelt kämpfte zäh gegen die Versuche des UN-Unterausschusses für die Verhütung von Diskriminierung und den Schutz von Minderheiten, eine solche Klausel einzufügen. Laut der Historikerin Carol Anderson dachte sie immer an die Gefahr, eine internationale Instanz könne die Macht bekommen, sich zur Behandlung der Afroamerikaner in den amerikanischen Südstaaten zu äußern, einer Region, die fast ausschließlich von ihrer Demokratischen Partei kontrolliert wurde. Daher «setzte sie alles daran, sicherzustellen, dass weder Individuen noch Nichtregierungsorganisationen das Recht erhielten, die UN zur Behebung von Menschenrechtsverletzungen anzurufen».[28] Einige ihrer Argumente waren milde ausgedrückt seltsam: vor allem ihre Behauptung, weil nicht alle Staaten ethnische oder rassische Minderheiten besäßen, seien Minderheitenrechte per definitionem nicht universell und könnten darum kein Teil der Verhandlungen des Ausschusses sein. In jedem Fall war die Allgemeine Erklärung der Menschenrechte, die daraus entstand, nach den Worten des US-Delegierten kein «Vertrag oder internationales Abkommen und schuf keine rechtlichen Verpflichtungen».[29] Die Völkermordkonvention, die gleichzeitig der UN-Wirtschafts- und Sozialrat (ECOSOC) mit Hilfe eines Juristenteams ausarbeitete, wurde auf Druck der USA ebenso verwässert. Ihr erster Entwurf hatte die «gewaltsame und systematische Vertreibung von Einzelpersonen, welche die Kultur einer Gruppe repräsentieren», als Form des Völkermords definiert. Der US-Delegierte protestierte heftig gegen diese Klausel und wies darauf hin, sie könne «so interpretiert werden, dass sie Zwangsumsiedlungen von Minderheitengruppen umfasst, wie sie von Mitgliedern der Vereinten Nationen bereits durchgeführt worden sind».[30] Das Vertreibungsverbot wurde mit 25 gegen 16 Stimmen bei vier Enthaltungen aus der Völkermordkonvention gestrichen.[31]

In den folgenden Jahrzehnten haben zahlreiche Juristen versucht, Theorien zu entwerfen, nach denen Zwangsumsiedlungen als Bruch des Völkerrechts gewertet werden könnten. Die populärste davon ist das Argument, dass Massenvertreibungen entweder das Prinzip des *jus cogens* oder das «Völkergewohnheitsrecht» verletzen. Nach Ersterem gibt es bestimmte «zwingende Normen» des Völkerrechts wie das Verbot von Völkermord oder Sklaverei, die durch keine geschriebenen Verträge oder Gesetze außer

Kraft gesetzt werden können. Artikel 53 des Wiener Übereinkommens über das Recht der Verträge (1969) definiert sie als «eine Norm, die von der internationalen Staatengemeinschaft in ihrer Gesamtheit angenommen und anerkannt wird als eine Norm, von der nicht abgewichen werden darf und die nur durch eine spätere Norm des allgemeinen Völkerrechts derselben Rechtsnatur geändert werden kann.» Eine Arbeitsgruppe des Internationalen Instituts für humanitäres Recht (IIHL) über Massenvertreibungen vertrat 1983 die Auffassung, Zwangsumsiedlungen fielen ihrem Wesen nach unter diese Kategorie, egal ob sie durch Verträge sanktioniert seien oder nicht, daher seien sie unter allen Umständen als illegal zu betrachten. Das Zugeständnis, es gebe «viele Lücken im konventionellen Recht und eine unzureichende Betrachtung des Problems der Massenvertreibungen im Völkerrecht wie im nationalen Recht», untergrub aber auf gefährliche Weise die These der Arbeitsgruppe, es existiere bereits ein universaler Konsens über die Unzulässigkeit dieser Handlungen.[32] Tatsächlich ist eine der Schwierigkeiten bei der erfolgreichen Vertretung des jus cogens-Prinzips, dass es nur das kriminalisiert, was niemand je für rechtmäßig erklärt hat.

Nach einer weniger umfassenden Theorie lässt sich ein Vertreibungsverbot aus dem Völkergewohnheitsrecht ableiten. Indem Staaten über längere Zeit in Übereinstimmung mit gewissen Prinzipien handeln, als seien sie rechtlich bindend, verleihen sie diesen Prinzipien den Status von Rechtsregeln durch langen Gebrauch und allgemeine Anerkennung. So haben Juristen die Position vertreten, die Allgemeine Erklärung der Menschenrechte, die Nürnberger Prinzipien, die Europäische Menschenrechtskonvention und andere Beispiele allgemein akzeptierter Normen seien zwar keine bindenden Verpflichtungen, aber dennoch zu Teilen des Völkergewohnheitsrechts geworden. Nach dieser Interpretation sind Zwangsumsiedlungen indirekt verboten, weil sie in der Praxis nicht ohne willkürliche oder pauschale Handlungen gegen die betroffene Minderheit durchgeführt werden können und darum einer oder mehreren dieser Konventionen widersprechen.[33] Das Problem einer solchen Argumentation liegt aber darin, dass die Indizien für eine gewohnheitsmäßige Befolgung der Allgemeinen Erklärung, der Europäischen Konvention und ähnlicher Aussagen keineswegs unwiderlegbar sind. Patrick Thornberry sagt dazu: «Hier wie anderswo mag der Wunsch der Vater des Gedankens sein.»[34] Eines der vielen Gegenbeispiele zeigt sich in der Reaktion der internationalen Gemeinschaft auf die Vertreibung der Inder aus Uganda – rund 40 000 Menschen – durch Idi Amin im Herbst 1972. Der Jurist und Historiker Alfred-Maurice de Zayas schreibt dazu: «Die Generalversammlung der Vereinten Nationen … fasste keine Resolution gegen die Vertreibung, und ein Vorschlag vor dem Unterausschuss für die Verhütung von Diskriminierung und den Schutz von Minderheiten, man solle ein Telegramm an den ugandischen Präsidenten schicken, das ‹ernste Besorgnis› über die geplante Aktion ausdrücke, wurde mit 14 Stimmen zu eins bei sechs Enthaltungen abgelehnt.»[35] Zahlreiche ähnliche Vertreibungsaktionen – etwa die Vertreibung von Serben aus dem Kosovo ab 1999 – haben keine entschiedeneren Reaktionen hervorgerufen.

Trotzdem hat sich mit dem Ende der Sowjetunion und dem Verschwinden des Kommunismus als herrschende Ideologie in Europa ein zweiter Rechtsweg mit Relevanz für die Vertreibungen eröffnet. Die Demokratisierung der meisten Vertreibungsstaaten und die Ratifizierung von Dokumenten wie der Europäischen Menschenrechtskonvention durch sie eröffnete die Möglichkeit für überlebende Vertriebene und womöglich ihre Nachkommen, Wiedergutmachung für ihre Ausbürgerung, Enteignung oder Vertreibung durch Zivilgerichte anzustreben. Rasch wurden mehrere Testklagen eingereicht, die meisten gegen die 1993 aus der Tschechoslowakei hervorgegangene Tschechische Republik. Weil die Tschechoslowakei Maßnahmen ergriffen hatte, um Enteignungen durch den kommunistischen Staat rückgängig zu machen, waren die Aussichten auf ein positives Resultat, wenn man an das Prinzip der Gleichbehandlung appellierte, größer als in Polen, wo relativ wenig Eigentum während der kommunistischen Epoche verstaatlicht worden war und daher keine Notwendigkeit für ein umfassendes Rückgabegesetz bestand. Obwohl keine der Klagen von Vertriebenen Erfolg hatte, schufen sie höchst komplexe rechtliche Fragen, die bis heute ungelöst sind und in Zukunft noch größere Komplikationen erzeugen können, wenn man sich ihnen nicht stellt.

Es ging um viel. Obwohl viele Vertriebene in den neunziger Jahren schon gestorben waren, hätte ein Urteil, dass die Überlebenden zu Unrecht ihrer tschechoslowakischen Staatsbürgerschaft beraubt worden seien, über Nacht eine beachtliche Bevölkerungsgruppe neuer – oder alter – Bürger in einem Land mit rund zehn Millionen Einwohnern geschaffen. Selbst dies wäre aber noch unwichtig neben den fast unvorstellbaren Schwierigkeiten gewesen, die nach einer erfolgreichen Klage auf Rückgabe enteigneten Besitzes entstanden wären. In einem Fall waren die Grundstücke, auf deren Rückgabe ein Vertriebener klagte, zum Zeitpunkt der Klage im Besitz von vier staatlichen Behörden, einer Gemeinde, mehreren Firmen und zahlreichen Einzelpersonen. Das Ausmaß der Verpflichtungen, die aus den Entschädigungsforderungen von Insassen der Internierungslager oder für Zwangsarbeit entstehen konnten, war ebenfalls nicht absehbar. Über und jenseits der Frage wie viel Geld nötig sein mochte, um Hunderttausende, wenn nicht Millionen von Ansprüchen Vertriebener zu erfüllen, hatte die ganze Frage explosive politische Implikationen. Als einziges Opfer NS-Deutschlands hatte die Tschechoslowakei nicht einmal symbolische Wiedergutmachungszahlungen von der Bundesrepublik erhalten, da man keine Gegenforderungen der Vertriebenen für ihr 1945 enteignetes Eigentum präjudizieren wollte. Die Möglichkeit, der tschechische Staat könne vielleicht Wiedergutmachung an Menschen zahlen, die während des Krieges Reichsbürger und Unterstützer der NS-Besatzung gewesen waren, während tschechische Bürger nicht für die Morde, das Elend und den Terror durch Deutsche entschädigt wurden, war für die tschechische Öffentlichkeit in den neunziger Jahren unerträglich. Die Wahrscheinlichkeit, dass sie ein Urteil oder eine ganze Reihe von Urteilen in dieser Frage von den höchsten internationalen Gerichten akzeptiert hätten, war gleich Null.

Aus diesem Grund wurden tschechische Gesetze über die Rückerstattung verstaatlichten Eigentums Anfang der neunziger Jahre so formuliert, dass für Vertriebene so wenige Wege wie möglich offen blieben, ihre Ansprüche zu verfolgen. Das 1991 vom tschechoslowakischen Parlament verabschiedete Rückgabegesetz autorisierte die Rückgabe von Eigentum, das zwischen dem kommunistischen Staatsstreich vom Februar 1948 und dem Fall des Regimes 1989 verstaatlicht worden war. Der Vorteil des Anfangsjahres 1948 lag darin, dass auf einen Schlag fast alle Sudetendeutschen ausgeschlossen wurden, die zweieinhalb Jahre früher enteignet worden waren, ebenso die ungarische Minderheit, die 1946/47 beim gescheiterten Bevölkerungs-«Austausch» zwischen der Slowakei und Ungarn vertrieben worden war.[36] Mit derselben Absicht legte das Gesetz fest, nur tschechoslowakische Staatsbürger mit dauerndem Wohnsitz im Land kämen für die Rückgabe in Frage.

Aus diesem Grund verfolgten deutsche Zivilklagen gegen den tschechischen Staat zwei verschiedene Wege. Der erste ging über die tschechischen Gerichte und argumentierte entweder, die Beneš-Dekrete widersprächen der neuen demokratischen Verfassung des Landes, oder er akzeptierte die Gültigkeit der Dekrete, machte aber geltend, sie seien zu Unrecht auf «Antifaschisten» angewandt worden, die nicht hätten enteignet und vertrieben werden dürfen. Der zweite Weg führte über internationale Gerichtshöfe wie den Europäischen Gerichtshof für Menschenrechte oder den UN-Ausschuss für Menschenrechte und vertrat die Meinung, die Dekrete, das tschechische Rückgabegesetz oder beides seien unvereinbar mit für die Tschechische Republik bindendem Völkerrecht.

Die Versuche, über den ersten Weg – die tschechischen Gerichte – eine Entschädigung zu bekommen, sind fast ausnahmslos gescheitert. Einer der wichtigsten Fälle wurde im März 1995 vom tschechischen Verfassungsgericht entschieden, als Rudolf Dreithaler, ein tschechischer Bürger deutscher Herkunft, auf Rückgabe eines Hauses klagte, das er von einem sudetendeutschen Verwandten geerbt hatte, das aber enteignet worden war, bevor er es in Besitz nehmen konnte. Das Urteil des Gerichts war – vorsichtig ausgedrückt – eigenwillig. Einerseits bestätigte es, das Enteignungsdekret sei 1945 von Präsident Beneš rechtmäßig erlassen worden und bleibe daher gültig und bestimmend. Andererseits urteilte es, das Dekret widerspreche nicht dem Völkerrecht, denn es sei in den letzten 40 Jahren nicht dazu benutzt worden, irgendjemanden zu enteignen, und es bestehe keine Möglichkeit, dass es künftig dazu benutzt werde; es besitze also «keinen konstitutiven Charakter». Schließlich erklärte das Gericht, die Enteignung von «Personen deutscher Nationalität [...] stellt keine nationale Rache dar, sondern ist einfach eine angemessene Reaktion auf die Aggression Nazideutschlands», an der die Sudetendeutschen beteiligt gewesen seien und für die sie legitimerweise bestraft werden könnten. Für «Gaskammern, Konzentrationslager, Massenmord, Unterdrückung, Tötung und Entmenschlichung von Millionen» seien nicht allein die Nationalsozialisten verantwortlich, sondern jene, «die passiv von dieser Bewegung profitierten, ihre Befehle ausführten und keinen Widerstand leisteten».[37] Somit beruhte das Urteil nicht nur auf der Idee einer deutschen Kollektivschuld für die NS-Verbrechen als feststehender Tatsache, sondern beließ das Dekret auch in einem verfassungsrechtlichen Niemandsland, wo es zugleich existierte und nicht existierte, je nachdem, ob der Bezugsrahmen das nationale oder das Völkerrecht war.

Petitionen von Vertriebenen vor internationalen Institutionen hatten noch weniger Erfolg. Ein typisches Beispiel war der Fall von Gerhard Malik, der Mitte der neunziger Jahre den UN-Ausschuss für Menschenrechte anrief. Malik war bei Kriegsende zwölf Jahre alt und im Juli 1946 aus dem mährischen Nový Jičín (Neutitschein) nach Deutschland in die amerikanische Besatzungszone vertrieben worden; sein Geburtshaus wurde enteignet. Indem die Tschechische Republik ihm willkürlich seine tschechoslowakische Staatsbürgerschaft vorenthielt und die tschechische Verfassung so formuliert hatte, dass sie ihn und andere Sudetendeutsche von ihren Möglichkeiten ausschließe, verletzte sie seiner Meinung nach den Internationalen Menschenrechtspakt und sein Zusatzprotokoll. In ihrer Antwort an den Ausschuss erklärte die tschechische Regierung, zum Zeitpunkt seiner Vertreibung habe Malik sechs Monate Zeit gehabt, gegen seine Ausbürgerung Einspruch zu erheben und dies nicht getan. Überdies hatte die Entscheidung des tschechischen Verfassungsgerichts von 1995 über das Enteignungsdekret erklärt, dieses Gesetz sei «nicht länger als verfassungsrechtliche Regelung wirksam» und könne daher vor tschechischen Gerichten angefochten werden. Auch hier habe Malik die internen Möglichkeiten nicht ausgeschöpft. Malik antwortete, die Aussage, dass er im Unrecht sei, weil er 1945 keinen Antrag auf Wiederherstellung seiner tschechoslowakischen Staatsbürgerschaft gestellt habe, sei ungerechtfertigt, da die Insassen von Internierungs- und Zwangsarbeitslagern nicht in der Lage waren, solche Anträge zu stellen und solche Versuche oft zu körperlichen Misshandlungen durch das Lagerpersonal führten. Wenn die Tschechische Republik behaupte, der Petitionsprozess, den Malik angeblich versäumt habe, sei eine wirksame Abhilfe für Deutsche gewesen, um die Wiederherstellung ihrer Staatsbürgerschaft zu erlangen, «sollte sie Beispiele von Personen anführen, die das erfolgreich taten». Auch die Behauptung, ein Urteil des Verfassungsgerichts, das die Gültigkeit des Enteignungsdekrets ausdrücklich bestätigte, habe es irgendwie ermöglicht, dessen Verfassungsmäßigkeit vor demselben Gericht anzufechten, sei nicht weniger irreal. Der Menschenrechtsausschuss ließ den Fall aber aus zwei Gründen nicht zur Verhandlung zu. Die Tatsache, dass das tschechische Verfassungsgericht das Enteignungsdekret (Nr. 108/1945) im Fall Dreithaler für gültig befunden habe, bedeute nicht, dass für das damit verbundene Ausbürgerungsdekret (Nr. 33/1945) dasselbe gelte. Bevor Malik oder ein anderer Antragsteller in ähnlicher Lage auch hierüber kein Urteil von tschechischen Gerichten habe, lehnte der Ausschuss eine Stellungnahme ab.[38] Zu seinem Besitzanspruch erklärte der Ausschuss: «Nicht jede Unterscheidung oder Differenzierung in der Behandlung bedeutet eine Diskriminierung.» Die Tatsache, dass die Tschechische Republik beschlossen habe, tschechoslowakische Bürger für unrechtmäßige Enteignungen nach 1948 zu entschädigen, verpflichte den Staat nicht dazu, andere Personen für unzulässige Enteignungen vor diesem Datum ähnlich zu entschädigen.

Obwohl der Ausschuss also die Petition für unzulässig erklärte, statt über die Tatsachen des Falles zu urteilen, war seine Entscheidung im Fall Malik dennoch in doppelter Hinsicht problematisch. Erstens widersprach seine Auffassung, der Menschenrechtspakt verpflichte die Tschechische Republik nicht zur Rückgabe von Eigentum an Personen, die vom Rückgabegesetz ausgenommen waren, dramatisch den Urteilen, die er im Fall tschechoslowakischer Bürger in ähnlicher Lage gesprochen hatte. In Adam gegen Tschechische Republik (1996) hatte der Ausschuss beispielsweise entschieden, die Nichtanwendung des Gesetzes auf Joseph Adam und andere Tschechen und Slowaken, die ihre Staatsbürgerschaft zwischen 1948 und 1989 nicht durchgehend wahrgenommen hätten, sei ein willkürlicher Akt, der Artikel 26 – die Antidiskriminierungsklausel – des Menschenrechtspakts verletze. Die Tschechische Republik sei vielleicht nicht verpflichtet, irgendjemandem sein verstaatlichtes Eigentum zurückzugeben. Sobald sie dies aber beschlossen hatte, konnte sie nicht zwischen zwei Gruppen von Enteigneten unterscheiden, ohne die Garantie des Menschenrechtspakts zu verletzen. An anderer Stelle hatte der Ausschuss aber geurteilt, eine Ungleichbehandlung wie im Fall Malik sei nicht diskriminierend, wenn «die Kriterien für eine solche Unterscheidung angemessen und objektiv sind und ein Ziel anstreben, das nach dem Menschenrechtspakt legitim ist».[39] Der Jurist István Pogány von der University of Warwick bemerkt, dass der Ausschuss im Bezug auf bestimmte Tatsachen des Falles «weder eine logische noch eine juristische Grundlage für seine Schlussfolgerung gab, *bestimmte* Formen der Ungleichbehandlung stellten eine unrechtmäßige Diskriminierung dar, andere aber nicht».[40] Dennoch war die Implikation der Malik-Entscheidung, seine Ausnahme von der

Rückgabe sei durch «angemessene und objektive» Kriterien gerechtfertigt gewesen, die einem «legitimen» Ziel dienten. Mit anderen Worten, der Ausschuss sagte implizit ebenso wie das tschechische Verfassungsgericht im März 1995, der dreizehnjährige Malik sei wegen seiner Mitschuld an den NS-Verbrechen im Gegensatz zu Joseph Adam vom tschechoslowakischen Staat «angemessener- und legitimerweise» enteignet worden.[41]

Der zweite zweifelhafte Aspekt der Malik-Entscheidung war die Aussage, der Petitionssteller habe nicht die ihm zur Verfügung stehenden nationalen Möglichkeiten ausgeschöpft, weil er nicht vor tschechischen Gerichten die Verfassungsmäßigkeit des Beneš-Dekrets (Nr. 33/1945) angefochten habe, durch das er ausgebürgert worden war. In diesem Zusammenhang muss man bemerken, dass ein Kläger zwar alle nationalen Möglichkeiten ausgeschöpft haben muss, bevor er oder sie den Fall vor ein internationales Gericht bringt, dass diese Möglichkeiten aber auch wirksam sein müssen. Mit anderen Worten, es ist nicht nötig, einen Anspruch vor jeder vorstellbaren nationalen Instanz zu vertreten, wenn nicht vernünftigerweise angenommen werden kann, dass er oder sie dort die angestrebte Abhilfe findet. Im Licht der Erklärung des Verfassungsgerichts, das Enteignungsdekret sei wegen der kollektiven Mitschuld der Sudetendeutschen an den NS-Verbrechen gültig – was der Ausschuss offenbar teilte –, erschien es kaum logisch, Malik zu sagen, wenn dasselbe Gericht dieselbe Analyse auf das Ausbürgerungsdekret anwende, werde es zu einem anderen Ergebnis kommen.

Dass Vertriebene und ihre Nachfahren keine wirksame Abhilfe von tschechischen Gerichten zu erwarten hatten, wurde durch einen Fall bestätigt, der 2005 vor den Ausschuss kam. Der Sudetendeutsche Eugen Czernin, der ausgebürgert, enteignet und zur Zwangsarbeit eingesetzt worden war, hatte im November 1945 beim Bezirksnationalausschuss von Jindřichův Hradec (Neuhaus) die Wiederherstellung seiner tschechoslowakischen Staatsbürgerschaft gemäß Dekret Nr. 33/1945 beantragt. Er konnte dem Ausschuss seine antifaschistische Vergangenheit nachweisen, doch als er 1947 vor dem NKWD nach Österreich floh, hatte das Innenministerium noch nicht über seinen Antrag entschieden. Obwohl Czernin 1995 im Exil gestorben war, beantragte sein Sohn die Rückgabe des Eigentums seines Vaters, für welche die Entscheidung über Eugen Czernins immer noch schwebenden Antrag auf Wiederherstellung seiner tschechoslowakischen Staatsbürgerschaft notwendig war. Obwohl der Innenminister 1996 eine Anhörung des Falles ankündigte, fand nie eine statt. Eine Anordnung des Verfassungsgerichts wies das Innenministerium 1997 an, den Antrag zügig zu entscheiden. Auch dies wurde ignoriert. Stattdessen blockierten das Innenministerium und das Landratsamt von Jindřichův Hradec die Untersuchung von Czernins Anspruch, obwohl mehrere Entscheidungen tschechischer Gerichte sie in den folgenden Jahren dazu aufforderten. Schließlich kam der Fall vor den UN-Menschenrechtsausschuss, der zu dem Ergebnis kam, die Tschechische Republik verweigere der Familie Czernin eine wirksame Abhilfe und verletze damit ihre internationalen Verpflichtungen.[42] So willkommen diese Entscheidung für die Czernins war, änderte sie doch den Verlauf des Falls ebenso wenig wie frühere Urteile. Im Jahr 2011, 66 Jahre nach seiner Antragstellung, war Eugen Czernins Anspruch auf Widererlangung seiner Staatsbürgerschaft immer noch ungeklärt.

Im nationalen wie internationalen Kontext ist es den Ansprüchen Vertriebener aus den «Wiedererlangten Gebieten» ähnlich ergangen. 2001 verabschiedete das polnische Parlament ein Gesetz zur Rückgabe verstaatlichten Eigentums, das wie sein tschechisches Gegenstück Vertriebene ausschloss. Die Frage wurde aber offener, als Präsident Aleksander Kwaśniewski sein Veto einlegte. Der Europäische Gerichtshof für Menschenrechte entschied 2008, «einzelne Akte der Gewalt, Vertreibung, Enteignung und Beschlagnahme von Eigentum» durch die polnischen Behörden seien «einmalige Handlungen», die keine «andauernde Situation eines ‹vorenthaltenen Rechts›» schüfen. Die Europäische Menschenrechtskonvention gelte nicht rückwirkend und lasse sich daher nicht auf Vergehen anwenden, die vor Polens Ratifizierung der Konvention 1991 begangen wurden.[43]

Auch der EU-Beitritt der meisten Vertreibungsstaaten hatte trotz Václav Klaus' Befürchtungen keinen Einfluss auf die juristische Situation. 2002 holte das Europäische Parlament die Meinung dreier angesehener Juristen über die mögliche Unvereinbarkeit der Beneš-Dekrete mit EU-Recht ein, um alle Schwierigkeiten auszuloten, die aus dem Beitrittsantrag der Tschechischen Republik entstehen könnten. Obwohl das wichtigste Gutachten des Völkerrechtlers Jochen Frowein, ehemals Vizepräsident der Europäischen Menschenrechtskommission, keinen offiziellen Status hatte, sollte es offensichtlich den Kurs der EU in dieser Frage vorgeben. Das Gutachten kam zu dem

Schluss, die Beneš-Dekrete schüfen aus Sicht des EU-Rechts nur wenige ernsthafte Probleme. Obwohl Handlungen wie die Ausbürgerung und Enteignung ganzer Gruppen ohne Gerichtsverfahren klar illegal wären, wenn sie im Jahr 2002 stattfänden, zwinge nichts im EU-Recht die Mitgliedsstaaten dazu, Wiedergutmachung für unrechtmäßige Handlungen zu leisten, die vor ihrem Beitritt begangen worden seien. Diese Meinung folgte der Auffassung des UN-Menschenrechtsausschusses im Fall Malik, nach der die allgemeine Enteignung von Deutschen und Ungarn eine «angemessene» Strafe für ihre Illoyalität zum tschechoslowakischen Staat gewesen sei. In jedem Fall bedeutete der Abschluss des tschechischen Rückgabeprogramms vor dem EU-Beitritt des Landes, dass es von europäischen Instanzen nicht angefochten werden konnte. Frowein und seine Kollegen fanden nur zwei Aspekte der Beneš-Dekrete potenziell beunruhigend. Der erste war ein Artikel, der es dem tschechoslowakischen Staat erlaubte, «Verräter» und «Kollaborateure» in Abwesenheit vor Gericht zu stellen. Jeder Versuch der neuen Tschechischen Republik, Personen festzunehmen, die 1945/46 bei solchen Verfahren verurteilt wurden, würde «den Grundrechten und rechtsstaatlichen Garantien zuwiderlaufen, die vom Zeitpunkt des Beitritts an gelten müssen». Das zweite problematische Element – Dekret Nr. 115/1946, das tschechoslowakischen Bürgern Straffreiheit zubilligte, die im Laufe der «gerechten Vergeltung» in den ersten sechs Monaten nach dem Krieg Deutsche misshandelt hatten – schien auf den ersten Blick zu bedeuten, dass sogar Verbrechen gegen die Menschlichkeit nicht juristisch zu belangen waren, solange sie vor Oktober 1945 gegen Deutsche begangen worden waren. Das Frowein-Gutachten kam aber zu dem Schluss, da die deutsche Regierung nicht auf die Rücknahme dieses Dekrets bestanden habe, habe sie praktisch ihr Recht dazu gemäß der Lehre des Estoppel (rechtshemmenden Einwands) aufgegeben. Tatsächlich hatte eine gemeinsame Erklärung mit der tschechischen Regierung 1997 erklärt, beide Seiten wollten «ihre Beziehungen nicht mit aus der Vergangenheit herrührenden politischen und rechtlichen Fragen belasten». Überdies sei es ungerecht, wenn tschechische Bürger, die sich über ein halbes Jahrhundert gegen Strafverfolgung immun glaubten, plötzlich mit einer Anklage rechnen müssten.[44]

Obwohl weiterhin Restitutionsklagen von Vertriebenen und ihren Nachkommen erhoben werden, kann nach den bisherigen Erfahrungen angenommen werden, dass keine davon Erfolg haben wird. Mit allergrößter Wahrscheinlichkeit hatte Dieter Blumenwitz von der Universität Würzburg mit der Schlussfolgerung Recht, es sei «nichts [...] von den tschechischen Gerichten zu erwarten, das auf eine Aufhebung der Enteignungsdekrete von 1945 hindeuten würde».[45] Nach der Resolution des slowakischen Parlaments vom September 2007 zu urteilen, die die Beneš-Dekrete für «unveränderbar» erklärte, gilt wohl dasselbe für die slowakische Rechtsprechung.[46] Instanzen wie der UN-Menschenrechtsausschuss und der Europäische Gerichtshof für Menschenrechte erklären weiterhin die Petitionen von Einzelpersonen für unzulässig, selbst wenn sie dazu auf weit hergeholte und möglicherweise unlogische Analysen zurückgreifen. Wie István Pogány bemerkt, zeigt besonders die strikte Weigerung des Menschenrechtsausschusses, die Kriterien zu nennen, durch die er die diskriminierende Behandlung deutscher Vertriebener für juristisch gerechtfertigt hält, «dass wir einfach seine Einzelfallentscheidungen abwarten und für richtig halten müssen».[47] Gleichermaßen wird es kein Mittel geben, durch das die Klage eines Vertriebenen für zulässig erklärt und in der Sache bewertet werden kann, wenn die Urteile des Europäischen Gerichtshofs, des obersten Gerichts der EU, sich vom Frowein-Gutachten und der tschechischen Ausnahmeregelung von 2009 leiten lassen.

Somit hat sich eine Lücke aufgetan zwischen den Wissenschaftlern, von denen viele die Vertreibungen und ihre andauernden Folgen als evidente Verletzung des Völkerrechts ansehen, und den Gerichten, die durchgehend eine minimalistische Position in dieser Frage eingenommen haben. James Wolfe hält sie beispielsweise zugleich für eine Verletzung der Haager Konvention und der Nürnberger Prinzipien, da der Vertreibungsbeschluss während des Krieges fiel und «der Vorsatz zum Begehen von Handlungen, die dem Kriegsrecht zuwiderlaufen, strafbar ist».[48] Alfred-Maurice de Zayas ist ebenso wenig von dem häufig vorgebrachten Argument der Vertreibungsstaaten überzeugt, die Operation sei rechtmäßig gewesen, weil sie von den Großen Drei in Potsdam ratifiziert wurde. Damit die Alliierten «Polen, der Tschechoslowakei und Ungarn die rechtliche Autorität zur Vertreibung deutscher Zivilisten übertragen konnten, mussten [sie] diese weitreichende und außerordentliche Autorität selbst besitzen». Deutschland besaß sie ganz klar nicht, weil «Deportationen [...] gegen eine Zivilbevölkerung» eines der

«Verbrechen gegen die Menschlichkeit» darstellten, für die seine Staatsführung in Nürnberg angeklagt worden war. Die Alliierten hätten aber nie die rechtliche Grundlage offengelegt, die es ihnen erlaubte, straflos ähnliche Handlungen auszuführen.[49]

Ob die Vertreibungen zum Zeitpunkt ihrer Durchführung rechtmäßig waren, bleibt also ungelöst. Der allgemeine Widerwillen der internationalen Gerichte, zu bestimmen, ob sie oder ihre andauernden Folgen mit heutigem Recht vereinbar sind, und dem Problem durch die Nichtzulassung auszuweichen, hat die ganze Frage in ein juristisches Niemandsland verwiesen, in dem sie wohl nicht so bald geklärt werden wird. Die meisten Autoritäten sind aber der Meinung, es sei zumindest sicher, dass keine solche Operation in Zukunft rechtmäßig ausgeführt werden könne. Nach den schrecklichen Vorgängen, die den Zerfall Jugoslawiens in den neunziger Jahren begleiteten, haben verschiedene internationale Abkommen – vor allem das Römische Statut des Internationalen Gerichtshofs – Zwangsumsiedlungen zur Verletzung des Völkerrechts erklärt, es sei denn, die Menschen sollen zu ihrer eigenen Sicherheit aus einem Kriegsgebiet gebracht werden.[50]

Allerdings hat der Jurist Timothy Waters vor wenigen Jahren die Möglichkeit angesprochen, dass jetzt im Völkergewohnheitsrecht eine «Sudeten-Klausel» existiert – d. h. ein juristischer Präzedenzfall, der aus dem Muster alltäglichen staatlichen Handelns entsteht. Die Tatsache, dass Gerichtsurteile die Chance der Vertreibungsopfer auf Wiedergutmachung ins Unendliche verschoben haben, ist selbst ein Faktor in der Entwicklung des Völkerrechts, das mangels einer globalen Legislative wie einem Weltparlament weit stärker auf Präzedenzfällen als auf Gesetzen beruht. Auch die Position des UN-Menschenrechtsausschusses im Fall Malik und noch expliziter im Frowein-Gutachten, nach dem die Sudetendeutschen durch Ausbürgerung und Enteignung zurecht und angemessen für das bestraft worden seien, was Edvard Beneš 1942 ihre «passiven Kriegsverbrechen» nannte, deutet an, dass es für angesehene juristische Autoritäten zumindest eine Situation gibt, in der gewöhnliche Bürger zurecht auf diese Art behandelt werden dürfen. Natürlich bedeutet das nicht, es sei wahrscheinlich, dass die Verbote der Zwangsumsiedlung in Dokumenten wie dem Römischen Statut gewohnheitsmäßig gebrochen werden. Doch diese Verbote sind auch nicht so absolut, wie sie scheinen. Timothy Waters schreibt dazu: «Ganz im Gegenteil enthüllen die Aussagen und Handlungen von Staaten und EU-Institutionen eine komplexe, aber klare Konditionalität: solche Maßnahmen sind nicht hinnehmbar, *solange es keine dringenden Herausforderungen für die europäische Ordnung gibt.* Europa und seine Rechtsordnung haben den Rückgriff auf ethnische Säuberung nicht unter allen Umständen verworfen; sie haben sich dieses Recht – und eine spätere Immunität vor der Wiedergutmachung – als Reaktion auf schwere Bedrohungen dieser Ordnung vorbehalten. Das ist die wahre Form des Gesetzes.»[51]

Weil aber Massenvertreibungen fast immer letzte Auswege angesichts außergewöhnlicher Umstände sind, zumindest in den Augen derer, die sie durchführen, könnte die allgemeine Anerkennung selbst einer einzigen solchen Episode als legitimer – oder wenigstens entschuldbarer – Präzedenzfall sich in Zukunft als eine zuviel herausstellen, wie Waters betont. Menschen neigen unter großer Belastung dazu, falsche historische Parallelen zu ziehen, und man braucht keine übermäßige Einbildungskraft, um sich Umstände vorzustellen, in denen die Entfernung einer scheinbar gefährlichen ethnischen, religiösen oder rassischen Gruppe, die von der Welt bereits mit Argwohn betrachtet wird, ebenso zwingend erscheinen mag wie die Vertreibung der Deutschen in den vierziger Jahren. Ohne Vorgänge wie «Waterboarding» mit den Methoden gleichzusetzen, die die Gestapo zur Erlangung von Informationen einsetzte, haben wir bereits gesehen, wie das Folter-Tabu in der westlichen Welt nach den Anschlägen vom 11. September 2001 in einem Maß durchlöchert wurde, wie es nur wenige Jahre zuvor unvorstellbar schien.[52] Sollte die Anwesenheit einer unerwünschten Minderheit erneut als Anlass einer angeblichen internationalen Notlage gesehen werden, dann wird es zweifellos noch verführerischer sein, die «Sudeten-Klausel» ins Feld zu führen und die nach wie vor existierenden Mehrdeutigkeiten und Schlupflöcher in den Gesetzen über Zwangsumsiedlungen auszunutzen.

Kapitel 13

BEDEUTUNG UND ERINNERUNG

Robin Hankey, der Polenspezialist im britischen Außenministerium und frühere Diplomat an der Warschauer Botschaft, gehörte zu den einflussreichen Personen, die im Sommer 1947 einen Brief von seinem Freund und ehemaligen Kollegen Michael Vyvyan erhielten. Dem Brief beigefügt war der Bericht einer 26 Jahre alten Frau, die sechs Monate zuvor aus dem polnischen Internierungslager Potulice nach Deutschland deportiert worden war. Der detaillierte und unemotionale, manchmal auch ironische Bericht (die Autorin erwähnte, dass die Qualität des Essens nach der Entlassung des Kochs Ende 1946 merklich besser wurde) beschrieb die systematischen Misshandlungen, Folter und Unterernährung, unter der die Insassen von Potulice und des nahe gelegenen Unterlagers Nakło nad Notecią (Nakel) litten, wo sie ebenfalls kurze Zeit interniert war. Der Bericht klang authentisch und stimmte mit vielen anderen Berichten überein, die die Westalliierten über Potulice und ähnliche Lager bekommen hatten. In seiner Antwort an Vyvyan bestritt Hankey nicht den Inhalt dessen, was er gelesen hatte. Er hielt es aber auch nicht für besonders wichtig.

«Ich bin auch der Meinung, dass die Bedingungen, die Sie beschreiben, schrecklich sind. Ich wäre sehr viel tiefer bewegt gewesen, wenn ich nicht selbst die Vernichtungslager in Majdanek und Oswiecim [Auschwitz] gesehen und mich durch die vorhandenen Indizien überzeugt hätte, dass die Polen die Wahrheit sagen, wenn sie behaupten, rund sechs Millionen Juden und Polen seien von den Deutschen wie Fliegen umgebracht worden. Nachdem ich selbst 800 000 Paar Schuhe von Ermordeten gesehen habe (darunter die Schuhe kleiner Kinder von zwei und drei Jahren), […] kann ich nicht viel Mitgefühl für die armen Deutschen entwickeln, obwohl ich ihre Behandlung ablehne.»[1]

In den ersten Jahren nach dem Krieg war eine solche Reaktion typisch.

Bemerkenswert ist, dass sich in den über 60 Jahren, die seit der Vertreibung der Deutschen vergangen sind, kaum etwas daran verändert hat. In wissenschaftlichen wie populären Darstellungen dieses Teils der europäischen Geschichte hat fast immer der Holocaust den Kontext für Diskussionen der Vertreibungen geliefert – oder sogar für die Entscheidung, ob man sie überhaupt erwähnen solle, wie im Fall Hankeys. Infolgedessen nehmen sie eine einzigartige Stelle im heutigen historischen und ethischen Diskurs ein. Unter den modernen Beispielen für massenhafte Menschenrechtsverletzungen ist in keinem anderen Fall das Argument verwendet worden, man solle sie nicht zur Sprache bringen, aus Furcht, dies könne den Schrecken verkleinern, den man angesichts eines noch größeren Verbrechens zurecht empfindet.

Ganz sicher ist der Zusammenhang zwischen den Vertreibungen und dem Holocaust wie auch den zahlreichen anderen Verbrechen des NS-Regimes so unausweichlich wie angemessen. Der Versuch, sie zu trennen, würde riskieren, eine aus dem Zusammenhang gerissene Opfererzählung zu erzeugen, in der das Leiden der Deutschen das noch größere Leiden in den Schatten stellen würde, das Deutsche anderen antaten. Doch wenn dies der Ausgangspunkt der Diskussion sein muss, ist keinesfalls klar, dass es auch ihr Endpunkt ist. Hankey erkannte ebenso wenig wie viele nach ihm, dass ein Bezugsrahmen, der Akte von Gewalt und Ungerechtigkeit an der größten Gräueltat unseres Zeitalters misst und sie im Vergleich dazu der Aufmerksamkeit nicht für würdig erachtet, eine Wiederholung solcher Taten wahrscheinlicher, nicht unwahrscheinlicher macht. Ganz abgesehen von der Frage, welche Anerkennung man den Opfern der Vertreibungen schuldet, macht es auch jede Diskussion über die Handlungen und Motive der Täter unmöglich, indem es ihnen implizit die volle Menschlichkeit abspricht, denn es stellt sie als moralisch inkompetente Personen dar, die keine Verantwortung für ihre Taten übernehmen können. Schließlich weicht es den unbequemen, aber notwendigen Fragen aus, die sich für unsere eigene Epoche stellen, wenn wir mit der verstörenden Realität hungernder und geschlagener Männer, misshandelter Frauen und traumatisierter Kinder konfrontiert werden, die notwendigerweise zu der psychologisch so befriedigenden alttestamentarischen Gerechtigkeit gegenüber «feindlichen» Bevölkerungen gehören, der wir instinktiv immer noch anhängen.

Wie über diese Dinge zu sprechen ist, ohne einen Teil der Betroffenen zum Schweigen zu bringen oder unsichtbar zu machen, ist ein sehr schwieriges Problem, das in dem halben Jahrhundert seit Kriegsende nur wenige Menschen untersucht oder auch nur anerkannt haben. Für einen kurzen Moment schien es Ende der neunziger Jahre, als ließe sich dies überwinden. Seitdem haben sich die Positionen wieder verhärtet, und der gegenwärtige Diskurs über das Thema in Politik und Medien ist zu einem Dialog der Tauben verkommen. Es ist aber zweifelhaft, ob man die Auseinandersetzung damit auf unbestimmte Zeit verschieben kann. Zwangsumsiedlungen sind keineswegs etwas Vergangenes, und es gibt einflussreiche Stimmen, die ihnen eine große Zukunft vorhersagen. Wie man zu dieser Aussicht auch stehen mag, es ist auf jeden Fall von großer Bedeutung, ein möglichst klares Bild von dem größten Experiment dieser Art zu haben, das je durchgeführt wurde.

Wie wir gesehen haben, wurde während der Vertreibungen eine breite, aber wenig subtile Propagandakampagne von den Vertreibungsstaaten und ihren Unterstützern im Ausland geführt, der sich einzelne, weitgehend isolierte Gegner in westlichen Medien und Nichtregierungsorganisationen entgegenstellten. Sobald die Operation aber beendet war, verschwand die Dringlichkeit der Auseinandersetzung. In den USA und England akzeptierten Befürworter wie Gegner sie Anfang der fünfziger Jahre als nicht rückgängig zu machende Tatsache. Die kommunistische Regierung Klement Gottwalds in der ČSSR war klug genug, so wenig Aufmerksamkeit wie möglich auf das Thema zu lenken, was sein Nachfolger Antonín Novotný fortführte. In der DDR wurde die Diskussion über die Vertreibungen in demselben großen Orwellschen Erinnerungsloch entsorgt, das auch alle anderen Aspekte der Vergangenheit aufnahm, die dem Regime unbequem waren. Als der Dramatiker Heiner Müller 1961 sein Stück *Die Umsiedlerin oder das Leben auf dem Lande* aufführen wollte, eine ironische Beschreibung der Schwierigkeiten einer schwangeren Vertriebenen, der bei der missglückten Landverteilung von 1945 ein kleiner Hof zugeteilt wird, wurden er und alle Schauspieler nach der Premiere verhaftet. Müller hatte Glück und wurde nur aus dem Schriftstellerverband ausgeschlossen. Sein Regisseur B. K. Tragelehn kam nicht so leicht davon und wurde «zwei Jahre lang in einen Braunkohlentagebau geschickt, um die Arbeiterklasse durch praktische Arbeit kennenzulernen».[2]

Abb. 15. **Eine westdeutsche Briefmarke erinnert an den zehnten Jahrestag der Vertreibungen.**

Die Bundesrepublik und Polen nahmen dagegen eine viel aktivere und fast ausnahmslos konfrontative Haltung ein. Im Jahr 1952, drei Jahre nach der Schaffung des Bundesministeriums für Vertriebene, Flüchtlinge und Kriegsgeschädigte, beauftragte die Bonner Regierung den angesehenen Kölner Historiker Theodor Schieder mit einer wissenschaftlichen Geschichte der Vertreibungen, eine ihrer Gesten vor den Wahlen in Richtung der Landsmannschaften. Diese Ernennung war ein Beispiel für die mangelnde Sensibilität, für die das Ministerium unter Theodor Oberländer (1953–1960) bekannt werden sollte, denn die Wahl Schieders als Herausgeber hätte kaum unglücklicher sein können. Der talentierte Historiker hatte zu einer Gruppe von NSDAP-Mitgliedern gehört, die sich Ende der dreißiger Jahre mit «Ostforschung» befassten und in dieser Funktion an einem Forschungsprojekt über die «historischen Voraussetzungen einer ‹umfangreichen [deutschen] Siedlungspolitik in den Ostgebieten›» mitgearbeitet, das kurz nach der Eroberung Polens begann.[3] Schieders Vorschläge leisteten, wie einige Historiker glauben, einen kleinen, aber dennoch nicht unerheblichen Beitrag zum «Generalplan Ost», dem verstörend detaillierten Plan zur genozidalen Räumung und Neubesiedlung der eroberten Länder.[4] Obwohl sein Anteil an diesem Plan erst nach seinem Tod 1984 bekannt wurde, war es zumindest höchst unglücklich, einen Mann, der seine Talente für die Planung der ethnischen Säuberung Polens eingesetzt hatte, wenige Jahre später zum Herausgeber einer Geschichte zu machen, die genau die Art von Maßnahmen anklagte, die er selbst in noch rücksichtsloserem Umfang befürwortet hatte.

Dies galt umso mehr, als die achtbändige *Dokumentation der Vertreibung der Deutschen aus Ost-Mitteleuropa*, die sein Team zwischen 1953 und 1962 erstellte, nicht ohne historischen Wert war. Einige der begabtesten jungen Historiker Deutschlands, darunter Martin Broszat, Hans Mommsen und Hans-Ulrich Wehler, arbeiteten an dem Projekt mit, das auf Interviews mit 11 000 Vertriebenen aus ganz Mittel- und Osteuropa beruhte, die Schieder und seine Mitarbeiter auswerteten. Nur 700 davon wurden in der Endversion abgedruckt, nachdem die Herausgeber feindselige, unzuverlässige und einseitige Aussagen entfernt hatten. Auch die Einleitungen waren zumindest für die damalige Zeit methodisch fortschrittlich, denn sie betonten die strukturellen Faktoren hinter den Vertreibungen. Trotzdem litt das Unternehmen an einer Reihe von Mängeln, unter denen die moralisch belastete Vergangenheit des Herausgebers nicht einmal der größte war. Die Darstellung war weniger faktisch inakkurat als höchst parteiisch und vermittelte durch Auswahl und Auslassungen einen irreführenden Eindruck. Wie bei der Vertuschung von Schieders Vergangenheit kamen die Taten des NS-Regimes in den besetzten Ländern zumindest in den ersten Bänden zu wenig vor. Die Vertreibungen wurden durch einen stark antikommunistischen Filter gezeigt und übertrieben die Bedeutung des Marxismus als motivierende Kraft in den beteiligten Ländern. Der genaue Charakter der volksdeutschen Beziehungen zur Bevölkerungsmehrheit während des Krieges blieb in den frühen Bänden unterbelichtet. Juden kamen selten oder gar nicht vor. Manchen der jungen Herausgeber entgingen diese Defizite zweifellos selbst. Trotz der schrecklichen Einzelheiten, welche die *Dokumentation* von den Grausamkeiten der Vertreibungen zeigte und deren Faktentreue im Großen und Ganzen kaum angezweifelt werden kann, ging es bei dem gesamten Unterfangen letztlich doch eher um geschichtspolitische Interessen als um wissenschaftliche Objektivität.

Innerhalb Deutschlands kam es vielleicht nicht so sehr darauf an. Von der breiten Öffentlichkeit wurde die *Dokumentation* kaum wahrgenommen. Der Historiker Robert Moeller nennt die Verkaufszahlen «erbärmlich».[5] Im Ausland führte das Erscheinen des Werks aber zu Aufsehen. Es gab Kurzfassungen auf Englisch und Französisch, die zwar kaum eine größere internationale Leserschaft erreichten, aber als Versuch gesehen wurden, ausländische Unterstützung für eine revisionistische Außenpolitik zu finden. Die polnische Regierung reagierte mit einer eigenen quasi-wissenschaftlichen Attacke. Unter Federführung der Westpresse-Agentur (*Zachodnia Agencja Prasowa*) in Poznań erschienen ab Mitte der fünfziger Jahre zahlreiche Bücher und Broschüren in den großen europäischen Sprachen, um die Behauptungen der *Dokumentation* und ähnlicher Werke zu diskreditieren. Sie bestritten, dass die Vertreibungen aus den «Wiedererlangten Gebieten» auf inhumane Art stattgefunden hätten (oder sogar, dass sie überhaupt stattgefunden hätten, weil die deutsche Bevölkerung «von selbst nach Westen floh»), und versuchten zu zeigen, dass jede Infragestellung der Richtigkeit des Potsdamer Abkommens durch deutsche Kommentatoren Teil eines 1000 Jahre alten «Drangs nach Osten» sei, der mit den Deutschordensrittern begonnen habe und von der Niederlage des Nationalsozialismus nur zeitweise unterbrochen worden sei.[6] Es darf bezweifelt werden, dass diese polemischen Schriften, die weit erfolgreicher darin waren, die fragwürdigen statistischen Schätzungen der *Dokumentation* über die Zahl der ums Leben gekommenen Vertriebenen anzugreifen, als eine überzeugende Rechtfertigung für die Handlungen der polnischen Regierung zu liefern, mehr Leser fanden als Schieders dicke Bände.[7] Aber selbst wenn sie nur ihre jeweiligen Autoren überzeugten, wiesen diese konkurrierenden Geschichtsversionen doch auf die rhetorischen Strategien beider Seiten voraus, als die Vertreibungen in den neunziger Jahren stärker ins Licht der internationalen Öffentlichkeit traten.

In den fünfziger Jahren kamen in der westdeutschen Populärkultur regelmäßig Themen vor, die mit der Vertreibung zu tun hatten, wenn auch nicht im Vordergrund. Vor allem das Genre des Heimatfilms bot ein Mittel, die Traumata der jüngsten Vergangenheit zugleich anzusprechen und zu verbergen. Nicht weniger als ein Fünftel der deutschen Produktionen in den fünfziger Jahren waren Heimatfilme.[8] Obwohl keineswegs alle die «verlorene Heimat» im Osten und Süden auch nur erwähnten, bot das Symbol der Heimat einen sicheren, gemeinsamen Boden auf dem «Deutsche» jeder Art, einschließlich der Neuankömmlinge, ihr Gefühl von Identität und Patriotismus ausdrücken konnten, ohne an tabuisierte politische Themen zu rühren.[9] In dieser Hinsicht war der Heimatfilm viel wichtiger durch das, was er verschwieg, als durch das, was er zeigte. Quasidokumentarische Szenen «wilder» Vertreibungen, das Leben in polnischen oder tschechoslowakischen Internierungslagern, die Fahrt in überfüllten Güterwaggons, Vergewaltigungen und Raub kamen in diesen Filmen nirgends vor. Ebenso wenig traten Vertriebene auf, die nicht schon vor 1937 deutsche Staatsbürger gewesen waren. Die bevorzugten Helden oder Heldinnen von Heimatfilmen mit Vertriebenenthematik stammten aus Ostpreußen oder Pommern im Altreich und waren 1945 vor der vorrückenden Roten Armee geflüchtet; Sudetendeutsche spielten manchmal Nebenrollen, aber Volksdeutsche aus Ungarn, Jugoslawien, Rumänien oder dem Baltikum fielen durch ihre Abwesenheit auf. Das Gleiche galt für den Krieg. Stattdessen romantisierten und feierten die Filme den Prozess, durch den Flüchtlinge aus den verlorenen Ostgebieten trotz ihrer traumatischen Vergangenheit Glück, Liebe und Erfolg fanden, indem sie die bleibenden Werte von Arbeit, Gemeinschaft und Bindung an einen Ort wiederfanden – wenngleich es ein anderer Ort war als der ihrer Geburt.

In seinen scharfsinnigen und kritischen Analysen solcher Ausdrucksformen der deutschen Mentalität wie den Heimatfilmen, Schieders Geschichtswerk, der Glorifizierung der überlebenden Kriegsgefangenen, die Mitte der fünfziger Jahre aus der Sowjetunion zurückkehrten, und der viel gelesenen Vertriebenenberichte wie dem zuerst im Rahmen der *Dokumentation* erschienenen *Ostpreußischen Tagebuch* des Königsberger Chirurgen Hans von Lehndorff hat Robert Moeller argumentiert, im ersten Nachkriegsjahrzehnt sei die Aufmerksamkeit der Bundesrepublik für das Schicksal der Vertriebenen vor allem Ausdruck einer «Opferrhetorik» gewesen, deren Zweck die Schaffung einer «handhabbaren Vergangenheit» für ein «von Unschuldigen bewohntes» Land war.[10] Ein paradoxes Element dieser entlastenden Erzählung war das Beharren vieler Deutscher, das Sprechen über die Vertreibungen sei ein Tabu gewesen, obwohl die ständige Wiederholung des deutschen Leidens diese «in die Gründungsmythen der Bundesrepublik einbezog».[11] Andere Historiker haben diese Interpretation kritisiert oder zumindest eingeschränkt. Obwohl Frank Biess betont hat, dass «deutsche Gewalt die Ursache ... für die Gewalt gegen Deutsche war», nennt er «Erzählungen der Opfererfahrung eine problematische Grundlage für die Rekonstruktion männlicher Subjektivität und den allgemeinen Wiederaufbau nach dem

Krieg».[12] Da ihnen die Möglichkeit einer «erlösenden Auflösung» fehlte, boten diese Berichte «feminisierten Leidens» nur wenige Möglichkeiten für die Artikulation einer neuen kollektiven Identität – umso mehr, als gerade die deutsche Identität der Neuankömmlinge aus dem Osten und Süden häufig von den Eingesessenen in Ost- und Westdeutschland in Frage gestellt wurde.[13] Auch Svenja Goltermann hebt hervor, wenn man Schlussfolgerungen über die deutsche Gesellschaft der fünfziger Jahre aus dem ziehe, was ihre Kultur *nicht* sagte, müsse man in Betracht ziehen, wie frisch das Trauma war, das die meisten Deutschen erlitten hatten; nur wenige waren in den vierziger Jahren als Soldaten, Vertriebene oder Zivilisten unter alliiertem Bombardement nicht dem Tod und dem persönlichen Risiko des Sterbens ausgesetzt gewesen.[14] Die menschliche Psyche verarbeitet tief verstörende Ereignisse nicht so schnell oder so leicht; sie gibt auch dem eigenen Leiden viel größeres Gewicht als dem anderer. Das soll zwar nicht als Entschuldigung für den Widerwillen so vieler Deutscher genommen werden, nach ihrer individuellen Verantwortung für die Gewalt zu fragen, die ihr Land über seine Nachbarn gebracht hatte, aber die Tatsache bleibt bestehen, dass kaum eine Gesellschaft auf Katastrophen, auch (oder besonders) selbst geschaffene, mit der Selbstkritik reagiert, die Deutschlands Opfer wie auch heutige Historiker sich aus völlig verständlichen Gründen gewünscht hätten.

Ob Kitschproduktionen wie die Heimatfilme nun die Last der Interpretation tragen können, die Moeller und andere ihnen aufbürden, oder nicht, jedenfalls ist nicht zu bezweifeln, dass die öffentliche Stimmung mit dem Erwachsenwerden der ersten deutschen Nachkriegsgeneration in den sechziger Jahren den Vertriebenen gegenüber deutlich weniger aufgeschlossen wurde. Obwohl sich der Krieg der Worte zwischen den Regierungen in Bonn und Warschau – und ihren Historikern – Ende der sechziger und Anfang der siebziger Jahre durch Willy Brandts Ostpolitik gegenüber den Nachbarn Deutschlands und die de facto-Anerkennung der Nachkriegsgrenzen abschwächte, wurden Diskussionen über Menschenrechtsverletzungen an Deutschen direkt nach dem Krieg in der Bundesrepublik schwieriger. Die Generation der sechziger Jahre, die immer mehr dazu neigte, die Älteren als «Mittäter des Nationalsozialismus» anzusehen, begann präzise und sehr persönliche Fragen nicht nur über die politische, sondern auch die moralische Verantwortung für die deutschen Verbrechen zu stellen, unter denen der Holocaust zum ersten Mal in den Vordergrund rückte. Das Ergebnis war ein jahrzehntelanger Kampf zwischen einem «Opferdiskurs», der deutsches Leiden, und einem «Täterdiskurs», der deutsche Schuld hervorhob. In den siebziger und achtziger Jahren verschob er sich entschieden zugunsten des letzteren, als Historiker und Intellektuelle aus dieser Nachkriegsgeneration «gewöhnliche Deutsche und ihre alltägliche Unterstützung für ein unmenschliches und verbrecherisches Regime zu untersuchen begannen».[15] Wenn die Diskussion der Vertreibungen in den fünfziger Jahren entgegen Moellers Thesen auch nicht tabu war, so war die Gesellschaft in den beiden deutschen Staaten zwei Jahrzehnte später doch viel weniger bereit, in sie einzutreten oder sie auch nur anzuhören. Bestenfalls «wurde angenommen und fast erwartet, dass die Vertriebenen und Flüchtlinge im Verlauf ihrer erfolgreichen Eingliederung ins Nachkriegsdeutschland nicht nur ihre alten kollektiven Identitäten verlieren oder ‹ablegen› würden, sondern auch die besonderen Erfahrungen und individuellen Erinnerungen, die sie aus dem Osten mitgebracht hatten, um sich so den Einheimischen anzupassen», wie der Historiker Rainer Schulze scharfsinnig bemerkt hat.[16] Wenn sie dies taten, konnten einige Aspekte ihrer Geschichte vielleicht von Öffentlichkeit und Staat anerkannt werden. Das bedeutete aber nicht, das die Gesellschaft interessiert oder bereit war, die Teile ihrer Geschichte anzuhören, die sich nicht in die nationale Erzählung fügten, besonders nachdem die Bildung der Großen Koalition aus CDU und SPD 1966 eine deutliche Veränderung von Bonns Politik gegenüber den östlichen Nachbarn bewirkte. Ein frühes Anzeichen dieser sich wandelnden Stimmung war, dass Außenminister Willy Brandt seit 1967 eine Kabinettsvorlage zur Beauftragung des Bundesarchivs mit der Untersuchung von Schieders *Dokumentation* und anderer unveröffentlichter Quellen auf kriminelle Tatbestände unter Verschluss halten ließ, um die Verbesserung der Beziehungen zu Warschau und Prag nicht zu stören.[17] Laut dem Politologen Eric Langenbacher bedeutete das den Beginn einer kulturellen wie auch politischen Trennung zwischen «fortschrittlichen» Kräften und den Vertriebenen: «Sozialdemokraten und Linke gaben die Vertriebenengruppen auf und dämonisierten sie bald, was als Preis für die Versöhnung und Normalisierung mit Osteuropa galt. […] Die Regierung [Brandt] löste das Vertriebenenministerium auf, kürzte Zuwendungen für Aktivitäten von Vertriebenen und lehnte es 1974 ab, einen Bericht über Verbrechen zu veröffentlichen, die während der Vertreibungen an Deutschen begangen worden waren. Die Parteizeitung der SPD war der Meinung, eine Veröffentlichung würde ‹nur den Nazis hier helfen›. Von nun an setzten Linke Vertriebene mit Revanchisten, Rechtsradikalen und Neonazis gleich.»[18]

In der angelsächsischen Welt ließen die dominierenden Erzählungen über Charakter und Bedeutung des Zweiten Weltkriegs noch weniger Raum für die öffentliche Anerkennung, geschweige denn Diskussion der Vertreibungen. Die Nachkriegsgeneration hatte keinerlei Erinnerung daran, und sie kamen auch fast nirgends in historischen oder Mediendarstellungen des Krieges vor. Martha Kent, die als Kind in Potulice interniert war, erlebte als Psychologiestudentin an der University of Michigan Anfang der sechziger Jahre, dass selbst in einer kosmopolitischen akademischen Umgebung das Bild von Deutschen der Kriegszeit, die etwas anderes als Täter waren, großes Unbehagen bei ihren amerikanischen Gastgebern erzeugte. Manchmal wurde dies durch abwegige Stereotypen ersetzt, als zum Beispiel einer ihrer Professoren sie «mit einem ironischen *Sieg Heil!* begrüßte». Typischer war aber, dass in den USA jede Erwähnung ihrer Erlebnisse als Versuch gedeutet wurde, das Leiden der wahren Kriegsopfer herabzusetzen: «Ich konnte meine Kindheit in Gefangenschaft kaum erwähnen. Bei den seltenen Gelegenheiten, wenn über das Thema gesprochen wurde, sagten die Leute, Potulice sei ‹gar nichts› gewesen. Die bloße Erwähnung meiner Gefangenschaft rief Aussagen von Schmerz und Trauer über die Verbrechen der Nazizeit hervor. So etwas hätte ich erleben sollen, sagten sie. [...] Ich sei ja noch gut davongekommen.»

Als Resultat der Strenge, mit der ihr Schweigen in ihrer neuen Heimat sozial erzwungen wurde, litt Kent an einem Syndrom, das unter denen, die in ihrer Kindheit schwere Traumata erleben, nicht selten ist, besonders wenn das Erlebnis später unterdrückt oder geleugnet wird. «1985 merkte ich, dass ich alle Sprache über mich selbst verloren hatte. Ich konnte nichts über mich sagen oder schreiben.»[19]

In Deutschland standen die Kinder von Vertriebenen unter demselben Druck, ihre lebenslange «Pflicht» des Schweigens zu erfüllen. Obwohl gleich nach dem Krieg viel soziologische Besorgnis über den möglichen Aufstieg einer entfremdeten, asozialen und richtungslosen Generation jugendlicher Straftäter geäußert wurde, fanden frühe Studien heraus, dass Vertriebenenkinder nach fast allen messbaren Kriterien von denen der einheimischen Bevölkerung kaum zu unterscheiden waren. Manche Autoritäten wie Karl Valentin Müller, ein Anthropologe, der nach dem Krieg selbst aus Prag vertrieben worden war, schloss aus ihrer scheinbar außergewöhnlichen Widerstandsfähigkeit, es gebe einen darwinschen Mechanismus, durch den die «Stärksten» aus dem «Kampf ums Dasein» hervorgegangen seien. In den fünfziger Jahren wurden Vertriebenenkinder darum als Studienobjekte fast völlig ignoriert, während beide deutsche Staaten sich zum erstaunlichen Erfolg ihrer Integrationsfähigkeit gratulierten. Die Symptome dessen, was später als posttraumatisches Stresssyndrom erkannt wurde, blieben daher unbeachtet, und als einige der Kinder erwachsen waren und die Erinnerungen ausdrücken konnten, die sie fast immer unterdrückt hatten – meist um nicht die Last ihrer ebenso traumatisierten Eltern oder Pfleger zu vermehren –, trafen sie auf eine Gesellschaft, die entschlossener war als je zuvor, ihnen nicht zuzuhören. Mit den Worten des Historikers Volker Ackermann: «Aus der Sicht von ‹1968› waren die Vertreibungen die verdiente Strafe für ‹1933›.»[20] Das fortgesetzte Schweigen dieser jüngsten Opfer wurde daher auf vielerlei subtile und unsubtile Art gefordert, um anderen, aber ebenso verstörenden Fragen über die Vergangenheit auszuweichen, die eine neue Generation von Deutschen keinesfalls stellen wollte.

Fast völlig übersehen wurde damals aber, dass ein ähnlicher Prozess nationaler Selbstbefragung auch in der Tschechoslowakei und Polen im Gange war, der sich von ähnlichen Voraussetzungen in eine andere Richtung zu entwickeln begann. Nach der Niederschlagung des «Prager Frühlings» 1968 und dem Ende der letzten Hoffnungen auf einen «Sozialismus mit menschlichem Antlitz» im sowjetischen Imperium begannen junge Intellektuelle und Historiker, von denen viele früher oder später der Dissidentenbewegung Charta 77 beitraten, sich mit der Frage zu beschäftigen, wie ihr Land so schnell zum Opfer einer zweiten totalitären Beherrschung werden konnte, nachdem es gerade der ersten entronnen war. Ein wichtiger und provokativer Beitrag zu dieser Debatte waren die «Thesen zur Aussiedlung der Deutschen aus der Tschechoslowakei 1945–1947», die der slowakische Historiker Jan Mlynárik 1979 unter dem Pseudonym «Danubius Bratislava» im Untergrund kursieren ließ. Für Mlynárik hatten die Vertreibungen weniger mit der Sicherheit oder nationalen Integrität der Tschechoslowakei zu tun als mit dem Wunsch von Regierung und Bevölkerung, sich nicht der eigenen ruhmlosen Vergangenheit von München bis zum Kriegsende zu stellen. Nach dieser Interpretation hatte bei dem «nutzlosen» Angriff auf die Sudetendeutschen der allgemeine Wunsch der Bevölkerung eine Rolle gespielt, die ihre eigene Untätigkeit, wenn nicht Kollaboration, durch die Identifikation mit den Siegern und durch eine ‹Heldentat› gegenüber den Wehrlosen wiedergutmachen wollte.[21] Dies war für Mlynárik die Ursünde der Dritten Republik, die sie psychologisch verwundbar gegenüber der kommunistischen und sowjetischen Beherrschung gemacht habe. Es war auch eine moralische Herausforderung für die gegenwärtige Generation von Dissidenten, die kaum von ihrer Regierung den uneingeschränkten Respekt für die Rechte des Einzelnen fordern konnten, der den Vertriebenen 1945/46 verweigert worden war.

«Der Aufruf zum ‹Durchliquidieren› der Deutschen war eine Aufforderung, eine patriotische Pflicht zu tun. Öffentliche Hinrichtungen, brennende Körper auf den Kandelabern, das Schießen auf Deutsche am hellichten Tag auf den Straßen der böhmischen und mährischen Städte, bis zum unmenschlichen Vertreiben aus den Wohnstätten in den kommenden Jahren, das war eine gigantische, praktische, alltägliche Schulung in der Mißachtung des Menschen als des höchsten Wertes dieser Welt [...] eine Nation, die sich gegen eine andere Brutalitäten geleistet hat, wird selbst vom Gift dieses Verbrechens befallen.»[22]

Mlynáriks revisionistische Thesen sorgten für gewaltiges Aufsehen in der ČSSR und waren durch ihre Entlastung der Sudetendeutschen von Kollektivschuld ein ironischer Kontrapunkt zu seinen Zeitgenossen in der Bundesrepublik, die zum selben Zeitpunkt gerade auf dieser beharrten.[23] Doch dieser Donnerschlag war nur der Beginn einer allgemeineren Attacke gegen den moralischen Zusammenbruch, den er und seine Anhänger als Konsequenz dieses Verrats an den Idealen der Republik Masaryks ansahen. Der Kommunismus, ein Wirtschaftssystem, welches das Volk systematisch enteignet und ärmer gemacht hatte, sei nicht in erster Linie von außen durch die Sowjetunion aufgezwungen gewesen, sondern die logische Folge aus dem Verzicht des tschechoslowakischen Volkes auf fundamentale Werte in der «Goldgräberei» von 1945: «Die gewaltsame Aussiedlung der tschechoslowakischen Deutschen brachte der tschechoslowakischen Gesellschaft nicht nur die Zerstörung der Beziehung zu menschlichen, nationalen und staatlichen

Werten, sondern es hat sich hier auch eine Devastation der Beziehungen zu jeglichen *materiellen Werten* herangebildet. [...] Der von Generationen von Familien gewonnene Besitz wurde durch ein Papier, durch eine Unterschrift weggenommen [...] Der tschechoslowakische Staat ist dadurch in die Rolle eines Räubers geraten.«[24]

Die Entfremdung des Eigentums in der sozialistischen Wirtschaft hatte demnach ihre Wurzel nicht im Sozialismus, sondern im gewaltigen Raub deutschen Eigentums.

In Polen gab es ähnliche, wenn auch weniger einflussreiche Kritiken, vor allem der Essay des Dissidenten und späteren Senators Jan Józef Lipski von 1981, dessen Hauptthese schon im Titel anklingt: «Zwei Vaterländer – zwei Patriotismen: Bemerkungen zum nationalen Größenwahn und zur Xenophobie der Polen».[25] Der Historiker Norman Naimark bemerkt aber: «Die meisten Polen, wie die meisten Deutschen, wollten in der unmittelbaren Nachkriegszeit die eigene Schuld an den Schrecken der jüngsten Vergangenheit vergessen. ... Die Brutalität der Kriegszeit, die Kollaboration, polnische Mitwirkung an der Besatzung und die Gleichgültigkeit der Mehrheit gegenüber der Ermordung der Juden – die vielen Anlässe, bei denen Überleben wichtiger war als Moral – waren Phantome der Kriegszeit, die in einen psychologischen Gefrierschrank geschoben wurden.»[26] Es kann darum nicht überraschen, dass die Initiative, sich von den defensiven national-mythologischen Versionen der Vergangenheit zu lösen, in Polen nicht von den Intellektuellen kam, wie in der Tschechoslowakei, sondern von der Kirche. Teils als Reaktion auf eine um Versöhnung bemühte Erklärung über die Vertreibungen und die polnisch-deutsche Grenze durch die Evangelische Kirche in Deutschland schrieben die katholischen Bischöfe Polens, unter anderem auf Betreiben des Krakauer Bischofs Karol Wojtyła, dem späteren Papst Johannes Paul II., 1965 einen Brief an ihre deutschen Amtsbrüder, der die Vertreibungen indirekt in den Worten «Wir vergeben und bitten um Vergebung» ansprach.[27] Obwohl den Bischöfen in Polen «unpatriotisches Verhalten und Handeln gegen polnische Interessen» vorgeworfen wurde,[28] bedeutete diese Formel keine Neubewertung der Oder-Neiße-Linie. Bischof Wojtyła selbst nannte die westlichen Grenzregionen gewohnheitsmäßig die «Wiedererlangten Gebiete» – ebenso wie Papst Johannes XXIII. das erste Mal 1962.[29] Das soll aber nicht die Bedeutung dieser Versöhnungsgeste der Bischöfe schmälern, die ohne Zweifel zu dem Tauwetter beitrug, das Brandts Ostpolitik möglich machte. Der Politikwissenschaftler Pawel Lutomski erinnert allerdings daran, dass «das ideologische Einfrieren jeder offenen Diskussion des Status und der Form der Vertreibung der Deutschen und Polen [im Osten] praktisch bis zu den Veränderungen von 1989 andauerte».[30] Erst mit der deutschen Wiedervereinigung und den Abkommen mit seinen Nachbarn im Jahr darauf, die den Status quo bestätigten, wurde psychologischer Raum für neue Erkundungen zuvor tabuisierter Themen geschaffen. Helmut Kohls explizit geäußerter Wunsch, die Polen sollten «in sicheren Grenzen leben» und seine Versicherung, es werde «kein Viertes Reich geben», trugen stark zu diesem Gefühl bei. Ein bemerkenswertes Produkt der neuen Atmosphäre waren in den neunziger Jahren die gemeinsamen Forschungsprojekte zu den Ursachen und Folgen der Vertreibungen durch deutsch-polnische und deutsch-tschechische Historikerteams.

Am Ende des 20. Jahrhunderts schien das Eis also endlich zu schmelzen. In einer Resolution vom März 1990 nannte das ungarische Parlament die Vertreibung der Volksdeutschen eine «ungerechte Handlung». Obwohl Zyniker darin den Versuch Ungarns sahen, die eigenen Ansprüche gegenüber ihren tschechischen und slowakischen Nachbarn wegen der Vertreibung der ungarischen Minderheiten 1946 wiederzubeleben, trug die Resolution viel zur Verbesserung der Beziehungen zwischen Budapest und Berlin bei.[31] Eine Rede Václav Havels im selben Monat beim Besuch von Bundespräsident Richard von Weizsäcker, eine seiner ersten Amtshandlungen als erster postkommunistischer Präsident der Tschechoslowakei, wurde weithin als Durchbruch der Beziehungen zu Deutschland wahrgenommen. Bei seiner kritischen Bewertung der Art, wie Sudetendeutsche 1945 behandelt worden waren, sagte Havel in Worten, die verblüffend denen seines ehemaligen Charta 77-Kollegen Jan Mlynárik ähnelten: «Anstatt ordentlich all die zu richten, die ihren Staat verraten haben, verjagten wir sie aus dem Land und belegten sie mit einer Strafe, die unsere Rechtsordnung nicht kannte. Das war keine Strafe, das war Rache.» Havels Aussage wurde weithin als offizielle Entschuldigung bei den Vertriebenen verstanden und ist seitdem fast immer als solche bewertet worden. Laut dem Präsidenten selbst war sie aber keine und sollte auch keine sein: «In meinen Reden habe ich mich dann verständlicherweise diplomatischer ausgedrückt und mich unmittelbar für nichts entschuldigt, unter anderem auch gerade, weil ich dazu von niemandem ein ausdrückliches Mandat hatte.»[32] Eine genaue Lektüre der Rede bestätigt diese Äußerung, vor allem seine Erwähnung der «gerechte[n], aber auch übertriebene[n] Empörung» des tschechoslowakischen Volkes, eine Formel, die implizierte, dass der Fehler vor allem darin lag, den Schuldigen einen regulären Prozess zu verweigern, bevor man sie vertrieb, aber auch seine Betonung, die Nationalsozialisten hätten den «Bazillus des Bösen» in den tschechoslowakischen Staat injiziert. Das Missverständnis sollte aber langandauernde und unglückliche Folgen haben, weil es einen Sinneswandel der tschechischen und slowakischen Völker und ihrer Regierungen andeutete, der nicht stattgefunden hatte.

Als die Tschechische Republik nach der «samtenen Scheidung» 1993 Vorgespräche über den EU-Beitritt aufnahm, war die Bundesregierung über den scheinbaren Rückzieher des tschechischen Präsidenten bestürzt, besonders wenn man ihn mit der scheinbar generöseren polnischen Haltung kontrastierte, die in einer Rede des Außenministers Władysław Bartoszewski vor dem Bundestag zum Ausdruck kam.[33] Eine Rede Havels vom Februar 1995, die «ein fatales Versagen eines großen Teils unserer Bürger deutscher Nationalität» als wahre Ursache ihrer schließlichen Vertreibung nannte, unterschied sich mehr im Ton als im Inhalt von seinen Äußerungen fünf Jahre zuvor. Da fast unmittelbar darauf das tschechische Verfassungsgericht im Fall Dreithaler entschied, die Beneš-Dekrete seien nach wie vor gültig, führte der Streit zu einer starken und sich beschleunigenden Verschlechterung der Beziehungen. Eine deutsch-tschechische Erklärung vom Januar 1997, in der beide Regierungen das Leiden «bedauerten», das dem anderen Volk während und nach dem Krieg zugefügt worden war, versuchte den Niedergang aufzuhalten, indem sie vorsichtig das Thema vermied, das für beide Seiten politisch höchst unbequem geworden war. Obwohl in den Schlagzeilen vor allem der Ausdruck des «Bedauerns» durch beide Regierungen für die Leiden des anderen Volkes in den dreißiger und vierziger Jahren genannt wurde, erlaubte eine genaue Lektüre des bewusst mehrdeutig formulierten Textes die Interpretation, dass die tschechische Regierung die «Exzesse» bedauere, die als Ergebnis der Vertreibungen geschehen waren, aber nicht die Deportation der Deutschen selbst. Selbst das war für die tschechische Bevölkerung vielleicht schon zuviel, denn nur 49 Prozent sprachen sich in einer Meinungsumfrage für die Erklärung aus.[34] Im Jahr zuvor hatten sogar 86 Prozent bei einer anderen Umfrage erklärt, sie würden «keine Partei wählen, die sich bei den Sudetendeutschen für die Vertreibungen nach dem Krieg entschuldigen würde».[35]

Am Ende der neunziger Jahre wurde deutlich, dass sich, wenn man den Deutschen vorwarf, sie hätten sich ihrer Vergangenheit noch nicht ausreichend gestellt, fast dasselbe von den Völkern der Vertreibungsstaaten sagen ließ. Nur weil der Kommunismus in Mitteleuropa verschwunden war, galt das noch lange nicht für die tief verankerten Ansichten über die Verantwortung für den Krieg und die Ereignisse, die auf ihn folgten. Es ist unwahrscheinlich, dass sich die Regierung Helmut Kohls in ihrem Beharren auf Erklärungen des Bedauerns durch ihre Nachbarn je ganz bewusst war, wie tief die Erzählungen von Opfern der Kriegszeit, Martyrium und gerechter Vergeltung in die nationalen Mythologien eingegangen waren, die die mitteleuropäischen Regime trotz ihrer marxistischen Ausprägung erfolgreich konstruiert hatten. Noch stärker als in der Tschechischen Republik oder der Slowakei stand die Infragestellung der deutschen Kollektivschuld einem halben Jahrhundert offizieller Propagierung des «Westgedankens» (*myśl zachodnia*) und einem «polnisch-nationalen Paradigma des Märtyrertums» entgegen, das «den Polen eine Identität auf der Grundlage gemeinsamen Leidens bot [...] und zugleich ein Modell nationaler Solidarität entwarf, das sich auf die Wiederherstellung des polnischen Staates und den Aufbau des Sozialismus übertragen ließ».[36] Die Widerstandsfähigkeit dieser Konzepte, auch nach dem Verfall der kollektivistischen Ideologie, die sie in gewissem Maß stärken sollten, war eine unangenehme Überraschung für die neue sozialdemokratische Regierung von Gerhard Schröder. Diese sah sich 1998 zwischen zwei Seiten eingeklemmt: einer scheinbaren neuen Unnachgiebigkeit der polnischen und tschechischen Regierung – wobei Tschechiens zu Peinlichkeiten neigender Ministerpräsident Zeman die Stimmung durch eine Reihe von Äußerungen über die Sudetendeutschen als «Verräter» und «deutsche Fünfte Kolonne» noch weiter anheizte – und einer CDU-Opposition, die die ungelösten Fragen der Vergangenheit offenbar zu Wahlkampfthemen machen wollte.

Trotz Schröders Versuchen, die Debatte zu entschärfen, indem er Prag 1999 versicherte, seine Regierung wolle weder die Sudetenfrage zum Hindernis für den tschechischen EU-Beitritt machen, noch Forderungen der Vertriebenen nach Rückgabe oder Entschädigung für Enteignungen unterstützen, eskalierte die Kontroverse weiter. Das hatte auch mit einem erneuten Gefühl tschechischer Verletzlichkeit angesichts eines gerade wiedervereinigten und immer selbstbewussteren Deutschlands zu tun. Die tschechische Unsicherheit lässt sich nach den Worten von Karl Cordell und Stefan Wolff «zum Teil ... durch den bloßen Blick auf die Landkarte erklären. Die Tschechische Republik ist kleiner als einige deutsche Bundesländer.»[37] Sie wurde auch durch die Wahrnehmung verstärkt, die Nachbarländer übten gemeinsam mit Deutschland Druck auf Prag aus. Wie zu erwarten war, hatten im Jahr 2002 Äußerungen ungarischer Politiker, die von der Tschechischen Republik eine Aufhebung der Beneš-Dekrete forderten, die 1945 die Enteignung der ungarischen Minderheit genau wie die der deutschen legalisiert hatten, und durch den weit rechts stehenden Kärntner Landeshauptmann Jörg Haider nur die Wirkung, das Parlament in Prag zur Bekräftigung ihrer Unverletzbarkeit zu provozieren.

Der Tropfen, der das Fass für die tschechische und polnische Öffentlichkeit zum Überlaufen brachte, war 2003 die Erklärung von Erika Steinbach, Präsidentin des Bundes der Vertriebenen und CDU-Bundestagsabgeordnete, ein «Zentrum gegen Vertreibungen» in Berlin anzustreben, das die Aufmerksamkeit auf das Problem der Zwangsumsiedlung im 20. Jahrhundert richten sollte. Steinbach hatte 2000 eine Stiftung zu diesem Zweck gegründet, aber keine sichere staatliche Finanzierung erreicht. Nun machte sie klar, dass die Initiative mit privaten Mitteln voranschreiten würde. Erneut war der Zeitpunkt ungünstig. Seit dem Streit über die Beneš-Dekrete Mitte der neunziger Jahre hatten deutsche Kommentatoren innerhalb wie außerhalb der Politik kein Hehl aus ihrer Meinung gemacht, die Polen und Tschechen und ihre Regierungen seien in der Bereitschaft, sich den unangenehmen Punkten ihrer Vergangenheit zu stellen, hinter Deutschland zurückgefallen und müssten nun aufschließen – ein Ratschlag, der von den Empfängern wenig positiv aufgenommen wurde.[38] Zum Ärger kam in Polen Angst hinzu, als 2001 die Preußische Treuhand gegründet wurde, um die Entschädigungsansprüche von Vertriebenen vor europäischen Gerichten zu vertreten. Das Erscheinen zweier Bestseller im folgenden Jahr – Günter Grass' Novelle *Im Krebsgang*, die indirekt, aber mitfühlend von den Vertreibungen sprach, und Jörg Friedrichs *Der Brand*, eine Geschichte der alliierten Bombardierung deutscher Städte – waren in den Augen vieler ausländischer Beobachter ein Zeichen für eine Wiederkehr des Bildes vom unschuldigen und zu Opfern gemachten Deutschen der Kriegszeit.[39] Steinbachs Erklärung sowie erste Meldungen, das Zentrum gegen Vertreibungen könne nahe dem Berliner Holocaust-Mahnmal angesiedelt werden, erschienen vielen Polen und Tschechen, die sich bereits im psychologischen Belagerungszustand sahen, als letzte Bestätigung, dass mächtige deutsche Politiker die Absicht hegten, die Vertreibungen zu benutzen, um die Vergangenheit ihres Landes reinzuwaschen und gleichzeitig finanzielle und vielleicht sogar territoriale Ansprüche gegen die Opfer des Dritten Reichs vorzubringen.

Die Reaktion war ein Sturm von Kritik gegen das Projekt selbst, Steinbach und die Bundesregierung in Polen und Tschechien. Der Philosoph Leszek Kołakowski, der als Zwölfjähriger von deutschen Soldaten bei der Invasion Polens deportiert worden war, bemerkte beißend zur Kriegserfahrung seines Landes: «Raub und Deportation verdienen in Polen keine Leidensdenkmäler, sie waren nur der Auftakt zur Okkupation.»[40] Marek Edelman, der letzte überlebende Kommandeur des Warschauer Ghettoaufstands von 1943, nannte das Zentrum eine «nationalistische und chauvinistische» Initiative, das wenig mehr darstelle als «eine kaum verhüllte Rückkehr zur Idee des Drangs nach Osten».[41] Das Warschauer Nachrichtenmagazin *Wprost* zeigte auf dem Titelblatt eine Photomontage von Erika Steinbach in Uniform mit Hakenkreuzbinde auf dem Rücken eines unterwürfigen Kanzlers Schröder.[42] Das Nachbeben der Kontroverse setzte sich in den folgenden Jahren fort, vor allem nachdem der populistische und moderat deutschfeindliche Lech Kaczyński 2005 Nachfolger des auf Versöhnung bedachten Präsidenten Alexander Kwaśniewski wurde, der einmal Ehrengast eines Vertriebenentreffens in Elbląg (Elbing) gewesen war.[43] Im Wahlkampf versprach Kaczyński, Reparationen in Höhe von 54 Milliarden Euro von Deutschland für die polnischen Kriegsverluste zu fordern; zwei Jahre später brachte die Präsidentenpartei *Prawo i Sprawiedliwość* (Recht und Gerechtigkeit) eine Resolution im Parlament ein, die erklärte, «die Verantwortung [für den Krieg] muss vom ganzen deutschen Volk getragen werden, dessen große Mehrheit den Hitlerismus unterstützte und Hitlers Herrschaft akzeptierte.»[44] In Deutschland machte Micha Brumlik von der Universität Frankfurt am Main den Unterstützern des Zentrums gegen Vertreibungen den Vorwurf «einer gewollten historischen Naivität, die unterstellt, daß in den Jahren 1943 und danach eine menschenrechtlich korrekte Nachkriegsplanung tatsächlich möglich gewesen wäre».[45]

In den letzten Jahren hat das Ausmaß der Debatten über die Vertreibungen sich in gewisser Weise zu stabilisieren begonnen, wenn auch auf dem gegenwärtig angehobenen Niveau an Feindseligkeit und gegenseitigem Argwohn. Die CDU-Regierung von Bundeskanzlerin Angela Merkel, die 2005 zunächst eine große Koalition mit den Sozialdemokraten einging, drückte eine gewisse Unterstützung für das Projekt des Zentrums gegen Vertreibungen aus. Merkel, die aus der DDR stammte, wo die Ereignisse der unmittelbaren Nachkriegszeit tatsächlich ein Tabu gewesen waren, zeigte Verständnis für das Argument der Vertriebenen, ihre Stimmen seien zu lange nicht gehört worden. Der Koalitionsvertrag erklärte darum den Wunsch beider Parteien, «in Berlin ein sichtbares Zeichen [zu] setzen». 2007 betonte Merkel in Warschau, das Zentrum solle einen Rahmen schaffen, in dem «nicht nur die deutschen Vertriebenen und Flüchtlinge, sondern auch die anderen, natürlich auch die polnischen Vertriebenen, an ihr Leid erinnern können und wenn vor allem eines klar wird: Es kann keine Umdeutung der Geschichte durch Deutschland geben. [...] Es wird auch keine Umdeutung der Geschichte durch Deutschland geben.»[46] Ende 2008 beschloss die Bundesregierung, das Projekt solle öffentlich finanziert werden und unter der Ägide des Deutschen Historischen Museums stehen, wahrscheinlich um sicherzustellen, dass Deutschlands Ruf im Ausland, der davon in jedem Fall berührt werden würde, nicht durch unkluge Aussagen der Vertriebenenverbände zusätzlichen Schaden litt. Das Zentrum sollte seinen Standort am Anhalter Bahnhof im Zentrum Berlins bekommen, wo 1945 Tausende von Vertriebenen aus Polen angekommen waren.

Wenn die Polemiken der letzten Jahre ein positives Resultat gehabt haben, dann dass die Vertriebenen nicht länger «vom Rest der deutschen Gesellschaft [...] als rückwärtsgewandt oder Entspannungsgegner angesehen» werden.[47] Nachdem die Vertreibungen früher nur für die politische Rechte von Interesse waren, gibt es willkommene Anzeichen, dass sie nicht länger ein politischer Zankapfel zwischen den Parteien sind. Eine Reihe prominenter Linker, darunter Peter Glotz, Daniel Cohn-Bendit und Helga Hirsch, unterstützten das Zentrum gegen Vertreibungen, während führende Politiker wie

Otto Schily von der SPD und Antje Vollmer von den Grünen zugegeben haben, sie und ihre deutschen Mitbürger hätten «von den Verbrechen der Vertreibungen weggesehen» aus Unbehagen oder dem Gefühl heraus, neben dem Ausmaß der NS-Verbrechen dürften sie nicht genannt werden. Sie hätten damit weder den Vertriebenen selbst noch der Geschichte Gerechtigkeit widerfahren lassen.[48] Vielleicht ist inzwischen der Zeitpunkt erreicht, an dem die Frage, wie man an diese Episode erinnern soll, nicht mehr primär eine politische ist und anfängt, ernsthaft von Historikern und Wissenschaftlern betrachtet zu werden.[49]

Wie Hans Rothfels – der selbst die Komplexität und die Paradoxien der Vertreibung verkörpert – vor über einem halben Jahrhundert sagte, ist der einzige Kontext, in dem die Geschichte dieser Epoche erzählt werden kann, ihre «erschreckende Totalität». Der bedeutende Historiker jüdischer Herkunft musste nach seiner Festnahme in der Reichspogromnacht 1938 aus Deutschland fliehen; als er fünfzehn Jahre später aus dem Exil zurückkehrte, arbeitete er an der *Dokumentation der Vertreibung* mit. Die vielen Kommentatoren im In- und Ausland, die befürchten, das Zentrum gegen Vertreibungen könne leicht zur Präsentation von deutschem Selbstmitleid oder aus dem Zusammenhang gerissenen Schreckensgeschichten werden, haben legitime Bedenken, die nicht einfach beiseite gewischt werden dürfen. Es gibt keine logische oder moralische Grundlage dafür, die Geschichte der Nachkriegsvertreibungen gegenüber der Geschichte der bisher ohne offizielles Gedenken gebliebenen massiven Vertreibungen von Polen und anderen «Untermenschen» durch Deutsche während des Krieges zu privilegieren, ganz zu schweigen vom Gedenken an die Millionen Juden, Sowjetbürger und andere, die durch deutsche Mordaktionen ihr Leben verloren. Vielmehr muss der Blickpunkt jeder historischen oder gedenkenden Betrachtung der Vertreibungen wie bei den anderen und größeren Tragödien dieser Epoche auf den Einzelnen gerichtet bleiben, der sowohl von 1939 bis 1945 als auch von 1945 bis 1947 auf eine abstrakte Kategorie reduziert wurde, statt als verletzliches Individuum behandelt zu werden. Stefan Wolff schreibt zurecht: «Diese Debatte sollte sich wesentlich um Versöhnung und Vergebung drehen.»[50] Je näher sie diesem Ideal kommt und je energischer sie «einer Kultur, die auf gegenseitigen Vorwürfen und einseitigen Interpretationen der Vergangenheit beruht», widerspricht, desto eher kann sie all denen gerecht werden, die während des Krieges und danach von den Regierungen, die Kontrolle über sie ausübten, nicht als «frei und gleich an Würde und Rechten geboren[e]» Menschen, sondern als bloße Werkzeuge oder Repräsentanten der Kollektive behandelt wurden, denen man sie zuordnete.[51]

SCHLUSSBETRACHTUNG

Als sich Ende 1947 die organisierten Vertreibungen der Deutschen dem Ende näherten, ließ der Alliierte Kontrollrat – Deutschlands provisorische Viermächteregierung – sein Direktorat für Kriegsgefangene und Displaced Persons eine Studie über «die gesamte Frage der Bevölkerungstransfers nach Deutschland» erstellen, um künftig ein besseres Management zu ermöglichen. Die Reaktion der US-Vertreter, die mit den Umsiedlungen befasst gewesen waren, ließ nicht lange auf sich warten. Auf der Basis der bei der Organisation, Kontrolle und dem Umgang mit den Folgen der Massenvertreibungen gewonnenen Erfahrungen «empfehlen wir, dass der Kontrollrat sich gegen alle künftigen Zwangsumsiedlungen ausspricht, insbesondere die gewaltsame Entfernung von Menschen aus Orten, die seit Generationen ihre Heimat sind, und dass der Kontrollrat es in Zukunft ablehnt, so umgesiedelte Personen in Deutschland aufzunehmen, ausgenommen repatriierte deutsche Kriegsgefangene und Personen, die früher in Deutschland lebten.

Bei der Formulierung dieser Empfehlung [...] haben wir den moralischen und humanitären Aspekt der Ungerechtigkeiten betrachtet, die Menschen massenhaft angetan werden, wenn ein Teil der Bevölkerung gewaltsam aus seiner langjährigen Heimat entwurzelt, ohne Entschädigung enteignet und einer anderen Bevölkerung zugeschlagen wird, die bereits unter Hunger, unzureichenden Wohnverhältnissen, Mangel an produktiver Beschäftigung und fehlenden sozialen, medizinischen und Bildungseinrichtungen leidet. Wir sind zu dem Schluss gekommen, dass jedes andere als das oben genannte Vorgehen zurecht eine Verurteilung aus Gründen wirtschaftlicher, sozialer und religiöser Ungerechtigkeiten gegenüber den umgesiedelten Personen, der gegenwärtigen Bevölkerung Deutschlands und der Bevölkerung von Deutschlands Nachbarstaaten auf sich ziehen würde.»[1]

Ihre britischen Kollegen waren bereits zu einem ähnlichen Schluss gekommen. Sie erklärten, wenn es bei einer künftigen Friedenskonferenz weitere Veränderungen der deutschen Grenzen geben sollte, müsse festgelegt werden, dass «alle Gebiete, die von Deutschland vielleicht abgetrennt werden, [...] mit der gegenwärtigen Bevölkerung zu übernehmen sind».[2] Bei den Angloamerikanern zerbrach die Begeisterung für die Möglichkeiten der Massenumsiedlung an der Realität. Wie die US-Behörden erkannten, war es nicht wie versprochen eine rasche, saubere und endgültige Lösung von Minderheitenproblemen. Vielmehr stellte sich heraus, dass eine «gewaltige wirtschaftliche und soziale Last» zusammen mit den Menschen gekommen war und die Arbeit, welche die Regierungen der Vertreibungsstaaten abgeschlossen hatten, «für uns gerade erst beginnt».[3]

Die spätere Forschung hat das desillusionierte Verdikt der Westalliierten bestätigt. Während der angebliche Nutzen der Massenvertreibungen unklar blieb, waren die Kosten nur allzu deutlich. Nach den vorsichtigsten Schätzungen hatten Hunderttausende von Vertriebenen, von denen die meisten, wenn sie dem demographischen Profil der Gesamtbevölkerung entsprachen, Frauen und Kinder waren, ihr Leben verloren. Weitere Millionen waren verarmt, ohne dass ihr vorheriger Besitz denen nützte, die ihn sich angeeignet hatten. Die wirtschaftlichen Verbindungen ganzer Regionen wurden unterbrochen, und über ein halbes Jahrhundert später ist der Schaden noch nicht behoben. Das Erbe aus Bitterkeit, Vorwürfen und gegenseitigem Misstrauen zwischen Deutschland und seinen Nachbarn im Osten und Süden hat ebenso lange gedauert und scheint sich in der unmittelbaren Zukunft nicht zu vermindern.

Im Lichte dieser Tatsachen erscheint es außergewöhnlich, dass die Vertreibungen immer noch von Wissenschaftlern verteidigt werden, die argumentieren, sie seien zwar unmenschlich gewesen, aber durch ihre Ergebnisse gerechtfertigt. Drei Argumente werden hier gewöhnlich genannt. Erstens wird behauptet, der Hass der jeweiligen Bevölkerungsmehrheit auf die deutschen Minderheiten habe 1945 ein solches Maß erreicht, dass eine radikale Trennung unvermeidlich gewesen sei, um ein umfassendes Massaker zu verhindern. Zweitens soll ihre Entfernung weitere europäische Konflikte verhindert haben, und drittens heißt es, die Deutschen seien als Strafe für ihr verwerfliches Verhalten vor und während des Krieges zurecht deportiert worden. Keiner dieser Punkte hält einer genauen Untersuchung stand.

Die «Unvermeidlichkeits»-These wird am häufigsten genannt, vermutlich weil sie schwierigen Fragen über Moral oder Klugheit der Operation ausweicht und sie stattdessen zum Produkt einer einzigartigen historischen Situation erklärt, das nur für sich bewertet werden kann. So schrieb der Historiker Włodzimierz Borodziej vor Kurzem: «Man kann sich nur schwer vorstellen, welche realistischen Alternativen es 1945 zur Aussiedlung der Deutschen gab.»[4] Warum das so sein sollte, wurde 1944 unverblümt von Edward Táborský, dem Rechtsberater von Beneš und späteren Botschafter in Schweden, in einem Leserbrief an die *Times* formuliert. Das tschechoslowakische und das polnische Volk «werden die Anwesenheit großer deutscher Minderheiten in ihren Staaten einfach nicht mehr tolerieren». Wenn sie blieben, drohe ihnen die «Ausrottung» oder bestenfalls «eine lange Unterdrückung. So ist es also selbst vom ethischen Standpunkt aus besser – gerade für die deutschen Minderheiten –, die Methode der Umsiedlung zu akzeptieren.»[5] Beneš führte dieselbe Rechtfertigung an, als er im März 1945 einen *Times*-Journalisten warnte: «Die Alternative [zu Vertreibungen] wäre inhuman. Es wäre schade, wenn man uns bestrafen würde, weil wir zivilisiert gehandelt haben.»[6] Die Logik dieses Arguments ist gelinde gesagt seltsam. Als beispielsweise 1992 Muslime aus Nord- und Ostbosnien vertrieben wurden, weil die örtliche serbische Bevölkerungsmehrheit ihre Anwesenheit nicht mehr dulden wollte, hörte man nur wenige nichtserbische Stimmen, welche die Operation praktisch und moralisch rechtfertigten, weil sie zumindest die physische Vernichtung verhindere. Michael Ignatieff, der eine spätere Beschwörung der «Unvermeidlichkeitsthese» auf allen Seiten der jugoslawischen Bürgerkriege beobachtete, erklärt, ihre Verführungskraft und Popularität rühre gerade von ihrer Funktion als «Vokabular des Nationalismus, mit dem seine Anhänger sich selbst moralisch freisprechen». Wegen der größeren Verbrechen der anderen Seite stellen sich ethische Fragen gar nicht, und «jedes Handeln [wird] durch tragische Notwendigkeit erzwungen. [...] Weil die anderen damit angefangen haben. Weil die anderen Bestien sind und nur die Sprache der Gewalt und der Vergeltung verstehen. Und so weiter. In einem nationalistischen Krieg wird allenthalben von Schicksal, Zwang und moralischer Abdankung geredet.»[7]

Die Behauptung, keine Macht der Welt hätte die Bevölkerungsmehrheit zwingen können, die Deutschen weiterhin in ihrer Mitte zu dulden, ist von ihren Verfechtern als scheinbar evidentes Argument vorgebracht worden, für das kein Beweis notwendig sei. Das ist insofern bemerkenswert, als die Indizien überwiegend das Gegenteil besagen. Im Gegensatz zu überhitzten Vorhersagen während des Krieges, es werde in Polen, der Tschechoslowakei und anderswo zu einem Blutbad kommen, sobald die Besatzung beendet sei, kam es nach der deutschen Kapitulation praktisch nirgends zu spontanen Gewalttaten gegen Deutsche. Die einzige wichtige Ausnahme, die Jagd auf Deutsche in den Straßen von Prag am 10. Mai 1945, fand im außergewöhnlichen Kontext eines blutigen Volksaufstands statt, dessen Fortsetzung das Töten von Zivilisten war. Selbst dies endete aber rasch. Sonst gab es nur noch zwei wichtige Episoden, bei denen die Initiative zur Gewalt gegen Deutsche von unten ausging: den «Todesmarsch» von Brno (Brünn) drei Wochen später und das Massaker von Ústí nad Labem (Aussig) weitere vier Wochen danach. Beide fanden außerdem in Situationen statt, wo Soldaten und Polizei nicht nur nichts taten, um Recht und Ordnung zu schützen, sondern sich vielmehr selbst zu denen gesellten, die sie untergruben. Obwohl massive Gewalt und Terror während der Vertreibungen alltäglich waren, gingen sie zum größten Teil auf das Konto von Staatsorganen, die auf Befehl handelten. Tatsächlich gibt es sehr viel mehr dokumentierte Beispiele, vor allem in der Tschechoslowakei, dass Polizisten und Soldaten sich darüber beschwerten, gewöhnliche Bürger würden nicht einsehen, wie rücksichtslos und entschieden man gegen die Deutschen vorgehen müsse, als dass man die Bürger zurückhalten musste. Dass es so wenig spontane Gewalt gab, selbst nachdem die Tschechoslowaken monatelang Reden von Exilministern aus London im Radio gehört hatten, die manchmal unangenehm an die Sendungen von Radio Milles Collines in Ruanda ein halbes Jahrhundert später erinnern, legt nahe, dass die Selbstkontrolle von Mitteleuropäern größer war, als man ihnen häufig zugesteht. 1947 gingen überdies die tschechoslowakische wie die polnische Regierung von einer Vertreibungs- zu einer Assimilierungsstrategie für die verbliebenen deutschen Minderheiten über, bis zu dem Punkt, ihnen die Ausreise zu verbieten und die Staatsbürgerschaft zu geben – häufig gegen ihren Willen.[8] Nichts spricht dafür, dass die Kriegsvergangenheit dieser Menschen sich von jener der bereits Vertriebenen unterschied; in den meisten Fällen war das einzige Kriterium dafür, ihnen das Bleiben zu erlauben (oder aufzuzwingen), ihr Nutzen für die tschechoslowakische oder polnische Nachkriegswirtschaft. Doch ihre dauerhafte Anwesenheit rief keine Gewalt oder auch nur Protest von ihren direkten Nachbarn hervor, was erneut zeigte, dass ein großer Teil des angeblich «unkontrollierbaren» Hasses der Bevölkerungsmehrheit sich leichter zügeln ließ, als meist zugegeben wird.

Die spätere Geschichte dieser Länder spricht zudem nicht dafür, dass sie plötzlich unregierbar oder unkontrollierbar geworden wären. In jedem von ihnen etablierte sich Ende der vierziger Jahre rasch ein nichtrepräsentatives und unpopuläres kommunistisches Regime, ohne auf gewaltsamen Widerstand zu stoßen. Die Behauptung, Mitteleuropäer würden unter keinen Umständen die Anwesenheit von Deutschen dulden, aber leicht das Verschwinden ihrer nationalen Souveränität, Menschenrechte und bürgerlichen Freiheiten, des Anspruchs auf die Unverletzlichkeit ihrer Person und ihres Eigentums und die Unterwerfung unter eine quasitotalitäre ausländische Herrschaft hinnehmen, wirft, wenn sie denn wahr sein sollte, drängende Fragen über das außergewöhnliche Funktionieren dieser Gesellschaften auf, die Historiker noch gar nicht gestellt, geschweige denn gelöst haben.

Die häufig wiederholte Behauptung, die Vertreibung der deutschen Minderheit aus Polen, der Tschechoslowakei und Ungarn habe auf irgendeine Weise den Ausbruch des Dritten Weltkriegs verhindert, ist so offensichtlich falsch, dass sie kaum eine Widerlegung verdient. Was den Frieden in Europa bewahrte, war eine langjährige Besetzung Deutschlands durch beide Supermächte, die selbst schon völlig erklärt, warum keine Gefahr aus dieser Richtung drohte, solange sie andauerte. Die erfolgreiche Demokratisierung Deutschlands und die Einbindung in eine größere europäische Union sind fast ebenso wichtige Faktoren in der Transformation, die im Verhältnis der europäischen Nationalstaaten seit 1945 stattgefunden hat. Unter diesen Umständen hat das Weiterbestehen deutscher Minderheiten in Italien, Rumänien, Ungarn und Russland den Frieden des Kontinents nicht bedroht. Es besteht kein Grund zu der Annahme, dass eine größere Bedrohung bestanden hätte, wenn auch andere in ihren Heimatländern geblieben wären.

Die letzte Behauptung, dass nämlich die Volksdeutschen als angebliche Fünfte Kolonne vor dem Krieg oder als eifrige Nazikollaborateure im Krieg eine besondere, wenn auch nicht die alleinige Bestrafung verdienten, ist nicht leichter zu untermauern als die anderen. Wie schon gesehen, lässt sich nur schwer eine Regel finden, nach der eine Minderheit einem Staat unbegrenzte

Loyalität schuldet, dem sie ungefragt angehört, und die die tschechische oder slowakische Haltung 1918 rechtfertigt, aber die der Sudetendeutschen 20 Jahre später verurteilt. Was ihre Handlungen im Krieg angeht, gibt es nur wenig Hinweise, dass sie brutaler oder anders waren als die Deutschen insgesamt. Ohne Frage ist das schlimm genug, und ich möchte nicht so verstanden werden, als wollte ich es beschönigen. Aber selbst wenn alle Reichs- und Volksdeutschen gleich schuldig waren, wurden doch nicht alle gleich streng bestraft. Warum die Volksdeutschen, die trotz allem erst spät zum Nationalsozialismus kamen, interniert, enteignet und deportiert wurden, während die Bewohner des Landes, das ihn hervorbrachte und mit brutalen Mitteln exportierte, nichts davon erlitten, ist schwer mit Vorstellungen von strenger und unparteiischer Gerechtigkeit zu vereinbaren.

Wichtiger noch, es ignoriert auf bequeme Weise die Handlungen der Bevölkerungsmehrheit während des Krieges, die auch nicht immer über allen Zweifel erhaben ist. So tragen beispielsweise viele Slowaken kaum weniger Verantwortung für die Auflösung der Tschechoslowakei nach der Münchner Konferenz als die Sudetendeutschen. Lange Zeit war die Slowakei während des Zweiten Weltkriegs ein deutscher Satellitenstaat. Slowakische Truppen nahmen neben der Wehrmacht an der Invasion Polens im September 1939 und der der Sowjetunion im Juni 1941 teil. Mit nur einer Gegenstimme im Parlament wurde die Mehrzahl der slowakischen Juden in von Deutschland kontrolliertes Territorium ausgewiesen, von wo nur eine kleine Zahl zurückkehrte. Doch nach 1945 wurden nur wenige Slowaken für diese Verbrechen bestraft und keine vertrieben. Auf alltäglicherer Ebene war die Bedeutung von «Kollaboration» nach dem Krieg sehr unterschiedlich, wobei dieselben Handlungen – oder Nichthandlungen – vom Staat entweder toleriert oder bestraft wurden, je nach ethnischer Zugehörigkeit. J. R. Sanborn bemerkt, dass während des Ersten Weltkriegs manche Einwohner Mittel- und Südosteuropas «der einen oder anderen Besatzungsmacht verbunden waren, ... aber die meisten Menschen versuchten klugerweise nicht aufzufallen und, wenn kein anderer Ausweg blieb, davonzulaufen. Nichts brachte einen schneller an den Galgen als die Parteinahme in einem wechselhaften Krieg mit unsicherem Ausgang.»[9] Auch im Zweiten Weltkrieg war diese unheroische, aber bewährte Überlebensformel die populärste Strategie von Volksdeutschen, Tschechen, Polen, Ungarn und den meisten anderen Völkern, die dazu unter der NS-Herrschaft oder zwischen 1939 und 1941 unter der Sowjetherrschaft die Möglichkeit hatten.[10] Tragischerweise stand sie Juden, Sinti und Roma nicht offen. Nur bei den Volksdeutschen wurde das nach Kriegsende zum «passiven Kriegsverbrechen» erklärt.

Dass es so etwas tatsächlich geben kann – oder zumindest, dass das Schweigen angesichts des Bösen ein bestimmtes Maß moralischer Schuld nach sich zieht –, ist nicht ohne Weiteres von der Hand zu weisen. Das Christentum ist nicht der einzige Glaube, der «Unterlassungssünden» kennt, also Entscheidungen, die am Ende verantwortet werden müssen. Doch Victor Gollancz, Dorothy Buxton und andere wiesen darauf hin, dass diese Lehre in beide Richtungen gilt. Die Verantwortung der Deutschen in der NS-Zeit für die Verbrechen ihrer Regierung darf nicht ignoriert oder vergessen werden. Aber zwischen 1945 und 1947 und an manchen Orten noch später sahen Mitteleuropäer, wie ihre deutschen Nachbarn – fast alle Zivilisten, über die Hälfte Frauen und viele Kinder – Armbinden und Abzeichen tragen mussten, die sie zur Misshandlung markierten, willkürlich in Lagern und Gefängnissen interniert wurden, mit offizieller Billigung geschlagen, vergewaltigt oder getötet wurden, keine Nahrung und andere normale Existenzgrundlagen erhielten, enteignet und schließlich deportiert wurden. Menschen, die diese Vorgänge miterlebten, hatten sie bereits nicht lange zuvor gesehen und wussten, was sie bedeuteten. Man kann aber nicht sagen, dass sie dagegen lautstark protestierten, obwohl sie kein großes Risiko dabei eingingen. In einigen Teilen der Tschechoslowakei wurde es zwar im Sommer 1945 mit Geldstrafen bis 5000 Kronen oder bis zu zwei Wochen Haft bestraft, sich für Deutsche einzusetzen.[11] Dies waren aber keine sehr drakonischen Strafen und sie wurden meist auch nicht durchgesetzt. Keine Konzentrationslager warteten auf die wenigen Tschechen, die wie Přemysl Pitter das, was sie täglich sahen, nicht mit ihrem Gewissen vereinbaren konnten. Doch die Drohung der öffentlichen Verurteilung oder sozialen Ausgrenzung reichte aus, damit Zweifler ihre Skrupel für sich behielten.

Wenn das für Polen oder Tschechen galt, die sich immerhin an Brutalität und Terror der nur kurz zurückliegenden deutschen Besatzung erinnerten, galt es noch mehr für die Westalliierten, deren Verantwortung für die Geschehnisse viel zu oft übersehen worden ist. Einer der verstörendsten Aspekte der Vertreibungen ist, wie wenig sich die direkt an ihrer Überwachung beteiligten Briten und Amerikaner durch sie betroffen zeigten. Der anglorussische Journalist Stefan Schimanski, der während des Krieges hinter niemandem in seiner Verurteilung Deutschlands und auch der Deutschen zurückblieb, war einer der wenigen, die im Frühjahr 1946 aus erster Hand über die düstere Realität der Operation Swallow berichteten. Nach der Ankunft des ersten Swallow-Zugs in Pöppendorf schrieb er: «Als ich in der Offiziersmesse im Lager saß, konnte ich nicht alles fassen, was gerade geschehen war. Ich wusste, dass keine SS so etwas hätte übertreffen können [...] ‹Eines verstehe ich nicht›, sagte ich zu den Offizieren am Tisch, ‹wer hätte etwas verloren, wenn man zwei Waggons mehr an die Züge gehängt oder ein paar 100 Menschen weniger hineingesteckt hätte? Wer hätte davon einen Schaden gehabt?»[12] Ein paar Wochen später begegnete Schimanski einem britischen Soldaten, «der die Evakuierung von Vertriebenen in Travemünde beaufsichtigte [und] sagte, es sei der ‹übelste Job›, den er je habe tun müssen».[13] So eine Reaktion war die Ausnahme. Typischer war Lieutenant-Colonel Growse, der Chef des britischen Verbindungsteams in Kaławsk, der bei seiner Ablösung im Mai 1946 von den schönen Erinnerungen schrieb, die er und seine Soldaten an ihren Anteil an der Operation hatten. «Wir werden darauf als eine höchst interessante Erfahrung zurückschauen.»[14] Der Gedanke, dass er und seine Soldaten an etwas teilgenommen haben könnten, was moralisch verwerflich oder gar abstoßend war, kam ihm nicht. Dies traf nicht auf den obersten US-Offizier in der Tschechoslowakei zu, der mit den Vertreibungen befasst war. Colonel John Fye schrieb, die Operation «war unvermeidlicherweise in vieler Hinsicht grausam» und erfasste «unschuldige Menschen, die nie auch nur ein Wort gegen das tschechoslowakische Volk gesagt hatten». Frauen und Kinder wurden nach seinem Zeugnis, «in Internierungslager gesteckt, von denen viele kaum besser waren als die deutschen Ex-Konzentrationslager».[15] Doch dieses Unbehagen hielt Fye nicht davon ab, einen Orden von der Prager Regierung für seine Verdienste «bei der Vertreibung von Deutschen aus der Tschechoslowakei» anzunehmen.[16] Letztlich suchte er wie andere Bürokraten und Technokraten, die an der Planung und Ausführung der Operation beteiligt waren, bei etwas Zuflucht, was Horkheimer und Adorno «instrumentelle Vernunft» nannten – zufällig gerade zu dem Zeitpunkt, als die Vertreibungen ihren Höhepunkt erreichten.[17]

Die von den Vertreibungen aufgeworfenen ethischen Fragen sind höchst komplex und können hier nicht umfassend besprochen werden. Es ist aber klar, dass viele Personen in der alliierten Führung und Bevölkerung eine gewisse Befriedigung aus den Leiden der Vertriebenen zogen. Sie sahen auch die oft bewusst gewaltsame Durchführung der Vertreibungen nicht nur als entschuldbar, sondern als kathartisch für die Vertreibungsländer selbst an. Major Denis Healys Vorfreude beim Labour-Parteitag 1945 auf die Leiden, die den Deutschen bald beschieden sein würden, war ein typischer Fall. Es ist nicht zu bezweifeln, dass nach den Worten des Historikers David Curp der Anblick, wie «das ‹Herrenvolk› (oder zumindest seine Frauen, Kinder und Alten) selbst aus seinen Häusern und Wohnungen vertrieben wurde, vielen Polen eine gewisse düstere Befriedigung bereitete, die Jahre der rassistisch motivierten Verachtung (in Verbindung mit Terror und Schmerz) durch die deutschen Besatzer erlitten hatten».[18] So schwer diese Gesellschaften aber physisch und psychisch durch die Besatzungserfahrung verwundet worden waren, ist doch die Vorstellung, sie hätten ihre kollektive Selbstachtung nur durch die Demonstration der eigenen Fähigkeit zu Gewalt und Ungerechtigkeit wiederherstellen können, zugleich psychologisch falsch und ethisch katastrophal.

Wenn die Idee der kathartischen Grausamkeit weder logisch noch moralisch stichhaltig ist, ist sie es juristisch noch weniger. Das wahrscheinlich fragwürdigste tschechoslowakische Gesetz der Vertreibungsjahre war Nr. 115/1946, das rückwirkend erklärte, eine Handlung, die «eine gerechte Vergeltung für Taten der Okkupanten oder ihrer Helfershelfer zum Ziele hatte, [sei] auch dann nicht widerrechtlich, wenn sie sonst nach den geltenden Vorschriften strafbar gewesen wäre.» Dieses Gesetz ist bis heute in Kraft; es blockiert die Untersuchung, geschweige denn die Verfolgung oder Bestrafung von Tausenden von Fällen des Mordes, der Folter oder Vergewaltigung von Deutschen vor dem 28. Oktober 1945. Seltsamerweise räumte das Frowein-Gutachten von 2002 zwar ungewöhnlich deutlich ein, Gesetz Nr. 115 sei «eine offene Verletzung der Garantie der Menschenrechte, der Rechtsstaatlichkeit und der Verpflichtung des Staates zum Schutz aller Menschen auf seinem Territorium vor Gewalt» gewesen, führte dann aber auf der Basis des Prinzips «kathartischer Gewalt» weiter aus, egal ob es aufgehoben werde oder nicht, solle es den Tätern weiterhin Schutz gewähren: «Man sollte natürlich sofort hinzufügen, dass dieses Gesetz nach einer langen Periode harter Besatzung erlassen wurde, während der viele Zivilisten brutal ermordet oder misshandelt worden waren.» Die meisten deutschen Täter hätten nicht für ihren Anteil an diesen Verbrechen vor Gericht gestanden. Niemand sei zum Beispiel je für das Massaker von Lidice angeklagt worden. Wenn einer der Verantwortlichen identifiziert werde, sei es natürlich richtig, ihn auch heute noch anzuklagen. Das Frowein-Gutachten bezweifelte aber, dass «Personen, die vor über 50 Jahren Verbrechen begangen haben, jetzt vor Gericht stehen sollten, nachdem sie ihr Leben lang glaubten, nicht dafür belangt werden zu können.» Erneut betonte das Urteil, der Unterschied zwischen beiden Situationen sei, dass die Misshandlung von Deutschen «als Reaktion auf die Taten gegenüber der tschechoslowakischen Bevölkerung zwischen 1938 und 1945 geschah. Obwohl die meisten Opfer unschuldig waren, kann nicht übersehen werden, dass die Gewalt gegen Deutsche damals eine Reaktion auf die Geschehnisse während der deutschen Besatzung war.»[19]

Das kann aber nicht zutreffen. Auch wenn man die höchst traumatische Wirkung der deutschen Besatzung nicht unterbewertet, ist es keinesfalls evident, dass das gewalttätige oder sogar sadistische Verhalten von Tschechoslowaken – oder Bürgern anderer Vertreibungsstaaten – gegenüber schutzlosen Zivilisten ab 1945 wirklich der Ausdruck eines rein externen, unwiderstehlichen und unkontrollierbaren Impulses war. Zweitens würde die Annahme, dass die Schuld für schwere Menschenrechtsverletzungen durch den vorherigen Opferstatus des Täters gemindert oder aufgehoben wird, in fast allen solchen Fällen zu ähnlichen Plädoyers auf mildernde Umstände führen. Selbst die Nationalsozialisten nannten ihre Gewalttaten stets eine gerechtfertigte Vergeltung für vorherige Vergehen von Feinden: die Fortsetzung der alliierten Blockade nach dem Ersten Weltkrieg, die viele zivile Opfer gefordert hatte; die Diskriminierung oder Verfolgung deutscher Minderheiten in den Nachbarländern zwischen den Kriegen usw. Diese Argumente sind zurecht als eigennützige Rationalisierungen zurückgewiesen worden. Schließlich ist der Gedanke, schwere Verletzungen des Völkerrechts aus Sympathie für die Täter und/oder mangelnde Sympathie für die Opfer nicht zu untersuchen oder zu verfolgen, ein Schritt in eine sehr gefährliche Richtung. Dies muss zu einer zweigleisigen Justiz führen, in der Verbrechen gegen Menschen, mit denen wir uns identifizieren, streng bestraft werden und ähnliche Verbrechen gegen andere entschuldigt, verkleinert oder ignoriert. Eine solche Praxis ist kein Rechtssystem, sondern seine Verneinung.

In diesem Zusammenhang haben die Versuche von Autoren wie Elazar Barkan, deutsche Vertriebene in etwas einzuordnen, was er «die Katagorie weniger erwünschter oder sogar unerwünschter Opfer» nennt, besonders beunruhigende Konsequenzen.[20] Nach seiner Auffassung sind die Ansprüche besonders sudetendeutscher Vertriebener nach öffentlicher Anerkennung ihres vergangenen Traumas «Teil einer langfristigen Anstrengung in Deutschland, durch die Dekontextualisierung und Ahistorisierung der Opfer eine Gleichheit des Leidens herzustellen».[21] Um so etwas zu verhindern, erwähnt Barkan die Möglichkeit, «unerwünschte Opfer» als Gruppen zu behandeln, «deren Leiden als Teil des historischen Prozesses akzeptiert werden muss», wobei «die Pflicht zur Wiedergutmachung» in Bezug auf ihre Misshandlung nicht greifen sollte.[22] Der Schluss ist kaum abzuweisen, dass Versuche, heute noch die Folgen der Vertreibungen und Enteignungen umzukehren, nur die Wirkung hätten, den alten Ungerechtigkeiten neue hinzuzufügen. Und es ist völlig gerechtfertigt, weiterhin wachsam zu sein, um sicherzustellen, dass die Geschichte der Vertreibungen heute oder zukünftig nicht instrumentalisiert wird, um weit größere Verbrechen zu verkleinern oder zu verschleiern, für die Deutschland allein die Verantwortung trägt. Doch Barkan gibt keinen Hinweis, wie die Kategorie der «unerwünschten Opfer», die nach dieser Formulierung wegen ihrer gemeinsamen Nationalität oder Herkunft misshandelt oder getötet werden dürfen, ohne dass die «Pflicht zur Wiedergutmachung» für die Täter besteht, mit irgendeinem bedeutungsvollen Konzept von Menschenrechten zu versöhnen ist. Noch weniger klar ist das Mittel, das dieses Zweiklassensystem des menschlichen Werts sicher in die Sphäre der historischen Vergangenheit versetzen und nicht zur Grundlage ebenso übler Unterscheidungen von Völkern in der Gegenwart werden lassen soll.

Dass diese Fragen nicht bloß akademisch, sondern für unsere Zeit weiterhin relevant sind, zeigt sich an dem jüngsten Aufschwung des Interesses an Massenumsiedlungen und vor allem den Vertreibungen nach dem Zweiten Weltkrieg als Ausweg für komplexe Minderheitenprobleme. Die bekannteste Äußerung dieser Denkschule ist ein Manifest des Bostoner Politologen Andrew Bell-Fialkoff von 1996, das beweisen will, dass Bevölkerungstransfers, ob es uns gefällt oder nicht, eine dauerhafte Lösung seien, besonders in Situationen, wo alles andere gescheitert ist und die «grausame Notwendigkeit eines Bevölkerungstransfers» (wie Beneš sagte) als letzte Möglichkeit bleibt. Tatsächlich ist die Vertreibung der Deutschen aus der Tschechoslowakei für Bell-Fialkoff das wichtigste Beispiel für die Durchführbarkeit und Wirksamkeit dieser Methode zur Lösung internationaler oder innerstaatlicher Streitigkeiten: «Es versteht sich, dass der Transfer auf humane, gut organisierte Weise stattfinden muss, wie die Umsiedlung der Deutschen aus der Tschechoslowakei durch die Alliierten 1945–47.»[23]

Es überrascht nicht, dass Bell-Fialkoffs Bibliographie keinen einzigen Titel auf Deutsch oder Tschechisch enthält; nur die sorgfältige Vermeidung dieser Quellen ermöglicht es ihm, diese erstaunliche Interpretation der Nachkriegsereignisse in den tschechoslowakischen Grenzgebieten aufrechtzuerhalten. Er steht aber keineswegs allein darin, diese Episode als Vorbild anzusehen. 2002 lenkte der tschechische Premierminister Miloš Zeman die Aufmerksamkeit der israelischen Regierung beim Umgang mit dem Problem der Westbank und des Gaza-Streifens auf die Deportation der Sudetendeutschen.[24] Der israelische Außenminister Avigdor Lieberman soll eine solche Umsiedlung bereits befürwortet haben. John Mearsheimer von der University of Chicago hat 1993 die Meinung vertreten, die Gebiete des ehemaligen Jugoslawien ließen sich nur stabilisieren, «indem neue Grenzen gezogen und Menschen umgesiedelt werden». Die UN sollten mit Unterstützung der USA rund eine Million Bosnier, Serben und Kroaten zwangsweise umsiedeln, um «ethnisch homogene Staaten» auf dem Balkan zu schaffen. «Wäre es nicht sinnvoller, Bevölkerungsgruppen friedlich umzusiedeln, als mit Waffengewalt?», fragte er.[25] Auf ähnliche Art hat James Nickel von der University of Miami versucht, eine Unterscheidung zwischen «genozidaler ethnischer Säuberung» und Zwangsumsiedlungen einzuführen, die «vom echten Wunsch nach einem stabilen Frieden motiviert sind». Letztere lassen sich seiner Auffassung nach als «Umriss einer Ausnahmeklausel in einer internationalen Norm, die ethnische Säuberungen verbietet», ansehen, und sollten trotz der Anwendung von «Zwang oder Gewalt» als akzeptabel gelten, «wenn es ein zwingendes Motiv und keine großen Menschenrechtsverletzungen oder andere wichtige moralische Hindernisse gab».[26] Chaim Kaufmann, Bruce Clark, Daniel Byman, Michael Mann und andere prominente Publizisten und Wissenschaftler sehen eine bleibende Relevanz von Massenvertreibungen für die internationale Konfliktlösung, wobei sie es – wie im Fall von Kaufmann – oft eifrig vermeiden, deren katastrophale Bilanz in Mitteleuropa zu erwähnen, geschweige denn zu analysieren.[27] Auf der Gegenseite der Debatte hat Stephen Ryan diese Vorschläge für «utopische Sozialtechnologie» einer intensiven Kritik unterworfen. «‹Präventive Umsiedlung› ist keinesfalls ein Weg zur Vermeidung von Gewalt, es ist kaum möglich, sie nicht selbst als Gewaltakt anzusehen.» Ebenso wenig gilt es ihm als ausgemacht, dass Zwangsumsiedlungen, die von einer internationalen Organisation durchgeführt werden, irgendwie humaner oder wirksamer wären, als wenn sie von Einzelstaaten durchgeführt würden.[28]

Wie die in diesem Buch analysierten Episoden zeigen, sind die Einwände gegen Umsiedlungen als Mittel der internationalen Politik aber noch grundsätzlicher. Kurz gesagt, wenn sie nicht schnell durchgeführt werden, sind sie nicht praktikabel, und wenn sie schnell durchgeführt werden, sind sie nicht human. Selbst unter den besten denkbaren Bedingungen produzieren Massenvertreibungen fast ebenso starke Verwerfungen, wirtschaftliches Chaos und soziale Unruhen wie Kriege, wie schon der Bericht des britischen interministeriellen Ausschusses 1944 klarstellte. Sie nach «geordneten und humanen» Kriterien umzusetzen, ist immens kostspielig und dauert viele Jahre, wenn nicht Jahrzehnte. Sobald sie abgeschlossen sind, müssen sie noch länger überwacht werden, um sicherzustellen, dass die umgesiedelte Bevölkerung nicht zurückzukehren versucht.

Doch das sind nicht die Umstände, unter denen Forderungen nach Bevölkerungstransfers in der realen Welt laut werden. Erstens werden sie nicht in einer Situation von Frieden und Stabilität geäußert, sondern in einer Krise, wenn der Wunsch nach einer raschen Lösung im Vordergrund steht. Zweitens kommt es bei der Entscheidung, wer umgesiedelt werden muss und wer bleiben darf, stets zur Suche nach einem Sündenbock: «Unbequeme» Minderheiten sollen verschwinden, nicht problemlose. Drittens sind nationale Regierungen und internationale Organisationen selten daran interessiert, die hohen Summen, logistischen Mittel und das Personal bereitzustellen, die womöglich auf lange Zeit notwendig sind, um «unbequemen» Völkern zu helfen, die als Urheber des eigenen Unglücks gelten. Viertens geht die Krise – und wichtiger noch die Feindseligkeit gegenüber der Minderheit – zurück oder verschwindet, wenn die Umsiedlung nicht rasch durchgeführt wird. Das gilt selbst für die bittersten Konflikte: Es ist unvorstellbar, dass die Westalliierten der Vertreibung der Deutschen auch zugestimmt hätten, wenn der Vorschlag 1950 statt 1945 gekommen wäre. Fünftens ist es unwahrscheinlich, dass die vertriebene Bevölkerung sich immer so ergeben in ihr Schicksal fügt wie die Deutschen nach dem Zweiten Weltkrieg oder aufhört, ein «Rückkehrrecht» zu fordern; man kann sogar argumentieren, dass die Operation nur möglich war, weil das Leben unter einem totalitären System die Fähigkeit der Vertriebenen zur politischen Organisation so geschwächt hatte. Schließlich sind Massenumsiedlungen ganz abgesehen von den wirtschaftlichen Verwerfungen, die sie bewirken, auch kein Allheilmittel für die Vertreibungsländer selbst, wie David Curp betont. Vielmehr sind sie gefährliche Werkzeuge, deren schädliche Auswirkungen in den angeblich «gesäuberten» nationalen Gemeinschaften noch Jahrzehnte nach der Krise, die sie hervorbrachte, weiterexistieren: «Das durch ethnische Säuberungen unmittelbar verursachte Leiden ist gewaltig, aber nicht notwendigerweise ihre gefährlichste Auswirkung. Ein ebenso, wenn nicht noch stärker verstörender Aspekt ethnischer Säuberungen ist ihr Potenzial für die immanente Radikalisierung und Popularisierung nationalrevolutionärer Maßnahmen.

Nationalrevolutionäre ethnische Säuberungen [...] führten zu fremdenfeindlicher Politik. Sie indoktrinierten auch mehrere Generationen mit extremistischem Nationalismus. [...] Ethnische Säuberungen sind eine schrecklich stabilisierende Kraft, welche den Hass und die Furcht, die aus ethnischen Konflikten entstehen, lange nach der Durchführung von Vertreibungen aufrechterhalten kann. Statt einer ‹Tabula rasa› sind ethnische Säuberungen eine nationalrevolutionäre Kraft par excellence, die die nationalen Ursachen ethnischer Konflikte, die sie scheinbar beseitigen, noch verstärken.»[29]

Die wichtigste Lehre aus der Vertreibung der Deutschen ist also: Wenn diese Operationen sich nicht in Umständen ausführen lassen, in denen Brutalität, Ungerechtigkeit und sinnloses Leiden unvermeidlich sind, lassen sie sich gar nicht ausführen. Das klare Akzeptieren dieser Wahrheit und die Entschiedenheit, sich von ihr jederzeit und in jeder Situation leiten zu lassen, ist das angemessenste Mahnmal für dieses tragische, unnötige und – so muss man hoffen – einmalig bleibende Ereignis in der jüngeren Geschichte Europas und der Welt.

ANMERKUNGEN

Einleitung

1 Zit. n. www.bundeskanzlerin.de/nn_915 660/Content/DE/Rede/2009/09/2009-09-01-bkin-danzig.html.
2 *Berliner Zeitung*, 2.9.2009 (www.berlinonline.de/berliner-zeitung/archiv/.bin/dump.fcgi/2009/0902/meinung/0007/index.html).

Kapitel 1

Der Planer

1 *The Times*, 7.10.1938.
2 Zit. n. M. J. Heimann, *Czechoslovakia: The State that Failed*. New Haven, CT 2009, S. 47.
3 J. W. Brügel, *Tschechen und Deutsche*, I: *1918–1938*. München 1967, S. 100–102, 143 (Zitat).
4 R. Jakobson, «Problems of Language in Masaryk's Writings», in *On Masaryk: Texts in English and German*, ed. by J. Novák. Amsterdam 1988, S. 72–73.
5 R. Vansittart im *Manchester Guardian*, 15.4.1944.
6 Siehe J. Bradley, «Czechoslovakia: External Crisis and Internal Compromise», in *Conditions of Democracy in Europe, 1919–39*, ed. by D. Berg-Schlosser & J. Mitchell. Basingstoke 2000, v. a. S. 90–91.
7 T. Zahra, *Kidnapped Souls: National Indifference and the Battle for Children in the Bohemian Lands, 1900–1948*. Ithaca, NY 2008, S. 107, 121.
8 Z. A. B. Zeman, «Czechoslovakia Between the Wars: Democracy on Trial», in *The Czech and Slovak Experience*, ed. by J. Morison. Basingstoke 1990, S. 165.
9 Zahra, *Kidnapped Souls*, S. 112.
10 Zit. n. Brügel, *Tschechen und Deutsche*, I, S. 184.
11 Zit. n. L. Rothkirchen, *The Jews of Bohemia and Moravia: Facing the Holocaust*. Lincoln, NE 2005, S. 161.
12 Eine detaillierte Analyse der Mittel, durch die dieses Bild verbreitet wurde, liefert A. Orzoff, *Battle for the Castle: The Myth of Czechoslovakia in Europe, 1914–1948*. Oxford 2009.
13 ‹A German Bohemian Deputy›, «National Minorities in Europe: The German Minority in Czechoslovakia», *Slavonic and East European Review*, 41 (1936), S. 297–298.

14 Heimann, *Czechoslovakia*, S. 73.
15 U. Völklein, *«Mitleid war von niemand zu erwarten»: Das Schicksal der deutschen Vertriebenen*. München 2005, S. 10.
16 Siehe z. B. C. Boyer u. a., «Die Sudetendeutsche Heimatfront (Partei) 1933–1938: Zur Bestimmung ihres politisch-ideologischen Standortes», *Bohemia*, 38, 2 (1997), S. 357–385; R. M. Smelser, *The Sudeten Problem, 1933–1938:* Volkstumspolitik *and the Formulation of Nazi Foreign Policy*. Middletown, CT 1975.
17 M. Cornwall, «‹A Leap into Ice-Cold Water›: The Manoeuvres of the Henlein Movement in Czechoslovakia, 1933–1938», in *Czechoslovakia in a Nationalist and Fascist Europe 1918–1948*, ed. by M. Cornwall & R. J. W. Evans. Oxford 2007, S. 141.
18 Heimann, *Czechoslovakia*, S. 60.
19 Siehe I. Lukes, «Stalin and Czechoslovakia in 1938–39: An Autopsy of a Myth», in *The Munich Crisis, 1938: Prelude to World War II*, ed. by I. Lukes & E. Goldstein. London 1999, S. 13–47.
20 P. Neville, *Hitler and Appeasement: The British Attempt to Prevent the Second World War*. London 2006, S. 117; Rede von Churchill am 5.10.1938, in *Reden in Zeiten des Kriegs*. Ausgewählt, eingeleitet u. erläutert v. Klaus Körner. Hamburg 2002, S. 37.
21 Halifax, 110 Oberhaus-Debatten (im Folgenden: *H. L. Deb.*) 5s., c. 1306 (22.10.1938).
22 Heimann, *Czechoslovakia*, S. 87.
23 Zit. n. Z. A. B. Zeman & A. Klimek, *The Life of Edvard Beneš 1884–1948: Czechoslovakia in Peace and War*. Oxford 1997, S. 141.
24 M. Hauner, «‹We Must Push Eastwards!› The Challenges and Dilemmas of President Beneš after Munich», *Journal of Contemporary History* 44, 4 (2009), S. 619–656.
25 E. Beneš, *Odsun Němců: Výbor z pamětí a projevů doplněný edičními přílohami*. Prag 1995, S. 12–13; E. Táborský, «Politics in Exile 1939–1945», in *A History of the Czechoslovak Republic 1918–1948*, ed. by V. S. Matamey & R. Luža. Princeton, NJ 1973, S. 332.
26 M. Hauner, «Introduction», Beneš, in *The Fall and Rise of a Nation: Czechoslovakia 1938–1941*, ed. by M. Hauner. Boulder, CO 2004, S. xxiii-xxiv.
27 F. D. Raška, *The Czechoslovak Exile Government in London and the Sudeten German Issue*. Prag 2002, S. 46.
28 Zit. n. Zeman & Klimek, *The Life of Edvard Beneš*, S. 150.
29 C. Bryant, *Prague in Black: Nazi Rule and Czech Nationalism*. Cambridge, MA 2007, S. 98, 102.
30 Zit. n. Raška, *The Czechoslovak Exile Government in London*, S. 44.
31 Zit. n. Bryant, *Prague in Black*, S. 99.
32 D. Reynolds, «Churchill and the British ‹Decision› to Fight On in 1940: Right Policy, Wrong Reasons», in *Diplomacy and Intelligence During the Second World War: Essays in Honour of F. H. Hinsley*, ed. by R. Langhorne. Cambridge 1985, S. 147–167.
33 Raška, *The Czechoslovak Exile Government in London*, S. 40.
34 *Ibid.*, S. 51.
35 *Ibid.*, S. 98.
36 E. Beneš, «The New Order in Europe», in *Nineteenth Century and After* (September 1941), S. 154.
37 ders., *The War of 1939: Two Addresses of the Czechoslovak President at the Edinburgh and Glasgow University 5th and 7th November, 1941*. Prag 2005, S. 28.

38 ders., «The Organization of Postwar Europe», *Foreign Affairs*, 20, 2 (1942), S. 237–238.
39 Zit. n. Zeman & Klimek, *The Life of Edvard Beneš*, S. 183. Hervorhebung im Original.
40 Orzoff, *Battle for the Castle*, S. 206.
41 R. J. Crampton, *Eastern Europe in the Twentieth Century and After*. London 1997, S. 192–193.
42 V. Mastny, *The Czechs Under Nazi Rule: The Failure of National Resistance, 1939–1942*. New York 1971, S. 215.
43 Siehe z. B. J. King, *Budweisers into Czechs and Germans: A Local History of Bohemian Politics, 1848–1948*. Princeton, NJ 2002, S. 187–188.
44 S. A. Garrett, *Conscience and Power: An Examination of Dirty Hands and Political Leadership*. Basingstoke 1996, S. 99.
45 K. Jackson, *Humphrey Jennings*. London 2004, S. 268–269; L. Leff, *Buried by the* Times*: The Holocaust and America's Most Important Newspaper*. Cambridge 2005, S. 184.
46 A. J. Kochavi, *Prelude to Nuremberg: Allied War Crimes Policy and the Question of Punishment*. Chapel Hill, NC 1998, S. 22–25.
47 A. F. Noskova, «Migration of the Germans after the Second World War: Political and Psychological Aspects», *Journal of Communist Studies and Transition Politics*, 16, 1–2 (2000), S. 98.
48 Foreign Research and Press Service, «The Transfer of German Populations (with Notes on the Relevant Evidence from Previous Exchanges and Transfers)», 13.2.1942, FO 371/30930, Public Record Office, Kew, London (im Folgenden: PRO).
49 Das Zitat zur prinzipiellen Zustimmung zur Vertreibung: A. Eden, «Anglo-Czechoslovak Relations», 2.7.1942, zit. n. D. Brandes, *Der Weg zur Vertreibung: Pläne und Entscheidungen zum «Transfer» der Deutschen aus der Tschechoslowakei und aus Polen*. München 2001, S. 168 (dort englisch). Die Zitate aus Roberts Brief an Nichols: F. K. Roberts an P. B. Nichols 6.10.1942, FO 371/30835, zit. nach R. J. Hoffmann, K. Heißig & M. Kittel (Hg.), *Odsun: Die Vertreibung, der Sudetendeutschen. Dokumentation zu Ursachen, Planung und Realisierung einer «ethnischen Säuberung» in der Mitte Europas 1884/49–1945/46*, Bd. 2, München 2010, S.344. Nichols Gespräch mit Beneš: P. B. Nichols an F. K. Roberts, 16.10.1942. FO 371/30835, zit. nach ebd., S. 349 (Zitate dort auf Englisch).
50 Noskova, «Migration of the Germans», S. 97–98.
51 T. Kamusella, & T. Sullivan, «The Germans of Upper Silesia: The Struggle for Recognition», in *Ethnicity and Democratisation in the New Europe*, ed. by K. Cordell. London 1998, S. 170.
52 Zit. n. A. J. Prażmowska, *Civil War in Poland, 1942–1948*. Basingstoke 2004, S. 169.
53 N. M. Naimark, «Ethnic Cleansing Between War and Peace», in *Landscaping the Human Garden: Twentieth Century Population Management in a Comparative Framework*, ed. by A. Weiner. Stanford, CA 2003, S. 230.
54 Memorandum des Ministerrats der polnischen Exilregierung, 27.9.1944, zit. n. *Przesiedlenie ludności niemieckiej z Polski po II wojnie światowej w świetle dokumentów*, hg. v. P. Lippóczy & T. Walichnowski. Warschau 1982, S. 178.
55 *New York Times*, 10.8.1944.
56 Raška, *The Czechoslovak Exile Government in London*, S. 103.

57 *Ibid.*, S. 107.
58 Aktennotiz Cadogan, 20.1.1925, FO 371/11 070.
59 P. Wilkinson, *Foreign Fields: The Story of an SOE Operative*. London 1997, S. 58.
60 P.J. Noel-Baker, «Two Years Ago ... And Now», *London Calling*, 11.7.1940, S. 13.
61 D. Brandes, «‹Otázka transferu ... Ta je tady Kolumbovo vejce›: Českoslovenští komunisté a vyhnání Němců» *Český časopis historický*, 103, 1 (2005), S. 89.
62 E. Táborský, *President Edvard Beneš: Between East and West, 1938–1948*. Palo Alto, CA 1981, S. 161.
63 Zit. n. Zeman & Klimek, *The Life of Edvard Beneš*, S. 185.
64 Raška, *The Czechoslovak Exile Government in London*, S. 58.
65 Zit. n. M. Frank, *Expelling the Germans: British Opinion and Post-1945 Population Transfer in Context*. Oxford 2007, S. 50.
66 Zit. n. K. Kersten, «Forced Migration and the Transformation of Polish Society in the Postwar Period», in *Redrawing Nations: Ethnic Cleansing in East-Central Europe, 1944–1948*, ed. by P. Ther & A. Siljak. Lanham, MD 2001, S. 78.
67 S. Welles, Ansprache auf dem Nationalfriedhof Arlington, *Life*, 15.6.1942; *The Time for Decision*. New York 1944, S. 355; *Where Are We Heading?* London 1947, S. 108.
68 Zit. n. C. Wrigley, *A.J.P. Taylor: Radical Historian of Europe*. London 2006, S. 141.
69 126 *H. L. Deb*. 5s., cols. 555–556 (10.3.1943).
70 130 *H. L. Deb*. 5s., c. 1116 (8.3.1944).
71 Siehe R.M. Douglas, *The Labour Party, Nationalism and Internationalism, 1939–1945*. London 2004, S. 84–86.
72 Labour Party. National Executive Committee. *The International Post-War Settlement: Report by the National Executive Committee of the Labour Party to be Presented to the Annual Conference to be held in London from May 29th to June 2nd, 1944*. London 1944, S. 5.
73 *Report of the Forty-Fourth Annual Conference of the Labour Party* (im Folgenden: *44 LPCR*). London 1945, S. 114.
74 Zit. n. D. Brandes, «Edvard Benes und die Pläne zur Vertreibung/Aussiedlung der Deutschen und Ungarn 1938–1945», in *Transfer: Vertreibung – Aussiedlung im Kontext der tschechischen Literatur*, hg. v. G. Zand & J. Holý. Brno 2004, S. 21–22.
75 *The International Post-War Settlement*, S. 5.
76 Anon., «Labour and the Post-War Settlement», *Socialist Commentary*, Juni 1944. Das Zitat von Strauss in: *44LPCR*, S. 135.
77 *Economist*, 17.1.1942.
78 *Economist*, 10.7.1943.
79 A.G.B. Fisher & D. Mitrany, «Some Notes on the Transfer of Population», *Political Quarterly*, 14, 4 (1943), S. 370. Hervorhebung im Original.
80 E. Beneš, *Memoirs of Dr Eduard Beneš: From Munich to New War and New Victory*. Boston 1954, S. 219. Hervorhebung im Original.
81 *Ibid.*, S. 219–220.
82 Wenzel Jaksch – Edvard Beneš, *Briefe und Dokumente aus dem Londoner Exil 1939–1943*, hg. v. F. Prinz. Köln 1973, S. 129–142.
83 S. Grant Duff, *The Parting of Ways: A Personal Account of the Thirties*. London 1982, S. 135; vgl. Jaksch – Beneš, *Briefe und Dokumente*, S. 124.
84 H. Ripka, *The Future of the Czechoslovak Germans*. London 1944, S. 13–15.

85 *New York Times*, 10.9.1948.
86 Zit. n. Ripka, *The Future of the Czechoslovak Germans*, S. 16.
87 Jaksch an Beneš, 22.6.1942, zit. n. *Memoirs of Dr Eduard Beneš*, S. 307.
88 W. Jaksch, *Can Industrial Peoples Be Transferred? The Future of the Sudeten Population*. London 1943, S. 10.
89 Jaksch an Roberts, 1.2.1945, FO 371/47 083.
90 Aktennotiz F. Warner, 24.2.1945, FO 371/47 083
91 Bryant, *Prague in Black*, S. 210.
92 «Dekret des Präsidenten der Republik vom 19. Juni 1945 über die Bestrafung der nazistischen Verbrecher, der Verräter und ihrer Helfershelfer sowie über die außerordentlichen Volksgerichte», zit. n. *Dokumentation der Vertreibung der Deutschen aus Ost-Mitteleuropa*, IV, 1: *Die Vertreibung der deutschen Bevölkerung aus der Tschechoslowakei*, hg. v. T. Schieder. Bonn 1957, I, S. 212; B. Frommer, *National Cleansing: Retribution Against Nazi Collaborators in Postwar Czechoslovakia*. Cambridge 2005, S. 239.
93 Ripka an Schönfeld, 20.4.1945, US-Botschaft Tschechoslowakei, Classified General Records, 1945–1957, RG 84, Entry 2378A, 350/54/13/03, Schachtel 4, National Archives and Records Administration, College Park, Maryland (im Folgenden: NARA).

Kapitel 2

Die Volksdeutschen während des Krieges

1 J. R. Sanborn, «‹Unsettling the Empire›: Violent Migrations and Social Disaster in Russia During World War I», *Journal of Modern History*, 77, 7 (2005), S. 290–304.
2 D. Bloxham, «The Great Unweaving: The Removal of Peoples in Europe, 1875–1949», in *Removing Peoples: Forced Removal in the Modern World*, ed. by R. Bessel & C. B. Haake. Oxford 2009, S. 175.
3 S. O'Rourke, «Trial Run: The Deportation of the Terek Cossacks 1920», in *Removing Peoples*, S. 255–279.
4 T. Martin, «The Origins of Soviet Ethnic Cleansing», *Journal of Modern History*, 70, 4 (1998), S. 815.
5 J. Burds, «The Soviet War Against ‹Fifth Columnists›: The Case of Chechnya, 1942–4», *Journal of Contemporary History*, 42, 2 (2007), S. 272.
6 R. Breitman, *Der Architekt der Endlösung: Himmler und die Vernichtung der europäischen Juden*. Paderborn 1996, S. 64.
7 «Abkommen zwischen Deutschland, dem Vereinigten Königreich von Großbritannien, Frankreich und Italien, getroffen in München am 29.9.1938», Artikel 7, zit. n. *Das Dritte Reich*, I, hg. v. W. Michalka. München 1985, S. 258.
8 J. B. Schechtman, *European Population Transfers 1939–1945*. New York 1946, S. 57.
9 Siehe G. Aly & S. Heim, *Vordenker der Vernichtung: Auschwitz und die deutschen Pläne für eine neue europäische Ordnung*. Hamburg 1991, S. 394–440.
10 Zit. n. M. Mazower, *Hitlers Imperium: Europa unter der Herrschaft des Nationalsozialismus*. München 2009, S. 71.

11 C. Jansen & A. Weckbecker, *Der «Volksdeutsche Selbstschutz» in Polen 1939/40*. München 1992, S. 25.

12 V. O. Lumans, *Himmler's Auxiliaries: The* Volksdeutsche Mittelstelle *and the German National Minorities of Europe, 1933–1945*. Chapel Hill, NC 1993, S. 95; F. P. Walters, *A History of the League of Nations*. Oxford 1967, S. 616.

13 G. Jérome & P. A. Nix, «Les milices d'autoprotection de la communauté allemande de Pomérélie, Posnanie et Silésie polonaise (1939–1940)», *Guerres mondiales et conflits contemporains*, 41, 163 (1991), S. 58.

14 *Hitlers Zweites Buch: ein Dokument aus dem Jahr 1928*, hg. v. G. L. Weinberg. Stuttgart 1961, S. 81.

15 Wie Michael Burleigh betont, existierte im Gegensatz zum Klischeebild Nazideutschlands als totalitärem Staat mit roboterhafter Effizienz, das in den demokratischen Staaten vorherrschte, ein «Kompetenzen-Wirrwarr, in dem jeder gegen jeden intrigierte». M. Burleigh. *Die Zeit des Nationalsozialismus*. Frankfurt a. M. 2000, S. 187.

16 L. de Jong, *The German Fifth Column in the Second World War*. London 1956, S. 39–47.

17 Siehe T. Chinciński, «Niemiecka a dywersjy na Pomorzu w 1939 roku», *Bydgoszcz 3–4 września 1939: studia i dokumenty*, hg. v. T. Chinciński & P. Machcewicz. Warschau 2008, S. 170–204.

18 Jansen & Weckbecker, *Der «Volksdeutsche Selbstschutz» in Polen*, S. 19, 26–27.

19 M. Phayer, «Pius XII and the Genocides of Polish Catholics and Polish Jews During the Second World War», *Kirchliche Zeitgeschichte*, 15, 1 (2002), S. 250.

20 Die meisten westlichen Historiker kommen zu einer Schätzung von rund 400 deutschen Opfern und bezweifeln, dass es einen anderen Auslöser gab als die Panik unter den verständlicherweise nervösen polnischen Soldaten. In allen wichtigen Aspekten folgen die Ereignisse von Bydgoszcz dem Muster ähnlicher Paniken, die zu Beginn des Ersten Weltkriegs zu Massakern durch deutsche Truppen in Belgien und Frankreich führten. Vgl. J. Horne & A. Kramer, *Deutsche Kriegsgreuel 1914: die umstrittene Wahrheit*. Hamburg 2004, S. 9–88. Eine Zusammenstellung der aktuellen polnischen Forschung zu dieser Episode, die deutschen Saboteuren und «Diversionisten» eine wichtige Rolle zuweist, ist *Bydgoszcz 3–4 września 1939*, hg. v. T. Chinciński & P. Machcewicz.

21 A. B. Rossino, *Hitler Strikes Poland: Blitzkrieg, Ideology, and Atrocity*. Lawrence, KS 2003, S. 203.

22 A. V. Prusin, *The Lands Between: Conflict in the East European Borderlands, 1870–1992*. Oxford 2010, S. 128–129.

23 Jérome, «Les milices d'autoprotection», S. 58.

24 Jansen & Weckbecker, *Der «Volksdeutsche Selbstschutz» in Polen*, S. 28.

25 Rossino, *Hitler Strikes Poland*, S. 68–72.

26 Peter R. Black, «Rehearsal for ‹Reinhard›? Odilo Globocnik and the Lublin *Selbstschutz*», *Central European History*, 25, 2 (1992), S. 204–226.

27 Jérome, «Les milices d'autoprotection», S. 65–66.

28 N. S. Lebedeva, «The Deportation of the Polish Population to the USSR, 1939–41», *Journal of Communist and Transition Politics* 16, 1–2 (2000), S. 28–45.

29 *Reden und Proklamationen*, II, 1, S. 1383.

30 Siehe D. Crowe, «Germany and the Baltic Question in Latvia 1939–1940», *East European Quarterly*, 26, 3 (1992), S. 371–389.

31 Die genannten Zahlen bei Schechtman, *European Population Transfers*, S. 109–125.

32 G.E. Schafft, *From Racism to Genocide: Anthropology in the Third Reich*. Urbana, IL 2004, S. 135.
33 Schechtman, *European Population Transfers*, S. 124.
34 H. Sommer, *Völkerwanderung im 20. Jahrhundert: die große Heimkehr der Volksdeutschen ins Reich*. Berlin 1940, S. 4.
35 A. C. Bramwell, «The Re-Settlement of Ethnic Germans, 1939–41», in *Refugees in the Age of Total War*, ed. by A. C. Bramwell. London 1988, S. 120.
36 A. Forster & W. Löbsack, *Die Volkstumsfrage im Reichsgau Danzig-Westpreußen*. Danzig 1942, zit. n. H. S. Levine, «Local Authority and the SS State: The Conflict over Population Policy in Danzig-West Prussia, 1939–1945», *Central European History*, 2, 4 (1969), S. 346 (dort englisch).
37 Siehe P. Łossowski, «The Resettlements of Germans from Lithuania during World War II», *Acta Poloniae historica*, 93 (2006), S. 121–142.
38 G. Aly, *«Endlösung»: Völkerverschiebung und der Mord an den europäischen Juden*. Frankfurt a. M. 1995, S. 155, 167.
39 C. Epstein, *Model Nazi: Arthur Greiser and the Occupation of Western Poland*. Oxford 2010, S. 172.
40 Himmler, 4.5.1940, zit. n. Aly, *«Endlösung»*, S. 100.
41 C.R. Browning, *Die Entfesselung der Endlösung: Nationalsozialistische Judenpolitik 1939–1942*. München 2006, S. 108.
42 SS-Bericht «Die Ansiedlungstätigkeit im Kreis Leslau/Weichsel im Jahre 1941», zit. n. E. Harvey, *«Der Osten braucht Dich!»: Frauen und nationalsozialistische Germanisierungspolitik*. Hamburg 2010, S. 212.
43 M. Maschmann, *Fazit: Kein Rechtfertigungsversuch*. Stuttgart 1964, S. 121–125.
44 Browning, *Entfesselung der Endlösung*, S. 148–149.
45 Zit. n. L. Rees, *Die Nazis: Eine Warnung der Geschichte*. München 1997, S. 158.
46 S. Bannister. *I Lived Under Hitler: An Englishwoman's Story*. London 1957, S. 92.
47 Zit. n. Mazower, *Hitlers Imperium*, S. 181; vgl. N. J. W. Goda,, «Black Marks: Hitler's Bribery of His Senior Officers During World War II», *Journal of Modern History* 72 (2002), S. 447.
48 Harvey, *«Der Osten braucht Dich!»*, S. 228–229.
49 P. Fritzsche, *Life and Death in the Third Reich*. Cambridge, MA 2008, S. 171.
50 Harvey, *«Der Osten braucht Dich!»*, S. 216.
51 Bramwell, «The Re-Settlement of Ethnic Germans», S. 126–127.
52 D. L. Bergen, «The ‹Volksdeutschen› of Eastern Europe, World War II, and the Holocaust: Constructed Ethnicity, Real Genocide», in *Germany and Eastern Europe: Cultural Identities and Cultural Differences*, ed. by K. Bullivant et al. Amsterdam 1999, S. 70–93 [*Yearbook of European Studies*, 13]; siehe auch M. Gilbert, *Sie waren die Boys: die Geschichte von 732 jungen Holocaustüberlebenden*. Berlin 2007, S. 78.
53 G. Aly «Logik des Grauens», *Die Zeit*, 1.6.2006. Siehe auch Kapitel 3.
54 Bestimmungen zur Deutschen Volksliste in: *Hitlerowskie «Prawo» Okupacyjne w Polsce*. Wybór Dokumentów, 1, hg. v. K. M. Pospieszalksi. Poznań 1952, S. 123 ff. [*Documenta occupationis*, 5]; Bergen, «The ‹Volksdeutschen› of Eastern Europe», S. 73.
55 C. Bryant, «Either German or Czech: Fixing Nationality in Bohemia and Moravia, 1939–1946», *Slavic Review*, 61, 4 (2002), S. 691.
56 Bergen, «The ‹Volksdeutschen› of Eastern Europe», S. 74.
57 L. Olejnik, *Zdrajcv narodu? Losy volksdeutschów w Polsce po II wojnie*

światowej. Warschau 2006, S. 120–121, 146; J. & Z. R. Grabowski, «Germans in the Eyes of the Germans: The Ciechanów District, 1939–1945», *Contemporary European History*, 13, 1 (2004), S. 28.

58 Z. Klukowski, *Diary from the Years of Occupation*. Urbana, IL 1993, S. 239–240 (28.1.1943).

59 M. J. Chodakiewicz, *Between Nazis and Soviets: Occupation Politics in Poland, 1939–1947*. Lanham, MD 2004, S. 162, Fn 30.

60 Klukowski, *Diary*, S. 230–231 (10. u. 13.12.1942).

61 Bryant, «Either German or Czech», S. 689.

62 Scholtz an von dem Bach-Zelewski, 12.5.1941, zit. n. I. Heinemann, «‹Another Type of Perpetrator›: The SS Racial Experts and Forced Population Movements in the Occupied Regions», *Holocaust and Genocide Studies*, 15, 3 (2001), S. 407, Fn 41.

63 Schafft, *From Racism to Genocide*, S. 135.

64 Bergen, «The ‹Volksdeutschen› of Eastern Europe», S. 82.

65 Greiser, «Betrifft Umgang der deutschen Bevölkerung des Reichsgaues Wartheland mit Polen», 25.9.1940, zit. n. *Die faschistische Okkupationspolitik in Polen, 1939–1945*, hg. v. W. Röhr u. a.. Berlin/Ost 1989, S. 190.

66 Harvey, *«Der Osten braucht Dich!»*, S. 207.

67 D. L. Bergen, «The *Volksdeutsche* of Eastern Europe and the Collapse of the Nazi Empire, 1944–1945», in *The Impact of Nazism*, ed. by A. E. Steinweis & D. E. Rogers. Lincoln, NE 2003, S. 106.

68 J. & Z. R. Grabowski, «Germans in the Eyes of the Germans», S. 33.

69 Harvey, *«Der Osten braucht Dich!»*, S. 240, 228.

70 G. A. Schulte-Schomburg an Heydrich, 11.3.1942, zit. n. *Deutsche Politik im «Protektorat Böhmen und Mähren» unter Reinhard Heydrich 1941–1942. Eine Dokumentation*. hg. v. M. Kárný u. a., Berlin 1997, S. 243; vgl. Bryant, «Either German or Czech», S. 695.

71 W. Lower, «Hitler's ‹Garden of Eden› in Ukraine: Nazi Colonialism, *Volksdeutsche*, and the Holocaust, 1941–1944», in *Gray Zones: Ambiguity and Compromise in the Holocaust and Its Aftermath*, ed. by J. Petropoulos & J. K. Roth. Oxford 2006, S. 194.

72 M. Hastings, *Armageddon: The Battle for Germany, 1944–1945*. New York 2004, S. 408.

73 N. G. Papp, «The German Minority between the Two World Wars: Loyal Subjects or Suppressed Citizens?», *East European Quarterly*, 22 (1988), S. 495–514.

74 Fritzsche, *Life and Death in the Third Reich*, S. 171.

75 Aly, *«Endlösung»*, S. 126.

76 V. O. Lumans, «A Reassessment of the Presumed Fifth Column Rôle of the German National Minorities of Europe», in *Essays in European History: 1988–89*, II, ed. by J. K. Burton & C. W. White. Lanham, MD 1996, S. 201.

77 Zit. n. Bergen, «The ‹Volksdeutschen› of Eastern Europe», S. 82.

78 Bramwell, «The Re-Settlement of Ethnic Germans», S. 126.

79 Klukowski, *Diary*, S. 302, 333 (15.2. u. 8.6.1944).

80 E. Schmaltz, «‹The Long Trek›: The SS Population Transfer of Ukrainian Germans to the Polish Warthegau and its Consequences, 1943–1944», *Journal of the American Historical Society of Germans from Russia*, 31, 3 (2008), S. 1–23.

81 Ein repräsentatives Beispiel gibt «W sprawie ‹Volksdeutschów›», *Gazeta Lubelska*, 10.10.1944, zit. n. Olejnik, *Zadrajcy narodu?*, S. 69–70.

Kapitel 3

Der Plan

1 Die geschätzte Zahl der durch die Teilung des indischen Subkontinents 1947 vertriebenen Menschen, die früher bei 20 Millionen lag, ist inzwischen auf etwa die Hälfte gesenkt worden. Siehe S. Wolpert, *Shameful Flight: The Last Years of the British Empire in India.* Oxford 2006, S. 1; Y. Khan, *The Great Partition: The Making of India and Pakistan.* New Haven, CT 2007, S. 6.

2 J. M. Scott, «Exile and the Self-Understanding of Diaspora Jews in the Greco-Roman Period», in *Exile: Old Testament, Jewish, and Christian Conceptions*, ed. by M. Scott. Leiden 1997, S. 202.

3 M. Tanner, *Ireland's Holy Wars: The Struggle for a Nation's Soul, 1500–2000.* New Haven, CT 2001, S. 145.

4 Zum Kalefat Schoto vgl. P. Lovejoy, «The Slave Trade as Enforced Migration in the Central Sudan of West Africa», in *Removing Peoples*, S. 156. Zur Qing-Dynastie vgl. P. C. Perdue, *China Marches West: The Qing Conquest of Central Eurasia.* Cambridge, MA 2005, S. 333.

5 R. Bessel & C. B. Haake, «Introduction: Forced Removal in the Modern World», in *Removing Peoples,* S. 3.

6 C. Carmichael, *Genocide Before the Holocaust.* New Haven, CT 2009, S. 24–26.

7 D. Bloxham, «The Great Unweaving», in *Removing Peoples*, S. 192–193.

8 Mazower, *Hitlers Imperium*, S. 48.

9 C. Grohmann, «From Lothringen to Lorraine: Expulsion and Voluntary Repatriation», *Diplomacy and Statecraft*, 16, 3 (2005), S. 571–587.

10 G. Jenkins, *Political Islam in Turkey: Running West, Heading East?* Basingstoke 2008, S. 92.

11 E. Kontogiorgi, «Economic Consequences Following Refugee Settlement in Greek Macedonia, 1923–1932», in *Crossing the Aegean: An Appraisal of the 1923 Compulsory Population Exchange Between Greece and Turkey*, ed. by R. Hirschon. Oxford 2003, S. 74.

12 R. Hirschon, «The Consequences of the Lausanne convention: An Overview», in *Crossing the Aegean*, S. 13–20.

13 Zit. n. E. Kontogiorgi, *Population Exchange in Greek Macedonia: The Rural Settlement of Refugees 1922–1930.* Oxford 2006, S. 65.

14 *New English Weekly*, 18.1.1945.

15 Frank, *Expelling the Germans*, S. 25–29.

16 Henderson an Sir William Strang, 25.8.1939, FO 372/23 027.

17 Zit. n. C. Ponting, *Churchill.* London 1994, S. 652.

18 M. Kramer «Introduction», in *Redrawing Nations,* S. 6.

19 Foreign Research and Press Service, «The Transfer of German Populations (With Notes on the Relevant Evidence from Previous Exchanges and Transfers)», 3.2.1942, FO 371/30 930.

20 F. J. Harbutt, *Yalta 1945: Europe and America at the Crossroads.* Cambridge 2010, S. 144.

21 «Report of the Inter-Departmental Committee on the Transfer of German Populations», A. P. W. (44) 34, 12.5.1945, CAB 121/385.

22 *Ibid.*, S. 2–3.

23 Aktennotiz Sargent, 28.10.1943, zit. n. Brandes, *Der Weg zur Vertreibung*, S. 290–291 (dort englisch); «Report of the Inter-Departmental Committee», S. 4.
24 «Report of the Inter-Departmental Committee», S. 22.
25 *Ibid.*, S. 3.
26 *Ibid.*, S. 19.
27 *Ibid.*, S. 4.
28 *Ibid.*, S. 27.
29 *Ibid.*, S. 30.
30 Protokolle des Armistice and Post-War Committee, 10. Sitzung, 20.7.1944, CAB 121/85.
31 R. Law, «Food Production, Land Settlement and Large Estates in Germany, and the Problem of the Transferred Populations», 15.12.1944, A. P. W. (44) 125, CAB 87/68; Protokolle des Armistice and Post-War Committee, 1. Sitzung, 4.1.1945, CAB 121/85.
32 C. R. Attlee, «Post-War Settlement – Policy in Respect of Germany», 19.7.1943, W. P. 42 (322), CAB 66/39. Die Berührungspunkte zwischen der alliierten Entnazifizierungspolitik und den Vertreibungen werden detaillierter behandelt von Cornelia Wilhelm, «Die alliierte Entnazifizierungspolitik in Deutschland als Modell», in Manfred Kittel, Horst Möller et. al. (Hg.), *Deutschsprachige Minderheiten 1945: Ein europäischer Vergleich.* München 2007, S. 347–372.
33 Aktennotiz Troutbeck, 8.9.1945, FO 371/46 812.
34 Aktennotiz Toynbee, 30.1.1945, FO 371/46 811.
35 «PWE/OSS Daily Intelligence Summary for Germany and Austria», 139, 30.1.1945, FO 371/46 810.
36 Siehe Brandes, *Der Weg zur Vertreibung*, S. 315–319.
37 R. C. Raack, «Stalin Fixes the Oder-Neisse Line», *Journal of Contemporary History*, 25, 4 (1990), S. 474.
38 Zit. n. G. Strauchold, *Myśl zachodnia i jej realizacja w Polsce Ludowej w latach 1945–1957.* Toruń 2003, S. 85–86.
39 P. E. Mosely, Stellvertr. Leiter der Abteilung für politische Studien, «Poland – Germany: Territorial Problems: Polish-German Frontier from Silesia to the Baltic», H-27, 18.8.1943, *Foreign Relations of the United States* (im Folgenden: *FRUS*): *The Conferences at Washington and Quebec, 1943.* Washington, DC 1970, S. 734.
40 Brandes, *Der Weg zur Vertreibung*, S. 308.
41 Churchill an Roosevelt, 18.10.1944, *FRUS*, I: *Diplomatic Papers 1944: General.* Washington, DC 1966, S. 1327.
42 Zit. n. D. J. Allen, *The Oder-Neisse Line: The United States, Poland and Germany in the Cold War.* Westport, CT 2003, S. 15.
43 R. E. Schoenfeld an Cordell Hull, 21.12.1944, *FRUS*, III: *Diplomatic Papers 1944: The British Commonwealth and Europe.* Washington, DC 1965, S. 1350.
44 Siehe die Redebeiträge von G. Strauss (Labour, Lambeth North), 402 Unterhaus-Debatten (im Folgenden *H. C. Deb.*) 5s., c. 1521 (2.8.1944); R. R. Stokes (Labour, Ipswich), *ibid.*, c. 1539; A. Eden, *ibid.*, c. 1549.
45 Churchill, *Reden in Zeiten des Kriegs*, S. 232–233.
46 Maurice Petherick (Conservative, Penryn & Falmouth), 406 *H. C. Deb.* 5s., c. 1540 (15.12.1944).
47 Churchill, *Reden in Zeiten des Kriegs*, S. 233–234.
48 406 *H. C. Deb.* 5s., c. 1562 (15.12.1944).
49 *Manchester Guardian*, 16.12.1944.

50 G. Orwell, «As I Please», *Tribune*, 2.2.1945.
51 *Chicago Tribune*, 18.12.1944. Siehe auch S. Jankowiak, *Wysiedlenie i emigracja ludności Niemieckiej w plityce władz Polskich w latach 1945–1970*. Warschau 2005, S. 28–29.
52 D. Reynolds, *In Command of History: Churchill Fighting and Writing the Second World War*. New York 2005, S. 274, 326–327, 418–419, 466.
53 D. Brandes, «National and International Planning of the ‹Transfer› of Germans from Czechoslovakia and Poland», in *Removing Peoples*, S. 289–290.
54 *Teheran, Jalta, Potsdam: die sowjetischen Protokolle von den Kriegskonferenzen der «Großen Drei»*, hg. u. eingel. v. A. Fischer. Köln 1986, S. 146; vgl. J. Fenby, *Alliance: The Inside Story of How Roosevelt, Stalin and Churchill Won One War and Began Another*. London 2006, S. 366.
55 *Teheran, Jalta, Potsdam*, S. 146–147; vgl. *FRUS: The Conferences at Malta and Yalta*. Washington, DC 1955, S. 720.
56 «Kommuniqué über die Konferenz der Regierungschefs … auf der Krim», 11.2.1945, in *Teheran, Jalta, Potsdam*, S. 187–188; vgl. *FRUS: The Conferences at Malta and Yalta*, S. 974.
57 Aktennotiz Harvey, 30.3.1945, FO 371/47 085.
58 Aktennotiz Attlee, 17.4.1945, FO 371/46 810.
59 Protokoll der 5. Vollsitzung, Potsdam, 21.7.1945, in: *Die Konferenz von Potsdam*, bearb. v. G. Biewer. Neuwied 1992, II, S. 1414.
60 F. Taylor, *Dresden, Dienstag, 13. Februar 1945*. München 2004, S. 216.
61 *Ibid.*, S. 412.
62 Protokoll der 5. Vollsitzung, Potsdam, 21.7.1945, in: *Die Konferenz von Potsdam*, II, S. 1416; «Bericht über die Drei-Mächte-Konferenz von Potsdam», 2.8.1945, *ibid.*, III, S. 2121–2122.
63 Protokoll der 6. Vollsitzung, Potsdam, 22.7.1945, *ibid.*, III, S. 1503.
64 J. Hynd, «The Problem of the German Refugee Populations in the British Zone», O. R. C. (46) 74, 27.7.1946, FO 945/67.

Kapitel 4

Die «wilden Vertreibungen»

1 Siehe P. M. Majewski, «Czechosłowaccy woskowi wobec problemu wysiedlenia mniejszości niemieckiej i powo granic państwa, 1939–1945», *Przegląd historyczny*, 90, 2 (1999), S. 169–183.
2 P. Demetz, *Mein Prag: Erinnerungen 1939 bis 1945*. Wien 2008, S. 373–374.
3 H. Perkins an P. Boughey, 21.5.1945, HS 4/51, PRO.
4 Transkription eines Briefs durch die Zensur, 12.6.1945, FO 371/47 091.
5 T. Staněk, *Verfolgung 1945: Die Stellung der Deutschen in Böhmen, Mähren und Schlesien (außerhalb der Lager und Gefängnisse)*. Wien 2002, S. 115, Fn. 148.
6 D. Kováč, «Die Evakuierung und Vertreibung der Deutschen aus der Slowakei», in: *Nationale Frage und Vertreibung in der Tschechoslowakei und Ungarn 1938–1948: Aktuelle Forschungen*, hg. v. R. G. Plaschka, H. Haselsteiner u. a. Wien 1997, S. 113–114.
7 Staněk, *Verfolgung 1945*, S. 106–116, 142 (Zitat).

8 Frommer, *National Cleansing*, S. 50.
9 F. Voigt, «Orderly and Humane», *Nineteenth Century and After* (November 1945), S. 201.
10 T. Staněk & A. von Arburg, «Organizované divoké odsuny? Úloha ústředních státních orgánů při provádění ‹evakuace› německého obyvatelstva (kveten až září 1945), II», *Soudobé dějiny*; 13, 3–4 (2006), S. 321–322.
11 Staněk, *Verfolgung 1945*, S. 74.
12 Transkript der Beneš-Rundfunkrede, 14.10.1945, FO 371/46 814.
13 Staněk, *Verfolgung 1945*, S. 115–121; V. Žampach, «Vysídlení německého obyvatelstva z Brna ve dnech 30. a 31. května 1945 a nouzový ubytovací tábor v Pohořelicích, 1.6.-7.7.1945», *Jižní Morava*, 32 (1997), S. 173–239.
14 Transkript der Sendung «Marie Ranzenhoferová: A Survivor of the 1945 Brno Death March», Radio Praha, 12.5.2010 (www.radio.cz/en/article/127 839).
15 E. Glassheim, «National Mythologies and Ethnic Cleansing: The Expulsion of Czechoslovak Germans in 1945», *Central European History*, 33, 4 (2000), S. 478.
16 Staněk & von Arburg, «Organizované divoké odsuny? ..., II», S. 27.
17 Ministerium für nationale Verteidigung, Jablonec nad Nisou, an Innenministerium, 20.7.1945, Ministerstvo vnitro-nova registratura (MV-NR)-Akten, Schachtel 7445, Dokument B 221, Národni Archiv České Republiky, Prag (im Folgenden: NAČR).
18 Staněk, *Verfolgung 1945*, S. 26.
19 Staněk & von Arburg, «Organizované divoké odsuny?, II», S. 26–27.
20 D. M. Crowe, *Oskar Schindler*. Boulder, CO 2004, S. 466–471, 473–475.
21 Britische Botschaft, Prag, an Deutsche Abteilung, Foreign Office, 5.9.1945; Lance-Bombardier Arnold Gardiner, Ex-Kriegsgefangener, Stalag IV C, an Unterstaatssekretär, Foreign Office, 10.11.1945, FO 371/46 812; D. Gerlach, «For Nation and Gain: Economy, Ethnicity and Politics in the Czech Borderlands, 1945–1948». Ph. D., University of Pittsburgh 2007, S. 73.
22 *New York Times*, 20.4.1946.
23 *Svobodné noviny*, 2.10.1946.
24 J. King, *Budweisers into Czechs and Germans: A Local History of Bohemian Politics, 1848–1948*. Princeton, NJ 2002, S. 195.
25 *Rudé právo*, 10.4.1946.
26 *Pravda* (Plzeň), 15.11.1945.
27 E. Hrabovec, «Neue Aspekte zur Ersten Phase der Vertreibung der Deutschen aus Mähren», in *Nationale Frage und Vertreibung in der Tschechoslowakei und Ungarn*, S. 131–132.
28 Zit. n. K. Kersten, «Forced Migration and the Transformation of Polish Society», in *Redrawing Nations*, S. 79.
29 František Havel, Chef der Hauptabteilung, Ministerium für Nationale Verteidigung, «Transfer der Deutschen: Bericht über Fortschritte», 16.7.1945, MNO 1151/951 (1945), Vojenský ústredni archiv, Prag (im Folgenden: VÚA).
30 Protokoll der Sitzung der Hauptabteilung, Ministerium für Nationale Verteidigung, 28.7.1945, MNO 3292/776, VÚA.
31 *Svobodné noviny*, 30.8.1946; *Severočeská Mladá fronta*, 16.12.1945; *Rudé právo*, 16.5.1945.
32 G. Lange, «My Experiences at the End of the War and Thereafter», in *East Germany: What Happened to the Silesians in 1945*, ed. by U. Lange. Lewes 2000, S. 80.
33 B. Nitschke, «Wysiedlenia Niemców w czerwcu i lipcu 1945 roku», *Zeszyty Historyczne*, 118 (1996), S. 156.

34 *News Chronicle*, 31.1.1946.
35 Undatierter Bericht (ca. Mai 1945) von E. Melina, Office of Military Government for Germany, Prisoners of War & Displaced Persons Division, Schachtel 133, Akte «Refugee Reports», RG 260/390/42/24–24/7–1, NARA.
36 Major O. Fischer, «Illegale Rückkehr von deportierten Deutschen – Maßnahmen», 27.11.1945, MNO 238/14 266 (1946), VÚA.
37 Memorandum des MZO, Büro Zgorzelec, 5.5.1947, Akten des Minsterstwo Ziem Odzyskanych, AAN 196, Akte 541c/B-7415, Archiwum Akt Nowych, Warschau (im Folgenden AAN).
38 Nationales Sicherheitsbüro Hradec Králové an Innenministerium, 18.6.1945. Ministra národni obrany (MNO)-Akten, 9/4/1/76 (1945, VÚA.
39 *Sveročeská Mladá fronta*, 16.12.1945.
40 Siehe Staněk, *Verfolgung 1945*, S. 162.
41 Bezirksnationalausschuss Moravská Třebová, «Bericht über die Deutschen-Frage in der Region Svitavy zwischen dem 12. Mai 1945 und dem 23. August 1945», 24.8.1945, MV-NR, Schachtel 7446, Dok. B 596, NAČR.
42 Staněk, *Verfolgung 1945*, S. 72.
43 *Washington Post*, 17.6.1945.
44 Major-General E. N. Harmon, Kommandeur, XXII. Korps an Steinhardt, 23.10.1945, State Department Papers, RG 84, Eingang 2387A, 350/54/13/03. US-Embassy Czechoslovakia. Classified General Records, 1945–1957, Schachtel 3, Akte 711.9, NARA.
45 Staněk & von Arburg, «Organizované divoké odsuny?, II», S. 28.
46 Zit. n. R. Bessel, *Germany 1945: From War to Peace*. London 2009, S. 215.
47 Nitschke, «Wysiedlenia Niemców», S. 161.
48 Undatierte Aussage von Johanna Janisch, Leimnitz bei Schwiebus, FO 371/46 815.
49 B. George, *Les Russes arrivent: la plus grande migration des temps modernes*. Paris 1966, S. 229–231.
50 Telegramm R. S. S. Stevenson, Britischer Botschafter, Belgrad, an Foreign Office, London, 21.1.1946, FO 945/360; «Aide-mémoire», Außenministerium, Belgrad, 16.1.1946, FO 371/55 391.
51 Generalleutnant I. Avshich, Jugoslawische Militärmission, Berlin, an Alliierten Kontrollrat für Deutschland (britische Abteilung), 1.3.1946, FO 1032/2284.
52 J. M. Troutbeck an Sir A. Street, 11.2.1946, FO 371/55 390.
53 Aktennotiz C. O'Neill, 26.1.1946, FO 371/55 390.
54 Foreign Office Research Department, «The German Minority in Yugoslavia», 2.2.1946, FO 371/55 390.
55 Memorandum des Allied Control Authority Co-ordinating Committee, «Transfer into Germany of German Minorities from Countries not Referred to in the Potsdam Agreement», 22.3.1946; Aktennotiz A. A. E. Franklin, Foreign Office, 12.8.1946, FO 371/55 525.
56 M. Portmann, «Politik der Vernichtung? Die deutschsprachige Bevölkerung in der Vojvodina 1944–1952: Ein Forschungsbericht auf Grundlage jugoslawischer Archivdokumente», *Danubiana carpathica: Jahrbuch für Geschichte und Kultur in den deutschen Siedlungsgebieten Südosteuropas*, 1 (2007), S. 332–333.
57 Note der rumänischen Regierung an General W. Winogradow, Vorsitzender, Alliierter Kontrollrat für Rumänien, 13.1.1945, FO 371/48 536.
58 Aktennotiz Sargent, 12.1.1945, FO 371/48 535.
59 Aktennotiz Churchill (mit zustimmendem «Häkchen» Stalins), o. D. (9.10.1944), PREM 3/66/7, PRO.

60 Memos von Churchill an Eden, 18. u. 19.1.1945, FO 371/48 536.

61 Privates Telegramm Stevensons an Sir A. Cadogan, 17.1.1945, FO 371/48 536. Zusätzliche Augenzeugenberichte liefern Ltn. P. A. Clifton & Lt.-Col. A. C. Kendall, «Report on Visit to Brasov, Sibiu and Cluk, Jan 8th to Jan. 11th, 1945», o. D., FO 371/48 590.

62 H. G. Beckh, IKRK, «Résumé d'un entretien entre M. [J. A.] Graf [IKRK-Delegierter, Bukarest] et le soussigné le 3.9.46», Akten des IKRK u. d. Roten Kreuzes, Archives Générales 1918–1950, G. 97/IV, Schachtel 1165, IKRK, Genf.

63 Alliierte Kontrollbehörde, Prisoners of War & Displaced Persons Division, «The Return to Germany of German Minorities Now Residing in Austria», 5.8.1946, FO 1005/840; M. Ritter, Catholic Committee for Relief Abroad, «Report on *Volksdeutsche* in Austria», 21.10.1947, FO 1020/2519.

64 Eine aktuelle Studie, die eine andere Auffassung vertritt, kommt zu ihren Resultaten, indem sie zeitgenössische Zeitungsberichte und ähnliche unverifizierte Geschichten ungeprüft übernimmt; ihre Ergebnisse werden aber durch Material in polnischen und tschechischen Archiven widerlegt, die ihr Autor nicht herangezogen hat. Siehe A. P. Biddiscombe, *Werwolf! The History of the National Socialist Guerilla Movement 1944–1946*. Toronto 1998.

65 Staněk, *Verfolgung 1945*, S. 127.

66 V. Mastny, *The Czechs Under Nazi Rule: The Failure of National Resistance, 1939–1942*. New York 1971, S. 171.

67 Staněk, *Verfolgung 1945*, S. 130, 135–137, 164.

68 Siehe z. B. *News Chronicle*, 2.8.1945; *The Times*, 28.7. u. 7.8.1945; *Severočeská Mladá fronta*, 6.9.1945.

69 Sudeten German Social Democratic Party, *Deportation Drama in Czecho-Slovakia: The Case of a Dying People*. London 1945, S. 10.

70 Telegramm Nichols an Foreign Office, 13.8.1945, FO 371/47 091.

71 Zit. n. T. Staněk, *Poválečne «excesy» v českych zemích v roce 1945 a jejich vyšetřování*. Prag 2005, S. 72.

72 Staněk, *Verfolgung 1945*, S. 183.

73 *Ibid.*, S. 180.

74 *Ibid.*, S. 130.

75 *Ibid.*, S. 181.

76 *Severočeská Mladá fronta*, 23.9.1945.

77 Nitschke, «Wysiedlenia Niemców», S. 161–162.

78 anon., «Beobachtungen und Eindrücke von einer Reise Poznań/Posen-Szczecin/Stettin-Poznań/Posen», 27.8.1945, in: *Die Deutschen östlich von Oder und Neiße 1945–1950: Dokumente aus polnischen Archiven*, hg. v. W. Borodziej & H. Lemberg. Marburg 2004, III, S. 378.

79 J. Chumiński & E. Kaszuba, «The Breslau Germans under Polish Rule 1945–1946: Conditions of Life, Political Attitudes, Expulsion», *Studia Historiae Œconomicae*, 22 (1997), S. 94.

80 C. Kraft, «Who is a Pole and Who is a German? The Province of Olsztyn in 1945», in *Redrawing Nations*, S. 112.

81 M. Djilas, *Der Krieg der Partisanen: Memoiren 1941–1945*. München 1978, S. 540.

82 K. Mulaj, «A Recurrent Tragedy: Ethnic Cleansing as a Tool of State Building in the Yugoslav Multinational Setting», *Nationalities Papers*, 34, 1 (2006), S. 33.

83 Aktennotiz Murray, Britische Botschaft bei der tschechoslowakischen Exilregierung, 8.3.1945, FO 371/47 085.

84 Protokoll der Sitzung mit dem Stellvertretenden Chef der Hauptabteilung, Ministerium für Nationale Verteidigung, 28.7. 945, MNO 3292/776 (1945), VÚA.
85 *News Chronicle*, 24.8.1945.
86 *Daily Herald*, 24.8.1945.
87 *The Times*, 10.9.1945.
88 Major S. Terrell, «Berlin Survey», 22.8.1945, FO 371/46934.
89 Memorandum Captain A. C. Kanaar, 11.9.1945, FO 371/46815.
90 Zit. n. Frank, *Expelling the Germans*, S. 137.
91 G. Gardiner, «Migration of Death», *Spectator*, 26.10.1945.
92 R. D. Murphy an H. F. Matthews, 12.10.1945, RG 84, 250/57/18/01–02. Office of the U. S. Political Adviser to Germany, Berlin [Robert D. Murphy]. Classified General Correspondence of the Political Advisor, 1944–49, Schachtel 1, «October 1945», NARA.
93 Undatiertes und unsigniertes «Memorandum» von Murphy (ca. 12.10.1945), *ibid.*
94 Squadron Leader F. W. Whittick, Abteilung f. Displaced Persons, Britische Militärregierung, «Report on Refugee Situation in Berlin as at 21 Aug 45», 22.8.1945, FO 371/46990.
95 Leutnant Mora, Liberec, an das Ministerium für Nationale Verteidigung, Prag, 19.6.1945, Úřad předsednictva vlády–tajná spisovna (ÚPV-T)-Akten, 217/2, Schachtel 308, NAČR.
96 Staněk & von Arburg, «Organizované divoké odsuny?, II», S. 26–27.
97 Staněk, *Verfolgung 1945*, S. 149.
98 *Ibid.*, S. 163.
99 Die freiwillige Ausreise in die amerikanische Zone wurde durch die US-Militärbehörden erst nach dem 31. Oktober 1945 gestattet. Unsignierte Aktennotiz, 2.11.1945, Ministerstvo Vnitra-Dokumente, Fond 686 II, Akte B 300/1253/1945, NAČR.
100 Staněk, *Verfolgung 1945*, S. 54.
101 Memorandum 1st Lieut. Jack E. Blaylock, 1.9.1945; Memorandum Major Harold E. Graham, 18.10.1945; Col. Y. D. Vesely, «Lack of Co-Operation in Controlling Shipments of Germans by Stribro District National Committee», 20.10.1945, RG 84, Eintrag 2378A, 350/54/13/03. U. S.-Botschaft Tschechoslowakei. Classified General Records, 1945–1957, 711.9, Schachtel 3, NARA.
102 Hauptquartier, Erster Militärbezirk, «Transfer von Deutschen aus Žitava nach Hrádek nad Nisou», 17.10.1945, (MNO) 9/4/1/40 (1945), VÚA; unsigniertes Memorandum, «Transfer von Deutschen aus Žitava nach Hrádek nad Nisou – Untersuchungsergebnisse», 22.10.1945, 9/4/1/41 (1945); SNB, Jablonec nad Nisou, an Innenministerium, 18.10.1945, (MV-NR), Schachtel 7448, Dok. B 951, NAČR.
103 Dr Janoušek, Erster Militärbezirk, Ministerium für Nationale Verteidigung, an Innenministerium, 15.12.1945, MNO 9/4/1/64; Gen. Heliodor Pika, «Grenzgebiete – Unruhe und Unsicherheit – Stärkung der militärischen Präsenz», 9.11.1945, MNO 1151/951, VÚA.
104 *News Chronicle*, 15.10.1945.
105 Aussage von Vertriebenen aus Neumarktl mit Begleitschreiben der Political Division, Allied Commission for Austria (British Element) an das Southern Department, Foreign Office, 14.2.1946, FO 945/430.
106 J. Pfeiffer, «Situation à la ligne de démarcation Russe-Tchécoslovaque-U. S. A.», 21.3.1946, G 97/IV, Schachtel 1161, IKRK.

107 Intelligence Branch, H. Q. British Troops, Berlin, «Conditions in Poland, Polish Occupied Germany and Russian Occupied Germany», 22.9.1945, FO 371/46 690.
108 *Ibid.*
109 R. M. A. Hankey & M. B. Winch, «Tour of Upper and Lower Silesia–September, 1945», FO 371/47 651.
110 139 *H. L. Deb.* 5s., c. 85 (30.1.1946).
111 Aide-Mémoire der Französischen Botschaft, London, 6.10.1945, FO 371/46 813.
112 Kontrollratsbeschluss: *Die Vertriebenen in der SBZ/DDR: Dokumente*, I, hg. v. M. Wille. Wiesbaden 1996, Dok. 34, S. 62; Allied Control Council, «Plan for the Transfer of German Populations to be Moved from Austria, Czechoslovakia, Hungary, and Poland into the Four Occupied Zones of Germany: Note by the Allied Secretariat», CONL/P (45) 57, 17.11.1945, FO 945/68; Außenministerium, London, an Britische Botschaft, Warschau, 1.12.1945, FO 371/46 815.
113 *New York Times*, 16.12.1945.
114 D. W. C. Harris an D. R. Heath, Director, Office of Political Affairs, 13.10.1945, Office of the U. S. Political Advisor to Germany, Berlin, Classified General Correspondence of the Political Advisor, 1944–49, RG 84, 250/57/18/01–02, Schachtel 1, Akte «October 1945», NARA.
115 B. V. Cohen an Matthews, 6.11.1946, RG 59, Records of the Department of State Relating to the Problems of Relief and Refugees in Europe Arising from World War II, M 1284, 840.48, Spule 59, NARA. Siehe auch W. Lasser, *Benjamin V. Cohen: Architect of the New Deal.* New Haven, CT 2002, Kap. 15.
116 Telegramm US-Außenministerium an US-Botschaft Warschau, 16.11.1945; B. V. Cohen an Matthews, 6.11.1946;
117 *Dziennik Polski*, 18.10.1945; ein weiterer Bericht über dieselbe Episode in A. B. Lane, *I Saw Poland Betrayed: An American Ambassador Reports to the American People.* Indianapolis, IN 1948, S. 182–183,
118 Unsignierte u. undatierte Aktennotiz an J. F. Riddleberger, Chief, Division of European Affairs, State Department, RG 59, Records of the Department Relating to the Problems of Relief and Refugees in Europe Arising from World War II, M 1284, 840.48, Spule 59, NARA.
119 J. F. Byrnes an A. B. Lane, US-Botschafter, Warschau, 30.11.1945, RG 84, Entry 2378A, 350/54/13/03. U. S. Embassy [Poland]. Classified General Records, 1945–1957, 711.9 Schachtel 3, NARA.
120 A. B. Lane an Byrnes, 4.12.1945, *FRUS: Diplomatic Papers, 1945: General: Political and Economic Matters*, II. Washington, DC 1967, S. 1321–1322.
121 Hrabčík an Ministerium für Nationale Verteidigung, 21.12.1945, MNO 1151/951 (1945), VÚA.
122 Staněk & von Arburg, «Organizované divoké odsuny?, III», S. 372.

Kapitel 5

Die Lager

1 Siehe z. B. Aussage Jan Jungwirt, 1.2.1954, Records of the U. S. High Commissioner for Germany, OMGUS/HICOG Criminal Court Case Files, Berlin, 1945–1955, RG 466/250/84/32/04, Schachtel 52, NARA.

2 Aussage Siegfried Oskar Pomper, Lagerarzt, o. D. [ca. März 1952], RG 466/250/84/32/04, Schachtel 50, NARA.
3 Aussage Wenzel Kneissl, 23.3.1952; Aussage Rudolf Krother, o. D., *ibid.*
4 Aussage Johann Doležel, 31.7.1952, *ibid.*, Schachtel 53.
5 E. Kogon, *Der SS-Staat: Das System der deutschen Konzentrationslager.* München 1974 [zuerst 1946], S. 126–128; Aussage W. Hrneček, 17.7.1952, RG 466/250/84/32/04, Schachtel 50, NARA
6 Aussage Mgr. J. Neubauer, July 30, 1952, *ibid.*, Schachtel 53. Das Verbot seelsorgerischer Tätigkeit war in polnischen wie tschechoslowakischen Lagern verbreitet, siehe B. Nitschke, *Vertreibung und Aussiedlung der deutschen Bevölkerung aus Polen 1945 bis 1949.* München 2004, S. 121.
7 Aussage Hrneček, 18.7.1952, RG 466/250/84/32/04, Schachtel 50, NARA.
8 Aussage Hrneček, 16.7.1952, *ibid.*
9 Otto Lasch an IKRK, 3.3.1946; G 97/1165, IKRK; F. E. Kaplan, «Bericht über die Lage der deutsch-sprechenden Menschen in Jugoslavien», 1.4.1946, G 97/1164, IKRK.
10 S. Jankowiak, *Wysiedlenie i emigracja ludności Niemieckiej w polityce władz Polskich w latach 1945–1970.* Warschau 2005, S. 44.
11 Boguslaw Kopka, der die detailliertesten Daten zum polnischen Lagersystem gesammelt hat, listet 206 Lager zwischen 1945 und 1950 auf, obwohl die Einrichtung «wilder» Lager durch lokale Behörden jede definitive Zählung nach wie vor verkompliziert. Joël Kotek und Pierre Rigoulot schätzen, dass es in der Tschechoslowakei allein in Böhmen rund 600 Orte gab, wo Sudetendeutsche interniert waren. B. Kopka, *Obozy pracy w Polsce 1944–1950: przewodnik encyklopedyczny.* Warschau 2002; J. Kotek & P. Rigoulot, *Le siècle des camps: détention, concentration, extermination.* Paris 2000, S. 534.
12 Schreiben des Hauptbeauftragten des MZO an den Stettiner Wojewoden, 14.3.1947, *Die Deutschen östlich von Oder und Neiße*, III, S. 513; A. Chorzewski, Leiter der Siedlungsabteilung bei der Wojewodschaft Szczecin, an Abteilungschef, MZO, 24.4.1947, *ibid.*, III, S. 526, Fn. 1.
13 T. Staněk, *Tábory v českych zemích 1945–1948.* Opava 1996, S. 99. Siehe auch die Direktive des Innenministeriums zur Schließung «improvisierter Internierungslager» für «Deutsche, manchmal sogar mit Angehörigen» und Überführung der Insassen in reguläre Lager, *Predvoj*, 29.8.1945.
14 W. Menzel an IKRK, 12.2.1946, G 97/1161, IKRK.
15 Olejnik, *Zdrajcy narodu?*, S. 75.
16 Siehe z. B. Schreiben des Wojewodschaftsamtes Pommerellen an die Kreisverwaltung in Świece/Schwetz, 14.9.1945, mit der Anweisung, «alle Deutschen» sollten «in Lagern interniert und ohne Lohn zu Handlangerarbeiten verwendet» werden, zit. n. *Die Deutschen östlich von Oder und Neiße 1945–1950*, IV, S. 126.
17 Olejnik, *Zdrajcy narodu?*, S. 133.
18 Staněk & von Arburg, «Organizované divoké odsuny?, II», S. 27.
19 Staněk, *Tábory v českych zemích*, S. 23.
20 S. Gabzdilová & M. Olejnik, «Proces internácie nemeckého obyvateľstva na Slovensku v rokoch 1945–1946», *Historický časopis*, 50, 3 (2002), S. 425.
21 Staněk, *Tábory v českych zemích*, S. 105–106.
22 Major W. Bradbury, Combined Repatriation Executive, an General S. R. Mickelsen, Chief, Prisoners of War & Displaced Persons Division, 19.1.1946, Office of Military Government for Germany, Records of the Civil Administration Divi-

sion: The Combined Repatriation Executive, U. S. Element: Records re Interzonal Population Transfers, 1945–49,› RG 260/390/42/26–27/6–1, Schachtel 227, Akte «Movement of Sudeten-Germans (I)», NARA.

23 F. Jaeggy, Leiter der IKRK-Delegation in Jugoslawien, an IKRK, 4.1.1946, G 97/1164, IKRK.

24 V. Geiger, «Josip Broz Tito i sudbina jugolsavenkih Nijemaca», *Časopis za suvremenu povjest*, 40, 3 (2008), S. 57; Z. Janjetović, «The Disappearance of the Germans from Yugoslavia: Expulsion or Emigration?», *Revue des études sud-est européennes*, 40, 1 (2002), S. 227; M. Portmann, «Repression und Widerstand auf dem Land: Die kommunistische Landwirtschaftspolitik in der jugoslawischen Vojvodina (1944 bis 1953), *Südost-Forschungen*, 65/66 (2006), S. 349.

25 H. G. Beckh, IKRK, «Rapport de la mission de M. Beckh en Bavière (Furth i[m]/W[ald] et Munich) du 16 au 23.3.50», o. D., G 97/1158, IKRK; J.-L. Muller, *L'expulsion des allemands de Hongrie.* Paris 2001, S. 67

26 H. F. A. Schoenfeld, U. S.-Geschäftsträger in Ungarn, an E. Stettinius, 27.6.1945. *FRUS: Diplomatic Papers, 1945: General: Political and Economic Matters*, II. Washington, DC 1967, S. 1259.

27 H. G. Beckh, «Compte-rendu d'un entretien du 9.4.46 entre MM. Kolb et de Steiger, délégués, et M. Beckh concernant les minorités en Roumanie», 11.4.1946, G 97/1165, IKRK; *Osservatore Romano*, 30.9.1944.

28 R. W. Zweig, «Feeding the Camps: Allied Blockade Policy and the Relief of Concentration Camps in Germany, 1944–1945», *Historical Journal*, 41, 3 (1998), S. 826.

29 Siehe J. Caplan, «Political Detention and the Origin of the Concentration Camps in Nazi Germany, 1933–1935/6», in *Nazism, War and Genocide: Essays in Honour of Jeremy Noakes*, ed. by N. Gregor. Exeter 2005, S. 22–41.

30 B. Kopka, «Polski Gulag», *Wprost*, 24.3.2002; E. Nowak, *Lager im Oppelner Schlesien im System der Nachkriegslager in Polen (1945–1950): Geschichte und Implikationen.* Opole 2003, S. 57.

31 W. Menzel an P. Kuhne, 28.1.1946, G 97/1161, IKRK.

32 Georges Dunand, «Camp d'internés civils de Patronka (Bratislava)», 25.7.1945, G 97/1160, IKRK.

33 Jean Duchosal, Generalsekretär des IKRK, «Internment Camps in Slovakia», 4.1.1946, G 97/1161, IKRK.

34 Inspektionsbericht von Dr. Josef Markowicz, 31.3.1947, MZO 196/541b, AAN.

35 Unsigniertes Memorandum «Les Camps de Concentration du Gouvernement Tito dans le Batchka», datiert Juli 1947, G 97/1164, IKRK.

36 *New York Times*, 20. u. 29.4.1946; Auszug aus einem Bericht der IKRK-Delegation in Prag, zit. in E. de Ribaupierre an Mme Dainow, 2.10.1946, G 97/1161, IKRK; D. Gerlach, «Beyond Expulsion: The Emergence of ‹Unwanted Elements› in the Postwar Czech Borderlands, 1945–1950», *East European Politics and Societies*, 24, 2 (2010), S. 278; E. Hrabovec; «Neue Aspekte zur ersten Phase der Vertreibung der Deutschen aus Mähren 1945», in *Nationale Frage und Vertreibung in der Tschechoslowakei und Ungarn 1938–1948*, S. 122.

37 S. Templ, «Von Hitler verfolgt, durch Beneš enteignet», *Neue Zürcher Zeitung*, 6.5.2002 (www.nzz.ch/2002/05/06/fe/article83Q3K.html). Siehe auch die Äußerung des tschechoslowakischen Botschafters in den USA, V. S. Hurban, *Washington Post*, 26.9.1945.

38 Beckh an G. Dunand, June 12, 1946; unsigniertes Memorandum, «Les Camps

de Concentration du Gouvernement Tito dans le Batchka», datiert Juli 1947, G 97/1164, IKRK.

39 Siehe, z. B. Lt.-Col. W. Alkan, RAMC, an Allied Control Commission for Austria, 21.6.1946, FO 1020/2470.

40 Memorandum F/O A. Reitzner, RAF, o. D. (ca. September 1945), FO 371/46 901.

41 Staněk, *Tábory v českych zemích*, S. 25.

42 A. Dziurok & A. Majcher, «Salomon Morel and the camp at Świętochłowice Zgoda» (http://www.ipn.gov.pl/portal/en/2/71). Der Gefangene Eric van Calsteren war einer von mindestens 42 Ausländern mit 13 verschiedenen Nationalitäten, die in Świętochłowice interniert waren.

43 Aussage einer 26 Jahre alten Gefangenen in Potulice, o. D, mit Begleitbrief von O. P. Brennscheidt (ihrem Cousin) an das IKRK, 15.6.1947, G 97/1159, IKRK.

44 Herr Lang, Regierungsbeauftragter für das Flüchtlingswesen, Regensburg, an das State Secretariat for Refugee Organisation, München, 17.8.1948, mit beiliegenden Aussagen von Walter Hacker und Herbert Loges, 15 Jahre alten Flüchtlingen aus Bunzlau, G 97/1156, IKRK.

45 anon, «Constatations que nos délégués ont faites au cours du mois de juillet 1947 sur la situation des civils internés en Tchécoslovaquie», 27.8.1947, G 97/1162, IKRK.

46 Staněk, *Poválečne «excesy» v českych zemích v roce 1945 a jejich vyšetřování*, S. 79; Zur offiziellen Kategorisierung der polnischen Lager siehe W. Stankowski, *Lager für Deutsche in Polen am Beispiel Pommerellen/Westpreußen (1945–1990): Durchsicht und Analyse der polnischen Archivalien*. Bonn 2001, S. 37–39.

47 Siehe z. B. das Interview mit Premierminister Zdeněk Fierlinger, *Bulletin of the Ministry of Information, 1st Department*, Prag, 8.9.1945; Gabzdilová & Olejnik, «Proces internácie nemeckého obyvatel'stva», S. 432.

48 Siehe z. B. den Rundbrief von Dr. Novák, Innenministerium, 17.11.1945, MV-NR-Akten, Schachtel 7450, Akte B 1469, NAČR.

49 Siehe den Rundbrief des Innenministeriums an alle Bezirksnationalausschüsse, 17.11.1945, MV-NR, Schachtel 7450, Akte B 1478, NAČR.

50 Unsignierte Aktennotiz, ca. 20.8.1945, Koncentrační tábor Mirošov, Fond 534, Schachtel 1, Akte 18, Státní oblastní archiv, Plzeň (im Folgenden: SOA).

51 P. Nichols an Sir O. Sargent, 11.8.1945, FO 371/47 154.

52 Nitschke, *Vertreibung und Aussiedlung der deutschen Bevölkerung*, S. 120.

53 A. Dziurok, *Obóz pracy w Świętochłowicach w 1945 roku: dokumenty, zeznania, relacje, listy*. Warschau 2002.

54 W. Borodziej, «Einleitung», in: *Die Deutschen östlich von Oder und Neiße 1945–1950: Dokumente aus polnischen Archiven, I: Zentrale Behörden, Wojewodschaft Allenstein*. Marburg 2000, S. 94; W. R. Dubiański, *Obóz Pracy w Mysłowicach w latach 1945–1946*. Katowice 2004, S. 77, 80.

55 Schreiben des Standesamtes Bydgoszcz/Bromberg an das Wojewodschaftsamt Pommerellen, 4.12.1945, *Die Deutschen östlich von Oder und Neiße*, IV, S. 167; siehe auch Kopka, «Polski Gulag».

56 Nitschke, *Vertreibung und Aussiedlung der deutschen Bevölkerung*, S. 120.

57 Eine Ausnahme dieser Verallgemeinerung waren sexuelle Attacken oder Nötigung von Gefangenen durch andere Insassen. Birgit Beck hat auch darauf hingewiesen, dass Wehrmachtssoldaten in besetzten Ländern keine solche Zurückhaltung gegenüber der nicht inhaftierten Zivilbevölkerung zeigten. Siehe J. G. Morrison, *Ravensbrück: Everyday Life in a Women's Concentration Camp*

1939–45. Princeton, NJ 2000, S. 229; B. Beck, «Sexual Violence and Its Prosecution by Courts Martial of the *Wehrmacht*», in: *A World at Total War: Global Conflict and the Politics of Destruction, 1937–1945*, ed. by R. Chickering, S. Förster & B. Greiner. Cambridge 2005, S. 317–331; Pascale Rachel Bos, «Women and the Holocaust: Analyzing Gender Difference», in: Experience and Expression: Woman, the Nazis, and the Holocaust, ed. by Elizabeth R. Baer & Myrna Goldenberg. Detroit, MI 1003, S. 33.

58 So notierte Přemysl Pitter den Fall einer Deutschen in einem Lager in Prag, die 1945 über mehrere Wochen 120mal vergewaltigt worden war. Staněk, *Tábory v česky̌ch zemích*, S. 85.

59 Unsignierter «Extrait d'un rapport de camp fait par un observateur étranger», August 1945; zweiter Bericht mit gleichem Titel und Datum, G 97/1160, IKRK.

60 J. Duchosal, «Internment Camps in Slovakia», 4.1.1946, G 97/1161, IKRK.

61 G. Dunand, «Camp d'internés civils de Patronka (Bratislava)», 25.7.1945, G 97/1160, IKRK.

62 Kopie eines Berichts der Royal Artillery, ‹W› Assembly Centre, Leibnitz, o. D. (ca. September 1946); Capt. R. Camidge an Central Civil Affairs Office, Control Commission for Austria (British Element), 19.9.1946, FO 1020/2470.

63 Bericht des stellvertretenden Leiters der Abteilung IV im WUPB [Büro für Öffentliche Sicherheit] in Krakau, Antoni Białecki, 16.5.1945, *Die Deutschen östlich von Oder und Neiße*, II, S. 83; Bericht vom Stab des 8. Selbständigen Schutzbataillons des Korps für Innere Sicherheit, 8.8.1945, *ibid*., S. 101.

64 Aussage einer 26 Jahre alten Gefangenen in Potulice, G 97/1159, IKRK.

65 Aussage Wilhelm Lubberich vor dem Roten Kreuz, Hamburg, 2. Februar 1949, *ibid.*

66 Zit. n. Staněk, *Tábory v ceskych zemích*, S. 80.

67 Captain Dix, 313 Field Security Section, Grenzkontrolle, an District Security Office Steiermark, 24.3.1947, FO 1020/2471.

68 Polizeihauptmann Václav Heřmanov, «Regeln für Arbeitgeber von Internierten in Mirošov», 3.6.1945, Fond 534, Schachtel 1, Akte 10, SOA.

69 Staněk, *Tábory v českych zemích*, S. 113.

70 Siehe z. B. die Beschwerde der Firma Velkostatek Liblín-Libštejn-Zikov, Liblín, an Bezirksnationalausschuss Rokycany, 6.9.1945, Fond 534, Schachtel 2, Akte 13, SOA.

71 Strážmistr Grédl, SNB, an SNB Terešov, 16.8.1945, Koncentrační tábor Mirošov-Akten, Fond 534, Schachtel 1, Akte 10, SOA.

72 Bericht Ignacy Cedrowskis über die sanitäre Lage in den Gefängnissen und Arbeitslagern der Wojewodschaft Pommerellen für die Zeit vom 1. Januar 1946 bis 31. März 1947, *Die Deutschen östlich von Oder und Neiße*, IV, S. 263.

73 Siehe z. B. M. Schenk-Sopher, «Bericht über die Umstände im Internierungslager Rupa», 17.7.1945, ÚPV-T, Schachtel 11, Dok. 488, NAČR.

74 Gabzdilová & Olejnik, «Proces internácie nemeckého obyvatel'stva», S. 433.

75 P. W. Mock, «Camp d'internés civils de Petržalka (Bratislava)», 6.11.1945; ders., «Camp d'internés civils de Trnavská cesta», 15.11.1945, G97/1160, IKRK.

76 Dr. B. Nohel, «Bericht über Besuch des Spitals ‹Selmovska›», o. D. (ca. Mai 1946), G 97/1161, IKRK.

77 Bericht des stellvertretenden Leiters der Abteilung IV im WUPB [Büro für Öffentliche Sicherheit] in Krakau, Antoni Białecki, 16.5.1945, in: *Die Deutschen östlich von Oder und Neiße*, II, S. 82.

78 Zit. n. Olejnik, *Zdrajcy narodu*, S. 153.

79 Britische Botschaft, Belgrad, an Southern Department, Foreign Office, 18.7.1946, FO 371/55 525.

80 Siehe z. B. das Memorandum von Dr. Haas, Innenministerium, an das Büro des Premierministers, 30.11.1946, ÚPV-Akten, Schachtel 1163, Akte 1424/4, NAČR.

81 Siehe z. B. Telegramm Nichols an FO, 19.6.1945, FO 371/47 088; ders., «Weekly Information Summary for week of July 31–August 6, 1945», 6.8.1945, FO 371/47 091; ders., «Weekly Information Summary for week of August 17–22, 1946», 23.8.1946, FO 371/56 004; Bericht von Major E. M. Tobin, Kaławsk, o. D. (ca. April 1946), FO 1052/324; Lt.-Col. F. L. Carroll, «German Expellee Movement from Poland–Tour of Lt. Colonel F. L. Carroll, in Company with Commander T. Konarski, Polish Representative, Combined Repatriation Executive», 1.3.1946, FO 1052/470; J. H. Marton, «A Forgotten People», *Contemporary Review* (Januar 1947).

82 Aktennotiz Major P. B. Monahan, Directorate of Civil Affairs (Displaced Persons), 4.2.1946, FO 938/241.

83 Das IKRK lieferte gleichzeitig weitere 2,5 Tonnen Lebensmittel an das Lager Ruzyně bei Prag, konnte aber nicht verfolgen, was damit geschehen war. Menzel an Paul Kuhne, 28.1.1946, G 97/1161, IKRK.

84 Menzel an Max Huber, Präsident des IKRK, 14.9.1945, G 97/1160, IKRK.

85 Totenscheine für das Lager Mirošov, 11.5.-18.10.1945, Akte des Lagers Mirošov, Fond 534, Schachtel 2, Akte 15, SOA; Bericht Menzels über seinen Besuch der Lager Modřany, Ruzyně, Hradistko und Štěchowice, o. D. (wohl 21.10.1945), G 97/1160, IKRK.

86 Unsigniertes Memorandum, «Les Camps de Concentration du Gouvernement Tito dans le Batchka», Juli 1947, G 97/1164, IKRK.

87 Aktennotiz J. Colville, 15.8.1946, FO 371/55 525.

88 Zit. n. B. Soukupová, «Německá menšina v českém veřejném mínění po druhé světové válce: Několik poznámek k etnickémuklimatu v posteuropském čase», *Historica* [Ostrava], 16 (2009), S. 84.

89 Telegramm Nichols an C. F. A. Warner, Foreign Office, 25.6.1945, FO 817/14.

90 Col. J. H. Fye, «Final Report – Transfer of German Population from Czechoslovakia to U. S. Zone, Germany», 30.11.1946, S. 7. Nachlass Margaret Eleanor Fait, 84 040–9.02, Schachtel 4, Akte 16, Hoover Institution Archives, Stanford University.

91 Brief des Bezirksnationalausschusses Kežmarok an den Slowakischen Nationalrat, 27.7.1945, zit. n. Gabzdilová & Olejník, «Proces internácie nemeckého obyvatel'stva», S. 427.

92 Wegen der Enthüllungen von *Obzory* verbot das Informationsministerium die Zeitschrift und strengte im Dezember 1945 ein Verfahren gegen ihre Redakteure und Herausgeber an. Es wurde schließlich eingestellt, und die Zeitschrift erschien nach einer offiziellen Rüge wieder, wurde nach dem Staatsstreich 1948 aber endgültig verboten. Siehe M. Drápala, «Na ztracené vartě západu: Poznámky k české politické publicistice nesocialistického zaměření v letech 1945–48», *Soudobé dějiny*, 5, 1 (1998), S. 16–24.

93 *Obzory*, 1, 12 (20.11.1945), S. 177–178.

94 *Obzory*, 1, 14 (8.12.1945), S. 210.

95 Leserbrief von František Jilck, *ibid.*, S. 220.

96 Leserbrief von Hanuš Wollner, *ibid.*, S. 220–221.

97 Leserbrief von Dr. Bedřich Bobek, *ibid.*, S. 219.
98 Olejnik, *Zdracy narodu?*, S. 169.
99 Gedye hatte Zugang zu Hagibor bekommen, weil er als Rotkreuzvertreter auftrat. *Daily Herald*, 9.10.1945; *Yorkshire Post*, 11.6.1945; *Daily Mail*, 4.10.1945.
100 Steinhardt an James F. Byrnes, 3.10.1945, US-Botschaft, Tschechoslowakei, Classified General Records, 1945–1957, Akten des Außenministeriums, RG 84, 350/54/13/03, Schachtel 1, NARA.
101 Nichols an C. F. A. Warner, Foreign Office, 30.7.1945; Sir O. Sargent an Nichols, 24.8.1945, FO 371/47 154.
102 Memorandum von H. Krajewski, Staatliches Repatriierungsamt (im Folgenden: PUR), Szczecin, 29.10.1946, MZO 196/541b, AAN.
103 P. Kuhne an Otto Lasch, Deutsches Rotes Kreuz, 15.4.1946, G 97/1165, IKRK.
104 G. Dunand, «Conversations et audiences à Prague», 25.5.1945, G 97/1165, IKRK. Zwei Tage zuvor hatte Václav Nosek das tschechoslowakische Kabinett vor dem Umfang der Untersuchung des IKRK gewarnt. Siehe Staněk & von Arburg, «Organizované divoké odsuny?, III», S. 322.
105 Olga Milošević, Generalsekretärin, Jugoslawisches Rotes Kreuz, an IKRK, Genf, G 94/1164, IKRK.
106 Beckh, «Compte-rendu d'entretiens que le soussigné a eux [*sic*] avec M. Ehrenhold le 2.2.1949», 2.2.1949; «Compte-rendu d'un entretien avec M. Boesch le 27.5.1946», n. d., G 97/1159, IKRK.
107 A. Kedzia, «Dzialność opieckuńcza i lecznicza Polskiego Czerwonego Krzyża w akci repatriacyjnej i przesiedleńczej na Pomorzi Zachodnim», *Archiwum historii i filozofii medycyny*, 64, 2 (2001), S. 175–188.
108 Siehe A.-L. Sans, «‹Aussi humainement que possible›: Le Comité International de la Croix-Rouge et l'expulsion des minorités allemandes d'Europe de l'Est 1945–1950 (Pologne-Tchécoslovaquie)», M. A., Universität Genf, 2003.
109 Menzel an IKRK, Genf, 18.2.1946, G 97/1161, IKRK.
110 Siehe J.-C. Favez, *Une mission impossible? Le CICR, les déportations et les camps de concentration nazis*. Lausanne 1988.
111 Beckh an F. Siordet & E. de Weck, 9.11.1949, G 97/1164, IKRK. Siehe auch das Telegramm der britischen Botschaft, Belgrad, an das Foreign Office, 1.9.1946, FO 371/55 525.
112 Britische Botschaft, Belgrad, an Southern Department, 14.12.1945; Telegramm der Deutschland-Abteilung, Foreign Office, an Botschaft, Belgrad, 14.3.1946, *ibid.*
113 Foreign Office an Botschaft, Belgrad, 15.11.1946, *ibid.*
114 Telegramm Britische Botschaft, Belgrad, an Foreign Office, 19.8.1946, *ibid.*
115 Telegramm Britische Botschaft, Belgrad, an Foreign Office, 1.9.1946, *ibid.*
116 *Daily Herald*, 11.3.1946.
117 *Manchester Guardian*, 10.10.1946.
118 Dr. Haas an Büro des Premierministers, 30.10.1945, ÚPV Schachtel 1163, Akte 1424/4, NAČR; *Manchester Guardian*, 20.11.1946.
119 IKRK-Delegation Prag an Division des Prisonniers, Internés et Civils (PIC), IKRK Genf, 21.11.1948, G 97/1161, IKRK.
120 O. Lehner, IKRK-Delegation Prag, an PIC, 30.1.1947, G 97/1162, IKRK.
121 Aussage J. Doležel, 31.7.1952, U.S. High Commissioner for Germany, OMGUS/HICOG Criminal Court Case Files, Berlin, 1945–1955, Akten des Außenministeriums RG 466/250/84/32/04, Schachtel 53, NARA.
122 Beckh, «Exposé sur l'activité que le CICR a déployé dans le domaine des ‹Volks-

deutsche› et Allemands de l'Est – Problèmes encore à résoudre», 10.5.1949, G 97/1158, IKRK; A. C. White, Control Commission for Germany (British Element) (im Folgenden: CCG [BE]), Bericht über Befragung von Gerda Schreinert, ehemalige Gefangene im Lager Jaworzno, 12.3.1949, FO 1110/172.

123 J. A. Graf, IKRK-Delegation Bukarest, an IKRK Genf, 12.6.1946, G 97/1165, IKRK.

124 C. Reichard, IKRK-Delegation Prag, an P. Colombo, IKRK Genf, 14.7.1947, G 97/1162, IKRK.

125 Das Internierungslager für Deutsche im früheren Hauptlager Auschwitz (Auschwitz I) hatte eine Kapazität von 1500. Nach der Freilassung der letzten Deutschen im April 1947 oder ihrer Überstellung in andere Lager wurde es kurz als Internierungslager für Angehörige der ukrainischen Minderheit in Polen benutzt, die beim späteren Säuberungsplan «Aktion Wisla» (Weichsel) festgenommen worden waren. 1948 wurde es zum Mahnmal umgewandelt. Kopka, *Obozy pracy w Polsce*, S. 147–148.

126 Notiz für den Minister für Öffentliche Verwaltung betr. Tätigkeit der Interministeriellen Kommission für Angelegenheiten der in Arbeitslagern befindlichen Volksdeutschen, 31.1.1949, in: *Die Deutschen östlich von Oder und Neiße*, I, S. 394.

127 Nach damaligem Wechselkurs etwa 15 US-Dollar oder drei Wochenlöhne eines normalen Arbeiters.

128 Intelligence Organisation, Allied Council for Austria (British Element), «Movement of Volksdeutsche into the British Zone of Austria», 13.6.1947, FO 1020/2748.

129 Prager Botschaft an Northern Department, Foreign Office, 4.3.1949, FO 1110/171.

130 G. MacDonogh, *After the Reich: From the Liberation of Vienna to the Berlin Airlift*. London 2007, S. 157; *Der Spiegel*, 4.11.1951.

131 Stanek, *Verfolgung 1945*, S. 156.

132 *Jewish Daily Forward*, 29.7.2005.

133 2008 wurde der damals 84 Jahre alte Tadeusz Skowyra in Katowice wegen Verbrechen in seiner Zeit als Kommandant des oberschlesischen Lagers Mysłowice angeklagt. Zum jetzigen Zeitpunkt hat der Prozess – vielleicht der letzte seiner Art in Polen – noch nicht stattgefunden. *Die Welt*, 19.5.2008.

134 Deutsche National-Zeitung, *Verbrecher-Album der Sieger: Die 100 furchtbarsten Schreibtischtäter und Vollstrecker des Vernichtungskrieges gegen Deutschland*. München 1997.

135 M. Tenz-Horwath, *Vier Jahre meines Lebens. Als Mädchen im Hungerlager Rudolfsgnad*. Heilbronn 1987, repr. u. d. T. *Marias Mädchenjahre: Erinnerungen aus dem Todeslager*. Sersheim 1991.

Kapitel 6

Die «organisierten Vertreibungen»

1 Major F. A. C. Boothby, No. 1 Liaison Team, Kaławsk, an Lt. Col. B. I. James, Refugees Branch, Military Government, Hannover, «Report on Train No. 165», 18.5.1946, FO 1049/515.

2 Memorandum von Major E. Nelsen Exton, Chief Protective Officer, UNRRA HQ, British Army of the Rhine, 2.7.1946; Capt. F. Garner, «Report on Train No. 165 (Jewish)», o. D., FO 1049/515.

3 Maj.-Gen. G. W. E. J. Erskine, Office of the Deputy Military Governor, CCG (BE) an Control Office for Germany and Austria (COGA), 23.7.1946, FO 1032/836.
4 «Extract from a Report by an Officer of PW & DP [Prisoners of War & Displaced Persons] Division Visiting Marienthal Transit Camp on 6/7th July 46», ungezeichnet u. undatiert; Memorandum Erskine, 23.7.1946, FO 1049/515
5 Das ständige Personal von CRX bestand aus zwei Vertretern aller vier Besatzungsmächte und einem UNRRA-Repräsentanten. Zusätzliche Experten wurden von den Besatzungsmächten nach Bedarf ernannt. Lt.-Gen. F. E. Morgan, Chief of Operations, UNRRA German Mission, Field Informational Letter no. 12, 22.10.1945, Serie S-0527, Schachtel 0090, UNRRA-Akten 1943–1949, Akte «Repatriation – Condition Affecting Poland», Bd. 1, UNRRA-Unterlagen, UN-Archiv, New York.
6 Kenchington an Col. A. C. Todd, Deputy Chief, Prisoners of War and Displaced Persons Division, CCG (BE), 5.1.1946; Advanced Headquarters, CCG (BE), Berlin, an Main HQ, CCG (BE), Lübbecke, 29.1.1946, FO 1052/470.
7 Erklärung von Lord Jowitt, 139 *H. L. Deb.* 5s., c. 82 (30.1.1946).
8 Advanced Headquarters, CCG (BE), Berlin, an Main HQ, CCG (BE), Lübbecke, 13.2.1946, FO 1052/470.
9 Major A. K. Jones, PW & DP Division, CCG (BE), o. D. (ca. Februar 1947), FO 1052/472.
10 Übereinkunft zwischen Lt.-Col. F. L. Carroll, Britischer Repräsentant, Combined Repatriation Executive, Berlin, und Lt.-Commander T. Konarski, Polnischer Repräsentant, 14.2.1945, FO 945/560.
11 Übereinkunft zwischen M. Trunow, Generaldirektor und Repräsentant der Delegation der Sowjetischen Besatzungszone in Deutschland, und Dr. A. Kučera, Ministerialrat im Innenministerium und Bevollmächtigter für die Evakuierung der Deutschen aus der Tschechoslowakischen Republik, 1.6.1946; Übereinkunft zwischen Oberstleutnant Maslennikow, Sowjetischer Repräsentant, Combined Repatriation Executive, und Konarski, o. D. (5.5.1946), FO 1052/471; Übereinkunft zwischen Generalltn. Maslennikow, Sowjetischer Vertreter, CRX, und Konarski, 5.5.1946, in *Przesiedlenie ludności niemieckiej z Polski,* S. 68–69.
12 Rotkreuz-Memorandum, 9.1.1946; Walter Menzel an IKRK Genf, 4.3.1946, Archives Générales 1918–1950, B 97/IV, Schachtel 1161, IKRK, Genf.
13 Fye, «Final Report», S. 7, 10, 15.
14 «Summary of minutes of a meeting held on 8th and 9th January [1946] between Czechoslovak and United States' authorities regarding arrangements for the transfer of Czechoslovak Germans to the American zone of occupation in Germany», o. D., FO 1049/297; undatiertes und ungezeichnetes CRX-Memorandum, ca. Winter 1946, Office of the Military Government for Germany, Prisoners of War and Displaced Persons Branch, RG 260/390/42/24–25/7–1, Schachtel 128, NARA.
15 Memorandum W. Barker, Erster Sekretär, Britische Botschaft, Prag, 18.12.1945, FO 817/14.
16 Fye, «Final Report», S. 16.
17 Telegramm W. Mitchell Carse, Britische Politische Mission, Budapest, an Foreign Office, 13.12.1945, FO 371/55 390; Telegramm von CRX an, 22.12.1945, FO 1032/2284.

18 Teile dieser Wochenschau aus dem Besitz des Steven Spielberg Film and Video Archive im United States Holocaust Memorial Museum sind online zu sehen (http://resources. ushmm.org/film/display/detail.php?file_num=1475).
19 O. Bamborough, Britischer Konsul, Karlovy Vary, an P. Nichols, Britischer Botschafter, Prag, 26.1.1946, FO 945/432.
20 A. L. Lloyd, «A People Moves Out», *Picture Post*, 17.8.1946.
21 Bericht der Nachrichtenagentur Reuter's, 13.2.1946, FO 371/55 391; Capt. D. Bloodworth, «Report on Visits to Budaors on 30 and 31 Jan 46 to Inspect Arrangements for Deportation of Schwabians», 1.2.1946, *ibid.*; Telegramm Maj.-Gen. W. S. Key, US-Repräsentant, Allied Control Commission for Hungary (im Folgenden ACC [H]), an den kommandierenden Offizier, United States Forces Austria (Rear), Salzburg, 20.1.1946, FO 1032/2284; Lt.-Col. H. G. Reeder II, PW & DP Division, an General S. R. Mickelsen, chief, PW & DP Division, 30.1.1946, Office of Military Government for Germany, Records of the Civil Administration Division: The Combined Repatriation Executive, U. S. Elements: Records re Interzonal Population Transfers, 1945–49, RG 260. 390/42/26–27/6–1, Schachtel 221. Akte «C. R. X. Memos to Polish Representative», NARA
22 Monsignore P. Ramatschi, Erzdiözese Wrocław, «Report on the First Red-Cross Train which Brought Sick, Old, Care-Needing and Bed-Ridden Persons from Breslau to Aurich», 1.7.1946, FO 1049/515.
23 *Manchester Guardian*, 10.3.1946.
24 Bericht von Dr. Busekirt, medizinischer Berater des 508 (R) Detachment der Militärregierung, Lübeck, 8.3.1946, FO 1052/323.
25 Bericht von Lieut. C. M. Weldon, Kommandant, Lager Pöppendorf, 7.3.1946, FO 1052/470.
26 Lt.-Col. F. C. Davis, Military Government, Westphalia Region, an Abteilung f. Kriegsgefangene u. Displaced Persons, CCG (BE), 15.5.1946, FO 1052/323.
27 Col. R. M. Jerram, PW & DP Division, «Operation Swallow: Extract from Various Reports, Letters and Visits of British Staff Officers», o. D. (ca. März 1946), Anhang B, 19.3.1946, FO 1052/323.
28 Memorandum des kommandierenden Offiziers, MilGov, Land Westfalen, 13.3.1946, FO 1052/470.
29 Major A. K. Jones, «A Report on SWALLOW and the Visit to 508 R/Det and 626 DP/Det by Majors Barber and Jones of P[risoners of] W[ar] & D[isplaced] P[ersons] Division», 5.4.1946, FO 1052/323.
30 709 (R) Detachment, Military Government, «Second Report on Swallow Trains», o. D. (ca. 25.3.1946), FO 1052/470.
31 Jerram, «Operation Swallow: Extract from Various Reports», Anhang B: statistische Tabelle der ersten 112 eintreffenden Swallow-Züge, 19.3.1946, FO 1052/323; Brigadier A. G. Kenchington, Chef der Abteilung für Kriegsgefangene und Displaced Persons, CCG (BE) an den Stellvertretenden Stabschef (Polizei), Britische Rheinarmee, 30.4.1946, FO 1052/471.
32 Auszug aus dem Bericht des kommandierenden Offiziers, Military Government Grasleben Detachment, o. D. (ca. März 1946), FO 1052/323.
33 Jerram, «Operation Swallow: Extracts from Various Reports».
34 Major Bie[l]ostocki, Kommandant der Operationsgruppe, Kaławsk, an das britische Verbindungsteam, o. D. (ca. 28.6.1946), FO 1052/474.
35 Memorandum von Lieut. C. Weldon, Kommandant, Lager Pöppendorf, für das HQ des 8. Corps, Military Government, 7.3.1946, FO 1052/471.

36 Lt.-Col. F. L. Carroll, CRX, an Lieutenant-Commander T. Konarski, 20.5.1946, FO 1052/324.
37 Memorandum des britischen Verbindungsteams Nr. 1, Kaławsk, 4.6.1946, FO 1052/324.
38 Telegramm 709 (R) Detachment, Military Government, an CCG (BE) Main HQ, Lübbecke, 23.4.1946, FO 1052/323.
39 Lt.-Col. H. L. V. Beddington, kommandierender Offizier, Verbindungsteam Nr. 2, Szczecin, an Kenchington, Wochenbericht Nr. 6, 18.6.1946, FO 1052/324.
40 Jerram an Advance HQ, CCG (BE), Berlin, April 26.1946, FO 1052/474; memorandum by No. 1 British Liaison Team, Kaławsk, June 4.1946.
41 Boothby an Wolski, 26.6.1946, FO 1052/474.
42 Memorandum von Oberst Z. Bibrowski, Polnische Repatriierungskommission, Berlin, 11.3.1946, Ministerstwo Ziem Odzyskanych (MZO)-Akten, AAN 196, 527a/B-5638.
43 Kazimierz Kuźmicki, PUR, an Roman Fundowicz, Kommissar der Repatriierungskommission, 12.08.1946, MZO 541b/B-7414, AAN..
44 Telegramm CCG (BE), Berlin, an CCG (BE), Lübbecke, 2.4.1946, FO 1052/470.
45 Transkript einer Sendung auf Radio Warschau, 27.3.1946, FO 371/55 393.
46 Troutbeck an Mark Turner, Control Office for Germany and Austria (im Folgenden: COGA), 12.4.1946, FO 371/55 392.
47 Telegramm Foreign Office an Cavendish-Bentinck, 10.4.1946, FO 371/55 393.
48 Telegram Cavendish-Bentinck an Foreign Office, 13.4.1946, *ibid.*
49 F. Savery an R. M. A. Hankey, 23.4.1946, FO 371/55 394.
50 Wilberforce an Troutbeck, 4.4.1946, FO 945/67.
51 Aktennotiz A. A. E. Franklin, o. D. (ca. 19.4.1946), FO 371/55 394.
52 Aktennotiz D. Allen, 19.4.1946, FO 371/55 394.
53 Telegramm CCG (BE), Advance HQ, Berlin, an Kriegsministerium, 1.5.1946, FO 945/67.
54 Telegramm Bevin an Cavendish-Bentinck, 7.5.1946, FO 371/55 393.
55 Telegram Strang an Britische Botschaft, Warschau, 28.3.1946, FO 945/67.
56 Lt.-Col. P. F. A. Growse, «Report by Liaison Team, Kohlfurt, up to 3 May 1946», 4.5.1946, FO 1052/474.
57 Aktennotiz Beddington, 6.4.1946, FO 1052/323.
58 S. Jankowiak, «‹Cleansing› Poland of Germans: The Province of Pomerania, 1945–1949», *Redrawing Nations*, S. 95.
59 Dr Ilse Reicke-von Hülsen, «The Situation of the Women during the Polish Occupation», o. D., mit Begleitbrief von Col. R. Jones, HQ Military Government, Lower Saxony, an Political Division, CCG (BE), Berlin, 27.12.1946, FO 1049/521.
60 MZO-Instruktionen, o. D. [ca. 1946], MZO 541d/B-7416; A. Anatol, «Material do okolnika MZO dot. repatriacji niemców», 13.1.1946, MZO 527a/B-5638, AAN.
61 J. Walters, Britischer Vizekonsul, Szczecin, 26.5.1946, FO 371/56 596.
62 Memorandum Wacław Majewski, MZO, Warschau, 21.8.1948, MZO 541h/B-7420, AAN.
63 Jankowiak, «‹Cleansing› Poland of Germans», S. 100.
64 P. Dudkiewicz, *Starost* von Wolinsky Powiat, an das Ansiedlungsamt, Szczecin, 5.8.1947, MZO 541h/B-7420, AAN.
65 J. Chumiński & E. Kaszuba, «The Breslau Germans under Polish Rule 1945–

1946: Conditions of Life, Political Attitudes, Expulsion», *Studia Historiae Œconomicae*, 22 (1997), S. 98.
66 Memorandum Inspektor J. Lipiński, PUR, Szczecin, 16.7.1948, MZO 541h/B-7420, AAN.
67 Memorandum L. Lacisz, Inspektionsabteilung, MZO, 2.6.1947, MZO 541b/B-7414, AAN.
68 Bericht Major E. M. Tobin, kommandierender Offizier, Transitlager Marienthal, o. D. [ca April 1946], FO 1052/324.
69 Telegramm CCG (BE), Lübbecke, an CCG (BE), Berlin, 30.5.1946, FO 1072/471.
70 Telegramm CCG (BE), Lübbecke, an CCG (BE), Berlin, 31.5.1946, FO 1052/474.
71 Boothby an den Wojewoden von Niederschlesien, 17.5.1946, MZO 541f/B-7418, AAN.
72 Boothby an Lt.-Col. B. I. James, 229 (P) Det Mil Gov, Hannover, 19.5.1946, FO 1052/474.
73 Boothby an James, 25.5.1946, FO 1052/474.
74 Siehe z. B. Ankündigungen von Vertreibungszügen in die Sowjetzone, 14.–24.12.1946, MZO 527e/B-7334, AAN.
75 Bericht des Kontrolldepartements des MZO über die am 12. und 31 März 1946 erfolgte Inspektion auf dem Gelände des Etappenpunktes Nr. 3 in Szczecin/Stettin [Gumieńce], 15.4.1946, *Die Deutschen östlich von Oder und Neiße*, III, S. 455.
76 Auszug aus einem Bericht des britischen Verbindungsteams Nr. 2, Szczecin, in Major F. J. Sibley, CRX, an PW & DP Division, Berlin, 20.1.1947, FO 1052/472.
77 Beddington an Kenchington, 18.4.1946, FO 1052/323.
78 Aussage Friedrich Geppert, Transportführer Zug 76, 7.4.1946, FO 1052/474.
79 Cavendish-Bentinck an R. M. A. Hankey, 16.10.1946, FO 1049/515.
80 Capt. F. Garner, kommandierender Offizier, britisches Verbindungsteam Nr. 2, Szczecin, an Kenchington, 1.2.1947, FO 1052/475.
81 Bericht des Leiters der Gesundheitsabteilung im PUR in Szczecin, Dr. Władysław Michno, für den Monat März 1947, 5.4.1947, *Die Deutschen östlich von Oder und Neiße*, III, S. 515.
82 Bericht des Leiters des Gesundheitsreferats des PUR in Białogard/Belgard, J. Adamkiewicz, 1.3.1947, *Die Deutschen östlich von Oder und Neiße*, III, S. 508–510.
83 Berichte E. Kinsner, MZO, 3. u. 4.7.1946, MZO 541b/B-7414, AAN.
84 Bericht L. Musial & J. Lipiński, MZO, 2.5.1947, MZO 541b/B-7414, AAN.
85 Kazimierz Kuźmicki an Roman Fundowicz, 28.7. u. 12.8.1946, MZO 541b/B-7414, AAN.
86 Kuźmicki an Fundowicz, 12.7. u. 6.10.1946, MZO 541b/B-7414, AAN.
87 Bericht Boothby an den Wojewoden von Niederschlesien [Aleksander Barchacz], 14.6.1946, in *Die Deutschen östlich von Oder und Neiße*, IV, S. 580; Bericht des Kontrolldepartements des MZO über die am 12. und 31 März 1946 erfolgte Inspektion auf dem Gelände des Etappenpunktes Nr. 3 in Szczecin/Stettin-Scheune [Gumieńce], 15.4.1946, *ibid.* III, S. 454.
88 Für eine Unterredung mit dem Kommissar für die Repatriierungsangelegenheiten, Roman Fundowicz, vorbereitete Notiz des Leiters des Übergabepunktes in Kaławsk, 28.6.1946, in: *ibid.* III, S. 580–581; Schreiben Boothby an den Kommissar für Repatriierungsangelegenheiten [Fundowicz] ..., 11.7.1946, *ibid.*, S. 592.
89 Kinsner an MZO, 25.11.1946, MZO 541c/B-7415, AAN.
90 J. Lipiński, PUR, an Hauptvertreter, MZO, Szczecin, 14.12.1946, MZO 541h/B-7420, AAN.

91 Bericht Adam Targosz, PUR, 8.11.1946, MZO 541d/B-7416; I. Zawadzki an MZO, 7.1.1947, MZO 541b/B-7414, AAN.
92 Schreiben des Inspektors des MZO für den Bezirk Pomorze Zachodnie/Pommern J. Lipiński an den Stettiner Wojewoden, 20.9.1946, *Die Deutschen östlich von Oder und Neiße*, III, S. 477.
93 Beddington an Kenchington, 18.4.1946, FO 1052/323.
94 Brief A. Richter, 7.4.1946, FO 1052/324.
95 Aussage Käthe Hoffman, Kaławsk, 1.7.1946; Boothby an Wojewoden von Schlesien, 1.7.1946, FO 1052/474.
96 Kuźmicki an Fundowicz, 18.7.1946, MZO 541c/B-7415, AAN.
97 Schreiben der Marie Langer an die Zentrale des PUR, 15.1.1947, in: *Die Deutschen östlich von Oder und Neiße*, III, S. 493.
98 Aussage Franz Müller, Transportführer, Zug Nr. 74, 6.4.1946, FO 1052/474.
99 Memorandum Major I. E. Carr, MilGov, Hannover, 13.6.1946, FO 1052/324.
100 Cavendish-Bentinck an C. F. A. Warner, FO, 19.9.1945, FO 371/47651.
101 Siehe J. T. Gross, *Fear: Anti-Semitism in Poland After Auschwitz–An Essay in Historical Interpretation.* New York: 2006, S. 81–117.
102 S. Rolinek, «Jüdische Fluchthilfe im Raum Salzburg: Das Netzwerk von Bricha und Betar 1945 bis 1948», in: *Flucht nach Eretz Israel: Die Bricha und der jüdische Exodus durch Österreich 1945*, hg. v. T. Albrich. Innsbruck 1998, S. 93–118; siehe auch dies., *Jüdische Lebenswelten 1945–1955: Flüchtlinge in der amerikanischen Zone Österreichs.* Innsbruck 2007.
103 A. J. Kochavi, *Post-Holocaust Politics: Britain, the United States and Jewish Refugees, 1945–1948.* Chapel Hill, NC 2001, S. 175
104 W. H. B. Mack an Troutbeck, 6.12.1945, FO 371/46661.
105 Telegramm Hankey an FO, 9.1.1946, FO 371/57684.
106 J. Walters, «Stettin General Report No. 3», 26.5.1946, FO 371/56596.
107 Major E. M. Tobin an CCG (BE), Main HQ, Hannover, 12.6.1946, FO 1052/324.
108 Boothby an Lt.-Col. B. I. James, 229 (P) Det., Military Government, Hannover, 15.6.1946, FO 1052/474.
109 Boothby an Ford, 11.7.1946, FO 1052/474.
110 Bericht Ford für Kenchington, 27.12.1945, FO 1952/470.
111 Maj.-Gen. J. S. Lethbridge, Chief, Intelligence Division, British Army of the Rhine (BAOR) an Lieut.-Gen. Sir Brian Robertson, Deputy Military Governor, British Zone, Germany, datiert «Jul 46», FO 1030/331.
112 G. W. Rendel an Hector McNeil, o. D. (ca. 9.1.1946), FO 371/57684.
113 Erskine an Sir Gilmour Jenkins, COGA, 1.8.1946, FO 945/68.
114 Lethbridge an Robertson, datiert «Jul 46»; unsigniertes u. undatiertes BAOR-Memorandum, «Organisation in Prague for the Despatch of Illegal Polish Immigrants to Palestine»; Robertson an Sir Arthur Street, Permanent Secretary, COGA, 14.8.1946, FO 1030/331.
115 Staněk & von Arburg, «Organizované divoké odsuny?», II, S. 342.
116 Siehe z. B. «Výpočet transportu», unsigniert u. undatiert (ca. September 1945), Ministra národní obrany (MNO)-Akten 1151/951 (1945), VÚA.
117 General B. Boček, Stabschef, Ministerium für Nationale Verteidigung, an Generalleutnant Dratvin, Büro des Premierministers, 6.5.1946, ÚPV-T-Akten, 127/2, Schachtel 308, NAČR.
118 Memorandum General P. Bohumil, 10.4.1946, MNO 2617/785 (1946), VÚA.
119 *Pravda* (Plzeň), 27.7.1946; *Sever*, 30.7.1946; F. Frenzel an Innenministerium,

27.6.1945, Ministerstvo vnitra–nova registratura (MV-NR)-Akten, Schachtel 7446, Akte B 458, NAČR.

120 A. Kučera an Z. Fierlinger, 9.6.1946, ÚPV-T 127/2, Schachtel 308, NAČR.

121 *Rudé právo*, 16.5. u. 8.9.1946.

122 General K. Klapálek, «Beobachtungen zur Umsiedlung von Deutschen in die sowjetische Besatzungszone», 18.12.1946, MNO 196/1140 (1946), VÚA.

123 Unsigniertes Memorandum, «Umsiedlung von Deutschen im Mai und Juni 1946: Verhandlungen mit amerikanischen Generälen in Prag», 10.4.1946, MNO 2617/785 (1946), VÚA.

124 Zweite Abteilung an Hauptquartier, Militärregion 1, 15.1.1946, MNO, Vojenská oblast 1-Dokumente, Akte 52 005, VÚA.

125 Klapálek, « Beobachtungen zur Umsiedlung von Deutschen».

126 Undatiertes u. unsigniertes Memorandum über Vertreibungen aus dem Sudetenland [ca. Winter 1946], U.S. Prisoners of War and Displaced Persons Division, Office of the Military Government for Germany (OMGUS)-Akten, RG 260/390/42/24–25/7–1, Schachtel 128; Capt. H. W. Lambert, Expulsion Officer, Furth im Wald, «Problems Encountered in Accepting Sudeten German Refugees», 5.3.1947, Office of Military Government for Germany, Records of the Civil Administration Division, Prisoners of War & Displaced Persons Branch: Records Relating to Expellees in the U.S. Zone, 1945–49, RG 260/390/42/26/1–2, Schachtel 189, Akte «Expellees (Czech) 1947», NARA.

127 Lambert, «Problems Encountered in Accepting Sudeten German Refugees».

128 Capt. Charles B. Rovin, Chief, Refugee Section, OMG Bavaria, an Col. J. H. Fye, Third U.S. Army Liaison Officer to the General Staff, Ministry of National Defence, Prag, 5.8.1946, Schachtel 127, RG 260/390/42/24–25/7–1, NARA.

129 Lambert, «Problems Encountered in Accepting Sudeten German Refugees».

130 Fye, «Final Report», S. 22.

131 Oberstleutnant O. Zampach, Tschechoslowakische Armee, an Fye, 6.9.1946, Schachtel 127, RG 260/390/42/24–25/7–1, NARA.

132 W. Rudolf an den Fond Národní Obnoby, Liberec, 14.12.1946; C. G. Haucke, Spedition, Liberec, an Anwaltsbüro Schröder-Barkhausen, Alsfeld (Hessen), 23.11.1946, OMGUS RG 260/390/42/24–25/7–1, Schachtel 128, NARA.

133 Lt.-Col. H. S. Messec, Prisoners of War and Displaced Persons Division, OMGUS, an Public Safety Officer, 2.10.1946, OMGUS RG 260/390/42/24–25/7–1, Schachtel 128, NARA.

134 Lt.-Col. E. J. Jordan, Chief, Plans & Operations Branch, OMG Bavaria, an Messec, 31.5.1946, OMGUS RG 260/390/42/24–25/7–1, Schachtel 128, NARA.

135 Major W. T. Bradbury, CRX, an Lt.-Col. Ott, Prisoners of War and Displaced Persons Division, OMGUS, 2.11.1945, OMGUS RG 260/390/42/24–25/7–1, Schachtel 128, NARA.

136 Staatliche Flüchtlingskommission, Schwaben und Neuberg, an Staatliche Flüchtlingskommission, München, 16.4.1946, OMGUS RG 260/390/42/24–25/7–1, Schachtel 128, NARA.

137 Ärztlicher Bericht von Dr. Böhm, Rotes Kreuz Bayern, Wissau, 13.4.1946, OMGUS RG 260/390/42/24–25/7–1, Schachtel 128, NARA.

138 *Manchester Guardian*, 12.9.1946.

139 Staněk & von Arburg, «Organizované divoké odsuny?», II, S. 32; N. Naimark, *Die Russen in Deutschland. Die sowjetische Besatzungsmacht 1945 bis 1949*. Berlin 1997, S. 189.

140 J. A. Grant, Britisches Konsulat, Bratislava, an Nichols, 26.6.1946, FO 371/55 395.
141 W. Frąck, Stellvertretender Kommissar für Repatriierungsangelegenheiten, Wroclaw, an den Kommissar für Repatriierungsangelegenheiten für Niederschlesien, 3.1.1946, in: *Przesiedlenie ludności niemieckiej z Polski*, S. 135–137.
142 Major-Gen. G. P. Hays, Stellvertretender Militärgouverneur, OMGUS, Berlin, an Col. F. Dastich, 22.10.1047; Messec an Hays, 16.8.1947, RG 260/390/42/26/1–2, Schachtel 189, Akte «Expellees (Czech) 1947», NARA.
143 Telegramm Major A. E. Levey, OMGUS, an Cpt. Haller, U. S. Forces, European Theater, 8.7.1946, 260/390/42/26/1–2, Schachtel 189, Akte «Expellees», NARA.
144 Fye, «Final Report», S. 45; A. Bauerkämper, «Assimilationspolitik und Integrationsdynamik: Vertriebene in der SBZ/DDR in vergleichender Perspektive», in: *Integrationen: Vertriebene in den deutschen Ländern nach 1945*, hg. v. M. Krauss. Göttingen 2008, S. 34; Naimark, *Die Russen in Deutschland*, S. 190. Zu den besonderen Integrationsproblemen der «Antifa-Umsiedler» siehe Heike van Hoorn, *Neue Heimat im Sozialismus: Die Umsiedlung und Integration sudetendeutscher Antifa-Umsiedler in die SBZ/DDR*. Essen 2004; Manfred Wille, «Die ‹freiwillige Ausreise› sudetendeutscher Antifaschisten in die Sowjetische Besatzungszone Deuschlands», in Ders. (Hg.), *Die Sudetendeutschen in der Sowjetischen Besatzungszone Deutschlands: Ankunft, Aufnahme und erste Integrationsversuche*. Magdeburg 1993, S. 28–61.
145 Memorandumsentwurf Thicknesse, o. D. (ca. 23.11.1946), FO 1049/492.
146 Unsigniertes Memorandum, «Proposed British Policy with Regard to the Movement of Germans into the British Zone with a View to Permanent Residence», März 1946, FO 1051/497.

Kapitel 7

Das Zahlenspiel

1 *Der Spiegel*, 25.1.1947.
2 *Picture Post*, 15.2.1947.
3 Major E. M. Tobin, «Report on Train No. 514 carrying Expellees under Operation Swallow», 27.11.1946, FO 1049/739.
4 *Ibid.*
5 Major E. M. Tobin, «Report on Swallow Train No. 513 ex Kohlfurt», 18.12.1947, FO 1052/323; unsigniert u. undatiert, «Nominal Roll of Frostbite Cases on Swallow Train no. 513 of 15 Dec. 1946», *ibid.*, unsigniert u. undatiert «Brief for the Deputy Military Governor for his Discussion with the Chancellor», FO 1049/739; Dr Loebell, Lagerarzt Marienthal, «Second Report on Swallow Train no. 513 of 15 Dec 1946», 17.12.1946, FO 1052/472.
6 Telegramm Advance HQ, CCG (BE), Berlin, an Main HQ, CCG (BE), Lübbecke, 18.1.1947, FO 1052/472.
7 *Times*, 1.2.1947.
8 Nitschke, *Vertreibung und Aussiedlung der deutschen Bevölkerung*, S. 234, Fn 276.
9 «Note of the French Delegation on Transport Difficulties Confronting Transfers of Population in Germany», 30.11.1945, FO 1032/2284.

10 Brigadier A. C. Kenchington an Prisoners of War and Displaced Persons (PW & DP) Division, 6.7.1946, FO 1052/471.
11 Memorandum Col. A. C. Todd, Deputy Chief, PW & DP Division, 8.7.1946, FO 1052/471.
12 Telegramm Main HQ, CCG (BE), Lübbecke, an COGA, 29.6.1946, FO 1052/471.
13 Telegramm Sir William Strang, Politischer Berater des Oberkommandierenden, Deutschland, an Britische Botschaft, Prag, 23.4.1946; P. B. Nichols an C. R. Attlee, 31.7.1946, FO 945/432.
14 Fye, «Final Report», S. 20–21.
15 J. Hynd, «The Problem of the German Refugee Populations in the British Zone», O. R. C. (46) 74, 27.7.1946, FO 945/67.
16 Nichols an Attlee, 31.7.1946, FO 945/432; Aktennotiz des Chefs der Politischen Abteilung, Büro des Premierministers, Prag, über Discussionen zwischen Botschafter Steinhardt und Dr. F. Ševčik, 23.7.1946, Úřad předsednictva vlády-tajné (UPV-T)-Akten, 127/2, Schachtel 308, NAČR.
17 Telegramm Main HQ, CCG (BE), Lübbecke, an CRX Schleswig-Holstein und Hannover, 19. 7 1946, FO 1052/471.
18 Major E. A. L. Ford, CRX, an PW & DP Division, 26.7.1946; Telegramm 709 (R) Detachment, Military Government, an Ford, 26.7.1946, FO 1052/471.
19 Major F. A. C. Boothby an Lieut.-Col. B. I. James, 229 (P) Detachment, Military Government, Hannover, 14.7.1946; Kenchington an Hauptquartier, PW & DP Division, 25.7.1946, FO 1052/471.
20 Telegramm Advanced HQ, CCG (BE), Berlin, an Control Office for Germany and Austria, 14.7.1946, FO 371/55 395.
21 Aktennotiz A. A. E. Franklin, 19.7.1946, FO 371/55 395.
22 Telegramm COGA an Advance HQ, CCG (BE), Berlin, 6.8.1946, FO 1049/515; Telegramm COGA an Advance HQ, CCG (BE), Berlin, 23.10.1946, FO 945/673.
23 Aktennotiz Sargent, 3.12.1945, FO 371/46 816.
24 *Ibid.*; Aktennotiz R. M. A. Hankey, 21.7.1946; Hankey an Warner, 26.7.1946, FO 371/55 395; A. A. E. Franklin, «Operation Swallow», 24.8.1946, FO 371/55 396.
25 Transkript einer Sendung von Radio Warschau, 18.7.1946, FO 371/55 396; D. Wilson, FO, an R. S. Crawford, COGA, 30.7.1946, FO 1049/515.
26 Kenchington an Crawford, o. D. [ca. 3.10.1946], FO 371/55 397.
27 *Ibid.*
28 Tabelle von Oberstleutnant Ugriumow u. Oberstleutnant T. Konarski, sowjetische und polnische Repräsentanten, CRX, mit den Transporten von Deutschen aus Polen in die sowjetische Besatzungszone, 30.11.1945 – 15.6.1946, FO 1052/471.
29 «Report of the Activities of C. R. X.», DPOW/P (46) 50, 26.4.1946, FO 1005/839; gleicher Titel, DPOW/P (46) 82, 12.7.1946, FO 1005/840; Kenchington an Crawford, o. D. [ca. 3.10.1946], FO 371/55 397.
30 Telegramm Main HQ, CCG (BE), Lübbecke, an Advanced HQ, CCG (BE), Berlin; 6.4.1946, FO 1032/2285; Lt.-Col. E. D. Bevan, Military Government, an CCG (BE), Lübbecke, 18.5.1946, FO 1052/474.
31 Kenchington an Erskine, 1.10.1946, FO 1052/472; «Report of the Activities of C. R. X.», DPOW/P (46) 101, 26.8.1946.
32 Telegramm Advance HQ, CCG (BE) an COGA, 19.8.1946, FO 371/55 396.
33 J. Misztal, «Wysielenia i repatriacja obywately polskich z ZSSR a wysiedlenia i przesiedlenia niemców z Polski – próba bilansu», in: *Utracona ojczyzna: Przy-*

musowewysiedlenia deportacje I przesiedlenia jako wspólne doświadczenie, hg. v. H. Orlowski & A. Sakson. Poznań 1996, S. 69–70.

34 Außenministerium an Ministerium für Nationale Verteidigung, 28.3.1946, ÚPV-T 127/2, Schachtel 308, NAČR.

35 Memorandum Lieut.-Col. G. B. Vaughan-Hughes, PW & DP Division, British Military Government, Germany, 10.8.1946; Protokoll der 20. Sitzung des Viermächte-Direktorats für Kriegsgefangene & Displaced Persons, 5.4.1946, FO 1032/2285.

36 Major A. K. Jones, «German Expellees from Poland (Operation ‹Swallow›)», o. D., FO 1052/472; Britischer Generalkonsul, Frankfurt am Main, an C. E. Steel, Political Division, CCG (BE), Berlin, 27.8.1947, FO 945/760.

37 Telegramm CCG (BE), Berlin, an COGA, 19.8.1946, FO 371/55 396.

38 Erskine an Oberst J. P. Prawin, Polnische Militärmission, 26.8.1946, FO 1049/515.

39 Telegramm Cavendish-Bentinck an Foreign Office, 2.9.1946, FO 1049/515.

40 Prawin an das Büro des Stellvertr. Militärgouverneurs, CCG (BE), 3.9.1946, FO 1049/515. Hervorhebung im Original.

41 Rundtelegramm PW & DP Division, Lemgo, 11.9.1946, FO 1032/2285.

42 Aktennotiz Franklin, 13.9.1946, FO 371/55 397.

43 Erskine an Prawin, 20.9.1946, FO 1049/515.

44 Kenchington an Crawford, o. D [ca. 3.10.1946], FO 371/55 397.

45 Polnisches Außenministerium an Britische Botschaft, Warschau, 30.9.1946; Aktennotiz D. Wilson, 8.10.1946, FO 1049/515.

46 L. D. Clay an G. H. Weems, 19.5.1946, *FRUS, 1947: Eastern Europe, the Soviet Union*, IV (1972), S. 376, Nr. 14; «Report of the Activities of C. R. X.», DPOW/P (46) 62, 24.5.1946, FO 1005/840.

47 J.-L. Muller, *L'Expulsion des Allemands de Hongrie*, S. 331.

48 S. Balogh, «Population Removal and Population Exchange in Hungary After World War II», *Études historiques hongroises 1990*, hg. v. F. Glatz. Budapest 1990, S. 410.

49 Á. Tóth, «Zwang oder Möglichkeit? Die Annahme der Maxime von der Kollektivschuld und die Bestrafung der Deutschen Minderheit in Ungarn» *Nationale Frage und Vertreibung in der Tschechoslowakei und Ungarn*, S. 101.

50 Muller, *L'Expulsion des Allemands de Hongrie*, S. 42–44, 48, 154.

51 C. D. Eby, *Hungary at War: Civilians and Soldiers in World War II*. University Park, PA 1998, S. 292.

52 Telegramm Gascoigne an Foreign Office, 15.5., 1945, FO 371/46 810; E. Roman, *Hungary and the Victor Powers 1945–1950*. New York 1996, S. 64. Dieses Buch erklärt fälschlicherweise: «die Westmächte erhielten keine Bitte dieser Art …»

53 J. Grew an H. F. Arthur Schoenfeld, US-Vertreter in Ungarn, 14.6.1945, *FRUS: Diplomatic Papers, 1945: General: Political and Economic Matters*, II, S. 1254.

54 Telegramm Gascoigne an Churchill, 26.7.1945, FO 371/46 810.

55 Muller, *L'Expulsion des Allemands de Hongrie*, S. 85.

56 Undatierter «Bericht über die Deportation von Deutschen aus Ungarn», mit Begleitschreiben von Marshall K. J. Woroschilow an General O. P. Edgcumbe, 8.12.1945, FO 371/55 390.

57 Major A. D. Spottswood, U. S. Forces in Austria, Displaced Persons Division, an Major William Bradbury, CRX, 16.1.1946; ders. an Col. E. E. Hyde, chief, Displaced Persons Division, 4.1.1946; Telegramm Key an Hyde, 7.2.1946; ders. an Commanding General, U. S. Forces in Austria, 14.3.1946; Major J. F. Asselta an

ACC (H), 9.5.1946; Asselta an ACC (H), selbes Datum; Telegramm Lt.-Col. J. D. Wilmeth, ACC (H) an PW & DP Branch, OMGUS, 23.7.1945; Telegramm Clay an ACC (H), 2.6.1946, Office of Military Government for Germany-Akten, Records of the Civil Administration Division: The Combined Repatriation Executive, U. S. Elements: Records re Interzonal Population Transfers, 1945–1949, Schachtel 226, Akte «Movement of Swabians, vol. I», RG 360/390/42/26–27/6–1, NARA.

58 Transkript einer Sendung von Radio Budapest, 18.1.1946, FO 371/55 390.

59 Weems, «Final Report by the United States Military Representative on the Allied Control Commission for Hungary», Anhang F, 15.9.1947, *FRUS, 1947: Eastern Europe, the Soviet Union*, IV, S. 376.

60 Aktennotiz O'Neill, 28.3.1946, FO 371/55 624.

61 Zit. n. A. F. Noskova, «Migration of the Germans after the Second World War: Political and Psychological Aspects», *Journal of Communist Studies and Transition Politics*, 16, 1–2 (2000), S. 106.

62 «Agreement on Conditions Established for the Execution of Swabian Expulsion Program», unterzeichnet von George Weisz, Executive Officer, Refugee Branch, PW & DP Division, OMGUS, und Dr. Gyula Fischer, Leiter der Präsidialabteilung, Innenministerium, Budapest, 22.8.1946, FO 371/55 397.

63 Aktennotizen Franklin, 14.9.1946, FO 371/55 397, u. 27.8.1946, FO 371/55 396.

64 Kopie eines Briefs von Weems an Generaloberst W. P. Swiridow, 9 11.1946, FO 371/55 398.

65 Fischer an Weems, 4.12.1946; Protokollauszug der ACC (H)-Sitzung, 6.12.1946, *ibid.*

66 I. Sayer & D. Botting, *Nazi Gold: The Story of the World's Greatest Robbery – and its Aftermath*. New York 1984, S. 187.

67 General O. P. Edgcumbe, «Memorandum on the Deportation of Swabians», 21.11.1946, FO 371/55 398.

68 Protokollauszug der ACC (H)-Sitzung, 6.12.1946, FO 371/55 398; Kopie eines Briefs von Nagy an Weems, o. D. [ca. März 1947], FO 945/673; Weems an Swiridow, 27.3.1947, *ibid.*

69 Weems an Clay, Zusammenfassung der Beschwerde der ungarischen Regierung, 24.4.1947, FO 371/64 224.

70 M. Mevius, *Agents of Moscow: The Hungarian Communist Party and the Origins of Socialist Patriotism 1941–1953*. Oxford 2005, S. 137.

71 Muller, *L'Expulsion des Allemands de Hongrie*, S. 117.

72 Noskova, «Migration of the Germans after the Second World War», S. 106.

73 A. K. Helm, British Political Mission, Budapest, an Bevin, 23.7.1945, FO 371/64 225; «Report of the Activities of C. R. X.», DPOW/P (47) 60, 19.4.1947, FO 1005/842.

74 Mevius, *Agents of Moscow*, S. 139.

75 Major M. Hanley, «Deportation of Swabians», 28.8.1947, FO 371/64 225.

76 Bericht Corporal C. Sassie, Field Security Service, 28.8.1947, FO 371/64 225.

77 Muller, *L'expulsion des Allemands de Hongrie*, S. 119.

78 Zit. n. Noskova, «Migration of the Germans after the Second World War», S. 106.

79 Telegramm Sir William Strang an FO, 20.12.1946, FO 1049/515.

80 Telegramm 508 (R) Detachment, Military Government, Lübeck, an Main HQ, CCG (BE), Lübbecke, 6.1.1947; Memorandum des britischen Verbindungsteams, Szczecin, 14.1.1947, FO 1052/323.

81 Schreiben des Hauptbeauftragen des MZO, an den Direktor der Wojewodschaftsabteilung des PUR in Szczecin, «4.1.1947» [*recte* 4.2.1947], *Die Deutschen östlich der Oder und Neiße*, III, S. 491.
82 Schreiben des Bevollmächtigten des ZG PCK [Polnisches Rotes Kreuz] an den Stettiner Wojewoden, 11.4.1947, *ibid.*, S. 516–517.
83 Notiz über die Sterblichkeit unter den Deutschen in der Wojewodschaft Gdańsk/Danzig, angefertigt vom MZO ..., 9.4.1947 in: *ibid.*, IV, S. 260.
84 Telegramm PW & DP Division, Lemgo, an PW & DP Division, CCG (BE). Berlin, 1.2.1947, FO 1032/835.
85 432 *H. C. Deb.* 5s., c. 58W (22.1.1947).
86 Vaughan-Hughes, undatierte Aktennotiz (ca. 25.2.1947), FO 1052/472. Hervorhebung im Original.
87 Col. R. Thicknesse, Deputy Chief, PW & DP Division, an Col. Pulverman, PW & DP Division, CCG (BE), Lemgo, 9.6.1947, FO 1052/472.
88 I. T. M. Pink, Deputy Chief, Political Division, CCG (BE), Berlin, an PW & DP Division, Berlin, 8.2.1947, FO 1052/472.
89 «Report of the Activities of C.R.X.», DPOW/P 46 (132), 25.11.1946, FO 1005/841; Jones, «German Expellees from Poland (Operation ‹Swallow›)»; COGA-Memorandum o. Titel, 7.2.1947, FO 945/673.
90 Prawin an Kenchington, 8.5.1947, FO 1052/472.
91 Kenchington an Thicknesse, 5.3.1947, FO 1052/472.
92 Britische Botschaft, Warschau, an FO, 29.4.1947, FO 945/673.
93 Vaughan-Hughes an Main HQ, CCG (BE), Lübbecke, 1.11.1946; Telegramm Advance HQ, CCG (BE), Berlin, an Main HQ, 4.11.1946, FO 1049/515.
94 Allied Control Authority, PW & DP Directorate, «Intention of the British Authorities to Discontinue the Acceptance of Germans to be Transferred from Poland (Point of View of the Soviet Member)» [Generalmajor Jurkin], 26.10.1947, FO 945/673.
95 Vaughan-Hughes an T. Williamson, Manpower Division, CCG (BE), Berlin, 25.10.1947, FO 1052/466.
96 E. E. Swanstrom, *Pilgrims of the Night: A Study of Expelled Peoples.* New York 1950, S. 13, 18–19.
97 Frank, *Expelling the Germans*, S. 256.
98 Das Treffen fand am 12.4.1946 statt. Fye, «Final Report», S. 29.
99 «Bi-Monthly Report of the Military Governor, U.S. Zone, on Displaced Persons, Stateless Persons and Refugees for the Period February 1–March 31, 1947», RG 260/390/42/24–25/7–1, Office of the Military Government for Germany (OMGUS) PW & DP Branch, Schachtel 128, Akte «Bi-Monthly Reports, 1946 to 1947», NARA.
100 Britischer Generalkonsul, Frankfurt am Main, an C. E. Steel, Political Division, CCG (BE), Berlin, 27.8.1947; unsigniert u. undatiert, «Statement Issued by the United States Authorities», FO 945/760.
101 Maj.-Gen. F. A. Keating an James R. Newman, Director, Office of the Military Governor, Hessen, 27.4.,1947, RG 260/390/42/24–25/7–1, OMGUS, PW & DP Branch, Schachtel 128, Akte «Expellee General», NARA
102 Kanzlei, Britische Botschaft, Prag, an Northern Department, FO, 4.3.1949, FO 1110/171.
103 «Statement Issued by the Czechoslovak Authorities», 23.8.1947, FO 945/760.
104 E. Mayer, IKRK-Delegation, München, an D. de Traz, Leiter der Abteilung Ge-

fangene, Internierte und Zivilisten, IKRK, 16.6.1948, Archives Générales 1918–1950, G. 97/IV, Schachtel 1157, Archive des IKRK.

105 Übereinkunft zwischen Hauptmann Laskowski, Polnische Militärmission, Berlin, und Oberst Maslennikow, Sowjetische Militärverwaltung in Deutschland, 12.4.1947, in: *Przesiedlenie ludności niemieckiej z Polski*, S. 71–73; *Nitschke, Vertreibung und Aussiedlung der deutschen Bevölkerung*, S. 235.

106 Schreiben des Leiters des Übergabepunktes in Kaławsk an den Direktor des PUR in Wrocław, 24.4.1947, *Die Deutschen östlich von Oder und Neiße*, IV, S. 633.

107 Der Arzt des Übergabepunktes des PUR in Kaławsk [Dr. Ziemplinski] an den Leitenden Arzt des PUR ..., 1.7.1947, *ibid.*, I, S. 331; Telegramm des Inspektors Kinsner an den Hauptbeauftragten des MZO ..., 16.5.1947, *ibid.*, III, S. 531.

108 Bericht des PUR in Kaławsk über den Zusammenbruch der Repatriierungsaktion der deutschen Bevölkerung ..., 22.6.1947, *ibid.*, IV, S. 644–647.

109 F. Ehrenhold, «Rapport sur la visite du Centre de Formation des Trains d'Evacués allemande à KAŁAWSK (anciennement Kohlfurth)», 21.8.1947, Archives Générales 1918–1950, G. 97/IV, Schachtel 1158, IKRK.

110 K. Uscinewicz an MZO, 12.11.1947, Akten des MZO 541b/B-7414, AAN.

111 Aktennotiz mit Unterschrift «Kurpias», MZO, Tuplice, 29.8.1947; Aktennotiz Inspektor E. Kinsner, MZO, 18.9.1947, MZO 541g/B-7419, AAN.

112 Nitschke, *Vertreibung und Aussiedlung*, S. 253.

113 I. Kostiashov, «Vyselenie nemtsev iz Kaliningradskoi oblasti v poslevoennye gody», *Voprosy istorii*, 6 (1994), S. 186–187; siehe auch *Die Königsberg-Papiere: Schicksal einer deutschen Stadt. Neue Dokumente aus russischen Archiven*, hg. v. E. Beckherrn & A. Dubatow. München 1994, S. 199–223.

114 Misztal, «Wysiedlenia i repatriacja», S. 59.

115 *Ibid.*, S. 62.

116 Nitschke, *Vertreibung und Aussiedlung*, S. 265–266.

117 *Ibid.*, S. 258.

118 Aktennotiz Szczepanik, PUR, 21.6.1948, MZO 541g/B-7419, AAN.

119 Olejnik, *Zdrajcy narodu?*, S. 196.

120 Wolski an den Bevollmächtigten für die Repatriierung der deutschen Bevölkerung, 18.8.1946; Aktennotiz des MZO-Hauptdelegierten für Repatriierungsangelegenheiten, 27.9.1946; Roman Fundowicz an den MZO-Hauptdelegierten, MZO 527c/B-7332, AAN.

121 Boothby an James, 22.6.1946, FO 1052/474.

122 Nichols an Attlee, «The Transfer of Germans from Karlovy Vary», 30.11.1946, FO 371/56 070.

123 *Rudé právo*, 12.11.1946.

124 Telegramm Nichols an Bevin, 27.12.1946, «Weekly information summary for December 22–27», FO 371/56 005.

Kapitel 8

Die Kinder

1 W. L. Montandon, «Visite et revitaillement d'une internée allemande au camp de rassemblement de MODŘANY près Prague», 1.5.1946, G 97/IV, Schachtel 1161, IKRK.

2 Swanstrom, *Pilgrims of the Night*, S. 48.
3 *Ibid.*, S. 50.
4 Aussage Anneliese Gerbing, Krankenschwester im Transitlager Szczecin-Scheune (Gumieńce), o. D. [ca. April 1946], FO 1052/474.
5 I. Heinemann, «‹Until the Last Drop of Good Blood›: The Kidnapping of ‹Racially Valuable› Children and Nazi Racial Policy in Occupied Eastern Europe», in *Genocide and Settler Society: Frontier Violence and Stolen Indigenous Children in Australian History*, ed. by A. D. Moses. Oxford 2004, S. 246–255.
6 I. Heinemann, *Rasse, Siedlung, deutsches Blut: Das Rasse- und Siedlungshauptamt der SS und die rassenpolitische Neuordnung Europas*. Göttingen 2003; *Kinder im Krieg – Krieg gegen Kinder: Die Geschichte der polnischen Kinder, 1939–1945*, hg. v. R. Hrabat, Z. Tokarz & J. Wilczur. Hamburg 1981.
7 Davies & Moorhouse, *Die Blume Europas*, S. 492–493.
8 Heinemann, «‹Until The Last Drop of Good Blood›, S. 250–255.
9 Zahra, *Kidnapped Souls*, S. 113.
10 N. Wingfield, *Flag Wars and Stone Saints: How the Bohemian Lands Became Czech*. Cambridge, MA 2007, S. 161.
11 *Ibid.*, S. 131.
12 Siehe Bryant, «Either German or Czech».
13 Siehe P. Hauser, «The German Minority in Poland in the Years 1918–1939: Reflections on the State of Research and Interpretation: Proposals for Further Research», *Polish Western Affairs*, 32, 2 (1991), S. 13–38.
14 G. Jérome & P. A. Nix, «Les milices d'autoprotection», S. 57.
15 Britische Botschaft, «Weekly Information Summary for week of January 4–10, 1946», FO 371/56 003.
16 Undatiertes Memorandum von J. W. Taylor, Geschäftsträger, Britische Botschaft, Prag, «Food Rations in Bohemia, Moravia and Silesia for 1 Person for 4 Week's [*sic*] Period (20.8 to 16.9.1945)», ca. 3.9.1945, FO 371/47 093.
17 Schreiben des Kommandanten des Kommissariats des Stadtteils Szczecin-Stołczyn/Stettin-Stolzenhagen an den Präsidenten von Szczecin, 18.12.1945, in: *Die Deutschen östlich von Oder und Neiße*, III, S. 424.
18 T. Staněk, *Tábory v českych zemích*, S. 60.
19 Geiger, «Josip Broz Tito», S. 57.
20 Staněk & von Arburg, «Organizované divoké odsuny?, III», S. 338.
21 Unveröffentlichte Erinnerung Pitters, zit. n. T. Pasák, «Přemysl Pitters Protest: Eine unbekannte Stimme gegen die Greuel in den Internierungslagern 1945», *Bohemia*, 35 (1994), S. 94–95. Vogls Name wird in diesem Artikel fälschlich «Vogel» geschrieben.
22 G. Dunand an V. Nosek, 5.7.1945, G 97/IV, Schachtel 1160, IKRK.
23 Staněk, *Tábory v českych zemích*, S. 90.
24 Gabzdilová & Olejník, «Proces internácie nemeckého obyvatel'stva», S. 434.
25 Nichols an Bevin, 19.10.1945, FO 371/46 814.
26 Rundbrief G. Dunand an die Hilfsorganisationen in Genf, 28.5.1946, G 97/IV, Schachtel 1155, IKRK.
27 Runderlaß Nr. 45 des Departements für Gefängniswesen und Lager (DWO) des MBP [Ministeriums für öffentliche Sicherheit], 15.4.1945, *Die Deutschen östlich von Oder und Neiße*, I, S. 148; Dziurok, *Obóz Pracy w Świętochłowicach w 1945 Roku*, S. 24–26.
28 Das Ministerium für Arbeit und Sozialfürsorge an das MZO, Juni 1947, *Die Deutschen östlich von Oder und Neiße*, I, S. 339.

29 Notiz für den Minister für Öffentliche Verwaltung betr. Tätigkeit der Interministeriellen Kommission für Angelegenheiten der in Arbeitslagern befindlichen Volksdeutschen, 31.1.1949, *ibid.*, S. 393; Kommissionsbericht über die Inspektion der Lager für Deutsche in Potulice/Potulitz, Leszno/Lissa-Gronowo und Jaworzno, 16.8.1949, *ibid.*, S. 405.

30 Staněk, *Tábory v českych zemích*, S. 60.

31 Register des Sammellagers Mirošov, 13.9.1945, Koncentrační tábor Mirošov-Akten, Fond 534, Schachtel 1, Akte 18, SOA.

32 I. Willoughby, «Czech Police Investigation Names Two Responsible for June 1945 Murder of Sudeten Germans», Radio Prag, 2.6.2009 (www.radio.cz/en/article/116 881).

33 S. H. Roberts, *The House That Hitler Built*. London 1939, S. 205; D. Macardle, *Children of Europe: A Study of the Children of the Liberated Countries, their War-time Experiences, their Reactions, and their Needs*. London 1951, S. 35. Eine präzisere Sicht bietet N. Stargardt, *Witnesses of War: Children's Lives under the Nazis*. New York 2005, S. 35.

34 E. Bártová, «Největší poválečný masakr Němců vyřešen: Známe vrahy», 1.6.2009 (http://aktualne.centrum.cz/domaci/kauzy/clanek.phtml?id=638 627).

35 R. R. Stokes, «Memorandum on visit to Camp at MOST (MATHEUSEN) [*sic*], USTI and LITOMERICE on 10.9.46», o. D., G 97/IV, Schachtel 1161, IKRK.

36 Dr. O. Lehner, Leiter der IKRK-Delegation, Prag, an den Innenminister, 6.8.1947; undatiertes Memorandum, «Constatations que nos délégués ont faites au cours du mois de juillet 1947, sur la situation des civils internés en Tchécoslovaquie», 27.8.1947, G 97/IV, Schachtel 1162, IKRK.

37 Herr Lang, Regierungsbeauftragter für das Flüchtlingswesen, Regensburg, an das Staatssekretariat für das Flüchtlingswesen, München, 17.8.1948, G 97/IV, Schachtel 1156, IKRK.

38 Unsigniertes Memorandum, «Les camps de concentration du gouvernement Tito dans le Batchka», Juli 1947, G 97/IV, Schachtel 1164, IKRK.

39 Lt.-Col. A. C. Kendall & Major G. B. Shirlaw, «Report on Turnu-Măgurele Internment Camp, Visited on the 17th of September 1945 together with an American and a Russian Delegate», FO 371/48 670.

40 Menzel an Nosek, 4.9.1945, G 97/IV, Schachtel 1160, IKRK.

41 M. Gärtner, K. Gärtner, A. Gimpl & E. Gimpl, «Tatsachenbericht», o. D., mit Begleitbrief von M. Iconomow, IKRK-Delegierter, Salzburg, an IKRK, Genf, 13.5.1947, G 97/IV, Schachtel 1164, IKRK.

42 Unsigniertes Memorandum mit Begleitbrief von O. P. Brennscheidt [dem Cousin der Verfasserin] an IKRK, 15.6.1947, G 97/IV, Schachtel 1159, IKRK.

43 *Daily Herald*, 9.10.1945.

44 W. L. Montandon, «Distribution de marchandises au camp d'internement de Prague-Hagibor et ravitaillement du camp de P[risonniers de] G[uerre] et d'internés civils ‹Auto-Park› à Prague-Smichov», 23.12.1945, G 97/IV, Schachtel 1161, IKRK.

45 *Obzory*, 24.11.1945.

46 Gabzdilová & Olejník, «Proces internácie nemeckého obyvateľstva», S. 429.

47 P. W. Mock, «Camp d'internés civils de Petržalka (Bratislava)», 6.11.1945, G 97/IV, Schachtel 1160, IKRK.

48 Memorandum Menzel über Besuche in den Lagern Modřany, Rusyn, Hradištko and Stechovice, o. D. (ca. November 1945), G 97/IV, Schachtel 1160, IKRK.

49 Mock, «Camp d'internés civils de Trnavská cesta, Bratislava», 15.11.1945, G 97/IV, Schachtel 1160, IKRK.

50 Maud Schenk-Sopher, «Report on Conditions in ‹Rupa› Internment Camp», 17.7.1945, ÚPV-T, Schachtel 11c, Dok. 488, NAČR.

51 Staněk, *Tábory v českych zemích*, S. 90.

52 *Daily Herald*, 9.10.1945.

53 M. Saschková an die Prager IKRK-Delegation, datiert «Januar 1946»; Menzel an IKRK Genf, 9.1.1946; Brief von P. Drozd, Veltrusy nad Vltavou, 5.1.1946, G 97/IV, Schachtel 1160, IKRK.

54 Dr. A. Bedo, Leiter der Antragsabteilung, Vorbereitungskommission für die International Refugee Organisation, an A. Brownlee, 13.1.1948, Nachlass Aleta Brownlee, 69 059–9.13, Schachtel 5, Ordner «Displaced Persons – Children: Ethnic Germans (Volksdeutsche), 1945–1949», Hoover Institution Archives, Stanford University.

55 Macardle, *Children of Europe*, S. 301.

56 M. I. Robinson, Rayner's Lane, London, im *Daily Herald*, 16.9.1945.

57 414 *H. C. Deb.* 5s., c. 366 (10.10.1945).

58 138 *H. L. Deb.* 5s., c. 388 (5.12.1945).

59 138 *H. L. Deb.* 5s., c. 390 (5.12.1945).

60 Lukas-Evangelium, 17, 1; 414 *H. C. Deb.* 5s., c. 2362 (26.10.1945).

61 *Daily Herald*, 12.10.1945.

62 Pasák, «Přemysl Pitters Protest»; *Obzory*, 24.11.1945.

63 Siehe z. B. *Rudé právo*, 8.5.1946.

64 H. H. C. Prestige, Aliens Department, Home Office, an C. F. A. Warner, Foreign Office, 19.9.1945; B. A. B. Burrows, Foreign Office, an Prestige, 9.10.1945, FO 817/14.

65 C. O'Neill an J. E. Barrell, Privatsekretär des Kanzlers für die Grafschaft Lancaster, 7.2.1946, FO 938/241.

66 Aktennotiz Major P. B. Monahan, Civil Affairs (Displaced Persons) Division, War Office, 4.2.1946, FO 938/241.

67 Hynd an P. J. Noel-Baker, 15.2.1946, FO 938/241.

68 Nichols an J. M. Troutbeck, Foreign Office, 1.4.1946, FO 938/241.

69 R. M. A. Hankey & M. Winch, «Tour of Upper and Lower Silesia – September 1945», 8.10.1945, FO 371/47 651.

70 Lt.-Col. P. F. A. Growse, Britische Verbindungseinheit, Kaławsk, an den Wojewoden von Niederschlesien, Wrocław, 22.4.1946, FO 1052/471.

71 Telegramm Archibald Clark Kerr, Britische Botschaft, Moskau, an Foreign Office, 13.6.1945, FO 371/47 087; Telegramm Nichols, Britische Botschaft, Prag, an Foreign Office, 22.6.1945, FO 371/47 088.

72 Zit. n. Sudeten German Social Democratic Party, *Evidence on the Reign of Racialism in Czechoslovakia*. London 1945, S. 11.

73 Siehe z. B. Schreiben der Stadtverwaltung in Szczecin an den Wojewodschaftsbehörde für öffentliche Sicherheit, 20.12.1946, *Die Deutschen östlich von Oder und Neiße*, III, S. 488–489; Schreiben der Stadtverwaltung Szczecin an die Ansiedlungsabteilung der Wojewodschaft Szczecin, 15.10.1947, *ibid.*, S. 565–566.

74 B. Frommer, «Expulsion or Integration: Unmixing Interethnic Marriage in Postwar Czechoslovakia», *East European Politics and Societies*, 14, 2 (2000), S. 382.

75 G. E. Schafft, *From Racism to Genocide: Anthropology in the Third Reich*. Urbana, IL 2004, S. 127–128; D. Majer, *«Non-Germans» Under the Third Reich: The Nazi Judicial and Administrative System in Germany and Occupied Eastern*

Europe, with Special Regard to Occupied Poland, 1939–1945. Baltimore, MD 2003, S. 121–127, 246–248.

76 T. Zahra, «‹Children Betray Their Father and Mother›: Collective Education, Nationalism, and Democracy in the Bohemian Lands, 1900–1948», in *Raising Citizens in the «Century of the Child»: The United States and German Central Europe in Comparative Perspective*, ed. by D. Schumann. Oxford 2010, S. 187, 196–197.

77 A. Warring, «Intimate and Sexual Relations», in *Surviving Hitler and Mussolini: Daily Life in Occupied Europe*, ed. by R. Gildea, O. Wieviorka & A. Warring. Oxford 2007, S. 88–128.

78 Beschluss Nr. 12 250/M. E. (1945), 22.12.1945, FO 371/55 390.

79 Polnisches Rotes Kreuz, Wrocław, an den Hauptdelegierten für Repatriierungsangelegenheiten, MZO, 3.7.1946, MZO 527c/B-7332, AAN.

80 Memorandum S. Jarzyk, Büro des Bevollmächtigten für Niederschlesien, 12.2.1946, MZO 323/B-5427, AAN.

81 Zit. n. *Dokumentation der Vertreibung der Deutschen aus Ost-Mitteleuropa*, IV, 1, S. 240–241.

82 Frommer, «Expulsion or Integration», S. 388.

83 *Nová doba*, 23.8.1946.

84 *Obzory*, 24.11.1945.

85 Zit. n. Frommer, «Expulsion or Integration», S. 393.

86 Das Datum der Mobilmachung der tschechoslowakischen Armee zu Beginn der Sudetenkrise.

87 Zit. n. Frommer, «Expulsion or Integration», S. 392–393.

88 *Ibid.*, S. 399, Fn.64.

89 *Právo lidu*, 3.8.1946.

90 Ehegesetz vom 24.9.1946, Art. XII, zit. n. J. Szwłdrzyński, *The Pattern of Life in Poland*, VI, *The Family*. Paris 1952, S. 47.

91 E. Roman, *Hungary and the Victor Powers 1945–1950*. New York 1996, S. 66.

92 Aussage einer 26 Jahre alten in Potulice internierten Frau, o. D., mit Begleitbrief von O. P. Brennscheidt [dem Cousin der Frau] an IKRK, 15.6.1947, G 97/1159, IKRK.

93 M. Kent, *Eine Porzellanscherbe im Graben: eine deutsche Flüchtlingskindheit*. München 2003, S. 83.

94 HQ Military Government, Lk Husum & Eiderstedt, CCG (BE) an 312 HQ Military Government, Schleswig-Holstein Region, 16.9.1946, FO 1052/358.

95 Nicht unterschriebener Brief an das Landratsamt Herford betr. Robert Hauk, 16.5.1946; betr. Josefa Arndt, 15.5.1946; betr. Ida Hartmann, o. D. (Mai 1946); betr. Magdalena Martin, o. D. (Mai 1946); betr. Lisbeth Fladda, o. D. (Mai 1946). FO 1052/474.

96 Siehe z. B. den Brief von H. J. von Joeden, 1.7.1946, G 97/Schachtel 1161, IKRK.

97 Chief Secretary, Office of the Deputy Military Governor, an General Department, Control Office for Germany and Austria, 14.6.1946, FO 1049/515.

98 Aussage M. Runge, 11.4.1946, FO 1052/323.

99 Dr. Mawick, Oberkreisdirektor des Kreises Grafschaft Bentheim, an den Oberpräsidenten, Kreisjugendamt, Hannover, 16.4.1946, FO 1052/474. Mit «polnischer Besatzungszone» sind im Zitat die unter polnischer Verwaltung stehenden Gebiete gemeint.

100 O. Lehner, Leiter der IKRK-Delegation, Prag, an Innenministerium, 6.8.1947, G 97/1162, IKRK.

101 Davies & Moorhouse, *Die Blume Europas*, S. 550.

102 K. Cordell & S. Wolff, «Ethnic Germans in Poland and the Czech Republic: A Comparative Evaluation», *Nationalities Papers*, 33 (2005), S. 262, 268.
103 Macardle, *Children of Europe*, S. 285.
104 Unveröff. Erinnerungen, Typoskript, «Whose Children», Nachlass Aleta Brownlee, Schachtel 9, Teil II, S. 201.
105 Rundbrief Brownlee, 20.9.1948, Nachlass Brownlee, Schachtel 5, Ordner «Displaced Persons – Children: Ethnic Germans (Volksdeutsche), 1945–1949».
106 W. Byford-Jones, *Berlin Twilight*. London 1947, S. 54–55.
107 Swanstrom, *Pilgrims of the Night*, S. 49.

Kapitel 9

Der Wilde Westen

1 Memorandum Inspektor Jan Slowikowski, MZO, 18.8.1948; Aussage Tomasz Dziedzic, Stadtverwaltung Jelenia Góra, in Szklarska Poręba, 9.2.1948; Memorandum Ryszard Pietkiewicz, Siedlungsabteilung, Wojewodschaft Wrocław, 29.1.1948; Aktennotiz Kazimierz Ociepka, Szklarska Poręba, 12.5.1948; Aktennotiz Dziedzic, 13.5.1948, MZO-Akten, AAN 196, Akte 783/B-5903, AAN.
2 Zit. n. Raška, *The Czechoslovak Exile Government in London*, S. 66.
3 Zeman & Klimek, *Life of Edvard Beneš*, S. 189.
4 Zit. n. E. Glassheim, «Ethnic Cleansing, Communism, and Environmental Devastation in Czechoslovakia's Borderlands, 1945–1989», *Journal of Modern History*, 78, 1 (2006), S. 78.
5 Cavendish-Bentinck an Bevin, 13.9.1945, FO 371/47608.
6 C. Kraft, «Who is a Pole and Who is a German? The Province of Olsztyn in 1945», *Redrawing Nations*, S. 116.
7 *Manchester Guardian*, 30.10.1944.
8 J. Krejčí & P. Machonin, *Czechoslovakia, 1918–92: A Laboratory for Social Change*. New York 1996, S. 79.
9 A. Suppan, *Austrians, Czechs, and Sudeten Germans as a Community of Conflict in the Twentieth Century*. Minneapolis, MN 2006, S. 34.
10 I. S. Pogány, *Righting Wrongs in Eastern Europe*. Manchester 1997, S. 54.
11 *The Economist*, 1.1.1944.
12 Olejnik, *Zdrajcy narodu? Losy volksdeutschów w Polsce p II wojnie Światowej*. Warschau 2006, S. 27–28, 32.
13 Dubiański, *Obóz Pracy w Mysłowicach w latach 1945–1946*, S. 7; A. Ehrlich, «Between Germany and Poland: Ethnic Cleansing and Politicization of Ethnicity in Upper Silesia under National Socialism and Communism, 1939–1950.» Diss., Indiana University, 2005, S. 209, 220.
14 Dekret zit. n. *Dokumentation der Vertreibung der Deutschen aus Ost-Mitteleuropa*, IV, 1, S. 225; siehe Z. Radvanovský, «The Social and Economic Consequences of Resettling Czechs into Northwestern Bohemia, 1945–1947», *Redrawing Nations*, S. 251.
15 Zit. n. Y. Weiss, «Ethnic Cleansing, Memory and Property – Europe, Israel/Palestine, 1944–1948» in: *Jüdische Geschichte als allgemeine Geschichte: Festschrift für Dan Diner*, hg. v. R. Gross & Y. Weiss. Göttingen 2006, S. 164.

16 FO Economic Intelligence Department, «The Polish Settlement and the Population of Germany», 27.8.1945, FO 371/46 990.
17 Unsigniertes Memorandum der polnischen Exilregierung, London, «Conditions in Poland (Memorandum Nr. 5)», o. D. (ca. Juni 1945), FO 371/47 649.
18 L. G. Holliday, First Secretary (Commercial), British Embassy, Warsaw, «Report on a Tour of the Baltic Ports», o. D. (ca. 16.9.1945), FO 371/47 650.
19 Holliday, «Observations on a Tour Made Between May 5th and May 14, 1946 by Mr L. G. Holliday, First Secretary (Commercial) of H. M. Embassy, Warsaw», 20.5.1946, FO 371/3659.
20 P. Ther, *Deutsche und polnische Vertriebene: Gesellschaft und Vertriebenenpolitik in der SBZ/DDR und in Polen 1945–1956*. Göttingen 1998, S. 190; Memorandum des Special Reports Branch, H.Q. Intelligence Division, CCG (BE), 18.5.1947, FO 943/321.
21 Cavendish-Bentinck an Hankey, 24.9.1946, FO 371/56 691.
22 Memorandum ohne Titel von G. Lias, 10.6.1947, mit Begleitbrief von Sir Anthony Rumbold, Britischer Botschafter, Prag, an G. M. Warr, Northern Department, FO, 15.8.1947, FO 371/65 823.
23 J. Topinka, «Zapomenutý kraj: České pohranici 1948–1960 a takzvaná akce dosídlení», *Soudobé dějiny*, 12 (2005), S. 538–539.
24 *Svobodné slovo*, 2.8.1945.
25 *Pravda* (Plzeň), 26.9.1946.
26 Davies & Moorhouse, *Die Blume Europas*, S. 506.
27 T.D. Curp, «The Politics of Ethnic Cleansing: The P. P. R., the P. Z. Z. and Wielkopolska's Nationalist Revolution, 1944–1946», *Nationalities Papers*, 29, 4 (2001), S. 585.
28 Jan Czyżew, Büro des Starost, Gdańsk, «Lagebericht für April 1946 aus dem Verwaltungsbezirk Bytow, Wojewodschaft Gdańsk», o. D., AAN 196, 666/B-5777, AAN.
29 Bericht von Major E.M. Tobin, o.D. [ca. April 1946], FO 1052/324; Lt.-Col. P. F. A. Growse, «Report by Liaison Team, Kohlfurt, up to 3 May 1946», 4.5.1946, FO 1052/474.
30 Kraft, «Who Is a Pole, and Who Is a German?», S. 114.
31 Bericht des British Army of the Rhine Intelligence Bureau über Befragung von Filip Stanisław Kornelak, 22.6.1946, FO 371/56 596.
32 anon., «Beobachtungen und Eindrücke von einer Reise Poznań/Posen-Szczecin/Stettin-Poznań/Posen», 27.8.1945, *Die Deutschen östlich von Oder und Neiße*, III, S. 384.
33 Staněk, *Verfolgung 1945*, S. 85.
34 Gerlach, «For Nation and Gain», S. 40–45.
35 J. Vaculík, «Reemigrace zahraničnich Čechů a Slováků v letech 1945–1948», *Slezský sborník*, 93, 1–2 (1995), S. 53–58.
36 Gerlach, «For Nation and Gain», S. 80.
37 *Ibid.*, S. 94.
38 A. Wiedemann, *«Komm mit uns das Grenzland aufbauen!» Ansiedlung und neue Strukturen in den ehemaligen Sudetengebieten 1945–1952*. Essen 2007, S. 165–169.
39 A. von Arburg, «Tak či onak: Nucené přesídlení v komplexním pojetí poválecne sídelní politiky v českých zemích», *Soudobé dějiny*, 10 (2003), S. 253.
40 P. B. Nichols, «The Transfer of Germans from Karlovy Vary», 30.11.1946, FO 371/56 070.

41 Bericht Pawel Grzeszczak, Umsiedlungsbeamter, Miastko, 28.6.1946, MZO-Akten, AAN 196, 666/B-5777.
42 Gerlach, «Beyond Expulsion», S. 280–281.
43 Major. A. D. Spottswood, Displaced Persons Division, U. S. Forces in Austria, an Col. E. E. Hyde, 28.12.1945, Office of Military Government for Germany Records of the Civil Administration Division: The Combined Repatriation Executive, U. S. Elements: «Records re Interzonal Population Transfers, 1945–49», Akte «C. R. X. Memos to Polish Representative», RG 260. 390/42/26–27/6–1, Schachtel 221, NARA.
44 Z. Březina, «The Czechoslovak Democrat: The Life, Writing, and Politics of Hubert Ripka from 1918 to 1945», Diss., Boston University, 2008, S. 260–261.
45 *Economist*, 20.7.1946.
46 Interview des *Spiegel* mit Bartoszewski, 2002, in: *Die Flucht: Über die Vertreibung der Deutschen aus dem Osten*, hg. v. S. Auer und S. Burgdorff. Stuttgart 2002, S. 166.
47 Curp, *A Clean Sweep?*, S. 56.
48 Holliday, «Observations on a Tour Made Between May 5th and May 14, 1946».
49 Siehe Strauchold, *Myśl zachodnia*, S. 86–87.
50 E. Hrabovec, «The Catholic Church and Deportation of Ethnic Germans from the Czech Lands», *Journal of Communist Studies and Transition Politics*, 16 (2000), S. 66.
51 F. Bednář, *The Transfer of Germans from Czechoslovakia from the Ideological and Ecclesiastical Standpoint*. Prag 1948, S. 26, 57–58.
52 Reverend Robert Smith, D. D., in *The Scotsman*, 5.11.1946.
53 Topinka, «Zapomenutý kraj», S. 554.
54 Transkript einer Sendung von Radio Warschau, 10.9.1945, FO 371/46 990.
55 P. Kenney, *Rebuilding Poland: Workers and Communists, 1945–1950*. Ithaca, NY 1997, S. 140.
56 Unsigniertes u. undatiertes Memorandum «Land Reform» (ca. September 1945), FO 371/47 651.
57 Cavendish-Bentinck an Sargent, 26.8.1945, FO 371/47 650.
58 Curp, *A Clean Sweep?*, S. 54.
59 Holliday, «Observations of a Tour Made Between May 5th and May 14, 1946.»
60 *Ibid.*
61 Ther, *Deutsche und polnische Vertriebene*, S. 167.
62 Holliday, «Report on a Tour in Silesia», 28.8.1945, FO 371/47 650.
63 Davies & Moorhouse, *Die Blume Europas*, S. 529–531. Zu den Schwierigkeiten bei dieser doppelten Bevölkerungsverschiebung vgl. jetzt auch am Beispiel der Stadt Jelenia Góra (Hirschberg): H. Service, «Reinterpreting the Expulsion of Germans from Poland 1945–49», *Journal of Contemporary History* 47,3 (2012), S. 528–550.
64 Charles Lambert, *Daily Herald*, 7.11.1945.
65 Transkript einer Sendung von Radio Lublin, 2.6.1945, FO 371/46 731.
66 Zit. n. Kenney, *Rebuilding Poland*, S. 143.
67 Unsignierter Brief, «A Trip to Stettin», 15.8.1945, mit Begleitbrief von Cavendish-Bentinck an Bevin, 23.8.1945, FO 371/47 650.
68 R. M. A. Hankey & M. B. Winch, «Tour of Upper and Lower Silesia – September 1945», 8.10.1945, FO 371/47 651.
69 J. Walters, Britischer Vizekonsul, Szczecin, «Stettin General Report No. 3», 26.5.1946, FO 371/56 596.

70 Memorandum F. Król, Wojewodschafts-Umsiedlungskommission in Bydgoszcz, 5.9.1945, MZO 665/B-5776, AAN.
71 Der Minister für die Wiedergewonnenen Gebiete an die Marschälle der Sowjetunion …, 10.1.1946, *Die Deutschen östlich von Oder und Neiße*, I, S. 205.
72 Ein ähnliches Muster in der sowjetischen Besatzungszone bei Naimark, *Die Russen in Deutschland*, S. 118–119.
73 Aussage A. Richter, Brackewede bei Bielefeld, 17.4.1946, FO 1052/324.
74 J. Egit, *Grand Illusion*. Toronto 1991.
75 Zit. n. D. J. Allen, *The Oder-Neisse Line: The United States, Poland and Germany in the Cold War*. Westport, CT 2003, S. 52.
76 Cavendish-Bentinck an Bevin, 21.9.1946, FO 371/56 598; Lane, *I Saw Poland Betrayed*, S. 262–263.
77 F. N. B. Bourdillon, «Impressions of Poland», o. D. (ca. November 1945), FO 371/56 598.
78 D. Gosewinkel & S. Meyer, «Citizenship, Property Rights and Dispossession in Postwar Poland (1918 and 1945)», *European Review of History*, 16, 4 (2009), S. 587.
79 R. Blanke, «When Germans and Poles Lived Together: From the History of German-Polish Relations», *Germany and Eastern Europe: Cultural Identities and Cultural Differences*, ed. by K. Bullivant et al. Amsterdam 1999 [*Yearbook of European Studies*, 13], S. 47.
80 Bericht von Grzeszczak, 17.5.1946, MZO 666/B-5777, AAN.
81 Holliday, «Report on a Tour in Silesia», 28.8.1945, FO 371/47 650.
82 Entwurf eines Berichts über eine vom Inspektor der Überwachungsabteilung des MZO durchgeführte Untersuchung …, 27.10.1945, *Die Deutschen östlich von Oder und Neiße*, III, S. 481.
83 Olejnik, *Zdrajcy narodu?*, S. 105.
84 Bericht des Mitglieds der Wojewodschafts-Verifizierungskommission, Mirosław Dybowski, 24.5.1946, *Die Deutschen östlich von Oder und Neiße*, IV, S. 217–218.
85 Olejnik, *Zdrajcy narodu?*, S. 121.
86 Unsigniertes u. undatiertes MZO-Memorandum (ca. Dezember 1947), «Die Frage der Eigentumsrückgabe an Personen, die während des Krieges 1939–1945 ihre Nationalität entwürdigten/Die sog. Volksdeutschen», MZO 499/B-5609, AAN.
87 Olejnik, *Zdrajcy narodu?*, S. 106–107.
88 A. Malinowski, Rechtsabteilung, Hauptabwicklungsamt, Łódź, an Finanzministerium, 26.7.1947, MZO 499/B-5609, AAN.
89 Lt.-Col. C. R. S. Wheeler, «Tour of 1427 Kes by Lt.-Col. Wheeler», o. D., FO 371/48 590.
90 E. M. Barker, «Notes on a Journey to Transylvania February 21–26 1946», o. D., FO 371/59 125.
91 Portmann, «Politik der Vernichtung?», S. 335; R. C. S. Stevenson, Britischer Botschafter, Belgrad, an Bevin, 23.11.1945, FO 371/48 876.
92 Portmann, «Repression und Widerstand auf dem Land: Die kommunistische Landwirtschaftspolitik in der jugoslawischen Vojvodina (1944 bis 1953), *Südost-Forschungen*, 65/66 (2006), S. 370–393.
93 Rede von Nosek in Liberec, 14.7.1946, zit. n. British Embassy Weekly Information Supplement for the week of July 12–18, 1946, FO 371/56 004.
94 Memorandum W. Barker, Erster Sekretär, Britische Botschaft, Prag, 29.6.1945, FO 817/14.
95 L. G. Holliday, «Memorandum», 28.10.1946, FO 371/55 831.

96 Zit. n. Glassheim, «Ethnic Cleansing, Communism, and Environmental Devastation», S. 74.
97 Curp, *A Clean Sweep?*, S. 84.
98 E. Langenbacher, «Ethical Cleansing?: The Expulsion of Germans from Central and Eastern Europe», in *Genocides by the Oppressed: Subaltern Genocide in Theory and Practice*, ed. by N. A. Robins & A. Jones. Bloomington, IN 2009, S. 64.
99 Befehl vom 18.10.1944, zit. n. Portmann, «Politik der Vernichtung?», S. 342.
100 T. Urban, *Der Verlust: Die Vertreibung der Deutschen und Polen im 20. Jahrhundert*. München 2004, S. 181.
101 J. Yoshioka, «Imagining their Lands as Ours: Place Name Changes on Ex-German Territories in Poland after World War II», in *Regions in Central and Eastern Europe: Past and Present*, ed. by T. Hayashi. Sapporo 2007, S. 285.
102 Davies & Moorhouse, *Die Blume Europas*, S. 547–548.
103 Topinka, «Zapomenutý kraj», S. 552.
104 Wiedemann, *«Komm mit uns das Grenzland aufbauen!»*, S. 411, 427.
105 Djilas, *Krieg der Partisanen*, S. 540–541.
106 B. F. Abrams, «Morality, Wisdom and Revision: The Czech Opposition of the 1970s and the Expulsion of the Sudeten Germans», *East European Politics and Societies*, 9, 2 (1995), S. 245–246.
107 Glassheim, «Ethnic Cleansing, Communism, and Environmental Devastation», S. 88.
108 Strauchold, *Myśl zachodnia*, S. 322.
109 L. Dura, zit. n. *ibid.*, S. 334.
110 H.-Å. Persson, «Viadrina to the Oder-Neisse Line: Historical Evolution and Regional Cooperation», in *Regions in Central Europe: The Legacy of History*, ed. by S. Tägil. West Lafayette, IN 1999, S. 242.
111 Ther, *Deutsche und polnische Vertriebene*, S. 225.
112 C. Murdock, *Changing Places: Society, Culture and Territory in the Saxon-Bohemian Borderlands, 1870–1946*. Ann Arbor, MI 2010, S. 208.

Kapitel 10

Die internationale Reaktion

1 J. Kostka an OMGUS, Frankfurt am Main, 27.11.1947, OMGUS RG 260/390/42/24–25/7–1, Schachtel 128, NARA.
2 Kanzlei, Britische Botschaft, Warschau, an Northern Department, Foreign Office, 9.3.1948; Northern Department an Political Division, CCG (BE), 9.4.1948, FO 1049/1514.
3 S. Casey, *Cautious Crusade: Franklin D. Roosevelt, American Public Opinion, and the War against Nazi Germany*. New York 2001, S. 222; G. MacDonogh, *After the Reich*, S. 11. Siehe auch A. Capet, «Deux regards antinomiques sur l'Allemagne, 1933–1946», in *Contre le nazisme ou contre l'Allemagne? Le débat sur l'anti-germanisme en Grande-Bretagne depuis la deuxième guerre mondiale*, hg. v. J.-P. Pichardie. Rouen 1998, v. a. S. 7–16.
4 H. Ripka, «Czechoslovakia's Attitude to Germany and Hungary», *Slavonic and East European Review* 23 (1945), S. 48.

5 *Daily Herald*, 19.9. u. 20.9.1945.
6 G. Reés, «Problems of Germany», *Spectator*, 2.11.1945.
7 A. Jones, Ehrensekretär, Peace Pledge Union, Coventry, an Bevin, 11.9.1945; unsignierte Aktennotiz, 27.9.1945, FO 371/46 812.
8 George Bell, Bischof von Chichester an Attlee, 4.9.1945; Aktennotiz Troutbeck, 8.9.1945, FO 371/46 812; *Daily Herald*, 14.9.1946; *Times*, 26.10.1945; Frank, *Expelling the Germans*, S. 157–158.
9 *Times*, 23.10.1946.
10 V. Gollancz, *In Darkest Germany*. Hinsdale, IL 1947, S. 19.
11 *Daily Herald*, 27.11.1945.
12 Church of England. Synod of York. *The York Journal of Convocation, Containing the Acts and Debates of the Convocation of the Province of York in the Sessions of 11th and 12th October, 1945*. York 1945, S. 54.
13 *Times*, 3.1.1946.
14 J. Farquharson, «‹Emotional but Influential›: Victor Gollancz, Richard Stokes and the British Zone of Germany, 1945–9», *Journal of Contemporary History*, 22, 3 (1987), S. 505–506, 511.
15 *Observer*, 13.11.1946.
16 M. Frank, «The New Morality – Victor Gollancz, ‹Save Europe Now› and the German Refugee Crisis, 1945–46», *Twentieth Century British History*, 17, 2 (2006), S. 255.
17 Orzoff, *Battle for the Castle*, S. 71.
18 *Ibid.*, S. 74.
19 Rundbrief von General Josef Bartík, Innenministerium, 13.10.1945, ÚPV-T-Akten, Schachtel 11, Dok. 782; Innenministerium an Fierlinger, 19.9.1945, ÚPV-T, Schachtel 11, Dok. 831; Innenministerium an Fierlinger, 30.11.1945, ÚPV-T, Schachtel 11, Akte 1064, NAČR. Einen nützlichen Überblick über die tschechoslowakischen Geheimdienste in dieser Periode gibt I. Lukes, «The Czechoslovak Special Services and their American Adversary during the Cold War», *Journal of Cold War Studies*, 9, 1 (2007), S. 3–28.
20 P. Knightley, *The First Casualty: From the Crimea to Vietnam—The War Correspondent as Hero, Propagandist, and Myth Maker*. New York 1975, S. 251–252, 266.
21 Postzensur-Transkript eines Briefs von Parker an Barrington-Ward, 9.7.1945, FO 371/47 090.
22 M. G. Hindus, *We Shall Live Again*. New York 1939.
23 G. Bilainkin, *Second Diary of a Diplomatic Correspondent*. London 1947, S. 380 (Eintrag vom 16.11.1945).
24 L. Steinhardt an J. Byrnes, 3.11.1945; Steinhardt an Byrnes, 6.12.1945, Records of the U. S. Department of State Relating to the Internal Affairs of Czechoslovakia 1945–1949, RG 59, LM 84, 860F. 00, Spule 1, NARA.
25 Siehe z. B. *New Statesman and Nation*, 27.10.1945.
26 Bilaínkin, *Second Diary of a Diplomatic Correspondent*, S. 263–264 (Eintrag vom 28.9.1945).
27 Zit. n. J. B. Schechtman, *Postwar Population Transfers in Europe 1945–1955*. Philadelphia, PA 1962, S. 69.
28 Frank, *Expelling the Germans*, S. 188–189.
29 *Ibid.*, S. 189.
30 *Svobodné noviny*, 17.10.1945.
31 Zu Einzelheiten von Haffners Haltung zum «Pan-Germanismus» siehe seine

posthum veröffentlichte *Geschichte eines Deutschen: Die Erinnerungen 1914–1933*. Stuttgart 2000. Siehe auch J. P. Schmied, *Sebastian Haffner. Eine Biographie*. München 2010, S. 33–56.

32 J. Bartl, «Internační tábory: Lživá propaganda o týraní Němců,» *Pravda* (Plzeň), 28.12.1945.

33 *Dziennik polski*, 18.10.1945.

34 Siehe den Text des angeblichen Interviews mit Lt.-Col. P. F. A. Growse in *Przesiedlenie ludności niemieckiej*, S. 203; Telegramm CCG (BE), Berlin, an 508 (R) Detachment, Military Government, 20.4.1946, über angebliche Äußerungen von Capt. Thomson, Szczecin, gegenüber dem *Kurier Szczeciński*; CCG (BE) an 709 (R) Detachment, 22.4.1946, über angebliche Äußerungen von Growse; Telegramm 508 (R) Detachment an CCG (BE), 9.5.1946; CCG (BE) an Kriegsministerium, 11.5.1946, FO 1052/323.

35 *New York Times*, 23.10.1946.

36 Rundbrief C. T. Emmet, 30.6.1947; Dr Alexander Boeker an Prof. Ferdinand A. Hermens, Notre Dame University, 24.11.1947, Christopher T. Emmet papers, acc. 74 105 8M. 47/48, Schachtel 19, Hoover Institution Archives, Stanford University, Palo Alto, California.

37 Committee Against Mass Expulsions, *Men Without the Rights of Man: A Report on the Expulsion and Extermination of German Speaking Minority Groups in the Balkans and Prewar Poland*. New York 1948, S. 3.

38 Siehe S. Casey, «The Campaign to Sell a Harsh Peace for Germany to the American Public, 1944–1948», *History*, 90, 1 (2005), S. 62–92.

39 Wm. Jay Schieffelin & Brackett Lewis, American Friends of Czechoslovakia, an Oswald Garrison Villard, 22.3.1946, Emmet papers, acc. 74 105 8M. 47/48, Schachtel 19.

40 Churchill, 15.8.1945, *Reden*, VI: *Endsieg*. Zürich 1950, S. 365.

41 *Daily Herald*, 6.3.1946.

42 81st Congress, 2nd Session. *Expellees and Refugees of German Ethnic Origin: Report of a Special Subcommittee of the Committee on the Judiciary, House of Representatives, Pursuant to H. Res. 238, A Resolution to Authorize the Committee on the Judiciary to Undertake a Study of Immigration and Nationality Problems* (Report No. 1841). Washington, DC 1950, S. 6.

43 *Mercury* (Hobart), 16.10.1945.

44 Siehe *Constitution of the International Refugee Organisation*, 14.1.1947, Anhang I, Teil II: «Persons Who Will Not Be the Concern of the Organization.»

45 Dr. H. G. Beckh an G. W. von Fleckenstein, German-American League, Montrose, CA, 10.3.1947; Dr. R. Voegeli, Chef, Division des Délégations, IKRK, Genf, an Dr. K. Laupper, Büro Linz, 20.9.1946, IKRK-Akten, Archives Générales 1918–1950, G. 97/IV, Schachtel 1155.

46 Siehe die Dankesbriefe deutscher Vertriebener für irische Hilfe. Akten des irischen Außenministeriums, 419/4/22/2A, National Archives of Ireland, Dublin; Beckh an Roger Gallopin, Direktor, IKRK, 18.5.1949, Archives Générales 1918–1950, G 97/IV, Schachtel 1156, IKRK.

47 U. S. Congress, *Displaced Persons in Europe and their Resettlement in the United States*.

48 Phayer, «Pius XII and the Genocides of Polish Catholics and Polish Jews», *Kirchliche Zeitgeschichte*, 15, 1 (2002), S. 261–262.

49 Siehe J. Pietrzak, «Działalność kard. Augusta Hlonda jako wysłannika papies-

kogo na Ziemiach Odyskanich w 1945 r», *Nasza Przeslosc*, 42 (1974), S. 195–249; V. C. Chrypinskij, «Church and Nationality in Postwar Poland», in *Religion and Nationalism in Soviet and East European Politics*, ed. by S. P. Ramet. Durham, NC 1988, S. 244–246.

50 Siehe z. B. *Economist*, 22.3.1947.

51 Memorandum P. B. Nichols, 10.10.1945, FO 817/14.

52 Zit. n. T. Zahra, «A Human Treasure: Europe's Displaced Children Between Nationalism and Internationalism», in *Post-war Reconstruction in Europe: International Perspectives 1945–1949*, ed. by M. Mazower, J. Reinisch & D. Feldman. Oxford 2011, S. 337.

53 Aktennotiz A. W. H. Wilkinson, 29.11.1947, FO 371/64 225.

54 «Memorandum Concerning an Immigration to Sweden of Displaced Persons from Austria, Written in Consequence of Lieutenant General J. Balmer's Letter to Sweden's Chargé d'Affaires in Vienna, Malling, June 17, 1947», FO 371/66 754.

55 Major H. Jacobsen, Norwegische Militärmission, an W. W. Schott, Chief, Allied Liaison & Protocol Section (U. S. Element), Berlin, 19.7.1947, Office of Military Government for Germany, Records of the Civil Administration Division, Prisoners of War & Displaced Persons Branch: Records Relating to Expellees in the U.S. Zone, 1945–49, RG 260/390/42/26/1–2, Schachtel 189, Akte «Expellees (Czech) 1947», NARA.

56 W. B. Bradshaw, Ministry of Labour and National Service, an T. J. Bligh, Treasury, 18.10.1948, LAB 9/193.

57 Memorandum des Committee for Christian Action, o. D. (ca. Januar 1951), Displaced Persons Commission, Legal Division General Records, Subject File, RG 278/350/C/48/02, Schachtel 63, Akte «German Ethnic», NARA

58 *New York Times*, 17.3.1947.

59 G. E. C. Ball, Ministry of Labour and National Service, an W. B. Bradshaw, 16.12.1948, LAB 9/13.

60 C. Lieb, «Moving West: German-Speaking Immigration to British Columbia, 1945–1961», Diss., University of Victoria, 2008, S. 106.

61 Rede von Gibson, 1.10.1951, Records of the Displaced Persons Commission, Legal Division General Records, Subject File, RG 278/350/C/48/02, Schachtel 63, Akte «German Ethnic», NARA.

Kapitel 11

Der Neubeginn

1 Siehe S. J. Wiesen, *West German Industry and the Challenge of the Nazi Past, 1945–1955*. Chapel Hill, NC 2003, S. 60–64.

2 S. Schraut, *Flüchtlingsaufnahme in Württemberg-Baden 1945–1949: Amerikanische Besatzungsziele und demokratischer Wiederaufbau im Konflikt*. München 1995, S. 45.

3 «Outline Sketch of British Military Government in Germany», o. D. (ca. Mai 1945), FO 371/46 974.

4 Zit. n. Farquharson, «‹Emotional but Influential›», S. 511.

5 M. Balfour & J. Mair, *Four-Power Control in Germany and Austria 1945–1946*. Oxford 1956, S. 76.

6 *Manchester Guardian*, 15.10.1945.

7 R. R. Plummer, Manpower Division, Military Government, «Report on Visits to German Refugee Camp, Krupp Strasse, Tiergarten, 17th and 18th Sept. 1945», 20.9.1945; Plummer, «Refugees: The Position As It Affects Berlin», 22.9.1945, FO 1049/205.

8 Brigadier W. R. N. Hinde, Deputy Military Governor, British Troops, Berlin, an Main HQ, CCG (BE), Lübbecke, 7.11.1945, FO 1032/2298.

9 *Economist*, 16.11.1945.

10 414 *H. C. Deb.* 5s., c. 370 (26.10.1945).

11 I. T. M. Pink, Political Division, CCG (BE), an Kenchington, 4.2.1946; Robertson an Street, 23.2.1946, FO 1049/492.

12 Lt.-Col. H. S. Messec, Prisoners of War & Displaced Persons Division, OMGUS, an Brigadier A. C. Kenchington, Prisoners of War & Displaced Persons Division, CCG (BE), 9.1.1948; «Minutes of Second Meeting of U. S. and British Military Government Representatives on Expellees and Dislodged Germans», 6.2.1948, Office of the Military Government for Germany, Prisoners of War and Displaced Persons Branch, OMGUS RG 260/390/42/24–25/7–1, Schachtel 131, Akte «Meetings General», NARA

13 P. Ther, «Expellee Policy in the Soviet-Occupied Zone and the GDR: 1945–1953», in *Coming Home to Germany? The Integration of Ethnic Germans from Central and Eastern Europe in the Federal Republic*, ed. by D. Rock & S. Wolff. Oxford 2002, S. 60.

14 *News Chronicle*, 31.1.1946.

15 *Manchester Guardian*, 19.10.1945.

16 *Ibid.*, 5.11.1945.

17 *Economist*, 10.11.1945.

18 *News Chronicle*, 30.8.1945.

19 Balfour & Mair, *Four-Power Control in Germany and Austria*, S. 7–8.

20 Redetext von Werner Middelmann, Ministerialdirigent, Bundesministerium für Vertriebene, Bonn, bei der Konferenz der Rotkreuzgesellschaften, Hannover, 9.-14.4.1951, UN-Hochkommissar für Flüchtlinge, Serie 1, Classified Subject Files 1951–1970, Fond 11: Akten der Zentralregistratur, Schachtel 265, Akte 15/4/1 (Teil I), Archive des UN-Hochkommissars für Flüchtlinge (im Folgenden UNHCR), Genf; Wohnungsgesetz: www.verfassungen.de/de/de45–49/kr-gesetz18.htm.

21 Brief A. Richter, 17.4.1946, FO 1052/324.

22 *British Zone Review*, 1, 17 (11.5.1946).

23 H. Lukaschek, Bundesvertriebenenminister, «Die Bedeutung der Heimatvertriebenen in der Deutschen Bundesrepublik (Westdeutschland)», o. D. [ca. April 1950], Bundeskanzleramt B 136/805, Bundesarchiv Koblenz (im Folgenden BAK).

24 I. Connor, *Refugees and Expellees in Post-War Germany*. Manchester 2007, S. 206.

25 Frau Oehler, Deutsches Rotes Kreuz, Hannover, «Report on the Inspection of Refugee Accommodation», 8.11.1946, FO 1032/2293; Major S. L. Hatch, Chief, Public Welfare & Displaced Persons Division, OMGUS, Hessen, «Weekly Summary Report of Public Welfare & Displaced Persons Division of Week 14–20 September 1946», 21.9.1946; selber Titel, Woche vom 5.-11.1.1947, 13.1.1947, Office of Military Government, Hessen, Civil Administration Division: Correspon-

dence re. Public Welfare Branch Activities, 1945–48, RG 260/390/49/26–27/4–5, Schachtel 1113, Akte «Weekly Summaries», NARA.

26 Office of Military Government for Greater Hesse, «Report on Länderrat Meeting, Evacuee Committee, held on 28 May 1946, 1000 hrs, at Stuttgart, Villa Reitzenstein», 30.5.1946. Office of Military Gouvernment for Germany, Prisoners of War & Diplaced Persons Branch, RG 260/390/42/26/1–2, Schachtel 130, NARA.

27 Völklein, *«Mitleid war von niemand zu erwarten»*, S. 56.

28 S. Wolff, *The German Question since 1919*. Westport, CT: 2003, S. 79.

29 Richard Wilberforce, Control Office for Germany and Austria, London, to P. Dean, Foreign Office, 9.8.1946, FO 371/55 913.

30 Zit. n. M. Krauss, «Die Integration Vertriebener am Beispiel Bayerns – Konflikte und Erfolge», in *Geglückte Integration? Spezifika und Vergleichbarkeiten der Vertriebenen-Eingliederung in der SBZ/DDR*, hg. v. D. Hoffmann & M. Schwartz. München 1999, S. 50. Siehe auch V. Ackermann, «Homo barackensis: Westdeutsche Flüchtlingslager in den 1950er Jahren,» in *Anknüpfungen: Kulturgeschichte – Landesgeschichte – Zeitgeschichte*, hg. v. V. Ackermann, B.-A. Rusinek & F. Wiesemann. Essen 1995, S. 330–346.

31 M. Klug, «Bericht über Flüchtlingslager Burlagsberg bei Löningen i[m] O[ldenburger Münsterland]», o. D. (ca. Oktober 1952), Akten des Bundesministeriums für Vertriebene, Flüchtlinge und Kriegsgeschädigte, B 150/569, Ordner 1, BAK.

32 E. C. Wilkinson, Minister of Education, «Visit to Germany, 2nd-6th October, 1945», 10.10.1945, FO 371/46 935; HQ, Company D, 3rd Mil Govt Regiment, Welfare-Refugee Section, U. S. Army, weekly report for week ending August 16, 1947, Office of the Military Government for Germany. Prisoners of War and Displaced Persons Branch. Schachtel 127, Akte «Chronological File of Outgoing Correspondence», RG 260/ 390/42/24–25/7–1, NARA; D. Favre, Delegation Baden-Baden, IKRK, «Camp de Refugiés de Giessen», 8.2.1950, IKRK-Akten, Archives Générales 1918–1950, G. 97/IV, Schachtel 1157, IKRK.

33 H. Marcuse, *Legacies of Dachau: The Uses and Abuses of a Concentration Camp, 1933–2001*, Cambridge 2001, S. 162.

34 M. McLaren, «‹Out of the Huts Emerged a Settled People›: Community-Building in West German Refugee Camps», *German History*, 28 (2010), S. 41.

35 N. Gregor, *Haunted City: Nuremberg and the Nazi Past*. New Haven, CT 2008, S. 45.

36 M. F. Cullis, «Report on Visit to Displaced Persons' Camps in British Zone of Austria», o. D. (ca. August 1946), FO 1020/36.

37 Connor, *Refugees and Expellees in Post-War Germany*, S. 207.

38 Dr. J. Richter, Direktor, Volksdeutsche Beratungsstelle, «Report on the Present Situation of the Volksdeutsche in Austria», September 1950, FO 1020/2519.

39 D. A. Griffin, Assistent des Chief Civil Affairs Officer, Land Kärnten, an den Sekretär der Landwirtschaftskammer, Klagenfurt, 8.9.1947, FO 1020/2748.

40 Richter, «Report on the Present Situation of the Volksdeutsche in Austria», FO 1020/2519.

41 Autorisierter Vertreter des Regierungspräsidenten für die Transitlager in Siegen an Britische Militärregierung, 24.3.1946, FO 1051/498.

42 Office of Military Government for Greater Hesse, «Report on Länderrat Meeting, Evacuee Committee, held on 26 Apr 46 1000 hrs, at Stuttgart, Villa Reitzenstein» RG 260/390/42/26/1–2, Schachtel 130, NARA.

43 Major-General W. C. D. Knapton, DCOS (Executive), CCG (BE), Lübbecke, an die stellvertretenden Regionalkommissare der Länder in der britischen Zone, 9.11.1948, FO 1032/2525.
44 Hatch, «Weekly Summary Report of Public Welfare & Displaced Persons Division of Week 7–13 September 1946», 17.9.1946, Office of Military Government, Hessen, Civil Administration Division: Correspondence re. Public Welfare Branch Activities, 1945–48, RG 260/390/49/26–27/4–5, Schachtel 1113, Akte «Weekly Summaries».
45 *Chicago Tribune*, 25.9.1947.
46 Connor, *Refugees and Expellees in Post-War Germany*, S. 204.
47 George Weisz, Chief, Refugee Branch, Civil Administration Division, OMGUS, an Mrs. H. Doerr, Democratization Branch, 7.4.1949, Office of the Military Government for Germany, Prisoners of War and Displaced Persons Branch, RG 260/390/42/24–25/7–1, Schachtel 127, Akte «Chronological File of Outgoing Correspondence», NARA.
48 A. Kossert, *Kalte Heimat: Die Geschichte der deutschen Vertriebenen nach 1945*. Berlin 2008, S. 49.
49 «An Investigation to Determine Any Changes in Attitudes of Native Germans Toward the Expellees in Württemberg-Baden», 14.11.1946, Office of Military Government for Germany, OMGUS Surveys Branch, Information Control Division, RG 260/390/42/24–25/7–1, Schachtel 128, NARA.
50 Captain Walter Schoenstedt, HQ Company D, 3rd Mil Govt Regiment, Welfare-Refugee Section, OMG Bavaria, «Weekly Report for Week Ending 30 August 1947», 30.8.1947, Office of the Military Government for Germany, Prisoners of War and Displaced Persons Branch, RG 260/390/42/24–25/7–1, Schachtel 130; Memorandum Alfred J. Bach, Intelligence Detachment Heilbronn, OMG Württemberg-Baden, an Chief, Information Control Division, OMG Württemberg, 3.12.1946, Office of Military Government for Germany, Records of the Civil Administration Division, Prisoners of War & Displaced Persons Branch: Records Relating to Expellees in the U.S. Zone, 1945–49, RG 260/390/42/26/1–2, Schachtel 187, Akte «Psychological conditions–Buchen (Expellees)», NARA.
51 Landesrat Ludwig Oberzaucher, Graz, an Major E. J. Taylor, H. Q. Land Steiermark, Displaced Persons Section, 19.12.1946, FO 1020/2748.
52 Information Control Division Report no. 81, «German Reactions to Expellees and DPs», 3.12.1947, Office of Military Government for Germany, Records of the Civil Administration Division, Prisoners of War & Displaced Persons Branch: Records Relating to Expellees in the U.S. Zone, 1945–49, RG 260/390/42/26/1–2, Schachtel 187, Akte «Military Surveys (Expellees)», NARA.
53 Ein Beispiel bei A.R. Seipp, «Refugee Town: Germans, Americans and the Uprooted in Rural West Germany, 1945–52», *Journal of Contemporary History*, 44, 4 (2007), S. 675–695.
54 OMGUS Memorandumsentwurf, «Expellees», 8.2.1947, Office of Military Government for Germany, OMGUS Surveys Branch, Information Control Division, RG 260/390/42/24–25/7–1, Schachtel 128, NARA.
55 Information Control Division Report no. 81, «German Reactions to Expellees and DPs».
56 G. Weisz an Direktor, Civil Administration Division, 28.4.1949, Office of the Military Government for Germany, Prisoners of War and Displaced Persons

Branch, RG 260/390/42/24–25/7–1, Schachtel 127, Akte «Chronological File of Outgoing Correspondence», NARA.

57 Memorandum H. Parkman, Director, Civil Administration Division, 25.6.1946; Clay an Parkman, 27.6.1946, Office of Military Government for Germany, Records of the Civil Administration Division, Prisoners of War & Displaced Persons Branch: Records Relating to Expellees in the U.S. Zone, 1945–49, RG 260./390/42/26/1–2, Schachtel 190, Akte «Expellees Political Activity», NARA.

58 «Charta der deutschen Heimatvertriebenen», 5.8.1950, zit. n. www.bund-der-vertriebenen.de/derbdv/charta-dt.php3.

59 Economic Cooperation Administration, *Die Eingliederung der Flüchtlinge in die deutsche Gemeinschaft: Bericht der ECA Technical Assistance Commission für die Eingliederung der Flüchtlinge in die deutsche Bundesrepublik, ...* Bonn 1951, S. 81.

60 P. Ahonen, *After the Expulsions: West Germany and Eastern Europe 1945–1990*. Oxford 2003, S. 3. Zu den Vertriebenenverbänden vgl. Matthias Stickler, *«Ostdeutsch heißt Gesamtdeutsch»: Organisation, Selbstverständnis und heimatpolitische Zielsetzungen der deutschen Vertriebenenverbände 1949–1972*. Düsseldorf 2004.

61 A. Crawley, *The Spoils of War: The Rise of Western Germany 1945–1972*. New York 1973, S. 190. Für die Entstehung und die parlamentarische Geschichte des Lastenausgleichs siehe Wolfgang Fischer, *Heimat-Politiker? Selbstverständnis und politisches Handeln von Vertriebenen als Abgeordnete im Deutschen Bundestag 1949 bis 1974*. Düsseldorf 2010, S. 173–206.

62 Kossert, *Kalte Heimat*, S. 100.

63 M. L. Hughes, *Shouldering the Burdens of Defeat: West Germany and the Reconstruction of Social Justice*. Chapel Hill, NC 1999, S. 179.

64 Zit. n. Kossert, *Kalte Heimat*, S. 172. Das doppelte Spiel der SPD im Zusammenhang mit der Vertriebenenlobby wird diskutiert von Stickler, *«Ostdeutsch heißt Gesamtdeutsch»*, S. 236–279, 432.

65 Weisz an Director, Civil Administration Division, 28.4.1949, Office of the Military Government for Germany, Prisoners of War and Displaced Persons Branch, RG 260/390/42/24–25/7–1, Schachtel 127, Akte «Chronological File of Outgoing Correspondence», NARA.

66 Ahonen, *After the Expulsion*, S. 273–274.

67 J. Reinisch, «Refugees and Labour in the Soviet Zone of Germany 1945–49», in *The Disentanglement of Populations: Migration, Expulsion and Displacement in Post-War Europe, 1944–9*, ed. by J. Reinisch & E. White, Basingstoke 2011, S. 186.

68 Ther, *Deutsche und polnische Vertriebene*, S. 162.

69 Zit. nach Völklein, *«Mitleid war von niemand zu erwarten»*, S. 61.

70 Sir W. Strang an J. Troutbeck, 15.11. u. 27.11.1945, FO 371/46978; Strang an Troutbeck, 6.3. u. 18.4.1946, FO 1049/508.

71 Connor, *Refugees and Expellees in Post-War Germany*, S. 205. Zur Sprachpolitik der DDR siehe Michael Schwartz, «‹Vom Umsiedler zum Staatsbürger›: Totalitäres und Subversives in der Sprachpolitik der SBZ/DDR», in Dierk Hoffmann/Marita Krauss/Michael Schwartz (Hg.), *Vertriebene in Deutschland: Interdisziplinäre Ergebnisse und Forschungsperspektiven*. München 2000, S. 135–166.

72 Ther, *Deutsche und polnische Vertriebene*, S. 212; siehe auch M. Schwartz, «Lastenausgleich: Ein Problem der Vertriebenenpolitik im doppelten Deutschland», in: *Integrationen*, S. 167–193.

73 Bauernkämper, «Assimilationspolitik», S. 27–28.

74 Vgl. M. Schwartz, *Vertriebene und «Umsiedlerpolitik»: Integrations-Konflikte in*

den deutschen Nachkriegsgesellschaften und die Assimilationsstrategien in der SBZ/DDR 1945 bis 1961. München 2004, S. 637–892.

75 Ther, «Expellee Policy in the Soviet Zone and the GDR», S. 64–65. Die detaillierteste Analyse zum Einfluss der Landreform auf die Vertriebenen liefert M. Schwartz, *Vertriebene und «Umsiedlerpolitik»*.

76 M. Schwartz, «Staatsfeind ‹Umsiedler›», in *Die Flucht*, S. 211.

77 Zit. n. Naimark, *Die Russen in Deutschland*, S. 203.

78 I. Connor, «German Expellees in the SBZ/GDR and the ‹Peace Border›», in *Dislocation and Reorientation: Exile, Division and the End of Communism in German Culture and Politics*. ed. by A. Goodbody, P. Ó Dochartaigh et al. Amsterdam, NY 2009, S. 169.

79 Ther, «Expellee Policy in the Soviet Zone and the GDR», S. 62.

80 Kossert, *Kalte Heimat*, S. 223.

81 M. Krauss, «Integrationen: Fragen, Thesen, Perspektiven zu einer vergleichenden Vertriebenenforschung», *Integrationen*, S. 11.

Kapitel 12

Das Recht

1 Europäisches Parlament, «Charta der Grundrechte der Europäischen Union» (2007/C 303/01), 14.12.2007 (http://eur-lex.europa.eu/de/treaties/dat/32007X1214/htm/C2007303DE. 01 000 101.htm).

2 «Statement of President Václav Klaus on the Ratification of the Lisbon Treaty», 9.10.2009 (www.hrad.cz/en/president-of-the-cr/current-president-of-the-cr-vaclav-klaus/selected-speeches-and-interviews/96.shtml).

3 Text der Resolution: www.collegium-carolinum.de/doku/vdok/bd-02.htm; T. W. Waters, «Remembering Sudetenland: On the Legal Construction of Ethnic Cleansing», *Virginia Journal of International Law*, 47, 1 (2006), S. 105; J. Rupnik, «Joining Europe Together or Separately? The Implications of the Czecho-Slovak Divorce for EU Enlargement», *The Road to the European Union, I: The Czech and Slovak Republics*, ed. by J. Rupnik & J. Zielonka. Manchester 2003, S. 48–49, Fn. 61.

4 H. Grotius, *De Jure Belli Ac Pacis Libri Tres/Drei Bücher vom Recht des Krieges und des Friedens.* Tübingen 1950, Buch II, Kap. 20, § 40, S. 354.

5 Zit. n. S. L. Goldenberg, «Crimes Against Humanity 1945–1970: A Study in the Making and Unmaking of International Criminal Law», *Western Ontario Law Review*, 10, 1 (1971), S. 5. Hervorhebung im Original.

6 Versailler Vertrag, zit. n. *Die Erste Republik: Dokumente zur Geschichte des Weimarer Staates*, hg. v. P. Longerich. München 1992, S. 140–141.

7 S. Power, *«A Problem from Hell»: America and the Age of Genocide.* New York 2002, S. 491.

8 D. M. Segesser, «‹Unlawful Warfare is Uncivilised›: The International Debate on the Punishment of War Crimes, 1872–1918», *European Review of History*, 14, 2 (2007), S. 216.

9 Siehe G. Hankel, *Die Leipziger Prozesse: Deutsche Kriegsverbrechen und ihre strafrechtliche Verfolgung nach dem Ersten Weltkrieg*. Hamburg 2003.

10 W. Czapliński, «The Protection of Minorities under International Law (Com-

ments on the Alleged Existence of a German Minority in Poland)», *Polish Western Affairs*, 25, 1 (1984), S. 126.

11 M. Mazower, «The Strange Triumph of Human Rights, 1933–1950», *Historical Journal*, 47 (2004), S. 382–383.

12 Walters, *History of the League of Nations*, S. 616.

13 *Ibid.*, S. 410.

14 E. Beneš, *Odsun Němců: Výbor z pamětí a projevů doplněný edičními přílohami*. Prag 1995, S. 22. Siehe u. a. auch S. Sierpowski, «Les dilemmes a la Société des Nations au sujet des minorités», *Polish Western Affairs*, 25, 2 (1984), S. 187–210; J. Zarnowski, «Le système de protection des minorités et la Pologne», *Acta Poloniae Historica*, 52, 1 (1985), S.105–124.

15 P. B. Finney, «‹An Evil for All Concerned›: Great Britain and Minority Protection After 1919», *Journal of Contemporary History*, 30, 3 (1995), S. 542.

16 Ripka, *The Future of the Czechoslovak Germans*, S. 18.

17 «Report of the Inter-Departmental Committee on the Transfer of German Populations», 12.5.1944, A. P. W. (44) 34, CAB 121/85.

18 Telegramm der britischen Delegation, San Francisco Conference on International Organisation, an Außenministerium, 16.5.1945, FO 371/50 843.

19 IKRK, «Draft International Convention on the Condition and Protection of Civilians of Enemy Nationality who are on Territory Belonging to or Occupied by a Belligerent», 1934 (www.icrc.org/ihl.nsf/FULL/320?OpenDocument).

20 P. Thornberry, *International Law and the Rights of Minorities*. Oxford 1991, S. 72.

21 *Ibid.*, S. 113.

22 Aktennotiz J. D. Mabbott, Foreign Office Research Department, 8.6.1945, FO 371/50 843.

23 *The Times*, 14.1.1942.

24 *Ibid.*, 20.10.1942.

25 Goldenberg, «Crimes Against Humanity 1945–1970», S. 5–9.

26 E. Schwelb, «Crimes Against Humanity», *British Yearbook of International Law*, 23 (1946), S. 206.

27 Ob Verbrechen gegen die Menschlichkeit unabhängig von internationalen bewaffneten Konflikten im Recht existieren, bleibt umstritten. Eine Diskussion dieser Frage bietet W. A. Schabas, *An Introduction to the International Criminal Court*. Cambridge 2007, S. 98–103.

28 C. Anderson, *Eyes Off the Prize: The United Nations and the African American Struggle for Human Rights, 1945–1955*. Cambridge 2003, S. 133.

29 Zit. n. Thornberry, *International Law and the Rights of Minorities*, S. 231–232.

30 Zit. n. *ibid.*, S. 72. Siehe auch J. Cooper, *Raphael Lemkin and the Struggle for the Genocide Convention*. Basingstoke 2008.

31 W. A. Schabas, «‹Ethnic Cleansing› and Genocide: Similarities and Distinctions», *European Yearbook of Minority Issues*, 3 (2005), S. 5.

32 Wiener Übereinkommen: www.admin.ch/ch/d/sr/i1/0.111.de.pdf; International Institute of Humanitarian Law, *Report of the Working Group on Mass Expulsion*. San Remo 1983, S. 5.

33 Siehe J.-M. Henckaerts, *Mass Expulsion in Modern International Law and Practice*. Den Haag 1995, v. a. S. 8–45.

34 Thornberry, *International Law and the Rights of Minorities*, S. 240.

35 A.-M. de Zayas, «A Historical Survey of Twentieth Century Expulsions», in *Refugees in the Age of Total War*, ed. by A. C. Bramwell. London 1988, S. 32.

36 E. Barkan, *Völker klagen an: eine neue internationale Moral.* Düsseldorf 2002, S. 177–178.
37 Zit. n. T. W. Ryback, «Dateline Sudetenland: Hostages to History», *Foreign Policy*, 105 (1996–97), S. 173.
38 *Malik v. Czech Republic*, Communication No.669/1995, U.N. Doc. CCPR/C/64/D/669/1995 (3.11.1998).
39 Vereinte Nationen, Büro des Hochkommissars für Menschenrechte, «General Comment No. 18: Non-Discrimination», 11.10.1989 (www.unhchr.ch/tbs/doc.nsf/0/3888b0541f8501c9c12563ed004b8d0e?Opendocument).
40 I. Pogány, «International Human Rights Law, Reparatory Justice and the Re-Ordering of Memory in Central and Eastern Europe», *Human Rights Law Review*, 10 (2010), S. 422. Hervorhebung im Original.
41 P. Macklem, «Rybná 9, Praha 1: Restitution and Memory in International Human Rights Law», *European Journal of International Law*, 16, 1 (2005), S. 18.
42 Vereinte Nationen, Menschenrechtsausschuss, *Selected Decisions of the Human Rights Committee under the Optional Protocol, International Covenant on Civil and Political Rights*, VIII. New York 2007, S. 78–84.
43 Europäischer Gerichtshof für Menschenrechte, Vierte Sektion, «Decision as to the Admissibility of Application no. 47 550/06 by *Preussische Treuhand GmbH & Co., KG A. A.* against Poland», 7.10.2008 (http://cmiskp.echr.coe.int/tkp197/view.asp?action=html&documentId=841 872&portal=hbkm&source=externalbydocnumber&table=F69A27FD8FB86142BF01C1166DEA398 649).
44 «Dekret des Präsidenten der Republik vom 19. Juni 1945 über die Bestrafung der nazistischen Verbrecher ...», § 26 (4), zit. n. *Dokumentation der Vertreibung der Deutschen aus Ost-Mitteleuropa*, IV, 1, S. 221; «Gesetz vom 8. Mai 1946 über die Rechtmäßigkeit von Handlungen, die mit dem Kampf um die Wiedergewinnung der Freiheit der Tschechen und Slowaken zusammenhängen», zit. n. *ibid.*, S. 291; Europäisches Parlament. ..., Oktober 2002 (www.europarl.europa.eu/activities/committees/studies/download.do?language=eu&file=26119#search=%20%20%22legal%20opinion%20on%20the%20benes-decrees%22%20); «Deutsch-tschechiche Erklärung über die gegenseitigen Beziehungen und deren künftige Entwicklung» (www.bundestag.de/kulturundgeschichte/geschichte/gastredner/havel/havel2.html).
45 D. Blumenwitz, «Standards for the Political Handling of Dealings Concerning Property after World War II», *Austrian Review of International and European Law*, 6 (2001), S. 189.
46 S. Auer, «Slovakia: From Marginalization of Ethnic Minorities to Political Participation (And Back?)», in *Minority Rights in Central and Eastern Europe*, ed. by B. Rechel. Abingdon 2009, S. 201.
47 Pogány, «International Human Rights Law», S. 422.
48 J. H. Wolfe, «International Law and Diplomatic Bargaining: A Commentary on the Sudeten German Question», *Bohemia* 14 (1973), S. 384.
49 A.-M. de Zayas, «The Legality of Mass Population Transfers: The German Experience 1945–48», *East European Quarterly*, 12, 1 (1978), S. 15.
50 S. Schabas, *An Introduction to the International Criminal Court*, S. 105.
51 Waters, «Remembering Sudetenland», S. 127. Hervorhebung im Original.
52 P. Maguire, *Law and War: International Law and American History*, rev. ed. New York 2010, S. 213–214.

Kapitel 13

Bedeutung und Erinnerung

1 R. M. A. Hankey an M. Vyvyan, Trinity College, Cambridge, 11. 7 1947, FO 371/66 217.

2 *Literary Theory and Theater Practice in the German Democratic Republic*, ed. by J. L. Guntner & A. M. McLean. Cranbury, NJ 1998, S. 11; J. Kalb, *The Theater of Heiner Müller*. Cambridge 1998, S. 78–86.

3 M. Burleigh, *Germany Turns Eastwards: A Study of* Ostforschung *in the Third Reich*. Cambridge 1988, S. 165.

4 Schieders Beitrag und der anderer junger Wissenschaftler zur nationalsozialistischen Volkstumspolitik im Osten ist zum Gegenstand eines zweiten, wenn auch kleineren Historikerstreits geworden. Siehe etwa Angelika Ebbinghaus/Karl-Heinz Roth, «Vorläufer des ‹Generalplan Ost›: Eine Dokumentation über Theodor Schieders Polendenkschrift vom 7. Dezember 1939», in: *1999. Zeitschrift für die Sozialgeschichte des 20. und 21. Jahrhunderts* 7, 1 (1992), S. 64–94; Saul Friedländer, *Die Jahre der Vernichtung: Das Dritte Reich und die Juden 1939–1945*. München 2006, S. 58 f.; Winfried Schulze/Otto Gerhard Oexle (Hg.), *Deutsche Historiker im Nationalsozialismus*. Frankfurt a. M. 1999, bes. die Beiträge von Götz Aly, Wolfgang Mommsen und Hans-Ulrich Wehler; Ingo Haar, *Historiker im Nationalszialismus: Die deutsche Geschichtswissenschaft und der «Volkstumskampf» im Osten*. Göttingen 2000.

5 R. G. Moeller, *War Stories: The Search for a Usable Past in the Federal Republic of Germany*. Berkeley, CA 2001, S. 84.

6 Zachodnia Agencja Prasowa, *1939–1950: Population Movements Between the Oder and Bug Rivers*. Poznań 1961, S. 8, 10.

7 Siehe I. Haar, «Die deutschen ‹Vertreibungsverluste›: Zur Entstehungsgeschichte der *Dokumentation der Vertreibung*», *Tel Aviver Jahrbuch für deutsche Geschichte*, 35 (2007), S. 251–272.

8 H. Fehrenbach, *Cinema in Democratizing Germany: Reconstructing National Identity after Hitler*. Chapel Hill, NC 1995, S. 146.

9 Siehe J. von Moltke, *No Place Like Home: Locations of* «Heimat» *in German Cinema*. Berkeley, CA 2005, S. 135–142.

10 R. G. Moeller, «War Stories: The Search for a Usable Past in the Federal Republic of Germany», *American Historical Review*, 101, 4 (1996), S. 1013, 1026.

11 Moeller, *War Stories*, S. 174.

12 F. Biess, *Homecomings: Returning POWs and the Legacies of Defeat in Postwar Germany*. Princeton, NJ 2006, S. 6, 15.

13 Siehe z. B. S. Spülbeck, «Ethnography of an Encounter: Reactions to Refugees in Post-war Germany and Russian Migrants After the Reunification – Context, Analogies and Changes», *Journal of Communist Studies and Transition Policies*, 16, 1–2 (2000), S. 179.

14 S. Goltermann, «The Imagination of Disaster: Death and Survival in Postwar West Germany», in *Between Mass Death and Individual Loss: The Place of the Dead in Twentieth-Century Germany*, ed. by A. Confino, P. Betts & D. Schumann. Oxford 2008, S. 261–274.

15 S. Berger, «On Taboos, Traumas and Other Myths: Why the Debate About German Victims During the Second World War is Not a Historians' Controversy»,

in *Germans as Victims: Remembering the Past in Contemporary Germany*, ed. by B. Niven. Basingstoke 2006, S. 217.

16 R. Schulze, «The Politics of Memory: Flight and Expulsion of German Populations after the Second World War and German Collective Memory», *National Identities*, 8, 4 (2006), S. 369.

17 Kossert, *Kalte Heimat*, S. 189.

18 Langenbacher, «Ethical Cleansing?» S. 69.

19 M. Kent, «Exceptional Bonds: Revenge and Reconciliation in Potulice [Potulitz], Poland, 1945 and 1998», in *Ethnic Cleansing in Twentieth-Century Europe*, ed. by S. B. Várdy & T. H. Tooley. Boulder, CO 2003, S. 623–624.

20 V. Ackermann, «Das Schweigen der Flüchtlingskinder: Psychische Folgen von Krieg, Flucht und Vertreibung bei den Deutschen nach 1945», *Geschichte und Gesellschaft*, 30 (2004), S. 461; siehe auch A. Lehmann, *Im Fremden ungewollt zuhaus: Flüchtlinge und Vertriebene in Westdeutschland 1945–1990*. München 1991.

21 J. Mlynárik, *Thesen zur Aussiedlung der Deutschen aus der Tschechoslowakei 1945–1947*. München 1985, S. 24.

22 *Ibid*., S. 42–43.

23 Siehe B. F. Abrams, «Morality, Wisdom and Revision: The Czech Opposition of the 1970s and the Expulsion of the Sudeten Germans», *East European Politics and Societies*, 9, 2 (1995), S. 234–255.

24 Mlynárik, *Thesen zur Aussiedlung der Deutschen*, S. 48–49.

25 Urban, *Der Verlust*, S. 188–189.

26 N. M. Naimark, «The Persistence of the ‹Postwar›: Germany and Poland», *Histories of the Aftermath: The Legacies of the Second World War in Europe*, ed. by F. Biess & R. G. Moeller. Oxford 2010, S. 23.

27 G. Weigel, *Zeuge der Hoffnung: Johannes Paul II. Eine Biographie*. Paderborn 2002, S. 186–188.

28 M. Zaborowski, *Germany, Poland and Europe: Cooperation and Europeanisation*. Manchester 2005, S. 69.

29 E. Moszińsky, «The Church on the Western Territories», *Polish Perspectives*, 16 (1973), S. 20.

30 P. Lutomski, «The Polish Expulsion of the German Population in the Aftermath of World War II», in *Population Resettlement in International Conflicts: A Comparative Study*, ed. by A. M. Kacowicz & P. Lutomski. Lanham, MD 2007, S. 103.

31 Kossert, *Kalte Heimat*, S. 305.

32 V. Havel, 15.3.1990, *Osteuropa-Archiv*, 40 (1990), A 480; ders., *Fassen Sie sich bitte kurz. Gedanken und Erinnerungen*. Reinbek bei Hamburg 2007, S. 164.

33 P. Lutomski, «Acknowledging Each Other as Victims: An Unmet Challenge in the Process of Polish-German Reconciliation», in *Victims and Perpetrators, 1933–1945: (Re-)Presenting the Past in Post-Unification Culture*, ed. by L. Cohen-Pfister & D. Wienröder-Skinner. Berlin 2006, S. 246.

34 Havel, 17.2.1995 (www.collegium-carolinum.de/doku/vdok/hav-95.htm); deutsch-tschechische Erklärung, 21.1.1997 (www.lrz.de/~collegium-carolinum/publ/vjb/1997/1997–1-Dok.pdf); *New York Times*, 22.1.1997.

35 Cordell & Wolff, «Ethnic Germans», S. 261.

36 J. Huener, *Auschwitz, Poland, and the Politics of Commemoration, 1945–1979*. Athens, OH 2003, S. 52–53.

37 K. Cordell & S. Wolff, *Germany's Foreign Policy towards Poland and the Czech Republic: Ostpolitik Revisited*. Abingdon 2005, S. 59.

38 Siehe z. B. M. Alexander, «Die tschechische Diskussion über die Vertreibung der Deutschen und ihre Folgen», *Bohemia*, 34 (1993), S. 407–408.
39 Siehe Jan Piskorski, *Vertreibung und deutsch-polnische Geschichte. Eine Streitschrift.* Osnabrück 2005.
40 L. Kołakowski, «Noch einmal: Über das Schlimmste», *Die Zeit*, 18.9.2003, Nr. 39, S. 41 (www.zeit.de/2003/39/Vertriebene).
41 *Tygodnik Powszechny*, 17.8.2003
42 *Wprost*, 21.9.2003; P. Lutomski, «The Debate about a Center against Expulsions: An Unexpected Crisis in German-Polish Relations?», *German Studies Review*, 27, 3 (2004), S. 449.
43 S. Crawshaw, *Easier Fatherland: Germany and the Twenty-First Century*. London 2004, S. 157.
44 Langenbacher, «Ethical Cleansing?», S. 63.
45 M. Brumlik, *Wer Sturm sät: Die Vertreibung der Deutschen*. Berlin 2005, S. 88.
46 Merkel, 16.3.2007 (www.bundesregierung.de/nn_774/Content/DE/Archiv16/Rede/2007/03/2007–03–16-rede-merkel-warschauer-universit_C3_A4t.html); vgl. R. Wittlinger, «The Merkel Government's Politics of the Past», *German Politics and Society*, 26, 4 (2008), S. 10.
47 Davies & Moorhouse, *Die Blume Europas*, S. 593–594.
48 Crawshaw, *Easier Fatherland*, S. 159.
49 Für anregende Überlegungen zur zukünftigen Richtung dieser Debatten siehe Anja Kruke (Hg.), *Zwangsmigration und Vertreibung – Europa im 20 Jahrhundert.* Bonn 2005.
50 Hans Rothfels, «Zehn Jahre danach», *Vierteljahrshefte für Zeitgeschichte*, 3 (1955), S. 234; S. Wolff, *The German Question since 1919*. Westport, CT 2003, S. 168.
51 Cordell & Wolff, *Germany's Foreign Policy towards Poland and the Czech Republic*, S. 78; UN, «Allgemeine Eklärung der Menschenrechte», Art. 1, 1948 (www.un.org/Depts/german/grunddok/ar217a3.html).

Schlussbetrachtung

1 «Draft Report to the Coordinating Committee Concerning the Question of Population Transfers», submitted by the U. S. representative, 23.10.1947, DPOW/P (47) 74, RG 260/390/50/32/06, Office of Military Government for Germany, Prisoners of War and Displaced Persons Directorate: General Records, 1945–1948, Schachtel 382, Akte 13, NARA.
2 Prisoners of War & Displaced Persons Directorate, «Section VII-Population Transfers», 5.2.1947, FO 371/64 222.
3 Prisoners of War & Displaced Persons Branch, «Memorandum to Major General Keating – Subject: Sudeten Transfers», 13.12.1946, Office of Military Government for Germany, Records of the Civil Administration Division, Prisoners of War & Displaced Persons Branch: Records Relating to Expellees in the U. S. Zone, 1945–49, RG 260/390/42/26/1–2, Schachtel 187, Akte «Agreements Expellees», NARA.
4 W. Borodziej, «Ucieczka – Wypędzenie – Wysiedlenie Przymusowe», in: *Polacy i niemcy: historia-kultura-polityka*, hg. v. A. Lawaty & H. Orłowski. Poznań 2003, S. 104.

5 *The Times*, 18.2.1944.
6 Zit. n. Frank, *Expelling the Germans*, S. 95.
7 M. Ignatieff, *Reisen in den neuen Nationalismus*. Frankfurt a. M. 1994, S. 58.
8 Cordell & Wolff, «Ethnic Germans in Poland and the Czech Republic», S. 258, 263, 265.
9 J. R. Sanborn, «‹Unsettling the Empire›: Violent Migrations and Social Disaster in Russia During World War I», *Journal of Modern History*, 77, 7 (2005), S. 303.
10 Einzelheiten zur Kollaboration mit den sowjetischen Invasoren bei A. V. Prusin, *The Lands Between: Conflict in the East European Borderlands*, S. 136–138.
11 Staněk, *Verfolgung 1945*, S. 184.
12 S. Schimanski, *Vain Victory*. London 1946, S. 115.
13 *Ibid.*, S. 116.
14 Lt.-Col. P. F. A. Growse, «Report by Liaison Team, Kohlfurt, up to 3 May 1946», 4.5.1946, FO 1052/474.
15 Fye, «Final Report», S. 45–46.
16 *Rudé právo*, 12.11.1946.
17 M. Horkheimer & T. W. Adorno, *Dialektik der Aufklärung*. Amsterdam 1947 u. ö.
18 Curp, «The Politics of Ethnic Cleansing», S. 594–595.
19 Dekret zit. n. *Dokumentation der Vertreibung der Deutschen aus Ost-Mitteleuropa*, IV, 1, S. 291; Europäisches Parlament. Directorate-General for Research, «Legal Opinion on the Beneš-Decrees and the Accession of the Czech Republic to the European Union», Oktober 2002, § 45–52.
20 E. Barkan, «Deserving and Underserving Victims: Political Context and Legal Framework of Hard Cases of Reparation», in *Out of the Ashes: Reparation for Victims of Gross and Systematic Human Rghts Violations*, ed. by K. de Feyter, S,. Parmentier et al. Antwerpen 2005, S. 88.
21 *Ibid.*, S. 93.
22 *Ibid.*, S. 102–103.
23 A. Bell-Fialkoff, *Ethnic Cleansing*. New York 1996, S. 230, 220.
24 *Ha'aretz*, 18.2.2002.
25 *New York Times*, 31.5.1993.
26 J. Nickel, «What's Wrong with Ethnic Cleansing?», *Journal of Social Philosophy*, 26 (1995), S. 12–13.
27 Siehe C. D. Kaufmann, «When All Else Fails; Ethnic Population Transfers and Partitions in the Twentieth Century», *International Security*, 23 (1998), S. 120–156; B. Clark, *Twice a Stranger: The Mass Expulsions that Forged Modern Greece and Turkey*. Cambridge MA 2006; D. L. Byman, *Keeping the Peace: Lasting Solutions to Ethnic Conflicts*. Baltimore 2002; M. Mann, *The Dark Side of Democracy: Explaining Ethnic Cleansing*. Cambridge 2004.
28 S. Ryan, *The Transformation of Violent Intercommunal Conflict.* Aldershot 2007, S. 67.
29 Curp, *A Clean Sweep?*, S. 193.

LITERATURVERZEICHNIS

Unveröffentlichte Archivquellen

Archiv des Internationalen Komitees vom Roten Kreuz, Genf (IKRK)
Akten des IKRK und des Roten Halbmonds.

Archiwum Akt Nowych, Warschau (AAN)
Akten des Ministeriums für die Wiedererlangten Gebiete (MZO).

Archiv des Hohen Kommissars der Vereinten Nationen für Flüchtlinge, Genf
Akten des UNHCR.

Archive der Vereinten Nationen, New York
UN-Nothilfe- und Wiedraufbauverwaltung-Akten (UNRRA).

Bundesarchiv, Koblenz (BAK)
Akten des Bundeskanzleramts.
Akten des Bundesministeriums für Vertriebene, Flüchtlinge und Kriegsgeschädigte.

Hoover Institution Archives, Palo Alto, California
Nachlass Aleta Brownlee.
Nachlass Christopher Emmet.
Nachlass Margaret Fait.

Staatsarchiv der Tschechischen Republik, Prag (NAČR)
Ministerstvo vnitra-Akten. (MV)
Úrad predsedníctva vlády-Akten.(ÚPV)

Irisches Staatsarchiv, Dublin
Akten des Außenministeriums.

National Archives and Records Administration, College Park, Maryland (NARA)
Akten des U. S.-Außenministeriums.
Akten der Kommission für Displaced Persons.
Akten der Militärregierung für Deutschland (OMGUS).
Akten des Supreme Headquarters Allied Expeditionary Forces.
Akten des U. S.-Hochkommissars für Deutschland.

Public Records Office, Kew (PRO)
Akten des Cabinet Office. (CAB)
Akten des Außenministeriums. (FO)
Akten des Arbeitsministeriums. (LAB)

Státni oblastni archiv, Plzeň (SOA)
Internační tábor Stod-Akten
Koncentrační tábor Mirošov-Akten

Vojenský ústřední archiv, Prag (VÚA)
Ministra národní obrany-Akten. (MNO)

Gedruckte Quellen

American Friends Service Committee, *Reports on Conditions in Central Europe.* Philadelphia, PA 1946.

Bannister, Sybil, *I Lived Under Hitler: An Englishwoman's Story.* London 1957.

Barton, Betty, *The Problem of 12 Million German Refugees in Today's Germany.* Philadelphia, PA 1949.

Bednář, František, *The Transfer of Germans from Czechoslovakia from the Ideological and Ecclesiastical Standpoint.* Prag 1948.

Beneš, Edvard, «The New Order in Europe», *Nineteenth Century and After*, 130 (1941), S.150–155.

–, *The War of 1939: Two Addresses of the Czechoslovak President at the Edinburgh and Glasgow University 5 and 7 November, 1941.* Prag 2005.

–, «The Organization of Postwar Europe», *Foreign Affairs*, 20, 2 (1942), S.226–242.

–, *Memoirs of Dr Eduard Beneš: From Munich to New War and New Victory.* Boston 1954.

–, *Odsun Němců: Výbor z pamětí a projevů doplněný edičními přílohami.* Prag 1995.

–, *The Fall and Rise of a Nation: Czechoslovakia 1938–1941*, ed. by M. Hauner. Boulder, CO 2004.

Bilainkin, George, *Second Diary of a Diplomatic Correspondent.* London 1947.

Byford-Jones, Wilfred, *Berlin Twilight.* London 1947.

Church of England, Synod of York, *The York Journal of Convocation, Containing the Acts and Debates of the Convocation of the Province of York in the Sessions of 11th and 12th October, 1945.* York 1945.

Churchill, Winston, *Reden*, VI: *Endsieg.* Zürich 1950.

–, *Reden in Zeiten des Kriegs.* Ausgewählt, eingeleitet u. erläutert v. K. Körner. Hamburg 2002.

Committee Against Mass Expulsions, *The Land of the Dead: Study of the Deportations from Eastern Germany.* New York 1947.

–, *Men Without the Rights of Man: A Report on the Expulsion and Extermination of German Speaking Minority Groups in the Balkans and Prewar Poland.* New York 1948.

Cseh, Bendegúz G., *Documents of the Meetings of the Allied Control Commission for Hungary 1945–1947.* Budapest 2000.

Czechoslovakia. Ministry of Information, *Programme of the Czechoslovak Government of the National Front of Czechs and Slovaks, Agreed to at the First Government Meeting in Košice on April 5th 1945.* Prag 1945.

–, *Bulletin of the Ministry of Information, 1st Department.* Prag 1945–47.
Czechoslovak Information Service, *President Benes on War and Peace: Statements by Dr. Edvard Benes, President of the Czechoslovak Republic, during his Visit to the United States and Canada in May and June 1943.* New York 1943.
Czechoslovak Provisional Government, *The New Czechoslovakia: Program of the Provisional Czechoslovak Government.* Pittsburgh, PA o.J. (um 1945).
Demetz, Peter, *Mein Prag: Erinnerungen 1939 bis 1945.* Wien 2008.
Deutsche Politik im «Protektorat Böhmen und Mähren» unter Reinhard Heydrich 1941–1942. Eine Dokumentation, hg. v. M. Kárný, J. Milotová & M. Kárná. Berlin 1997.
Die Deutschen östlich von Oder und Neiße, 1945–1950: Dokumente aus polnischen Archiven, I-IV, hg. v. W. Borodziej & H. Lemberg. Marburg 2000–2004.
Dickens, Arthur G., *Lübeck Diary.* London 1947.
Djilas, Milovan, *Der Krieg der Partisanen: Memoiren 1941–1945.* München 1978.
Dokumentation der Vertreibung der Deutschen aus Ost-Mitteleuropa, hg. v. T. Schieder. Bonn 1953–1962.
Das Dritte Reich: Dokumente zur Innen- und Außenpolitik, I-II, hg. v. W. Michalka. München 1985.
Economic Cooperation Administration, *Die Eingliederung der Flüchtlinge in die deutsche Gemeinschaft: Bericht der ECA Technical Assistance Commission.* Bonn 1951.
Egit, Jakub, *Grand Illusion.* Toronto 1991.
Die Erste Republik: Dokumente zur Geschichte des Weimarer Staates, hg. v. P. Longerich. München 1992.
Die faschistische Okkupationspolitik in Polen, 1939–1945, hg. v. W. Röhr. Berlin/Ost 1989. [*Europa unterm Hakenkreuz*, Bd. 2]
Fetter, Joseph, *The Sudetens – A Moral Question.* New York 1947.
Fisher, A. G. B. & Mitrany, David, «Some Notes on the Transfer of Populations», *Political Quarterly*, 14, 4 (1943), S. 363–371.
Galbraith, John K., *Recovery in Europe: An International Committee Report.* Washington, DC 1946.
Gollancz, Victor, *In Darkest Germany.* Hinsdale, IL 1947.
Grant Duff, Sheila, *German and Czech: A Threat to European Peace.* London 1937.
–, *The Parting of Ways: A Personal Account of the Thirties.* London 1982.
Great Britain. Parliament. *Parliamentary Debates*, 5th Series.
Haffner, Sebastian, *Geschichte eines Deutschen: die Erinnerungen 1914–1933.* Stuttgart 2000.
Havel, Václav, «*Rede* ... am *15. März 1990* ...», *Osteuropa*, 40 (1990), A 479–483.
–, *Fassen Sie sich bitte kurz. Gedanken und Erinnerungen.* Reinbek bei Hamburg 2007.
Hindus, Maurice G., *We Shall Live Again.* New York 1939.
–, *The Bright Passage.* New York 1947.
Hitlerowskie «Prawo» Okupacyjne w Polsce. Wybór Dokumentów, 1, hg. v. K. M. Pospieszalksi. Poznań 1952, S. 123 ff. [*Documenta occupationis*, 5]
Hitlers Zweites Buch: ein Dokument aus dem Jahr 1928, hg. v. G. L. Weinberg. Stuttgart 1961.
Horwath-Tenz, Maria, *Vier Jahre meines Lebens: Als Mädchen im Hungerlager Rudolfsgnad.* Heilbronn 1987; repr. u. d. T. *Marias Mädchenjahre: Erinnerungen aus dem Todeslager.* Sersheim 1991.
International Institute of Humanitarian Law, *Report of the Working Group on Mass Expulsion.* San Remo 1983

Jaksch, Wenzel, *Can Industrial Peoples Be Transferred? The Future of the Sudeten Population*. London 1943.
Wenzel Jaksch – Edvard Beneš, *Briefe und Dokumente aus dem Londoner Exil 1939–1943*, hg. v. F. Prinz. Köln 1973.
Kent, Martha, *Eine Porzellanscherbe im Graben: eine deutsche Flüchtlingskindheit*. Bern 2003.
Die Königsberg-Papiere: Schicksal einer deutschen Stadt, hg. v. E. Beckherrn & A. Dubatow. München 1994.
Kogon, Eugen, *Der SS-Staat: Das System der deutschen Konzentrationslager*. München 1974 [zuerst 1946].
Die Konferenz von Potsdam, bearb. v. G. Biewer. Neuwied 1992. [*Dokumente zur Deutschlandpolitik*, II. Reihe, Bd. 1]
Kovály, Heda Margolius, *Eine Jüdin in Prag: Unter dem Schatten von Hitler und Stalin*. Berlin 1992.
Klukowski, Zbigniew, *Diary from the Years of Occupation*. Urbana, IL 1993.
Labour Party (Great Britain), *The International Post-War Settlement: Report by the National Executive Commitee of the Labour Party to be Presented to the Annual Conference to be Held in London from May 29th to June 2nd, 1944*. London 1944.
–, *Report of the Forty-Forth Annual Conference of the Labour Party*. London 1945.
Lane, Allen B., *I Saw Poland Betrayed: An American Ambassador Reports to the American People*. Indianapolis 1948.
Lockhart, Robert H. B., *The Diaries of Sir Robert Bruce Lockhart*, II: *1939–1965*, ed. by K. Young. London 1980.
Mackenzie, Compton, *Dr Beneš*. London 1946.
Maschmann, Melita, *Fazit: Kein Rechtfertigungsversuch*. Stuttgart 1964.
Mlynárik, Jan, *Thesen zur Aussiedlung der Deutschen aus der Tschechoslowakei 1945–1947*. München 1985.
Nicolson, Harold, *Friedensmacher 1919*. Berlin 1933.
Odsun: Die Vertreibung der Sudetendeutschen. Dokumentation zu Ursachen, Planung und Realisierung einer «ethnischen Säuberung» in der Mitte Europas 1848/49–1945/46, hg. von R. J. Hoffmann, K. Heißig & U. Kittel, Bd. 2. *München 2010*.
Office of Military Government for Germany. Prisoners of War and Displaced Persons Division, *Report on Refugees and Expellees*. Berlin 1947.
Przesiedlenie ludności niemieckiej z Polski po II wojnie światowej w świetle dokumentów, hg. v. P. Lippóczy & T. Walichnowski. Warschau 1982.
Public Opinion in Occupied Germany: The OMGUS Surveys, 1945–1949, ed. by A. J. Merritt & R. L. Merritt. Urbana, IL 1970.
Ripka, Hubert, *The Future of the Czechoslovak Germans*. London 1944.
Roberts, Stephen H., *The House That Hitler Built*. London 1939.
Schimanski, Stefan, *Vain Victory*. London 1946.
Sommer, Helmut, *Völkerwanderung im 20. Jahrhundert: die große Heimkehr der Volksdeutschen ins Reich*. Berlin 1940.
Sudeten German Social Democratic Party, *Deportation Drama in Czecho-Slovakia: The Case of a Dying People*. London 1945.
–, *Evidence on the Reign of Racialism in Czechoslovakia*. London 1945.
Swanstrom, Edward E., *Pilgrims of the Night: A Study of Expelled Peoples*. New York 1950.
Teheran, Jalta, Potsdam: die sowjetischen Protokolle von den Kriegskonferenzen der «Großen Drei», hg. u. eingeleitet v. Alexander Fischer. Köln 1986.

United Nations. Human Rights Committee, *Selected Decisions of the Human Rights Committee under the Optional Protocol, International Covenant on Civil and Political Rights*, VIII. New York 2007.
United States. Congress, House of Representatives, *Expellees and Refugees of German Ethnic Origin: Report of a Special Subcommittee of the Committee on the Judiciary, House of Representatives, Pursuant to H. Res. 238, A Resolution to Authorize the Committee on the Judiciary to Undertake a Study of Immigration and Nationality Problems (Report No. 1841)*. Washington, DC 1948.
–, *Hearings Before Subcommittee No. 1 of the Committee on the Judiciary, House of Representatives, Eighty-First Congress, First Session, on H. R. 1344: A Bill to Amend the Displaced Persons Act of 1948, March 2, 4, and 9, 1949*. Washington, DC 1949.
United States. Department of State, *Foreign Relations of the United States* [*FRUS*]. Washington, DC 1955–1971.
Die Vertriebenen in der SBZ/DDR: Dokumente, I, hg. v. M. Wille. Wiesbaden 1996.
Voices of Loss and Courage: German Women Recount Their Expulsion from East Central Europe 1944–1950, ed. by B. U. Neary & H. Schneider-Ricks. Rockport, ME 2002.
Welles, Sumner, *The Time for Decision*. New York 1944.
–, *Where Are We Heading?* London 1947.
Zachodnia Agencja Prasowa, *1939–1950: Population Movements Between the Oder and Bug Rivers*. Poznań 1961.

Forschungsliteratur (Auswahl)

Abrams, Brad F., «Morality, Wisdom and Revision: The Czech Opposition of the 1970s and the Expulsion of the Sudeten Germans», *East European Politics and Societies*, 9, 2 (1995), S.234–255.
Ackermann, Volker, «Homo barackensis: Westdeutsche Flüchtlingslager in den 1950er Jahren», in *Anknüpfungen: Kulturgeschichte – Landesgeschichte – Zeitgeschichte*, hg. v. V. Ackermann, B.-A. Rusinek & F. Wiesemann. Essen 1995, S.330–346.
–, *Der «echte» Flüchtling: Deutsche Vertriebene und Flüchtlinge aus der DDR 1945–1961*. Osnabrück 1995.
–, «Das Schweigen der Flüchtlingskinder: Psychische Folgen von Krieg, Flucht und Vertreibung bei den Deutschen nach 1945», *Geschichte und Gesellschaft*, 30 (2004), S.434–464.
Ahonen, Pertti, *After the Expulsion: West Germany and Eastern Europe 1945–1990*. Oxford 2003.
–, Corni, G. et al. *People on the Move: Forced Population Movements in Europe in the Second World War and its Aftermath*. Oxford 2008.
Alexander, Manfred, «Die tschechische Diskussion über die Vertreibung der Deutschen und deren Folgen», *Bohemia*, 34 (1993), S.390–402.
Allen, Debra J., *The Oder-Neisse Line: The United States, Poland and Germany in the Cold War*. Westport, CT 2003.
Alrich, Amy A., «Germans Displaced from the East: Crossing Actual and Imagined Central European Borders, 1944–1955». Dissertation, Ohio State University 2007.
Aly, Götz, *«Endlösung»: Völkerverschiebung und der Mord an den europäischen Juden*. Frankfurt a. M. 1995.
– & Heim, Susanne, *Vordenker der Vernichtung: Auschwitz und die deutschen Pläne für eine neue europäische Ordnung*. Hamburg 1991.

Anderson, Carol, *Eyes Off the Prize: The United Nations and the African American Struggle for Human Rights, 1945–1955*. Cambridge 2003.
Annan, Noel, *Changing Enemies: The Defeat and Regeneration of Germany*. London 1995.
Arburg, Adrian von, «Tak či onak: Nucené přesidleni v komplexním pojetí poválecné sídelní politky v českých zemích», *sondobé dějiny*, 10, 3 (2003), S. 253–271.
Auer, Stefan, «Slovakia: From Marginalization of Ethnic Minorities to Political Participation (And Back?)», in *Minority Rights in Central and Eastern Europe*, ed. by B. Rechel. Abingdon 2009, S.195–209.
Bacque, James, *Crimes and Mercies: The Fate of German Civilians under Allied Occupation 1944–1950*. London 1997.
Balfour, Michael & Mair, John, *Four-Power Control in Germany and Austria, 1945–1946*. Oxford 1956.
Balogh, Sandor, «Population Removal and Population Exchange in Hungary After World War II», in *Études historiques hongroises 1990*, hg. v. F. Glatz. Budapest 1990, S.407–432.
Barkan, Elazar, *Völker klagen an: eine neue internationale Moral*. Düsseldorf 2002.
–, «Deserving and Undeserving Victims: Political Context and Legal Framwork of Hard Cases of Reparation», in *Out of the Ashes: Reparations for Victims of Gross and Systematic Human Rights Violations*, ed. by K. de Feyter et al. Antwerpen 2005, S. 83–103.
Bass, Gary J., *Stay the Hand of Vengeance: The Politics of War Crimes Tribunals*. Princeton, NJ 2000.
Beck, Birgit, «Sexual Violence and Its Prosecution by Courts Martial of the *Wehrmacht*», in *A World at Total War: Global Conflict and the Politics of Destruction, 1937–1945*, ed. by R. Chickering, S. Förster & B. Greiner. Cambridge 2005, S.317–331.
Beer, Mathias, *Flucht und Vertreibung der Deutschen. Voraussetzungen, Verlauf, Folgen*. München 2011.
Bell-Fialkoff, Andrew, *Ethnic Cleansing*. London 1996.
Bergen, Doris L., «The ‹Volksdeutschen› of Eastern Europe, World War II, and the Holocaust: Constructed Ethnicity, Real Genocide», in *Germany and Eastern Europe: Cultural Identities and Cultural Differences*, ed. by K. Bullivant et al. Amsterdam 1999, S.70–93 [*Yearbook of European Studies*, 13].
–, «The *Volksdeutsche* of Eastern Europe and the Collapse of the Nazi Empire, 1944–1945», in *The Impact of Nazism: New Perspectives on the Third Reich and its Legacy*, ed. by A. E. Steinweis & D. E. Rogers. Lincoln, NE 2003, S.101–128.
–, *War and Genocide: A Concise History of the Holocaust*. Lanham, MD 2009.
Berger, Stefan, «On Taboos, Traumas and Other Myths: Why the Debate About German Victims During the Second World War is Not a Historians' Controversy», in *Germans as Victims: Remembering the Past in Contemporary Germany*, ed. by B. Niven. Basingstoke 2006, S.210–224.
Bessel, Richard, *Germany 1945: From War to Peace*. London 2009.
Biddiscombe, A. Perry, *Werwolf! The History of the National Socialist Guerrilla Movement 1944–1946*. Toronto 1998.
Biess, Frank, *Homecomings: Returning POWs and the Legacies of Defeat in Postwar Germany*. Princeton, NJ 2006.
Black, Peter R., «Rehearsal for ‹Reinhard›? Odilo Globocnik and the Lublin *Selbstschutz*», *Central European History*, 25, 2 (1992), S.204–226.
Blanke, Richard, «When Germans and Poles Lived Together: From the History of

German-Polish Relations», in *Germany and Eastern Europe: Cultural Identities and Cultural Differences*, S.37–55.
Bloxham, Donald, «The Great Unweaving: The Removal of Peoples in Europe, 1875–1949», in *Removing Peoples*, S.167–208.
Blumenwitz, Dieter, «Standards for the Political Handling of Dealings Concerning Property after World War II», *Austrian Review of International and European Law*, 6 (2001), S.183–204.
Bookbinder, Paul, «A Bloody Tradition: Ethnic Cleansing in World War II Yugoslavia», *New England Journal of Public Policy*, 19, 2 (2005), S.99–109.
Borák, Mečislav, «Fenomén tzv. vojenskych táborů nucené práce v československu a jeho mezinárodni souvislosti», *Slezský sbornik*, 98 (2000), S.78–92.
Borodziej, Włodzimierz, «Ucieczka – Wypędzenie – Wysiedlenie Przymusowe», in *Polacy i niemcy: historia – kultura – polityka*, hg. v. A. Lawaty & H. Orłowski. Poznań 2003, S.98–106.
Bos, Pascale Rachel, «Women and the Holocaust: Analyzing Gender Difference», in *Experience and Expression: Women, the Nazis, and the Holocaust,* ed. by Elizabeth R. Baer & Myrna Goldenberg. Detroit, MI 2003, S. 23–52.
Boyer, Christoph u. a., «Die Sudetendeutsche Heimatfront (Partei), 1933–1938: Zur Bestimmung ihres politisch ideologischen Standortes», *Bohemia*, 38, 2 (1997), S.357–385.
Bradley, John, «Czechoslovakia: External Crisis and Internal Compromise», in *Conditions of Democracy in Europe, 1919–39*, ed. by D. Berg-Schlosser & J. Mitchell. Basingstoke 2000, S.85–105.
Bramwell, Anna C., «The Re-Settlement of Ethnic Germans, 1939–41», in *Refugees in the Age of Total War*, S.112–132.
Brandes, Detlef, *Der Weg zur Vertreibung: Pläne und Entscheidungen zum «Transfer» der Deutschen aus der Tschechoslowakei und aus Polen.* München 2001.
–, «Edvard Beneš und die Pläne zur Vertreibung/Aussiedlung der Deutschen und Ungarn 1938–1945», in *Vertreibung, Aussiedlung, Transfer, Vyhnání, odsun im Kontext der tschechischen Literatur*, hg. v. G. Zand & J. Holý. Brno 2004, S.11–28.
–, «‹Otázka transferu...Ta je tady Kolumbovo vejce›: Českoslovenští komunisté a vyhnání Němců», *Český časopis historický*, 103, 1 (2005), S.87–114.
–, «National and International Planning of the ‹Transfer› of Germans from Czechoslovakia and Poland», in *Removing Peoples*, S.281–296.
Breitman, Richard, *Der Architekt der Endlösung: Himmler und die Vernichtung der europäischen Juden.* Paderborn 1996.
Březina, Zbysek, «The Czechoslovak Democrat: The Life, Writing, and Politics of Hubert Ripka from 1918 to 1945», Dissertation, Boston University 2008.
Brown, Macalister, «The Diplomacy of Bitterness: Genesis of the Potsdam Decision to Expel Germans from Czechoslovakia», *Western Political Quarterly*, 11, 3 (1958), S.607–626.
Brown, Martin D., *Dealing with Democrats: The British Foreign Office and the Czechoslovak Emigres in Great Britain, 1939 to 1945.* Frankfurt a. M. 2006.
Browning, Christopher R., *Die Entfesselung der Endlösung: Nationalsozialistische Judenpolitik 1939–1942. Mit einem Beitrag von Jürgen Matthäus.* München 2006.
Brügel, Johann Wolfgang, *Tschechen und Deutsche, I: 1918–1939.* München 1967.
Brumlik, Micha, *Wer Sturm sät: Die Vertreibung der Deutschen.* Berlin 2005.
Bryant, Chad, «Either German or Czech: Fixing Nationality in Bohemia and Moravia, 1939–1946», *Slavic Review*, 61, 4 (2002), S.683–706.
–, *Prague in Black: Nazi Rule and Czech Nationalism.* Cambridge, MA 2007.

Burds, Jeffrey, «The Soviet War Against ‹Fifth Columnists›: The Case of Chechnya, 1942–4», *Journal of Contemporary History*, 42, 2 (2007), S.265–312.

Burleigh, Michael, *Germany Turns Eastwards: A Study of* Ostforschung *in the Third Reich*. Cambridge 1988.

–, *Die Zeit des Nationalsozialismus: Eine Gesamtdarstellung*. Frankfurt a. M. 2000.

Bydgoszcz 3–4 września 1939: studia i dokumenty, hg. v. T. Chinciński & P. Machcewicz. Warschau 2008.

Byman, Daniel L., *Keeping the Peace: Lasting Solutions to Ethnic Conflicts*. Baltimore 2002.

Capet, Antoine, «Deux regards antinomiques sur l'Allemagne, 1933–1946», in *Contre le nazisme ou contre l'Allemagne? Le débat sur l'anti-germanisme en Grande-Bretagne depuis la deuxième guerre mondiale*, hg. v. J.-P. Pichardie. Rouen 1998, S.7–32.

Caplan, Jane, «Political Detention and the Origin of the Concentration Camps in Nazi Germany, 1933–1935/6», in *Nazism, War and Genocide: Essays in Honour of Jeremy Noakes*. ed. by N. Gregor. Exeter 2005, S.22–41.

Carmichael, Cathie, *Genocide Before the Holocaust*. New Haven, CT 2009.

Casey, Steven, *Cautious Crusade: Franklin D. Roosevelt, American Public Opinion, and the War against Nazi Germany*. New York 2001.

–, «The Campaign to Sell a Harsh Peace for Germany to the American Public», *History*, 90, 1 (2005), S.62–92.

Cattaruzza, Marina, «Espulsioni di massa di popolazioni nell' Europa del XX secolo», *Rivista storica italiana*, 113 (2001), S.66–85.

Cesarini, David, «Camps de la mort, camps de concentration et camps d'internement dans la mémoire collective britannique», *Vingtième siècle*, 54 (1997), S.13–23.

Chodakiewicz, Marek Jan, *Between Nazis and Soviets: Occupation Politics in Poland, 1939–1947*. Lanham, MD 2004.

Chrypinskij, Vincent C., «Church and Nationality in Postwar Poland», in *Religion and Nationalism in Soviet and East European Politics*, ed. by S. P. Ramet. Durham, NC 1988, S.241–263.

Chumiński, Jędrzej & Kaszuba, Elżbieta, «The Breslau Germans under Polish Rule 1945–1946: Conditions of Life, Political Attitudes, Expulsion», *Studia Historiae Œconomicae*, 22 (1997), S.87–101.

Clark, Bruce, *Twice a Stranger: The Mass Expulsions That Forged Modern Greece and Turkey*. Cambridge, MA 2006.

Connor, Ian, *Refugees and Expellees in Post-War Germany*. Manchester 2007.

–, «The Radicalization That Never Was? Refugees in the German Federal Republic», in *Conflict, Catastrophe and Continuity: Essays on Modern German History*, ed. by F. Biess, M. Roseman & H. Schissler. Oxford 2007, S.221–236.

–, «German Expellees in the SBZ/GDR and the ‹Peace Border›», in *Dislocation and Reorientation: Exile, Division and the End of Communism in German Culture and Politics*, ed. by A. Goodbody, P. Ó Dochartaigh et al. Amsterdam, NY 2009, S.167–178.

Cooper, John, *Raphael Lemkin and the Struggle for the Genocide Convention*. Basingstoke 2008.

Cordell, Karl, *Ethnicity and Democratisation in the New Europe*. London 1999.

– & Wolff, Stefan, «Ethnic Germans in Poland and the Czech Republic: A Comparative Evaluation», *Nationalities Papers*, 33 (2005), S. 255–276.

– & –, *Germany's Foreign Policy towards Poland and the Czech Republic:* Ostpolitik *Revisited*. Abingdon 2005.

Cornwall, Mark, «‹A Leap into Ice-Cold Water›: The Manoeuvres of the Henlein Move-

ment in Czechoslovakia, 1933–1938», in *Czechoslovakia in a Nationalist and Fascist Europe 1918–1948*, ed. by M. Cornwell & R. J. W. Evans. Oxford 2007, S.123–142.
Crampton, Richard J., *Eastern Europe in the Twentieth Century and After*. London 1997.
Crawley, Aidan, *The Spoils of War: The Rise of Western Germany 1945–1972*. New York 1973.
Crawshaw, Steve, *Easier Fatherland: Germany and the Twenty-First Century*. London 2004.
Crossing the Aegean: An Appraisal of the 1923 Compulsory Population Exchange Between Greece and Turkey, ed. by R. Hirschon. Oxford 2003.
Crowe, David, «Germany and the Baltic Question in Latvia 1939–1940», *East European Quarterly*, 26, 3 (1992), S.371–389.
–, *Oskar Schindler*. Boulder, CO 2004.
Curp, T. David, «The Politics of Ethnic Cleansing: The P. P. R., the P. Z. Z. and Wielkopolska's Nationalist Revolution, 1944–1946», *Nationalities Papers*, 29, 4 (2001), S.575–603.
–, *A Clean Sweep? The Politics of Ethnic Cleansing in Western Poland, 1945–1960*. Rochester, NY 2006.
Czapliński, Władysław, «The Protection of Minorities under International Law (Comments on the Alleged Existence of a German Minority in Poland)», *Polish Western Affairs*, 25, 1 (1984), S.121–136.
Davies, Norman, *Im Herzen Europas: Geschichte Polens*. München 2000.
– & Moorhouse, Roger, *Die Blume Europas: Breslau – Wroclaw – Vratislava. Die Geschichte einer mitteleuropäischen Stadt*. München 2002.
De Jong, Louis, *The German Fifth Column in the Second World War*. London 1956.
Demshuk, Andrew, «Citizens in Name Only: The National Status of German Expellees, 1945–53», *Ethnopolitics*, 5, 4 (2006), S. 383–397.
–, *The Lost German East: Forced Migration and the Politics of Memory, 1945–1970*, Cambridge 2012.
Deutsche National-Zeitung, *Verbrecher-Album der Sieger: Die 100 Furchtbarsten Schreibtischtäter und Vollstrecker des Vernichtungskrieges gegen Deutschland*. München 1997.
De Zayas, Alfred-Maurice, «The Legality of Mass Population Transfers: The German Experience 1945–48», *East European Quarterly*, 12, 1 (1978), S.1–23.
–, *Die Anglo-Amerikaner und die Vertreibung der Deutschen*. München 1981.
–, «A Historical Survey of Twentieth Century Expulsions», in *Refugees in the Age of Total War*, S.15–37.
Douglas, R. M., *The Labour Party, Nationalism and Internationalism, 1939–1945*. London 2004.
Dow, James E., *The German Nation: Displacement and Resettlement*. New York 1968.
Drápala, Milan, «Na ztracené vartě západu: Poznámky k české politické publicistice nesocialistického zaměření v letech 1945–48», *Soudobé dějiny*, 5, 1 (1998), S.16–24.
Dubiański, Wacław R., *Obóz Pracy w Mysłowicach w latach 1945–1946*. Katowice 2004.
Dziurok, Adam, *Obóz pracy w Świętochłowicach w 1945 roku: dokumenty, zeznania, relacje, listy*. Warschau 2002.
Eby, Cecil D., *Hungary at War: Civilians and Soldiers in World War II*. University Park, PA 1998.
Egupova, Evgeniya, «The Issue of Private Property Restitution in the [*sic*] Interstate Relations: The Sudeten German Case». M. A., Central European University, Budapest 2008.

Ehrlich, Adam, «Between Germany and Poland: Ethnic Cleansing and Politicization of Ethnicity in Upper Silesia under National Socialism and Communism 1939–1950.» Dissertation, Indiana University 2005.
Epstein, Carol, *Model Nazi: Arthur Greiser and the Occupation of Western Poland*. Oxford 2010.
Erzwungene Trennung: Vertreibungen und Aussiedlungen in und aus der Tschechoslowakei 1938–1947 im Vergleich mit Polen, Ungarn und Jugoslawien. hg. v. D. Brandes, E. Ivaničková & J. Pešek. Essen 1999.
Esser, Heinz, *Die Hölle von Lamsdorf: Dokumentation über ein polnisches Vernichtungslager*. Münster 1971.
Ethnic Cleansing in Twentieth-Century Europe, ed. by S. B. Várdy & T. H. Tooley. Boulder, CO 2003.
Ethnicity and Democratisation in the New Europe, ed. by K. Cordell. London 1998.
Farquharson, John, «‹Emotional but Influential›: Victor Gollancz, Richard Stokes and the British Zone of Germany, 1945–9», *Journal of Contemporary History*, 22, 3 (1987), S. 501–519.
Favez, Jean-Claude, *Une mission impossible? Le CICR, les déportations et les camps de concentration nazis*. Lausanne 1988.
Fehrenbach, Heide, *Cinema in Democratizing Germany: Reconstructing National Identity after Hitler*. Chapel Hill, NC 1995.
Fenby, Jonathan, *Alliance: The Inside Story of How Roosevelt, Stalin and Churchill Won One War and Began Another*. London 2006.
Finney, Patrick B., «‹An Evil for All Concerned›: Great Britain and Minority Protection After 1919», *Journal of Contemporary History*, 30, 3 (1995), S. 533–551.
Die Flucht: Über die Vertreibung der Deutschen aus dem Osten, hg. v. S. Auer & S. Burgsdorff. Stuttgart 2002.
Frank, Matthew, «The New Morality – Victor Gollancz, ‹Save Europe Now› and the German Refugee Crisis, 1945–46», *Twentieth Century British History*, 17, 2 (2006), S. 230–256.
–, *Expelling the Germans: British Opinion and Mass Population Transfers in Context*. Oxford 2007.
Fritzsche, Peter, *Life and Death in the Third Reich*. Cambridge, MA 2008.
Frommer, Benjamin, «Expulsion or Integration: Unmixing Interethnic Marriage in Postwar Czechoslovakia», *East European Politics and Societies*, 14, 2 (2000), S. 381–410.
–, *National Cleansing: Retribution Against Nazi Collaborators in Postwar Czechoslovakia*. Cambridge 2005.
Gabzdilová, Soňa, «Nemecká menšina na Slovensku koncom druhej svetovej vojny», *Moderni dějiny*, 10 (2002), S. 111–136.
– & Olejník, Milan, «Proces internácie nemeckého obyvatel'stva na Slovensku v rokoch 1945–1946», *Historický časopis*, 50, 3 (2002), S. 423–438.
Garrett, Stephen A., *Conscience and Power: An Examination of Dirty Hands and Political Leadership*. Basingstoke 1996.
Geiger, Vladimir, «Logori za folksdojčere u Hrvatskoj nakon Drugoga svjetskog rata 1945–1947», *Časopis za suvremenu povijest*, 38 (2006), S. 1081–1100.
–, «Epidemija tifusa u logorima za folksdojčere u Slavoniji 1945/1946. i posljedice», *Časopis za suvremenu povijest*, 39, 2 (2007), S. 367–383.
–, «Josip Broz Tito i sudbina jugoslavenskik Nijemaca», *Časopis za suvremenu povijest*, 40, 3 (2008), S. 801–818.

Genizi, Haim, «Interfaith Cooperation in America on Behalf of the D. P. Acts, 1948–1950», *Holocaust and Genocide Studies*, 8, 1 (1994), S.75–93.

George, Bernard, *Les Russes arrivent: la plus grande migration des temps modernes.* Paris 1966.

Gerlach, David W., «For Nation and Gain: Economy, Ethnicity and Politics in the Czech Borderlands, 1945–1948», Dissertation, University of Pittsburgh 2007.

–, «Beyond Expulsion: The Emergence of ‹Unwanted Elements› in the Postwar Czech Borderlands, 1945–1950», *East European Politics and Societies*, 24, 2 (2010), S.269–293.

Gilbert, Martin, *Sie waren die Boys: die Geschichte von 732 jungen Holocaustüberlebenden.* Berlin 2007.

Glassheim, Eagle, «National Mythologies and Ethnic Cleansing: The Expulsion of Czechoslovak Germans in 1945», *Central European History*, 33, 4 (2000), S.463–486.

–, «Ethnic Cleansing, Communism, and Environmental Devastation in Czechoslovakia's Borderlands, 1945–1989», *Journal of Modern History*, 78, 1 (2006), S.65–93.

Goda, Norman J. W., «Black Marks: Hitler's Bribery of His Senior Officers During World War II», *Journal of Modern History*, 72 (2002), S.413–452.

Goldenberg, Sydney L., «Crimes Against Humanity – 1945–1970: A Study in the Making and Unmaking of International Criminal Law», *Western Ontario Law Review*, 10, 1 (1971), S.1–55.

Goltermann, Svenja, «The Imagination of Disaster: Death and Survival in Postwar West Germany», in *Between Mass Death and Individual Loss: The Place of the Dead in Twentieth-Century Germany*, ed. by A. Confino, P. Betts & D. Schumann. Oxford 2008, S.261–274.

Gosewinkel, Dieter & Meyer, Stefan, «Citizenship, Property Rights and Dispossession in Postwar Poland (1918 and 1945)», *European Review of History*, 16, 4 (2009), S.575–596.

Grabowski, Jan & Zbigniew R., «Germans in the Eyes of the Germans: The Ciechanów District, 1939–1945», *Contemporary European History*, 13, 1 (2004), S.21–43.

Grass, Günter, *Im Krebsgang.* Göttingen 2002.

Gregor, Neil, *Haunted City: Nuremberg and the Nazi Past.* New Haven, CT 2008.

Grohmann, Carolyn, «From Lothringen to Lorraine: Expulsion and Voluntary Repatriation», *Diplomacy and Statecraft*, 16, 3 (2005), S.571–587.

Gross, Jan T., *Nachbarn: Der Mord an den Juden von Jedwabne.* München 2001.

–, *Polish Society Under German Occupation: The Generalgouvernement, 1939–1944.* Princeton, NJ 1979.

–, *Fear: Anti-Semitism in Poland After Auschwitz – An Essay in Historical Interpretation.* New York 2006.

Grotius, Hugo, *De Jure Belli Ac Pacis Libri Tres/Drei Bücher vom Recht des Krieges und des Friedens.* Neuer dt. Text u. Einleitung v. Dr. Walter Schätzle. Tübingen 1950. [*Die Klassiker des Völkerrechts*, Bd. 1]

Haar, Ingo, «Die deutschen ‹Vertreibungsverluste›: Zur Entstehungsgeschichte der *Dokumentation der Vertreibung*», *Tel Aviver Jahrbuch für deutsche Geschichte*, 35 (2007), S.251–272.

Hahn, Eva & Hans-Henning, *Die Vertreibung im deutschen Erinnern: Legenden, Mythos, Geschichte.* Paderborn 2010.

Hankel, Gerd, *Die Leipziger Prozesse: Deutsche Kriegsverbrechen und ihre strafrechtliche Verfolgung nach dem Ersten Weltkrieg.* Hamburg 2003.

Harbutt, Fraser J., *Yalta 1945: Europe and America at the Crossroads.* Cambridge 2010.

Harvey, Elizabeth, *«Der Osten braucht Dich!»: Frauen und nationalsozialistische Germanisierungspolitik.* Hamburg 2010.

Hastings, Max, *Armageddon: The Battle for Germany, 1944–1945*. New York 2004.
Hauner, Milan, «Aux sources de la question allemande chez le jeune Edvard Beneš», *Revue des études slaves*, 70, 4 (1998), S.932–942.
–, «‹We Must Push Eastwards!› The Challenges and Dilemmas of President Beneš after Munich», *Journal of Contemporary History*, 44, 4 (2009), S.619–656.
Hauser, Przemyslaw, «The German Minority in Poland in the Years 1918–1939: Reflections on the State of Research and Interpretation: Proposals for Further Research», *Polish Western Affairs*, 32, 2 (1991), S.13–38.
Hayden, Robert M., «Schindler's Fate: Genocide, Ethnic Cleansing, and Population Transfers», *Slavic Review*, 55 (1996), S.727–748.
Heimann, Mary J., *Czechoslovakia: The State That Failed*. New Haven, CT 2009.
Heinemann, Isabel, «‹Another Type of Perpetrator›: The SS Racial Experts and Forced Population Movements in the Occupied Regions», *Holocaust and Genocide Studies*, 15, 3 (2001), S.387–411.
–, «‹Ethnic Resettlement› and Inter-Agency Co-operation in the Occupied Eastern Territories», in *Networks of Nazi Persecution: Bureaucracy, Business and the Organization of the Holocaust*, ed. by G. D. Feldman & W. Seibel. Oxford 2004, S.213–235.
–, *Rasse, Siedlung, deutsches Blut: Das Rasse- und Siedlungshauptamt der SS und die rassenpolitische Neuordnung Europas*. Göttingen 2003.
–, «‹Until The Last Drop of Good Blood›: The Kidnapping of ‹Racially Valuable› Children and Nazi Racial Policy in Occupied Eastern Europe», in *Genocide and Settler Society: Frontier Violence and Stolen Indigenous Children in Australian History*, ed. by A. D. Moses. Oxford 2004. S.244–266.
Henckaerts, Jean-Marie, *Mass Expulsion in Modern International Law and Practice*. Den Haag 1995.
Hirschon, Renée, «Consequences of the Lausanne Convention: An Overview», in *Crossing the Aegean*, S.13–20.
Hofmann, Andreas R., *Die Nachkriegszeit in Schlesien: Gesellschafts- und Bevölkerungspolitk in den polnischen Siedlungsgebieten 1945–1948*. Köln 2000.
Horkheimer, Max & Adorno, Theodor W., *Dialektik der Aufklärung*. [1947] Frankfurt a. M. 1986.
Horne, John & Kramer, Alan, *Deutsche Kriegsgreuel 1914: die umstrittene Wahrheit*. Hamburg 2004.
Hrabovec, Emilia, *Vertreibung und Abschub. Deutsche in Mähren*. Frankfurt a. M. 1996.
–, «Neue Aspekte zur Ersten Phase der Vertreibung der Deutschen aus Mähren», in *Nationale Frage und Vertreibung in der Tschechoslowakei und Ungarn 1938–1948*, S.117–140.
–, «The Catholic Church and Deportation of Ethnic Germans from the Czech Lands», *Journal of Communist Studies and Transition Politics*, 16, 1–2 (2000), S.64–82.
Huebner, Todd, «The Internment Camp at Terezín, 1919», *Austrian History Yearbook*, 27 (1996), S.199–211.
Huener, Jonathan, *Auschwitz, Poland, and the Politics of Commemoration, 1945–1979*. Athens, OH, 2003.
Hughes, Michael L., *Shouldering the Burdens of Defeat: West Germany and the Reconstruction of Social Justice*. Chapel Hill, NC 1999.
Ignatieff, Michael, *Reisen in den neuen Nationalismus*. Frankfurt a. M. 1994.
Integrationen: Vertriebene in den deutschen Ländern nach 1945, hg. v. M. Krauss. Göttingen 2008.
Jackson, Kevin, *Humphrey Jennings*. London 2004.

Jacques, Christian, «Le ‹Centre contre les Expulsions› de Berlin: un débat centre-européen autour de la ‹culture mémorielle›», *Revue d'Allemagne et des Pays de langue allemande,* 40, 3 (2008), S. 421–436.

Jakobson, Roman, «Problems of Language in Masaryk's Writings», in *On Masaryk: Texts in English and German*, ed. by J. Novák. Amsterdam 1988, S.55–80.

Jaksch, Wenzel, *Europas Weg nach Potsdam: Schuld und Schicksal im Donauraum.* Neu bearb. u. erg. Ausgabe. Köln 1967.

Janák, Dušan, «Politické a legislativni aspekty táborů nucené práce», *Slezský sborník,* 98 (2000), S.93–100.

Janjetović, Zoran, «The Disappearance of the Germans from Yugoslavia: Expulsion or Emigration?», *Revue des études sud-est européennes*, 40, 1 (2002), S.215–231.

Jankowiak, Stanisław, *Wysiedlenie i emigracja ludności Niemieckiej w polityce władz Polskich w latach 1945–1970.* Warschau 2005.

Jansen, Christian & Weckbecker, Arno, *Der «Volksdeutsche Selbstschutz» in Polen 1939/40.* München 1992.

Jenkins, Gareth, *Political Islam in Turkey: Running West, Heading East?* Basingstoke 2008.

Jenne, Erin K., «Ethnic Partition Under the League of Nations: The Cases of Population Exchanges in the Western Balkans», in *Rethinking Violence: States and Non-State Actors in Conflict.* Cambridge, MA 2010, S.117–140.

Jérome, Georges & Nix, Philip A., «Les milices d'autoprotection de la communauté allemande de Pomerelie, Posnanie et Silesie polonaise (1939–1940)», *Guerres mondiales et conflits contemporains*, 41, 163 (1991), S.51–74.

Kamusella, Tomasz & Sullivan, Terry, «The Germans of Upper Silesia: The Struggle for Recognition», in *Ethnicity and Democratisation in the New Europe*, S.169–182.

Kaufmann, Chaim D., «When All Else Fails; Ethnic Population Transfers and Partitions in the Twentieth Century», *International Security*, 23 (1998), S.120–156.

Kedzia, A., «Dzialność opieckuńcza i lecznicza Polskiego Czerwonego Krzyża w akci repatriacyjnej i przesiedleńczej na Pomorzi Zachodnim», *Archiwum historii i filozofii medycyny*, 64, 2 (2001), S.175–188.

Kenney, Padraic, *Rebuilding Poland: Workers and Communists 1945–1950.* Ithaca, NY 1997.

Kent, Martha, «Exceptional Bonds: Revenge and Reconciliation in Potulice [Potulitz], Poland, 1945 and 1998», in *Ethnic Cleansing in Twentieth-Century Europe*, S.617–630.

Kersten, Krystyna, «Forced Migration and the Transformation of Polish Society», in *Redrawing Nations*, S.75–86.

Khan, Yasmin, *The Great Partition: The Making of India and Pakistan.* New Haven, CT 2007.

Kinder im Krieg – Krieg gegen Kinder: Die Geschichte der polnischen Kinder, 1939–1945, hg. v. R. Hrabar, Z. Tokarz & J. Wilczur. Hamburg 1981.

King, Jeremy, *Budweisers into Czechs and Germans: A Local History of Bohemian Politics, 1848–1948.* Princeton, NJ 2002.

Kittel, Manfred, *Vertreibung der Vertriebenen? Der historische deutsche Osten in der Erinnerungskultur der Bundesrepublik (1961–1982).* München 2007.

Knightley, Philip, *The First Casualty: From the Crimea to Vietnam — The War Correspondent as Hero, Propagandist, and Myth Maker.* New York 1975.

Kochavi, Arieh J., *Prelude to Nuremberg: Allied War Crimes Policy and the Question of Punishment.* Chapel Hill, NC 1998.

–, *Post-Holocaust Politics: Britain, the United States and Jewish Refugees, 1945–1948.* Chapel Hill, NC 2001.

Koehl, Robert L., *RFKDV: German Resettlement and Population Policy, 1939–1945.* Cambridge, MA 1957.

Kolakowski, Leszek, «Noch einmal: Über das Schlimmste», *Die Zeit*, 18. 9. 2003 (www.zeit.de/2003/39/Vertriebene).

Komska, Yuliya, «Border Looking: The Cold War Visuality of the Sudeten German Expellees and Its Afterlife», *German Life and Letters*, 57 (2004), S.401–426.

Kontogiorgi, Elisabeth, «Economic Consequences Following Refugee Settlement in Greek Macedonia, 1923–1932», in *Crossing the Aegean*, S.63–77.

–, *Population Exchange in Greek Macedonia: The Rural Settlement of Refugees 1922–1930.* Oxford 2006.

Kopka, Boguslaw, *Obozy pracy w Polsce 1944–1950: przewodnik encyklopedyczny.* Warschau 2002.

Kossert, Andreas, *Kalte Heimat: Die Geschichte der deutschen Vertriebenen nach 1945.* Berlin 2008.

Kostiashov, I., «Vyselenie nemtsev iz Kaliningradskoi oblasti v poslevoennye gody», *Voprosy istorii*, 6 (1994), S.186–188.

Kotek, Joël & Rigoulot, Pierre, *Le siècle des camps: detention, concentration, extermination.* Paris 2000.

Kováč, Dušan, «Die Evakuierung und Vertreibung der Deutschen aus der Slowakei», in *Nationale Frage und Vertreibung in der Tschechoslowakei und Ungarn 1938–1948*, S.111–116.

Kraft, Claudia, «Who is a Pole and Who is a German? The Province of Olsztyn in 1945», in *Redrawing Nations*, S.107–120.

Krauss, Marita, «Die Integration Vertriebener am Beispiel Bayerns – Konflikte und Erfolge», in *Geglückte Integration? Spezifika und Vergleichbarkeiten der Vertriebenen-Eingliederung in der SBZ/DDR*, hg. v. D. Hoffmann & M. Schwartz. München 1999, S.47–56.

Krejčí, Jaroslav & Machonin, Pavel, *Czechoslovakia, 1918–92: A Laboratory for Social Change.* New York 1996.

Kučera, Jaroslav, «Statistische Berechnungen der Vertreibungsverluste: Schlusswort oder Sackgasse?», in *Der Weg in die Katastrophe. Deutsch-tschechoslowakische Beziehungen 1938–1947.* Essen 1994, S. 187–200.

Kulischer, Eugene M., *The Displacement of Population in Europe.* Montreal 1943.

Landscaping the Human Garden: Twentieth Century Population Management in a Comparative Framework, ed. by A. Weiner. Stanford, CA 2003.

Langenbacher, Eric, «Ethical Cleansing? The Expulsion of Germans from Central and Eastern Europe», in *Genocides by the Oppressed: Subaltern Genocide in Theory and Practice*, ed. by N. A. Robins & A. Jones. Bloomington, IN 2009, S.58–83.

Lasser, William, *Benjamin V. Cohen: Architect of the New Deal.* New Haven, CT 2002.

Lattimore, Bertram G., *The Assimilation of German Expellees into the West German Polity and Society since 1945: A case study of Eutin, Schleswig-Holstein.* Den Haag 1974.

Lebedeva, Natalia S., «The Deportation of the Polish Population to the USSR, 1939–41», *Journal of Communist and Transition Politics* 16, 1–2 (2000), S.28–45.

Leff, Laurel, *Buried by the* Times: *The Holocaust and America's Most Important Newspaper.* Cambridge 2005.

Lehmann, Albrecht, *Im Fremden ungewollt zuhaus: Flüchtlinge und Vertriebene in Westdeutschland 1945–1990.* München 1991.

Lenarcik, Miroslawa, *A Community in Transition: Jewish Welfare in Breslau-Wrocław*. Opladen 2010.
Levine, H. S., «Local Authority and the SS State: The Conflict over Population Policy in Danzig-West Prussia, 1939–1945», *Central European History*, 2, 4 (1969), S.331–355.
Lexikon der Vertreibungen: Deportation, Zwangssaussiedlung und ethnische Säuberung im Europa des 20. Jahrhunderts, hg. von Detlef Brandes, Holm Sundhausen & Stefan Troebst. Köln 2010.
Lieb, Christian, «Moving West: German-Speaking Immigration to British Columbia, 1945–1961», Dissertation, University of Victoria, 2008.
Lieberman, Benjamin, *Terrible Fate: Ethnic Cleansing in the Making of Modern Europe*. Chicago 2006.
Linek, Bernard, *Polityka antyniemiecka na Górnym Śląsku w latach 1945–1950*. Opole 2000.
–, «Recent Debates on the Fate of the German Population in Upper Silesia 1945–1950», *German History*, 22, 3 (2004), S.372–405.
Lipski, Jan J., «Zwei Vaterländer – zwei Patriotismen: Gedanken zum nationalen Größenwahn und zur Xenophobie der Polen», in *Wir müssen uns alles sagen. Essays zur deutsch-polnischen Nachbarschaft*. Warschau 1996, S.185–228.
Łossowski, Piotr, «The Resettlements of Germans from Lithuania during World War II», *Acta Poloniae historica* 93 (2006), S.121–142.
Lotz, Christian, *Die Deutung des Verlusts: Erinnerungspolitische Kontroversen im geteilten Deutschland um Flucht, Vertreibung und die Ostgebiete (1948–1972)*. Köln 2007.
Lovejoy, Paul E., «The Slave Trade as Enforced Migration in the Central Sudan of West Africa», in *Removing Peoples*, S.149–166.
Lower, Wendy, «Hitler's ‹Garden of Eden› in Ukraine: Nazi Colonialism, *Volksdeutsche*, and the Holocaust, 1941–1944», in *Gray Zones: Ambiguity and Compromise in the Holocaust and Its Aftermath*, ed. by J. Petropoulos & J. K. Roth. Oxford 2006, S.185–204.
Lukes, Igor, «Stalin and Czechoslovakia in 1938–39: An Autopsy of a Myth», in *The Munich Crisis, 1938: Prelude to World War II*, ed. by I. Lukes & E. Goldstein. London 1999, S.13–47.
–, «The Czechoslovak Special Services and their American Adversaries during the Cold War», *Journal of Cold War Studies*, 9, 1 (2007), S. 3–28.
–, *On the Edge of the Cold War: American Diplomats an Spies in Postwar Prague*, Oxford 2012.
Lumans, Valdis O., *Himmler's Auxiliaries: The* Volksdeutsche Mittelstelle *and the German National Minorities of Europe, 1933–1945*. Chapel Hill, NC 1993.
–, «A Reassessment of the Presumed Fifth Column Rôle of the German National Minorities of Europe», in *Essays in European History: 1988–89*, II, ed. by J. K. Burton & C. W. White. Lanham, MD 1996, S.191–212.
Lutomski, Pawel, «The Debate about a Center against Expulsions: An Unexpected Crisis in German-Polish Relations?», *German Studies Review* 27, 3 (2004), S.449–468.
–, «Acknowledging Each Other as Victims: An Unmet Challenge in the Process of Polish-German Reconciliation», in *Victims and Perpetrators, 1933–1945: (Re-) Presenting the Past in Post-Unification Culture*, ed. by L. Cohen-Pfister & D. Wienröder-Skinner. Berlin 2006, S.241–261.
–, «The Polish Expulsion of the German Population in the Aftermath of World War II», in *Population Resettlement in International Conflicts*, S.99–114.

Luža, Radomír, *The Transfer of the Sudeten Germans: A Study of Czech-German Relations, 1933–1962*. New York 1964.

Lylloff, Kirsten, «Kan lægeløftet gradbøjes? Dødsfald blandt og lægehjælp til de tyske flygtninge i Danmark 1945», *Historisk Tidsskrift*, 99 (1999), S.33–67.

Lyon, Philip W., «After Empire: Ethnic Germans and Minority Nationalism in Interwar Yugoslavia», Dissertation, University of Maryland, College Park 2008.

Macardle, Dorothy, *Children of Europe: A Study of the Children of the Liberated Countries, their War-time Experiences, their Reactions, and their Needs*. London 1951.

MacDonogh, Giles, *After the Reich: From the Liberation of Vienna to the Berlin Airlift*. London 2007.

Macklem, Patrick, «Rybná 9, Praha 1: Restitution and Memory in International Human Rights Law», *European Journal of International Law*, 16, 1 (2005), S.1–23.

Maguire, Peter, *Law and War: International Law and American History*. Revised edition. New York 2010.

Majer, Diemut, *«Fremdvölkische» im Dritten Reich: ein Beitrag zur nationalsozialistischen Rechtssetzung und Rechtspraxis in Verwaltung und Justiz unter besonderer Berücksichtigung der eingegliederten Ostgebiete und des Generalgouvernements*. Boppard am Rhein 1981.

Majewski, Piotr M., «Czechosłowaccy wojskowi wobec problemu wysiedlenia mniejszości niemieckiej i powo granic państwa, 1939–1945», *Przegląd historyczny*, 90, 2 (1999), S.169–183.

Makino, Uwe, «Final Solutions, Crimes Against Mankind: On the Genesis and Criticism of the Concept of Genocide», *Journal of Genocide Research*, 3, 1 (2001), S.49–73.

Mann, Michael, *The Dark Side of Democracy: Explaining Ethnic Cleansing*. Cambridge 2004.

Marcuse, Harold, *Legacies of Dachau: The Uses and Abuses of a Concentration Camp 1933–2001*. Cambridge 2001.

Martin, Terry, «The Origins of Soviet Ethnic Cleansing», *Journal of Modern History*, 70, 4 (1998), S.815–861.

Mastny, Vojtech, *The Czechs Under Nazi Rule: The Failure of National Resistance, 1939–1942*. New York 1971.

Matelski, Dariusz, «Polityka narodowościowa PRL wobec mniejszości niemieckiej (1944–1989)», *Przegląd Historyczny*, 88 (1997), S.485–495.

Mazower, Mark, «Minorities and the League of Nations in Interwar Europe», *Daedalus*, 126 (1997), S.47–63.

–, «The Strange Triumph of Human Rights, 1933–1950», *Historical Journal*, 47, 2 (2004), S.379–398.

–, *Hitlers Imperium: Europa unter der Herrschaft des Nationalsozialismus*. München 2009.

Mazur, Zbigniew, «Poland's Western Frontier in the State Department's Concepts During World War II», *Polish Western Studies*, 21, 2 (1980), S.274–296.

McLaren, Meryn, «‹Out of the Huts Emerged a Settled People›: Community-Building in West German Refugee Camps», *German History*, 28 (2010), S.21–43.

Meehan, Patricia, *A Strange Enemy People: Germans Under the British, 1945–1950*. London 2001.

Mevius, Martin, *Agents of Moscow: The Hungarian Communist Party and the Origins of Socialist Patriotism 1941–1953*. Oxford 2005.

Moeller, Robert G., «War Stories: The Search for a Usable Past in the Federal Republic of Germany», *American Historical Review*, 101, 4 (1996), S.1008–1048.

–, *War Stories: The Search for a Usable Past in the Federal Republic of Germany*. Berkeley, CA 2001.
von Moltke, Johannes, *No Place Like Home: Locations of* Heimat *in German Cinema*. Berkeley, CA 2005.
Morrison, Jack G., *Ravensbrück: Everyday Life in a Women's Concentration Camp 1939–45*. Princeton, NJ 2000.
Moszińsky, E., «The Church on the Western Territories», *Polish Perspectives*, 16 (1973), S.19–23.
Mulaj, Klejda, «A Recurrent Tragedy: Ethnic Cleansing as a Tool of State Building in the Yugoslav Multinational Setting», *Nationalities Papers*, 34, 1 (2006), S.21–50.
Müller, Rolf-Dieter & Ueberschär, Gerd R., *Hitlers Krieg im Osten 1941 – 1945. Ein Forschungsbericht*. Darmstadt 2000.
Muller, Jean-Léon, *L'expulsion des allemands de Hongrie*. Paris 2001.
Murdock, Caitlin, *Changing Places: Society, Culture and Territory in the Saxon-Bohemian Borderlands, 1870–1946*. Ann Arbor, MI 2010.
Musekamp, Jan, «Brno/Brünn 1938–1948: Eine Stadt in einem Jahrzehnt erzwungener Wanderungen», *Zeitschrift für Ostmitteleuropa-Forschung*, 53 (2004), S. 1–44.
Naimark, Norman M., *Die Russen in Deutschland. Die sowjetische Besatzungsmacht 1945 bis 1949*. Berlin 1997.
–, «Ethnic Cleansing Between War and Peace», in *Landscaping the Human Garden*, S.218–235.
–, *Flammender Hass: Ethnische Säuberungen im 20. Jahrhundert*. München 2004.
–, «The Persistence of the ‹Postwar›: Germany and Poland», in *Histories of the Aftermath: The Legacies of the Second World War in Europe*, ed. by F. Biess & R. G. Moeller. Oxford 2010, S. 13–29.
Nationale Frage und Vertreibung in der Tschechoslowakei und Ungarn 1938–1948: Aktuelle Forschungen, hg. v. R. G. Plaschka, H. Haselsteiner u. a. Wien 1997.
Neville, Peter, *Hitler and Appeasement: The British Attempt to Prevent the Second World War*. London 2006.
Nicholas, Lynn H., *Cruel World: The Children of Europe in the Nazi Web*. New York 2005.
Nickel, James W., «What's Wrong with Ethnic Cleansing?», *Journal of Social Philosophy*, 26, 1 (1995), S. 5–15.
Nitschke, Bernadetta, «Wysiedlenia Niemców w czerwcu i lipcu 1945 roku», *Zeszyty Historyczne*, 118 (1996), S.155–171.
–, «*Polacy* wobec Niemców – odpowiedzialność Niemców za zbrodnie wojenne», *Zeszyty Historyczne*, 123 (1998), S.3–26.
–, *Vertreibung und Aussiedlung der deutschen Bevölkerung aus Polen 1945 bis 1949*. München 2004.
Noskova, Albina F., «Migration of the Germans after the Second World War: Political and Psychological Aspects», *Journal of Communist Studies and Transition Politics*, 16, 1–2 (2000), S.96–114.
Nowak, Edmund, *Lager im Oppelner Schlesien im System der Nachkriegslager in Polen (1945–1950): Geschichte und Implikationen*. Opole 2003.
Olejnik, Leszek, *Polityka narodowościowa Polski w latach 1944–1960*. Łódź 2003.
–, *Zdrajcv narodu? Losy volksdeutschów w Polsce po II wojnie światowej*. Warschau 2006.
O'Rourke, Shane, «Trial Run: The Deportation of the Terek Cossacks 1920», in *Removing Peoples*, S.255–279.

Orzoff, Andrea, *Battle for the Castle: The Myth of Czechoslovakia in Europe, 1914–1948*. Oxford, 2009.
Overmans, Rüdiger, «Personelle Verluste der deutschen Bevölkerung durch Flucht und Vertreibung», *Dzieje najnowsze* 26, 2 (1994), S. 51–65.
Paikert, Geza C., *The German Exodus: A Selective Study on the post-World War II Expulsion of German Populations and its Effects*. Den Haag 1962.
–, *The Danube Swabians: German Populations in Hungary, Rumania and Yugoslavia and Hitler's Impact on their Patterns*. Den Haag 1967.
Papp, N. G., «The German Minority between the Two World Wars: Loyal Subjects or Suppressed Citizens?», *East European Quarterly*, 22 (1988), S.495–514.
Pasák, Tomáš, «Přemysl Pitters Protest: Eine unbekannte Stimme gegen die Greuel in den Internierungslagern 1945», *Bohemia*, 35 (1994), S.90–104.
The Pattern of Life in Poland, ed. by S. Gryziewicz & W. Zaleski. Paris 1952–53.
Perdue, Peter C., *China Marches West: The Qing Conquest of Central Eurasia*. Cambridge, MA 2005.
Persson, Hans-Åke, *Rhetorik und Realpolitik: Großbritannien, die Oder-Neiße-Grenze und die Vertreibung der Deutschen nach dem Zweiten Weltkrieg*. Potsdam 1997.
–, «Viadrina to the Oder-Neisse Line: Historical Evolution and Regional Cooperation», in *Regions in Central Europe: The Legacy of History*, ed. by S. Tägil. West Lafayette, IN 1999, S.211–258.
Perzi, Niklas, *Die Beneš-Dekrete: Eine Europäische Tragödie*. St Pölten 2003.
Pešek, Jan, «Nemci na Slovensku po ukončení povojnového hromadného odsunu (1947–1953)», *Historický časopis*, 46 (1998), S.261–280.
Phayer, Michael, «Pius XII and the Genocides of Polish Catholics and Polish Jews During the Second World War», *Kirchliche Zeitgeschichte*, 15, 1 (2002), S.238–262.
Pietrzak, Jerzy, «Działalność kard. Augusta Hlonda jako wysłannika papieskiego na Ziemiach Odyskanich w 1945 r», *Nasza Przeslość*, 42 (1974), S.195–249.
Piskorski, Jan M., «Polish *Myśl Zachodnia* and German *Ostforschung*: An Attempt at a Comparison», in *German Scholars and Ethnic Cleansing, 1919–1945*, ed. by I. Haar & M. Fahlbusch. Oxford 1995, S.260–271.
Pogány, Istvan S., *Righting Wrongs in Eastern Europe*. Manchester 1997.
–, «International Human Rights Law, Reparatory Justice and the Re-Ordering of Memory in Central and Eastern Europe», *Human Rights Law Review*, 10 (2010), S.397–428.
Pohl, Dieter, *Von der ‹Judenpolitik› zum Judenmord: Der Distrikt Lublin des Generalgouvernements 1933–1944*. Frankfurt a. M. 1993.
Ponting, Clive, *Churchill*. London 1994.
Population Resettlement in International Conflicts: A Comparative Study, ed. by A. M. Kacowicz & P. Lutomski. Lanham, MD 2007.
Portmann, Michael, «Repression und Widerstand auf dem Land: Die kommunistische Landwirtschaftspolitik in der jugoslawischen Vojvodina (1944 bis 1953)», *Südost-Forschungen*, 65/66 (2006), S.370–393.
–, «Politik der Vernichtung? Die deutschsprachige Bevölkerung in der Vojvodina 1944–1952: Ein Forschungsbericht auf Grundlage jugoslawischer Archivdokumente», *Danubiana carpathica: Jahrbuch für Geschichte und Kultur in den deutschen Siedlungsgebieten Südosteuropas*, 1 (2007), S.321–360.
Power, Samantha, *«A Problem from Hell»: America and the Age of Genocide*. New York 2002.

Prażmowska, Anita J., *Civil War in Poland, 1942–1948*. Basingstoke 2004.
Proudfoot, Malcolm J., *European Refugees 1939–52: A Study in Forced Population Movement*. Evanston, IL 1956.
Prusin, Alexander V., *The Lands Between: Conflict in the East European Borderlands, 1870–1992*. Oxford 2010.
Raack, Richard C., «Stalin Fixes the Oder-Neisse Line», *Journal of Contemporary History*, 25, 4 (1990), S.467–488.
Raška, Francis D., *The Czechoslovak Exile Government in London and the Sudeten German Issue*. Prag 2002.
Redrawing Nations: Ethnic Cleansing in East-Central Europe, 1944–1948, ed. by P. Ther & A. Siljak. Lanham, MD 2001.
Rees, Laurence, *Die Nazis: Eine Warnung der Geschichte*. München 1997.
Refugees in the Age of Total War, ed. by A. C. Bramwell. London 1988.
Reichling, Gerhard, *Die deutschen Vertriebenen in Zahlen*. Bonn 1986, 1989.
Reinisch, Jessica, «Refugees and Labour in the Soviet Zone of Germany 1945–49«, in *The Disentanglement of Populations: Migration, Expulsion and Displacement in Post-War Europe, 1944–9*, ed. by J. Reinisch & E. White, Basingstoke 2011.
Removing Peoples: Forced Removal in the Modern World, ed. by R. Bessel & C. B. Haake. Oxford 2009.
Rey-Schyrr, Catherine, *De Yalta à Dien Bien Phu: Histoire du Comité international de la Croix-Rouge 1945–1955*. Genf 2007.
Reynolds, David, «Churchill and the British ‹Decision› to Fight in 1940: Right Policy, Wrong Reasons», in *Diplomacy and Intelligence During the Second World War: Essays in Honour of F. H. Hinsley*, ed. by R. Langhorne. Cambridge 1985, S.147–167.
–, *In Command of History: Churchill Fighting and Writing the Second World War*. New York 2005.
Rolinek, Susanne, «Jüdische Fluchthilfe im Raum Salzburg: Das Netzwerk von Bricha und Betar 1945 bis 1948», in *Flucht nach Eretz Israel: Die Bricha und der jüdische Exodus durch Österreich 1945*, hg. v. T. Albrich. Innsbruck 1998, S.93–118.
–, *Jüdische Lebenswelten 1945–1955: Flüchtlinge in der amerikanischen Zone Österreichs*. Innsbruck 2007.
Roman, Eric, *Hungary and the Victor Powers, 1945–1950*. New York 1996.
Rossino, Alexander B., *Hitler Strikes Poland: Blitzkrieg, Ideology, and Atrocity*. Lawrence, KS 2003.
Rothfels, Hans, «Zehn Jahre danach», *Vierteljahrshefte für Zeitgeschichte*, 3 (1955), S.227–239.
Rothkirchen, Livia, *The Jews of Bohemia and Moravia: Facing the Holocaust*. Lincoln, NE 2005.
Rummel, Rudolph J., *Death by Government*. New Brunswick, NJ 1994.
Rupnik, Jacques, «Joining Europe Together or Separately? The Implications of the Czecho-Slovak Divorce for EU Enlargement», in *The Road to the European Union*, I: *The Czech and Slovak Republics*, ed. by J. Rupnik & J. Zielonka. Manchester 2003, S.16–50.
Ryan, Stephen, *The Transformation of Violent Intercommunal Conflict*. Aldershot 2007.
Ryback, Timothy W., «Dateline Sudetenland: Hostages to History», *Foreign Policy*, 105 (1996–97), S.162–178.
Sanborn, Joshua R., «‹Unsettling the Empire›: Violent Migrations and Social Disaster in Russia During World War I», *Journal of Modern History*, 77, 7 (2005), S.290–324.
Sans, Anne-Laure, «‹Aussi Humainement Que Possible›: Le Comité International de

la Croix-Rouge et l'expulsion des minorités allemandes d'Europe de l'Est 1945–1950 (Pologne-Tchécoslovaquie)», M. A., Universität Genf, 2003.
Sayer, I. & Botting, D., *Nazi Gold: The Story of the World's Greatest Robbery – and its Aftermath*. New York 1984.
Schabas, William A., «‹Ethnic Cleansing› and Genocide: Similarities and Distinctions», *European Yearbook of Minority Issues*, 3 (2005), S.109–128.
–, *An Introduction to the International Criminal Court*. Cambridge 2007.
Schafft, Gretchen E., *From Racism to Genocide: Anthropology in the Third Reich*. Urbana, IL 2004.
Schechla, Joseph, «Ideological Roots of Population Transfer», *Third World Quarterly*, 14 (1993), S.239–275.
Schechtman, Joseph B., *European Population Transfers 1939–1945*. New York 1946.
–, *Postwar Population Transfers in Europe 1945–1955*. Philadelphia, PA 1962.
Schmaltz, Eric, «‹The Long Trek›: The SS Population Transfer of Ukrainian Germans to the Polish Warthegau and its Consequences, 1943–1944», *Journal of the American Historical Society of Germans from Russia*, 31, 3 (2008), S.1–23.
Schmied, Jürgen P., *Sebastian Haffner. Eine Biographie*. München 2010.
Schraut, Sylvia, *Flüchtlingsaufnahme in Württemberg-Baden 1945–1949: Amerikanische Besatzungsziele und demokratischer Wiederaufbau im Konflikt*. München 1995.
Schulze, Rainer, «The Politics of Memory: Flight and Expulsion of German Populations After the Second World War and German Collective Memories», *National Identities*, 8, 4 (2006), S.367–382.
Schwartz, Michael, *Vertriebene und «Umsiedlungspolitik»: Integrationskonflikte in den deutschen Nachkriegsgesellschaften und die Assimilationsstrategien in der SBZ/DDR 1945 bis 1961*. München 2004.
Schwelb, Egon, «Crimes Against Humanity», *British Yearbook of International Law*, 23 (1946), S.178–226.
Scott, James M., «Exile and the Self-Understanding of Diaspora Jews in the Greco-Roman Period», in *Exile: Old Testament, Jewish, and Christian Conceptions*, ed. by M. Scott. Leiden 1997, S. 173–220.
Segesser, Daniel M., «‹Unlawful Warfare is Uncivilised›: The International Debate on the Punishment of War Crimes, 1872–1918», *European Review of History*, 14, 2 (2007), S.215–234.
Seipp, Adam R., «Refugee Town: Germans, Americans and the Uprooted in Rural West Germany, 1945–52», *Journal of Contemporary History*, 44, 4 (2007), S.675–695.
Service, Hugo, «Reinterpreting the Expulsion of Germans from Poland 1945–49», *Journal of Contemporary History* 47,3 (2012), S. 528–550.
Shephard, Ben, *The Long Road Home: The Aftermath of the Second World War*. New York 2010.
Shik, Na'ama, «Sexual Abuse of Jewish Women in Auschwitz-Birkenau», in *Brutality and Desire: War and Sexuality in Europe's Twentieth Century*. ed. by D. Herzog. Basingstoke 2009, S.221–246.
Sierpowski, Stanisław, «Les dilemmes à la Société des Nations au sujet des minorités», *Polish Western Affairs*, 25, 2 (1984), S.187–210.
Smelser, Ronald M., *The Sudeten Problem, 1933–1938:* Volkstumspolitik *and the Formulation of Nazi Foreign Policy*. Middletown, CT 1975.
Snyder, Timothy, *Bloodlands: Europa zwischen Hitler und Stalin*. München 2011.
Solonari, V., *Purifying the Nation: Population Exchange and Ethnic Cleansing in Nazi-Allied Romania*. Washington, DC 2010.

Soukupová, Blanka, «Německá menšina v veřejném mínění po druhé světové válce: Několik poznámek k etnickémuklimatu v posteuropském čase», *Historica* [Ostrava], 16 (2009), S.277–294.
Spülbeck, Susanne, «Ethnography of an Encounter: Reactions to Refugees in Postwar Germany and Russian Migrants After the Reunification – Context, Analogies and Changes», *Journal of Communist Studies and Transition Policies*, 16, 1–2 (2000), S.175–189 [Sonderheft: *Forced Migration in Central and Eastern Europe, 1939–1950*, ed. by A. Rieber].
Staněk, Tomás, *Tábory v českych zemích 1945–1948*. Opava 1996.
–, *Verfolgung 1945: Die Stellung der Deutschen in Böhmen, Mähren und Schlesien (außerhalb der Lager und Gefängnisse)*. Wien 2002.
–, *Poválečne «excesy» v českych zemích v roce 1945 a jejich vyšetřování*. Prag 2005.
– & von Arburg, Adrian, «Organizované divoké odsuny? Úloha ústředních státních orgánů při provádění ‹evakuace› německého obyvatelstva (květen až září 1945), I–III», *Soudobé dějiny* 12, 2–3 (2005), S.465–533; 13, 1–2 (2006), S.13–49; 13, 3–4 (2006), S.321–376.
Stankowski, Witold, *Lager für Deutsche in Polen am Beispiel Pomerellen/Westpreußen (1945–1990): Durchsicht und Analyse der polnischen Archivalien*. Bonn 2001.
Stargardt, Nicholas, *Witnesses of War: Children's Lives under the Nazis*. New York 2005.
Stern, Fritz, *Fünf Deutschland und ein Leben*. München 2007.
Stiftung Haus der Geschichte der Bundesrepublik, *Flucht, Vertreibung, Integration*. Bielefeld 2005.
Stola, Dariusz, «Pologne 1944–1948: Vers un état ‹purement Polonais›», *Revue d'Europe centrale*, 2, 2 (1994), S.191–199.
Strauchold, Grzegorz, *Myśl zachodnia i jej realizacja w Polsce Ludowej w latach 1945–1957*. Toruń 2003.
Suppan, Arnold, «Éviction et déportation de masse des allemands hors de Tchécoslovaquie, de Hongrie et de Yougoslavie 1945–1948», in *Europe 1946: entre le deuil et l'espoir*, hg. v. F.-D. Liechtenhan. Paris 1996, S.77–85.
–, *Austrians, Czechs and Sudeten Germans as a Community of Conflict in the Twentieth Century*. Minneapolis, MN 2006.
Táborský, Edward, «Politics in Exile 1939–1945», *A History of the Czechoslovak Republic 1918–1948*, ed. by V. S. Matamey & R. Luža. Princeton, NJ 1973, S.322–342.
–, *President Edvard Beneš: Between East and West, 1938–1948*. Palo Alto, CA 1981.
Tanner, Michael, *Ireland's Holy Wars: The Struggle for a Nation's Souls, 1500–2000*. New Haven, CT 2001.
Taylor, Frederick, *Dresden, Dienstag, 13. Februar 1945*. München 2004.
Ther, Philipp, *Deutsche und polnische Vertriebene: Gesellschaft und Vertriebenenpolitik in der SBZ/DDR und in Polen 1945–1956*. Göttingen 1998.
–, «Expellee Policy in the Soviet-Occupied Zone and the GDR: 1945–1953», in *Coming Home to Germany? The Integration of Ethnic Germans from Central and Eastern Europe in the Federal Republic*, ed. by D. Rock & S. Wolff. Oxford 2002, S.56–76.
Thornberry, Patrick, *International Law and the Rights of Minorities*. Oxford 1991.
Topinka, Jiří, «Zapomenutý kraj: České pohranici 1948–1960 a takzvaná akce dosídlení», *Soudobé dějiny*, 12 (2005), S.534–585.
Tóth, Ágnes, «Zwang oder Möglichkeit? Die Annahme der Maxime von der Kollektivschuld und die Bestrafung der Deutschen Minderheit in Ungarn», in *Nationale Frage und Vertreibungsproblematik in der Tschechoslowakei und Ungarn 1938–1948. Aktuelle Forschungen*, hg. v. R. G. Plaschka, H. Haselsteiner et al. Wien 1997, S.89–103.

Trapp, Gerhard & Heumos, Peter, «Antibarbaros: Johannes Urdizils publizistische Tätigkeit in Medien der tschechoslowakischen Exilregierung 1940–1945», *Bohemia*, 40 (1999), S.417–435.

The Uprooted: Forced Migration as an International Problem in the Post-War Era, ed. by G. Rystad. Lund 1990.

Thum, Gregor, *Die fremde Stadt: Breslau 1945*. Berlin 2003.

Urban, Thomas, *Der Verlust: Die Vertreibung der Deutschen und Polen im 20. Jahrhundert*. München 2004.

Utracona ojczyzna: Przymusowe wysiedlenia deportacje í przesiedlenia jako wspólne doświadczenie, hg. v. H. Orłowski & A. Sakson. Poznań 1996.

Vaculík, Jaroslav, «Reemigrace zahraničnich Čechů a Slováků v letech 1945–1948», *Slezský sborník*, 93, 1–2 (1995), S.53–58.

Vaško, Vacláv, «Kardinal Beran a jeho zapas s totalitou: Portrét osobnosti», *Soudobé dějiny*. 8, (2001), S.384–408.

Vernant, Jacques, *The Refugee in the Post-War World*. New Haven, CT 1953.

Die Vertreibung der Deutschen aus dem Osten: Ursachen, Ereignisse, Folgen, hg. v. W. Benz. Frankfurt a. M. 1985.

Völklein, Ulrich, *«Mitleid war von niemand zu erwarten»: Das Schicksal der deutschen Vertriebenen*. München 2005.

Volkmann, Rolf, «Das Flüchtlings- und Vertriebenenlager Mariental: Seine Entwicklung und Bedeutung für die Nachkriegsgeschichte», in *Braunschweigisches Jahrbuch für Landesgeschichte* 80 (1999), S. 195–212.

Wagnerová, Alena, *1945 waren sie Kinder: Flucht und Vertreibung im Leben einer Generation*. Köln 1990.

Wallace, W. V., «From Czechs and Slovaks to Czechoslovakia, and from Czechoslovakia to Czechs and Slovaks», in *Europe and Ethnicity: The First World War and Contemporary Ethnic Conflict*, ed. by S. Dunn & T. G. Fraser. London 1996, S.47–66.

Walters, Francis P., *A History of the League of Nations*, Oxford 1967.

Warring, Anette, «Intimate and Sexual Relations», in *Surviving Hitler and Mussolini: Daily Life in Occupied Europe*, ed. by Robert Gildea, Olivier Wieviorka & Anette Warring. Oxford 2007, S.88–128.

Waters, Timothy W., «Remembering Sudetenland: On the Legal Construction of Ethnic Cleansing», *Virginia Journal of International Law*, 47, 1 (2006), S.63–148.

Weigel, George, *Zeuge der Hoffnung: Johannes Paul II. Eine Biographie*. Paderborn 2002.

Weiss, Yfaat, «Ethnic Cleansing, Memory and Property – Europe, Israel/Palestine, 1944–1948» in *Jüdische Geschichte als allgemeine Geschichte: Festschrift für Dan Diner*, hg. v. R. Gross & Y. Weiss. Göttingen 2006, S.158–185.

Wetzel, Frauke, «Missverständnisse von klein auf? Die Vertreibung der Deutschen in tschechischen und deutschen Schulbüchern», *Zeitschrift für Geschichtswissenschaft*, 53 (2005), S.955–968.

Wiedemann, Andreas, *«Komm mit uns das Grenzland aufbauen!» Ansiedlung und neue Strukturen in den ehemaligen Sudetengebieten 1945–1952*. Essen 2007.

Wiesen, S. Jonathan, *West German Industry and the Challenge of the Nazi Past, 1945–1955*. Chapel Hill, NC 2003.

Wilkinson, Peter, *Foreign Fields: The Story of an SOE Operative*. London 1997.

Wingfield, Nancy M., *Minority Politics in a Multinational State: The German Social Democrats in Czechoslovakia, 1918–1938*. Boulder, CO 1989.

–, *Flag Wars and Stone Saints: How the Bohemian Lands Became Czech*. Cambridge, MA 2007.
Wiskemann, Edith, *Czechs and Germans: A Study of the Struggle in the Historic Provinces of Bohemia and Moravia*. London 1938.
–, *Germany's Eastern Neighbours: Problems Relating to the Oder-Neisse Line and the Czech Frontier Regions*. London 1956.
Wittlinger, Ruth, «The Merkel Government's Politics of the Past», *German Politics and Society*, 26, 4 (2008), S.9–27.
Wolfe, James H., «International Law and Diplomatic Bargaining: A Commentary on the Sudeten German Question», *Bohemia*, 14 (1973), S.372–385.
Wolff, Stefan, *The German Question since 1919*. Westport, CT 2003.
–, «Can Forced Population Transfers Resolve Self-Determination Conflicts? A European Perspective», *Journal of Contemporary European Studies*, 12 (2004), S.11–29.
Wolpert, Stanley, *Shameful Flight: The Last Years of the British Empire in India*. Oxford 2006.
Wrigley, Chris, *A. J. P. Taylor: Radical Historian of Europe*. London 2006.
Yildirim, Onur, *Diplomacy and Displacement: Reconsidering the Turco-Greek Exchange of Populations, 1922–1931*. New York 2006.
Yoshioka, Jun, «Imagining their Lands as Ours: Place Name Changes on Ex-German Territories in Poland after World War II», in *Regions in Central and Eastern Europe: Past and Present*, ed. by T. Hayashi. Sapporo 2007, S.273–287.
Zaborowski, Marcin, *Germany, Poland and Europe: Cooperation and Europeanisation*. Manchester 2005.
Zahra, Tahra, *Kidnapped Souls: National Indifference and the Battle for Children in the Bohemian Lands, 1900–1948*. Ithaca, NY 2008.
–, «‹Children Betray Their Father and Mother›: Collective Education, Nationalism, and Democracy in the Bohemian Lands, 1900–1948», in *Raising Citizens in the «Century of the Child»: The United States and German Central Europe in Comparative Perspective*, ed. by D. Schumann. Oxford 2010, S. 186–205.
–, «A Human Treasure: Europe's Displaced Children Between Nationalism and Internationalism», in *Post-war Reconstruction in Europe: International Perspectives 1945–1949*, ed. by M. Mazower, J. Reinisch & D. Feldmann. Oxford 2011.
Žampach, Vojtěch, «Vysídlení německého obyvatelstva z Brna ve dnech 30. a 31. května 1945 a nouzový ubytovací tábor v Pohořelicích, 1.6.-7.7. 1945», *Jižní Morava*, 32 (1997), S.173–239.
Zarnowski, Janusz, «Le système de protection des minorités et la Pologne», *Acta Poloniae Historica*, 52, 1 (1985), S.105–124.
Zeman, Zbyněk A. B., «Czechoslovakia Between the Wars: Democracy on Trial», *The Czech and Slovak Experience: Selected Papers from the Fourth World Congress for Soviet and East European Studies*, ed. by J. Morison. New York 1992, S.163–166.
– & Klimek, Antonín, *The Life of Edvard Beneš 1884–1948: Czechoslovakia in Peace and War*. Oxford 1997.
Zettl, Anton, «Dachau/Buchenwald/Gakowa: Reminiscences of a World War II Survivor», *Journal of Political and Military Sociology*, 33, 2 (2005), S.267–276.
Zwangsmigrationen im mittleren und östlichen Europa: Völkerrecht, Konzeptionen, Praxis (1938–1950), hg. von Ralph Melville, Jiri Pešek & Claus Scharf. Mainz 2007.
Zwangsmigration in Europa: Zur wissenschaftlichen und politischen Auseinandersetzung um die Vertreibung der Deutschen aus dem Osten, hg. v. B. Faulenbach & A. Helle. Essen 2005.

Zweig, Ronald W., «Feeding the Camps: Allied Blockade Policy and the Relief of Concentration Camps in Germany, 1944–1945», *Historical Journal*, 41, 3 (1998), S. 825–851.

Zwischen Heimat und Zuhause: Deutsche Flüchtlinge und Vertriebene in (West-) Deutschland 1945–2000, hg. von Rainer Schulze. Osnabrück 2001.

Zeitschriften

British Zone Review
Chicago Tribune
Contemporary Review
Daily Express
Daily Herald
Daily Mail
Dziennik Polski
Economist
Ha'aretz
Jewish Daily Forward
Kurier Szczeciński
Life
Manchester Guardian
Neue Zürcher Zeitung
New English Weekly
News Chronicle
New Statesman and Nation
New York Daily News
New York Herald Tribune
New York Times
Nineteenth Century and After
Obzory
Osservatore Romano
Picture Post
Political Quarterly
Pravda (Plzeň)
Predvoj
Rudé právo
Scotsman
Severočeská Mladá fronta
Slavonic and East European Review
Der Spiegel
The Times
Tribune
Washington Post
Wprost
Yorkshire Post
Die Zeit

ABKÜRZUNGSVERZEICHNIS

AAN	Archiwum Akt Nowych, Warschau
ACC	Allied Control Council (Alliierter Kontrollrat)
ACC (H)	Allied Control Commission (Hungary) (Alliierter Kontrollrat für Ungarn)
BAK	Bundesarchiv Koblenz
CAB	Cabinet Records (Kabinettsakten), in PRO
CAME	Committee Against Mass Expulsions (Komitee gegen Massenvertreibungen)
CCG (BE)	Control Commission for Germany (British Element) Militärregierung der britischen Besatzungszone)
COGA	Control Office for Germany and Austria (Behörde zur Kontrolle und Koordinierung der britischen Militärregierungen in Deutschland und Österreich)
CRX	Combined Repatriation Executive Vom ACC geschaffene Behörde zur Überwachung und Koordinierung der im Rahmen der Vertreibungen stattfindenden Transporte)
FO	Foreign Office Records (Akten des Außenministeriums), in PRO
FRUS	Foreign Relations of the United States (Vom US State Department herausgegebene Aktensammlung zur US-Außenpolitik)
IKRK	Internationales Komitee vom Roten Kreuz
IRO	International Refugee Organization (Internationale Flüchtlingsorganisation)
KPD	Kommunistische Partei Deutschlands
LAB	Ministry of Labour Records (Akten des Arbeitsministeriums), in PRO
MNO	Ministra Národni Obrany (Ministerium für nationale Verteidigung, Tschechoslowakei); MNO-Akten in VÚA
MZO	Ministerstwo Ziem Odzyskanych (Ministerium für die Wiedererlangten Gebiete, Polen); MZO-Akten in AAN
MV	Ministerstvo Vnitra (Innenministerium, Tschechoslowakei); MV-Akten in NAČR
NAČR	Národni Archiv České Republiky, Prag
NARA	National Archives and Records Agency, College Park, Maryland
OMG	Office of Military Government (US-Militärregierung)
OMGUS	Office of Military Government for Germany (U.S.) (Militärregierung der amerikanischen Besatzungszone)
PRO	Public Record Office, Kew, UK
PUR	Państwowy Urząd Repatriacyjny (Staatliches Repatriierungsamt, Polen); PUR-Akten in AAN
PW & DP	Prisoners of War and Displaced Persons Division

RKFDV	Reichskommissariat für die Festigung deutschen Volkstums
SdP	Sudetendeutsche Partei
SNB	Sbor Národni Bezpečnosti (Korps der nationalen Sicherheit, tschechische Geheimpolizei)
SOA	Státní Oblastní Archiv, Pilsen
UNHCR	United Nations High Commissioner for Refugees (UN-Hochkommissar für Flüchtlinge)
UNRRA	United Nations Relief and Rehabilitation Administration (UN-Nothilfe- und Wiederaufbauverwaltung)
ÚPV	Úrad Predsedníctva Vlády (Büro des Premierministers, Tschechoslowakei); ÚPV-Akten in NAČR (ÚPV-T-Akten: geheime Akten des Büros des Premierministers)
VoMi	Volksdeutsche Mittelstelle
VÚA	Vojenský Ústredni Archiv, Prag

ABBILDUNGSNACHWEIS

S. 142, 154, 375	Leonard McCombe
S. 197	Archivo de Manana
S. 214, 249, 298	Christopher Emmet Papers, box 29, Hoover Institution Archives.
S. 313	ICRC V-P-HIST-03226–22.
S. 212	Margaret Fait Papers, box 4/16, Hoover Institution Archives.
S. 21, 293	picture alliance
S. 177	The National Archives, London PRO FO 371/100718
S. 324	UN Archives, New York. UNRRA 2416,
S. 429	wikimedia
S. 166	entnommen aus: Zdeněk Beneš/ Václav Kural, Geschichte verstehen, Prag 2002, S. 231

Karten:
S. 118, 261 © Peter Palm, Berlin
S. 180 © Colgate University/ Zhi Ting Chang

REGISTER

AUS DEM VERLAGSPROGRAMM